THE END TIME

종말 1

— 교회가 교회에게 —

초판 1쇄   2023년 8월 15일

지은이 : G.크리스탈
펴낸이 : 이규종
펴낸곳 : 엘맨
주 소 : 서울시 마포구 토정로 222 한국출판콘텐츠센터 422-3
출판등록 : 제1998-000033호(1985.10.29.)
전 화 : (02) 323-4060
팩 스 : (02) 323-6416
이메일 : elman1985@hanmail.net
www.elman.kr

이 책에 대한 무단 전재 및 복제를 금합니다.
잘못된 책은 구입하신 서점에서 바꿔드립니다.

값 27,000원

본서는
특정한 교단, 교회, 신학교, 목회자,
산하 단체, 출판사, 그 외 등등
어느 특정 대상을 위한 책이 아닙니다! 하라.
영서 기록자 개인이 경험하고 아는 범위 내에서
주 하나님 성령께서 전하시는 것을 알려드립니다! 하라.

이 시대는
특정한 조직, 집단, 소속이 아닌
오직 '주'의 사람으로서
신앙과 삶을 대해야 하는 시대이다! 하라.

주께 돌아갈 '회귀 시대'이므로
특정한 대상을 논하거나 지향하지 않습니다! 하라.
"오직 주의 눈이 되어 보라" 하라.
계 5:6 … 이 눈들은 온 땅에 보내심을 받은 하나님의 일곱 영이더라.

목 차

추천의 글·· 8

프롤로그(prologue) ··· 30

들어가는 글··· 43

니느웨 회개 기도 40일 (1-11일)

    하늘山··· 52

    제01일. 니느웨 회개 기도 40-1··· 54

    제02일. 니느웨 회개 기도 40-2··· 176

    제03일. 니느웨 회개 기도 40-3··· 189

    제04일. 니느웨 회개 기도 40-4··· 265

    제05일 니느웨 회개 기도 40-5··· 288

    제06일. 니느웨 회개 기도 40-6··· 329

    제07일. 니느웨 회개 기도 40-7··· 341

    제08일. 니느웨 회개 기도 40-8··· 375

    제09일. 니느웨 회개 기도 40-9··· 383

    제10일. 니느웨 회개 기도 40-10······································· 408

    제11일. 니느웨 회개 기도 40-11······································· 416

부 록

1. '형상에 관하여' 추가 글 (1-10) ·· 430
2. "아! 한국이여 …" ·· 458

   "예언을 성취하시는 주이시다" 하라
   1) 18대 박근혜 전 대통령에 대하여 | 458
   2) 19대 문재인 전 대통령(정권)과 청와대에 대하여 | 460

   "새 정부 출범입니다" 하라
   1) 20대 대통령 윤석열 후보자 "등장이다" 하라 | 462
   2) 20대 대통령 윤석열 확정자 "이미 알리신 주이시다" 하라 | 464
   3) 20대 대통령 윤석열 당선인 "그를 선택한 나이다" 하라 | 468
   4) 20대 대통령 윤석열 예정자 "주가 주시는 권면이다" 하라 | 489
   5) 20대 대통령 윤석열 취임식 "주의 영광이다" 하라 | 496

   "새 예루살렘 성을 향하여!"
   1) 국가 장례 기간: 김 총장 및 조 목사의 소천이다! 하라. | 499
   2) 전 목사에 대하여 | 502
   3) 전 목사와 관련하여 이슈화 된 사람들(3인) | 505
   4) 한국 교회의 목회자에 대해서 | 510
   5) 교회들에게! | 511
   6) 신앙 권면입니다! 하라 | 512

3. 북한을 향하여! ·· 523

   "북한이여! 들으라" 하라
   1) 북한 지도자 김정은에 대하여 | 523
   2) 북한 지도자 김정은 회개하라! | 525
   3) 김정은 일가에게 주는 나의 편지이다! | 526
   4) 전 세계인과 북한 김정은에게 전하여라! | 532
   5) 김정은에 대한 한 꿈입니다! 하라 | 535
   6) 김정은 들으라! 외치라 | 539

에필로그(epilogue) ·· 542
나가는 글 ··· 564

추천의 글

'주'의 추천서 1 (2022. 2. 10. 목요일)

 이 글은 영서이다! 하라. 성령에 의해 기록된 글이다. 이는 나의 부름이니 책을 쓸 계획이 없던 자에게 영서를 주어 기록하게 함이라. (새로운 은사, 해석 은사를 미리 알린 나이다) 느닷없이 "책을 발간하라" 하지 않더냐? 물 흐르듯이 성령이 지속적으로 말씀하심이니 이런저런 주제들을 알리지 않더냐? (2020. 2. 12. 수요일, 네게 보인 환상이다. 하늘의 문이 열려 있고 맑은 물이 땅 아래로 폭포수처럼 흐르고 있지 않더냐?) 이는 영서의 시작일 2020. 7. 23. 목요일이다. 이후 지속하여 현재까지이다.
 사 43:1 … 내가 너를 지명하여 불렀나니 너는 내 것이라. 렘 1:5 내가 너를 모태에 짓기 전에 너를 알았고 네가 배에서 나오기 전에 너를 성별하였고 너를 여러 나라의 선지자로 세웠노라 하시기로. 갈 1:15 그러나 내 어머니의 태로부터 나를 택정하시고 그의 은혜로 나를 부르신 이가 16 그의 아들을 이방에 전하기 위하여 그를 내 속에 나타내시기를 기뻐하셨을 때에 내가 곧 혈육과 의논하지 아니하고 17 또 나보다 먼저 사도 된 자들을 만나려고 예루살렘으로 가지 아니하고 …. 이와 같음이니 이는 네가 걸어온 길이다. 2020. 5. 17. 주일, 공중 하늘에 보이신 '하나님의 두 손' 즉 나의 손에 의한 보임 하나님의 비밀이니 생명과 사망 권세 모두이다. 또한 천국과 지옥이 아니냐?
 "추천인 없이 하라" 함은 왜이더냐? 내가 누구에 의해 '어떠하다' 이는 평가이니 이를 원치 않는 나이다 하라. 기록자 또한 전해 주는 대로 받을 뿐, 그 이상도 이하도 아니다. 발간 이후는 나의 책임이다. 되었느냐? 누가 어떠하다 하든지 무엇이라 하여도 "다 내 손안 그들이다" 하라. 짧은 기간 1년 7개월째의 기록일 뿐이다. 이는 너의 자랑도 너를 높임도 아니다. 기록자의 하나님을 전하는 나이다 하라. 내가 예정대로 두어 훈련시키고 모든 것을 면면히, 켜켜이 둔 채 지내 온 자인 너를 하나 둘씩 꺼내어 이 기록 속에 다루는 나이다. 그러나 이것은 일부분이다. 내가 너에게 정한 기간(2020. 7. 23. 목요일에서 8. 31. 월요일까지) '니느웨 회개 기간 40일' 기록을 전하라 하였으나 이제야 일부라도 40일 중 '11일 분량'을 40일 이후의 기록 '추가 글'과 함께 내보이는 자이다 하라. 이는 종말 1부 서신입니다! 하라.

짧은 인생을 살다 가는 자들이다. 이는 너희 모두이다. 지구 또한 시한부 '유한한' 아니랴? 나의 마음을 알리는 나이다. 나의 뜻과 계획을 두며 전하는 나이다. 너는 사람의 한계(기록자일 뿐) 안에서 사용된 자이다. 지금도 그러하다. 보내신 자(누구시더냐? "네 주 하나님이시다" 하라)를 알 때 겸허해지리라. 영서에 대한 것과 종말에 대한 것 그리고 지구 전과 나라 전(전은 전쟁 의미이다)과 사회면 등 차근히 다루는 나이다. 말하고 말하는 나이다, 전하고 전하는 나이다. 읽고 읽으리라! 사랑이다, 권면이다, 지도하며 가르치는 주시라. 이는 성령의 역사이다. 성경을 준비하여(너는 10여 년 두문불출한 자이다) 나를 알게 한 자이니, 이러한 집중기를 두어 영서의 기록 시점에 이르게 한 자이다. 설명하는 글로써 말하는 나이니 이 주제 저 주제를 알아가리라. 읽는 자들 또한 듣고 들어야 알리라. 나의 마음에 동하는 자 되길 원하는 나이다. 나의 마음과 눈이 있는 그곳에 함께 있어야 하는 자들이다! 하라.

한국과 지구가 위험한 이유를 아느냐? 마을 하천에 물이 범람하고 있는데(이는 나의 마음의 분출, 표출이다) 자기 처소(교회, 모임, 각자의 일 등)에만 눈이 향한 몰두자들이 아니냐? 대부분이다! 하라. 깨어 있는 교회가 몇이랴? 깨어 있었으면 이미 나팔수가 되었으리라. 동네방네 알리지 않으랴? 위기를 모르는 자들이 많다! 전하여라. 마음이 땅에 있는 자는 그러하다. 막 1:15 이르시되 때가 찼고 하나님의 나라가 가까이 왔으니 회개하고 복음을 믿으라 하시더라.

'주'의 추천서 2 (2022. 12. 16. 금요일)

"흰 눈 같은 '주'의 성령이시다" 하라

　오랜만에 찾은 옛 자리이다! 하라. 올해의 세 번째 눈이다. 첫눈은 12월 6일이다. 베란다 문을 열 때, 창밖 너머 나무들 위에 흰 눈이 덮여 있어서 얼마나 좋으랴? 하얀 눈이 소복하게 쌓인 모습을 다시 보게 된 자이다. 너는 눈의 정결함이 좋은 자이다. 이는 반기는 이유이다. 하늘로서 내리는 신비함과 함께 마음이 동하므로 순간 모든 것을 잊게 하는 정화 작용이 있지 않으랴? 흰 눈의 매력이자 이 일의 사명, 눈의 역할이다! 하라.

　두 번째 눈은 엊그제 12월 13일 내리나 아들이 전하는 말(눈 소식)로 안 자이다. 좋아하고 기다린 눈을 볼 겨를이 없는 상황이다. 영서를 받는 시간이므로 몰두하기에 그러하다. 그 '좋으며 반기는 눈'을 뒤로 함은 주의 일에 집중하므로 뒷전으로 들리는 정도일 뿐이다. 소중하지 않다는 의미이다. 주시는 은혜 안에서 흰 눈도 누림이니 모든 대상이 이러하다! 하라. 비로소 기도하러 가는 길에서 어두운 밤 속에 녹은 눈의 부분만을 볼 뿐이다! 하라. (2022년 7월부터 시작된 한 기도처를 다니는 자이다. 빌리는 작은 공간의 모퉁이에서 부르짖는 기도의 한계와 소리 기도의 제한 문제 함께 이유를 주시기에 시작된 자이다! 하라)

　다음 날인 12월 15일은 주방의 작은 창문 너머 보이는 쌓인 눈들을 보면서 함박눈에 감탄한 자가 아니냐? 놀랄만한 기쁨이나 급히 나가는 시간에 쫓기어 눈길은 걸어도 아름다운 설경조차 뒤로한 자이다. 타야 할 차 시간으로 앞만 향한 자이다. 차의 연착으로 숨을 고르며 기다릴 때 "아! 눈 사진을 찍으라 하심에도 서둘렀구나! 조바심을 내서 미션을 못했다" 하며 자책한 자이다. 은혜는 이러하다. 자신의 문제로 주가 준비하신 잔치를 제대로 누리지 못하는 이 시대이다! 하라. 펼쳐진 눈의 광경처럼 이미 그리스도의 은혜가 성령으로 덮인 상황에도 믿지 않는, 주저하는, 덜 소중히 여기어 놓치는 이러한 시대이다! 하라.

이를 주라. 이는 전하라는 의미이다! 하라. 되었다. 닫으라.

영서는 이러한 흰 눈(성령 상징)의 역할이니 너는 이미 쌓인 눈으로 가진, 지닌, 주의 글 보관자이다. 흰 눈을 구경할 자들에게는 주의 허락하시는 은혜로 받아 여길지어다! 하라. 나의 줌(주는 것)은 사람들 같지(글, 학식으로 주려는 자들) 아니하다! 하라. 나의 말이 영서의 글(메시지)로 나타남이니 오랜 시간을 거치는 과정에서 아픔, 고통, 죽음 위기까지 견디며 출간하는 글이 된 생사를 거는 싸움이다! 이르라.

남은 싸움이 있으니 글 즉 주의 메시지에 대해 반응, 자세, 태도를 보고자 함이다! 이르라. 누가, 왜 그러한지 다시 전할 주이시다! 하라. 이는 공개를 의미한다. 선한 일의 가림막이 되어 추운 자에게 햇빛을 막는 자처럼 한다 하면 주가 어찌 대하시나? 이를 두라. 그는, 그들은 나의 반열이 아닌 좌파이니 이들은 날뛴다 하라. 회개의 여지가 없는 이러한 자들이다. 또한 이단성 발언자들과 그 외 등등 논란의 여지를 두어 나의 일에 끼는 자는 어떠한지, 무엇을 하는지, 왜 그러한지 드러낸다! 이르라. 요한복음 말씀 두라. 빛이 비치되 "나는 어둠이라 싫습니다" 하는 사인(sign)을 주는 이러한 자들이다! 하라. 요 1:5 빛이 어둠에 비치되 어둠이 깨닫지 못하더라. 요 3:20 그 정죄는 이것이니 곧 빛이 세상에 왔으되 사람들이 자기 행위가 악하므로 빛보다 어둠을 더 사랑한 것이니라.

"지구의 마지막 때에 전하는 영서이다" 하라

2천 년 전부터 시작된 '마지막 전(전쟁)' 전시 상황이 아니겠는가? 난투극 현장 지구이다. 불신자보다 더 악한 자들이 나서는 시대이다! 하라. 반 기독교! 적대하는 적그리스도(antichrist) 세력 형성이다 이르라. '적'은 안티(anti)이다. 마음 댓글인 심중 언어와 말의 횡포와 대적이니 마치 칼을 휘두름과 같다! 하라. 주를 찌르는 가해자들이다 되었다. 닫으라. 메시아 등장에 놀란 헤롯이 어떠하랴? 산헤드린! 기득권 저들 공회이다. 대제사장, 서기관, 장로들 이러한 바리새파 득실, 우글거림으로 "독사의 자식들" 하지 않으랴? 내 편이 아니다. 적군이다. 음부의 권세 아래 출몰된, 모인 그들 집단이다! 하라. 함부로 폄하하지 마라. 주가 이르시리라(오시리라). 알곡과 가라지를 심판 날까지 둘지라도 내 편과 그들의 편 전쟁 사이에서 치를 대가가 있으니 사랑의 하나님이 진노도 가지심은 이에 마땅한 처사이시다! 하라. 되었다. 닫으라.

읽고, 듣고, 지키는 자는 복이 있으리라(계 1:3). 이 말씀과 함께 목마른 자, 원하는 자에게 주시는 주의 놀라우신 사랑임을 전하라. 계 22:17 성령과 신부가 말씀하시기를 오라 하시는도다 듣는 자도 오라 할 것이요 목마른 자도 올 것이요 또 원하는 자는 값없이 생명수를 받으리라 하시더라. 주의 사랑하는 자(기록자)를 그냥 두라. 건지시고 사용하신다! 전하라. 폐하든, 세우든 하는 시대이다! 하라. 대기 발령자 훈련생도 있다! 하라. 이는 기독교를 위한 메시지이다! 이르라. 그러나 세상에서도 겸손한 자가 있으니 나의 뜻은 이 안에서 준비를 위한 과정 중에 있는 자도 있으며 발굴도 하는 주이시다! 하라. 이스라엘의 버림이 이방인의 택함, 기회가 되듯 이천 년 전이나 오늘날에도 동일한 이러한 성경에서 일어난 일대로 지속이 되는 주의 역사이니 선별을 위함이다! 하라.

돌아올 민족, 남은 민족이 있으니 너희의 마침이 될 복음 대상이다! 하라. 마태복음 28장을 두라. 마가복음 16장을 두라. 사도행전 2장을 두라. 이는 눈 내린 그제이니(12월 14일 수요일) 기도 중에 주신 선교에 대한 말씀을 주신 자이다! 하라. 지구에 대한 나의 사랑이 무엇인지, 어떠한지 알리라. 또한 이날 아침에 주신 꿈도 있으니 이 꿈 이후 기도 장소에 이른 자이다. 꿈의 은혜는 미국행 비행기 안에서 일어난 일(지구에 재난이 일어날 때 그 안에서 누군가에게 영적인 체험을 주시고 증인으로 세우시는 주이시다! 하라)과 함께 네가 '지구 전체에 대해' 전할 자임을 다시 일깨워 용기를 북돋는 이러한 하나님이시다. 그 비행기 자리에서 네 안에 들려진 말씀이다! 하라. (너 또한 '지구에 대해' 증거 할 자이다. 의기소침해진 자이니 주신 꿈이다! 하라)

"시급히 전해야 할 영서이다" 하라

　지구는 나의 일부이므로 나의 사람으로 두기 위한! 너희 가족 세 사람을 내 손(크지 않더냐? 이는 보인 환상이다! 하라) 안에 두려 한 나이다. 이는 하나님의 크신 손이다! 하라. 이 손 위에 올려진 너희 세 사람의 매우 작은 모습을 본 자이다. 전적 의지이다. 의지하라, 의지해야만 한다. 이를 알리신 주이시다. 이리하여야 해내는 일이다! 하라. 이 일이 크고 중대하니 이 외에 의지하지 않을, 신뢰하지 않을 자들임도 이미 알림이다. 이는 이에 대한 훈련이 쉽지 않음이다! 하라. 자신을 버리는 일과 주위 환경에서 벗어나 전적 의지, 전적 몰입, 집중할 너희의 주가 아니시겠느냐? 너희가 비록 '어떠하다' 하여도 사용은 선택이나, 알림은 나의 약속을 이루기 위함이니 모든 자에게도 이와 같이 은혜의 기회는 '전적 의지' 주이시다! 하라. 너희 가족이 받는 훈련의 지탱이 약하나 이 와중에도 일하시는 주이시니 출간 시점이다! 이르라.

　이를 두어 세상 만민을 위한 책임을 알리라. 북한, 일본, 중국 등 해외 어느 나라가 '나의 이러한 일들'에 귀를 기울이지 않으며 하나님이 계시니 "두렵다, 찾자, 매달리자" 하지 않겠느냐? 하라. 이는 시급함이다. 지구의 위기, 한국의 위기, 북한의 위기이며 나라들마다 그러하다! 하라. 한국의 좌파 세력이 잠입하여 들쑤심이니 엎어진 곳에 덮치듯 죄악 된 세상에서 그들은 국제 위협자가 되어 핵 출시로 생명을 조이는 자들이다. 마치 칼끝을 목에 대듯 설치듯 한다! 하라. 이 모든 위기! 민족전이다. 자연재해는 두려워한다 해도, 두려워해야 하거늘(인간이 이기랴? 이길 수 있겠나?) 이도 일상에서 일어나는 빈번한, 자주 겪는 일이 되어 무덤덤해진 지구 사람들이다! 하라.

　이러므로 노아의 때와 같이 죽을 위기도 알지 못할 뿐더러 멸망하기까지 "깨닫지 못했다" 하므로 이 교훈, 역사를 두어 다시 알리라. 마 24:39 홍수가 나서 그들을 다 멸하기까지 깨닫지 못하였으니 인자의 임함도 이와 같으리라. 되었다. 닫으라. 늦은 출간으로 다시 이르는, 전하시는 주의 메시지이다! 하라. 사랑하는 여종 기록자로 인한 대행하시는 주이시니 이 글이 땅끝에도 가지 않으랴? 언어가 다른 자들이라도 영은 주로부터이니 같은 물 마시는 하나님 사랑, 주의 복음, 성령의 일이다! 하라. 되었다. 닫으라.

'주'의 눈이 출판사 차례이다! 하라 (2023. 7. 19. 월요일)

이 글은 추수 때에 주시는 '주'의 글이다! 하라. 2022년 초, 출판사로 향한 첫걸음을 뗄 때 말씀을 들은 자이다. 교회들만이 아닌 출판사도 '보시는 하나님'을 알리시므로 이어서 출판사 차례를 전하시니 기록자 자신도 매우 당황하며 놀란 자이다! 하라. 출간 목적만이 아니다! 하라. 그러므로 무거운 발걸음이 아니랴? 이미 자신도 이러한 하나님의 눈으로 호되게 먼저 맞고 나온 자니, 2019년에 진노의 수위를 알리시므로 죽은 자처럼 지낸 시기가 있다! 하라. 사명과 사명자를 알리신 이후, 대기 중에 일어난 사건이다! 하라. 주신 은혜를 전하지 않은 자에 대한 일침이니 이는 생명의 경고이다! 하라. 이로써 시작된 하나님과의 딜이다. 에스겔 성경 말씀의 구절 '파수꾼'을 받은 후에야 사명 의식이 굳혀진 자이다. 그리고 이어, 증인으로 사용하기 위하여 친히 주시고 채우시는 증거들이 쏟아짐이 아니더냐? 하라. 그리하여도 이는 시작에 불과하다.

이 시대는 오직 주를 위해 살 때이다! 하라. 오직 주 앞에 엎드리며 은혜와 사명 아래에서 살 뿐이 아니랴? 이는 어두운 시대이니 그러하다. 빛으로 나아오기 위한, 빛들이 되기 위한 일련의 시험들이다! 하라. 자신 단련 시기 함께 부르신 사역으로 나아가는 시기이다! 하라. 하고 싶어서 하는 영서 사역이 아니다! 하라. 주의 맡기심이다. 그러므로 어느 대상이든 '어떠하다' 알리신다! 해도 자신은 엎드릴 뿐이다. 듣는 자이기에 더 낮추는 자이다. 오해이든 해명이든, 퇴보이든 진전이든, 억울함이든 초토화이든, 숨기든 밝히든, 묵묵히 저자세로 주께 대할 뿐이니! 이는 호된 아픔을 가진 자이다! 하라. 되었다. 닫으라.

출판사들이여, 들으라! (2023. 7. 9. 주일)

교회들의 민낯, 부끄러움, 수치 해결을 위해 이 교회 저 교회 알리시는 상태, 상황이니 이는 한국 교회의 거세어지는 시기인 '공산화'와 '성령 무시'에 대한 일침으로써 두신다! 하라. 또한 "기도만이 살길이다!" 이를 말씀하시며 예수(오직 성령)만이 길이며 진리이며 생명이며 구원임을 알리신 자이다. 요 14:6 예수께서 이르시되 내가 곧 길이요 진리요 생명이니 나로 말미암지 않고는 아버지께로 올 자가 없느니라. 그러므로 대상들을 이니셜로 전하는 이유이다. 단, 주의 마음에 따라 더 확연히 드러내는 대상이 있으니, 이는 "매우 심하다" 하여 전하는 것이니 누구도 이러한 주의 마음의 의도를 알아차리는 자만이 주를 위한 자이며, 나라와 교회들과 이 사회를 위한 자이니 이를 알아야 하리라.

이뿐 아닌 "출판사들이여, 들으라!" 외치는 자이다. "교회뿐이랴?" 하신 주이시다. 벧전 4:17 하나님 집에서 심판을 시작할 때가 되었나니 만일 우리에게 먼저 하면 하나님의 복음을 순종하지 아니하는 자들의 그 마지막은 어떠하며. 이 말씀은 오래전에 미리 알리신 주이시다! 하라. 이제 원고로 주는(책 내는) 시기이다. 기도 시간에도 무수히 이르는 주이시며 듣는 자이다. 주는 '전하고, 전하고' 자신은 이에 '듣고, 듣는' 자이다. 이러한 자이니 어찌 알리지 않으랴? 전하지 않으랴? 교회에 이어(영서를 받은 자이다) - 2022년 해의 시작 즈음, 출간을 위한 원고를 들고 나설 때 주신 말씀이니 - "출판사 시기이다!" 하라. 이를 알리시며 듣고 나선 자니 '출판사들에 대해' 점차 알아지는 자이다. 출판사의 상태, 점검이니 주에 대한 자세, 반응을 보기 위함이다 하라. 그러므로 원고를 들고 찾아 나선 자에게 이르신 대로 겪는 자이다.

이 시대에 출판사가 할 일은? (2023. 7. 9. 주일)

"주의 글에 대한 출판사들의 반응이다" 하라

　3차(세 번째 찾은) 출판사와의 출간 준비 중에 이르신 말씀이니! "3차 출판사이든, 4차이든 진행이다" 이에 대하여 "왜인가? 3차를 하는 중인데 4차는 무슨 뜻인가?" 하며 의문 가진 당시이다. 이는 '니느웨 회개 기도 40일'에서 제7일(2020. 7. 29. 수요일)에 넣는 추가 글(2022. 4. 7. 목요일) 내용이니 3차 출판사와의 출간 진행의 초기임에도 4차 출판사의 거론이 나오니 그러하다 하라. 결국 3차 출판사는 출간하지 못한 자이다. 그러므로 현재는 여러 출판사 문의를 거쳐 다시 시도하는 자이다. 2022년에 문의한(알아보라 하신) 몇 곳을 2023년 봄, 재확인(의도를 알기 위해)을 위해 다시 문의한 자이다. 심지어 심한 말도 들은 자이다. "급한 글입니다(주가 급하다 하시니)" 이를 전한 자이다. 정중히 낮은 자세로 울며 겨자 먹기로(급하므로 아쉬우니) 하소연, 부탁했음에도 도도히, 거만히 전한 그 목사이니 "왜? 끼어들기를 하느냐?" 하며 면박, 핀잔을 준 자이다. '주의 글'(직접 받은 글)임을 아는 그(목사이다 하라)이다 하라. 이러한 한국 교회와 출판사의 현실이다! 하라.

　영서 기록 '종말'의 원고는 책이 목적만이 아닌 두루 섭렵하는 출판사 현황, 상태이다 하라. 좌파일는지 누가 알랴? 좌파로 오염된, 물든, 얼룩진 이 나라 상태이다. 애국하는 출판사이다 할지라도 영성(성령 차이로 인한) 문제로 막는 자가 되며, 적반하장도 되며, 반대자처럼 하는 자와 교회, 출판사도 있으니 성령이 아니면 이제 이 일을 알 수 있으랴? 그(위의 출판사 목사)도 버린 바 된 자이다 하라. 상한 음식같이 변한 그이다 하라. 못된 나무가 못된 열매를 맺나니! 이 말씀 두라. 마 7:17 이와 같이 좋은 나무마다 좋은 열매를 맺고 못된 나무가 나쁜 열매를 맺나니.

"누구를 위한 출판사인가?" 하라

오늘 이 글은 출판사들에게 고하라. 세상을 위한 돈벌이 수단이 된 출판사가 있다! 하라. 이들은 잡다한 온갖 것 주는 대로 출간해 주는 매우 심한! 부패한! 삼류 소설 같은 돈, 명예, 성 등이 소재이다. 또는 쪽집게식 발췌하는! "그중 나은 것 건지자!" 하며 시, 소설, 산문, 기행 등 인간의 질을 높인다! 하는 시선으로 접근하는 출판사가 있다! 하라. 이는 대상을 매료시키기 위함이다. 다음은 철학, 요리, 사진, 경제(부동산, 재테크 등) 등등 전문 분야의 선호를 위한 맞춤형이 있다. 마치 연예인 기사 다루듯! 뉴스 한 면의 짤막한 광고 보듯이 눈에 띄는 책들이다. 이 분야의 광고 같은 책이다. 누군가(기호, 선호, 매니아, 투자자, 기능인, 전문인, 직업 투잡이나 홍보성 위한! 그리고 심지어 방송 출연 유명으로 따르는 이어짐 같은 예도 있다)에 의해 펼치는 분야이다 하라. 다음은 '신학이다' 하는 신앙인을 위한(목회자, 신학생 대상 등) 전문 도서가 있다. 그리고 간증(체험적 신앙)과 지도를 위한(모임, 그룹, 개인 등) 목적을 둔 신앙 성장 책등 여러 유형으로 기독교 서점의 모음집이 되는 책들이다. 이는 기독 서적이다. 또한 "질 수 없다" 하며 나서는 영들의 '전선' 시대이니 이 책, 저 책 마구 쏟아내는 종교 서적들이 아니냐?

책(독서)은 양식과 같다! 하라. '영을 위한! 주를 위한!' 이러한 소재 다루는 글로써 "양식을 채운다!" 하면 좋으련만, 마치 세상 물건 하나 더 두듯 이러한 동기로 책을 본다면 영혼에 유익이 있으랴? 하라. 전문 책은 필요할 수 있으나 심취는 금물이다. 모든 것은 '영을 위한' 것이다. 이는 '하나님의 영광을 위한' 성령을 알리는 도구로써 사용될 뿐이니, 자랑도 소욕도 아닌 깨끗이 비워 아름다운 것(보석 같은)들로 채워야 하는 자들이다. 이러한 준비된 그릇으로 먼저 두고 이후에 영을 담아 '주께 드리기 위한!' 아니냐? 하라. 이상이다. 되었다. 닫으라.

글을 위한 전문인이 아닌 '영을 전하기 위한' 영서 기록 글씨이니 이는 영서 기록자 자신이 가진 모두(이를 위해 준비한)이다. 오직 영을 담기 위한 그릇이니 그릇이 주인이 아닌, 영이 생명(양식)이므로 주인이 아니랴? 이 생명을 먹기 위한 영서이다 하라. 문의한 위의 ㅇㅇㅇ 출판사는 기억될 자이다 하라. 주를 십자가(주의 마음이시다 하라. 사랑을 위해 지신 십자가이다)에 못 박은 자이니, 이는 주의 마음에 못 하나 박은 그 목사이다 하라. 이는 네가 느낀 아픔이다. 되었다. 닫으라.

"영서 선물의 포장지가 되어주세요! 하는 자이다" 하라

"출판사들은 들으라!" 하라. 이 시대에 요긴한 일이 있으니! 고전 12:22 그뿐 아니라 더 약하게 보이는 몸의 지체가 도리어 요긴하고. 이는 종말을 알리는 책이다! 하라. 출판사는 이러한 시대의 부름이 있으니! 이 나라의 위기와 함께 이러한 상황 문제조차 외면시 한다면 누구를 위한 출판사인가? 하라. 이러한 작가(영서, 대필)의 등장이다! 하나, 외면한 출판사들이 많다! 하라. 불과 부분의 출판사 수 외에는 근접하지 않을 뿐이니 어찌 알랴? 이는 문의, 부탁 정도이다! 하라. 출판이 진행되어도, 된다 해도 안심이랴? 노심초사 상황이다! 하라. 면면히 아시는 하나님이시기 때문이다.

출판사는 저자의 활약(증거)을 위한 잠시 들리는 포장대이니 출판사는 이러한 관계이다 하라. 포장지가 필요하며 때로는 상자, 끈 등이 필요하지 않으랴? 글이 나뉘어 떨어지게(유튜브는 할 수 있으나 짤막이 나누어 전할 뿐 아닌 또한 제한적 그곳이다), 낱낱이 흩어지게 할 수 없기에 전체(1권, 2권 이러한 시리즈를 전하신 주이시다 하라. 지체가 웬 말인가? 하라) 담을, 해줄 곳을 찾는 곳이 출판사이다. 물건의 가치, 특성에 맞는 포장을 원하듯! 저자 자신이 섬세한 지도를 받아 포장지를 고르며 포장 방법을 제시하니 쉬운 일이냐(쉬운 일인 듯해도), 포장해주는 자들은 물건의 선호, 호불호가 있으며 자신 방식대로 - 광고성, 홍보성, 명예, 권력, 재물, 인기 등 함께 출판사나 대표나 담당하는 자들이나 이를 위해 한다면 어찌하랴? 이를 주라 - 원하거나 일의 방향을 돌린다면? 이에 대하여 알리시는 주이시다!

하라. 영서를 기록하고 전하는 나의 종에 대한 예우나 주에 대한 신앙(믿음)이 아니니 이러한 일을 누가 알 수 있으리오? 하라. 다 된 일이 멈추지 않으랴? 이는 경험이다(3차 출판사) 하라.

누구든 겸허(겸손, 낮추는 자)함으로 끝까지 갈 수 있으랴? 하라. 출판의 시작이나, 끝이나, 그 후나, 이는 '교회와 같은' 다루기이다 하라. '종말' 책은 이러한 나섬이니 이를 알고 출판사를 일부 접근, 접촉한 자이다. 지금은 노코멘트 시기이다. 부분 전한다 해도, 이는 아무것도 아닌, 주의 마음과 영서 기록자의 마음에 비하면 그러하다 하라. 많은 일의 함구이다. 예레미야 5장 말씀의 '한 사람'을 찾으나 출판사도 예외는 아니니 가슴앓이하는 자이다. 렘 5:1 너희는 예루살렘 거리로 빨리 다니며 그 넓은 거리에서 찾아보고 알라. 너희가 만일 정의를 행하며 진리를 구하는 자를 한 사람이라도 찾으면 내가 이 성읍을 용서하리라. 이러한 영서 기록자 자신의 번지수 이탈 왜인가? 쫓기는 자이다. 이러한 한 사람(렘 5:1)의 목마름뿐 아닌, 사울 전(전쟁-쫓기는 다윗)과 나합의 포도원을 빼앗으려는 아합(왕하 21장) 같은 주위 환경으로 인해 숨기도, 울기도 하며 지낸 날이다! 하라. 되었다. 닫으라.

오직 주가 주신 내용들을 전하기 위해 이 시간까지 견딘 자이다! 하라. 다윗은 사울로부터 가드 왕 아기스에게 도망하여 그 신하들의 말로 인해 미친 체도 한 자이다. 삼상 21:13 그들 앞에서 그의 행동을 변하여 미친 체하고 대문짝에 그적거리며 침을 흘리매. 쫓기는 다윗이 사울을 용서하기가 얼마나 힘든지 아는 자이다. 바울은 어떠한가? 오직 '이방인을 위한 그릇'으로! 행 9:15 주께서 이르시되 가라 이 사람은 내 이름을 이방인과 임금들과 이스라엘 자손들에게 전하기 위하여 택한 나의 그릇이라. 이 복음을 위한 감내의 시기가 있기에 맺은 교회들이 열매이다 하라. 또한 그의 서신서들이다! 하라. 이러한 은혜로 나아가보자. 되었다 닫으라.

모두에게 이르시는 주이시다! 하라 (2023. 7. 9. 주일)

"이 시대를 알리기 위한 성령의 도구! 영서이다" 하라

4차 출판사와의 계약 기간 두 달을 맞아 전하는 자이다. 일의 새로운 해결책을 제시해 둔 채 기다리는 자이다 하라. 출간이라는 결과, 결실은 "주의 영광이다" 하라. 이 희망, 소망에 매여 사는 자이다. 영서 받은 이후 했더라면 책이 몇 권이랴? 하라. 험한 세상이다. 의인은 귀하다. 쫓기고 쫓기며 내는 글이 만족스러울 수 없으나, 이러한 모든 과정을 알리는 '주'의 고난 시대이다 하라. 누구든 합당한 자를 찾으면 머물라 하는 성이나, 이 합당한 자가 어디 있으랴? 마 10:11 어떤 성이나 마을에 들어가든지 그중에 합당한 자를 찾아내어 너희가 떠나기까지 거기서 머물라. 도와준 '성령의 교회' 두 곳이 있었다! 하자. 이조차 의지하지 말라는 주이시다. 초교파의 부르심! 이 선교는 이러한 힘겨움이 있다! 하라.

저마다 조직을 갖추고 일하니 열 명, 백 명, 천 명, 만 명, 십만 명 하나 자신은 혼자 나선 자이며 이 비밀(영서)을 알리라 하시는 때에 두 아들로 시작하며 팀이 된 현재이다. 이조차 주위 세력으로 인한 편 전쟁, 소속 전 중이다! 하라. 눈치 없는 목사들의 개입이 있다! 하라. 이름 거론은 아직이다. 이는 다윗의 마음으로 회개시키라 하시는 '주'의 명이시니 출간이 되면 그, 그들이 책을 보면서 일어날 일들이다. 그 후는 아나 전하지 않는 자이다. 이는 '다 아시는 하나님'을 알리기 위한 성령의 도구로 사용되어 시작한 영서이다 하라. 되었다. 닫으라.

어느 분야이든 주가 말씀하실 때 기록하는 자이니 이 일은 시대적 문제 해결이다! 하라. 주에 대한 '경외(두려움)' 이는 무엇인가? 말 3:16 그 때에 여호와를 경외하는 자들이 피차에 말하매 여호와께서 그것을 분명히 들으시고 여호와를 경외하는 자와 그 이름을 존중히 여기는 자를 위하여 여호와 앞에 있는 기념 책에 기록하셨느니라. 이러한 경외 없이 '나(여호와)를 위한' 아닌, 자신들 분야를 일삼아 자기 높임이니 조직력 강화는 누구를 위함인가? 이 조직은 누구를 위함인가? 하라. 직업이든 무엇이든 자신의 경외 대상은 하나님뿐이니 이를 두라. 전하라. 민족까지 다 훑으시는 이 거대한(지구인들이 보기에 그러한) 조직 지구이다 하라. 시대의 끝이다! 하라. 끝자락에 서서 "구원이냐? 떨어지냐?" 하는 순간이 초근접 한 상황이니 이를 "알랴? 모르랴?" 눈이 커지면, 밝으면 보이지 않겠느냐? 하라. 되었다. 닫으라.

주가 보여주시니 지구가 보이는 자이다. 그 안 민족들마다 저마다 심판 아래 두어 '구원의 샘'(예수 그리스도 오직 성령이시다! 하라)에 모이기를 원하시는 주이시다! 하라. 자연도, 천사도 또한 이 세상의 모든 것이나 그중 일부 사용되는 도구들마다 이러한 구원과 심판을 위한 잠시 허락하는 것들이니 이를 알라. '종말 원고의 출간에 대한' 출판의 기대는 약해지나, 마치 호흡처럼 끊이지 않음과 같음이니, 이는 주의 붙드심이다! 하라. 절망과 희망의 계단을 오르내린 출간의 시기 3년, 이는 출판사와의 관계이자 주변과의 관계이다.

"오늘이 있기에 감사하다" 하라

내일은 오늘이 있기에 감사한 것이다! 하라. 오늘은 회개할 수 있기 때문이다. 돌이킬 수 있기에 그러하다. 모세처럼 '떨기나무 앞'에서 말이다. 출 3:3 이에 모세가 이르되 내가 돌이켜 가서 이 큰 광경을 보리라 떨기나무에 불이 붙었으나 어찌하여 타지 아니하는고 하니 그 때에. 회개보다 앞서지 않는 믿음이다! 하라. 막 1:15 이르시되 때가 찼고 하나님의 나라가 가까이 왔으니 회개하고 복음을 믿으라 하시더라. 회개하고(입던 옷 벗고, 씻은 후) 믿음(새 옷 입기)이니 이에 감사하는 저마다 아닌가? 하라. 이로 말미암아 내일 앞의 오늘은 감사하며 소중하며 기회이다! 하라. 더럽고 냄새나고 누추한 옷을 누가 "하루 더 입자" 하며 조금만 더! 조금만 더! 하느냐? 하라. 이는 더러움이 느껴지지 않거나 정신적 문제가 있는 자이기에 완강히 거부하기도 하는 자니 병원까지 필요하지 않으랴? 이는 날의 소중함이다! 이르라.

이로써 "주의 날이다" 하는 자의 매일의 삶은 깨끗함을 위함(삶의 동기, 과정,

목적)이니 시간, 분초를 보석 아끼듯 살아내는 자가 되지 않으랴? "오늘이 내일이며 내일이 오늘 같다" 한다면 썩은 채 둔 버려진 생선, 음식물이거나 곧 쓰레기로 버려질 음식물이니, 종량제 봉투에 담긴 채로 길가에 놓이는 폐기 처분 음식물 같지 않으랴? 이러한 생존과 맞물린 분초, 시간, 날이다! 하라. 이는 날에 대한 여호와를 경외하는 자세이다! 이르라. 되었다. 닫으라.

다가오는 심판을 면하기 위함이니 상급자에 대한 '구원과 상'도 이르는, '그날에 대한' 더 가까이 이르는 자들은 더욱더 감사로 날을 맞이하지 않으랴? 이는 '종말'의 자세이자 신앙관이며 날들을 살아가는 자들이다! 하라. 오직 "새 예루살렘 성이다!" 하므로 성령 안 교제와 지도로 살아내는 삶, 시간이다! 이르라. 이 땅에 '가까이 오시는 주'를 본 자이다! 이를 알리기 위해 영서를 받은 사명자이다! 하라. 이는 '종말'(마지막 때를 전하는 자) 사역자의 부르심이다! 하라. 주의 재림이 가까우니 근신하라, 정신 차리라! 벧전 1:13 그러므로 너희 마음의 허리를 동이고 근신하여 예수 그리스도께서 나타나실 때에 너희에게 가져다 주실 은혜를 온전히 바랄지어다. 되었다. 닫으라.

하나님이 "하라!" 하십니다 (2022. 5. 21. 토요일)

"책을 쓰게 된 동기입니다" 하라. 긴 여정을 지나니, 터널 입구가 보입니다. 그 안에는 주님이 기다리고 계셨습니다. 2020년 세계 코로나 팬데믹이 시작되나 빛이신 주님과 함께한 1년입니다. 세월호 사건에 이어, 죽어가는 시신들을 바라보며 아픔과 눈물로 주께 외칩니다. "제가 무엇을 할 수 있나요?" 그리고 얼마 후 글을 쓰기 시작합니다. 영서의 시작입니다. 첫날부터 주님은 말씀하십니다. 그리고 출간까지 계속하여 끊임없이 전하십니다. 기다리시기도, 재촉하시기도, 노하시기도, 위로하시기도, 칭찬하시기도 하십니다. 세상은 우상화된 시대이며 나라의 위기와 핵실험 시대로 인해 '새 예루살렘 성'에 전진, 집념하는 시기임을 알리십니다.

요한계시록의 기록자인 요한을 말씀하시며 '니느웨 회개 기도 40일' 기간을 정하시고 영서를 기록하라! 말씀하십니다. 책 제목을 '종말'로 알리십니다. 이는 시리즈입니다. 욘 1:1 여호와의 말씀이 아밋대의 아들 요나에게 임하니라 이르시되 2 너는 일어나 저 큰 성읍 니느웨로 가서 그것을 향하여 외치라 그 악독이 내 앞에 상달되었음이니라 하시니라. 욘 3:4 요나가 그 성읍에 들어가서 하루 동안 다니며 외쳐 이르되 사십 일이 지나면 니느웨가 무너지리라 하였더니. <u>시간, 거리 줄이는 핵 개발 시기이므로 '성'을 쌓으라, 방비할 때이다!(밑줄 치라)</u> 말씀하십니다. 이때가 책을 쓸 때라고 하시며 '교회가 교회에게' 전하는 것이라고 하십니다. 계 1:11 이르되 네가 보는 것을 두루마리에 써서 에베소, 서머나, 버가모, 두아디라, 사데, 빌라델비아, 라오디게아 등 일곱 교회에 보내라 하시기로. 저는 마음의 준비 시간이 길어지고, 장애물(방해)로 인해 출판이 지체되어 부득이 영서의 '추가 글'과 함께 책을 출간하게 되었습니다.

"출판하라" 하십니다 (2022. 5. 21. 토요일)

원고를 준비하고 망설일 때 주신 말씀입니다! 하라. 거대한 장벽(방해하는 장애물)을 보이신 후, 출판까지 지나온 자이다 하라. "… 심히 고민하여 죽게 되었으니" 포인트(point) 즉 '끝'에 선 자이다. 막 14:34 말씀하시되 내 마음이 심히 고민하여 죽게 되었으니(to the point death) …. 알리신 대로, 지치고 힘든 시기이다. 가족 모두 그러하다. 아직도 주위에 훼방 세력이 있고, 공개할 책에 대한 자신의 상태가 적합하지 않다! 하며, 해야 하나? 하는 자이다. 이러한 '끝'에 서 있을 때 주시는 주의 음성이다! 하라. (며칠 전 수요일, 영서 은사가 임한 2년 전을 생각하며 주님 앞에 엎드린 날입니다. 출간하는 책에 대해서 주시는 말씀 몇 가지를 요약합니다).

아밋대(네 아버지)의 아들 요나(너)에게 말씀이 임하여! 욘 1:1 여호와의 말씀이 아밋대의 아들 요나에게 임하니라 이르시되 (이 말씀을 주시니 사명임을 다시 깨닫습니다. 해야 하는 일로 받습니다) 이는 작은 너 자신과 크신 하나님의 차이임을 아는 자이다 전하라. 책의 출간은 영토확장이다. 왕하 14:25 … 선지자 요나를 통하여 하신 말씀과 같이 여로보암이 이스라엘 영토를 회복하되 하맛 어귀에서부터 아라바 바다까지 하였으니. 이는 한국 상황에 주시는 말씀이다! 하라. 이스라엘처럼 영토를 되찾는 시기! 자유민주주의와 함께 기독교 신앙의 위치가 회복되는 시기이다! 전하라.

(이처럼 '이 나라를 위해' 책을 발간하는 것이라고 하십니다). 대제사장, 서기관, 장로들에게 시달린 주이시다! 하라. (저 또한 이러한 상황이라고 하십니다). 이들은 바리새인들이 보낸 자이다! 하지 않더냐? 대제사장, 서기관, 장로들에게 보일 책이다. 가난한 자들에게 먼저 주라! (주 앞에 낮춘 자, 심령이 가난한 자들이 먼저 구입하여 보게 된다는 의미이다! 하라)

주님의 마음은 어떠하신가요? (무거우신 주님의 마음이 느껴져 질문을 드립니다) 나는 네 마음이다. 지치고 힘든 마음이다. 나와 너는 하나이기에. '영광(glory)! 영광(glory)!' 하지 않아야 한다. (이를 설명하라. 사람들은 자기 일로 성과가 있을 때 이렇지 않더냐? 하라) 책은 칭찬이다. 잘했다 충성된 종아 아니더냐? 네 가족을 나사로 가정처럼 살피리라. 찬양 '사명'을 주십니다! 하라. '주님이 홀로 가신 그 길!' 그 길을 가는 것이다. '나도 따라가오!' 걸음을 옮긴 자이다. 책은 삶의 옥합, 기념이다! 하라. 출판하라 하십니다! 하라. 이는 주의 말씀이다! 하라.

이 땅의 나그네 된 자여! 하라 (2023. 3. 31. 금요일)

"지구의 환난 날이다. 환난 날에 나를 부르라" 하라

2천 년 전 예수를 생각해 보자. 너는 2023년 1월에서 3월까지 3개월간 '종말 2' 원고를 준비하는 자이다. 세계는 환난 중이다. 주께서 네게 가르친 기도대로 보좌를 향하여 보좌 길에 있는 자이다. 이 길 양옆에는 목사들이 몇몇이 모여 있어 길을 통과하는 누군가를 서로 전도하여 교회로 데리고 가려 한다. 이러므로 2020년 초에 보인 이를 유의하라! 알리신 꿈이다. 너는 보좌의 주를 만나는 자이다. 오직 주 예수 그리스도와 직접 교제해야 함을 알린 자이다. 이 꿈은 이뿐만 아닌 천국 앞에서 지옥문 입구까지 긴 길을 보이기도 하며 영의 체험도 시키신 주이시다! 하라. 보좌 기도를 드리려 하나, 한국 교회의 부활절 앞 사순절 기간은 힘든 자이다. 이로써 보이는 길이니, 길 가운데를 막는 자들이 있으므로 "영어의 알파벳 H 모습이다" 하며(양쪽 세로는 길이며 가운데 가로는 빗장, 막음이다) 이를 설명해주시는 주 하나님이시다! 하라. 막는 시기이다. 마치 주차장 입구의 차단기를 내리듯 그러하다. 아는 자는 총공격 시기이다. 이는 '영적 무지에 대한' 일을 하려는 자를 막는 자들이다! 하라.

　　지난 문 정권 5년을 지나 윤석열 대통령 새 정부 5년이다. 좌파 정부를 검은색 미끄럼틀 비유로 환상을 준 자이다. 정권 말기 퇴임 전에는 미끄럼틀 아래 보이지 않는 곳에 잠시 몸을 감추고 숨기도 한 문재인이다! 하라. 윤석열 대통령 당선일에 주신 '주'의 말씀이 있다! 하라. 이 나라에 자유민주주의의 허락과 윤 대통령의 맡은 바는 한국의 공산화 좌파 정부로 일한 그들이니 좌파 척결 시기이다! 하라. 그리고 사회의 부정부패 척결이다! 하라. 이 두 가지 책무이다. 좌파 세력의 검은 미끄럼틀 파쇄 시기, 이는 무너뜨릴 기간이며 관련 대상자들을 구속할 윤 대통령이다! 하라. 그는 전 검찰총장이므로 범죄, 범인을 다루는 자이다. 그러므로 국가 범죄 조직과 맞서는 시기이다. 그는 주와 함께하신다! 하라. 또한 한국 기독교의 두 손을 드는 시기이다. 부르짖는 부흥 시기이다. 기도로 세우는 나라이며, 이는 윤 대통령을 흔드는 자들(대통령 당선과 함께 그들의 반격 미리 알리신)로부터 지켜야 하는 교회의 사명이다! 하라.

환난 날에 나를 부르라. 시 50:15 환난 날에 나를 부르라 내가 너를 건지리니 네가 나를 영화롭게 하리로다. 지구의 환난 날이다. 또한 이를 알리는 선교 맡은 하늘山 선교회의 환난 날이다! 하라. 꽃은 지나, 추운 겨울을 이겨내고 다시 핀다! 하라. 막는 자들로 겪는 시기이다. 에스겔서의 파수꾼 말씀(겔 3:17-21)을 가지고 시작한 영서 기간이다. 이는 살릴 자에게 주는 말씀이다! 하라. 예레미야의 고난을 겪는 자이다.

무인텔, 무인 현금지급기 등 기계화 시대이다. 사람의 일자리를 빼앗는 기계이다. 이는 과학화의 문제이다. 초림에서 재림까지 예수 시대는 고난 시대이다! 하라. 얼마 전에도 너는 산헤드린 공회와 같은 목사들에게 당한 자이다. 쥬얼리(jewelry)! 보석 영서이다. 주옥같이 받아 낸 자이다. 한국 교회는 베드로와 바울 두 축이다! 하라. 이는 국내파와 해외파 같은 두 스타일이다. 조용기 목사는 '선교 한국' 스타일이다. 너는 조 목사에 대한 소천 예고를 받은 자이다. 출판과 관련하여 누구도 또한 받을 수 있다! 하라. 2022년 7, 8월에 출간해보려 한 자이다. 이를 부탁한 자이다. 출판사와의 계약대로 9월 말 출간도 되지 않은 자이다. 연말 출간도 빗나간 자이므로 주께서 어루만지시므로 견딘 자이다.

그리고 2023년 새해 첫 주에 주신 말씀으로 새 도약을 위해 "종말 1(1-11일)의 출간은 잠시 쉬자" 하시며 종말 2(12-40일)의 출간 준비에 더욱 힘쓰게 하시므로 얼마간은 힘을 낸 자이다. 그러나 2월은 교회들의 사순절 기간으로 이리저리 풍랑이 일어난 시기이니 교회들이 너도나도 "어영차! 노를 저어보자" 하지 않으랴? 교단이 나뉘어 원판의 조각 상태이니 정중앙 한가운데 있을 자(주의 줄을 붙든 자, 이는 부르심이다! 하라)가 절기 때마다 교회의 소속전("우리 교단, 우리 교회, 우리 누구!" 하는 자들이다! 하라) 경쟁으로 인해, 이러한 힘겨루기로 영향을 받음이 아니랴? 저자의 역할을 알았더라면 주께 맡기는 자들이 아니냐? 하라. 안 자는 그나마 도우려 하나, 그러나 이도 연구(주의 뜻에 대한 노심초사이다! 하라)이기에 더욱 힘든 시기이다! 하라.

"죄악에 찬! 한국의 위기이다" 하라

최근 2023. 3. 24. 금요일 환상으로 알리신 '종말 1' 책 출간 노아의 배이다. 영서의 출간은 시대 메시지이므로 방주라 하심이 아니냐? 그러나 2022년 9월 출간 달에 나오지 못한 책이니 바다 물속에 잠긴 배 '노아의 방주'로 보이시며 수면 거의 다 오른 시점에서 배 한가운데가 둘로 반 나뉘어 배의 깊이 중간 부분까지 쪼개져 틈이 벌어진 상태가 아니냐? 증거 앞두고 일어난 일이다. 이러므로 영서 책 노아의 방주는 시대 손해이다! 하라. 이어 며칠 후 2023. 3. 29. 수요일, 이날은 아는 목사가(3년간 공격받는 중이다! 하라) 양손에 머리 잘린 큰 물고기를 들고 있지 않더냐? 자세히 보니 사람이며 저자 자신 모습이니 몸이 죽은 자처럼 축 늘어진 충격적인 모습을 본 자이다. 사순절 기간에 더 심해진 그의 공격은 미리 안 자이다. 지속하여 머리가 명해지며 기운이 점점 빠진 자이다. 결국은 그에 대해 받은 글들을 이 환상을 보임으로 그의 소행을 확인한 자이다. (다윗을 추격한 사울 같은 자, 나봇의 포도원을 빼앗는 아합 같은 자이다! 하라)

미켈란젤로의 '최후의 만찬' 한국 시기이다! 하라. 그동안 힘든 시기로 인해 저자는 "신원하는 시기이다" 하라. 계 6:10 큰 소리로 불러 이르되 거룩하고 참되신 대주재여 땅에 거하는 자들을 심판하여 우리 피를 갚아 주지 아니하시기를 어느 때까지 하시려 하나이까 하니. "아벨의 핏소리이다!" 하라. 창 3:10 이르시되 네가 무엇을 하였느냐 네 아우의 핏소리가 땅에서부터 내게 호소하느니라. "두 증인에게 하늘로 올라오라! 할 때 환난 겪을 그들이다" 하라. 계 11:12 하늘로부터 큰 음성이 있어 이리로 올라오라 함을 그들이 듣고 구름을 타고 하늘로 올라가니 그들의 원수들도 구경하더라 13 그 때에 큰 지진이 나서 성 십분의 일이 무너지고 지진에 죽은 사람이 칠천이라 그 남은 자들이 두려워 영광을 하늘의 하나님께 돌리더라. 2020. 7. 23. 목요일, 영서 받은 첫날에 길로 나선 자이다. 비바람 부는 날 왜인가? 이는 "너와 내가 걸어갈 길이다" 이르듯 이러한 3년을 보내는 자이다. 이 글도 눈물로 쓰는 글이다! 하라. 힘들어서 기도 소리조차 내지 못하는 사순절 시기이다! 하라. 오늘 주신 은혜는 외침이니 방언 찬양과 함께 우는 날이다! 하라. 주의 말씀을 들으며 우는 기도 시간이다. 아울러 "이 기록을 전하라!" 하신 주이시다! 하라.

　네게 보인 환상 '강물 속 죽은 큰 물고기 떼' 이는 지도자들의 죽은 상태이니 이를 알리는 자이다. '한강 수위 범람'의 꿈 그러하다. 이는 죄악이 찬 위기이다! 하라. 정치, 교계 문제를 알리는 자이다. 재난 시기 그러하다. 이는 자연재해이다. 각종 사고 시대이다. 불법 성행 시대이다! 하라. 씽크홀 시대이다! 하라. 지진 시대이다! 하라. 전쟁은 지속으로 일어나는 중이라! 하라. 한국전(휴전 아니다! 하라) 심화 시기이다. 한국 내 공산화 세력으로 포진(욱여쌈)한 그들이다! 하라. 너는 서러워진 자이다. 아버지 잃은 자(1993년 소천), 어머니 잃은 자(2020년 소천), 형제들 단절된 채 지속하는 일이다. 두 아들 "세우라" 하시기에 참아낸 시기이다. 교회들 겪으며 말이다. 주의 길이다. "준비하라, 곧게 하라" 외치는 자이다. 막 1:3 … 주의 길을 준비하라 그의 오실 길을 곧게 하라. 네게 이 땅의 피난 길을 보이신 주이시다. 이 세상 사람들이 가난한 피난민 모습으로 길게 줄을 선 모습을 보이심이니 저 하늘나라 향하여 가는 길이 아니더냐? 이 땅이 제집(육신적인 삶) 인 줄 아는 자가 많다! 하라.

　"로켓 시대이다" 하느냐? 창세기의 옛날 옛적! 하며(이는 태초이다. 창 1:1 태초에 하나님이 천지를 창조하시니라) 하나님을 찾는 자가 많다! 하라. 지금은 요한계시록의 재림 예수를 기다리는 시기이다! 하라. 성령 외에는 아무것도(두 아들도 마찬가지! 학문을 해도 말이다) 아니다! 하라. 나그네 길을 보자. 이는 베드로서이다. 벧전 1:1 예수 그리스도의 사도 베드로는 본도, 갈라디아, 갑바도기아, 아시아와 비두니아에 흩어진 나그네. 1:17 외모로 보시지 않고 각 사람의 행위대로 심판하시는 이를 너희가 아버지라 부른즉 너희가 나그네로 있을 때를 두려움으로 지내라. 2:11 사랑하는 자들아 거류민과 <u>나그네 같은</u> 너희를 권하노니 영혼을 거슬러 싸우는 육체의 정욕을 제어하라. 되었다. 닫으라.

하나님의 크리스탈 (2022. 2. 22. 화요일)

오늘, 영서 기록자의 이름을 'G. 크리스탈'로 말씀하십니다. "G. 크리스탈이라! 하라. 이는 하나님(GOD)의 크리스탈(네 이름 ㅇㅇ)이다! 하라. 하나님께서 크리스탈에게 말씀하시는 것, 알리는 것이다! 하라. 이는 '나와 너'의 관계이다. 개별적 두자. 그 외(개입되는 사람들)는 아니다. 영서이기 때문이다"

제가 신학을 마칠 즈음에, 두 아들의 신학 기간 10년(두 아들의 군 복무 기간 포함)이 시작되었습니다. 저 또한 개척 예배지에서 영으로는 깊은 체험, 육(몸)으로는 더 힘든 훈련 기간이었습니다. 그리고 2021년 두 아들의 신학대학원 졸업을 앞두고 2020년에 하나님께서 '영서'라는 새로운 은사를 특별히 선물해 주셨습니다. 외롭고 어려운 시기를 보낸 제게 하나님께서는 영서가 '보상'으로 주시는 선물이자 신학을 한 가족(세 사람)으로서 '졸업 논문'과 같으며 또한 '인생의 숙제'라고 말씀하셨습니다. 세계 코로나 생화학(신종) 바이러스 전의 시작과 함께 새로운 은혜의 '기름 부음' 예비에 이어, 넘치는 은혜 체험 속에서 저는 영서 기록을 시작하게 되었습니다.

영서는 책 발간 목적으로 주신 글입니다. 영서를 기록하기 이전부터 주님께서는 '종말'과 함께 '한국 교회의 분열'(교단들)에 대해 주님의 아픈 마음을 알리시며, 교회들을 향한 위기를 지속하여 말씀하십니다. 교회들의 성령과 은사(은사자)에 대한 대적(주의 일 훼방)과 나라의 공산화 위기는 한국 교회의 세계 선교적 사명의 때에 '문'을 막는 걸림돌이 되고 있다고 말씀하십니다. 핵 문제의 위기와 전 세계 나라들마다 이미 세워진 '적 그리스도'(막는 자)의 위기 속에서 오직 '새 예루살렘 성'을 향한 전진의 때임을 경고, 일침도 하십니다. 이 모든 것들이 영서를 전하게 하시는 하나님의 마음과 뜻이며 책 발간의 계기와 목적이라고 볼 수 있습니다.

프롤로그(prologue)

책을 소개합니다! (2022. 11. 26. 토요일)

영서의 메시지는 이 나라의 위기와 함께 이 세상을 진단함으로써 이후 일어나는 일들과도 연관이 있음을 알리십니다. 계시의 책으로써 '의와 절제와 장차 오는 심판' - 행 24:25 바울이 의와 절제와 장차 오는 심판을 강론하니 - 시대를 강조하며 '새 예루살렘 성' 전진 시기이므로 회개의 각성과 쇄신을 요구하고 있습니다. 무엇보다 예언의 은사와 함께 주의 뜻과 마음을 세밀히 전해드리는 책이므로 각 사람의 심령에 선포, 호소하시는 주의 사랑과 권면과 책망과 경고와 함께 주의 진노도 또한 전하십니다. "다시 오실 메시아, 왕이신 주를 준비하라" 이를 촉구하십니다! 하라.

 2020. 7. 23. 목요일, 영서 첫날에 종말 시리즈로 "책을 출간하라" 하는 특별한 임무를 주신 주이시다! 하라. 3년째 가족의 장래에 대한 약속을 보이시기에 확인하며 준비 중이다! 하라. 책 발간 준비 기간에 신학을 한 가족을 다시 모이게 하신 주이시다! 하라. 또한 2022년 올여름에 주신 말씀은 "이 땅에 영적 무지한 자(영적 기근)가 없게 하라!" 그리고 "이 땅에 굶는 자(육적 기근-국내 대상이 아닌)가 없게 하라!" 이 말씀을 주신 주이시다! 하라. 현재는 '종말 1'에 이어 '종말 2'의 출간 준비 기간이며 두 아들과의 연합 훈련 중입니다! 하라. 2021년, 먼저 신학대학원을 졸업한 첫째 아들은 주가 맡기시는 새로운 일(가족의 팀 선교)을 위해 얼마 전에 섬기는 교회를 사임했습니다. 같은 해, 이어 졸업한 둘째 아들도 현재 섬기는 교회의 사정으로 인해 내년(2023년 5월 말)에 사임할 예정입니다. 또한 주께서 선교 사무실과 그 안 예배 장소를 준비하라 하시니 한 지역을 정탐하는 중입니다! 하라.

 '종말 1' 책 출간 예정이 9월 말이지만 지체되고 있습니다. 지속되는 영적 싸움으로 건강과 재정 문제와 일의 계획까지도 차질을 빚기에 아픈 출간입니다. 그러나 주의 선하심과 인자하심과 오래 참으심의 은혜는 더 크게 체험된 시간입니다. 사람의 죄를 사랑하시고 회개의 기회를 주시고 믿음으로 이끄시는 구원의 주가 되시는 오직 예수 그리스도만이 살 소망임도 다시 깨닫는 시간입니다. 주의 책("내 책이다" 하신 주이시다! 하라)이니 주의 뜻대로 해보려 했으나 결과물에 일부의 아쉬움이 있습니다. 영서라는 특수한 상황(해석 은사)에서 메시지 또한 특별한 내용이며 성령 지시의 출판 과정이다 보니 중간 입장에서 고충이 컸습니다. 대가 지불 역시 그러합니다. 그러므로 주의 맡기신 성과물로서 첫 출간은 자랑할 만큼 마음이 기쁘거나 떳떳하지 않습니다. 그러나 마지막 때와 한국의 위기 속에서 '주'의 하실 일과 대상이 있으므로 "출간하라!" 하시니 감사를 드립니다. 이 고난과 경험을 계기로 이후의 '종말' 시리즈에도 더욱더 붙드시는 주의 은혜 속에서 사람의 개입이 없이(이는 주의 뜻입니다. 주의 목적을 이루어 드리는 글입니다) 오직 주의 통치안에서 준비하기를 원합니다. 되었다. 닫으라.

성탄에 드리는 소식입니다! (2022. 12. 25. 주일)

마침내 출간 일을 앞둔 자이다. 2022년 긴 한 해의 씨름 끝의 추수하는 열매이다! 하라. 반년은 출간의 희망이며 다음의 반년은 눈물의 골짜기이다! 하라. 주는 준비하시고 한국을 위한 성과, 결과물을 알리시나 광야를 만난 자이다. 무리수의 출간이 아닌! … 사람들은 주의 뜻이 아닌 자기 자신들의 방법적 선택을 우위로 때때로 두기에 좌충우돌, 옥신각신 저서이다! 하라. 그럴지라도 주는 오래 참으심으로 인내전 함께 여러 방안, 대책을 두어 조정을 해오시나, 끝내는 출간 '중지'와 '자숙' 기간으로 묵은 땅을 기경하여 종말 1부와 종말 2부를 동시 출간하신다! 하라. "내 책이다!" 하신 주이시니 합당치 않으랴? 이는 저자의 글들이 끊임없이 나오고 나와야 하는 상황이니, 출간 지체로 영서를 집중하지 못한 하반기이며 다른 일들도 미루어진 상황이 되고만 고통의 시기이다! 하라.

혼자 할 수 없는 일을 맡기면서 이루어내는 과정 중에 일어나는 일들이다. 글들을 이어 추가, 소개하므로 전체 글들이 많아지며 재배열도 불가피해진 상황이므로 출간을 서둘러 잇는 시기이다! 하라. 2022년에는 계획된 책들이므로 '종말 1'의 일 진행의 문제로 급히 준비하라는 명이며 2023년 새해로 출간되는 1, 2부 시리즈이다! 하라. 어차피 독자층은 2022년에 필독해야 할 분량(종말 1, 종말 2 출간 계획하신 주)이므로 동시 출간이나마 부진한 출간 과정을 해결하는 대책이다! 하라. 되었다. 닫으라.

'주'의 부활에 참여하자! 하라 (2023. 3. 8. 수요일)

"주의 부활! 이는 성령 운동이다" 하라

언제나 주를 바라보며 주 목자의 음성을 들으며 가는 길은 쉽지 않습니다! 하라. 주로부터 받은 것과 공중의 사역자들로부터 전해지는 것, 이 두 가지가 있다! 하라. '주보다 사람이다' 할 때 너는 지는 자이며 사람의 '개입'이기에 이를 주께서 기뻐하지 않으심을 알리신 너의 주이시다! 하라. 이는 주를 만난 자가 주의 맡기신 일을 하기 위함이다! 주 예수 그리스도 왕만을 전하는 성령 운동이다! 하라. 너는 부분 부분이 아닌 전체를 보는 자이다. 이를 배우고 알리는 자이다.

공중 사역자들의 영적 단계가 네 위치의 기준에서 위와 아래의 두 유형이 있다! 하라. 위는 잠시 도움과 감사할 대상이나 의지하지 않아야 한다! 이를 최근에도 알리신 주이시니 30년간 이 분별(교단, 교회, 목회자들과 이단 등) 훈련을 한 자이다. 이는 '거리 두기' 관계이다. 아래는 대부분 해가 되는 세력이다. 위치, 지위, 명망으로 주보다 앞서는 자들이다. 이러한 영향 관계로 다윗이 사울을 피하듯

하는 자이다. 대항도 하며 기다림으로 주께 맡기는 관계이다. 이에 영서 사명 이후 3년간 힘듦과 영향력으로 지체된 출간이다! 하라. 그러므로 겨울을 지내면서 많이 운 자이다.

비행기에 자신을 실어 다시 땅을 내려다보며 지구를 생각하며 사명 고취시키신 주이시다! 하라. 구정 명절 지난 둘째 아들의 휴가 기간 중 1박 2일 코스이다. 한 달 생활비로 아들(타지의 교회 안 숙소 생활하는 자)을 섬기라! 하신 주이시다. 가족이 모일 공간 협소로 지난 3년은 산과 들과 바다로 다닌 자이다. 또한 비행기도 간혹 태우는 주이시다! 하라. 하늘 공간을 체험하고 온 자를 위해 공중에 올라 땅을 내려다보며, 마치 지구를 내려다보듯 영적 지경을 넓히게도 하시며, 바다와 땅의 자연 속에서 쉼과 메시지를 주시는 주이시다! 하라. 백신을 맞지 않은 가족에게 하늘을 통과하는 국내 코스이다.

갑작스럽게 알리신! 아들 오기 직전 말씀이므로 출발 전까지 주의 뜻을 계속 묻고 확인하며 다닐 코스까지 확인한 자이다. 이는 선교팀의 훈련이다. 다니면서 들려주시는 말씀을 받아 글로 기록하며 깨닫기도 하고, 회개하기도 하고, 다음 일정과 관련하여 배우기도 하는 자이다! 하라. 첫날 오후 도착, 첫 코스는 목회자가 관리하는 '성서 식물원'이다. 이어 밤하늘 아래 물과 관련한 문화 체험지이다. 이곳에서 머무는 시간 동안 이 문화에 관한 영서를 받아 기록한 자이다. 그리고 충분한 수면 이후, 다음 날 첫 코스는 눈길 도로를 따라 쌓인 눈 속을 찾아 두 아들에게 자연을 누리게 한 자이다. 이어진 동백꽃 수목원과 돌아갈 시간에 맞추느라 공항 근처의 바다를 잠시 보며 찬양과 기도한 자이다. 주신 일정대로 추위를 피하여 두 아들을 위해 바닷가 카페에서 따뜻한 과일 차를 마신 자이다. 그리고 공항에서 식사하고 밤 비행기 편으로 돌아온 자이다. 목요일은 푹 쉬고 가족이 함께 가까운 공원 산책과 아들이 교회에서 먹을 음식 준비를 위해 마트를 함께 다녀온 자이다. 금요일 예배 시간 앞에 복귀하는 아들을 데려다주고 겸사겸사 맡기신 일이 있으나, 미루는 상황이 되어 이후에 다시 방문하여 주의 일(전달자)을 한 자이다.

　이때, 가는 입장 날까지 번복 확인을 주신 동백꽃 수목원이다. 그러나 가서 보니 매우 큰 나무에 피는 동백꽃은 냉해로 시든 상태이며 간혹 한 송이, 두 송이 발견하며 귀히 본 자이다. 그러므로 꽃이 없는 늠름한 다른 나무들을 보며 대신 위안을 얻고 돌아선 발길이다. 다녀와서 주시는 수목원 비유의 말씀이다! 하라. 수목원 주인은 주이시며 동백나무의 꽃은 너(영서, 일들), 동백꽃(책 출간)을 보기 위해 입장료(도서 가격)를 내는 책 독자층이다. 이들은 대부분 모든 교단의 교회, 목회자들과 신학생과 신앙심 가진 성도들이다! 하신 주이시다 하라.

"종말에 한 그루 사과나무를 심자! 하는 자이다" 하라

　책의 인세는 여러 곳에 나누는 주의 계획이시다! 하라. 이는 물질을 나누면서(신학 시작될 때 주께서 주신 말씀) 사는 자이므로 50대가 시작될 때 주신 너의 꿈이 무엇이랴? "10년 준비해야지!" 한 자이다. 신앙, 개척 예배처 유지 함께 자신이 자산이 되어 복음 도구로 사용되어 물질 통로의 1인 기업으로 더 많은 사람에게 나누고 싶다! 한 자이다. 불쑥 나온 기도와 함께 곧 잊은 자이다. 여러 훈련으로 까마득히 멀어진 물질의 세계이다. 후에는 개척 예배처의 임대료조차 해결할 수 없는 자신이다. 그러나 오직 한 사람(주의 말씀 인도로 보내신 특수 사역 교회에서 사역과 관련하여 시작된 만남)이 끝까지 도와 유지한 개척 예배처이다! 하라. 네게 주께서 이른 대로 과도히 아낀 자이다. 그러나 영서 사명 이후로 다니기도, 먹이기도(그곳 묶인 환경에서 풀어내시고 마음껏 자연을 보게 하시며 대부분 한 끼 식사나 몸 보충도 주신) 하신 주이시다! 하라.

　두 아들의 신학 훈련 10년 기간(군 복무 기간 포함)에 등록금은 해결하나, 생활비 채무가 있는 두 아들을 위해 고생을 심으며 선교비를 조금씩 모아 둔 자에게 이마저 "출판 비용을 하라!" 하신 주이시다! 하라. "옥합을 깨뜨리게 하신 주를 알리라" 하신 주이시다! 하라. 그래도 기뻐 뛰는 이유는 자신을 사용하여 주를 증거 하는 계기가 되기에 "마음의 눌린 짐을 해결할 기회이다" 한 자이다. 두 아들의 교회 사역의 사례비마저 주께서 사용 계획이 있으심을 알리신 주이시다! 하라. 그러나 책 출간을 맡기시며 물질의 축복과 계획을 알리시니, 더 많이 심게 될 기회가 되어 더 기쁨과 감사로 기다리는 자이다. 이에 이전의 이러한 '1인 기업' 기도가 어느 날 불쑥 한번 나온 자이나, 주의 계획을 알리시면서 이를 깨닫게 하시고 기업 기도의 의미를 설명하신 주이시다! 하라. 영을 먼저 준비시켜 진단자가 되어, 전하게 하시고 얻는 사례비로 더 많은 일을 하게 하시는 주이시다! 하라.

그러므로 1인 기업은 왜인가? 도서 가격은 출판사 및 유통 과정에서 수고한 자들에게 배분이 되기도 하며 인세의 나눔은 "어찌어찌해라!" 말씀을 주시므로 순종하려는 자이다. (미리 계획을 정하신 주이시다! 하라) 이러한 주의 뜻 아래 출간이 9월 말에서 다시 미루어지고 겨울의 고통(겨울나무를 보이시며 견디게 하신 주이시다) 시기에 명하신 대로 종말 2 원고를 준비하게 하신 주이시다. 1, 2권 함께 출시로 더 막중한 부담감을 느끼는 자이다. (2022년에 '종말 1'은 출판사에 부탁하여 7, 8월로 좀 더 출간 시기를 서두른 자이다. 이러한 진행으로 10월은 '종말 2'로 계획 둔 자이다. 이 말씀을 주께 들은 자이다. 이어 다음 출간 시기를 12월 즈음으로 가늠한 '종말 3' 출간이나, 주의 말씀이 없으므로 의아해하며 묻는 자에게 주신 답이 무엇이냐? 자유민주주의자 윤 대통령 당선 날에 "그의 숙제 좌파 척결과 부정부패 척결이다!" 이를 알리신 주이시다. 그러나 좌파 활동과 공격이 더 심해질 것을 알리시며 2022년 한 해의 끝은 나라의 위기 고조로 상황이 어찌 될지? 하시며 대통령 선거 이후 날들을 경고하시며 한국 교회의 기도 시기를 말씀하신 주이시다! 하라)

"새 예루살렘 성까지 부활 체험이다" 하라

이 모든 과정에서 문제가 된 3년 기간의 '냉해' 역할의 주변(교회, 목사, 주위 사람 등)을 지속하여 알리신 대로 다시 비유로 말씀하시는 주이시다! 하라. 최근에는 긴 터널을 빠져나오는 차량에 고라니가 앞창을 뚫고 들어와 운전자에게 부딪치며 상해를 입힌 뉴스 기사를 예로 전하신 주이시다. 운전자는 영서 받은 자와 해야 할 일들 관계이며 고라니는 냉해와 같은 주변 관계를 알리신 주이시다! 하라. 이러한 사고가 자주 있었다! 전하신 주이시다. 다시 자라는 나무로 비유하여 회복을 원하시는 주이시다! 하라. 냉해 비유에 속상해하는 자신에게 묻는 주이시다. "누가 가장 큰 손해인가?" 이는 수목원 주인이신 주(하나님 나라 손해)시다! 하라. 그리고 여행지에 입장하는 여행객들이다! 하시므로 자신 마음의 속상함, 상처를 뒤로 한 자이다. 이와 관련한 비유의 성경, 꿈, 환상은 매우 많다! 하라. 되었다. 닫으라.

　이는 최종 도착지 '새 예루살렘 성'까지 부활의 과정과 체험이다. 영의 부활, 사명의 부활로 나가는 길이다. 오직 주에 의해 살 때이다. 이를 전하는 영서이자, 주가 명하신 '종말' 책 시리즈 출간이며 증인으로 나서는 자이다. 모두에게 이르라, 전하라. "나의 때 볼 것을 믿는 자들이여 일어나라" 외치라. 기록자 자신이 겪은 일들을 나눔으로써 위로할 대상이니 한국 교회를 위한 사명을 맡은 자이다! 하라. 칠전팔기로 살아온 자이다. 이는 부활을 위한 주의 붙드심이다. 이에 훈련의 터널들을 지속하여 나가며 마침내 이르는 새 예루살렘 성까지이다! 하라. 되었다. 닫으라.

은혜 중에 마친 교회들의 절기입니다! 하라 (2023. 4. 11. 화요일)

　사순절은 교회들의 절기입니다. 선교회의 부름이기에 동시다발로 밀려드는 일들을 일사천리로 진행하려는 계획과 달리 막힘이 있었다! 하라. 사순절 기간은 몇 차례에 주신 은혜로 인하여 주께서 여전히 한국의 교단, 교회, 목사들을 염려하시는 중임을 알리시므로 근심 중에 지낸 기간이다! 하라. 이와 관련하여

2023. 4. 9. 주일. 부활절을 앞두고 강해지는 교회 소생기이나, 재림 앞의 부활 신앙이 아닌 외적 성장이 아닌지를 돌아볼 때이다! 하라. 이 시기는 해마다 영적 싸움이 더 커지는 시기이다! 하라. 성령의 대적 수위가 높아지는 자고함이 있다! 하라. 이 사순절 기간은 서울의 광화문 광장 부활절 예배와 관련하여 역시 부활절 연합 예배 때 듣는 찬양 소리와 함께 환상으로 설명 주신 메시지도 주신 자이다. 스가랴서의 날아가는 두루마리 크기를 비율로 그려 본 자이니, 기도 중에 이 크기의 긴 네모로 보이신 남북 대치된 한국 교회 두 모습이다! 하라. 슥 5:2 그가 내게 묻되 네가 무엇을 보느냐 하기로 내가 대답하되 날아가는 두루마리를 보나이다. 그 길이가 이십 규빗이요 너비가 십 규빗이니이다.

나라의 국기 '태극' 모양이 두 색깔로 나뉘듯 이 두루마리 긴 네모 또한 위 절반은 빨간색 지역이다. 이는 남한이며 전 목사가 대표임을 상징한다! 하라. 아래 절반은 파란색 지역이다. (전부터 이 색은 북한이 자의적으로 사용해온 남북 지도의 색깔이다! 하라) 이는 공산화 세력이며 대표 ㅅ 목사로 알리신다! 하라. 광화문 장소에서 부활절 연합 예배를 계획하는 나누인 부활절 둘이니 자유민주주의와 공산주의이다! 하라. 이도 알리신 사순절기이다. 부활은 '영과 사명'의 소생이므로 부활절 찬양이 잠시 들릴 때, 막히고 갇힌 곳에서 있는 자신의 답답한 상태를 느끼며 동시에 이 찬양으로 자신 안의 생명력이 분출하려 하는 트임, 출구로 잠시 느낀 자이다. 이러한 '영과 사명'과 관련하여 여전히 막는 방해가 있다! 하라. 사순절 기간은 공격과 가세의 힘이 더 커진 세력(교회의 목사)이므로 자신이 어찌 당했는지, 이는 성령(사명 맡은 자)을 막는 그들이다! 하라.

또한 바다 밑에 커다란 배를 보이시며 '노아의 배'로 알리시지 않으랴? 배가 수면 가까이 거의 다다른, 올라온 시점이나(배가 수면 위로 오름은 출간이다) 곧 출간 앞두고 공격을 받은 배의 모습을 보이시기에 이 환상으로 다시 놀란 자이다. 막중한 임무, 이 사명을 그 누가 이렇게 하랴? 다시 배를 수리하는 시기이다. 높아진 자, 주의 깊은 뜻을 잘 모르는 자, 개교회 중심과 교단 소속과 결속 중심의 부활절이라면 무슨 의미이랴? 주의 부활은 이 땅에서 떠나는 것이다. 떠나는 것은 나그네의 삶이다. 땅 전체를 바라보는 마음이다! 하라. 땅을 제비뽑아 한 부분 차지하고 "평안하다, 안전하다" 할 때가 아니다! 하라. 나라의 위기를 모르는 자여 회개하라! 외치라. 자신과 및 모두에게 이르라. 되었다. 닫으라,

하나님의 예정과 부르심 (신앙 여정입니다)

1. 지구와 교회
"하나님의 세계! 그 비밀, 능력, 초자연적인 체험과 사랑이 시작됩니다"
첫아들의 입원으로 하나님을 바라보며 성경을 읽을 마음을 주십니다.
곧 둘째 아들 출생으로 하나님을 알기 위해 교회의 예배가 시작됩니다.
아버지의 장례로 임사 체험을 하며 하늘의 긴 구름길을 오릅니다.
하나님의 마음과 손이 지구 '종말'의 결정 때임을 알리십니다.
집에서 방언 은사가 임하여 자녀의 장래에 관해 구하게 하시고
이후 교회에서 "성령 세례를 주노라"는 주의 말씀에 자유를 맛봅니다.
그날, 한 마리 새가 되어 공중에서 나는 신비한 '비상' 체험도 합니다.
천사가 불로 등에 십자가를 새기니 그 깊이에 성경으로 채우라 하십니다.
천국 찬송을 주시니 날마다 하늘의 부르심을 준비하는 자가 되고
주님과 독대하니 눈물의 기도로 하늘 아버지의 마음을 알아갑니다.
세상 길, 긴 피난 행렬 속 서신 주는 한 벌 옷, 신 없는 맨발 모습!
의사이신 주 곁에 서 있으니, 주의 시키는 일만 하라 말씀하십니다.
어느 날, 흰 상복을 입고 홀로 외로이 가는 12년 길을 보이십니다.
하나님의 집 '교회'에서부터 심판을 시작하신다(벧전 4:17)고 알리십니다.
골고다 말씀 주신 날, 순교 상황에서 주의 능력, 사랑을 체험합니다.

어느 날, "추수하라!" 하는 하늘에서 외치시는 주의 말씀이 들립니다.

2. 세계와 한국의 위기
"해외 단기 선교로 한국 교회 위기를 알리시고 신학의 길을 여십니다"
하늘에서 이름을 부르시니 급히 신부 예복을 입고 달리기 시작하며
한 마리 새가 눌린 채, 날지 못함을 보이시고 환경에서 건지십니다.
1차 훈련의 12년 길을 마치고 새로운 환경이 시작됩니다.
은사의 회복과 사용을 위해 휴학한 신학도 이동, 편입하게 하십니다.
북한 핵무기가 전 세계 위협, 미국 선제공격 불가피함도 알리십니다.
교회들의 순회 예배 이어 개척하라는 반복 지시에 예배처 준비합니다.
어느 날, 네게 무엇을 줄꼬? 하시니 선교요! 즉시 답을 하게 하시고
하늘 공중 '커다란 포도송이' 보이신 후, 주의 깊은 것을 알리십니다.
영들 문제로 주께 피하라! 하시며 주는 성경이시며 천국의 문이니
성경 말씀을 보며 그 안으로 들어가서 쉬라! 하십니다.
북한의 전시 위협, 위기 고조와 한국의 공산화를 지속으로 알리시고
한국의 전반적 모습 함께 분야, 분야를 보이십니다.

3. 핵전쟁과 주의 재림
"다시 성경, 성령, 은사 준비와 아들들 군 복무와 신학 시기입니다"
2012년, 주의 재림을 준비하는 비상, 종말 훈련의 때를 알리시며
나라를 덮은 어둠의 실체가 북한이며 공산화 장악도 알리십니다.
2017년에는 3년을 준비하라! 성령을 구하라! 지속하여 말씀하십니다.
고난의 주 모습과 영광의 주와 함께한 적은 수의 신부들을 보이시며
'재림 주' 하강하시는 모습과 막는 자 보이시니 도울 마음을 갖습니다.
학문 길 향하나 준비된 것이 더 나으니 얼마간 더 상담하라 하십니다.

2019년 부활절기, "마지막 때의 사역을 곧 하게 되리라" 말씀하시며
성탄절 밤, 사도 요한과 나타나시고, 요한 안의 주 모습도 보이십니다.
세계 코로나의 해 2020년의 시작은 천국과 지옥 두 세계를 두시고
천국, 지옥의 문 앞을 보이시며, 사이 긴 길! 지구 일들을 밝히십니다.
2020년 5월, 하나님 두 손 예비하신 무언가 보이시며 "맡겨볼까?"
이어 해석 은사가 임한다고 알리시며 좋은 일이 있으리라! 하십니다.
7월 영서 첫날, 핵전쟁의 성 방비로 '종말 1'의 책 발간을 명하십니다.
시리즈라 하시니 '니느웨 회개 기도 40일' 영서는 지속하여 기록합니다.
아들들 신학대학원 졸업 시기 앞, 가족이 부르심에 순응하게 하시며,
12월 꿈, 주께서 방문하셔서 특별한 일을 맡기신 것을 확인 주십니다.
2021년, 거대한 장벽을 보이시나 오직 주만이 구원이심을 알리십니다.
청와대 앞, 애국 집회의 예배에서 '열매'가 많이 나왔다고 기뻐하시나,
다시 한국의 전쟁 위기! 하나님의 마음을 전하셔서 많이 울었습니다.
책 출간과 백신에 대해 많은 은혜 주시나 증거 못한 아픔의 2021년,
그러나 예고대로 박근혜 대통령 석방 소식에 감사의 눈물이 납니다.

2022년은,
영서 첫날 주신 말씀대로 거리, 속도를 줄이는 핵실험이 이어집니다.
책 출간 위해 출판사 도전을 몇 차례 하며 주의 마음! 더 알아갑니다.
사순절 고난 주간에 러시아 핵 공격과 한국의 위기 다시 알리십니다.
코로나와 백신 전쟁으로 백신 사회는 후유증이 함께 남은 숙제가 되고
문 정권은 종식되나 공산화 기반 제거 문제는 지속하여 말씀하십니다.
예고 주신 대로 윤 대통령 당선으로 자유민주주의 재기의 기회이며
주의 성령, 은사를 훼방하는 목회자 문제도 공산화 함께 남은 싸움!
2021년에 예고하신 2022년 말씀 '무서운 일!'로 마음이 무겁습니다.

우크라이나 전쟁, 스라랑카의 국가 부도, 일본 아베 총리 총격 사망,
북한의 코로나 전염 확산 등, 김정은 지도자 메시지도 있으며
나라의 건물 붕괴 사고, 물, 불 재난 및 개인 테러 형태 범죄들과
이 와중에 '동성애' 축제 다시 들썩거리니 기도의 짐 무게들입니다.
무엇보다 올해 여름 장마는 역대급이 되어 충격과 아픔을 더합니다.
주께서 '주의' 주신 대로 자유민주주의 20대 대통령 당선 이후
반격, 공격성 문제를 겪고 있는 2022년 한 해의 대한민국입니다.
20대 대통령은 좌파의 부정부패 척결의 사명을 주셨기에,
한국 교회의 기도 손이 내려오지 않아야 한다고 전하십니다.
주만이 구원의 소망이요 의지시니 환난 날에 만날 도움이 되십니다.
하나님의 부르심과 은혜로 영서 '추수단'을 드리며
'종말' 시대, 이 땅을 위해 주의 '구원의 사랑' 보이시니 감사합니다.
명하시고 출간하게 하시니 일하시는 주를 보기 원합니다.

"주만이 왕이십니다" 하라! 되었다. 닫으라!

THE END TIME

종말 1

- 교회가 교회에게 -

계 1:11 이르되
네가 보는 것을 두루마리에 써서
에베소, 서머나, 버가모, 두아디라, 사데, 빌라델비아, 라오디게아 등
일곱 교회에 보내라 하시기로.

계 1:20 네가 본 것은
내 오른손의 일곱 별의 비밀과 또 일곱 금 촛대라
일곱 별은 일곱 교회의 사자요 일곱 촛대는 일곱 교회니라.

마 10:26 그런즉 그들을 두려워하지 말라
감추인 것이 드러나지 않을 것이 없고
숨은 것이 알려지지 않을 것이 없느니라.

단 5:5 그 때에 사람의 손가락들이 나타나서
왕궁 촛대 맞은편 석회벽에 글자를 쓰는데
왕이 그 글자 쓰는 손가락을 본지라.

마 28:19 그러므로 너희는 가서 모든 민족을 제자로 삼아
아버지와 아들과 성령의 이름으로 세례를 베풀고

행 1:8 오직 성령이 너희에게 임하시면 너희가 권능을 받고
예루살렘과 온 유대와 사마리아와 땅끝까지 이르러
내 증인이 되리라 하시니라.

"이 책을 주님께 바칩니다!"

~ 들어가는 글 ~

영서의 원칙입니다! (2022. 12. 27. 화요일)

'책에 대해' 설명을 주십니다! 하라. 주의 첫 메시지는 제1일(2020. 7. 23. 목요일) '1. 형상에 관하여' 이와 관련하여 부득이 – 영서를 문서로 나타내기에(글 표현과 책 출간이므로) – 몇 가지만 원고의 원칙을 정한다! 하라.

먼저, 첫 번째는 '부호' 사용입니다. 마침표, 느낌표, 따옴표 등 되도록 부호를 제한하며 부득이 경우의 사용이다! 하라. 형상이 많은 시대(남용, 과용 등 그러하다)이므로 매우 간편히 두기로 한다! 하라. (이 글의 특성상 내용의 구분을 위해 부득이 기호 사용이 많아짐을 아쉽게 생각하는 자이다! 하라) 다음, 두 번째는 문장의 '글씨 크기' 차이를 두어 좀 더 작은 크기의 글씨를 사용하여 '부연 설명'에 대한 구분을 한다! 하라. 많더라도 '해석 은사'이기에 글로 설명하는 주의 마음이시다! 하라. 그다음, 세 번째는 '성경 구절'이 많음은 저자의 사명이니 1995. 8. 21. 월요일, 성령 세례 이후 말씀의 십자가를 진 자이므로 성경을 맡기신 주이시다! 하라. 성령이 말씀하시는 말씀 사역으로 이 시대(사람, 문화, 교회 등 연구자이다! 하라)를 진단하기에 성경은 근원(기초)이므로 저자 자신이 본, 보고 있는 성경(해당 페이지와 성경 구절의 위치)으로 전하시는 주이시다! 하라. 이와 함께 성령이 많은 비유(저자의 체험, 경험, 접하는 것들)를 사용하므로 선지자들 사역이 그랬듯이 내용이 짧은 분량의 메시지가 있으나, 반복하기도 하고 매우 긴 분량까지 이르는 글로서 전하시는 주이시다! 하라. (구약 성경의 예이다 하라. 가장 짧은 1장의 오바댜부터 가장 긴 66장의 이사야까지이다)

이외 등등 출판 편집의 원칙이 아닌 거의, 대부분 영서의 원고대로 출간한다! 하라. 학식, 문법, 문장 기술, 화려한 어휘력 등에 우선 한다든가, 어떤 원칙 기준이 아니다! 하라. 영서이기에 출판 편집의 각색도 우려하므로 원고대로 출판의 과정을 조심히, 신중히 한다! 하라. 순수 '영서' 이는 주의 메시지(주가 전하시는 대로 기록함이다! 하라)로 알리기 위함이다! 하라. 또한 저자의 신앙 고백이자, 신앙 과정 중이므로 이외의 사람 개입을 원치 않는 주이시다! 하라. 오랜 연수의 과정에서 주와의 관계, 부르심(사명, 소명)에 걸림(다양한 체험자이다)이 되기에 독자적 노선으로 두려 하신다 하라. 소속에 치우치면 영서가 나올 수 없다! 하라. 교단 입장, 목회자들 입장의 대변이 되거나 치중이니 주의 눈, 마음이 되도록 하기 위함이다! 하라. 그러므로 이는 "영서란 무엇인가?"의 가장 앞에 두는 "영서의 원칙입니다!" 하라. 되었다. 닫으라.

영서란 무엇인가?

영서는 성령의 은사입니다. 해석 은사, 설명 은사라고 말씀하십니다. 2020. 7. 23. 목요일, 주의 말씀을 들으며 환상을 보기도 하며 영서 기록을 시작합니다. 영서는 하나님의 말씀, 성령의 감동으로 받는 영의 글입니다. 성경, 꿈, 환상, 영적인 체험을 바탕으로 해석, 설명해주시는 주와의 교제하는 시간입니다. 교훈, 지도, 내적 치유, 상태 점검, 상황 주시, 예언적 요소까지 다루십니다. '종말'의 시간과 공간 영역의 '큰 그림 전체에서 작은 세세한 부분'까지 성령의 가르치심, 훈련(제시, 방향 포함)이 담긴 글입니다. 이는 2020. 7. 23. 목요일. 기록이 시작되어 현재까지입니다.

이 기록에 대해 말씀드립니다. 주의 말씀은 서서히 들려주시며 기록하는 제 손 속도에 맞추어 글이 이어집니다. 시사 및 정치 전반에 관하여 주시는 글에 찬, 반이 있을 수 있습니다 - [이는 나라 상황을 알리는 자이며, 하나님이 다 보고, 듣고, 알고 계시므로 '턴'(회개) 하라는 명(뜻)이십니다! 하라. 이는 교회를 다루시면서 목회자들의 방향 제시 및 진단(이념, 사상에 대한! 이외 등등)이며 나라를 위해 기도하라는 권면과 함께 '새 예루살렘 성' 목적지를 가기 위한 과정이라 하십니다. 새 시대(예수 그리스도의 시대, 성령 시대, 복음 시대)를 알리시어 각자의 신앙 위치를 확인시키기 위함이시다! 하라. 무엇보다 '나라와 교회'의 문제가 한국을 부르신(선택과 사명) 목적에 대한 하나님의 뜻을 '저해, 저항'하며 '거부, 거절'하며 '훼방, 방해'가 되기도 하며, 되어지므로 회개의 때라 하십니다! 하라. 이에 돌아설 때이다. '주의 신부' 군사 모집 기간 마지막 때이다! 하라. 닫으라. 되었다! 하라] - 그럴지라도 전하신 말씀이므로 하나님의 시각에서 보아야만 합니다. 다만 기독교를 다루는 이유가 있습니다. 예수의 구원을 알리기 위함입니다. 마 7:24 그러므로 누구든지 나의 이 말을 듣고 행하는 자는 그 집을 반석 위에 지은 지혜로운 사람 같으리니. 마 10:26 그런즉 그들을 두려워하지 말라 감추인 것이 드러나지 않을 것이 없고 숨은 것이 알려지지 않을 것이 없느니라. 이를 전하십시다.

다시 오실 주를 알리십니다! 하라. 이는 너희의 기다림이니, 너희가 사는 나라(민족)와 나 사이에 있으므로 알리는 것이다! 하라. 이 나라는 "교회를 위한! 주를 위한! 나라이다" 하라. 그의 나라 주이시니 곧 가까이 이른다! 하라. 너희는 "정신 차리라! 깨어있으라! 근신하라!" 이를 명하시는 주시라. 이 모두는 지구인에게 전하는 주이시다! 하라. 되었다. 닫으라. 이는 나를 전하는 너(기록인)이다. 계 22:20 이것들을 증언하신 이가 이르시되 내가 진실로 속히 오리라 하시거늘 아멘 주 예수여 오시옵소서.

"영서에 대하여 4편의 글을 소개합니다"

1. 보좌 앞에 담대히 나아갈 영서이다! 하라 (2022. 1. 28. 금요일)

히 4:16 그러므로 우리는 긍휼하심을 받고 때를 따라 돕는 은혜를 얻기 위하여 은혜의 보좌 앞에 담대히 나아갈 것이니라. 영서는 무엇인가? 영의 글이다. 영이 말씀하시는 대로, 말씀 따라, 들리는 대로 손으로 기록하는 자이다. 몇 편의 글은 노트북에 직접 기록하기도 한 자이다. 이는 "무슨 현상인가?" 하리라. 마치 방언 통역 시(입으로는 방언이나 영으로는 주의 음성이 한국어로 들리듯 그러하다) 들려오는 상황과도 같다. 행 2:4 그들이 다 성령의 충만함을 받고 성령이 말하게 하심을 따라 다른 언어들로 말하기를 시작하니라. 적는(기록) 목적을 둘 때 영서라 한다. 기도 감동 메모하듯이 하나, 영서는 쉴새 없이 기록하는 것이다. 다음 글에 무엇이 나올지, 이어질지, 전개될지 대부분 모른 채 기록함이 특징이다. 한 단어에 함축적인 뜻을 두어 과거, 현재, 미래를 관련하거나, 시제대로 알리거나, 서로 연관성을(시, 공간 모두) 두기도 한다. 어떤 상황을 떠올리기도 하나, 이는 단어일지라도 왜 기록하게 하나? 알 수 없기도 하여 뒤의 설명이 이어져야 비로소 알 수 있기도 한다! 하라. 무엇이 진행될지(이야기 전체) 모른다. 쓴다는 것 외에 기록 내용(주제이든 무엇이든), 기록 시간조차 모른다.

  맡기고 앉는 자리이다. 앉고 일어섬을 주께서 관여(지시, 도움, 요구 등)하여 성령 지시대로 하기에 편안한 시간이다. 회개할 것, 주위(환경) 분별, 할 일, 계획 등 다 영서의 내용이 되기도 한다. 최근부터 과거까지 기억되게 하여 '어느 곳에서, 누구와, 무엇을, 어떻게, 왜?' 하는지를 다 드러내는 글이 영서이다. 주로 교회를 위해 받는다. (그러나 많은 부분이 나라 상황과 연결되니 정치에 대해서도 전반적이다! 하라) 기회 주시는 하나님이시다. 때와 시기에 관하여 지상에 일어나는 일들을 다루는 영서이다. 개인(각자)에서 모두이다. 이는 대상이다. 시간은 태초부터 전 영역 시간대를 두는 자이다. 순간(그날 지시) 지시에 반응하기도 하나 대부분은 반복 확인을 둔다. 이러함으로 밝히는 영서이다. 오랜 시간 해온 일이거나, 지속적인 상황에서 변화(의도도 있는)를 다룬다. 오지 않은 장래에 대해서도 주제를 두고 다룬다. 이슈적 교회 편, 세상(나라) 편 소재도 다룬다. 모든 것이 다 '하나님의 손 안'(2020. 5. 17. 주일. '손 모습' 보이신 주이시다)에 있기에 주시는 대로,

들려주는 대로 기록함이 영서인(영서를 받는 자)이 할 일이다. "되었느냐? 되었다" 하라. 책 발간 즈음에 두라. 이는 영서란 무엇인가? 파일 제목이다. 날짜 두라.

2. "너와 나는 할 말이 많다. 그렇지?" (2022. 2. 4. 금요일)

부모와 자녀, 신랑과 신부 혹은 부부 사이가 아니랴? 친구 사이에 그러하다. 이 셋을 두라. 나의 종이기에도 그러한! 이 넷을 두라. "오늘 14차, 40일 니느웨 회개 기도 마치는 날이에요" 하라. 이는 은혜 위에 은혜이다. 요 1:16 우리가 다 그의 충만한 데서 받으니 은혜 위에 은혜러라. "영서의 문맥 이해가 문제예요. 꿈에서 저도 골똘히 집중해서 이해했는데 … 어떻게 생각하세요?" 그렇다. 사실이다. "난해하다" 하는 자들이니, 이는 독자층이다. 쉬운 글이 아니다! 하라. 나의 수준, 너의 수준이다. '그러나'이다. 이를 읽어야 영이 열리므로 두어라. 산수로 하랴? 수학으로 하랴? 과학까지 나아가랴? 산수(읽기 쉬운 책)는 아니다! 하라. 대상이 목회자 '교회가 교회에게' 아니냐? 이에 준하는 자는 알만한 메시지이다. 이는 수용도! 수용 능력이므로 자세 가진 자는(반응이 다 다르다) 알아지는 뜻이 되리라.

3. 영서란, 영으로 받은 글입니다! (2022. 2. 14. 월요일)

"영서라 함은 무엇인가? 받아 적어보아라!" 이것은 영서입니다. 영서란, 영으로 받은 글입니다. 제가 '체험한 모든 것에 관하여' 이를 기반으로 하여 주시는 글입니다. 간증이라 해도 과언이 아님은 제 삶의 이야기이며 특별히 신앙생활 30년을 중심으로 영서 기간에 다루신 하나님이십니다. 제가 체험한 은혜들이 묻힐 수 없음은 제 개인에 관한 삶이 아닌, 전체에 관하여 하나님께서 친히 주신 바 이 증언의 책임이 막중하나, 감당할 수 없기에 '영서라는 도구'로써 성령께서 나타내주시는 것들을 전하는 방식으로 책을 출간하게 되었습니다. 글이라는 한정, 한계 내에서 영적으로 체험된 것들을 표현, 표출하기에는 아쉬움이 큽니다. 말로 전하는 이들도 역시 "그러하다" 생각합니다. 이는 글이나 말이나 "마찬가지이다" 하는 의미입니다! 하라. 누구나 그러하듯 하나님으로부터 받은 주의 세계는 사람의 것이 아니기에 마땅히 다시 하나님께 영광을 돌려 드려야 함에도, 받은 것에 비해 전달자는 한없이 부족함을 느낍니다. 저 역시 이러한 무게감에서 일시 벗어남은 제 인생의 숙제 또한 하나님께서 지시, 도우심으로 이제 '증거의 기회'(영서로 전하게 하시는 주)를 갖기 시작한 것입니다. 그러나 아직도 쌓이고 쌓인 손대지 못한 남은 영서의 분량이 있고, 마음에서 글로 채 다 꺼내지 못한 주의 영광들(체험)도 남아 있는 상태인지라 그다지 제 마음은 가볍지만은 않습니다.

"영서의 형식은 성경의 예언서를 읽게 하시고 아버지의 마음을 알리시는 것이다. 나는 어떠하다. 내가 어떻게 보며, 어떻게 하리라!까지 과거, 현재, 미래 모든 역사의 시간을 주관하시는 주에 의한 시각, 계획이므로 듣고 적어내는 일만 할 뿐 시제도, 주제도 알지 못한 채 손 속도 따라 듣고 적는 방식으로 진행하는 것이다"

4. 영서에 대한 이해 (2023. 7. 17. 월요일)

첫째, 영서의 글은 '조사' 생략이 많다! 하라. 이는 간결히 전하시는 주이시다. 강조, 요점으로 건네시는 메시지이니 뚜렷이 전하기 위함이다. '불!, 불났어, 사랑해, 나 화났어, 종말이다! 깨어라, 교회의 위기 무엇인가?' 이러한 예같이 포인트 강조로 전하시는 주이시다! 하라. 마치 글을 읽듯이 줄줄 듣게 하는 것이 아닌 '주'의 마음을 내색, 전하시는 말이 아니냐? 영서 기록 초반기 보다는 점차 문장화되는 메시지이다! 하라. 그리고 읽는 자들을 위해 글 수정 일부도 두어 때때로 조사를 붙이기도 했으나 일반적 문장처럼은 아니니 익숙한 문장이 아닐 수 있다! 하라.

둘째, 사람, 사물, 장소, 추억, 기억, 꿈 등은 대부분 생각으로 떠올리거나 환상으로 보이시니 이를 언어로 표현해야 하는 자이다. 이는 원고의 어려움이다. 누군가의 행위 모습도 그러하다. 자신은 뚜렷하게 감지, 인식, 이해해도 전달자로서 풀어내는 도구이니, 이는 영서의 고충, 난이도이다! 하라. 대부분은 묘사를 도우시는 주이시다. 단어, 문구, 문장 그러하다. 그러나 자신의 지식 한계, 언어 구사력, 작문 등 한계는 있는 자이다! 하라. 영서는 제지의 글이다. 자신을 도구로만 맡기는 분야이니 차라리 "내가 쓰는 글로 쓰고 싶다" 하기도 하는 자이다. 그러나 어느덧 익숙해진 맡김의 방식이다! 하라. 자신이 아는 분야, 체험이 많다! 해도 이러한 글 방식도 성령께 듣고 성령을 따르는 훈련의 한 단계이다 하라. 이는 자기 제어를 위함이다. 하고 싶은 것 많은 인간의 세계이다 하라. 되었다. 닫으라.

셋째, 성경의 바탕 위에 영서 기록을 시작한 자이다. 마치 보석 꿰듯 하나 언어라는 수단은 언제나, 누구에게나 영의 메시지를 전달하기에는 한계를 지닌, 이도 사람의 약함이다! 하라. 이 점을 알리는 자이다.

넷째, 그다음은 주께서 사람을 높이시지 않는다! 하라. 지구상에 있는 사람들을 한 무리 '개체'로 보신다! 하라. 신이신 주가 볼 때 그러하다. 사람이 매우 높은 위치라 여기는 세상 신분과 교회의 직분, 유명도, 업적도 그러하니 '주'는 이들을 대할 때 사람끼리 대우, 인정하는 것과 달리 격차가 매우 크다! 하라. '주'의 평가에 따라 주의 마음을 느끼는 자이다. 사랑하는 자와 악한 자에 대한 이 차이가 심하다! 하라. 사람 사이에 죄에 따라 차등 두듯 주의 감정, 판단을 느끼는 자이다! 하라. 사람이 보는 눈과 하나님의 보시는 눈은 다르다! 하라. 그러므로 호칭 또한 그 또는 이름 사용, 목사, 누구 등으로 부르시는 주이시니 '주'의 입장에서 전하는 자이다 하라. 이점 양해 구하는 자이다. 그리고 대화하고, 듣고, 전하는 자로서 관계적 입장에서 전해야 하는 자이다.

   다섯째, 성경을 준비한 자니 성경적 지식 바탕에 기인하여 전하시니 성경 구절이 많다! 하라. 긴 구절들은 지면 관계로 부득이 삭제하기도 하는 자이다. 반복되는 성경 구절은 중요하니 되도록 넣는 자이다. 그리고 영서 내용에서 비유가 많은 것은 '새기고 새기라'는 의미이다! 하라. 구약의 선지자들도 반복하는 예들로 전하며 신약의 '주'의 가르침이나, 복음서 저자들이나 이외에도 그러한 반복이니, 이는 해석, 설명하는 은사이므로 그러하다. 중요하나, 강조하나 듣지 않으므로, 잊으므로 반복이 나간다! 하라. 이 요리, 저 요리 번갈아 차려 먹게 함 같은 부모의 마음이다! 전하라. 이는 오늘 넣는 글이다. 되었다. 닫으라.

니느웨 회개 기도 40일
"제1일에서 제11일까지"

욘 1:1 여호와의 말씀이 아밋대의 아들 요나에게 임하니라 이르시되
    2 너는 일어나 저 큰 성읍 니느웨로 가서 그것을 향하여 외치라
      그 악독이 내 앞에 상달되었음이니라 하시니라

3:4 요나가 그 성읍에 들어가서 하루 동안 다니며 외쳐 이르되
    사십 일이 지나면 니느웨가 무너지리라 하였더니
  5 니느웨 사람들이 하나님을 믿고 금식을 선포하고
    높고 낮은 자를 막론하고 굵은 베 옷을 입은지라

 10 하나님이 그들이 행한 것
    곧 그 악한 길에서 돌이켜 떠난 것을 보시고
    하나님이 뜻을 돌이키사
    그들에게 내리리라고 말씀하신 재앙을 내리지 아니하시니라

마 12:39 예수께서 대답하여 이르시되
    악하고 음란한 세대가 표적을 구하나
    선지자 요나의 표적 밖에는 보일 표적이 없느니라
  40 요나가 밤낮 사흘 동안 큰 물고기 뱃속에 있었던 것 같이
    인자도 밤낮 사흘 동안 땅속에 있으리라
  41 심판 때에 니느웨 사람들이 일어나 이 세대 사람을 정죄하리니
    이는 그들이 요나의 전도를 듣고 회개하였음이거니와
    요나보다 더 큰 이가 여기 있으며

하늘山

"하늘산은 여호와의 기(깃발)이다! 하라"

하늘산은 시온산이며 '전달자이다' 하는 의미이다. 계 14:1 또 내가 보니 보라 어린 양이 시온산에 섰고 그와 함께 십사만 사천이 서 있는데 그들의 이마에는 어린 양의 이름과 그 아버지의 이름을 쓴 것이 있더라. 나의 기(깃발) 아래 모임이다. 정한 모임, 전 세계가 아니랴? 내가 나의 사랑하는 자들을 모으는 과정이다! 하라. 사 2:2 말일에 여호와의 전의 산이 모든 산꼭대기에 굳게 설 것이요 모든 작은 산 위에 뛰어나리니 만방이 그리로 모여들 것이라. 되었다. 닫으라. 슥 2:10 여호와의 말씀에 시온의 딸아 노래하고 기뻐하라 이는 내가 와서 네 가운데에 머물 것임이라. 찬송을 주십니다! 하라. '주 날개 밑 내가 편안히 쉬네. 밤 깊고 비바람 불어쳐도 아버지께서 날 지켜 주시니 거기서 편안히 쉬리로다. 주 날개 밑 평안하다 그 사랑 끊을 자 뉘뇨 주 날개 밑 내 쉬는 영혼 영원히 거기서 살리' 이는 마지막 때에 이르러 '모으는 자'에게 주시는 말씀이다! 하라.

이어진 찬송이다. '하나님의 나팔 소리 천지 진동할 때에 예수 영광 중에 구름 타시고 천사들을 세계 만국 모든 곳에 보내어 구원받은 성도들을 모으리. 나팔 불 때 나의 이름 나팔 불 때 나의 이름 나팔 불 때 나의 이름 부를 때에 잔치 참여하겠네' <u>모으는 때이다</u>(밑줄 치라. 이는 강조이다)! 하라. 마 24:30 그 때에 인자의 징조가 하늘에서 보이겠고 그 때에 땅의 모든 족속들이 통곡하며 그들이 인자가 구름을 타고 능력과 큰 영광으로 오는 것을 보리라 31 그가 큰 나팔 소리와 함께 천사들을 보내리니 그들이 그의 택하신 자들을 하늘 이 끝에서 저 끝까지 사방에서 모으리라. 이를 위해 살 때이다! 하라.

'하늘山'이라는 이름은 글 지도(2022. 1. 9. 주일, 원고 형식을 꿈으로 보이신)를 받는 과정에서 알게 된 것입니다. '山산'은 주와 함께하는 시온산의 의미이며 '하늘'은 영서 기록자에게 주의 나타나심(형상, 모습)과 계시(메시지)와 체험

공간(하늘 이동)이기에 하늘山이라는 이름을 주신 바입니다. (이어서 말씀하십니다) 하늘山은 표어이다. 영서를 대표하고 상징하는 줄임말 같은 것이며 기호, 깃발 역할이니 한 단어로 표기한 나이다! 하라. 하늘山! 여호와께서 세우신 자이다. '하늘山 선교회'는 무엇이냐? 이 장소는 너희 가족 세 사람이 함께한 곳이니 이곳에서 책 발간을 위해 원고 준비를 위한 노트북 구입을 결정한 날(주의 뜻을 5개월간 지속으로 확인한 후) 꿈을 꾼 자이다. 주의 일을 맡기신 특별 상황, 특별 임무, 네 눈으로 확인시킨 것이다! 하라. 이는 주의 나타나심이 아니랴? '하늘山' 이를 명명 두는 자이다. 이곳은 캠프이다. 나를 선전하기 위한! 이는 선거 홍보 책자 같은 너희의 왕을 알리는 자들이니라. 시 2:6 내가 나의 왕을 내 거룩한 산 시온에 세웠다 하시리로다. 사 41:27 내가 비로소 시온에게 너희는 이제 그들을 보라 하였노라 내가 기쁜 소식을 전할 자를 예루살렘에 주리라. "나는 너희를 세운 여호와이다" 하라. 되었다. 닫으라.

하늘山
제1일. 니느웨 회개 기도 40-1 (2020. 7. 23. 목요일)

"기도 중 말씀이 임하여 영서 기록을 시작합니다"

1. 형상에 관하여 (주의 첫 음성을 듣습니다)

앞으로 사용하지 않아야 … 그림, 도형 등이다(추가 글 2022. 7. 12. 화요일).

'추가 글'에 대한 설명입니다: 추가 글은 영서 40일 이후의 기록들입니다. 책 출간의 원고 준비 과정에서 이해를 돕기 위한 설명이 필요할 때나 연관되는 내용을 주실 때, 또는 매일 기록하는 글에서 발췌하기도 합니다. 영서는 개인 체험, 즉 주와의 교제, 환상, 꿈 등 경험한 세계 안에서 말씀하시므로 추가 글을 사용하는 것이다! 이르라. '1. 형상에 관하여' 추가 글들은 중요한 메시지이므로 분량이 많아서 부록 편에 둡니다! 하라. 되었다. 닫으라.

2022. 7. 12. 화요일. 추가 글입니다.

앞으로 사용하지 않아야 … 그림, 도형 등이다: 이는 짧고 간결한 영서의 첫 메시지입니다. '형상'의 분야를 훈련받고 있는 제게 이 주제로 먼저 말씀하십니다. 현시대에 매우 중요하며 시급한 훈련 영역이기에 주님의 음성은 낮은 톤으로 엄중하게 말씀하십니다. 형상을 지식의 전달 체계로 사용하는 것이 만연해진 이러한 문화에 대해서 주의, 훈계 주시는 주님이십니다. 이제 비로소 깨닫는 것은, 영서를 계획하시고 책으로 발간을 명하시기 위해 '형상'(1. 형상에 관하여)이라는 큰 틀에서 부분이 되는 '앎'의 지식을 먼저 말씀하신 것입니다. 글로 표현하기 전에 '주의'를 주시고자 첫 메시지로 암시한 것입니다. 그래서 먼저 이 함축적인 메시지를 말씀하시고 이어서 '2. 시온산 → 유리 바다

→ 휴거 → 새 예루살렘 성에 들어갈 자 누구?' 하시며 시대의 때를 알리시고 하나님의 시간표가 이러하니 준비되었는지? 믿음을 점검하게 하십니다. 이어 '3. 핵에 대해서' 말씀하시며 이미 알리신 대로 핵의 위기, 위협 가운데 놓인 지구이기에 핵전쟁 시대와 지구의 종말을 다시 경각, 각성, 준비하게 하시려는 뜻을 전하십니다. '4. 시가를 다니는 자들에 대하여 적어보자'를 말씀하실 때 비로소 한국의 현 상황 '공산화' 위기와 '나라를 위해 나서는 자들'을 거론하시면서 40일 회개 기간의 영서 내용을 책으로 발간하라는 명을 하십니다. 이렇게 이끌어가시는 영서의 메시지들입니다. 말씀하시는 주제 차례대로 제목 순서를 숫자로 표시합니다.

그러므로 첫날의 첫 메시지 '1. 형상에 관하여'는 짧은 메시지이나, 매우 중요한 세 가지 의미가 있음을 깨닫습니다. 첫째는 시대입니다. 우상화로 만연해진, 치닫는 '형상'의 시대에 대한 경종입니다. 매우 높은, 위험한 수위에 있다는 것입니다. 둘째는 시대 속에서 주시는 제 신앙 체험 및 훈련해온 것에 대한 확증과 함께 이로써 겪는 고난과 어려운 환경에 처한 저와 이 시대를 위로하시기 위함입니다. 셋째는 영서를 통해 예비하신 책 발간을 위해 전달자가 사용해야 하는 '지식'의 세계이므로 미리 '주의'를 주시기 위함입니다. 무엇보다 '형상' 영역에 유의하여 구별되기 위한 훈련의 지속성, 중대성을 강조, 촉구하시는 주님이십니다. 되었다. 닫으라.

2023. 3. 9. 목요일. 추가 글입니다.

형식과 외형화 된 '형상 시대'이므로 부호 사용을 최소화하면서 영서의 특성상 출판사 편집의 원칙이나 형식을 배제하고 각색 없이 원고 그대로 전하는 글입니다. 주께서 한 개인에게 말씀하시는 대화체이며 표현 방식이 히브리식과 고어와 성경적 표현이 많습니다. 또한 이 세대에서 사용하는 언어들도 사용하시며 다양한 사람들의 상황에서 인간 언어로 친숙하게 말씀하시기도 합니다. 전체적으로 일반 글과 다르기에 생소하고 낯선 표현의 글로 느끼실 수도 있습니다! 하라. 문장 구성 또한 일반적인 글들은 평탄한 길로 이해가 비교적 쉽다면 영서는 '주'의 테스트 목적이 있으므로 길을 가다가 '푹 파인

웅덩이'가 있어 다른 이야기를 만나기도 하며 다시 잇는 글이 되기도 합니다! 하라. 또한 '꽈배기 식'으로 서로 얽혀 있는 문장 구조이기에 내용이 서로 갈라지기도 하며 다시 만나기도 합니다. 해석 은사이기에 짧고 긴 설명과 예시들 또한 많으므로 이 전체적 구성이 또한 난해하다! 하실 수도 있습니다.

영이 많이 열리신 분일수록 이해가 빠르다고 하십니다. 이러한 '주'의 의도가 있으시며 더욱이 주께서 말씀하시는 대상이 저자이므로 전하라는 의미로 "하라"는 표현이 많이 사용되어 이 또한 말씀을 드립니다. 주께서 아시고 말씀하시는 저자와 관련된 내용과 함께 함축 표현도 많아서 되도록 '추가 글'과 '설명 글'로 도움을 드린다! 해도, 다양한 독자 입장을 다 헤아리기에는 부족할 수 있습니다. 그리고 주의 말씀 속에 제 표현이 필요한 부분들도 있으므로 제 지식과 표현 둘 다 부족함이 있을 수 있습니다. 이 모든 특수성을 고려하여 이해와 양해를 구합니다. "이상이다! 되었다. 닫으라."

2. 시온산 → 유리 바다 → 휴거 → 새 예루살렘 성까지 들어갈 자 누구?

'새 예루살렘 성'은 형용할 수 없는 세계이다. 너는 강권하는 자이다. 지금은 강권하는 시대이다. 눅 14:21 … 빨리 시내의 거리와 골목으로 나가서 … 자들을 데려오라 하니라 23 … 길과 산울타리 가로 나가서 사람을 강권하여 데려다가 내 집을 채우라. [제 성경책을 보이시며 해당 구절을 전하시고 **새 예루살렘 성을 예시한 환상(추가 글 2021. 12. 8. 수요일)**도 함께 보이시며 메시지의 뜻을 알리십니다. 이 환상은 하나님의 마음과 뜻을 느끼며 해야 할 일이 무엇인지 깨닫습니다]

2021. 12. 8. 수요일. 추가 글입니다.

새 예루살렘 성을 예시한 환상: 2020. 7. 23. 목요일, 영서 기록 첫날 보인 환상이다 - [주의 말씀에 이어 저는 환상을 봅니다. 저 멀리 성이 보입니다. 이는 비유로써 '새 예루살렘 성'을 의미합니다. 긴 성벽 가운데 성문이 있습니다. 다음 장면은 이 성을 향해 가는 몇 사람의 모습이 뚜렷이 스케치 된 모습입니다. 영으로 전하시는 주께서는 '가장 앞에 선 자의 모습'을 자세히 비추시며 보게 하십니다. 얼마나 진지하게, 집중한 모습으로 몰두하며 저 성을 향해 가고 있는지 설령 아래 세상에서 "무슨 일이 있다" 해도 아랑곳하지 않고 전념하는 모습이기에 '하늘 공중'은 다른 세계 같기만 했습니다. 이 시대에 그 뒤 이어지는 긴 행렬이 있어야 함을 알게 하십니다] - 의미 오른 수많은 자들로 마치 피난 행렬 상황에서의 인산인해처럼, 줄지어 저 끝이 보이지 않을 만큼 서야 하는 상황이다! 하라. 이는 네가 본 바이다. 나의 마음을 알게 된 당시이니라. 이는 위(새 예루살렘 성을 보이신 공중 하늘에서 네가 느낀 하나님의 마음)와 아래(땅을 생각하며 "세상 사람들은! 교회들은! 무엇을 하고 있나?" 하며 느낀 자이다)의 차이니 나와 너희는 다르다. 이는 나의 슬픔, 한탄이라! 하라. 이는 네가 위 '공중 하늘'에서 본 '나와 함께 오른 자'이니(환상을 보이신 대로 이미 오른 자들을 뜻합니다) 이 시대는 얼마나 '새 예루살렘 성'을 사모하며, 준비하고 오르는 자가 되어야 함을 내게서 듣고 본 자이다. 아래 세상 교회에서는 도대체 무엇을 하나? 천지 차이 그들이니 나의 답답함을 이루 말하랴? 이를 전하는 자이다.

　이 모든 일을 위하여 여기까지 이루어 온 나이다 하라. 그러함에도 '나와 다른 너희'를 알게 된 자 너이다. 이를 전하라. "다르다! 서두르라, 알라, 구하라, 집념하라." 이는 때이므로 그러하다 하라. 공중 하늘 위 아버지의 나라로 가고 있느냐? 물으라. 이는 교회의 주소이니 땅 '세계'가 아닌, 위 '하늘'로 향해 오직 가는 자 그의 모습! 가장 앞에 선 자를 본 바이니 이를 알리라(전하라). 이 환상은 스케치이나 네게 영으로 알린, 느끼게 한, 행렬의 선두에 선 그를 알리라. 너희는 뒤이어 서야 하는 자들이라 하라. 내 신부는 준비한다, 오른 자이다. 오르라! 하라. 이상이다. 계 21:1 또 내가 새 하늘과 새 땅을 보니 …. 2 또 내가 보매 거룩한 성 새 예루살렘이 하나님께로부터 하늘에서 내려오니 ….

2022. 3. 7. 월요일. 추가 글입니다.

　이는 목회 일지이다. 나와의 관계를 알리는 나이다. 너는 주와 교제하는 자이며 말씀 주시는 주이시다. '누구든지, 무엇이든지' 아니냐? 이는 네가 본 바, 들은 바이며 체득하여 걷고 걷는 길이 아니냐? '새 예루살렘 성'이 무엇이더냐? 쉴 처소가 아니냐? '나에 의한' 건짐이니, 이 세상은 나그네의 길이 아니더냐? 벧전 1:17 외모로 보시지 않고 각 사람의 행위대로 심판하시는 이를 너희가 아버지라 부른즉 너희가 나그네로 있을 때를 두려움으로 <u>지내라 하시는</u> 주시라! 하라. 너는 마음이 겸허해지는 자이다. 두려움을 알기에 그러하다. 계시록의 심판을 두라. 계 20:12 … 이 죽은 자들자기 행위를 따라 책들에 기록된 대로 심판을 받으니 13 바다가 그 가운데에서 죽은 자들을 내주고 또 사망과 음부도 그 가운데에서 죽은 자들을 내주매 각 사람이 자기의 행위 대로 심판을 받고 14 사망과 음부도 불못에 던져지니 이것은 둘째 사망 곧 불못이라. 산 자의 주시라! 하라. 산 자는 누구이더냐? 막 12:27 하나님은 죽은 자의 하나님이 아니요 산 자의 하나님이시라 …. 믿음이 살아 있는 자이다 하라. 나의 주! 하지 않으랴? 주가 누구시랴? 그의 피로 값 주고 사신 예수 그리스도시니 주는 영이시라. 계 5:9 … 일찍이 죽임을 당하사 각 족속과 방언과 백성과 나라 가운데에서 사람들을 피로 사서 하나님께 드리시고. 너희 몸의 주, 주체 아니시랴? 각 사람의 마음과 심장을 살피는 나 아니랴? 렘 20:12 의인을 시험하사 그 폐부와 심장을 보시는 <u>만군의 여호와여 하지 않으랴?</u> 이는 산 자에게 주는 은혜이니 나의 시험, 사랑 테스트를 받는 너희이다. "되었느냐? 되었다" 하라. 이상이다. 닫으라.

3. 핵에 대하여 적어보자

(환상이 보입니다. 공중을 향해 대기하고 있는 '핵'입니다)

1) 불 폭탄 시대!

우주! 항공(지상에서 핵을 쏘아 오르는 중이니 이 모습이 보이는 자이다! 하라)에서 목표물 지점 가는 거리, 속도를 줄이는 시기이다.

2022. 4. 7. 목요일. 추가 글입니다.

'지구 시대의 끝'을 보인 나이다! 하라. 이는 오래전이니 1993년 가을 추석 무렵이다. 소천이 무엇인지 체험한 자이다. '하늘로 오르는 자' 이 과정을 체험시킨 나이다. 이는 임종 상황이 아니냐? 죽은 자가 느끼는 이별의 시간이니 이는 영의 세계이다. 그 곁 가족에 대해 알린 나이며 너는 자유함을 얻어 오른 자이니 평안(영 상태)이 아니랴? 네가 유언할 겨를 없이 죽은 자가 되었음을 알게 된 상황이 아니더냐? 그럴지라도 안심이 됨은 주신 말씀으로 인함이다. 긴 구름길을 올라 청정한, 광활한, 조용한 장소에 이르니 하나님 외에 없는 그곳 아니냐? 이때 보인 저 아득한 아래 조그마한 지구! 개미 같은 사람들을 본 자이다. 이 세상 사람들은 자신을 위해 사는 자들임을 알린 나이다.

너는 나의 손을 본 자이다. 마치 기계의 버튼을 눌러서 무엇을 결정하는 모습과 같음이다. 이는 '무언가' 위에 내 손을 둔 채로 "누를까? 말까?"하는 망설이는 나의 모습이다! 하라. 되었다. 닫으라. 나의 마음이 매우 진노하여 화를 분출하기 직전의 갈등하는 모습이다! 이를 전하는 자이다. 이 모습은 부모가 더 이상 참을 수 없어 자녀를 때리려고 회초리를 든 상태이니 "때릴까? 말까?" 하는 망설이는 모습이기도 하다 이르라(전하라). 나의 노함이 차 있는 상태이다! 하라. 더 이상 견딜 수 없는 나의 애탐이 아니냐? 화난 인간의 모습과 같다. 이는 "곧, 결정이다!" 하며 내 마음이 어떤지 보임이니 지구의 끝이다! 하라. 없앤다! 하는 의미를 준 나 아니겠느냐? 지구의 상태를 알게 된 자이니 더럽고 추악한 악이 가득한 그곳에서 "어찌 살았나?" 하며 건짐(소천, 영혼 구원)이 무엇인지 안 자이니! 지구를 빠져나와 위 하늘로 오르면서 해방감, 자유함, 평온함! 이 다른 차이를 현저하게 느낀 자이다. 지구와 모든 관계의 단절, 분리, 다름이 아니냐? 큰 차이니 지구에서는 깊이 느낄 수 없는 차이이다 하라.

오른(하늘로 올려진 자이다! 하라) 상태! 내 곁에서 보인 지구는 더하지 않으랴? 다시 육체로, 지구로 갈 줄 상상 못한 자이더니, 어느새 지상의 시끄럽고 떠들썩한 소리를 들으면서 육체의 통증 '목 부위'를 느끼며 차 안에 누운 자신과 병원 앞 도착을 알게 된 자이다. 이는 현실이니 지구 귀환, 파송이 아니냐? 이는 소천 체험이다! 하라. 종말을 알게 한 나이다. "어찌 살아야 하나?" 회개하며 주 계신 곳을 향한 오름! 이뿐이니, 이 안에서 너희의 사명대로 사는 삶이다. 교회의 사역(한 사람의 회개와 장례 모습)을 알린 나이다. 이도 위에서 본 자이니 '개인 구원' 죽음과 함께 '지구의 종말'(하나님의 목적, 마지막 때에 믿음 없이 무엇을 하랴? 지상 돌다가 어찌 오르랴? 하라)을 준 나이다. 이는 네 사명의 시작됨으로 30년이 이어진 자 아니냐? 네가 이를 잊고 살면 되돌리는 나이다 하라. 이는 생명 연장이 무엇을 위함인가? 하라. 지구와 떼 놓을 수 없는 자이니 알고 시작한 교회 생활이다.

이후 제도권 교회의 밖 사역이니 주 외에 누가 네게 교회라 하더냐? 교회의 현판! 그곳은 ○○○ ○○ 교회이다. 현재 이곳은 선교 훈련지이다. 일 맡은 자이니 "영서와 책 발간 위함이다" 하라. 이동 교회가 되어 지속하여 다닌 이 자리이다. 찬양을 주십니다! 하라. '우리는 주의 움직이는 교회와 같은'이다. 그곳은 주의 나타나심과 말씀이 지속되는 자리, 이곳도 그러하다. 제도권이 아닌 성령으로 시작된 교회이다 하라. 현재도 그러하다. 지구 사역(다시 오실 주와 지구의 죄와 일들을 밝히는 자) 하는 교회와 사명이다. 이는 "내(주이시다! 하라) 교회이다" 하는 의미이다. 교단 정하지 않은 자니 오늘 꿈도 그러하다. "교단 정하라" 하며 추궁하는 자가 있지 않으랴? "우리 교단에서 다른 교단으로?" 하는 자도 있지 않으랴? 이는 늘 싸움하는 자이니, 모임의 수가 클수록 위세(세력) 등등하여 고초를 겪는 자이다. 이는 교단 문제이다. 저마다 자기 시야 평가이니 너는 "내게 물어 위기 극복하는 자이다" 하라.

천국을 단체로 갈 수 있냐? 물으라. 교단, 교파, 어디 출신 등 다 아니다! 하라. 오직 각 사람의 부르심을 알고 이해하여 그대로 두라. 돕든가, 관여치 않든가 하라. 누르고 누르니 지쳐서 내 일(주의 일이다! 하라)만 지체할 뿐이니 무슨 득이 있으랴? 나, 그들(소속하라, 가라 오라 하는 자들이다), 너(주께 소속하라! 하시는 주이시다) 아니냐? 사역 대상 포함하여 – 이를 알아야 할 자이며 주가 주실 은혜 예비자이며 구원 대상자이다 – 또한 그 외 막는 자도 여럿이 있으니 이들에게는 어떤 역할이 되랴? 이를 두라. 각자 지키는 마음이니 "자신의 부르심과 구원 외에 지나치지 마라"(관여하지 마라! 하는 의미이다) 하는 나이다 하라. 사명대로 살게 하라! 하시는 주이시다. 되었느냐? 되었다.

핵 개발은 이러한 너희를 위한 제동 장치이니 "나를 보라" 하는 나이다. 지구에서는 주 외에 무엇이 있으랴? 주와 대치하는 자니 이들은 주의 원수 된 자들이다. 이를 피하고 피하여 싸우고 싸워서 오르는 그 길이니 '새 예루살렘 성' 전진 외 무엇이 목적이더냐? 하라. 너는 북한을 위해 기도하는 자이다. 성령이 시키신 일이다. 이는 눈물로 구하게 한 나이다. 북한은 억류된 자, 잡힌 자니 자유가 아닌 억압 속에 '고난' 당하는 자들이 아니냐? 저들 중(세력자들 이는 지도자층이다) 회개할 자 있지 않으랴? 어쩌면 나의 계획, 구원 기회가 있을 수 있으니 원수의 머리 위에 '숯불 기도'하는 자, 내 종들이 아니랴? 롬 12:20 네 원수가 주리거든 먹이고 목마르거든 마시게 하라 그리함으로 네가 숯불을 그 머리에 쌓아 놓으리라. 이는 공산주의 체제 '전복, 무너짐을 위한'이다! 하라.

2) 지구전 시대가 도래한다!

2022. 3. 24. 목요일. 추가 글입니다.

'지구전 시대'에 관하여 적어보자. 이미 준바, 산 기도 내용이다. 산책길 오른 자이니, 인적 드문 곳이다. 며칠 전 3월 21일 월요일 "나를 알리마" 하며 준 내용이다. 산을 오르는 길에서, 숲이 있는 곳에서, 지시하는 나무 앞에서, 바위 앞에서, 누각에서, 두루두루 다니며 기도하는 자 아니더냐? 이 땅을 알리시니 이는 "지구전이라" 함이라. 계 5:6 … 그에게 일곱 뿔과 일곱 눈이 있으니 이 눈들은 온 땅에 보내심을 받은 하나님의 일곱 영이더라. 지구전의 의미는 이러하다. 마 16:18 또 내가 네게 이르노니 너는 베드로라 내가 이 반석 위에 내 교회를 세우리니 음부의 권세가 이기지 못하리라. 이에 보자. "베드로의 주시라" 하라. 따르는 자이더니 마 16:16 시몬 베드로가 대답하여 이르되 주는 그리스도시요 살아 계신 하나님의 아들이시니이다. 나를 기초로 둔 자이다. 그는 그러하다. 마 7:25 … 이는 주추를 반석 위에 놓은 까닭이요 함과 같이 그의 신앙, 믿음 대상은 나이다. 이러한 교회를 '주의 교회' 성령 권능이라 하며 나를 두지 않는 자는 '음부 교회' 지옥 권세이니 이들은 모래 위에 쌓은 자이다 하라. 마 7:26 … 그 집을 모래 위에 지은 어리석은 사람 같으리니. 이를 지상전이라 하니 하나는 '위로부터 내려온 자' 주를 믿는 자, 성령이시며 성령이 일하시는 교회이다! 하라. 다른 하나는 '아래로부터 올라온 자'이니, 음부로부터 얻게 되는 실세이니 잡힌 바 되어 물질욕, 탐욕, 권좌욕에 마음을 잃어 자기를 내세우는 자, 드러내는 자, 자랑하는 자, 힘껏 하나 "도무지 알지 못하노라" 할 자이다. 이러한 유형은 가시적 교회에 많다(가시적 교회는 눈에 보이는 건물 교회, 유형 교회라 한다! 하라). 그러므로 지상전은 주(성령)의 교회와 음부의 교회이다.

 이는 위 '하늘'과 아래 '음부'에서 모인 집합 상태이니 이 땅의 교회들이며 "우후죽순 많다" 하라. 창 3:15 내가 너로 여자와 원수가 되게 하고 네 후손도 여자의 후손과 원수가 되게 하리니 여자의 후손은 네 머리를 상하게 할 것이요 너는 그의 발꿈치를 상하게 할 것이니라. 이 말씀대로 지상 대치이며 계시록의 사탄 교회 해당하는 자들이다. 교회, 출판사도(북한 지시로 세운 출판사도 있다 하라. 남한 검열을 위함이다), 목회자도 있다. 서머나 교회! 계 2:9 … 자칭 유대인이라 하는 자들의 비방도 알거니와 실상은 유대인이 아니요 사탄의 회당이라. 버가모 교회! 계 2:13 … 거기는 사탄의 권좌가 있는 데라 네가 내 이름을 굳게 잡아서 내 충성된 증인 안디바가 너희 가운데 곧 사탄이 사는 곳에서 죽임을 당할 때에도 나를 믿는 믿음을 저버리지 아니하였도다. 두아디라 교회! 계 2:24 두아디라에 남아 있어 이 교훈을 받지 아니하고 소위 사탄의 깊은 것을 알지 못하는 너희에게 말하노니 …. 빌라델비아 교회! 계 3:9 보라 사탄의 회당 곧 자칭 유대인이라 하나 …. 이로써 위 하늘로서 내려온 '주가 세우신 교회'와 아래 땅에서 올라온 '음부 교회'와 대치 중이다! 하라. 이상이다. 닫으라.

2022. 4. 7. 목요일. 추가 글입니다.

 지구전 시대가 무엇인가? 다시 두라. 위의 글 이르라. 남한과 북한 대치전 아니냐? 물으라. "도대체?" 하는 나이다 하라. 너희 관심이 무엇이냐? '나라 위기' 알린 그이다. 전광훈 목사 이름 두라. 한국의 정치 생명이 끝난 시기에 등장한 그이다. 그 아들의 미국 대통령 부시 사건, 이는 전교조 침투한 교사들의 교육으로 인한 그 아들의 미국에 대한, 대통령에 대한 적개심 부추기어 반공자 아닌 친북 세력을 키우려 함이 아니냐? 이를 전한 그이다. 그 아들에 관함이다. 이로써 애국자 된 그이니, 나의 나라 '새 예루살렘 성' 안에서 세운 나이다 하라. 그의 포부 알린 이는 믿음이니 나로서(나에게서) 나온 흐르는 생수가 아니냐? "이대로 살 수 없다, 한세상 짧다" 하며 주를 위해 일생 각오한 남은 인생, 그의 삶이 아니랴? 그, 전 목사의 지원자이냐?(지지자 뜻이다) 그에 따른(관여된) 복이 있으리라. 아브라함으로 나선 그이다. 창 12:3 너를 축복하는 자에게는 내가 복을 내리고 …. 이는 지구사 알기에 순교 정신, 애국 정신, 선교 정신 함양자! 아니더냐? 이를 주라, 두라. 이는 기록물이다! 하라.

'새가 날아듦이니' 계시록을 보자. 계 19:17 또 내가 보니 한 천사가 태양 안에 서서 공중에 나는 모든 새를 향하여 큰 음성으로 외쳐 이르되 와서 하나님의 큰 잔치에 모여. 새! 이들의 할 일은 무엇인가? 먹으려 달려드는 테스트 자이다. 그(전 목사)의 반응은 남달라야 한다. 새 떼들의 아우성 치는 시기이다. 혈안이 된 움직임이 적지 않은 때이다. 계 19:18 왕들의 살과 장군들의 살과 장사들의 살과 말들과 그것을 탄 자들의 살과 자유인들이나 종들이나 작은 자나 큰 자나 모든 자의 살을 먹으라 하더라. 마태복음 13장 '길가' 땅 두라. 마 13:4 뿌릴새 더러는 길가에 떨어지매 새들이 와서 먹어버렸고 19 아무나 천국 말씀을 듣고 깨닫지 못할 때는 악한 자가 와서 그 마음에 뿌려진 것을 빼앗나니 이는 곧 길가에 뿌려진 자요. 새들의 역할이 무엇인가? 하라. 빼앗는, 공격성이다. 이는 즉시이니 말씀을 받으나 안 받으나 마찬가지 아니랴?

말씀을 마음에 두지 아니하는 자는 어떠랴? 출애굽기 보자. 이스라엘 탈출(출애굽)을 위한 애굽의 10대 재앙인 그 중, 일곱 번째 우박 재앙이다! 하라. 출 9:21 여호와의 말씀을 마음에 두지 아니하는 사람은 그의 종들과 가축을 들에 그대로 두었더라. 이르라(전하라)! 왜인가? 18 내일 이맘때면 내가 무거운 우박을 내리리니 …. 19 이제 사람을 보내어 네 가축과 네 들에 있는 것을 다 모으라 사람이나 짐승이나 무릇 들에 있어서 집에 돌아오지 않는 것들에게는 우박이 그 위에 내리리니 그것들이 죽으리라 하셨다 하라 하시니라. 말씀이 있으니 하라(다 모으라) 하나 듣지 않음은 마음에 두어 주신 대로 하지 않는 자들에게 임하는 재앙이 아니랴? 마리아는 어떠한가? 예수에 대한 그의 마음이니! 눅 1:38 마리아가 이르되 주의 여종이오니 말씀대로 내게 이루어지이다 하매 …. 눅 2:51 … 그 어머니는 이 모든 말을 마음에 두니라. 방해 세력의 역할은 무엇인가? 눅 8:12 길가에 있다는 것은 말씀을 들은 자니 이에 마귀가 가서 그들이 믿어 구원을 얻지 못하게 하려고 말씀을 그 마음에서 빼앗는 것이요.

　　마귀의 시험! 그, 전 목사이다(겪는 자이다! 하라). 새 떼는 많은 사람의 의미이다. 이는 "세상 끝 징조이다" 하라. 마 24:3 … 어느 때에 이런 일이 있겠사오며 또 주의 임하심과 세상 끝에는 무슨 징조가 있사오리이까 4 예수께서 대답하여 이르시되 너희가 사람의 미혹을 받지 않도록 주의하라 5 많은 사람이 내 이름으로 와서 이르되 나는 그리스도라 하여 많은 사람을 미혹하리라. 이는 한국의 시험이다! 하라. 수차 반복하여 이르는 사회 공산주의이니 그들은 막는 자들이다. 또한 성령과 은사를 배척, 훼방하는 교회 목회자들이며 그 외 등등이 아니랴? 한국의 장벽(장애물)이 된 그들이다. 이천 년 전 예수 시대 당시이니 몸으로 보이나 "아니다" 하는 자들이니 이 시대도 그러한 영이신 하나님과 일들을 많이, 깊이 알지 못하며 세심히 모를 때에 막는, 대적하는 자들이다. '이해' 관계이더냐? 오물 투척자이니 유튜브에 오르는 영상을 본 자이다. 이는 글, 말로 때리는, 던지는 자들 같음이니(오물 투척자 같은) 고소인 되어 법정도 가는 자이다. "이 무리는 무엇인가? 어디서인가?" 하지 않으랴?

　　이슈 한국이다. 애국 집회 내전 시대이다. 나, 너 갈라서는 자들이니 애매한 자들이다. 합력은 '주를 위한, 나라를 위한' 일지라도 내심 바라는 자가 있으니 위치, 물질 등등 소유로 인함이니 먼저와 나중을 구분하라. 누구를 세웠는가? 알라. "그, 전 목사를 버렸구나! 하나님께서 쯧쯧 …" 하는 자들이니 "자신, 겸허해질 때이다" 하라. 솟아오르는 분출된 마음이니! 막 7:20 또 이르시되 사람에게서 나오는 그것이 사람을 더럽게 하느니라 21 속에서 곧 사람의 마음에서 나오는 것은 악한 생각 곧 음란과 도둑질과 살인과 22 간음과 탐욕과 악독과 속임과 음탕과 질투와 비방과 교만과 우매함이니 23 이 모든 악한 것이 다 속에서 나와서 사람을 더럽게 하느니라 같은 상태, 상황이다! 하라. 그, 전 목사를 멸시하는 멸시자들 '한 무리'이다. "되었느냐? 되었다" 하라. 닫으라. 이는 한국 내 용암 끓듯 분출하는 시기, 질투 자들이니 성령에 대한 인식 및 체험 차이이며 좌파에 물든 자들 "유의할 때이다" 하라. 돌이킴의 끝은 무엇인가? 이 말씀 두고 마치라. 눅 17:10 이와 같이 너희도 명령받은 것을 다 행한 후에 이르기를 우리는 무익한 종이라 우리가 하여야 할 일을 한 것뿐이라 할지니라. 과거도, 믿음의 분량도, 사명도 다르다! 전하거라. 이상이다.

3) 너는 주의 눈물 닦는 자이다!

기도 시간에 티슈 화장지를 사용하여 눈물을 닦은 자! (환상이 보입니다. 제가 한 장소에 서 있는 모습이 보입니다. 지구를 위해 기도하며 많이 울던 날을 떠오르게 하십니다) 물이 바다를 덮음같이 여호와를 아는 영광이 덮는 시대이다. 찬양을 주십시오! 하라. '세상 모든 민족이 구원을 얻기까지 쉬지 않으시는 하나님 … 물이 바다 덮음같이 여호와의 영광을 인정하는 것이 온 세상 가득하리라 …. 합 2:14 이는 물이 바다를 덮음같이 여호와의 영광을 인정하는 것이 세상에 가득함이니라. 사 11:9 내 거룩한 산 모든 곳에서 해 됨도 없고 상함도 없을 것이니 이는 물이 바다를 덮음같이 여호와를 아는 지식이 세상에 충만할 것임이니라.

2021. 12. 8. 수요일. 추가 글입니다.

적어보아라. 주리라. 많은 준비로 나온 글이라 하라. 이는 내게서 본 바, 알리려 힘쓰나 다 삭제시킨 나이다. 이는 네가 쓴 글이다. 환상, 꿈 등에 대해 기록한 모두이다. 왜냐하면 나의 말로 나타내어 '나의 영광을 위함이니' 네 글 대신 나를 채워야 이도 네 영광 되는, 이는 낮춤 '겸손함'이 되기에 그러하다. 내가 주는 글이 내게서 나오니 '너와 내가 하나'이나 네게서 나오니 '나' 하며 스스로 우쭐하지 않으랴? "괜찮은데, 생각보다 잘해!" 하며 자신을 칭찬하는 자가 되기에 "이보다 나은, 이를 친히 주리라" 들은 후 네가 쓴 오랜 준비 내용을 최근에 다 지운 자이다. 꿈, 환상 등 설명해보려 한 자이다. 이후로 계속 바꾸는 추가 글이 됨은 '나를 위하여'이다. 이는 너의 보호이니라. 주어서 함께 누리는 영광이니 나의 영광 앞에 네 기쁨(스스로 한) 낮춤이라 하라.

이어서 위의 글 '환상'에 대한 내용이다! 하라. 네가 기억됨이니 생각나는 당시 이를 보여 설명한 나이다. 기도자이다. 한 장소에 선 네 모습을 본 자이다. 기도 시간이니 주를 위해 선 자이다. 네 눈물은 나의 눈물 아니겠느냐? 이는 지구의 '죄와 일들'에 대해 기도하게 함이니 많이 운 자이다. 슬피 운 자이다. 이는 "내가 네 안에서 우는 것이니 우는 자이다" 하며 이를 알게 하여 아버지의 마음, 주의 마음 그 사랑을 느끼며 함께 한 시간이다. 이러한 기도를 원하는 나를 알린 당시이다. '우는 나를 위하여!' 눈물 닦는 휴지를 준비한 자니 계속하라. 지구를 위한 눈물의 기도이다. 이는 해야 함을 경각시키는 나이니라. 닫으라.

4. 시가를 다니는 자들에 대하여 적어보자

(환상이 보입니다). **길에 서 있는 몇몇 사람입니다**(추가 글 2021. 12. 8. 수요일). 요한계시록! 요한이 기록자이다. 종말! 책 제목이다. (책을 출간하라고 말씀하십니다) 오늘부터 들어가는 날, 제1일이다. 40일 기간 동안 해보자. 40일은 '니느웨 회개 기도' 기간이다. 욘 3:4 요나가 그 성읍에 들어가서 하루 동안 다니며 외쳐 이르되 사십 일이 지나면 니느웨가 무너지리라 하였더니. 오늘 '1일' 명하자. 기록 시작이다. 40-1로 표기하자. (제가 사용하는 성경을 기록하는 용지의 상단 위치를 가리키시며 날짜를 메모하라고 하십니다).

2021. 12. 8. 수요일. 추가 글입니다.

길에 서 있는 몇몇 사람입니다: (제게 보이는 모습이 있습니다. 환상입니다. 누구인지 알지 못하나 몇몇 사람이 길에서 중요한 문제를 의논하는 모습입니다. 저는 문득 그동안 보아 온 모습들이 떠올랐습니다) 이는 "나라를 위해서 애쓰는 자들이다" 하라. 나라의 심상치 않은 상황에 사람들이 들고 우후죽순 기립하나 '나를 위해서 모임이 되도록' 하기 위함이다. 이는 이러함으로 주는 바이다. 네 마음은 어떠하냐? 이 당시이다. 부끄럽지 않더냐? 마음은 애타나 빚진 자 되어 "어찌하나?" 하나, 이는 탐색이 아닌 살피어 네 마음 동참한 상황들 아는 나이다! 하라. 코로나 시신들이 나라들마다 줄이어 나오는 뉴스 보도에 오열한 자이다. 네가 탄식하며 외친 신음을 안다. 들은 나이다. "아버지, 제가 어떻게 하나요? 무엇을 하나요? 저는 아무것도 하지 못하는 자입니다" 이러한 울음으로 당시 마음을 토로한 자 아니더냐? 이후 잊은 자이다. 자신 기도가 상달된 자이다. 보아온 나, 아니겠느냐? 그러함에도 받은 자(일 맡은 자니 이는 영서 일이다) 되어 이제야 "그랬구나!" 하는 자이니 너는 잊을지라도 나는 늘 갖고 있음을 알아라. 이는 올챙이 적 시절이라 하나 마음은 통회하는 시간이었다 하라. 시 51:17 하나님께서 구하시는 제사는 상한 심령이라 하나님이여 상하고 통회하는 마음을 주께서 멸시하지 아니하시리이다. 이는 내 마음이니 안타까워 우는 자, 가슴 애타게 세상을 대하는 자, "다! 보았다" 하는 나이니라. 내 안에 너는 그러하다. 키워가는 나이다. 이는 "아버지 마음이다" 하라.

2014. 4. 16. 수요일, 세월호 잊었느냐? 잊을 수 없는. 이도 네 마음에 오랜 아픔이니 네가 사는 곳 통행 지역을 보자. 물가의 징검다리 위로 다닐 때 수년간 물을 건너며 운 자이다. 바다를 가볼 수 없을 만큼 마음이 시린 자니, 학생들을 보아도 그러한 자이니 이는 네 안에 나의 마음이다! 하라. 코로나로 그 아픔이 대체되고 바다를 보게 된 자, 바다 위를 건너게 된 자, 2021년 비행기 탑승자이다. 동해안 이어 바다 기도자이다. 보냄은 "쉼과 일이다" 아니겠느냐? 그러함에도 여전히 바다의 배는 상기되어 오르지 못한다! 하라. 이는 세월호 '수장 상황' 장소, 물이기에 감당치 못할 아픔이 네 안에 있으니, 이는 눈물로써 쓰는 글이 된 마음이니라. 세월호 당시, 네 마음 안다. 현장 바라보며 기도조차 할 수 없이 녹아내린 마음이니 잊고 싶으나 묻을 수 없는 '내 나라 사건'이다 하라.

2021. 12. 28. 화요일. 추가 글입니다.

하늘에서 내려온 자, 보내어진 자: 앞다투어 사는 세상이니 위로 '오름'은 웬 말이냐? 하라. '새 예루살렘 성' 향한 전진! 누가 하겠느냐? 이는 오래전 아버지의 장례식 장지에서 숨이 멎기 전, 병원 향한 길에서 내게 이끈 자이다. 오르게 한 나이다. 그 당시는 이러하다. 울다가 심장 지병으로 악화 상태이다. 말 못하게 된 자, 서서 힘없이 있으나 예전과 다르게 이상 현상이 나타남이니 혀가 굳음이라. 아픈 자를 살핀 자, 이는 남편에 의한 병원을 급히 가는 자 된 상황이다. 이는 후의 간증이다. 감추어진 간증이라. 감추어진 나이나(이는 주가 감추심이라) 몇몇 교회 강단에 세우기도 하여 보인 수년 전이라. 10년이 넘은 채 닫은 자이다. 무수히 쏟아부은 은혜로 덮인 당시이다. 이는 이어진 하늘의 거대한 '가나안 포도송이 열매' 보게 된 자, 이 꿈 이후 열린 것이니 연계 아니더냐? 나의 때로 인함이니 차차 알리는 바이니라. 이는 '준비해 온 자이다' 하는 의미이다. 이로써 '하늘로부터 보내진' 의미 부여함이 아니겠느냐? 나를 만난 자 너, 그곳은 위 하늘이니 그러하도다. 죽은 줄 알고 하늘로 오른 당시이다. 오르면서 느낀바 다시 돌아보지 않을, 오지 않을 지구가 아니겠느냐?

지구의 죄 상태를 느낀 자이다. 그러나 다시 보내진 자이다. 깨어 보니 지상, 차가 멈춘 병원 앞의 도착이며 의사에게 치료받지 않아도 됨을 직접 말하여 알린 자이다. 치료받지 않으려 한 자이다. 이는 생사화복 주관자이신 하나님을 만난 자이기에 그러하다. 이후로 약을 중지하며 생사 다루시는 하나님을 체험한 후니, 병원도 의지하지 않게 된 자이다. 병이 있으나 맡기며 '사명 증거' 기회 봄이 아니더냐? 그러므로 죽음 고비 여러 번 넘기나, 어려움 처하나 - 이는 강도 위험, 불 '전기 화재' 위험 등 고난, 고통 속 외로이 보낸 기간도 이로 인함이니 - 나를 증거 한 후(받은 은혜가 크므로, 이 또한 자신이 누구인지, 어떠한지 알리므로 여기까지 이른 자이다) 가리라(죽으리라)! 하며 보내는 자이다 하라. 죽음 각오가 오히려 살리신 주이시다! 하라. 이상이다.

2021. 12. 25. 토요일. 추가 글입니다.

다시 이어 보라. 내 눈물 아는 자이다 하라. 기록된 영서를 다시 읽음이니 때마다 우는 자이다. 이는 나를 잊은 잠시이나(때때로 잊기도 하는 자이다) 네 눈물은 마치 스폰지같이 보여도 그 안 적신 상황이니 여호와를 아는 지식으로 인하여 우는 자이다. 사 11:9 내 거룩한 산 모든 곳에서 해 됨도 없고 상함도 없을 것이니 이는 물이 바다를 덮음같이 여호와를 아는 지식이 세상에 충만할 것임이니라. '이는 환상 후'이다. 2020. 2. 12 수요일, '하늘의 샘' 물들이 쏟아져 흐르는 장면을 본 자이다. 당시는 모르나 이어 2020. 7. 23. 목요일, 영서를 알리며 '하나님 두 손'(2020. 5. 17. 주일 보이신) 함께 잇는, 관련된, 이는 "나의 줄 것 많다" 하라. 그해 5월 17일 주일, 영서 일 맡기려 한 모습 보이신 주이시라.

지구는 '성탄을 맞으나'이다. 교회의 '주춤, 멈칫' 아니겠느냐? 코로나 사태(이는 환난이다)로 덮은, 막 씌운 '답답함' 이와 같도다. 이는 백신에서 검출된 '괴생명체'이니 한 '여의사' 발표에 대한 영상을 본 자이다. (이 글은 원고에서 빼려 하니 다시 넣으라! 하신 내용입니다) 이는 또 다른 영상에서 본 실체이니 백신에서 검출된 괴생명체 이것! '막 씌운' 공통점을 찾음이니 '네티즌 수사대' 활약하는 한국 실정이다. 뉴스 제공자인 언론이 닫힌, 이는 편협한 '편파 보도' 치우치는 사회이다. 이는 한 방향을 위한 줄 서기가 된 쏠림 현상으로 눈 가리는 시대이다. 사명자는 안다. 이 의미에 대한 "나의 줄 것 많다"이니 정보력이 아니겠느냐? 모든 것을 밝히시는 하나님이시다. 마 10:26 그런즉 그들을 두려워하지 말라 감추인 것이 드러나지 않을 것이 없고 숨은 것이 알려지지 않을 것이 없느니라. 밝히시는 시대이다 하라. '백신 괴생명체' 운운하는 정보에 대해 말해보자. 여의사는 누구인가? 어둠을 드러내어 발표하는 자 이러한 정의로운 자는 어느 편인가? 렘 5:1 너희는 예루살렘 거리로 빨리 다니며 그 넓은 거리에서 찾아보고 알라 너희가 만일 정의를 행하며. 이와 같은 자이다. 뒤이어 보자. 진리를 구하는 자를 한 사람이라도 찾으면 …. 이는 무엇인가? 이러한 자 보내는 이는 누구인가? 하라. 정의, 진리는 어디로부터인가? 아는 자는 알 수 있으리라.

 행동반경이 세계화 뻗치는 시기가 아니겠느냐? 이는 코로나 사태 이후 세계정세 변화이다 하라. 인구 감축을 운운하는 설까지니 단 12:4 … 많은 사람이 빨리 왕래하며 지식이 <u>더하리라 함</u>과 같은 정보화 시대 아니겠느냐? 우는 자는 안다. 나의 사랑이 함께하여 알리는 나이다. 신축 건물 시대이다. 우후죽순 세워진! … 후다닥, 뚝딱, 요술 방망이 두드리듯 여기저기 세워지는 시대 아니냐? 그 안에서 무엇을 하랴? 연구소도 있다. 백신에 관한 연구하는 여의사 등. 불의의 의사 'ㅇㅇㅇ'(이에 대해 반박하는 한 의사의 영상을 본 자이다 하라) 등 있으나 의로우신 재판장이시니 감추인 것, 숨은 것 찾지 않으랴? 마 10:26 그런즉 그들을 두려워하지 말라 감추인 것이 드러나지 않을 것이 없고 숨은 것이 알려지지 않을 것이 없느니라. 나의 눈이다. 이는 네 기도 자리 나의 보는 눈! 알린 나이다 하라. 렘 32:19 주는 책략에 크시며 하시는 일에 능하시며 인류의 모든 길을 주목하시며 "이는 눈이시다 하라" 그의 길과 그의 행위의 열매대로 보응 하시나이다. 세상과 사람들을 면밀히, 자세히, 신중히, 뚫어지듯 **간파하지 않으냐? 하라(추가 글 2022. 1. 3. 월요일)**. 이 눈이 찾아내어 그 마음에 찾게 함이니 나의 이러한 '의'는 누구를 위함인가? 어디서 나온 자인가? 하나 시대마다 세워진 자들이니 정의를 위함이다 하라.

　마지막 때 아니겠느냐? 성탄 캐롤이 사라진 매장마다 그러하니 "물건 사라" 아닌 영광은 합당한 데서 찾는 나이다! 하라. 되었느냐? 되었다. 한 사람(렘 5:1) 하나님이 찾으시는 한 사람이 '의'를 위함이니 많은 자들 군대 동원, 무력으로 하지 않는 나이다. "시위하지 마라. 기도(모임)하라" 알리는 이어지는 글 있다! 하라. 예배를 위한 모임! 정의와 진리 위함이 아니겠느냐? 이는 시대의 빛들 되기 위하여 "나를 찾으라. 만나라" 하는 나이니라. 이는 성탄 메시지이다. 지구사 아는 자이니 그러하다. 사단 패배 최후까지 한 사람 소중하지 않으랴? 이들 중심되어 기도하라. 구하라. 하늘의 비를 내려 씻기는 나이다.

　"다섯째 인이다" 하라. 계 6:9 다섯째 인을 떼실 때에 내가 보니 하나님의 말씀과 그들이 가진 증거로 말미암아 죽임을 당한 영혼들이 제단 아래에 있어 10 큰 소리로 불러 이르되 거룩하고 참되신 대주재여 땅에 거하는 자들을 심판하여 우리 피를 갚아 주지 아니하시기를 어느 때까지 하시려 하나이까 하니 11 각각 그들에게 흰 두루마기를 주시며 이르시되 아직 잠시 동안 쉬되 그들의 동무 종들과 형제들도 자기처럼 죽임을 당하며 그 수가 차기까지 하라 하시더라. 이는 구하기 위함이다. 이들은 하나님의 말씀과 그들이 가진 증거로 내게 나아오는 자이다 하라. 기도 반열자들이다. 이어, 계 8:1 일곱째 인을 떼실 때에 하늘이 반 시간쯤 고요하더니 …. 성도의 기도 시기이다 하라. 4 향연이 성도의 기도와 함께 천사의 손으로부터 하나님 앞으로 올라가는지라. 이를 알라. 기도는 비를 조성하는! 이는 '하나님의 마음 동요케 하는'이다. 보좌를 움직인다. 이를 알라. 창 7:11 … 그날에 큰 깊음의 샘들이 터지며 하늘의 창문들이 열려 12 사십 주야를 비가 땅에 쏟아졌더라. 이는 창 6:6 땅 위에 사람 지으셨음을 한탄하사 마음에 근심하시고. 나의 마음 쏟음이다 하라. 너희도 그러한 하늘에 쌓으라. 마음을 다하여 울라. 부르짖으라. '의를 위하여, 내 영광을 위하여' 하라. 이상이다. "되었느냐? 되었다" 하라.

2022. 1. 3. 월요일. 추가 글입니다.

간파하지 않느냐? 하라: 위의 글, 네 기도 자리 '나의 보는 눈'이니 기도자 옆에 '눈으로 나타내신' 주이시다. 이는 하나님의 눈이 영서 받는 자 옆에서 세상을 내려다보시는 모습임을 알리시어 보시는 하나님의 두려움이 느껴진 자이다. 이는 "어찌하나?" 보시며 심판을 준비하신다는 뜻이니라. 이상이다. "되었느냐? 되었다" 하라. 이해에 이해를, 설명에 설명을, 추가에 추가를 더하는 나이니 눈 뜨기 위함이다. "무언가? 무언가?" 하며 조롱, 비난하지 않기 위함이니 마음 댓글도 댓글이라 하라. 주께 댓글 다는 자가 많은 세상이다. 자기의 의가 옳은 시대이니 이 같지 않으랴? 자신이 "주이다, 왕이다, 스스로이다" 하며 긴다, 뛴다, 난다! 하나 자연의 위력 앞에 꺾일 모두이다 하라. 마음은 어디서 오나? 네 주이신가? 우상(사단)인가? 너 스스로 위함인가? 누군가에 의한 지지대 된 자인가? 아니면 모르는 누군가가 바람처럼 오는 것인가? 잘 살피라. 모두 그러한 시대이다. 옳으나 어린, 미덥지 않은, 지켜볼 자가 있으나 장성(성장, 성숙한) 한 자까지 일을 위함이다.

　그중에 세워지는 나의 종은 따로 두라. 나의 다룸! 훈련으로 나아온 자, 내게 듣는 자, 들어야 할 자, 이는 별개이니 나의 일이 광범위하다 함에도 '꿰어보려 함'에는 나의 눈치 모르고 행하는 자들이라 하라. (이는 주의 사람으로서 주가 통치, 관여하는 자를 목회자들이나 지도자들이 자신 아래에 두어 사람의 지도를 받게 하는 주의 뜻 채뜨리는, 막아서는 것에 대해 일컫는 일침입니다) 자녀를 다루려 하는 부모가 준비한 일이 있는데 누군가 막아서서 "이리 와봐" 하며 데려가랴? 아니면 시선 돌리게 하랴? 눈치 없다 하는 종이 되지 마라! 자기 세계가 주의 세계이다 하며 자기 방식에서 하는 자니 그중에 찾아내어(그들 눈에 발견된 누군가이다. 이는 하나님이 쓰시려 예비한 자이다. 혹은 쓰는 중이다) 내게 묻는 자 아닌 자들도 있어 그에게 환난이 되기도 한다! 하라. 이는 막음이다. (주께 물으라 하십니다. 주의 뜻 아래 두는 자인지, 관여해도 될 자인지를 알아야 함은 이러한 일로 환난을 주시기도 한다는 뜻입니다). 이 세상은 그러하다. 얽히고설키어 만나는 대로 관계하나 나는 그러지 아니하다. 너의 식과 '다른'이다. 가까이 있어도 모르는 자가 될 수 있고 먼 곳에 있어도 가까운 자가 될 수 있음을 알라.

　이러한 원리로 일하는 내게 그에 대해 소유권, 주장권을 내밀랴? 누구든지이다. 주의 종은 다투지 않기에 참으나! 딤후 2:24 주의 종은 마땅히 다투지 아니하고 모든 사람에 대하여 온유하며 가르치기를 잘하며 참으며. 이 고난 시기는 내게나, 묶는 자나, 매인 자나, 다 유익하지 못하다 하라. 이는 참음이니 애굽 바로 왕이 이스라엘을 묶듯 하지 마라. 이는 세상 방식이다. 천륜! 인륜! 하며 인맥! 지연! 학연! 하지 마라. 모두 아니다. 내 영으로 부은 바 된 새로운 피조물 되어 '나의 증인' 되어 나섬이 이 시대이다 하라. 이를 알리라. 행 1:8 오직 성령이 너희에게 임하시면 너희가 권능을 받고 예루살렘과 온 유대와 사마리아와 땅끝까지 이르러 내 증인이 되리라 하시니라.

　교회 공동체 자랑하지 마라. 한순간에 사라질 모든 것이다. 그 안에 이는 한 사람 한 사람이니 내 생명 찾는 나이다. 나의 어린 양이든! 요 21:15 … 요한의 아들 시몬아 네가 이 사람들보다 나를 더 사랑하느냐 … 내 어린 양을 먹이라 하시고. 양이든! 요 21:16 … 내 양을 치라 하시고 17 … 내 양을 먹이라. "내 것이라, 내 것이라" 하라. 이는 십자가의 고통으로 낳은 자이다. 교회에 눈 감으나 다는 아니다. 환난 시대이다. 깨어 기도하므로 나를 구하는 자, 찾는 자, 두드리는 자만이! 마 7:8 구하는 이마다 받을 것이요 찾는 이는 찾아낼 것이요 두드리는 이에게는 열릴 것이니라. 내 교회, 내 종, 나의 생명들 아니겠느냐? 울어도 하지 못하는, 힘써도 하지 못하는 세상이다. 슥 4:6 … 이는 힘으로 되지 아니하며 능력으로 되지 아니하고 오직 나의 영으로 되느니라. 다룰 나이다 하라. 참 종이더냐? 나를 아는 자이더니 바울과 같이 유순한 유모가 되기도! 살전 2:7 우리는 그리스도의 사도로서 마땅히 권위를 주장할 수 있으나 도리어 너희 가운데서 유순한 자가 되어 유모가 자기 자녀를 기름과 같이 하였으니. 눈물로 훈계하기도! 고후 2:4 내가 마음에 큰 눌림과 걱정이 있어 많은 눈물로 너희에게 썼노니…. 모든 것을 내주어 기르는 자 아니겠느냐? 이는 신부를 위한 중매쟁이다 하라. 고후 11:2 … 내가 너희를 정결한 처녀로 한 남편인 그리스도께 드리려고 중매함이로다 …. 내 기뻐하는 자니! 마 3:17 … 이는 내 사랑하는 아들이요 내 기뻐하는 자라 하시니라. 이러한 자가 나를 위하여 십자가의 길을 가는 자이다! 전하라. 이상이다.

5. 오랫동안 준비해온 나이다

(이는 너를 준비시켰다는 뜻이다) 핵에 대해서이다. 다음에 대하여 적어보자. 핵실험이다. 너는 ㅇㅇㅇ을 보고 있는 자이다. (한 사역자를 전하십니다) 이는 받는 자이다. 핵과 관련하여 주께 받는 자이다 하라. … 등등이다. (이어 몇 분 더 말씀하십니다). "함께 받는다" 하라. 이 모두는 여 사역자들이다 - [너는 방송 영상을 참고한 자이다. (주의 부르심 속에서 이 시대에 일하는 성령의 사람임을 알게 하십니다). 영 분별과 시대 분별 참고를 위해 보아 온 것도 "주의 다루심입니다" 하라. 되었다. 닫으라] - ㅇㅇㅇ 등은 나의 여 제자이다. 그들은 이러한 부르심 속에서 다루는 나의 여종들이므로 함께한 그들과 지난날이다. 이는 무슨 의미인가? 하리라. 이는 네가 본 지금의 환상은 광활한 공중이니, 적막한 그리고 사람이 오르지 않은 곳이므로 은밀하게 말해 온 나와 너희니라. 이는 오래된! 그리고 지금까지 나의 주는 말로써 말하고 전해온 자들이다! 하라. 핵실험에 대해 받는 것 적어보라. (말씀하실 때 기록하라는 의미입니다).

2021. 12. 5. 주일. 추가 글입니다.

당시는 이러하다 하라. 네 내면은 나! 오랜 기간 함께하여 온, 가진 자 너이다. 내 알 바 된 메시지 지닌 자이므로 핵에 대해서도 알아 온, 이는 '나의 날 위해' 사용하기 위함이다. 이와 같은(위 소개자들과 같은) 자로써 함께 일해 온 아니냐? 하라. 이는 '앎'에 관한 것이다. 위 여 사역자들을 따로 불러내어 이른(말한 나이다) 자들이라 하라. 은밀한 곳 거하여 알린 나이니라. 이들은 이러한 부르심으로 함께 된 자이다. 네가 보아온 영상들이니라. 이는 외로움에 지친 자이므로 홀로 둠이라. 나의 계시 위함이니 깊은 곳 아니냐? 누가 예배자이더냐? 요 4:23 아버지께 참되게 예배하는 자들은 영과 진리로 예배할 때가 오나니 곧 이때라 아버지께서는 자기에게 이렇게(밑줄 치라) 예배하는 자들을 찾으시느니라.

현란해진 세상 아니겠느냐? 볼 것, 구경거리 많아 시간 가는 줄 모르는 시대가 되었다!

하라. 나 아닌 것들이 많아진 당시에도 그러한, 이는 오래전 부름이니 교회 들어선 발걸음이니라. 입신으로 하늘길 오른 자 '종말' 체험자이거늘 어찌 두랴? 할 일 많은 세상이나 감춘 자 왜이더냐? 이는 오랜 준비이다. 외국의 어느 사역자도 그러한 '예' 아는 자이다. 메시지 받은 후 30년 후 이 시대에 나타나 전한 그이다 하라. 이는 주의 나타나신 이후로 오랜 세월 후의 증언자이니라. 이와 같은 너도 이러한 30년이 됨이니 책 발간하는 주의 증인이다. 행 1:8 오직 성령이 너희에게 임하시면 너희가 권능을 받고 예루살렘과 온 유대와 사마리아와 땅끝까지 이르러 내 증인이 되리라 하시느라. 10년 단위 주시는 은혜이니 '내 눈 열어 주 보게 하시네. 주님 이 땅 가까이 오셨네 …' 이는 네 곡 창작의 해 '한 해' 몰이로 준, 다작 찬양 중 하나이다. 이는 갱신이다. 사역 갱신 기간 업로드(upload)이다. 더 많아진, 더 깊어진, 더 세심히 다룸이 아니더냐? 불 침범 시기니 '내가 주야로 주님과 함께 있어 …' 찬송 가사와 같이 홀로 둔 시간이나 **긴 시간 나를 위해 산 자이다(추가 글 2022. 4. 7. 목요일)**. 이제는 어떠하냐? …생략… 청춘처럼 살아내야 하는 '주 오실!' 알릴 이 된 소명감으로 인하여 그래도 살만한, 희망이다 하는 자이다.

  이는 왜 주냐? 이 같은 자들이 많다! 하라. 내 종은 그러하다. 안타까운 현실 앞에 주저하지 않고 때를 기다리며 '오직 예수 나타냄이니' 하는 자들이다. 그러하기에 약함이 도구 되는 것이다. 이에 감사하라 너의 자랑이 무엇이냐? 약함 아니더냐? 약함은 낮추게 하는 것이다. 낮춤으로 나의 이룰 일에 대한 준비를 두어 그 자신 영광 취하지 않을 뿐(실상은 못함이 아니냐? 해서는 안 되는 불문율 아니겠느냐? 너도 이와 같이 하라) 아니라 나의 영광만 나타내 높아짐 아니겠느냐? 옷이 없는 자는 안다! 하라. 이 옷이 얼마나 자신에게 소중한 것임을 절실히 체감함 아니겠느냐? 이 옷이나 저 옷이나 많은 옷 중 하나이다! 하는 자에게는 옷의 소중함이 아닌 자신이 주인, 관심 대상이 되어 나는 많다, 이러하다! 하는 사람이 되기에 나의 깊고, 중대하고, 소중한 것은 함부로 대하지 않기 위해 아무나 입히지 않고 싶은 나이다. 그럼에도 옷가진 자 중에도 벗기거나, 임시 대체로 입힐 수는 있으나 그보다 오랜 낮춤이 필요함은 사람 체질(죄성)이 각성까지 얼마나 겪어야 하겠느냐?

이를 알라. 이는 '오랜 준비' 의미이다. 알겠느냐? 내가 준 바 이해된 당시, 영서 첫날이나 기록은 나의 손, 네가 기록한 모든 것 다 비우게 한 나이다. 이도 오랜 시간 다듬어 올린 글이나 나의 영광을 위해 너로 내려놓게(해보게 한 나이냐) 한 것은 그래도 이 포기가 빠른 자이다. 이 옷은 나로 말미암아 내려온, 은혜 입힌 영광, 능력! 눅 1:35 … 지극히 높으신 이의 능력이 너를 덮으시리니. 이와 같지 않더냐? 이는 네 오랜 "나의 은혜 체험이다"이므로 네게 익숙한, 편안해짐 아니겠느냐? 하라. 이를 이름은 내 너로 낮추어 또한 낮은 자를 들어서 나의 영광임을 보임이 아니냐? 이를 위한 부르심에 감사하여라.

나도 겪은 바 불편, 고생 이 땅의 육신 시기가 아니겠느냐? "오직 예수! 주로 살자" 하며 내게 오는 자마다 이를 마다하지 않고 견디고, 주저하지 않으려 함은 이 또한 옷처럼 걸친 환난과 궁핍이라 하라. 그러나이다. 때마다 주시는 은혜 있음을 알라. 너의 누름! 낮춤, 고생 시기는 오름이니 스프링 보느냐? 압축 상태, 가하는 힘 아래(누름)이나 곧 솟구치면 쭈욱! 오르지 않더냐? 이와 같은 너이다. 너 또한 고생 값이 빛이 되고 상이 되리라. 귀함으로 여겨지리라. 존귀하게 서리라. 이를 두라. 나 예수는 말하노라, 알리노라. 나의 낮춤, 낮아짐은 십자가에 못 박힘과 장사 되므로 끝이 아닌 부활과 영광이 있음을 알라. 영원(영원한 생명, 영생)을 위해 사는 자는 이와 같을지라(환난, 궁핍 고생을 의미한다). 살아나는, 피어나는 한 송이 소담스런 꽃처럼 되리라. 되었느냐? 위로되리라.

2022. 4. 7. 목요일. 추가 글입니다.

긴 시간 나를 위해 산 자이다: 생명수 교회이다. 주 없이 할 수 없는 일이다. …생략… 성령으로 체험하는 자이다. 성경 말씀이 짝 되어 일하는 나 아니냐? 하라. …생략… 나의 나타남 언제랴? 2008년 그해 신학 통학과 철야예배 시기이다 하라. 개척 예배처에서 곤히 잠자는 자에게 말씀하심이니 네 앞의 나 아니더냐? 솔로몬처럼 "내가 네게 무엇을 줄꼬?" 왕상 3:5 기브온에서 밤에 여호와께서 솔로몬의 꿈에 나타나시니라 하나님이 이르시되 내가 네게 무엇을 줄꼬 너는 구하라. 말씀 그대로 묻는 나이니, 네 대답이 답정너(답을 정하고 묻는 뜻의 신조어이다 하라) 같이 "선교요!" 답한 너이다. 네 마음 안 '답'을 두고 네게 묻는 이 방식은 지금도, 영서 당시부터도 하지 않으랴? 되었다. 닫으라. …생략… 선교 정책이 바뀐 자이다. 받아 '모음집' 된 대로 전해보려 함이니 이 사역은 마지막 시대에 관련하여 지구전 시대를 알리며 '다시 오실 주'를 알리는 자이다. 주께서 원하시는 자가 누군지 이를 전하며 주의 마음대로 일하시도록 훈련받으려 하는 자이다 하라. 이만 맺으라. 되었다! 하라.

2021. 12. 28. 화요일. 추가 글입니다.

다시 이으라. 2021년 한 해 저무는 때이다. 1년 전 2020년 '책 출판' 계획 아니겠느냐? …생략… 했더라면 40일 2차, 이어 3차, 4차 … 지속이다. 어느덧 14차 들어섬이니 이번에는 기필코 "해보자" 하는 자이다. 이는 아나, 알아가나, 쉽지 않은 교회 대상, 목회자에게 주는 나의 글, 메시지이다 하라. 아직도 다루지 않은 수차 분량이다. 온종일 몸이 아프도록 집중하나 다 이르지 못하는 지경, 영역, 깊이 등이니 마음이 무거움뿐이라. 눌림은 안타까움으로 인함이다. 이는 더해가는 마음 짐이니 세대를 보고, 하나님 마음 살피랴(해내지 못함으로 두려운 자), 자신 살피랴, <u>끄떡없는 자들</u>(철면피, 악한 무리들 세상 주관자이다) '거대한 장벽' 넘지 못하여 주의 구원 기다리며 수없이 이런저런, 무수히 싸워오며 <u>지친 자이다 하라</u> - [2020. 4. 6. 수요일. 03:18 추가 글입니다. 꿈을 주신 주시라. 거대한 장벽은 장애이다. 넘을 산이나 <u>스스로</u> 할 수 없음을 보인 나이다 하라. 거대한! 두꺼운, 높은, 넓은 벽이니 그 앞에 너의 모습은 매우 작은 자 아니랴? 한가지 보임이니, 이는 나의 구원이다. 할 수 없는 일 출판이며 증거이다. 이로써 내가 해야 하는 일이니, 아무것도 아닌 자임을 알린 나이다. 나에 의해서 올려지는 상황이어야만 하는 자이니 높은 장벽을 넘게 하는 나, 건짐을 보인 나이다. 이는 위로이다, 힘이다. "구하라" 주시는 주시라. 전적 의지해야 함을 알리고 알린 나이다 하라. 이상이다, 닫으라. 나의 줄 말 많다. 보임은 이러하느니라. 되었다! 하라] - <u>성과로 보인 나이니</u> 10년 고생 값 보상이다! 하며 영서 주시기에 덥석 꿈 같이 받으나! 계 10:10 … 내 입에는 꿀같이 다나 먹은 후에 내 배에서는 쓰게 되더라. 이는 요한의 고백이다.

네게도 그리한 시간이다. 첫 영서 날짜 이후 오늘까지 애달프게 보낸 수개월, 이제 해

바꾸어 가니 마음 안달하나 가뿐하지 못함은 앎도 그러한 '앎대로 살지 못함'이 걸리기도 하는 자이다. 사명 수행보다 다시 훈련 시기라. 이는 더 깨어나야 함에도 쉽지 않음이라. "코로나 전시 기간이니 어쩌랴?" 하며 지내기에는 "아버지 마음 크시다!"이다. 이는 1년 반 동안 더해진 환난도 그러한, 아버지 중심 더 보이심 아니냐? 하라. 교회에 대한 막중한 짐이 있으니 깨어날 교회들이나 아직도, 여전한 모습 백신 시대까지라 하라. 그래도 위로하심 주신 하나님 아버지시다. 기도 중에 알리신 '건지신 수'에 대한 아버지의 기쁨을 나타내신 올해 여름이라 하라. 청와대 앞 애국 집회 장소를 가리키시며 이 훈련지에서 비교적 많이 나왔다 하며 크게 기뻐하신 주이시다! 하라.

2021년 작년 여름, '전시의 위중' 알리실 때 많이 운 자이다. 이는 문화 번영으로 인함이니 이도 주리라. 언젠가 보이리라. 네게 나타난 나의 마음들 펼치리라. 전할 메시지로 이에 신난 자 아니냐? 네 몫은 나누기 위함이 아니더냐? 주라, 흐르게 하라. 이는 내 뜻이니라. "여호와께서 나타나셨다!" 몇 회 반복하여 주신 말씀입니다. "전하라" 재촉, 촉구하시는 주이십니다! 하라. 응원차 주시지 않더냐? 이는 한 두 달 전으로 기억된 자이다. 얼마 전 말씀하신, 보이신 네 안의 나이라. 노여움도 기쁨도 다 알리는 나이다. 살진 소 되어 "잔치해 보자" 눅 15:23 그리고 살진 송아지를 끌어다가 잡으라 우리가 먹고 즐기자 24 이 내 아들은 죽었다가 다시 살아났으며 내가 잃었다가 다시 얻었노라 하니 그들이 즐거워하더라. 이는 "둘째 아들 위함이다" 함을 기억하여 이를 이루라, 이루어 보자. "제게 왜 이런 큰일을 맡기셨어요?" 다시 하지 마라. 내 뜻대로 주는 것이 나의 뜻이니 그리 알라. 마 20:15 내 것을 가지고 내 뜻대로 할 것이 아니냐 …. 우는구나! 네 눈물은 마를 날 없어야 정상이다. 샘 아니겠느냐? 보혈 샘이다. 마지막 세대에 나타난 생명이니 이를 줄 만한 내 의도 분명히 알라.

길가의 들풀 무수하게 … 본, 그 산책길 아니더냐? 개척 예배처에서의 유일한 외출 길 당시이다. 주린 자 외출로 힘없이 걸으며 이들 위안 삼더니 이제 사진 촬영도 허락함이니 내 영광 나타내 보리라! 하며 사용해볼까? 해서 틈틈이 외출도 한 자니 횡재 같은 두 해째이다. 우는구나! 네 눈물은 나이다. 주르르 흘리기도, 서글피 훌쩍이기도, 구슬피 흐느끼기도, 오열로 울기도 하는 자니 나로 인함이다. 이는 내 길이 그러하다 하지 않느냐? 나의 나타남이 '십자가 예수' 주와 함께하는 인생길임을 아는 자이다. 네게 일어난 일들은 책으로 다 펴 보지 않아도(이는 출판 의미이다) 나는 아는 자이니, 이는 위로이다, 보상이다. 다루나, 이는 다뤄 본다 의미이다. 시험 섞는 나이다. '나 사랑' 테스트 및 단단함 위함이 아니겠느냐? 지키는 나이다. 한고비, 또 한고비 나의 손 내미는 나이다 하라. 괜찮다, 나가라는 사인(sign)이다 뜻이다.

　이 짐은 너만이 아닌 인류를 위한, 세대 위한 나의 일 동참을 위한 부름이니 내 어찌 팽개치랴? 사람은 버려도 주는 징계와 함께 세우시는 주시라! 하라. 촉촉이 마음 밭 두라. 이는 나의 사랑, 나의 은혜이다. 눈물로써 말하는 나이다. 이는 네 고생이다, 내 고생이다. 영서 첫날, '비바람 속 가야 할 길' 자연(그날의 비, 바람 날씨) 통해 준 나이다 하라. 이는 후반전이니 전반전 3년(2017-2019년)을 준비하라! 재촉함이니 금식한 자이다. 두문불출함으로 받은 영서이다. 차단 위한, 주 발견을 위한 포커스 맞추느라 애쓴 자이다. 이는 은사이다. 영서 받기 전 공중에 나타난 하나님의 두 손, 나의 두 손 보이며 행하게 하는 묘사이니 글이 아니더냐? '섞인' 있으나 염려할 바 아니다 하라. 이는 주제 다루는 자이기에 그러한, 이것저것 분야별 모음집 다양화 안에서 사람도 영으로 전하는 시대이므로 그러한 나의 마음, 뜻을 위해 연구하는 바 그들이므로 공중에서 만나지는 자이다. "나를 위해 가는 길이다" 하라. 핵우산이 된 나이다. 핵으로부터 보호 의무 주이시니 내 우산 '피난처 예수에게로'이다. 이는 '세대' 요청, 부르는 나이다 하라. 마지막 세대 연구하는 바 이를 위해 무수한 훈련 시시때때로, 때론 즉각적으로 다루는 주이시다. 이상이다. 단 12:10 많은 사람이 연단을 받아 스스로 정결하게 하며 희게 할 것이나 악한 사람은 악을 행하리니 악한 자는 아무것도 깨닫지 못하되 오직 지혜 있는 자는 깨달으리라. 연단 중이다. 지혜로운 자는 죄와 싸우는 자이다. 슥 4:6 … 이는 힘으로 되지 아니하며 능력으로 되지 아니하고 오직 나의 영으로 되느니라.

6. 세 가지 환상(꿈 포함)에 대하여

(매우 중요한 세 가지 환상입니다) 성령에 관한 메시지이다! 하라.

1) 하늘 문

물이 바다를 덮음같이 온 세상을 덮으리라! 합 2:14 이는 물이 바다를 덮음같이 여호와의 영광을 인정하는 것이 세상에 가득함이니라. 사 11:9 내 거룩한 산 모든 곳에서 해 됨도 없고 상함도 없을 것이니 이는 물이 바다를 덮음같이 여호와를 아는 지식이 세상에 충만할 것임이니라. '여호와를 아는 지식' 보인 것 기억하는 자, 2020. 2. 12. 수요일 '하늘 문' 환상이다(추가 글 2021. 12. 5. 주일). 너는 내게 배우는 자이다. 요 6:45 … 아버지께 듣고 배운 사람마다 내게로 오느니라. 에덴의 강물, 창 2:10 강이 에덴에서 흘러 나와 동산을 적시고 거기서부터 갈라져 네 근원이 되었으니. 생명수! 목마른 자에게 주는 것이다. 요 7:37 … 누구든지 목마르거든 내게로 와서 마시라 38 나를 믿는 자는 성경에 이름과 같이 그 배에서 생수의 강이 흘러나오리라 하시니 39 이는 그를 믿는 자들이 받을 성령을 가리켜 말씀하신 것이라 …. 계 21:6 … 내가 생명수 샘물을 목마른 자에게 값없이 주리니.

2021. 12. 5. 주일. 추가 글입니다.

'하늘 문' 환상이다: 하늘 문이 열린 상태에서 많은 물이 흐릅니다. 하늘에서 땅까지 마치 거대한 폭포수 물처럼 생동감 있게 쏟아져 내리는 장면입니다. 이는 2020. 2. 12. 수요일, 보이신 환상입니다. '여호와의 샘'이라 하라. 주의 보혈을 아느냐? 이는 피로써 나의 주는바 너희의 죄이니라. "사랑한다!" 전하여라. 피의 권세이다. 피는 사랑을 의미한다. 나의 피가 '너희를 위하여' 희생이 되므로 너희는 나에 대한 생명(피로 값 주고 산) 되어 영원까지 이르느니라. 계 5:9 … 일찍이 죽임을 당하사 각 족속과 방언과 백성과 나라 가운데에서 사람들을 피로 사서 하나님께 드리시고. 고전 6:19 너희 몸은 너희가 하나님께로부터 받은바 … 너희 자신의 것이 아니라 20 값으로 산 것이 되었으니 ….

아가서 읽으라. 나의 신부는 아는 사랑 이야기이다. 솔로몬이 누구더냐? 나의 이름이다. 온 천하 제패자가 아니냐? 모두를 굴복하게 한 지혜자이니라. 선구자 아니냐? 시대의 선구자로 선 당시이다. 그러나 그의 버림은 내가 아닌 스스로 자신이 아니겠느냐? 위로 향한 것이 아닌 '곁눈질 자' 된 그니라. 성전과 따로 그의 삶은 무수한 이성 시험으로 타락함 아니겠느냐? 아버지 다윗 왕의 이름이 부끄러워진 '누'를 끼친 자이니 나쁜 아니라 이스라엘까지 이른 '죄과'된 나의 미움 바 된 그의 죄이! 하라. 그러함에도 회자 되는 교훈서 되는 그의 책이라 하라. '하물며'이랴? 내 너를 들어 쓰지 않으랴? 솔로몬보다 나은 자가 아닌 나의 피로 말미암음이다. 이는 보혈 샘 의지하여 사는 자마다 씻기고 씻김이 아니겠느냐?

성전은 삶이다. 예배 시대이다. 곳곳의 무수해진 십자가 밝히나 한국의 현실 '세태, 일어나는 일'을 보라. 죽어가는 사데 교회 이른 말씀이니라. 계 3:1 … 내가 네 행위를 아노니 네가 살았다 하는 이름은 가졌으나 죽은 자로다. 이는 한국이라 하라. 각종 범죄율 수위 오른 기막힌 세대라 하라. 전쟁 후 1970, 1980, 1990, 2천 년대 이르나 여전히 범죄와 전쟁 선포 아니더냐? 범죄의 가중화 시대이다. 무수해진 사건마다 어찌 이루 말하랴? 민망해진, 가혹해진, 수법 다양화 아니더냐? 사람이더냐? 몇 사람 남았더냐? 너는 지구 들여다보는 나의 모습, 나의 눈 본 자이므로 "왜? 보는지 알라" 이르라. 수위 범위 '한강 보인 다리' 상태이니 서울도 대한민국도 가히 이루 말 못할 지경 이른, 외면하고픈 나이나 '건질 만한' 대상을 눈 여기어 봄으로 사랑함이니 "나의 사랑은 끝없이 흐른다!" 하라. 되었느냐? 하라 - [2022. 9. 25. 주일. 추가 글입니다. 2022년, 올해 여름의 장마를 기억해야 하는! 이는 '역대!' 하지 않더냐? 수해 지역 피해가 큰 한반도이다 하라. 2021년에 미리 알리니 2022년은 무서운 일이 일어나리라! 하지 않더냐? 그중 하나이다 하라. "기도 한국이다" 이르거라. 이는 답이다. "내 너를 건지니 이는 한국이다" 하라. 되었다! 닫으라]

"설 연휴이다! 추석 연휴이다!" 국가 공휴일이 달력에 체크 된 한국이니 너도나도 해외 줄지어 선 인천 공항 아니었느냐? 하라. 우상 제물(명절 제사 문화)이 항공 '티켓'으로 바뀌어 "놀자, 보자, 먹자, 다니자!" 하는 시대이므로 코로나는 모든 것을 멈춤이 되게 하는 덮어씌우기 망이 되었으니 "오직하면! …"이랴? 사춘기 방황, 방랑, 비행 청소년 자녀 감금이 아니겠느냐? 불호령 부모 모습 나이니 "자존심 상하랴? 회개하랴?" 어느 편이 나으랴? 나의 흐르는 강물은 이 시기에 보여지는 환상(2020. 2. 12. 수요일) '하늘 문'이니 어떠하랴? 마 21:44 이 돌 위에 떨어지는 자는 깨지겠고, 차라리 낫지 않으랴? 3년 미리 앞서 네게 보인 준비기라 함 아니더냐? 이는 2017년에서 2019년까지이니 알아들을 만하여 주지 않으랴? 그렇지 않으면 어떠하랴? 마 21:44…이 돌이 사람 위에 떨어지면 그를 가루로 만들어 흩으리라 하시니. 이는 무엇이냐? 진노의 하나님 아니더냐? 회개함으로, 믿음으로! 막 1:15 이르시되 때가 찼고 하나님의 나라가 가까이 왔으니 회개하고 복음을 믿으라 하시더라. 준비하라, 오직 성령을 간구하고 간청하라고 하지 않더냐? 이로 인해 미비할지라도 네 고생 자리 오랜 기간 이어지는 은혜이나 더해진 '예비의 하나님 은혜' 아니더냐?

이는 '하늘 문' 환상(2020. 2. 12. 수요일)이 여호와를 아는 지식이 되어 영서의 기록자 됨이니(2020. 7. 23. 목요일) 사명자 아니겠느냐? 먹지도 않고, 사지도 않고, 다니지 않고, 즐기지 않고, 집 짓지 않고, 심지 않은 자이더니 이는 내가 주는 점수 매김이니 그래도 낫다, 고생이다, 개척자이다. 개척 교회 이상의 많은, 훌쩍 넘은 자니 "내 너를 보아온 사랑이다" 하며 부은 바 된 놀라운 은혜라 하라. 이를 "증거 하라" 의미이다. 이는 '오랜 준비' 그 안에 비밀이라. 나와 너의 길 오래됨이 아니냐? 2020. 5. 17. 주일 '나의 두 손' 보임으로 준비한 나를 알린 네게이다. 이는 하늘 문 환상 이어 연속된 은혜(계시)중 하나이다. 핵실험이 무엇이더냐? 왜이더냐? 약 1:15 욕심이 잉태한즉 죄를 낳고 죄가 장성한즉 사망을 낳느니라. 되었느냐? 너희의 인과, 연유, 까닭이니라. 되었다! 하라. 이상이다.

2021. 12. 30. 목요일. 추가 글입니다.

…생략… 오늘 꿈은 이러하다. 영서이기에 자신이 방법적 선택하지 못하고 있으며 또한 글 쓰는 자가 아니기에, 이는 성경만 메모 해온 자니 신학 당시 성경과 몇 서적 외에는 성경 보느라 그 외는 잘 접하지 않는 자이다. 이는 성령을 의지하기 위함이니 주의 독려로 지속해오는 중이다. 대화 또한 일부일 뿐, 침묵 속에 살게 하신 주의 훈련기이다. …생략…

이는 나의 일이 이러하다. 세계사, 우주, 나라들, 교회들로 각계각층 모음집 되기 위한 특수한 자리 둠이니 이로써 "자리매김 한다" 하라. 문화 또한 조심히 다룰 자이기에 혼용, 혼동, 혼돈스럽기도 한 교회사들로 들여다보게 하는 나이다. 견줄만한 무엇이 없도록 위함이니 '스타일 다른 영서' 책 발간이다. 모형 따라 참고하는 자 아니다 하라. 자신 글 해보려 하나 이도 막으신다! 하라. 영서는 네 지식 차원이나, 네 언어 정도 차이로 주나 설명이다. 해석이다. 그럴지라도 내 은혜 아니냐? 하라. 쓰게 하시는, 해보게 하시는 기록물이다. 베드로도 사용함으로! 이는 학문 없는 자이다. 행 4:13 그들이 베드로와 요한이 담대하게 말함을 보고 그들을 본래 학문 없는 범인으로 알았다가 이상히 여기며 또 전에 예수와 함께 있던 줄도 알고. 전하고 기록하게 하는 나이니 "이를 알라" 하며 진행케 온 아니냐? 하라.

그러므로 오늘 꿈조차 확증함이 아니랴? 네 마음 쓰는 고충 상황을 알고 어떤 목회자에게 전하게 한 스스로의 모습을 본 자이다 하라. 이는 오늘이다. 내용은 이러하다. 첫째, 너는 목회자를 연구하는 자이다. 교회도 그러하다. 둘째, 마지막 때 관함이다. 시대사를 전하며 주의 마음 전달하는 자이다. 셋째, 집 교회나 주와 함께(교제하며) 맡기신 일을 하는 중이니 이는 책 '출간자'이다. 넷째, 발간까지 침묵하나 오늘 꿈에서 부득이 알게 되어 그가 영서에 대해 지도, 권유하려 '방법 주는 자' 되어도 받지 않음은 신학 서적 위주로 해보게 하려 함 때문이 아니더냐? 너를 교회로 전도하려 권유하는 목회자에게 "교회가 다가 아니다" 하며 "주와의 교제가 우선이며 각자 맡기신 일을 하느냐?"가 본질이다! 하며 알린 자이다. 너는 부족해도 '영서 유형'으로 해야 함을 알린 자이다. 학문 위주, 문맥들 위주로 하는 자 아니다. 학식자 아니다 하라. 이는 꿈 내용이니 "한 목회자에게 전함이다" 하라. 이로써 일단락이니! 영서 내용에 대하여 탐탁지 못하여도(전달 글로써 고민하는 자) 스스로는 아무쪼록 귀중히 여기는 은혜의 영서이니 메시지 반복하여 지속 보려는 자이다. 사명 아니면 책 출간 마냥 미루고 싶은, 받은 영서를 반복 보려는 자이다.

'성경 해석서' 영서이다 하라. 너는 하나님 마음 알게 된 자이다. 자상히, 상세히, 모든 상황 들여다보시며 온갖 모두를 연관시키어 맥으로 주시지 않느냐? 하라. 자신을 다 아시는 하나님이시다. 타인에게는 '난해하기도' 하며 '엉뚱함 마저' 생각되기도 하고 '해설이 이상하다!' 하며 갸우뚱할 자이거나, '맹공격 퍼부을 자'도 있다! 하라. 그럴지라도 왜 그러한지 그동안 상호, 상하, 상관 무엇이든 가르치시는(궁금 또는 알아야 할 상황이거나, 성령의 일을 주실 때도 그러한 이러한 자들을 다 밝히시는) 주이시라 하라. 놀라거나, 두려워하지 않아야 하는 자이다. 수 없이 수심, 낙심하기도 한 자이다. 그러나이다. "담대하라. 내가 세상을 이기었노라!" 하시는 주이시다! 하라. 요 16:33 이것을 너희에게 이르는 것은 너희로 내 안에서 평안을 누리게 하려 함이라 세상에서는 너희가 환난을 당하나 담대하라 내가 세상을 이기었노라.

베드로가 '말'로 나타내는 자더냐? '글'로 전하는 자더냐? 그나마 '버리고 따른다'이니 그는 어부라. 막 1:18 곧 그물을 버려 두고 따르니라. 물고기 다루는 자이다. 바다에서 생업 종사자이더니 메시아를 알기에 이는 영접하는 자 된 그이다. 마태복음 두라! 마 4:18 … 그물 던지는 것을 보시니 그들은 어부라 19 말씀하시되 나를 따라오라 내가 너희를 사람을 낚는 어부가 되게 하리라 하시니. 요한복음 두라! 요 1:40 요한의 말을 듣고 예수를 따르는 두 사람 중의 하나는 시몬 베드로의 형제 안드레라 41 그가 먼저 자기의 형제 시몬을 찾아 말하되 우리가 메시아를 만났다 하고 …. 42 데리고 예수께로 오니 … 장차 게바라 하리라 하시니라(게바는 번역하면 베드로라). 누가복음 두라! 눅 5:3 예수께서 한 배에 오르시니 그 배는 시몬의 배라 … 4 말씀을 마치시고 … 6 그렇게 하니 고기를 잡은 것이 심히 많아 그물이 찢어지는지라 7 이에 다른 배에 있는 동무들에게 손짓하여 와서 도와 달라 하니 그들이 와서 두 배에 채우매 잠기게 되었더라 10 … 무서워하지 말라 이제 후로는 네가 사람을 취하리라 하시니 11 그들이 배들을 육지에 대고 모든 것을 버려두고 예수를 따르니라. 이 말씀이 차례로 응하는 자이다. 받은, 주신 말씀대로 진행, 진척, 진보된다! 하라. 이는 믿음이니 풍랑 위로 걸어오시는 주시라. 유령으로 여겨짐이다 하라. 마 14:25 밤 사경에 예수께서 바다 위로 걸어서 제자들에게 오시니 26 제자들이 … 보고 놀라 유령이라 하며 무서워하여 소리 지르거늘 이러한 상황이다! 하라. 이상 마침이다. 이전 내용 이으라.

2) '하늘 비' 환상, 내가 보인 것이다

2021. 12. 5. 주일. 추가 글입니다.

　이어서 보자. 어떠하느냐? 이 '하늘 비' 환상은 다소 놀란 장면이니 산을 보임이라. 산 정상에서 아래로 목사들이 간격을 두고 서 있다고 하라. 물이 흐르고 있고 산 아래로 흐르는 물일수록 산의 흙이 섞이어 내려오므로 네 눈을 들어 다시 하늘을 보게 한 나이다. 왜냐? 목회자의 죄성(흙)이 섞이기에 차라리 "성령을 구하라"는 메시지이니 이는 하늘을 바라본 바 하늘 비가 사인(징조) 되어 직접 주를 교제하라는 나의 의도를 알림이 아니겠느냐? 하라. 이는 부르심이다 하라. 너는 성령 세례자이다. 나만 보는 자, 구하는 자이다. 이는 성령 세례자 되어 주의 음성으로 양육되어 훈련길 오른 자이므로 그러하다. 되었느냐? 수없이 이른 주변 목회자들, 네가 교회와 모르는, 알지 못하는 곳까지 이른(말한 나이다 하라) 나의 줌으로(보인, 알게 한) 나 외에 두지 말라! 아니더냐? 나의 주는 바 '명'으로 가기를 바라는 바 나의 길이니 그러하다.

　이는 중시되는 네 몸 고난과 관련 있는 숨긴 바 된 이전 상황도 알게 한 나이다 하라. 그들로부터 너를 감추었다 의미이다. 건강 문제 주신 주시라! 하라. 그들이 네게 관심 밖 두기 위함이다. 너를 구별로 다룬다는 의미이다. 어떨지라도 "내 종이다" 함이 아니더냐? - [이는 오래전 한 꿈입니다. 제 주변에 몇 분의 목사님들을 보이시면서 깨닫게 하신 날입니다. 저를 따로 두기 위해 건강을 허락하지 않으신다는 메시지입니다. 이후로도 종종 알리시고 현재까지도 그러합니다. 주만을 전적 의지, 집중하기를 원하시는 주이십니다! 하라] - 내 종 넘어짐도 그러하다. 나의 훈련 시기이다. 맡긴 바 된 무엇이 있기에 그러하다 하므로, 수 없이 알린 나이다 하라. 각자 다루는 내 방식 차원의 교육법 '눈높이 맞춤식' 진행해 온 나이다. 너대로, 그대로, 다른 사람대로, 이는 각각이니 그 안에서 내 영광을 보리라. 성령으로 알게 되는 사이니(서로 알아보는) 주 안의 교제가 아니더냐? 영으로 오가는 관계라는 의미이다. 이 외에 무엇이든 그러하다. 나의 매김 되어 값 된 자는 누구든지 성령 부르심 안에서 "알자, 이해하자" 함이니 누가 무어라 하든 "어떠하랴?" 하리라.

　이도 필요함은 지나가는 자의 '묻지 마! 폭행' 같은 목회자들 더러 있다고 하라. 유튜브 영상이든, 사역 현장이든, 어디든 난폭히 대드는 자, 예고 없이 달려드는 자이니 '자기 기분'식 휘두름이라. 권세자 이더냐? 이름 있더냐? 알림이 되었느냐? 교계 누구더냐? 국회 누구더냐? 정계 누구더냐? 재계 누구더냐? 유명인 누구더냐? 위, 아래 없이 사는 자들은 의지할 대상이 많으므로 뻐김, 자랑이 아니겠느냐? 큰소리친다, 호통친다, 나무란다. 이에 더하여 "자기 멋대로 식 휘두르는 자 있다" 하라. 감정이든, 언어이든, 무슨 행위이든 그러하다. "내 맘대로 산다!" 하며 휘저어서 흙탕물 일으키는 묻지 마 범죄자 유형 지도자들 있다! 하라. 성령이 아니고서는 주라 할 수 없으니! 롬 10:9 네가 만일 네 입으로 예수를 주로 시인하며 또 하나님께서 그를 죽은 자 가운데서 살리신 것을 네 마음에 믿으면 구원을 받으리라 함에도 성령의 사람 내 종들을 함부로 대하는 불법이 난무하는 시대가 되어 나의 이르는 말이 일침 되리라. 이상이다.

3) '보좌 길' 환상 마찬가지(추가 글 2021. 12. 8. 수요일)

세 가지 기억해야 할 것이다. '하늘 문, 하늘 비, 보좌 길' 환상 알려져야 한다. "성령을 구하라"는 뜻이다. 아들 모습 마찬가지, 교회 환상 포함.

2021. 12. 8. 수요일. 추가 글입니다.

'보좌 길' 환상(2020. 1. 13. 월요일) 마찬가지: 보이신 환상이라 하라. 이 환상 '보좌 길'은 의미심장하다. 네 앞을 보라. 이는 앉아 있는 곳에서 바라보는 위치니, 동굴 입구에 있는 자이다. 빛의 세계를 보는 자이다. 환한 빛, 드넓은 장소이므로 뒤의 동굴 안과 대조되는 위 하늘이라 하라. 보좌 향한 자이다. 가장 위 높은 위치니 '나의 보좌'라 하라. 성령 구하는 자이다. 보좌까지 이르는 자이므로 준비하고 앉는 기도 시간 의미이다. 동굴 앞에는 목회자들 몇몇이 길 좌우로 있는 상황이므로 곤혹스러워하는 자, 너이다. 이를(길의 양옆 목회자들에게 붙들리지 않아야) 통과하므로 주와 교제하는 자이니 그러하다 - [4. 6. 수요일. 추가 글입니다. 이는 이미 알린 대로이다. 네 신학 시기에 말한 나이다. 목회자들의 공중 권세가 네가 내게 오는 것을 막는다! 하지 않으랴? 그동안 오래 경험해온 자이다.

최근에 겪음도 그러한! 영서, 기도 시간, 성경 시간, 꿈까지 보인 나이다. 이는 확인을 주는 다양한 채널과 같은 것이다. 환상으로 보인 모습 '검은 연기'가 지속하여 위에서 막을 이루고 따라다님도 있으니 너희 이동지마다 그러하대 - 동굴 안에서 앞으로 누군가 나오고, 목회자들은 급히 앞다투어 교회로 데려가려 하는 모습이니 교회의 위치는 보좌 향해 가는 길 왼편에 본 자이다. 천국은 오른편이니 가장 위 하늘에 위치한다고 하라. 되었느냐?

아래 길로 가보자. 네 뒤 동굴 길을 따라 들어가도다. 어둠이 시작되고 길의 바닥에는 '세상'이라는 글자 표지가 눈에 띄는도다. 더 깊이 들어가 보니 어느덧 다 다른 위치 "어찌 들어 왔나?" 알 수 없는 깊은 동굴의 막다름이다. 이를 알게 되면서 마주한 한 사람 여자를 발견하고 서로가 동굴 벽 가까이 서 있음도 깨달으면서 이내 어둠 안에 갇히는 상황이 된다. 칠흑 같은 어둠인지라 한 치 앞도 내다볼 수 없을 뿐 아니라, 한 걸음도 뗄 수 없는 벽이 된 어둠과 단절된 사람과 이 모든 상황에서 옴짝달싹하지 못하여 절망과 두려움을 느끼는 당시이다. 다음 장소는 어찌 이동되었는지 알 수조차 없이, 자고 꿈을 깨듯 반복하는 장면이라 하라. "내가 왜 이곳에 서 있나?" 모르는 자이며 상황만 인지되는 장소이다. 끌려온 듯 하나 겨를 없이 아무것도 알 수 없는 흑암 속에 선 자이다. 발 디딘 곳은 끝이기에 깊은 절망감이 느껴지고 '기회 없는 자'의 허망함이 온 마음에 가득 차 두려워진 당시라 하라. 무언가 감지되는 바는 이곳은 끝이나 무엇이 대기하고 있는데 황량하게만 느껴진 자이다. 볼 수 없는 상황이다. 오직 마음에서 감지되는 어둠의 모든 것들이다. 이 모든 상황은 순식간에 느껴지며 아래로 곤두박질하며 추락하는 아찔함과 무서움 속에서 꿈의 장면이 멈춰진 것입니다! 하라.

"다행스럽게도 꿈 같은 체험으로 느껴져 안도의 숨을 쉽니다. 다시 저는 추락 이전 장소에 다시 서 있으나 좀 전 상황과 달리, 앞 전경이 환하게 비추어 마치 무대에서 선 자처럼 바라보고 있는 상황입니다. 눈으로 발아래 추락 지점 바닥이 확인되고, 그 길 끝에 굳게 닫힌 두껍고 큰 철문 함께 아울러 주변을 느끼게 됩니다" 이곳은 지옥문입니다! 하라. "매우 낡고, 오래된, 감추어진 은밀한 곳임이 느껴집니다. 또한 깊이 고립된

적막함과 음산함, 두려움, 무서움, 흉칙함, 공포감 등 차갑고 악한 기운은 이루 말할 수가 없습니다. 짧은 순간이나 견디기 힘들어 생각을 멈추고, 외면하고, 벗어나고 싶어 하는데 마침 꿈에서 깨어나게 됩니다" 이 상황을 말하라! 주는 것이니 천국과 지옥까지니라. "어둠의 권세 크다" 하라. 창 1:2 땅이 혼돈하고 공허하며 흑암이 깊음 위에 있고 …. 이와 같다고 하라. 네가 본 바 위 하늘이니 보좌 아래 길이며 이 보좌는 생명수 강물이 되는 성령이라 하라.

2021. 3. 14. 주일. 추가 글입니다.

이 꿈의 상황이 의미심장하게 느껴지리라. 모두이다. 이 꿈은 그러하다. "나의 줄 것이 많다" 중(이 말씀은 계속하여 주시는 말씀입니다) 속한 것이니라. 네게 대한 것과 그 외의 관계를 모두 표현, 나타내어진 것이므로 숙연해지리라. '마침' 된 나에 대해서 숙고하리라. 반성자, 이는 회개의 의미이다, 더욱 사모하는 자, 이 양상의 반응이 나타나리라. 그들에게는 너이나, 나에게는 내 종이며 성도들이다. 그러므로 "나는 네게 준다!"이나 자만심 갖지 마라. 모두는 나에 대한 관계하는 것들 때문이다. 나의 사랑을 입힌 너이다. 흙에 금을 입히듯 세울 때이다. 나의 사랑은 금이다. 금을 태우랴? 어찌 무슨 방도로 대적하리오? 금은 나이니라. 내가 너를 감싼 것이다. 사람이 할 수 없는 그것을 누가 어찌하리오? 이 믿음이 네게 필요하다. 이 믿음이 너를 세우리라. 세워져야만 한다. 이는 증거를 위함이요. '나의 증인 출석 요구서' 이는 내가 너를 불러, 너를 통한 불러 모아 듣게 함이요. 다 같이 일어서게 함이요. 새 예루살렘 성을 향한 전진을 위함이다. 이는 턴이니라. 자신의 관심, 멈춤 '그곳에서'이다. 각자의 돌이킴을 위한 이것이 영서의 역할이다. 이는 너도 아는 바이다.

설령 듣지 아니한다! 하자. "거짓말이다, 위증이다" 하려느냐? 혹 있다! 하자. 그에게 무엇이 어떠하겠느냐? 자신을 치는 자, 스스로 죽는 자, "나는 너를 모른다!" 되리라. 독려서 아니겠느냐? 건짐이 아니냐? 줄(건지는 로프)로 인정하지 않는 자 되리라. 이는 부정하는 그에 대한 것이다. "나도 너(너희)를 사랑한다!" 함에도 내어 주는 손

잡지 않는 자이므로 그는 자신을 버리는 것이다. 자신을 사랑하지 않는 자, 그에게는, 그 안에는 멸망의 원수가 있는 자이다. 너희는 나의 줄 것을 시험하여 보라. 믿으라는 것이다. 소망 두라는 것이다. 가보지 않은 너희가 와 본 내게, 나를 믿고 따르는 것이 옳지 않으랴? 나의 전함은 사랑이다. 구원이다. 이는 너희에게 필요한 것, 반드시 있을 것 '너희의 생명 곧 나'이니라. 이를 거부하는 것은 지으신 이, 건지신 이 즉 나를 사랑하지 않거나 자신을 사단(이는 나의 원수 세력) 아래 두려는 것이다. 사망을 사랑하는 자 그이니 어찌하랴? '구원의 줄' 되어 줄 영서이다. 이는 나의 전함이다. 듣고 적는 자이다.

구름을 보라. 핵이 어디로 가겠는가? 나를 향해 쏘는 것이다. 이는 창세기 11장 바벨탑이다. 창 11:4 또 말하되 자, 성읍과 탑을 건설하여 그 탑 꼭대기를 하늘에 닿게 하여 우리가 우리 이름을 내고 온 지면에 흩어짐을 면하자 하였더니. 기록하는 이 너이다. 너는 그러하다. 이는 나의 전해 주는 말이니라. 사랑이다. 깨어 있으라! 전하는 너이다. 깨어 있어야 할 너이다. 전함은 깨어 있는 자의 일이다. 또한 양식되리라. 나의 힘이기 때문이다. 나와 더불어 먹는 자 너이다. 그리 아니하실지라도 무엇이더냐? 네 생명, 건강에 관함이다. 성경은 무엇을 전하느냐? 이 내용은 "내가 건진다"이다. 너희는 내게 드림이나 나는 건진 자이다. 이는 너이다. 이는 이 비유(당시의 일)의 해석이다. 불은 '사망 권세' 상징이다. 두도록 하겠느냐? 그 상태, 위험하며 절체절명 위기를? 나를 만난 자는 아니니라. 내가 어떻게 건져내는지, 어떻게 보호하며, 어떻게 구원하는지, 이는 사는 동안 너의 일에 대한 나의 사랑의 표, 확증 선언이다. "내 너를 지킨다!"이다. 나와 너 서로 신뢰이다. 이 사이에서 나는 너를, 너는 나를 대신 할 수 없는 것이 없음을 또한 아님을 알도록 하기 위해서이다. 나의 형상이다. 보전이다. 또한 변화이다. 목적을 두라. 그리스도의 형상이니라. 이는 네 안에서 나의 이룰 일이다. 이상이다. 하나님의 마음, 뜻, 계획을 알리는 자이다. 이는 종말이다. 그리고 전하는 너이다. 책을 통해서이다.

7. 핵실험에 대해 받는 자(핵에 대해서 아는 자)

핵 대기 중이다. 2020. 2. 11. 화요일 환상 보인 자, 당시 기억이다, 지금도 그러하다. 이는 지금 보이는 모습대로이다. 가로 눕힌 핵을 보라. "어떻게? 한국을 피해야 하나요?" 히 12:1 … 구름 같이 둘러싼 허다한 증인들이 있으니 모든 무거운 것과 얽매이기 쉬운 죄를 벗어 버리고 인내로써 우리 앞에 당한 경주를 하며 2 믿음의 주요 또 온전하게 하시는 이인 예수를 바라보자 …. 바벨탑 쌓은 자들의 후손(창 11:4 … 흩어짐을 면하자 하였더니) 이는 핵실험을 하는 그들이다. 찬양을 주십니다! 하라. '두 손 들고 찬양합니다. 다시 오실 왕! …' 외칠 때이다.

'성'을 쌓아라! 방비할 때이다! "어떻게 성을 쌓나요? 가르쳐 주세요" 나사를 아는 자이다. 인공위성을 아는 자이다. "저, 잘 모르는 지식 부분인데요 …" 들어본 자이다. 과학의 창시자는 누구인가? 창조주이다. 만드는 자이다. 내가 만든 것(만물)을 연구하는 자이다. "그럼 어떻게 해야 하나요? 이후 상황 대처에 대해서 …" 책 써 보라! 한 자 ㅇㅇ, ㅇㅇ도, ㅇㅇ 통해서도. 때가 있다. 이때이다. 40일 영서이다. 기도는 틈틈이! … 시간 주는 자이다. '언제 어디서나'이다. 내가 원할 때, 들려줄 때 적어보자.

40일이다. '종말'편 1이다. 시리즈이다 - [2022. 7. 18. 월요일. 추가 글입니다. 이때는 감지를 못한 자이다. 많은 여호와의 지식으로 덮이는 상태이기 때문이다! 하라. (하늘 문이 열린 자이다. 생수가 폭포수같이 많은 양으로 흐름이니 땅이 덮이는 때이다 하라) 언어 영역을 회피한 자이다. 이는 시대로 인함이니 '정보'(정보 매체 사용) 표현에 대해 감추고 내재한 대로 주를 기다리기만 한 자이다. 은혜의 분량이 넘치기에 또한 은밀하기에 쉬이 전하기 힘든 자이다. 이는 당시이다. "40일도 해야 하나 보다!" 하며 받기만 한 체 종말 1편이 되는 40일 기도 기간만 마음에 들어오고 그 뒤 시리즈까지는 와 닿지 않은 상황이다. 이를 두라. 오늘 날짜 두라. 독자를 위한 기록이다! 하라] - …생략… 너는 그물망이다. 이는 "주께서 부르신 자들을 뜻합니다" 하라. ('지문'으로 적으라 하십니다. 창문에서 들어오는 바람에 추위를 느끼니, 춥다고 창문을 닫으라고 말씀하십니다. 그리고 용지 다음 면이 - 사용 중인 지면에 이어 기록한 자이니 한 장 마친 상태이다! 하라 - 필요하다고 바닥의 새 용지를 말씀 '상' 위로 올려두라! 하시며 '쌓아두는 원고지'라고 말씀하십니다)

8. 방언 찬양하자

방언 찬양 내용, 적어보자(추가 글 2021. 12. 2. 목요일). 너는 나의 종이다. "주님, 사랑합니다. 하나님 만나고 싶습니다. 두 아들 사랑합니다. 두 아들이 '주의 종' 되기를 원합니다" (심중 기도가 불쑥 나옵니다. 주가 전부이기에 저 다음 두 아들을 염려합니다. 항상 '영'이신 주, 다음 일이라고 생각하기 때문입니다) 두 아들은 찬송 사역자이다. 악보 보고 있단다. 나도 너를 사랑한다. "<u>주님 목소리 맞아요?</u>" - ["저는 주님과 교제하며, 주의 음성을 들으며 산 자이기에 항상 목마름이 있습니다" 하라. 늘 주님을 구하고 찾는 자이다. 이 시간을 기다린 자이다. 주 관계, 교제, 인도 없이 하지 않으려 한 오랜 기다림으로 묻는 자이다. 꿈인가? 생시인가? 하는 자이다. 여호와의 지식, 이는 하늘 문이 열리고 흐르는 물의 폭포수 같은 환상(2020. 2. 12. 수요일)을 보임으로 이루어진 일이다] - <u>느낌으로 아는 자</u>, 영으로 아는 자, 경험해본 자, 들어본 자, 비교할 수 있는 자, 구별하는 자, 더 확신을 구한 자이다. 소용대로 주리라. "성령을 구하라! 하시며 몇 년간 주신 말씀입니다" 하라. 약속대로 주신다는 의미로 말씀하신 주이시다. 눅 11:8 … 그 간청함을 인하여 일어나 그 요구대로 주리라. 13 … 하물며 너희 하늘 아버지께서 구하는 자에게 성령을 주시지 않겠느냐 하시니라.

"언젠가는 반드시 주시는 하나님이시다" 나는 신실하신 주이시다. 너에게 있다. 네 안에. 약속 지키는 주이시다. 주를 보고 싶어 하는 자(너) 안다. ㅇㅇ 교회 간

것 안다. 기도 목적 방문이다. 정해진 자, 나는 너의 '답정너'이다. 답을 정해 놓고 질문하는 방식이다! 하라. 구하는 대로 주시는 하나님이다. 너는 성령을 가르치는 자이다. 세상에 내놓는 자, 발간자이다. 이전에 해보려 원고 쓸 때, 응답받고 해야 한다고 … 감동에 대해 기억하지? 이 일이 믿기지 않는 자이다. 두려워 말라. 놀라지 않는 때이다. 사 41:10 두려워하지 말라 내가 너와 함께 함이라 놀라지 말라 나는 네 하나님이 됨이라 …. 영서를 담담히 물 흐르듯 보내고 받기 때문이다. 지금이 책을 쓰는 시기이다.

2021. 12. 2. 목요일. 추가 글입니다.

방언 찬양 내용, 적어보자: 방언 중에 '임하시는 주'를 알리라. 이 의미는 이러한 당시 설명이다. 지속적, 줄 말이다. 그러므로 부르게 해서 영을 지속하기 위한 것이다. 너는 성령께서 다루는 자이다. 영의 찬송 '영가'까지 임한, 이는 슬픔의 노래 '애도가'이니라. 당시 상황은 이러하다. '마음 아픈' 아니랴? 이는 줄 이은 무덤을 본 자이다. 이 나라 저 나라 전해지는 소식은 장사하는 시신들이니라. 코로나 전사자들이니 세계 3차전이라 하자. 생화학전으로 죽어가는 사망자들 속출로 우는 자들이니 어찌 울지 않으랴? 하라. 이는 시작된 슬픔의 애도가 '영가'이니라. 지구 지도 보이며(한눈에 보는 수초 정도이나) 세계 현황(훑는 듯 정도 보는 나라들이나) 현실 직시자 되어 울지 않을 수 없는 당시이니 코로나 시작 즈음부터 지금까지이다. 장사 기간 '애굽 재앙'이니라. 출애굽기 상황이다. 10대 재앙 중 아홉 번째 흑암 재앙이니 어두운 영으로 세상이 다 어두워진 시기이다 하라. 출 10:22 … 캄캄한 흑암이 삼일 동안 애굽 온 땅에 있어서 23 그동안은 사람들이 서로 볼 수 없으며 자기 처소에서 일어나는 자가 없으되 온 이스라엘 자손들이 거주하는 곳에는 빛이 있었더라.

열 번째 재앙 '장자'는 누구인가? 출 11:4 … 밤중에 내가 애굽 가운데로 들어가리니 5 애굽 땅에 있는 모든 처음 난 것은 왕위에 앉아 있는 바로의 장자로부터 맷돌 뒤에 있는 몸종의 장자와 모든 가축의 처음 난 것까지 죽으리니. 아끼는 것, 세상 소유 중 그러하다. 남았으나 보존되지 못하는 사랑 대상자이니 그러하다. 찬양을 주십니다! 하라. '이 세상은 나그네 길 …'

아니겠느냐? '나의 집은 저 너머 천국 …' 가사대로. 벧전 1:17 외모로 보시지 않고 각 사람의 행위대로 심판하시는 이를 너희가 아버지라 부른즉 너희가 나그네로 있을 때를 두려움으로 지내라. 벧전 2:11 사랑하는 자들아 거류민과 나그네 같은 너희를 권하노니 영혼을 거슬러 싸우는 육체의 정욕을 제어하라. 이와 같은 너희이다. 이때는 "나를 위한 거슬러 오르는 시기라" 하라. 땅이 아닌 하늘로 오르는 때라 하라. 소유주 아니겠느냐? 다 있는 그곳이니라. "저 너머 천국이다. 나의 집이다!" 하며 힘쓸 의무이다. 나의 자녀는 아는 자이기에 가는, 오르는 길 디모데후서 4장 7절 말씀 같이! 하라. 딤후 4:7 나는 선한 싸움을 싸우고 나의 달려갈 길을 마치고 믿음을 지켰으니. 바울다운 자는 아는 이 길이다. 이으라. 8 이제 후로는 나를 위하여 <u>의의 면류관이</u> – 이는 생명의 관계! 계 2:10 … 네가 죽도록 충성하라 그리하면 내가 생명의 관을 네게 주리라. 약 1:12 시험을 참는 자는 복이 있나니 이는 시련을 견디어 낸 자가 주께서 자기를 사랑하는 자들에게 약속하신 생명의 면류관을 얻을 것이니라. 영광의 관! 벧전 5:3 … 양 무리의 본이 되라 4 그리하면 목자장이 나타나실 때에 시들지 아니하는 영광의 관을 얻으리라 – <u>예비되었으므로</u> 주 곧 의로우신 재판장이 그날에 내게 주실 것이며 …. 바울도 이와 같은 길을 걸은 자이다.

너희도 그러한 '시대의 이정표' 되어 달려갈 길 새 예루살렘 성을 향하여 힘쓰라는 의미이다. 눅 13:24 좁은 문으로 들어가기를 힘쓰라. 마 7:13 좁은 문으로 들어가라 … 14 생명으로 인도하는 문은 좁고 길이 협착하여 찾는 자가 적음이라. 소돔과 고모라 멸망에는 창 18:32 … 내가 십 명으로 말미암아 멸하지 아니하리라 하였느니라. 벧후 2:7 … 고통 당하는 의로운 롯을 건지셨으니 8 이는 이 의인이 그들 중에 거하여 날마다 저 불법한 행실을 보고 들음으로 그 의로운 심령이 상함이라. 노아 시대를 보아라. 어떠하느뇨? 당시 시대가 어떠하더냐? 나의 상한 마음을 적으라. 창 6:5 여호와께서 사람의 죄악이 세상에 가득함과 그의 마음으로 생각하는 모든 계획이 항상 악할 뿐임을 보시고 6 땅 위에 사람 지으셨음을 한탄하사 마음에 <u>근심하시고 까지니라</u>. 당시는 이러하다. 세상 모든 것이 창 3:6 … 본즉 먹음직도 하고 보암직도 하고 지혜롭게 할 만큼 <u>탐스럽기도 한</u> 시대니라. 당시의 문화는 이러하다.

'문명 홍수 시대'라 하라. 방주 지으라! 이는 예수 그리스도의 상징이니라. 왜 하더냐? 집중이 필요한 자, 한 곳을 응시할 때이다. 이는 선한 일이니 나의 명한 바가

다 이러하니라. 하라는 일로 순응한 자 노아이다. 그의 가족은 하나 되어 이루어내는 전도단이다. 나의 의를 나타낸 자! 창 7:1 … 이 세대에서 네가 내 앞에 의로움을 내가 보았음이니라 5 노아가 여호와께서 자기에게 명하신 대로 다 준행하였더라. 이는 구원의 요소 믿음이다. 히 11:6 믿음이 없이는 하나님을 기쁘시게 하지 못하나니 … 7 믿음으로 노아는 아직 보이지 않는 일에 경고하심을 받아 경외함으로 방주를 준비하여 그 집을 구원하였으니 …. 창 15:6 아브라함이 여호와를 믿으니 여호와께서 이를 그의 의로 여기시고. 이와 같다. 벧후 2:5 옛 세상을 용서하지 아니하시고 오직 의를 전파하는 노아와 그 일곱 식구를 보존하시고 …. 벧전 3:20 … 방주에서 물로 말미암아 구원을 얻은 자가 몇 명뿐이니 겨우 여덟 명이라.

이 세대를 말해 보자. 마 11:16 이 세대를 무엇으로 비유할까 비유하건대 아이들이 장터에 앉아 제 동무를 불러 17 이르되 우리가 너희를 향하여 피리를 불어도 너희가 춤추지 않고 우리가 슬피 울어도 너희가 가슴을 치지 <u>아니하였다 함</u>과 같도다. 이러한 세대이니라 알았느냐? 마 24:37 노아의 때와 같이 인자의 임함도 그러하리라 38 홍수 전에 노아가 방주에 들어가던 날까지 사람들이 <u>먹고 마시고</u> 장가 들고 시집 가고 있으면서 39 홍수가 나서 다 그들을 멸하기까지 깨닫지 못하였으니 인자의 임함도 이와 같으리라. "먹고 마시다가 무엇이냐?" 나의 줄 말이 있느니라. "의식주 위주로 살자!"이다. 창 6:5 … 그의 마음으로 생각하는 모든 계획이 항상 악할 뿐임을 보시고. 롬 8:6 육신의 생각은 사망이요 영의 생각은 생명과 평안이니라. 눅 17:28 또 롯의 때와 같으리니 사람들이 먹고 마시고 사고 팔고 심고 집을 짓더니. 이는 주를 위함이 아니다 하라. 내 생전에 주를! 함이 아니더냐? 이 세대에 이르는 말이니라. "예수를 위해 죽자, 예수를 위해 살자" 이는 무엇이냐? 오직 나를 위한 모든 것이라 하라. 생각과 마음 이는 경외함이니라. '무엇을 하자' 이는 내게서 나왔느냐? 하라. 이는 문의니라. "주님 맞습니까?" 묻는 자이니라. 다 내게서이겠느냐?

교회에서 무엇을 한다! 하자, 정한다! 하자. 예산 세우는 것, 행사 등 각종 모두이다. 나를 위한 일이라 하겠느냐? 가정에서도 그러한, 먹고 마시고 '나를 위한'이다. 내 생각과 마음으로 "나를 위해 살자" 하며 하는 행위냐? 하고 물으라. "먹고 싶어서, 배고파서" 아니냐? 하고 물으라. 무엇을 하자! 한다. 그러함에도 내게서 나왔느니 어디서니 함은 다 나를 위한 것이다! 하라. 세심히, 신중히 너희 중에 그러한 자가 되느냐? 이는 나를 사랑함이라. 교회 행사다! 우르르, 예배이다! 우르르, 모임이다! 우르르 … 하지 않으랴? 내심 "아닌데" 함에도 너희는 "나는 그러지 아니하다" 하니 너희 마음 다 아는 나이다. 실제 나타남이니 이는 행위이다 하라. 무엇을 하든지 다 그러하다. 너희는 "살리라" 하나 내게서 나온! 아닌 "살자" 하며 이리저리함이니 제멋대로 하고 싶은 대로 하랴? "나의 마음이! 나의 마음이!" 하며 "나는 이러해" 하랴? 나(주이시다! 하라) 외에 "나는! 나는!" 하는 자 시대이다 하라. 나는 어떻다, 나는 무엇을, 나는 어디로 "나는! 나는!" 하는 자들이므로 삿 21:25 그 때에 … 사람이 각기 자기의 소견에 옳은 대로 <u>행하였더라 하</u>는 시대이다 하라. 이는 왜 주느냐? 다르다. 내게서 나온 자나 아닌 자나 "다! 같다" 하겠느냐? 마지막 때에 나의 선별은 누구이냐? '그 중의'이다. "하나님 보시기에 좋았더라" 이는 창세기의 하나님이시다! 하겠느냐? 갈 4:19 나의 자녀들아 너희 속에 그리스도의 형상을 이루기까지 다시 너희를 위하여 해산하는 수고를 하나니. 수고하는 자이다. 이상이다.

9. 책에 대해서 물어보아라

서론은 하나님이 "하라" 하신 내용을 적고, 추천사는 생략해보자. 세상 방법이다. 내가 추천이다. 영서이다, 내가 누구의 추천을 받겠느냐? 추천인은 생략이다. 초두에 나와 너, 이 둘만 원한 대로. 사람 개입이 없이 '간격이 없는 것'을 원한 너이다. 방언하지 말고 듣자, 계속 적어보자. 내가 임한 상태이기 때문! 말하는 하나님, 듣는 너이다. 창세기 1, 2장 아담 내용처럼 **"듣는 아담이다" 하라**(추가 글 2021. 12. 2. 목요일). 한동안 말씀이 없으신 주님이시다 하라. 숙제이다. 요한의 기록처럼 보내라! 교회들에게. 계 1:11 이르되 네가 보는 것을 두루마리에 써서 … 일곱 교회에 보내라 하시기로. 너는 나의 '출간작'이다. 아무도 타보지 않은 나귀 새끼! 막 11:2 … 곧 아직 아무도 타 보지 않은 나귀 새끼가 매여 있는 것을 보리니 …. 사람 개입 없이 '너와 나' 둘이 하는 일이다. "주님 뜻이라면 아멘! 감사합니다" 마리아 상황이다. 눅 1:35 … 지극히 높으신 이의 능력이 너를 덮으시리니 …. 가브리엘 천사 보이리라. 미가엘도. 루시퍼는 아직. 천사 영역 궁금했던 자, 너는 지금 마음이 울컥하여 우는 자이다. 나를 사모하여 두는 자이다. "얼마만인가?" 하는 자! 울지 않아야. 신랑과 함께 있을 때는 포도주이다. 확정된 자 함과 같도다. 마 9:15 예수께서 그들에게 이르시되 혼인집 손님들이 신랑과 함께 있을 동안에 슬퍼할 수 있느냐 … 17 … 새 포도주는 새 부대에 넣어야 둘이 다 보전되느니라.

2021. 12. 2. 목요일. 추가 글입니다.

"**듣는 아담이다**" 하라: 이는 아담과 나의 관계이다. 나의 창조물로써 둔 그곳 에덴동산이니 내게서 듣고 배우는 그니라. 여자는 그에게 무엇이냐? 적으라. 그의 창조는 이러하다. 창 2:7 여호와 하나님이 땅의 흙으로 사람을 지으시고 생기를 그 코에 불어 넣으시니 사람이 생령이 되니라. 겔 37:9 … 인자야 너는 생기를 향하여 대언하여 이르기를 … 생기야 사방에서부터 와서 이 죽음을 당한 자에게 불어서 살아나게 하라 …. "살아 있는 기운이라" 하라. 사 43:7 내 이름으로 불려지는 모든 자 곧 내가 내 영광을 위하여 창조한 자를 오게 하라 그를 내가 지었고 내가 만들었느니라. 창 1:26 하나님이 이르시되 우리의 형상을 따라 우리의 모양대로 우리가 사람을 만들고 … 다스리게 하자 하시고. 이는 나의 계획이다! 하라. 아담의 순응 속에 나온 여자라 하라. 창 2:21 여호와 하나님이 아담을 깊이 잠들게 하시니 잠들매 그가 그 갈빗대 하나를 취하고 살로 대신 채우시고 23 아담이 이르되 이는 내 뼈 중의 뼈요 살 중의 살이라 …. 그들은 이러한 관계가 되어 나의 말을 두는(듣는) 자가 된 그곳 에덴이니라. 나의 생각이 아담의 생각이 되고 나의 마음이 아담의 마음이 되어, 내게서 나온 그는 나 외에 두지 않다가 그의 일을 위해(맡긴 바 모든 것이니라) 하나 되기 위한 여자이니라.

아담의 마음은 내게서 여자에게로 치우침이니 나의 문에서 기다리는 자가 아닌 '자신을 위한, 여자를 위한' 그들 마음 창 11:3 서로 말하되 … 4 … 우리 이름을 내고 함이 아니더냐? 이실직고하지 않은 이유이다. 죄를 위해 하나 된 자, 이는 '나를 위한' 아닌 그들을 위한 관계가 되어 나와 단절된 당시이다. 내게서 그에게 출 20:3 너는 나 외에는 다른 신들을 네게 두지 말라 이와 같은 마치 그러한 그들 관계이다. 자신에게로 - 출 20:4 너를 위하여 새긴 우상을 만들지 말고 … 어떤 형상도 만들지 말며 …. 이는 우위가 될 때 그러하다. 나를 잊을 때, 뒤로 할 때, 멀어질 때, 차선일 때 이는 먼저 마음과 생각을 둔 무엇이 있다 의미이다 - 바꾸어진 이로 인해 그들은 뱀의 시험 대상이 되었다! 하라. 아담은 여자를, 여자는 뱀을, 뱀은 선악과를 그리하여 마침내 그들은 먹게 되었다. 이는 넘어짐이다.

　나의 아담이 어떠하느냐? 다시 보자. 그의 순응이다. 창 1:26 … 우리가 사람을 만들고 … 모든 것을 다스리게 하자 하시고 28 … 바다의 물고기와 하늘의 새와 땅에 움직이는 모든 생물을 다스리라 하지 않더냐? 창 2:19 여호와 하나님이 … 아담이 무엇이라고 부르나 보시려고 그것들을 그에게로 이끌어 가시니 아담이 각 생물을 부르는 것이 곧 그 이름이 되었더라. 순응 속에 아담이니 내게서 듣기도 하며 나의 형상으로 일을 한 그이다 하라. 성령이 이와 같다. 행 2:4 그들이 다 성령의 충만함을 받고 성령이 말하게 하심을 따라 다른 언어들로 말하기를 시작하니라. 내게서 나온 이들은 이러한 들음이 아니겠느냐? 하루살이 인생이다! 하라. 마 6:34 … 내일 일은 내일이 염려할 것이요 한 날의 괴로움은 그날로 족하니라. "왜인가?" 하루살이처럼 살라, 내일이 없다. 너희 마음과 생각은 많다! 하라. 넘치고 넘치어 그날이 아닌 세상사 짐 지고 가는 자라 하라. 아담이 나온 에덴이니 믿음으로 살라. 롬 10:17 그러므로 믿음은 들음에서 나며 들음은 그리스도의 말씀으로 말미암았느니라. "믿음(들음)이 살길이다" 하라. 알고 행하는 것이 복이니라. 아담에서 그리스도의 형상으로 이루기까지니라. 이상이다. 닫으라. 되었다! 하라.

10. 재림에 대하여 적어보자

　언제쯤? "글쎄요, 환난의 최고조 이전에 시험의 때 면케 하시지 않을까요? 다뤄 보고, 견디게 하고 주시는 듯해요" 베끼는 자 '리포트' 컨닝! (누군가에게 들은 자이다 의미이다) 내가 친히 주리라. 계시록 펴보자. 2장 서머나 교회 중점으로 보자. "십 일 동안 환난 받으리라" 계 2:10 너는 장차 받을 고난을 두려워하지 말라 볼지어다 마귀가 장차 너희 가운데에서 몇 사람을 옥에 던져 시험을 받게 하리니 너희가 십일 동안 환난을 받으리라 네가 죽도록 충성하라 그리하면 내가 생명의 관을 네게 주리라.

2021. 12. 2. 목요일. 추가 글입니다.

"갑자기, 생각지 않은 때이다" 이를 생각하는 자이다. 이때 주가 오시리라 하는 자이다. 네 생각으로 주는 나이다 하라. 당시 든 생각이다. 환난 날이라 하라. 계시록 13장 바다짐승 보느냐? 14장 땅 짐승 보느냐? 이 시기니라. '7년' 대환난 시기이다. 사람들이 나를 누구라 하느냐? 마 16:15 … 너희는 나를 누구라 하느냐 묻는 나이다. 마 16:16 … 주는 그리스도시요 살아 계신 하나님의 아들이시니이다. 이어 같은 신앙 고백을 갖고 있어야 하는 때이다. 합 3:17 비록 무화과나무가 무성하지 못하며 포도나무에 열매가 없으며 감람나무에 소출이 없으며 밭에 먹을 것이 없으며 우리에 양이 없으며 외양간에 소가 없을지라도 18 나는 여호와로 말미암아 즐거워하며 나의 구원의 하나님으로 말미암아 기뻐하리로다. 이와 같은 때이다. '비록 무엇이라 할지라도' 구원의 하나님으로 인한 자족, 만족의 때이다. 검은 구름 하늘을 보느냐? 이는 다가 아니니 그 위 끝없는 펼쳐진 하늘이 있으니 빛의 세계이다 하며 현실 아닌 이상을 보는 자니 믿음의 눈이다! 하는 의미이다. "구원의 길이다" 하라. 오를 길이다. 이미 오른 이 있으냐! 알게 된 자 '새 예루살렘 성' 오르리라, 가리라, 들어가리라! 하는 자들이다. 이는 '부르신 자들이므로!'이다. 나의 때 볼 자이다. 그러하도다.

만신창이 된 자들이 있는 이는 한 부자이다. 눅 16:19 한 부자가 있어 자색 옷과 고운 베옷을 입고 날마다 호화롭게 즐기더라. 라오디게아 교회도 그러하다. 계 3:16 네가 이같이 미지근하여 뜨겁지도 아니하고 차지도 아니하니 … 17 네가 말하기를 나는 부자라 부요하여 부족한 것이 없다 하나 네 곤고한 것과 가련한 것과 가난한 것과 눈 먼 것과 벌거벗은 것을 알지 못하는도다. 그리고 둘째 아들들이다. 눅 15:13 … 재물을 다 모아 가지고 먼 나라에 가 거기서 허랑방탕하여 그 재산을 낭비하더니 14 다 없앤 후 … 15 … 한 사람에게 붙어 사니 … 돼지를 치게 하였는데 16 그가 돼지 먹는 쥐엄 열매로 배를 채우고자 하되 주는 자가 없는지라. 왜 만신창이더냐? '알지 못하여'이다. 호 4:6 내 백성이 지식이 없으므로 망하는도다 …. 나를 알았더라면, 경외하였더라면! "주를 알라" 하나 세상 부요함이 의지 되어 나간, 치우친 자들이다! 하라.

물이 보이느냐? 이는 네가 본 바 '휴거'에 대한 환상이니라. 어항 같은 곳에 물이 담겨 있는, 이는 가장 위 맑은 물을 옮기려 하여 따르는 비유이다. 이는 휴거 대상이다. 깨끗한 상태 윗물이다. 그 아래 물은 어떠하랴? 따르나 그 아래 불순물이 흔들리므로 - 이는 지구의 상황이다. 마치 기울어진 어항이니 물을 따르기 위해 이동되는 상황이다 - 아래 물을 따르는 중에 흙이 올라와 흙탕물 되지 않으랴? 이러한 상황이 휴거이다. 조심스레 따르므로 맑은 물만 따로 부어짐 같은 건지는 자들이니라. 때가 찼다! 이러한 시기이다. 혼란 중 곤고하리라. 말씀 찾아보자. "누가복음에 있는데요" 눅 21:25 일월 성신에는 징조가 있겠고 땅에서는 민족들이 바다와 파도의 성난 소리로 인하여 혼란 중에 곤고하리라 26 사람들이 세상에 임할 일을 생각하고 무서워하므로 기절하리니 이는 하늘의 권능들이 흔들리겠음이라 27 그 때에 사람들이 인자가 구름을 타고 능력과 큰 영광으로 오는 것을 보리라 28 이런 일이 되기를 시작하거든 일어나 머리를 들라 너희 속량이 가까웠느니라 하시더라. "누구 뜻이겠느냐?" 내 뜻이다. 가령 사람이 이행 한다 하자. 누구 뜻이겠느냐? "내 뜻이다" 아는 자 너이다. 그렇다. 올 것이다. 천지는 없어져도 말씀은 영원히 뜻이다. 막 13:31 천지는 없어지겠으나 내 말은 없어지지 아니하리라(마 5:18 … 천지가 없어지기 전에는 율법의 일점 일획도 결코 없어지지 아니하고 다 이루리라). 벧전 1:24 그러므로 모든 육체는 풀과 같고 그 모든 영광은 풀의 꽃과 같으니 풀은 마르고 꽃은 떨어지되 25 오직 주의 말씀은 세세토록 있도다(사 40:8 풀은 마르고 꽃은 시드나 우리 하나님의 말씀은 영원히 서리라 하라). 만드신 이가 없애지(멸망. 소멸. 지구 사라짐 등) 않겠느냐? 주권이다. 아는 자, 너. 그제 아들에게 '주권' 설명한 자이다. 통화 상담 중에.

11. 지진에 대하여 적어보자

주는 누구인가? 창시자이다. "흔들리다" 누가 하겠느냐? 나이다. 자연은 순응한다. 너는 아는 자이다.

2021. 12. 1. 수요일. 추가 글입니다.

화산 폭발, 솟구친다! 하라. 나의 마음이 아니겠느냐? 계 6:16 … 보좌에 앉으신 이의 얼굴에서와 그 어린 양의 진노에서 우리를 가리라 17 그들의 진노의 큰 날이 이르렀으니 누가 능히 서리요 하더라. 여섯째인 시기이다. 계 6:12 내가 보니 여섯째 인을 떼실 때에 큰 지진이 나며 …. 모두 '아는' 아니겠느냐? 하라. 나의 노의 분출이다. 세상에 대하여, 죄에 대하여, 더러움, 가증스러움, 악독이 차서 내 앞에 상달함 아니겠느냐? 창 18:20 여호와께서 또 이르시되 소돔과 고모라에 대한 부르짖음이 크고 그 죄악이 심히 무거우니. 욘 1:2 너는 일어나 저 큰 성읍 니느웨로 가서 그것을 향하여 외치라 그 악독이 내 앞에 상달되었음이니라 하시니라. '당시 소돔과 고모라나 니느웨냐'이다. 이들은 자고하며, 교만하며, 소유욕 가득 찬 자들이니 원욕이 차면 돌아갈 자들이다. 전 12:5 … 정욕이 그치리니 이는 사람이 자기의 영원한 집으로 돌아가고 조문객들이 거리로 왕래하게 됨이니라 하는 그 시대나 이제나 같지 않으랴?

지진 시대이다 하라. 폼페이의 최후 같은 무너짐 있으니 바벨탑 그치듯 하리라. 창 11:4 또 말하되 자, 성읍과 탑을 건설하여 그 탑 꼭대기를 하늘에 닿게 하여 우리 이름을 내고 온 지면에 흩어짐을 면하자 하였더니 5 여호와께서 사람들이 건설하는 그 성읍과 탑을 보려고 내려오셨더라 6 여호와께서 이르시되 이 무리가 한 족속이요 언어도 하나이므로 이같이 시작하였으니 이후로는 그 하고자 하는 일을 막을 수 없으리로다 7 자, 우리가 내려가서 거기서 그들의 언어를 혼잡하게 하여 그들이 서로 알아듣지 못하게 하자 하시고 8 여호와께서 거기서 그들을 온 지면에 흩으셨으므로 그들이 그 도시를 건설하기를 그쳤더라 9 그러므로 그 이름을 바벨이라 하니 이는 여호와께서 거기서 온 땅의 언어를 혼잡하게 하셨음이니라 여호와께서 거기서 그들을 온 지면에 흩으셨더라. 롯의 아내는 어떠하느냐? 그가 돌아본 고로 '… 되었더라'이다. 창 19:26 롯의 아내는 뒤를 돌아보았으므로 소금 기둥이 되었더라. 마 24:37 노아의 때와 같이 인자의 임함도 그러하리라 40 그 때에 두 사람이 밭에 있으매 … 한 사람은 버려둠을 당할 것이요 41 두 여자가 맷돌질을 하고 있으매 … 한 사람은 버려둠을 당할 것이니라. 사실이니라 그러하다. 너희 중 그러하다. 누구는 이러, 누구는 저러하므로 울고 웃으리라. 슬프거나 기쁘리라. 멸망이거나 구원이리라.

살리는 것은 영이 아니겠느냐? 하라. 요 6:63 살리는 것은 영이니 육은 무익하니라 내가 너희에게 이른 말은 영이요 생명이라. '나의 줌'은 이러하다. 나의 마음이다. 너희 향한 주는 나이니라. 항시 그러하다. 주고 남음이 아니겠느냐? 구하라 주시리라. 마 7:7 구하라 그리하면 너희에게 주실 것이요 하는 여호와시라. 이상이다. 이는 '나의 날' 볼 자들에 대한 독려서이다. "글이 아닌 마음 전한다!" 하라.

12. 샘(하늘 가득한 물)에 대하여

창 1:2 … 하나님의 영은 수면 위에 운행 하시니라. 위의 샘이다. 창 1:7 하나님이 궁창을 만드사 궁창 아래의 물과 궁창 위의 물로 나뉘게 하시니 그대로 되니라. 샘의 역할은 은혜의 상징이다. 자연 비유 상징성 아는 자이다. 읽을 때 '내 감동' 받는 자이다. 강물은 아래 샘이다. 창 1:7 … 궁창 아래의 물 …. 에덴의 강물도. 창 2:10 강이 에덴에서 흘러나와 동산을 적시고 거기서부터 갈라져 네 근원이 되었으니. 에스겔 성전 물 근원 무슨 뜻일까? 겔 47:1 … 성전의 앞면이 동쪽을 향하였는데 그 문지방 밑에서 물이 나와 동쪽으로 흐르다가 …. 땅에서 주는 은혜, 교회의 상징 메시아이다. 주 예수 그리스도이다.

13. 유리 바닷가는 무엇인가?

계 15:2 또 내가 보니 불이 섞인 유리 바다 같은 것이 있고 짐승과 그의 우상과 그의 이름의 수를 이기고 벗어난 자들이 유리 바닷가에 서서 하나님의 거문고를 가지고. 거문고 타는 자의 소리이다. 합산 상징이다. '거듭남'으로 나온 자이다. '물, 성령으로' 아는 자 너이다. 요 3:5 예수께서 대답하시되 진실로 진실로 네게 이르노니 사람이 물과 성령으로 나지 아니하면 하나님의 나라에 들어갈 수 없느니라. 장소의 의미는 상징이다.

2022. 1. 18. 화요일. 추가 글입니다.

downcast 변하니! (제가 영어 성경에서 본 단어를 말씀하십니다) 창 4:5 … 가인이 몹시 분하여 안색이 변하니(his was downcast) …생략… 섭렵자이다. 이곳은 이러하므로 "사람에 관한 연구하는 자이다" 하라. …생략… 영을 살리는 나이니 그러하다. 십자가의 사랑은 하나님이 친히 달리신 그 현장 아니랴? 그러함에도 따라가는, 좇는, 추구하는 바가 물질에 의한 것이라면 그 안에 내가 있지 않다 의미이다. 나는 그러한 식의 사역(스탠드, 세움이니 그의 위치 아니랴?) 원치 않는다! 하라. 바벨론화 교회 중의 하나이다. 조건 보고 따르는 자들 아니겠느냐? 표적, 이적, 기사 따라 오밀조밀 모인 그들이니 이는 나의 영생 말씀을 위한 선택이 아닌 자들이다.

베드로를 보자. 요한복음 6장 오병이어 현장이니 많은 사람이 먹고 배부른 까닭으로 좇음이 된 당시이다. 요 6:26 … 너희가 나를 찾는 것은 표적을 본 까닭이 아니요 먹고 배부른 까닭이로다. 이러하므로 나의 가르침에 떠난 자들을 보자. 요 6:66 그때부터 그의 제자 중에서 많은 사람이 떠나가고 다시 그와 함께 다니지 아니하더라. 요한복음 6장 66절, '666' 두라. 기억해 보자. 67 예수께서 열두 제자에게 이르시되 너희도 가려느냐 68 시몬 베드로가 대답하되 주여 영생의 말씀이 주께 있사오니 우리가 누구에게로 가오리이까. 요 10:38 내가 행하거든 나를 믿지 아니할지라도 그 일은 믿으라 그러면 너희가 아버지께서 내 안에 계시고 내가 아버지 안에 있음을 깨달아 알리라 하시니. 막 9:39 예수께서 이르시되 금하지 말라 내 이름을 의탁하여 능한 일을 행하고 즉시로 나를 비방할 자가 없느니라 40 우리를 반대하지 않는 자는 우리를 위하는 자니라 함과 같다! 하라.

시대가 악하고 음란한 세대 아니더냐? 하라. 악, 음란은 마귀의 거짓 것에 심취되어 가는 자들을 이름이다. '옳다 좋다' 하며 하나둘씩 이끌림이니 이는 롯과 같도다. 창 13:10 이에 롯이 눈을 들어 요단 지역을 바라본즉 소알까지 온 땅에 물이 넉넉하니 여호와께서 소돔과 고모라를 멸하시기 전이었으므로 …. 계시록 말씀 두라. 계 18:10 … 화 있도다 큰 성, 견고한 성 바벨론이여 한 시간에 네 심판이 이르렀다 하리로다. 이는 같은 상황이다! 하라. 여호와의 동산 같고 애굽 땅과 같았더라. 천국과 지옥을 둘 다 소유하랴? 영(영원)도 육(잠시 세상)도 "다 취하자" 함이 마땅하더냐? 옳으냐? 고후 4:17 우리가 잠시 받는 환난의 경한 것이 지극히 크고 영원한 영광의 중한 것을 우리에게 이루게 함이니 18 우리가 주목하는 것은 보이는 것이 아니요 보이지 않는 것이니 보이는 것은 잠깐이요 보이지 않는 것은 영원함이라. "이 세상에 대해 아는 자는 나를 선택하는 것이다" 하라. 보이는 세상을 좇는 자에게는 이러하다. 이를 두라. 벧후 2:6 소돔과 고모라 성을 멸망하기로 정하여 재가 되게 하사 후세에 경건하지 아니할 자들에게 본을 삼으셨으며. 이는 본 자이다. 지구의 최후 모습이니 '재'가 되어 한 줌 남은 상태 아니냐? 이는 "부활체와 다르다" 하라. 위로 오른 자니 금빛 성벽으로 보인 나이다. 사 1:10 너희 소돔의 관원들아 … 너희 고모라의 백성아 …. 유 1:7 소돔과 고모라와 그 이웃 도시들도 그들과 같은 행동으로 음란하며 다른 육체를 따라 가다가 영원한 불의 형벌을 받음으로 거울이 되었느니라. 창 19:24 여호와께서 하늘 곧 여호와께로부터 유황과 불을 소돔과 고모라에 비같이 내리사 25 … 다 엎어 멸하셨더라. 이는 이스라엘의 최후 앞선 '한 도시 예표'를 두어 심판 대상 '경고' 위함이 아니더냐?

이방도 이러한 때가 되어 복음의 은혜 시대가 다 되어가므로('철수자' 하나님의 시기가 다 되어가므로) 전하는 영서이다 하라. 이러한 '예'는 얼마든지 아니더냐? 나 같은 자 두려워함은 이 세상이 이러하다 - 악하고 음란하여 멸망으로 가나 깨닫지 못함이 아니냐? 하라 - 알리기 위함이니 나와 너희 다르므로 "회개하라"하기 위함이다. 사도행전 읽어보자. 행 17:30 알지 못하던 시대에는 하나님이 간과하셨거니와 이제는 어디든지 사람에게 다 명하사 회개하라 하셨으니. 26절 두라. 행 17:26 인류의 모든 족속을 한 혈통으로 만드사 온 땅에 살게 하시고 그들의 연대를 정하시며 거주의 경계를 한정하셨으니 27 이는 사람으로 혹 하나님을 더듬어 찾아 발견하게 하려 하심이로되 그는 우리 각 사람에게서 멀리 계시지 아니하도다. 민족을 나누시는 하나님이시라. 족속을 두시고 심판대까지 이르는 그 날이라 하리니! 마 25:31 인자가 자기 영광으로 모든 천사와 함께 올 때에 자기 영광의 보좌에 앉으리니 32 모든 민족을 그 앞에 모으고 각각 구분하기를 목자가 양과 염소를 구분하는 것 같이 하여, 이를 두라. 46 그들은 영벌에, 의인들은 영생에 들어가리라 하시니라. 33 양은 그 오른편에 염소는 왼편에 두리라 34 그 때에 임금이 그 오른편에 있는 자들에게 … 40 … 너희가 여기 내 형제 중에 이 지극히 작은 자 하나에게 한 것이 곧 내게 한 것이니라.

"심령이 가난한 자에게 복을 주시는 하나님이시라" 하라. 마 5:3 심령이 가난한 자는 복이 있나니 천국이 그들의 것임이요. 나이니 천국 아니겠느냐? 세상과 나 어느 것이냐? 이 땅(지구, 세상 연한)은 가름대 두는 나이니, 천국 예표, 지상 예표 지구는 둘 다이다. 이는 영이냐? 육이냐? 따라 이리저리 아니겠느냐? …생략… 이는 영 문제이다. 물질이 부풀려짐은 무엇이냐? 밀가루이다. 영이 부풀려짐이 성령의 역사이다. 마 13:33 … 천국은 마치 여자가 가루 서 말 속에 갖다 넣어 전부 부풀게 한 누룩과 같으니라. 이상이니라.

곡과 마곡에 대해 보자. 계 20:7 천 년이 차매 사탄이 그 옥에서 놓여 8 나와서 땅의 사방 백성 곧 곡과 마곡을 미혹하고 모아 싸움을 붙이리니 그 수가 바다의 모래 같으리라. 이는 '마지막 때' 전 모습이니라. 마 24:29 그날 환난 후에 즉시 해가 어두워지며 달이 빛을 내지 아니하며 별들이 하늘에서 떨어지며 하늘의 권능들이 흔들리리라. 이는 무엇이냐? "전시 상황이다" 하라. 계 19:11 … 보라 백마와 그것을 탄 자가 있으니 … 14 하늘에 있는 군대들이 … 따르더라 15 그의 입에서 예리한 검이 나오니 그것으로 만국을 치겠고 친히 그들을 철장으로 다스리며 또 친히 하나님 곧 전능하신 이의 맹렬한 진노의 포도주 틀을 밟겠고. 이는 성(부활체 성벽 된 자들 보이신 주시라 하라)을 향한 공격자에 대한 '초토화' 장면이 되는 "구원의 주시라" 하라.

해, 달, 별들이 - 마 24:29 … 해가 어두워지며 달이 빛을 내지 아니하며 별들이 하늘에서 떨어지며 - 가장 높다 하나 교만, 자긍한 자들이므로 쫓기는 장면이라 하라. 하늘의 권능들이 흔들리리라. 마 24:29 … 하늘의 권능들이 흔들리리라. 진동 말씀 두라. 히 12:26 … 내가 또 한 번 땅만 아니라 하늘도 진동하리라 하셨느니라 27 이 또 한 번이라 하심은 진동하지 아니하는 것을 영존하게 하기 위하여 진동할 것들 곧 만드신 것들이 변동될 것을 나타내심이라 28 그러므로 우리가 흔들리지 않는 나라를 받았은즉 …. 계 6:12 내가 보니 여섯째 인을 떼실 때에 큰 지진이 나며 두라. '해, 달, 별들' 하늘(마 24:29) 이 말씀 두라. 이어 보라. 마 24:29 그날 환난 후에 즉시 해가 어두워지며 달이 빛을 내지 아니하며 별들이 하늘에서 떨어지며 하늘의 권능들이 흔들리리라. 계 6:12 … 해가 검은 털로 짠 상복같이 검어지고 달은 온통 피같이 되며 13 하늘의 별들이 무화과나무가 대풍에 흔들려 설익은 열매가 떨어지는 것 같이 땅에 떨어지며 14 하늘은 두루마리가 말리는 것 같이 떠나가고 각 산과 섬이 제 자리에서 옮겨지매 15 땅의 … 굴과 산들의 바위 틈에 숨어 16 산들과 바위에게 말하되 우리 위에 떨어져 …. 입의 검으로 치시는 주시라. 계시록 19장 15절 상황이다. 계 19:15 그의 입에서 예리한 검이 나오니 그것으로 만국을 치겠고 … 계 6:16 … 보좌에 앉으신 이와 얼굴에서와 그 어린양의 진노에서 우리를 가리라 17 그들이 진노의 큰 날이 이르렀으니 누가 능히 서리요 하더라.

이는 누구인가? 적어보자. 15절 두라. 계 6:15 땅의 임금들과 왕족들과 장군들과 부자들과 강한 자들과 모든 종과 자유인이 …. 이는 모든 경건치 않은 자들(성령을 훼방, 폄하, 오해, 공격한 자들이니 이스라엘 성전의 지도자층 되는 산헤드린 공회원들 아니랴?)이 중심되어 공회에서 갈보리 산언덕까지 이르는 '나'이니 십자가 형틀 둔 당시이다 하라. 검을 가진 자 검으로 망하는 세상 되리라. 말씀 두라. 마 26:52 … 칼을 가지는 자는 다 칼로 망하느니라. 이는! 히 2:14 자녀들은 혈과 육에 속하였으매 그도 또한 같은 모양으로 혈과 육을 함께 지니심은 죽음을 통하여 죽음의 세력을 잡은 자 곧 마귀를 멸하시며. 이 구절을 두라. 이는 '십자가형' 되신 주의 고난이니 히 2:18 그가 시험을 받아 고난을 당하셨은즉 시험받는 자들을 능히 도우실 수 있느니라. 마 4:17 … 회개하라 천국이 가까이 왔느니라 '외친 나'이다. 이를 위해 내가 왔노라. 요 6:44 나를 보내신 아버지께서 이끌지 아니하시면 아무도 내게 올 수 없으니 오는 그를 내가 마지막 날에 다시 살리리라. 45 선지자의 글에 그들이 다 하나님의 가르치심을 받으리라 기록되었은즉 아버지께 듣고 배운 사람마다 내게로 오느니라 하니라. 알았느냐? 되었다! 하라. 이상이다.

14. 바다짐승은 왜 살까?

거듭나지 않은 자의 상징이다. 계 13:1 내가 보니 바다에서 한 짐승이 나오는데 뿔이 열이요 머리가 일곱이라 그 뿔에는 열 왕관이 있고 그 머리들에는 신성 모독하는 이름들이 있더라.

2021. 12. 1. 수요일. 추가 글입니다.

'짐승들 관하여' 다시 보자. 내일이 있는 자 그들이니라. 너는 내일 일을 자랑하지 말라 하지 않더냐? 잠 27:1 너는 내일 일을 자랑하지 말라 하루 동안에 무슨 일이 일어날지 네가 알 수 없음이니라 하지 않더냐? 일을 가진 자들이니라. 계획이 있는 자, 도모하는 자, 악한 일을 꾀는 자. 성실함이 아닌 속이고, 빼앗고, 거짓되이 행하는 그들이니라. 가인의 후예라 하라. 네피림이니 그들은 용사라 고대에 명성이 있는 사람들이니라. 창 6:4 당시에 땅에는 네피림이 있었고 그 후에도 하나님의 아들들이 사람의 딸들에게로 들어와 자식을 낳았으니 그들은 용사라 고대에 명성이 있는 사람들이었더라. 에서의 후손이다. 그들은 그러한 아궁이에 던져지는 들풀 - 마 6:30 오늘 있다가 내일 아궁이에 던져지는 들풀도 하나님이 이렇게 입히시거든 하물며 너희일까 보냐 믿음이 작은 자들아 - 같은 이들이라 하라. 렘 49:7 에돔에 대한 말씀이라 … 16 바위 틈에 살며 산꼭대기를 점령한 자여 스스로 두려운 자인 줄로 여김과 네 마음의 교만이 너를 속였도다 네가 독수리 같이 높은 데에 지었을지라도 내가 그리로부터 너를 끌어내리리라 이는 여호와의 말씀이니라. 사 15:1 모압에 관한 경고라 하룻밤에 모압 알이 망하여 황폐할 것이며 하룻밤에 모압 기르가 망하여 황폐할 것이라. 계 18:10 … 화 있도다 큰 성, 견고한 성 바벨론이여 한 시간에 네 심판이 이르렀다 하리로다.

"예수를 위하여 사는 자이다" 이 외에는 아무것도 아닌 것들이다! 하라. 너희는 누구냐? 나의 사람들이다. 사 43:7 내 이름으로 불려지는 모든 자 곧 내가 내 영광을 위하여 창조한 자를 오게 하라 그를 내가 지었고 그를 내가 만들었느니라. "나를 위한 너희들이다" 하라. 창 1:26 … 우리가 사람을 만들고 모든 것을 다스리게 하자 하지 않더냐? 나의 다스림(창 1:26 하나님이 이르시되 우리의 형상을 따라 우리의 모양대로)으로 너희는 이렇게 하라 하였으니 에덴동산의 관리자이며 위임자이니 그러하도다. 이 세상 아니냐? 하라. 너희 줄 만한 세상이니라. 짐승들 같은 상황이다. 막 1:13 광야에서 사십일을 계시면서 사탄에게 시험을 받으시며 들짐승과 함께 계시니 …. 그들이 우글거린다 해도, 이리 떼 같은 - 마 10:16 보라 내가 너희를 보냄이 양을 이리 가운데로 보냄과 같도다 - 그들일지라도 내 손(2020. 5. 17. 주일. 공중에 나타나신 하나님의 두 손 본 자이다 하라) 안이니 그러하다 하라. 이상이다. 찬양을 주십시다! 하라. '… 날 위해 피 흘리신 내 주님의 것이요 ….' 찬양 '이제 내가 살아도' 가사 중 일부분이다! 하라.

2022. 1. 18. 화요일. 추가 글입니다.

이는 짐승들의 시대에 관함이다. 요리조리! 창 3:6 … 먹음직도 하고 보암직도 하고 지혜롭게 할 만큼 탐스럽기도 한 나무인지라 …. 문재인 정부 그는 범했다. 가까이 가지 않을 그 자리니 이는 청와대 아니더냐? 5년 임기 채움이니 새 지도자(이재명 후보-전 경기도 지사) 부상으로 주춤하는 자이다. 문재인 권세 아래 두어 심히 고생한 한국이더냐? 무엇으로 인함인가? 기억지 않는 자들 "많다" 하라. 예배의 '풀림(수)'이니 백신에 져서(타협) 얻음, 취함, 출석하게 하는, 참석시키는 권한 아래, 짝 된 수하 된 교회이다 하라. 백신뿐이랴? 코로나, 델타, 델타 플러스, 오미크론이라 하나 다음에 대한 두려움이 사라지는 현상이니 백신으로 어느 정도 무마시키는 그(문 정권)로 인하여 안도하나(이는 예배 '수' 확보로 얻는 위안이다! 하라) '나의 마음 중심 한가운데' 오지 않는, 미치지 않는 자들 되어 교회 안에서 만족, 위안, 미래 기대치 갖는 자들이 되었다! 하라.

미접종자는 누구인가? 이는 기독교인 수이다 하라. 예외 된 자 제외하고(일반 시민, 국민을 뜻한다) 순수하게 다니엘 되어 바벨론 왕이 지정한 왕의 진미 '고기와 포도주'를 제하듯 해 본 바니! 단 1:8 다니엘은 뜻을 정하여 왕의 음식과 그가 마시는 포도주로 자기를 더럽히지 아니하리라 하고 자기를 더럽히지 아니하도록 환관장에게 구하니. 몇이랴? 20-30% 되랴? 40-50 되랴? 60-70까지 보랴? 너희 생각에는 어떠하랴? 믿음이 살아 있어 밀림, 외면, 차별 대우 소수 층 된 자이니, 벌금형까지 '범죄' 취급한 당국이라 하라. 이러한 상황이다! 하랴. 40-50 점수 주랴? 60-70 점수이다 하랴? 20-30점 불과한. 이를 두랴. 예배가 백신의 척도 된 사건 시대 상황이다! 하랴. 만일 미접종자의 예배를 거부한다면 어찌 되랴? 이는 큰 상급이 되는 기회 아니랴? 너희에게는 그러한 하나님이 이미 영광을 받으셨다 하랴.

이는 테스트 기간이다. 달아 보는 시기이니 무엇에 타협하나 보자! 하는 욥기의 사단이 등장한 시대이다. 한국에도 찾아온! 아니겠느냐? 욥1:9 사탄이 여호와께 대답하여 이르되 땅을 두루 돌아 여기저기 다녀왔나이다. 그는 코로나 전염병(생화학 바이러스) 된 자이다. 국가 원수 머리 위에 앉아 새가 된! 창 40:16 떡 굽는 관원장이 … 나도 꿈에 보니 흰 떡 세 광주리가 내 머리에 있고 17 … 새들이 내 머리의 광주리에서 그것을 먹더라. 이는 문재인 대통령 머리 위, 빌 게이츠라 하라. 새는 사단(권세, 우두머리, 총지휘자, 좌지우지 하는 자)이다! 하라. '전 세계적 기독교인 시험' 아니더냐? 국가시험 '내 문제지' 출제 기간 된 시험 치름이 아니랴? 욥기 다루는 나이다. 백신으로 잃음이 무엇이냐? 이 제도 아래(공산화 정부 된 문 정권이었다) 잃음이 무엇이냐? "얻었다" 하라. 환난, 박해기에 고센 땅 돌보듯 하지 않으랴? 출 8:22 그 날에 나는 내 백성이 거주하는 고센 땅을 구별하여 그곳에는 파리가 없게 하리니 이로 말미암아 이 땅에서 내가 여호와인 줄을 네가 알게 될 것이라 23 내가 내 백성과 네 백성 사이를 구별하리니 …. (출애굽 네 번째 재앙). 출 9:26 이스라엘 자손들이 있는 그 곳 고센 땅에는 우박이 없었더라. (출애굽 일곱 번째 재앙).

그, 문재인 대통령은 접이식 의자이다. '일시적 편'자니 다시 접어 두는! 이를 창고에 두랴? 부수랴? 재활용센터(공산 정부로 가랴? 이는 북한 지하 세력이다) 보내지랴? 다시 펴랴? 이는 기다린 후 "무엇 하겠다!" 나서는 자 뜻이다. 이는 그의 향후에 관함이다. "**탄핵이다**"(밑줄 치라) 주는 나이다. 그러함에도 하지 못한, 이는 기도 부족! 성도의 기도이다. 오르지 않으랴? 계 8:4 향연이 성도의 기도와 함께 천사의 손으로부터 하나님 앞으로 올라가는지라. 쏟지 않으랴? 5 천사가 향로를 가지고 제단의 불을 담아다가 땅에 쏟으매 우레와 음성과 번개와 지진이 나더라. 일부는 구원된 '얻어낸 자' 이는 나의 열매 된 자이다 하라. 회개 대상자이다. 바벨론에서 나온 자! 계 18:4 … 내 백성아, 거기서 나와 그의 죄에 참여하지 말고 그가 받을 재앙들을 받지 말라. 이 같으니 '건진 바 된 자들'이다 하라. 이상이다.

짐승 세어 보라. 이는 할 일이다. 계 13:18 지혜가 여기 있으니 총명한 자는 그 짐승의 수를 세어 보라 그것은 사람의 수니 그의 수는 육백육십육이니라. "세는 시대이다" 하라. 유사 종들의 활약일지라도 알지 못하랴? 속성이 비슷한, 심판 시기 가까워진 때이므로 활약 두는 자이니 계 12:12 그러므로 하늘과 그 가운데에 거하는 자들은 즐거워하라 그러나 땅과 바다는 화 있을진저 이는 마귀가 자기의 때가 얼마 남지 않은 줄을 알므로 크게 분내어 너희에게 내려갔음이라 하더라. 계 13:1 내가 보니 바다에서 한 짐승이 나오는데 … 4 용이 짐승에게 권세를 주므로 … 5 또 짐승이 과장되고 신성모독을 말하는 입을 받고 또 마흔두 달 동안 일할 권세를 받으니라 11 내가 보매 또 다른 짐승이 땅에서 올라오니 … 14 … 땅에 거하는 자들을 미혹하며 땅에 거하는 자들에게 이르기를 … 우상을 만들라 하더라 15 그가 권세를 받아 그 짐승의 우상에게 생기를 주어 이는 활동력을 뜻한다. 우세한 자들이니 좌지우지하는 자들에 해당한다! 하라. 그 짐승의 우상으로 말하게 하고 이는 "선포자이다" 의미이며 정책 관여자, 통치 자리 지시자 등등이다. 또 짐승의 우상에게 경배 이는 지도력에 순복하는 자, 무엇이든지 명하는 바에 따르는 권위 복종 의미이다. 시키는 대로 한다. 제도이든 정책이든 사회 분위기이든 무엇이든 대세자들 주관하에서 이루어지는 '전부에 대한'이다. 하지 아니하는 자는 "기독교인 몇이랴? 보자" 하는 자들 몇이든지 다 죽이게 하라.

출애굽기 보자. '아들이거든 죽이고' 출 1:22 그러므로 바로가 그의 모든 백성에게 명령하여 이르되 아들이 태어나거든 너희는 그를 나일강에 던지고 딸이거든 살려두라 하였더라. 헤롯 두자. 마 2:16 이에 헤롯이 박사들에게 속은 줄 알고 심히 노하여 사람을 보내어 베들레헴과 그 모든 지경 안에 있는 사내아이를 … 두 살부터 그 아래로 다 죽이니. 마 21:33 … 한 집 주인이 포도원을 만들어 … 농부들에게 세로 주고 타국에 갔더니 34 열매 거둘 때가 가까우매 그 열매를 받으려고 자기 종들을 농부들에게 보내니 35 … 하나는 심히 때리고 하나는 죽이고 하나는 돌로 쳤거늘 36 다시 다른 종들을 처음 보다 많이 보내니 그들에게도 그렇게 하였는지라 37 후에 자기 아들을 보내며 이르되 그들이 내 아들은 존대하리라 하였더니 38 … 이는 상속자니 자 죽이고 그의 유산을 차지하자 하고 39 이에 잡아 포도원 밖에 내쫓아 죽였느니라. "이스라엘에서 일어난 일이랴? 전 세계 상황이다" 하라.

이러한 현상으로 나뉘는 타작마당 된! 마 3:12 … 알곡은 모아 곳간에 들이고 쭉정이는 꺼지지 않는 불에 태우시리라. 마침내 끝(마지막)은 불사름이라.

　이어지는 파시즘(fascism) 독재에 대해 보자. 나의 나라에 대한 그들은 무엇이냐? 에서이다. 칼을 믿고 생활하는 자! 창 27:40 너는 칼을 믿고 생활하겠고 …. 또한 이스마엘이니라. 창 16:12 그가 사람 중에 들나귀같이 되리니 그의 손이 모든 사람을 치겠고 모든 사람의 손이 그를 칠지며 그가 모든 형제와 대항해서 살리라 하니라. 이는 기득권을 두는 정치사상이라 하라. 피라미드 조직 '계급화' 마치 그러하다. 정상은 우두머리 '독재자'이며 그 아래 조직도를 넓히며 사람의 신분을 자신들 유익(충성도) 등등 따라 두는 '독재자 법'에 좌우지함으로 군림기 동안 안정세 취하려는 자이다. 악으로, 불법으로 다스리는 자이더니 최후 어떠하랴? 지옥 권세가 강함을 모르더냐? 나의 종들을 치는 자! 자리매김이 되어 휘두른 자이니 공산 법, 독재자 법 아니더냐? 문 정권, 북한 김정은, 중국 시진핑 이어지는 관련자들이다! 하라.

　짐승 보인 나이다 하라. 꿈을 통하여 보이신 주이시다. 이는 죽이는 자들이라 하라. 짐승은 혈기대로 공격하는 먹이 사슬 아니더냐? 이는 힘이니 어둠으로 장악, 누른다 의미이다. 사회를 두나 감시 제도로 분열, 나누는 자이며 불신 초래로 선의의 경쟁조차(선을 위해서도 그러하다. 누가 잘하니 "본받으리라" 하며 따르지 않으랴?) 허락지 않는, 이는 제도 아래 조직도이니 감시망 체제 아니냐? 사람이 사람을 감시하랴? 교도소 외에는 그러지 아니하다. 이는 더 선한 자가 악한 자 앞에 섬이니 회개 기회 위함이 아니냐? 그 외 어디라? 부모가 감시하랴? 학교가 감시하랴? 직장(일터)에서 감시하랴? 사회 모임에서 그리하랴? 국가가 이리하랴? 각자 들으라. 깨달으라. 무슨 말인지 알리라. 나의 불꽃 같은 눈이니! 계 1:13 촛대 사이에 인자 같으신 이 … 14 … 그의 눈은 불꽃 같고. 계 2:18 두아디라 교회의 사자에게 편지하라 그 눈이 불꽃 같고 …. 계 19:11 또 내가 하늘이 열린 것을 보니 보라 백마와 그것을 탄 자가 있으니 … 12 그 눈은 불꽃 같고. 나의 다룸으로 정하는 이 세계이다. 이는 면밀히 살피어 어찌할지 결정하마! 뜻이다. 마 28:20 … 세상 끝날까지 너희와 항상 함께 있으리라 하시니라. 두라. 이상이다.

15. "땅 짐승은 왜 살까?"

바다짐승과 마찬가지. 요약해 보면 상징성이다. '지구 전체' 해당 지역. 계 13:11 내가 보매 또 다른 짐승이 땅에서 올라오니 어린 양 같이 두 뿔이 있고 용처럼 말을 하더라.

2022. 3. 12. 토요일. 추가 글입니다.

'땅 짐승에 관하여'이다. "읽어도 도무지!" 하느냐? 찬양대로 '이미 얻은 증거대로 늘 걸으며' 가는 자이다. 영서 전체에 주시는 그들에 대하여 열려진, 펼쳐진 기록이 충분하지 않으냐? 기록은 무엇이냐? 네가 아는 바, 이는 '이미'이다. 그럴지라도 뛰는 자 위에 나는 자, 나는 자 위에 무엇이 있어야 하므로 너희는 내게 나아와 끊임없이 경배하고 나를 알아야 하는 자이다. 일사천리 지속이다. 이는 영서 1년 8개월째이다 하라. 눈이 되어 다니는 자, 보이는 것이 다가 아니니 저들 정체 알아야 애굽도, 광야도, 가나안도 이겨내지 않으랴? 하늘, 땅 얻은 자니 이는 계 21:1 또 내가 새 하늘과 새 땅을 보니 아니랴? 다음 이으라. 처음 땅이 없어졌고 바다도 다시 있지 않더라. 이는 무엇이냐? 창조물이니 처음 것이라. "되었느냐? 되었다" 하라.

나의 반복은(이는 네게 가르침이다) 지속으로 아는 것도 알리며, 새로이 알게 하여야 지속하지 않으랴? '………' 이 부호는 무엇이냐? "나아가다, 계속되다 의미로 주십니다" 하라. 나의 것이 지속되는 것이니 이리하여야 새 예루살렘 성 도착이 아니랴? 무엇으로 가려느냐? 나의 손잡고 가는, 오르는 이 길이 아니랴? 오른다 하라. 하늘 향함이니 이 땅을 벗기 위해 살아가는 자들은 이러하다. 무시하고 가는 자이다. 가치 없다, 부분 사용자이다, 새로운 것 추구한다는 의미이다. 누가 헌 옷을 다시 입으랴? 낡은 짐을 버리지 않으랴? 네게는 이러하니 복음을 위한, 이는 생명 활동이니 부분 취한다. 또한 적재적소 성령에 의하여 사용자니 그러하다 하라. 뒤로 하지 않으랴? 바울의 배설물이다. 빌 3:8 … 내가 그를 위하여 모든 것을 잃어버리고 배설물로 여김은 그리스도를 얻고 하는! 고전 7:31 세상 물건을 쓰는 자들은 다 쓰지 못하는 자같이 하라 이 세상의 외형은 지나감이니라. 돈 준다 해도 취할 것 무엇이냐? 찬양을 주십니다! 하라. '내 평생, 소원 이것뿐 주의 일 하다가 … 꿈같이 헛된 세상일 취할 것 무어냐? 이 수고 암만 하여도 헛된 것뿐일세' 배우랴? 사랴? 집 지으랴? 취미랴? 고치랴?(공사, 인테리어, 성형 등) 해외 다니랴? 쌓으랴? 죽을 때까지니 부귀, 명예, 권세, 이는 준비이다! 하랴? 나 외에 부질이 없음을 아는 자는 아는 나의 길이다! 진하여라. 뒤는 무엇이냐? 돌아보지 않는다, 놓았다(잡은 것을 손에서 내려 두는), 떠났다. 이는 발걸음을 뗀 상태, 멀어진, 잊는, 제외되는, 사라지는. 이것이 잠시이든 영원하든 그러하다. 이러한 나이다. 이는 나와의 관계이다.

내 나라 아니랴? 나보다 높은, 완전한, 무엇을 찾느냐? "나, 나, 나!" 이는 왜이더냐? 이는 유익이니라, 생기니라, 성령이시라. 마시라! 호흡이다. 나의 피의 잔이니 너희의 의가 되지 않으랴? 보혈의 공로이니 "피, 피, 피" 하며 외치지 않으랴? 호흡처럼 마시지 않으랴? 먹는 나의 살이니 내 몸을 너희를 위한 생명으로 줌이 아니랴? 이는 믿음이니 생명의 말씀 양식되어야 하지 않으랴? 지침이다" 이르라. 나의 생명을 위한 전하는 나이다! 하라. 요 6:53 예수께서 이르시되 내가 진실로 진실로 너희에게 이르노니 인자의 살을 먹지 아니하고 인자의 피를 마시지 아니하면 너희 속에 생명이 없느니라. 되었다. 닫으라.

16. 하늘 성도들(권세 아래 있는 자) '공중 이끌리어' 무슨 뜻?

공중 영접이라 하는 지상 재림, 강림 표현 맞다. 사도들의 사용 용어이다. 살전 4:15 … 주께서 강림하실 때까지 우리 살아남아 있는 자도 자는 자보다 결코 앞서지 못하리라 16 주께서 호령과 천사장의 소리와 하나님의 나팔 소리로 친히 하늘로부터 강림하시리니 그리스도 안에서 죽은 자들이 먼저 일어나고 17 그 후에 우리 살아 남은 자들도 그들과 함께 구름 속으로 끌어 올려 공중에서 주를 영접하게 하시리니 그리하여 우리가 항상 주와 함께 있으리라.

2021. 12. 1. 수요일. 추가 글입니다.

환난 중 나를 만날 자들이라 하라. 나의 줌은 이러하다. 내 너를 사랑하여 '건져낸다'이다. 모세를 물에서 건지어 내듯! 출 2:10 … 그가 그의 이름을 모세라 하여 이르되 이는 내가 그를 물에서 건져내었음이라 하였더라. 이는 출애굽기 시대이다. 이 배경 안에서 살려낸 모세 역시 민족적 지도자 아니냐? 하라. 중국 감옥 '탈출자' 영상 본 자이다. 그는 다시 잡히어 끌려가듯 취한 자들이니 중국과 북한은 하나이니라. 북한에 넘겨주는 자들이니라. 중국인 시대 아니냐? 하라. 각종 사고사 많은 그곳 중국 지역이니라. 물난리, 건물 붕괴, 사고사 등등이라 하라. 인권 유린, 인권 침해 국가 아니더냐? 짐승 중 하나이다. 그들은 그러한 사람이 아닌 이성 없는 짐승 같은 자 많다. 벧후 2:12 그러나 이 사람들은 본래 잡혀 죽기 위하여 난 이성 없는 짐승 같아서 그 알지 못하는 것을 비방하고 그들의 멸망 가운데서 멸망을 당하며.

글로벌 리스트 그들이라도 "나의 건진 바 되는 구원 대상 외 내 눈에 들지 않는다" 하라. 중국 시진핑 체제하의 김정은이다. 이는 시진핑의 손을 잡고 '울타리 담 밑에 핀 꽃처럼' 보호받는 관계 그(김정은)이다! 하라. 담(중국 시진핑)을 없애지 않으랴? 꽃(북한 김정은)이 먼저이다! 하랴? 담을 두고 꽃을 없애자 하랴? 그편이 저들 중국 입장에는 나은 것이 아니겠느냐? 그럴지라도 담벼락도, 꽃도 아무것도 아니다 하라. 일부분이다. 건설 현장 가진 나이다 하라. '나의 심을 것 위한' 있다 하라. 렘 1:10 보라 내가 너를 여러 나라와 여러 왕국 위에 세워 네가 그것들을 뽑고 파괴하며 파멸하고 넘어뜨리며 건설하고 심게 하였느니라 하시니라 함과 같으니 내 무엇을? 못하랴. 밀고 세우는 나이다 하라. 주인 마음대로이니 "건설자 나이다" 하며 보이는 나이다 하라. 남한, 한류 스타가 아니냐? 국위 선양으로 보느냐? 아니다 하라. 서울시 테두리 북한이다 하라. 중국으로부터 보호 구역 되어야 하는 그들 북한이니라. 남한의 다윗 등불 지닌 청와대 되게 하라 하나 힘든 나날들이다.

"민주화는 나를 위한 과정이었다" 하라. 의자가 받침대 없이 어찌하랴? 민주화는 이러한 나의 나라에 이를 자 위한, 오를 자 앉히기 위한 받침대로 두어 편안히 착석하도록 함이 아니냐? 하라. 의자 다리 '받침대' 부러지면! 이는 민주주 '지지대' 없어질 때 기독교인들

어찌하려느냐? 의자에 앉는 자들이니 삶의 기반이 무너지고 있을 곳 잃게 됨이니 이와 같은 "민주주의 제도권 두는 이유이다" 하라. 선량한 자, 국민 일지라도 북한 지지하거나, 동조자 되어 기독교를 잃게 한다면 '죄 없다' 하지 아니하리라. 물으리라, 찾으리라. "너희는 내 편 아닌 그들 편 서서 대항하였느니라 함과 같다" 하라. 애초에 잃거나, 버리거나 하지 않아야, 이는 민주주의 고수이니 지키라 하여도 국민은 "나 몰라" 하는 자들이니 대부분이다. 사 45:7 … 나는 평안도 짓고 환난도 창조하나니. '무엇을 못하랴? 이나 너희 사랑으로 지탱하여 자주국방을 위하여 일으키려 한다면 출 2:25 하나님이 이스라엘 자손을 돌보셨고 하나님이 그들을 기억하셨더라 하지 않겠느냐? 계 6:9 다섯째 인을 떼실 때에 내가 보니 하나님의 말씀과 그들이 가진 증거로 말미암아 죽임을 당한 영혼들이 제단 아래에 있어 11 각각 그들에게 흰 두루마기를 주시며 …. 이는 한국의 시기이니라. 내 너를 위하여 함께한다. 선발한다. 두고 아낀다. 누구는 이러한 자들로서 대하는 나이다 하라. 이상이다.

17. '환난 전 환난 후' 보자 (7년 대환난기이다)

'전 3년 반' 무슨 일이 일어나는가? 들은 자이다. ㅇㅇㅇ 사역자 전한 것이 맞다. 온건기는 미혹 시기이다. '강도' 세기 들은 자이다. 가속도 시기. 강경기는 '표' 강행 시기이다. 본격화, 강제성, 피하기 어려운. "우리 가족은 어떻게 되나요?" 길 중심! 발견, 따라가는 중이다. 붙어야 산다. '뗄 수 없는 관계로'까지 이것이 하나 됨이다. 계시록 2장 10절 보자. 계 2:10 너는 장차 받을 고난을 두려워하지 말라 볼지어다 마귀가 장차 너희 가운데에서 몇 사람을 옥에 던져 시험을 받게 하리니 네가 죽도록 충성하라 그리하면 내가 생명의 관을 네게 주리라. 죽도록 충성' 7년 환난기는 10일 환난 해당, 생명의 관은 휴거 상징이다.

2021. 12. 4. 토요일. 추가 글입니다.

환난은 무슨 뜻이더냐? 내 너를 치리라. 벧전 5:5 젊은 자들아 이와 같이 장로들에게 순종하고 다 서로 겸손으로 허리를 동이라 하나님은 교만한 자를 대적하시되 겸손한 자들에게는 은혜를 주시느니라. 보라! 교만한 자를 대적하느니라. 나 여호와는 말하노라. 듣는 자는 알리라. 벧후 3:3 … 말세에 조롱하는 자들이 와서 자기의 정욕을 따라 행하며 조롱하여 4 이르되 주께서 강림하신다는 약속이 어디 있느냐 하는 자들 보느냐? 그러하다. 이제까지 두는 나이다 하라. 저울 보인 나이다. 이는 '시간 저울'이니 달아 보는 나이다. 너희의 기다림이 무엇인지, 무엇을 두고 행하는지, 나의 관심이니라. 이 저울은 그러하다. 내 두는 바 이 저울 다룬다! 하라. 계 20:12 … 죽은 자들이 자기 행위를 따라 책들에 기록된 대로 심판을 받으니 13 … 죽은 자들을 내주매 각 사람이 자기의 행위대로 심판을 받고. 되었느냐? 보느냐? 듣느냐? "나의 줄 말 계시록이다" 하라. 겔 8:3 그가 손 같은 것을 펴서 내 머리털 한 모숨을 잡으며 주의 영이 나를 들어 천지 사이로 올리시고 하나님의 환상 가운데에 나를 이끌어 예루살렘으로 가서 …. 그를 데리고 이른 곳은 어디냐? 하라. 그 시대나 이 시대나 나는 여전하다 하라. 내 '이를 말' 있다! 하라. 모든 교회에 대해서.

두아디라 교회를 보자. 모든 교회가 알도록 한 이 말씀이니라. 적어 두라. 계 2:23 … 모든 교회가 나는 사람의 뜻과 마음을 살피는 자인 줄 알지라 내가 너희 각 사람의 행위대로 갚아 주리라. 이러함으로 나타나는 여호와이시다 하라. "되었느냐? 되었다" 하라. 이는 나의 줄 말이니라. 교회로 오게 하기 위한 두아디라 교회 통한 권면, 질책이라 하라. 버가모 교회도 그러한 이는 우상 제물로 인한 행위이니 행음자 '경고, 경각' 위한 기록서 두는 이유이기도 하다. 계 2:14 … 우상의 제물을 먹게 하였고 또 행음하게 하였느니라 15 이와 같이 네게도 니골라 당의 교훈을 지키는 자들이 있도다. 히 11:6 믿음이 없이는 하나님을 기쁘시게 하지 못하나니 …. 이는 무엇인가? 믿음은 현실이 아니다. 심음이다. 내다보는 예측이니 "나의 하나님 세계이다" 하는 자마다 받는 저 천국이다! 하라.

현실로 두는 자리이니 교역자 대부분이다! 하라. 사례비 주니 받는다. 이는 거래이다. "믿음 아닌 조건 사역이다" 하라. 1차 사례비 책정 두고 부른다. 그리고 받는다 관계이다. 엄밀히 말하자면 '안드레이다' 하겠느냐? 각 사람에게서 받아 나누는 식 교회이다 하라.

헌금의 원리는 아니다 하라. 재정 원칙 세운 교회마다 그러하다. 내 나라 아닌 세상 구조식 경영 방식 섞은 교단들마다 적자, 흑자 운운함이니 믿음이라 하겠느냐? 천국 미치지 못하는 자들 "많다" 하라. '성도는 머리 수와 셈(헌금)'으로 보려느냐? 목회자 아니라 하라. 재정 원칙 나이다. 나를 두고 맡긴다. 모험, 믿음의 세계이다. '미시' 아니겠느냐? 이는 내 나라이다. 성전마다 다룬다. 저울마다 무게가 다르다. 이는 믿음에 따라 그러하다. 물질관 아닌 '영의 세계'이다. 나를 둔 자, 어찌 보느냐 따라 그 행위 따르는 자이다. 사람마다 맡김이 다름도 이에 따른 조치이다.

누가 보기에는 어떤 자는 "위대하다, 훌륭하다. 와!" 하는 자 있다 마는 내 보기와 다른 자들도 "많다" 하라. 보는 자, 그의 눈은 그대로 있는 '자기식 보는 자'이기에 그러한 자 앞에 서는 자라 하라. 내 제자는 그러지 아니하니라. '나의 눈 가진 자'이니 나를 두고 내가 보고자 하는 눈이라 하라. '내 곁에서 나와 함께 보고자 하는 자'이므로 그에게는 달리 보이는 눈으로써 다루는 세상이라 하라. 저울 됨이니 나의 제자마다 저울로써 사용되어 저들 업고(이는 그의 무게니, 죄의 짐이라 하라) 무게 줄이는 과정마다 기뻐하는 그들이라 하라. 이는 나의 제자로서 진 십자가이니 유명세와 무관하도다. 이름 있으나, 산 자라 하나 실상은 죽은 자들로서 나타내려 나선 사데 교회 같은 자들이니라. 계 3:1 ⋯ 내가 네 행위를 아노니 네가 살았다 하는 이름은 가졌으나 실상은 죽은 자로다.

전해야 하느니라. 모두에게 그러하다. 책으로써 도구가 되었으니 그러하도다. 독자층이 누구더냐? 나의 '이를 말' 대상이니라. 그들에게 나를 보임은 이러하다 하라. 일곱 교회에게 주는 메시지니라. 계 1:11 이르되 네가 보는 것을 두루마리에 써서 에베소, 서머나, 버가모, 두아디라, 사데, 빌라델비아, 라오디게아 등 일곱 교회에 보내라 하시기로. 각자의 마음에 누를 만한 무언가를 위해서 주는 바이다 하라. 이는 살리기 위함이다. 구원 대상에게는 이러하나 결핍이 그를 방해하여 나를 두기보다 자존심 상함으로 스스로 여긴다면 그에게는 놓치는 기회 되리라. 차선이 아닌 "우선으로 두라" 하는 나이다 하라. 나는 생명이니 자신을 살리고자 하는 자에게는 먼저, 우선, 앞세우는 나이나 자신을 병들게, 약하게, 저버리는 자에게는 나는 누구냐? 하리라. 이는 반응이니라. 나에 대한, 나의 전하는 말에 대한 각자의 태도, 자세라 하라. 잠 20:11 비록 아이라도 자기의 동작으로 자기 품행이 청결한 여부와 정직한 여부를 나타내느니라. 여호와에게는 모두가 도구이니라. 나의 여길 만한 자들을 내세우는 것은 그러하다. 나의 주는 바 알린 바 된 자이기에 그중 하나로써 사용함이니 그리 알라.

자세히 다루는 나이다 하라. 섬세히, 세심히, 구석구석, 속속히 들여다보며, 틈 없이, 면밀히 다루지 않으랴? 너희 어느 한 곳인들 모르랴? 하라. 다 안다, 다 안다! 하지 않으냐? 마 10:26 … 감추인 것이 드러나지 않을 것이 없고 숨은 것이 알려지지 않을 것이 없느니라 27 내가 너희에게 어두운 데서 이르는 것을 광명한 데서 말하며 너희가 귓속말로 듣는 것을 집 위에서 전파하라 않더냐? 요 4:29 내가 행한 모든 일을 내게 말한 사람을 와서 보라 이는 그리스도가 아니냐 하니 같다! 하라. 렘 17:10 나 여호와는 심장을 살피며 폐부를 시험하고 각각 그의 행위와 그의 행실대로 보응하나니. 삼상 16:7 … 내가 보는 것은 사람과 같지 아니하니 사람은 외모를 보거니와 나 여호와는 중심을 보느니라 하시더라. 이는 생명이신 하나님이시니 기준이 다르다. 창 1:26 … 우리의 형상을 따라 우리의 모양대로 우리가 사람을 만들고자 하였음에도 듣지 아니하였으니 이 세대를 좇음이라. 이는 마 24:2 … 돌 하나도 돌 위에 남지 않고 다 무너뜨려지리라 함은 성전 건물이 아니냐? 이 세대에 버린 바 되리라. 누구든지 그러하다. "나 외의 것은 다 사라진다!" 하지 않으냐? 남는 것은 하나님의 형상! 창 1:27 하나님이 자기 형상 곧 하나님의 형상대로 사람을 창조하시되 남자와 여자를 창조하시고. 즉 그리스도의 형상이라. 이를 위해 모든 것은 잠시 유보로써 사용됨이니 그러하도다.

나의 줄 말 많은, 이는 영서(도구니라)라 하라. 인천 대상륙 작전 보느냐? "후퇴이나 승리 개가를 향한!"이다. 전쟁사 용어이나 너희도 이와 같은 세대이다 하라. 나를 못 박은 자들로 인함이나 이는 저 천국 새 하늘과 새 땅 '새 예루살렘 성을 위한'이라! 하라. 전진만이 살길이다. "예수를 붙들라" 함이니 살리실 이 예수시라. 이는 구원자시라 하라. 행 16:31 이르되 주 예수를 믿으라 그리하면 너와 네 집이 구원을 받으리라 함과 같다. 이는 온 세상을 위함이니! 요 1:9 참 빛 곧 세상에 와서 각 사람에게 비추는 빛이 있었나니. 사는 자는 산다! 하라. 죽는 자는 죽나니 믿는 자와 믿지 않는 자의 차이니라. 이는 천국과 지옥 '양 갈래 나뉨'이 되나니 누구라도 이와 같은 시험대가 되는 '세상살이'라 하라. 나의 눈 여길 만한 잣대 되는, 이는 독생자 예수 그리스도로 인함이라 하라. 너희의 대하는 자세니라. 사랑함이라. 믿고 의지하며 "무엇보다 바꿀 수 없네" 이를 아는 자라 하라. '쉬운' 같으냐? 나의 갈 길 보였느니라. 걸은 길이다. 마 7:13 좁은 문 … 14 … 길이 협착하여 …. 그러함에도 마 11:28 수고하고 무거운 짐 진 자들아 다 내게로 오라 내가 너희를 쉬게 하리라 29 나는 마음이 온유하고 겸손하니 나의 멍에를 메고 내게 배우라 그리하면 너희 마음이 쉼을 얻으리니 30 이는 내 멍에는 쉽고 내 짐은 가벼움이라 하시니라.

미달자는 왜이더냐? 아니더라! 맞지 않다! 다르다! 하며 오지 않는 자들이니라. 이와 같은 자는 나의 인도함에도(손잡은 나임에도) 반대로 뒤돌아서 가려 하는 자이니 내 손을 뿌리치려 애쓰는 고집자 - 아집, 불통 스타일, 자기주장(떼씀, 우김) 강한 자 - 해당한 자이다. 이는 끌려가는 자이다. 실상은 나이나 허상(가장, 거짓, 유인책, 속임수 빠지는 함정, 올무 등이다)을 믿고 의지해 보려는 자들 중에 "많다" 하라. 선, 진리, 참, 거룩, 공의, 위한 것이 아닌 잠시 나타나 사라질 반짝 쇼 같은 화려함, 눈앞 만족을 위한다! 하라. 자기 안의 예수 주시라! 하라. 이밖에 없는 단 하나의 사랑은 예수뿐이시라 하라. <u>모든 것은 변하나</u> - [이용하려, 사용하려, 애용하려, 도용하려, 오용하려, 남용하려 함이니 이 모든 것은 살얼음 같은 임시방편, 안전이 아닌, 영원이 아닌 잠시 허락됨이나 이도 매우 조심할, 신중할 대상임에도 "믿고 보자" 하며 덤비고, 질주자들 많은 세상 사모자들이라! 하라] - <u>나는 그대로이다! 하라</u>. 히 13:8 예수 그리스도는 어제나 오늘이나 영원토록 동일하시니라. "이와 같도다" 이상이다. 계 3:11 … 아무도 네 면류관을 빼앗지 못하게 하라. 이와 같은 시기라! 하라. 단정히 행할 때이다. 롬 13:13 낮에와 같이 단정히 행하고 방탕하거나 술 취하지 말며 음란하거나 호색하지 말며 다투거나 시기하지 말고 14 오직 주 예수 그리스도로 옷 입고 정욕을 위하여 육신의 일을 도모하지 말라.

18. "서머나 교회와 빌라델비아 교회의 차이점은요?"

빌라델비아 교회 보자. 해당 구절 찾아보자(계 3:7-13). 계 3:7 빌라델비아 교회의 사자에게 편지하라 … 8 볼지어다 내가 네 앞에 열린 문을 두었으니 능히 닫을 사람이 없으리라 내가 네 행위를 아노니 네가 작은 능력을 가지고서도 내 말을 지키며 내 이름을 배반하지 아니하였도다 9 보라 사탄의 회당 곧 자칭 유대인이라 하나 그렇지 아니하고 거짓말하는 자들 중에서 몇을 네게 주어 그들로 와서 네 발 앞에 절하게 하고 내가 너를 사랑하는 줄을 알게 하리라 10 네가 나의 인내의 말씀을 지켰은즉 내가 또한 너를 지켜 시험의 때를 면하게 하리니 이는 장차 온 세상에 임하여 땅에 거하는 자들을 시험할 때라 11 내가 속히 오리니 네가 가진 것을 굳게 잡아 아무도 네 면류관을 빼앗지 못하게 하라. 영 분별한 자들, 말씀 가진 자들, 시험의 때 면한 자, 순교자적 신앙 가진 자, 이단 감별사들 해당하는 자. 바리새인 포함 권위적 지도자들(대제사장, 서기관, 장로-산헤드린 공회) 교계 지도자 혹은 교단 위세 자들. 전체는 기독교 지도자급 대표자이다.

2021. 12. 4. 토요일. 추가 글입니다.

마지막 때 두 교회 '서머나, 빌라델비아'의 묘사이다. 증거자 되는 자들이다. 하나는 이러하고 하나는 저러하나, 두 교회는 예표로써 두는 바이다. 한국 내에도 이러한 유형화 추세이다. 고난은 유익이라 하지 않더냐? 시 119:71 고난 당한 것이 내게 유익이라 이로 말미암아 내가 주의 율례들을 배우게 되었나이다. 세계 코로나 사태를 다루는 자이다 하라. 어떤 나라는 내게 나아 오나 다는 아니니라. 한국도 그러한 분분함이 있도다! 하라. 세계 일주국 다운(이는 세계 여행객이라 하자. 구경거리 삼아 나선 여행 족속이라) 행보로써 문 대통령도 이 나라 저 나라 발걸음 아니더냐? 기도하는 자이다, 기도하라 의미이다. 시국을 위한. '그러나'이다. 나라마다 심은 나의 종 '많다' 하라. 심겨진 나무이니 열매 맺기 위함이다. '좋은 나무 아름다운 열매 해당한'이다. 마 7:17 이와 같이 좋은 나무마다 아름다운 열매를 맺고 …. 세계 각국에 씨 뿌리는 나이다! 하라. 마 13:3 … 씨를 뿌리는 자가 뿌리러 나가서 37 … 좋은 씨를 뿌리는 자는 인자요 38 밭은 세상이요 좋은 씨는 천국의 아들들이요.

내 너를 뿌리는 이유는 이러하다. 세상은 더럽다, 추하다, 가증하다 아니겠느냐? 멸망자의 손에 쥔 자들이 짐승과 거짓 선지자로 선 무대이다 하라. 계 19:20 짐승이 잡히고 그 앞에서 표적을 행하던 거짓 선지자도 함께 잡혔으니 …. 이들의 정체 알리는. 나의 종들은 그러하다. 이 부름 외에 무엇이냐? 숨은 악이 드러나므로 "나의 영광이다" 하는 나이다 하라. 요 1:5 빛이 어둠에 비치되 어둠이 깨닫지 못하더라. 요 3:19 그 정죄는 이것이니 곧 빛이 세상에 왔으되 사람들이 자기 행위가 악하므로 빛보다 어둠을 더 사랑한 것이니라 20 악을 행하는 자마다 빛을 미워하여 빛으로 오지 아니하나니 이는 그 행위가 드러날까 함이요 21 진리를 따르는 자는 빛으로 오나니 이는 그 행위가 하나님 안에서 행한 것임을 나타내려 함이라 하시니라 함과 같도다! 하라. 이는 줄 말이니 '세상을 사랑하고 따르는 자'와 '나를 사랑하고 따르는 자'의 차이로 인함이니라. 이상이다.

19. 산발적 시위를 알아야!

환난의 비! 비 오는 날, 땅 위의 지렁이들 출몰 현상 같은 것이다! 하라. "어떤 방법이 좋을까요?" 너라면? "아직 잘 모르겠어요" 어리둥절한 자. 기도와 금식외에는 이런 류가 나갈 수 없느니라. '기도 집회로 모이게' 알게 된 자, 이는 전ㅇㅇ 목사이다.

2021. 12. 4. 토요일. 추가 글입니다.

한 '예'로 주신 '나라 중심 모인 자들'이라 하라. 이는 대책이 아닌 '나를 위한 기도 모임'이니라. 나를 구하여 내게 영광 돌리게 하기 위함이다. 나를 찾는 자들이 만날 것이요. 이를 보임으로 나라 회개토록 하기 위함이니라. 날짜 적어 두는, 이는 원고 수정 기간이라. 해외 토픽이니라. 이는 당시의 광경이라 하라. 나라마다 모임이 있으나 나를 위한 모임은 적지 않겠느냐? 하라. 드물다, 예외다. 이를 나타냄은 그러하다. 어느 나라가 거리에서 예배를 드리며 삼삼오오 나와 내 이름을 높이랴? 너희 아니겠느냐? 시위군이 아닌, 취객이 아닌, 싸움꾼이 아닌, 장사가 아닌, 이는 습 3:17 … 그가 너로 말미암아 기쁨을 이기지 못하시며 아니겠느냐? 하라. 너희도 그러한 자녀들로, 제자들로 찾기 위하여 기름(양육자 주시라 하라)이 마땅치 않느냐? 사 1:2 … 내가 자식을 양육하였거늘 …. 그러하도다. 계 21:3 … 보라 하나님의 장막이 사람들과 함께 있으매 하나님이 그들과 함께 계시리니 그들은 하나님의 백성이 되고 하나님은 친히 그들과 함께 계셔서. 이는 나에게로 오기 위함이니 나의 자녀들이다. 부탁한다! 너희에게 나의 나라를! 이는 당시이다. 이상이다.

20. '나단 선지자와 다윗' 관계를 보자

다윗은 회개한 자, 선지자는 회개시키는 자이다. 길(주께로) 이것이 복음이다. 요한은 주께로 인도하기 위해 소개자로 등장한 자이다. 요한처럼 살자. 성전 밖에서의 삶 광야 전도자, 사역자이다. 다는 아니나 교회들의 건물이 예루살렘 성전과 같다! 하라. 요게벳과 모세는 어떠한가? 출 6:20 아므람은 그들의 아버지의 누이 요게벳을 아내로 맞이하였고 그는 아론과 모세를 낳았으며 …. 요게벳은 탁월한 지혜 가진 어머니이다. 시대를 분간하는 자이다. 모세를 하나님께 맡긴 자, 서원해서 드린 자(내심 기도 가진 자), 기도의 내용이 있었다. 내가 시킨 내용, 이는 시대에 세워지는 지도자들(기도시킴)을 원한 그녀였다. 어머니의 처세, 신앙의 본이다. 모델적 어머니를 나열해보자. 한나! 어떠한가? 사무엘의 어머니이다. 삼상 1:20 한나가 임신하고 때가 이르매 아들을 낳아 사무엘이라 이름하였으니 이는 내가 여호와께 그를 구하였다 함이더라. 기도로 구한 자, 환경의 승리자이다. 자녀가 없는 당시 있을 수 없는, 견디기 힘든. 지금과는 다르다. 나찌 시대의 어머니들은 어떠했을까?

신앙인의 어머니! 시대의 모습에서 보는 어머니의 상이 있다. 만들어 가기까지 신앙의 연단자로 - 하와 이름 '산 자의 어머니' 창 3:20 아담이 그의 아내의 이름을 하와라 불렀으니 그는 모든 산 자의 어머니가 됨이더라 - 내세워지는 것이다. 자녀들을 세우는 어머니이다. 하와와 아벨! 창 4:2 그가 또 가인의 아우 아벨을 낳았는데 …. 시대에 필요한 자를 낳은 자이다. 셋, 에노스 … 에녹까지(창 5:3-19) 등등. 라멕의 어머니를 보자. 라멕은 므두셀라의 아들이다. 창 5:25 므두셀라는 백팔십칠 세에 라멕을 낳았고 27 그는 구백육십구 세를 살고 죽었더라. 므두셀라 나이 969세로 노아의 홍수까지 969년 **'카운트다운' 연구한 자이다**(추가 글 2021. 12. 30. 목요일). 라멕의 아내 므두셀라의 자부이다. 시대가 요청하는 인물사에는 반드시 세워 놓여진 어머니가 있다. 이것이 태의 복이다, 만들어진 자이다. 너의 아들 ㅇㅇ 마찬가지, 아들 ㅇㅇ 또한. 창 5:28 라멕은 백팔십이 세에 아들을 낳고 29 이름을 노아라 하여 이르되 여호와께서 땅을 저주하시므로 수고롭게 일하는 우리를 이 아들이 안위하리라 하였더라.

2021. 12. 30. 목요일. 추가 글입니다.

'카운트다운' 연구한 자이다: 시대사 아는 자이다. 지구사는 역사이다. 하나님의 두 손안에서(2020. 5. 17. 주일. 꿈 '하나님의 나타나심') 이루어지는 모든 일이다! 하라. 창세부터니 "나의 다룰 일들 많다" 하라. 1일 아담 시대이다. 벧후 3:8 사랑하는 자들아 주께는 하루가 천년 같고 천년이 하루 같다는 이 한 가지를 잊지 말라. 시간 개념을 아느냐? 이는 하나님의 시간표니 "시대 표이다" 하라. 출애굽기 보라. 20장 5절이다. 출 20:5 … 나 네 하나님 여호와는 질투하는 하나님인즉 나를 미워하는 자의 죄를 갚되 아버지로부터 아들에게로 삼사 대까지 이르게 하거니와. 이를 두라. 이는 시대표이다 하라. 조상, 아버지, 아들 아니겠느냐? 후손까지 이르는 죄의 짐이라 하라. 아담으로부터 온 인류는 '짐'을 진 '죄의 씨' 아니겠느냐? 사단에게 당한 그들이다! 하라. 창 3:1 그런데 뱀은 여호와 하나님이 지으신 들짐승 중에 가장 간교하니라 뱀이 여자에게 물어 이르되 하나님이 참으로 너희에게 동산 모든 나무의 열매를 먹지 말라 하시더냐. 먹음이니, 나의 명한 '먹지 말라 한' 선악 나무 열매이다. 닮으라.

아담 시대 1일은 노아 시대 2일이 되었다! 하라. 이어진 3일 아브라함 시대이니 4일 다윗까지도, 이러함으로 내게 이름이니(이르렀다는 의미이다) 주 예수 그리스도 시대 아니겠느냐? 하라. 나의 의로 말미암음이니 경건한 후손 잇게 한 인류사이다. 이는 아벨로 인함이니 그는 의로운 자라 아는 자이다. 유다서 보자. 유 1:14 아담의 칠대 손 에녹이 이 사람들에 대하여도 예언하여 이르되 보라 주께서 그 수만의 거룩한 자와 함께 임하셨나니 15 이는 뭇사람을 심판하사 모든 경건하지 않은 자가 또 경건하지 않게 행한 모든 경건하지 않은 일과 또 경건하지 않은 죄인들이 주를 거슬러 한 모든 완악한 말로 말미암아 그들을 정죄하려 하심이라 하였느니라 16 이 사람들은 원망하는 자며 불만을 토하는 자며 그 정욕대로 행하는 자라 그 입으로 자랑하는 말을 하며 이익을 위하여 아첨하느니라. 히브리서 보자. 히 11:4 믿음으로 아벨은 가인보다 더 나은 제사를 하나님께 드림으로 의로운 자라 하시는 증거를 얻었으니 하나님이 그 예물에 대하여 증언하심이라 그가 죽었으나 그 믿음으로써 지금도 말하느니라. "되었다" 하라.

이는 "가르치는 주시라" 하라. 경건히 살라. 이는 이 시대에 이르는 "나의 줄 말 많다" 하므로 내게 오는 자들이 되라 함이니 경청하라! 이사야 넣으라. 사 1:2 하늘이여 들으라 땅이여 귀를 기울이라 여호와께서 말씀하시기를 내가 자식을 양육하였거늘 그들이 나를 거역하였도다 3 소는 그 임자를 알고 나귀는 그 주인의 구유를 알건마는 이스라엘은 알지 못하고 나의 백성은 깨닫지 못하는도다 하셨도다 4 슬프다 범죄한 나라요 허물 진 백성이요 행악의 종자요 행위가 부패한 자식이로다 그들이 여호와를 버리며 이스라엘의 거룩하신 이를 만홀히 여겨 멀리하고 물러갔도다. "무엇이 경청이더냐?" 음악을 듣는다 하자, 외국어를 듣는다 하자. 외부 소리 차단하고 잘 들으려 함이니 이어폰을 귀에 꽂지 않으랴? 차단이 무엇이냐? 계 18:4 … 내 백성아, 거기서 나와 그의 죄에 참여하지 말고 그가 받을 재앙들을 받지 말라. 세상 사랑치 말라, 즐기지 마라, 소유하지 마라, 관여하지 마라가 아니겠느냐? 거미줄 되어 얽힘이니 어찌 나오랴? 발버둥 치나 얽힐 뿐이니라.

나를 구하라, 내게 오라. 마 11:28 수고하고 무거운 짐 진 자들아 다 내게로 오라 내가 너희를 쉬게 하리라. "노아의 때 같다" 하지 않느냐? 마 24:37 노아의 때와 같이 인자의 임함도 그러하리라. 인자의 임함이니! 42 … <u>깨어 있으라 하지 않느냐</u>? 이러므로 너희도 노아 가족과 같이 준비하고 있으라 하지 않느냐? 44 이러므로 너희도 준비하고 있으라 생각하지 않은 때에 인자가 오리라. 계 1:1 … 반드시 속히 일어날 일들을 … 그 종 요한에게 보내어 알게 하신 것이라. 다시 히브리서 보라. 히 11:4 믿음으로 아벨은 가인보다 더 나은 제사를 하나님께 드림으로 의로운 자라 하시는 증거를 얻었으니 하나님이 그 예물에 대하여 증언하심이라 그가 죽었으나 그 믿음으로써 지금도 말하느니라. 이는 계시록 다섯째인! 계 6:9 … 하나님의 말씀과 그들이 가진 증거로 말미암아 죽임을 당한 영혼들이 제단 아래에 있어. 순교자이다. 삶의 헌신이다. 십자가를 지었느냐? 그러하다. 죄의 짐 담당자이다. "나와 함께한 자들이므로" 그러하다. 이들은 지친! 쉬는 자이다 하라. 계 6:11 각각 그들에게 흰 두루마기를 주시며 이르시되 아직 잠시 동안 쉬되 …. 여섯째인! 12 내가 보니 여섯째 인을 … 16 … 보좌 위에 앉으신 이의 얼굴에서와 그 어린 양의 진노에서 우리를 가리라. 이는 '코로나 사태' 전 세계 현재이다 하라. 백신 거부자, 맞은 자 모두이다. 이를 후에 주리라. 받은 자이다. 봉함이나 열게 되리라. 다루는 자이다. 자료 미비이니 정리, 요약 부족 상태이다. "나의 줄 말 많다" 하라. 이상이다.

21. 종말 시대에 태어난 자들! 부르심이다

1995년 방언 받은 날, **두 아들 ㅇㅇ, ㅇㅇ에 대하여 받은 자이다**(추가 글 2022. 2. 28. 월요일). ㅇㅇ, ㅇㅇ은 성령이 지어 주신 이름! **내가 지은 것이다**(추가 글 2022. 3. 11. 금요일). 교회 개척(예배처 준비) 당시. 현재는 이전 계획자이다. 하박국 선지자이다. 하박국 시대 읽어봐야. 너는 예언가이다. 두 손 들고 찬양하는 자, 찬양을 주십니다! 하라. '내 이름 아시죠?' 하는 자이다. '나를 지으신 주님 내 안에 계셔 처음부터 내 삶은 그의 손에 있었죠 … 내 이름 아시죠 내 모든 생각도 아바라 부를 때 그가 들으시죠' 사람이라면 주가 이름을 불러 주셔야 가장 좋은 것이다. 갈멜산 대결 알지? 왕상 18:19 그런즉 사람을 보내어 이스라엘과 이세벨의 상에서 먹는 바알의 선지자 사백오십 명과 아세라의 선지자 사백 명을 갈멜산으로 모아 내게로 나아오게 하소서. 이쪽

vs 저쪽, 복음 vs 대적, 진리 vs 거짓, 미혹에 대하여 연구하는 자이다.

창 2:16 여호와 하나님이 그 사람에게 명하여 이르시되 동산 각종 나무의 열매는 네가 임의로 먹되 17 선악을 알게 하는 나무의 열매는 먹지 말라 네가 먹는 날에는 반드시 죽으리라 하시니라. 창 3:1 그런데 뱀은 여호와 하나님이 지으신 들짐승 중에 가장 간교하니라 뱀이 여자에게 물어 이르되 하나님이 참으로 너희에게 동산 모든 나무의 열매를 먹지 말라 하시더냐 … 4 뱀이 여자에게 이르되 너희가 결코 죽지 아니하리라. 섞는다. 부호 사용이다. 대치, 도치에 대해서 보자. '?' 이 의문 부호는 언제 사용되는가? 첫째는 하나님 주권자가 물으실 때의 경우로 생각해 보자. 어느 때 질문하시겠는가? 아담이 어떻게 짓나 보시려고! 창 2:19 … 아담이 무엇이라고 부르나 보시려고 그것들을 그에게로 이끌어 가시니. 이는 주신 것을 사용하게 하실 때 임의로(free-자유) 두신다. 주셨을 때 반드시 주는 보시는 하나님이다. 이것이 하나님의 기쁨이시다. 보시기에 좋은(good)이다. 둘째는 죄를 지었을 때 '어디에?'이다. 창 3:9 여호와 하나님이 아담을 부르시며 그에게 이르시되 네가 어디 있느냐. 아시고 불러 내심! 사랑한다는 표현이다. 지켜 주시겠다는 뜻이다(두려움, 수치심). 위험 직면 또는 잘못했을 때 어느 쪽이든 자녀 이름을 부른다는 것은 구원 신호, 부르시는 하나님이시다. 셋째는 소멸(멸하심)하시기 전, '노' 알리심. 회개하지 않을 경우, 채찍 들기 전 '고조 상태 감정' 양육자는 안다. 건지시려고 '강한 사랑의 표현법'을 사용하신다. 물(사랑이다! 하라)의 온도(마음이다! 하라)는 변해도 "물은 사랑이다"라는 본질성은 같은 것이다. 인간의 반응이 문제이다.

2022. 2. 28. 월요일. 추가 글입니다.

두 아들 ㅇㅇ, ㅇㅇ에 대하여 받은 자이다: 어두운 시대에 두 아들에 대해 '거룩'을 목적으로 구한 자이다. 성직자 '목사'라는 장래를 소원하며 간구한 당시이다. 나는 너에게 알린 것이다. 내가 원하는 것은 '거룩한 삶'이 아니냐? 하라. 이는 "시대마다 넘어지는 자들이 많다" 하라. 내 종은 나의 곁에서 나와 하나 된 자이다. 다른 무엇으로 대신(이는 위치이다) 할 수 없는 천직이 아니랴? 이는 거룩의 부름이다. 성결, 청결, 순결, 깨끗이 사는 자들이다. 과일들을 보라. 극상품 이는 품종이 뛰어난, 값비싼 상품이 아니더냐? 왕의 시대에는 왕에게 가장 좋은 음식을 대접하지 않더냐? 너희는 이와 같은 예물이 된 자이다. 세상에서 가장 신선한(과일의 생명은 신선도 아니랴?) 또한 품종, 크기, 당도도 그러한. 재배도 아무나 하랴? 왕의 공궤 음식 아무나 하더냐? 맡은 자 있지 않으랴?

나의 마음에 쏙! 드는 자가 되어야 하지 않겠느냐? 이는 영이지 않으랴? 다음은 헌신이다. 이는 언제랴? 네게 가르친 말씀이니 요즘 출판 기일 앞, 원고 준비 수고자에게 위로 하지 않더냐? 나의 종들은 이러한 구별, 선별, 뛰어남, 특출남, 특별한 자들이어야 나의 영광이다! 하라. 가족, 두 아들의 부름은 이러하다. 나의 영이니 네게 주어 기도하게 한 나이다. 왜 목회자가 되어야 하는지 알린 나이다. 한마디로 무엇이랴? 세상 어둠 속의 "나의 빛으로 살라" 하는 것이니 너는 이 기도를 잊고 산 자이다. 환경은 어떠하더냐? 네 신학과 개척 부름과 선교 지경 훈련으로 '밤낮 수고자' 아니랴? 당시이니 잠 줄이고, 신학교 통학하고, 재정 짐, 양들(목양 대상), 여러 가지로 학업은 강의 참석 외 뒤로한 이는 '영과 헌신'의 훈련이었다. 그럴지라도 내가 세우지 않으랴? 너의 사역은 "하나님이 보내셨다!"이다. 사역지마다 나를 알리며 이를 증거로 삼은 자이다. 이는 네 고집으로 볼 수 있는 자들 아니랴? 증거도, 인내도, 선택도, 모두가 다른 자처럼 같지 않기에 자타 왕따가 된 자이다. 네 부족함이 있을지라도 - 지속 확인하는 것, 더딘 것, 사람들이 집중하여 준비하고 배경이 되는 것이 없어도 - 나는 너에게 주어, 나의 것이 되게 했다. 이는 나의 소유이다. 이를 두라. 알리어라. "영과 헌신이다" 하라.

두 아들의 대학 문은 '열린 문'이 되어 술 세상을 싫어하는 자들의 원하는 대로 신학을 택하게 하지 않으랴? 이 당시는 기도를(방언 통역으로 한 자) 잊은 자이다. 바삐 살던 자이다. 건강을 해칠 만큼, 이 계기가 네게는 호기이니 성경을 집중하여 읽고 싶은 자에게 시간을 '무한히 선사한 시기'가 되지 않으랴? 1, 2년 하다 보니 낮추고 낮추어 고생문 훤한 시기에 나의 빛이 지속하여 비치고 네가 누구인지 알게 하여 가나안 커다란 포도송이 열매를 나누는 자가 되도록 이르게 한 나이다. 이 의미가 무엇인지 알리라. 외형, 외적인 것에 주눅 들지 말라. 형편, 모자람, 인성, 모두이다. 갖추어도 쓰지 못하는, 쓰지 않는 자들이 있는 반면에 사용되는 자니 감사하거라! 내 영이 임할 때 강력해지는 자이다. 이는 너로 낮추기 위함이라. 그럴지라도 말에는 졸하나(부족하나) 만만치 않다. 내적 자산 소유로 보는 눈은 당차다. 찬물과 더운물이 공존하듯이 이 두 세계가 네게 있을지라도 하나님의 크신 사랑 안에 거하는 자이니 무엇이 부럽다 하랴? 세상 것들은 네 눈에 들어오지도 않는 현재이며, 보이는 것들 물질 세계를 얼마나 미워하는지, 소소하게 보는지 "나는 안다!" 하라. 아는 내가 너를 인정하며 사랑하지 않으랴? 쓰러지나, 넘어지나, 네 곁에서 지키지 않으랴? 두 아들 관함이다. 이를 주어라.

영서는 신(주의 성령)이시다 하라. 신 앞에 엎드리는 자이다. 나의 말 아니랴? 나의 영이 임하므로 주어 기록한 자니 성경과 다를 것이 무엇이랴? 교회 예배를 드릴 때 말씀 전하는 자에게는 어찌하더냐? 가장 좋은 옷 입고, 가장 좋은 것으로 예물하며 가장 좋은 것 드려 봉사하지 않더냐? 높이는 자 아니냐? 부모와 많이 다른 모습 아니냐? 너는 낮아진 자, 낮추는 자이다. 치장 싫어하는 자 된 자이다. 물건 소유 부득이 외 선물도 달갑지 않게 여기는 자이다. 후원도 그러하다. 이 까다로움으로 사람들은 제풀에 지쳐 자기 방식으로 하다가 다 떠난 자이다. 너는 이를 아랑곳하지 않는 자, 보고 보아온 자들이니 유일한 아들들의 사랑 등살(?)에 먹고, 신고, 사고, 다니면서 이도 사치이다 하는 때 있는 자이다. 사고 교환하고, 산 것 후회하고, 지닌 물건들도 짐스러워하는 자이다. 가는 길이 다르다. 좁은 문 훈련자이기에 그러하다. 인간의 누추함, 가난함, 비루함을 견딘 자이다. 자신을 포기하고 사는데 익숙한 자이다.

영서를 통해 알리어라, 보이라. 이는 서신서이다. 그들은 나의 교회이다. 너는 교회이니 교회에게(두 아들) 이를 주라. 나의 영이 있는 자가 교회이니 누구든지 그러하지 않으랴? 너희 가족 화목을 위한 길은 서로 낮아짐이다. 내게 들어서 나오는 자가 되어야 한다. 이는 화목의 비결이다. 하늘 아버지의 뜻 안에서 너희 아니랴? 힘겨움게 이 자리까지 온 자들이다. 너희 생애는 나를 위한, 섬기기 위한, 시대의 빛 되기 위한 걷는 길이며 연단이 아니랴? 많이 다른 삶, 이는 온도 차이니 그럴지라도 부요하다! 하라. 내가 줄 말이 많다!

하지 않더냐? 나를 가진 자는 다 가진 자이다. 천국 외에 무엇이 있으랴? 수렁, 늪 같은 지구 땅이 아니랴? 빠지지 않게, 이는 죄 속으로, 지옥 속으로 가지 않게 하려 함이니 나의 사랑보다 높은 사랑이 어디 있으랴? 이는 가치 아니겠느냐?

신학은 거룩이다. 교회도 거룩이다. 모든 것이 거룩을 지니고 나타내야 한다. 너는 이것저것 자신 없어 한 구석에서 염려하고, 아파하고, 우는 자이다. 이는 영서로 인함이니 네 선물이자, 짐처럼 지고 있는 자이다. 쉽지 않은 길, 나에 의해서만 가야 하는 길이니 이도 자신 없다 하는 자이다. 어째서 여기까지 왔나? 바위틈에 숨어 있는 이름 없는 들풀 같은 자가 드러나니 네 머리, 마음, 입맛, 잠 등 '비상' 시기가 아니랴? "혼자 이전처럼 성경 읽고 주와 둘만 있고 싶은데!" 하며 뒤돌아보는 자, 다 아는 나이다. 누울 때 있고 치료의 때 있고, 보행의 때가 있고, 날기도 하고, 이름이 알려지기도 하지 않더냐? 너의 나타냄 '노출, 공개' 극혐이 된 자이더니 이게 무슨 현상이냐? 쓴맛에 이 탈고 시기 앞에서(이는 문이 아니랴? 문을 통한 나의 증거) "숨고 싶다, 긴장 풀고 편히 쉬고 싶다, 편히 자고 싶다" 하는 네 심중의 소리, 다 아는 나이다. 이를 두라. 이는 너뿐이 아닌, 네 글로도(읽는 자가) "나도! 나도!" 하는 자들 있지 않으랴? 이로써 사생활 공개 싫은 자, 빼고 빼려는 자, 감추고 감추려는 자일지라도 영서에 의해 주라, 실으라 하면 해야 하니, 하나님과 사람 앞에 그 사이에서 힘들다! 하는 자이다. "되었느냐? 되었다" 하라. 닫자. 이상이다. 오늘 날짜 기록 두어라.

2022. 3. 11. 금요일. 추가 글입니다.

내가 지은 것이다: 이름 짓는 자. 너는 그러하다. 두 아들의 이름을 지은 자이다. 적어보아라. 찬송을 주십니다! 하라. '내 이름 아시죠 …' 그 당시이다. 이 곡 알린 자이다. 찬양 무대가 아니랴? 수화를 위한 세운 나 '너는 가라 내 이름으로' 파송자 나이다. 이는 '파송' 찬양이다! 하라. '너의 가는 길에 주의 평강 있으리 평강의 왕 함께 가시니 너의 걷는 걸음걸음'이 아니랴? 흰 드레스 입은 자이다. 주의 신부를 상징하여 입힌 무대복이 아니랴? 이제 몸이 굳은 자이다. 마지막 무대 몇 년이랴? 불과 몇 회 자리이나 나를 알린

자, "나의 영광이었다" 하라. 몸으로 영광을 드리라. 고전 6:20 값으로 산 것이 되었으니 그런즉 너희 몸으로 하나님께 영광을 돌리라 함이니 성령 춤을 시작으로(나 만나고 시작한 자이다) 이후 선교 무용을 살짝 발 들이나 다치기도 하고, 다리 부종으로 끝내는 마치지 못한 자이다. …생략… 그럴지라도 나의 인도로 다시 타 신학을 발들인 자이니 이는 신학을 마치기 위함이다 하라. 성경이 부족하다! 생각한 자, 다시 알아야 한다! 하며 두문불출 기회 되어 원 없이 본 자 아니랴? 바쁜 시대, 이는 분주함이다. 마음 빼앗기고, 할 일 널브러진 여기저기니 "오라, 가라" 하는 곳 많은 관계 누구나이다 하라. "나는 그러지 아니하다" 하며 은혜 주신 대로 거한 자이다.

나의 문, 성경의 세계로 들어가라 보인 후, 이어진 성경 세월 수년이 아니랴? 그럴지라도 성경의 신비는 새록새록이니 일평생 읽는 것도 중요하다! 깨달아진 자이다. 왜냐? 늦은 30대부터 몰아 읽기를 할지라도 아쉽다, 부족하다 함이 아니랴? 태아의 신비, 이는 부모 되기 전에 준비부터(이는 '오랜 준비' 알게 된 자이다) 생명 잉태까지 제대로 교육받지 못한 자이기에 많은 자들이 이러한 환경(시대, 문화 대부분이 "상식 이하 많다" 하라)에서 잇고 이음이니, '부도' 세대 되어 나의 마음이 애타지 않으랴? 이는 창세기 6장 6절 말씀인 나의 한탄, 근심된 세상, 시대 모습이라 하라. 창 6:6 땅 위에 사람 지으셨음을 한탄하사 마음에 근심하시고. 건지고 건지는 나이다. 씻기고 씻기는 나이다. 매 맞고, 겪으며 자라가는 너희이니 죄를 사랑함이라. 네게 두문불출 훈련기는 비루해지나, 이는 외형을 벗긴 나이다. 겉치레, 형식, 매인 문화, 관계, 모두이다. 시간, 장소, 사람, 물건, 나의 일이라 하는 것까지 송두리째 흔들어 던지고 던진 나이니, 몸만 지탱하나, 죽지 않고 생명 연장되어 "기회이다, 다행이다" 하며 기다린 자이더니 이를 잊지 않음으로(이는 나를 기억함이다) 너를 세워야(지탱) 하는 자이다.

환경 변화 이곳이다. 발 들인 자이다. 내 은혜가 네게 족하다 하여도 지쳐가는 자리이다 하여라. 왜이더냐? 바벨론이 가까운 자리이다 하라. 많은 자들이 오가는 곳, 다양한 소리들, 유형 교회들 사이에서 몸 숨기기 바쁜 자이다. 네게 목회자 코스프레(흉내) 하는 자이다 하려느냐? 누군가 이러하다면? 이를 주리라. 목회자 길 아는 자이다. 준비 미진한 것 아는 자이다. "가려 애쓰지 않는다" 하라. 신학 인도를 주신 하나님이시다. …생략… 험난한 신학 시절이었다 하라. 이어진 개척 훈련이니 소속 없이 주의 붙드심으로 견딘 자이다 하라. 사람들이 보편화(일반화)로 가는 길 가지 않으려 한 자이다. 숨은 자, 숨긴 나 아니더냐? 알리고 알리어 '내 눈 열어 주 보게 하시네' 네 찬양곡 가사대로 주로 인하여 멈춤이 되고 기다린 자이다. 열리고 열린, 교회 창립이라 하라. 다소 쉽게 할 수 있다 의미이다. 그럴지라도 "무엇, 무엇이다" 말씀을 주신 주시므로 알아가는 은혜 안에서 놀라고 놀라면서 지낸 자리이다 하라.

주님이 교회라고 하시니 교회이다! 하라. 주님이 선교사라고 하시니 선교사이다. 이는 교회 개척이 아니냐? 헌금 걷고 사람 웅성웅성해야 교회이더냐? 목사님! 전도사님! 호칭자 되어 무슨 교단, 무슨 교회, 누구 해야 내가 인정하는 것이냐? 하라. 사람의 인정(공식이라 해도-너희끼리 그러하다)과 내가 인정하는 것은 다르다. 비밀의 차이이다. 외관, 외형, 형식이 아닌 어떤 자, 어느 장소, 무엇이든 "나와의 관계를 보는 나이다" 하라. 그가 어찌 살았는지? 나만이 가장 잘 알지 않느냐? 그러므로 나의 평가가 온전치 않느냐? 너희끼리는 서로 대우하며 높이며 착각도, 속임도 있으니 넘치는 자, 부족한 자, 다 섞고 섞어 다 교회이다, 목회자이다 하며 총칭 두지 않으랴? 그러니 교회, 목사님 호칭이 난무하지 않느냐?

내 종 되기 위하여 살아갈 때이다. "다 버리고 좇는 자만이 내 제자이다" 이르거라. 너 또한 이러한 길을 위해 가고 가도 자신이 어떠한지 아는 자이므로 내 앞에, 사람 앞에 잘남이 있더냐? 씻을 때 깨끗지 않은 자 누가 있으랴? 항상성 이는 무엇이냐? 온전함에 이르는 것이니 평균, 표준은 있어야 하지 않으랴? 구르고 구르면 자신이 '건짐' 받은(죄의 멈춤, 용서의 시작) 그곳도 이르며 - 오르고 오른 현 단계에서 내려간다, 떨어진다 의미이다 - 지옥까지 가지 않겠느냐? 갈 수도 있다, 가기도 한다. 이를 두라. 살기 위해 사는 자 아닌 "죽기 위해 사는 자가 나의 길이다" 하라. 이를 위한 훈련이기에 좁은 문, 생명의 길이라 하는 것이다. 마 7:13 좁은 문으로 들어가라 멸망으로 인도하는 문은 크고 그 길이 넓어 그리로 들어가는 자가 많고. 이를 좁은 왜이냐? 나의 이름, 너의 이름 안다! 하라.

의지(대상)가 없으면 홀로 견딤은 쉽지 않다. 이는 틀이다. 가상 같은 것이다. 실체는 자신과 나(주이시다! 하라)만이 대할 때 이것이 생명이니라. 물거품 사라지듯이, 안개 사라지듯이, 바람 현상같이 잡을 수 없는 것임에도 잡고, 붙들려는 인생이다. 주위 환경이다. 세팅 무대 같음이니 세상도 배경도 모두 그러하다. 임시이다, 잠깐이다, 고난의 허락하심은 이러하다. 제하는 것이다. "이는 무엇이다" 알 때 깨어남이니 이 자각 없이 사는 자는 생명의 하나님보다 자신과 환경을 더 우선시, 중요시하며 사랑하는 자이다 하라 "되었느냐? 되었다" 하라. 이상이다. 닫으라. 이를 주라 모두에게. 나누라. 내 이름 아느냐? 네 이름 무엇이냐? 알기까지 이를 두라.

22. 결론! 어머니는 '상'이다

견본, 샘플, 모델, 길, 안내자, 시대가 요청하는 사역자로 내세워진다. 자궁에서부터 시작된 사랑이다. 자궁은 하나님의 장소, 생명이 잉태되는 곳, 만남의 위치, 하나님의 지정 장소이다. 쾌락의 도구가 아니다. 생명의 존엄성에 반응하는 장소이다. 하나님에 대한 관계성 따라 선하게도, 악하게도 사용되는 곳이다. 자궁 교육이 필요한 시기이다. 자궁은 성소이다. 영, 혼, 육의 생성기, 사람 형성기에 해당한다.

23. '주'의 모친 마리아처럼 살자

교육의 필요성, 신앙이 준비된 가정! 레위(구별, 성별 직분 '제사장 가문') 족속이다. 눅 1:5 … 그의 아내는 아론의 자손이니 이름은 엘리사벳이라. 엘리사벳과의 관계! 눅 1:36 보라 네 친족 엘리사벳도 늙어서 아들을 배었느니라 …. 동시대의 가문 사역자로 부르심, 시대 사명자 준비이다. 요셉과의 관계는 유다 지파 다윗 족속이다. 눅 2:4 요셉도 다윗의 집 족속이므로 ….

2022. 4. 1. 금요일. 오후 10:44 추가 글입니다.

이 시대는 마리아의 시대이다 하라. 왜이더냐? 말씀이 임하시는 주이시다. 천사의 방문을 보라. 눅 1:26 여섯째 달에 천사 가브리엘이 하나님의 보내심을 받아 갈릴리 나사렛이란 동네에 가서. 주의 나타나심을 두라. 30 천사가 이르되 마리아여 무서워하지 말라 네가 하나님께 은혜를 입었느니라 31 보라 네가 잉태하여 아들을 낳으리니 그 이름을 예수라 하라. 시대를 아는 자는 이러하다. 나의 뜻이 아니냐? 마가를 보이라. 그는 누구이더냐? 마리아의 아들이다. 마리아는 누구이냐? 동시대 이름이 여러 등장이니 이를 나타내 보이라. 위의 마리아 두라. 주의 모친이시다 하라. 눅 1:43 내 주의 어머니가 내게 나아오니 이 어찌 된 일인가. 마가의 어머니 마리아이다. 마가 다락방 보이라. 구절 두라! 막 14:13 예수께서 제자 중의 둘을 보내시며 이르시되 성내로 들어가라 그리하면 **물 한 동이를 가지고 가는 사람을 만나리니 이를 두라!(2022. 7월 중. 추가 글입니다).** 그를 따라가서 14 어디든지 그가 들어가는 그 집 주인에게 이르되 선생님의 말씀이 내가 내 제자들과 함께 유월절 음식을 먹을 나의 객실이 어디 있느냐 하시더라! 하라. 이는 섬길 교회에 주시는 당시의 말씀이다. "유월절 음식을 먹을 나의 객실" 개척 교회에 지친 목회자를 위해 보낸(파송) 나이다. 은사 사용하게 함이니 이를 위해 신학도 교단을 바꾸게 함이 아니냐? 여러 번 신학을 거치나 나에 의한 것이다! 하라.

사람들은 한 신학교 졸업, 교육부 인가 정규 대학이니 한다 해도 나의 의로운 자는 내가 준비하지 아니하랴? 이를 전하여라. 너는 훈련 거친 자이다. 두루 다니게 한 나이다. 영을 위함이다 하라. 살필 일이 있어 보내는 나이다 하라. 사 55:8 이는 내 생각이 너희의 생각과 다르며 내 길은 너희의 길과 다름이니라 여호와의 말씀이니라. 이와 같다 하라. 어디든 전하는 "훈련 과정이 이러하다" 하지 않으랴? 정통 코스이다, 정규 신학이다 자랑하여도 한국 교회는 거기서 거기니 배워서 학문으로, 학교 위상으로 신앙이 정립되거나 나를 높임도 개혁도 아니다 하라. 성령과 성경 외에 무엇으로 아니랴? 이를 두라. 나의 전할 말이다.

수없이 이르는 영서 내용 중 하나이다. 이는 그러하다. 되었다. 닫으라. 행 1:13 들어가 그들이 유하는 다락방으로 올라가니 이를 두라. 나의 종 배출은 이러하다. 이어 두라! 14 … 마음을 같이하여 오로지 기도에 힘쓰더라 15 모인 무리의 수가 약 백이십 명이나 되더라 …. 내가 전도한 건진 수이다. 이스라엘 전역이 아니냐? 배출자, 기도자, 따르는 자들이다.

너희의 수는 얼마냐? 대형 교회 몇만, 몇십만 이는 한국 강타(유명해진) 수이니 그 많은 수가 코로나에 어떠하랴? 백신 앞에 어떠하랴? 좌파 정부 들어서기까지 어떠하랴? 무엇을 했느냐? 그 많던 수가 이제 돌아볼 때이니 나라를 지키랴? 백신을 막았느냐?(저항) 한 일이 무엇이냐? 하라. 이스라엘 광야의 엎드러진 수 같지 않더냐? 고전 10:5 그러나 그들의 다수를 하나님이 기뻐하지 아니하셨으므로 그들이 광야에서 멸망을 받았느니라 6 이러한 일은 우리의 본보기가 되어 우리로 하여금 그들이 <u>악을 즐겨 한 것같이</u>(밑줄 치라) 즐겨 하**는** 자가 되지 않게 하려 함이니. 7 … 우상 숭배하는 자가 되지 말라 …. 8절 … 음행하다가 하루에 이만 삼천 명이 죽었나니 …. 9 … 주를 시험하다가 뱀에게 멸망하였나니 …. 10 … 원망하다가 멸망시키는 자에게 멸망하였나니 …. 11 그들에게 일어난 이런 일은 본보기가 되고 또한 말세를 만난 우리를 깨우치기 위하여 기록되었느니라 12 그런즉 선 줄로 생각하는 자는 넘어질까 조심하라. 섰다! 하는 한국이었다.

나 외에 없다! 하라. 고소득자 모인 교회이니, 술 취한 자 많은 교회이니, 사업 이리저리 구상자 많다 해도 "돈이 우상이다" 하는 자들이니 "거래, 거래!" 하나 마음이 피폐해지므로 마음에 폭탄 맞은 자처럼 휑한 자들이 아니랴? 좋음이 무엇이냐? 명예, 인기, 자랑, 높아지랴? 너도나도 "즐기자, 먹고 마시자, 구경하자, 취하자, 많이 갖자" 하는 자이다. 종류별 출시로 보아도, 보아도 많음이니 "벌어 벌어서 모으자, 사자" 아니랴? 한국 모습은 가관이었다 전하여라. 술 취한 자 모습이다. 옷 입히고 돈 주니 "세상에 취한 한국이다" 하라. 너는 잘나서 전하는 자가 아니다. '명'이니 하는 자이다. 되었다. 닫으라.

도난 방지자이다. 문 정권으로부터 나라 금고 털린 이후이다. "뭐 했나? 알리라" 하나 끙끙대며 피하는 자들이라 하라. 유다의 돈궤가 아니랴? 정치 발전이랴? 경제 발전이랴? 기독교 발전이다! 하라. 영혼이 사는 나라가 최강국이다! 하라. 이스라엘 당시 성경으로 내보임은 무엇이냐? 그들의 하나님 나이니 "내가 통치하며 살린다" 하지 않느냐? 그들은 이방으로 간 자이니 나보다 그들 의지 아니냐? 이는 붕괴, 멸망 이스라엘 됨이 아니냐? 지상 국가 꿈꾸는 자는 이와 같이 되는 "모래 위에 지은 성이다" 하라. 마 7:26 나의 이 말을 듣고 행하지 아니하는 자는 그 집을 모래 위에 지은 어리석은 사람 같으리니. 아담도 그러하다. 선악과로 인하여 넘어진 자 아니더냐? 이스라엘의 넘어짐도 그러하다. 이방인은 어떠하느냐? 이제 파장(장터 정리) 시점이니 집(하늘나라 본향)으로 돌아갈 때이다! 하라. 예수 그리스도는 문이니! 요 10:9 내가 문이니 누구든지 나로 말미암아 들어가면 구원을 받고 또는 들어가며 나오며 꼴을 얻으리라. 나로 인하여 들어갈 자들이다. 마 25:10 그들이 사러 간 사이에 신랑이 오므로 준비하였던 자들은 함께 혼인 잔치에 들어가고 문은 닫힌지라. "이상이다. 닫으라. 되었다" 하라.

2022. 7월 중. 추가 글입니다.

물 한 동이를 가지고 가는 사람을 만나리니 이를 두라!: 신학 시절 이 말씀이 임한 자이다. 기도원에서 기도하던 당시이다. '교회 사역지' 관련 주신 말씀대로 그곳에서 만난 자는 두 사람이다. 한방에서 머물던 자들이다. 한 사람은 네게 상담 은사가 있다고 했으니 이후 타 신학에서 준비한 자격증 지닌 자이다. "군소 신학이다" 하며 한켠에 두고 무관심한 자 아니냐? 그러함에도 2018년 가을 네게 나타나신 하나님께서 얼마간은 상담하라는 메시지 "좀 더 하라" 알리심이 아니냐? 이는 "나는 마지막 때 전하는 자인데 왜? 상담인가?" 하나, 지속으로 해온 자이다. 이는 확인이다. 뒤늦게 안 자 너이다. 주로부터 말씀이 있어야 스스로 인정하는 자이다. 이를 기뻐한 당시이다. 주께서 확인시키신 일을 해온 자신이며 직접 말씀하심이 아니냐? 자격증은 외형이나(취득일 뿐) 기도하는 자가 전한 대로, 이는 부르심이다. 정확한 팩트 체크가 아니더냐? 너는 은사로 아는 자이다. 은사 상담자이다. <u>그동안 해온 일이 그러하다</u> - [**2022. 7. 24. 주일. 추가 글입니다.** 이 시기는 두문불출 시기다. 두 아들에 관한 것과 그 주변 관련하여 알리시므로 주로 아들들과의 교제이며 간혹 주위 소수 대상 정도이다. 오히려 꿈으로도 다양한 대상으로 일한 자이다. 이는 "누가 어떠하다" 하는 훈련이다. 되었다. 닫으라] - <u>다른 한 사람</u>은 시골의 작은 개척 교회

사모이다. 대화 중 소개한 자 그이다. 네 사역지가 아니냐? 말씀대로 '물 한 동이 가지고 가는 사람'이다. 이로써 나의 말이 응한 당시이다. 교회와 면접 약속하고도 다시 내게 물은 자 아니냐? 면접 당일, 간호사 꿈으로 섬길 교회의 역할을 안 자이다. "되었느냐 되었다" 하라. 닫으라.

24. 효는 무엇인가? (자녀에게 있어서)

하나님 뜻대로 구하는 자, 하나님 사랑이 먼저이다. 주 안에서 순종은 무엇인가? 엡 6:1 자녀들아 주 안에서 너희 부모에게 순종하라 이것이 옳으니라. 주가 주시는 대로 원하시는 대로 이끄시는 관계 속(하나님, 주, 성령)에서, 사람 편(부모 편)에 서지 않고 내가 정하지 않고 주께 물으며 관계성을 갖는 것이다.

25. 나실인 서원에 대하여

서원자이다. "왜요?" 그동안 해온 자이다. 첫 교회에서 이끌어 낸 자, 훈련시키신 하나님이시다. "책 발간은요?" 받아 적어 놓는 자이다. 40일 잊은 자, 마리아처럼 말씀대로 해야. 눅 1:38 마리아가 이르되 주의 여종이오니 말씀대로 내게 이루어지이다 하매 ….

2022. 4. 24. 주일. 오후 11:22

적어보아라. 출판에 관함이다. "출판사 1차, 2차, 3차 과정이다" 하라. 3차(세 번째) 출판사 문을 두드린 지 50 여일이다. 책 주시는 주이시다. 누구를 위함인가? "하나님 영광 위함이다" 하라. 세상 발간자이다, 세상에 내놓는다 의미이다. '아직도'인가? 하며(출간

대기자이다) 지치는 시기이다 하라. 출판의 길은 험난하다 하라. 이는 잔칫집 소문이다. 먹는 자가 많은 시기, 이는 기아 '기근'이 아니더냐? 내 '일'을 위한 내일을 사는 자들임에도 교회 일이 분주한 세상이다. 보고, 듣고, 줄 잇기이니 관련이 많다! 하지 않느냐? 직업 다양 시대, 취미, 기호, 취향들이 넘침으로 이 사용, 저 사용하다 보니 교회 안은 이 참여, 저 참여로 할 일이 쌓이지 않으랴? 부모 두고 자녀끼리 잔치함같이 이러한 시대가 되어 세움이다(영서와 책 발간) 이로써 '새 예루살렘 성' 주는 나이다 하라.

또한 핵 시대이므로 이대로 살 것인가? 하라. 살전 5:3 그들이 평안하다, 안전하다 할 그 때에 임신한 여자에게 해산의 고통이 이름과 같이 멸망이 갑자기 그들에게 이르리니 결코 피하지 못하리라. 누구에게 이러하랴? 물으라. "나는 아니지요?" 말씀 두라. 막 14:18 … 너희 중의 한 사람 곧 나와 함께 먹는 자가 나를 팔리라 하신대 19 그들이 근심하며 하나씩 하나씩 나는 아니지요 하고 말하기 시작하니. "설마?" 하는 자신들 아니겠느냐? 이와 같은 때이니 "정신 차리라" 하심이다 하라. 벧전 5:8 근신하라 깨어라 너희 대적 마귀가 우는 사자 같이 두루 다니며 삼킬 자를 찾나니. 때가 가까이 왔다! 하라. 번지수 찾는 시기이다. 이리저리 헤매다 내 집이 아니랴? 번지수 '새 예루살렘 성'이다 하라. 이를 전하거라. 눈물이 나오려느냐? 왜이더냐? 나의 마음이 치밀어 오름이 아니랴? 이를 주어 알리므로 '해야 할 일이다' 하며 이 시간까지 오나 매 맞고 정처 없이 이리저리 헤매기도 하는 자이다. 알아주는 자 없는 이 길이다. 고전 4:11 바로 이 시각까지 우리가 주리고 목마르며 헐벗고 매 맞으며 정처가 없고.

주의 맨발 두라. 이를 본 자 아니랴? 네 발 벗은 지 꽤 오래 아니랴? 벗은 발은 왜이더냐? 안에 있는 자 외출 일이 있더냐? 내면 채움 시기이므로 한 구석 코너 몰리어 감춤이 아니랴? 주의 꿈은 이러하다 하라. 오랜 꿈이니 주를 알기 시작 때이다. 네 신앙 초기이다. 얼마나 많은 사람이랴? 끊임없는 길 이쪽저쪽 행렬이다. 마치 피난민 보듯 하지 않더냐? 이를 본 자이다. 주린 자, 목마른 자, 옷 없는 자, 아픈 자들이 아니더냐? 나의 벗은 발 아니랴? 맨발의 주이시다, 남루한 옷 주이시다! 하라. 주 곁에 누가 있으랴? "주 혼자시니 어찌 이 많은 사람을 일하시랴?" 한 자 아니냐? 내 곁에서 의사이신 주를 도울 간호사로 세운 자이다. "너는 심부름만 해라, 내가 고치마!" 한 당시이다. 이를 주라(전하라는 의미입니다) 이는 한국 상황이다. 내가 필요한 '새 예루살렘 성을 향한 행렬이니 천국을 아는 자들이 가는 신앙 훈련 길이다! 하라. 이를 보임은 그러하다. 닫으라. 이만이다. 되었다.

26. 구글 시스템에 대하여 (시작 이유)

아마겟돈 전쟁이다. 모으려는 자. 계 16:14 그들은 귀신의 영이라 이적을 행하여 온 천하 왕들에게 가서 하나님 곧 전능하신 이의 큰 날에 있을 전쟁을 위하여 그들을 모으더라 … 16 세 영이 히브리어로 아마겟돈이라 하는 곳으로 왕들을 모으더라. 모으라! 유튜브(유튜버) 이어진 방들을 보이다. 나라 일 관련하는 영상 사역자들 모이게 하는 <u>시기 당시이다</u> - [이는 꿈으로 알게 한 구글에 관함입니다. 다음은 큰 장소에 모이도록 하며, 구글 건물주의 계획을 알게 합니다. 모인 자의 장소를 불태우려 합니다. 구글은 일시적인 활동 시기 허락이며 이후에는 공격하려 합니다] - <u>남은 자들이 싸우려</u> 바다 모래에 선 자들. 계 12:17 용이 여자에게 분노하여 돌아가서 그 여자의 남은 자손 곧 하나님의 계명을 지키며 예수의 증거를 가진 자들과 더불어 싸우려고 바다 모래 위에 서 있더라. '용의 수하' 짐승들 666 해당하는 자. 계 13:18 지혜가 여기 있으니 총명한 자는 그 짐승의 수를 세어 보라 그것은 사람의 수니 그의 수는 육백육십육이니라. 유튜브 채널들 점검하라, 성향 파악. '세상 영' 편 선 자들과 아닌 자들 나누는 자들이다. 편협, 편파성 잣대 가진 자이다. …생략… 어떻게 대처할 것인가? …생략…

2022. 1. 18. 화요일. 추가 글입니다.

현대 사회 '문명화'이다. 인공위성에 관한 것이다. 통신 분야는 무엇이냐? 정보 매체 아니냐? '나를 위한 전달자' 이는 거리로 둠이니 신속 전달할 일로써 두는 파수꾼 역할이다!

하라. 문화라도 나의 영광을 위하여 이에 관한 개인, 가정, 직업, 사회 일로써 둔다! 하자. 목적이 선하니 "내 너를 안다!" 하지 않으랴? 창 1:4 빛이 하나님이 보시기에 좋았더라 … 31 하나님이 지으신 그 모든 것을 보시니 보시기에 심히 좋았더라 하지 않더냐? 창 6:5 여호와께서 사람의 죄악이 세상에 가득함과 그의 마음으로 생각하는 계획이 항상 악할 뿐임을 보시고 6 땅 위에 사람 지으셨음을 한탄하사 마음에 근심하시고 7 이르시되 내가 창조한 사람을 내가 지면에서 쓸어버리되 하지 않으랴? 12 하나님이 보신즉 땅이 하나님 앞에 부패하였으니 이는 땅에서 모든 혈육 있는 자의 행위가 부패함이었더라 13 하나님이 노아에게 이르시되 모든 혈육 있는 자의 포악함이 땅에 가득하므로 그 끝 날이 내 앞에 이르렀으니 내가 그들을 땅과 함께 멸하리라. 보고 보고 또 보는 나이다! 하라. 이는 끝까지이다. 언제라 하랴? 다 보는, 다 아는, 속속히 아니더냐? 하라. 창 3:8 … 여호와 하나님의 낯을 피하여 동산 나무 사이에 숨은지라 할지라도 불과할 뿐이니 이는 죄를 지은 자의 모습이다. 지구 어디에 숨은들, 달까지 오른들, 나를 피하여 죄과를 숨기랴? 오만불손, 이는 지나친 자이니 차라리 회개함이 낫지 않더냐? 이는 '마음 편한'이다. 다시 보자. 사 1:24 그러므로 주 만군의 여호와 이스라엘의 전능자가 말씀하시되 슬프다 내가 장차 내 대적에게 보응하여 내 마음을 편하게 하겠고 이를 두라. 하나님 마음이 편하다가 '노'로 인함이 좋으랴? 회개가 나으랴? 이로써 내 마음이 풀리며 편안함이 좋더냐? 하라. 이는 누이 좋고 매부 좋다 하는 것과 같으니 서로 좋다, 편하다 아니겠느냐?

2022. 2. 16. 수요일. 추가 글입니다.

달력(캘린더) 없어지는, 인쇄하지 않는 시대이다. 휴대폰 안에 다 넣는 시대, 구글 것이 되는 것이다. 구글이 잠식하는 시대이다. 기술력은 좋은 것인가? 하라. 사람의 발명일 뿐이다. 자연과 사람은 휴대폰 안에 넣지 못한다! 하라. 이는 하나님의 창조 능력이니 그러하도다. 7월 23일 목요일. '26. 구글 시스템에 대하여' 제목 아래 넣어 두는, 오늘 날짜로 넣는 내용이다. 구글 회사(기업)는 사람의 소유일 뿐이다. 사람이 만든 것을 총집결 넣는 그들이다. 이는 사람을 조종하기 위함이다. 신(창조주)에 의한 것이 아닌, 창조물에 의해 '소유화'가 이루어지는 것을 볼 때이다. 그러한 시대이다. 창조주! 신은 - 잠 8:30 내가 그 곁에 있어서 창조자가 되어 날마다 그의 기뻐하신 바가 되었으며 항상 그 앞에서 즐거워하였으며 - 사람을 다스리신다 하라. 이는 질서이다. 하나님 뜻에 의한 사회, 세상 만들기가 아니더냐? 그러함에도 자기만의 세상을 고집하는 인간 사회, 나라이다. 로봇화, 인조인간까지, 복제도 가능하다 하랴? 하나님 신은 왜 만들지 않더냐? "이것이 하나님 신이다" 하고 싶지 않더냐? 개미 발차기 아느냐? 하라. 개미 떼가 많다! 하거늘 '떼'일 뿐이다. 작고 작은 미물 아니랴? 이동한다 한들, 무엇을 어찌한다 한들 사람에게는 우습지 않으랴? 개미 같은 사회, 나라, 세계인이다! 하라.

자연법칙에는 지혜가 있다! 하라. 낮과 밤, 사계절 변화가 그러하다. 천하 만물 조성하시는 하나님 아니시랴? 다스리지 않더냐? 천둥, 번개, 우박, 눈과 비, 이슬, 안개까지. 바람은 어떠하랴? 산소는? 중력은? 해와 달과 별들 또한 보이지 않으랴? 산과 바다, 들, 논과 밭, 땅을 보이지 않느냐? 사막의 광대함 어떠하랴? 숲길, 동굴, 지하자원, 동식물 무수한 종류까지. 생태계를 말하랴? 이 모두는 자연의 신비이니 창조의 능력 아니랴? 너희의 만든 것을 놓으라, 없애라. 그리하면 이 모든 것이 너희에게 선물이 되리라, 지혜가 되리라. 그러나 너희의 가면 세상은 오래된, 익숙해짐 아니냐? 너희의 탄생 이전, 그 이전, 옛적이니 세상의 옷이 되고 세상의 주가 되어 본질의 하나님은 뒤로함 아니더냐?

여전히 성령은 진행하신다! 하라. 이는 나의 나라이다. 나의 종마다 두어 나를 전하고 증거함이니 살아 계신 하나님이 아니시랴? 하나님과 자연 외 두지 마라. 이는 살길이다. 주를 위해 사용한다 하나 자신들 좋아서 하는 자 많다! 하라. 하나님이 좋아하셔! 하나님이 기뻐하셔! 하나 다는 아니다 하라. 나는 나의 창조물에 관심을 두어 나의 영광이 되게 하는 것이 목적이다. 건물 빌딩을, 화려함을, 고위층을, 귀족층을, 학식자를, 가진 자들을, 유명인들을 내가 좋아하랴? 너의 추구를 나의 추구로 착각하지 마라. 너희의 높아짐을 나의 높임으로 두었다 하지 마라. 너희의 수(수 좋아하는 인간 사회이다)에 대한 집착, 집념을 나의 원하는 목적 달성이라고 내세우지 않아야 하느니라. 이 모두는 너희에게 곡예와 같은 까딱까딱한 '위험스러움'이라 하라. 평평한 지평선 보이느냐? 깨끗지 않으랴? 밀어내고 싶은 나이다. 이는 네가 본 바 한국의 도시 문화, 도시 세계를 쓰레받기에 담아두지(올린 채 둔 모습) 않더냐? 쓰레기처럼 치우고, 없애고 싶은 나이다 전하거라. 이는 불과 얼마 전이다. 날짜 두라. 2021. 8. 27. 금요일, 보이신 환상이니라. 이 나라의 '도시 건물' 떠올려 있다. 쓰레기처럼 쓰레받기 위로 담은 상태이다 하라. 각각 구원 요청 시기이다. 이어진 글 '윤석열 대통령 후보자에 대해서'입니다. ('부록' 편에 이어집니다)

27. 현세적 받고 (버린 것)

막 10:29 예수께서 이르시되 내가 진실로 너희에게 이르노니 나와 복음을 위하여 집이나 형제나 자매나 어머니나 아버지나 자식이나 전토를 버린 자는 30 현세에 있어 집과 형제와 자매와 어머니와 자식과 전토를 백 배나 받되 박해를 겸하여 받고 내세에 영생을 받지 못할 자가 없느니라. "저는 무엇을 받나요? 아들들 함께 …" 그린(green)이다. 풀밭 제공자. 마 5:5 온유한 자는 복이 있나니 그들이 땅을 기업으로 받을 것임이요. 큰아들은 전도사 세워진 자이다. "이후는요?" 예비처 준비된 자들 …생략 … "명확성을 주세요" 해석 안에서 설명되어 진 자, 아하! 대상자이다. 자작곡 가사 중 '왕 되신 주 높이세 온 맘 다해 찬양해, 찬양해. 주의 길 만들자 아하! 아하! 주께 드리세 …' "무슨 뜻인가요?" 길을 여는 자, 아들들 함께 마지막 '시대 사명자'이다.

조개집(조개로 만든 집 모양의 장식품) 선물 받은 자! 바닷가 승리 예표이다. 교회에서 성탄절에 받아 나온 자, 이는 네 중학교 시절이다. 그날 한 사람! 성탄 선물 교환 시간 통해 주신 주님이시다. 집의 약속 '새 예루살렘 성' 초등학교 때를 보자. 찬양 '거룩한 성' 합창단에 임시 합류하여 대회 나간 자, 우리 학교 2등에 기뻐한 자이다. 중학교 때를 보자. 조개집 받은 자이다. 그리고 첫 교회이다. 하늘에서 내려오는 성을 본 자. 세 번 보이심은 언약이다. 약속이다. 시험의 때 면하는 자이다. 빌라델비아교회. 계 3:10 네가 나의 인내의 말씀을 지켰은즉 내가 또한 너를 지켜 시험의 때를 면하게 하리니 이는 장차 온 세상에 임하여 땅에 거하는 자들을 시험할 때라.

28. 울프(wolf) - 이리에 대해서

마 10:16 보라 내가 너희를 보냄이 양을 이리 가운데로 보냄과 같도다 …. 황금기! 어장 관리자 전ㅇㅇ 목사이다 하라. 서머나 교회에 해당하는 환난 속의 교회이다. 싸우는 자! 계 2:9 내가 네 환난과 궁핍을 알거니와 실상은 네가 부요한 자니라 자칭 유대인이라 하는 자들의 비방도 알거니와 실상은 유대인이 아니요 사탄의 회당이라. 동시에 버가모 교회이다. 계 2:13 네가 어디에 사는지를 내가 아노니 거기는 사탄의 권좌가 있는 데라 네가 내 이름을 굳게 잡아서 내 충성된 증인 안디바가 너희 가운데 곧 사탄이 사는 곳에서 죽임을 당할 때에도 나를 믿는 믿음을 저버리지 아니하였도다.

2022. 1. 18. 화요일. 추가 글입니다.

너는 창조적 사역자라 하라. 말씀이 들린 자, 풀어내는 자이다. '광화문 집회'에 대한 생각(각도, 각자의 생각)이 많다! 하라. 이는 '하나님의 시간표' 자정 12시 향해 감을 아는 자들이다. 이는 내 종들이다. 한국을 뚫자! 이는 문 앞 막아선 좌파 주의(사상) 공산화 동조자들이다. 이 또한 한 민족끼리 내분 문제이니 국제 속에 두나 다 "골칫거리이다!" 하지 않으랴? 티격태격하는 자들, 형제 싸움을 이웃이 바라봄이니 인도 차원에서 관여할지라도 진저리치지 않으랴? 70년사 동족전이다. 휴전 아니다 하라. 지속되는 시비 걸기, 모함, 비방, 갈취, 속임, 반란, 반동, 테러 등 수 없이, 쉴 새 없이 긴장감 고조이다 하라. 코피 흘림이다. 출혈 과다로 사망 직전 아니겠느냐? 치고 치는 자 누구랴? 3대이다. 북한 '김씨 부자!' 하나 나의 군림 아래 너희이다 하는 나이므로 나를 두려워할 저희이나 안하무인 한다면 어찌하랴?

이스라엘 백성처럼 구하는! 출 2:23 여러 해 후에 애굽 왕은 죽었고 이스라엘 자손은 고된 노동으로 말미암아 탄식하며 부르짖으니 그 고된 노동으로 말미암아 부르짖는 소리가 하나님께 상달된지라. 이와 같은 상황이다. 애굽 압제 아래 430년! 출 12:40 이스라엘 자손이 애굽에 거주한 지 사백삼십 년이라 41 사백삼십 년이 끝나는 그 날에 여호와의 군대가 다 애굽 땅에서 나왔은즉. 이는 답이라 하라. 군대 조직 기간이다. 계 12:7 하늘에 전쟁이 있으니 미가엘과 그의 사자들이 용과 더불어 싸울 새 용과 그의 사자들도 싸우나. 계 19:14 하늘에 있는 군대들이 희고 깨끗한 세마포 옷을 입고 백마를 타고 그를 따르더라. 이는 '주의 군대'로 나섬이라. 영적 전쟁 시대 아니겠느냐? 이는 복음 기치이다 하라. 나의 신부들 군대 되어 오름이라. 아 6:10 아침 빛같이 뚜렷하고 달같이 아름답고 해같이 맑고 깃발을 세운 군대같이 당당한 여자가 누구인가. 복음을 위해 나선 자 나의 신부들이 아니냐? 이는 마 3:17 … 이는 내 사랑하는 아들이요 내 기뻐하는 자라 하시니라. 이와 같도다. 사 42:2 그는 외치지 아니하며 목소리를 높이지 아니하며 그 소리를 거리에 들리게 하지 아니하며. 이를 두라. 이와 같이 하라. 나는 선한 목자이니 그러하도다. 요 10:14 나는 선한 목자라 나는 내 양을 알고 양도 나를 아는 것이 15 아버지께서 나를 아시고 내가 아버지를 아는 것 같으니 나는 양을 위하여 목숨을 버리노라. 요 12:24 … 한 알의 밀이 땅에 떨어져 죽지 아니하면 한 알 그대로 있고 죽으면 많은 열매를 맺느니라.

전열식 군대 행진, 자정에 내보이는 위의 북한을 보라. 이는 어둔 밤, 깊은 밤 아니냐? 깨어 있으라! 의미이다. 그들의 열심은 환난 날을 위함이나, 나의 사랑하는 자는 구원을 위한 빛이 되어 비치라! 아니랴? 마 5:15 사람이 등불을 켜서 말 아래에 두지 아니하고 등경 위에 두나니 이러므로 집 안 모든 사람에게 비치느니라. 새벽이 오리라. 이는 부활 시간이니 어둠이 지나감이라. 이를 두라. 지구의 깊은 밤이 되어도 '새벽빛'은 다시, 여전하여 나의 시간은! 히 1:12 '주는 여전하여 연대가 다함이 없으리라'이다. 이상이다.

2022. 4. 1. 금요일. 오후 6:28 위의 글 이어집니다.

"국가적 원수 많다" 하라. 웬 말인가? 하리라. 나라 편에 선 자와 아닌 자 두 부류이다. 물, 불 가리지 않는 그이다. 전ㅇㅇ 목사이다 하라. 이는 그에 대한 꿈이다. 여러 차례 보임이니 그중 하나이다. 미국에서 아들이 들어온 당시이다. 결혼 준비의 때 그 무렵이다.

결혼 발표 이전이다. 그 안 내부, 모인 장소를 보임이다. 입구에 아들이 아버지 전ㅇㅇ 목사의 상 '장례 준비를 위하여' 사진을 들고 있는 모습이다. 유언이 마친 상태이다. 단호한 그이다 하라. 무너지는 한국을 위한 그의 발걸음이다. 영정 사진은 그러한 의미이다. 이제껏 살아온 자이니 죽음 결사자! 아니랴? 순교의 각오이다. 주를 위해 헌신자이니 그러하다. 흔드는 무리는 지진이다! 하라. 왜 흔드냐? 상심한 자들이다. 내 편, 우리 편 줄다리기 자들이다. 북한의 개입이 많다! 하라. 사이, 사이 개입자이다. 이간질 자 그러하며 그들 자신의 '나만 위한' 아닌(그들은 원하나) 다른 자 세움에 대한 불만 가득한 자 많다! 하라. 그들은 그러하다. '키 재기' 식 논란 많은 이는 대의명분 아래 익은 곡식이 되지 못하는 자들이다. 발설자들 많은 그(전ㅇㅇ 목사를 두고)에 대하여 여론몰이 된 한국 사회이다. 사시 눈 된 자, 왕의 시대 역적 모의자들 같다! 하라.

29. 풀옵션 가진 자이다

셋트(set) 3종. 말씀, 기도, 찬송 3분야 30여 년이다. 기름종이 해당하는 자이다. 흡수지, 성령의 기름. 이는 듣고 배운 자이다. 내게로 오는 자이다. 요 6:45 선지자의 글에 그들이 다 하나님의 가르침을 받으리라 기록되었은즉 아버지께 듣고 배운 사람마다 내게로 오느니라. 악을 선으로 갚는 자, 기도자이다. 악 품지 않아야, 문재인 정부 관함이다. 주께 붙어야! 주께 배우는 시기, 주께 듣는 시기이다. 주께 전념해야 하는 자이다. …생략…

30. 경종의 시대이다. 전념할 때!

구하는 자에게 주시는 하나님이시다. 2019년 여름 '노' 보이신 후 직면한 자이다. "주님, 주의 종이 듣겠습니다. 계속 들려주세요" 길의 마하나임 군대이다. 창 32:2 야곱이 그들을 볼 때에 이르기를 이는 하나님의 군대라 하고 그 땅 이름을 마하나임이라 하였더라. 아들들 함께 다니는 자이다. 보이리라, 올라가라. (방문지를 알게 하십니다) 왕상 18:1 … 여호와의 말씀이 엘리야에게 임하여 이르시되 너는 가서 아합에게 보이라 내가 비를 지면에 내리리라 2 엘리야가 아합에게 보이려고 가니 …. 엘리아가 아합에게 말하듯이 마차를 타고! 왕상 18:44 … 마차를 갖추고 내려가소서 하라 하니라. 기도(영서 기록) 후 급히 내려가는 자이다. 아합왕 보이리라. 46 여호와의 능력이 엘리야에게 임하매 그가 허리를 동이고 이스르엘로 들어가는 곳까지 아합 앞에서 달려갔더라. 너는 또한 오바댜이다. 왕상 18:13 이세벨이 여호와의 선지자들을 죽일 때에 내가 여호와의 선지자 중에 백 명을 오십 명씩 굴에 숨기고 떡과 물로 먹인 일이 내 주에게 들리지 아니하였나이까. "왜 가야 하나요? 가서 무엇하나요?" 아들의 점심은 주고 기도하자! 듣자, 적자. 40-2일부터 적자. 준비물은 성경책! 말씀 펴보는 자이다. 필기도구(이외는 생략합니다) 준비하고 나서는 자이다. (오후 4:47 이 말씀에 저는 준비를 하게 됩니다)

2022. 2. 28. 월요일. 추가 글입니다.

다니는 훈련이 된 자이다. 명할 때 즉시 준비하고 어디든 나서는 자이다. '즉각 순종' 받은 자이므로 전하는 나이다 하라. 영서 받는 기간도 무엇이든, 어디든 가라 할 때 준비하는 인도 받아 순종 한 자이다. 불응도 있다. 불신, 확신 기도 필요할 때, 단합되지 않을 때 등 그러하다. 이는 성령의 사역에 매우 중요하다. 성령의 즉각 순종 없이는 나의 일을 할 수 없는 성령의 세계이다 하라. 더 깊이, 많이 아니냐? 자신의 가능한 범위에서 해보려는 자들이 많다! 하라. 선 긋기 경계 두고 기도하는 것도 그러한. 이러하므로 무슨 주의 일을 하겠느냐? 음부의 권세를 어찌 이기랴? 마 16:18 … 이 반석 위에 내 교회를 세우리니 음부의 권세가 이기지 못하리라. 다 아는 나이다. 일을 맡김은 순종 여부를 아는 나이며 어디까지 할 수 있나 아는 나 아니냐? 확장(지경)이 없는 사역은 깊이 또한 들어갈 수가 없다. 이는 시공간 영역이다. '나, 나' 하는 자, '가족, 가족' 하는 자, '직장, 직장' 하는 자! 두 번 왜이더냐? 매인 자 의미이다. '무엇, 무엇' 하는 자이니 목회자도 그러한 다 다르다. 육으로 펼치는 자, 영으로 펼치는 자이다. 대상도 하는 일도 그러하다. 그의 수준은 나의 수준이 아닌 그의 수준이다! 하라. 그럴지라도 빼내어 그물 안(주의 지도를 받는 자! 이는 별도, 별개로 다루기도 한다)에 두어 나의 훈련기 안에서 나의 일을 맡기는 자이다. 처절한 시기, 고난이 있는 자들이 대부분이다. 이는 자기 부인 훈련과 함께 '일 수행' 위한 나 바라보는 '전적 향한' 위함이다 하라. 되었다. 닫으라. 이상이다. 날짜 두라. 기록이다. 기록 문서이다 뜻이다.

"이동을 위한 짐을 준비하며 듣는 대로 기록합니다"

31. 니느웨 향한 외침 (책 '부제')

욘 1:2 너는 일어나 저 큰 성읍 니느웨로 가서 그것을 향하여 외치라 그 악독이 내 앞에 상달되었음이니라 하시니라. 하나님의 영광과 함께 다니리라. 날 가라 명하신다! 찬양 '… 밤 깊도록 동산 안에 주와 함께 있으려 하나 괴론 세상에 할 일 많아서 <u>날 가라 명하신다</u>' 같은 교회 대상이다. 위 내용 듣는 자, 두 아들 동행 주심이다. '표' 받는 자에게 전하는 자.

2022. 4. 8. 금요일. 오후 6:40 추가 글입니다.

다시 흘리는 눈물이다! 하라. 당시의 생각이다. '니느웨에 대한' 이런 뜻이구나 하는 자이다. 이제야 아는구나. 니느웨로 가라 하신 말씀이구나! 하는 자가 아니냐? 이는 "네가 우는구나!" 하는 이유이다. 네 눈물의 의미이다 하라. 지금 흘리는 눈물이 아니냐? "갑자기, 마음과 눈물이 왜?" 하나 이런 방식은 주의 은혜임을 아는 자이다. 주의 뜻은 깊고 깊다!

하라. 당시는(영서 첫날) 말씀이 임함이니 물 흐르듯 받으나 크게 와닿지 못함이다. 자녀를 낳는 순간의 마음이 양육 과정의 성장 따라 깊듯이, 깊이 와닿듯이 내 뜻이 그러하다 하리라. 주의 뜻을, 마음을 어느 한순간 **깊이 와닿게 함이니 이도 그러하다**(추가 글. 2022. 12. 5. 월요일. 추가 글) ······

2022. 12. 5. 월요일. 추가 글입니다.

깊이 와닿게 함이니 이도 그러하다: 다시 넣으라. 적어보자. 다시 우는 자이다. 이는 왜이냐? 어제 일이 있기에 그러하다. 종일 새 원고 준비하며 자정 지나 심야 음식점 가기 위해 아들과 함께 문을 나설 때 주신 말씀이다! 이르라. 이러한 주의 글(영서 메시지)을 빨리 한국에 전해야 함을 마음에 다급함으로 더 강하게 느끼는 자이니 그러하다. 이러므로 주의 마음이 더 가슴 아프게 느끼는 자이다. 이는 사람의 죄(주위 방해)에 대한 주의 오래 참으심과 영적인 생명의 양식을 주린 자에게 속히 주시려는 주의 마음이다! 하라. 영적 기근에 대한 일을 맡기나, 육적 기근도 있으니 이날의 늦은 식사 한 끼는 더 마음 아픔이다! 하라. 또한 어느 날 식사할 때 주지 않으시랴? 네가 그들(해외의 굶는 자들)의 먹지 못하는 모습을 보게 되면 음식을 먹지 못한다! 이를 주시는 주이시다! 하라. 먹지 않으면 하루 지탱이 힘든 너이다. 한 끼라도 먹고 또 보충도 하는 요즈음이 아니더냐? 또한 출판 일로 마음이 힘든 자이기에 온몸이 함께 아픔을 느끼는 자이다. 겟세마네 기도하실 때 그날 밤, 주의 애쓰시는 마음! 그 얼굴의 모습과 몸이 어떠하셨을까? 생각한 자이다. 이는 고통이라. 눅 22:44 예수께서 힘쓰고 애써 더욱 간절히 기도하시니 땀이 땅에 떨어지는 핏방울 같이 되더라 하시니 마음이 아프지 않더냐? 이는 고통이 길어지고 더해지는 시점에서 주의 마음을 이제 좀 더 아는 자이다. 몸까지도 영향이 있음을 아는 자이다. 되었다. 닫으라.

······ (위의 글 다시 이어집니다) 네게는 돌아보는 2년이며 '거친 세상 주 함께' 아니랴? 다시 부르라. 이는 파송곡이다. 찬양을 주십니다! 하라. '너의 가는 길에 주의 평강 있으라. 평강의 왕 함께 가시니 너의 걸음걸음 주 인도 하시리 주의 강한 손 널 이끄시리' 이는 호수

속 매우 커다란 '꽃 한 송이' 꿈을 뜻한다! 하라. '시대의 꽃송이'를 의미한다. 원고 일부를 출판사에 보낸 후 관련하여 꿈을 꾼 자이다 하라. 활짝 핀 빨간 색이니 꽃의 크기에 놀란 자이다. (다시 이어지는 찬양입니다) '너의 가는 길에 주의 축복 있으리. 영광의 주 함께 가시니 네가 밟는 모든 땅 주님 다스리리 너는 주의 길 예비케 되리. 주님 나라 위하여 길 떠나는 나의 형제여 주께서 가라시니 너는 가라 주의 이름으로 거칠은 광야 위에' 기독교인이라고 다 같지 않으니 십자가의 원수부터 박해받는 자까지 아니냐? 하라. 겪고 겪은 자리이다. 이는 여기까지 오르나 원고 씨름 자이다. 주의 말씀을 다 받지 못함을 이제야 아는구나. 닫으라.

　자신의 한계, 외부의 막음(길, 돌, 가시 땅, 모두이다)! - 마 13:19 … 곧 길가에 뿌려진 자요. 20 돌밭에 뿌려졌다는 것은 … 22 가시떨기에 뿌려졌다는 것은 - 이에 지치나 찬양 이으라. '연약하온(연약하신) 두 어깨에 십자가를 생각하니 머리에는 가시관 몸에는 붉은 옷' 하지 않으랴? 피 흘리신 주의 길이 아니냐? 바울 사역 해 본 자 아니냐? 유대인들 박해로 <u>이방인에게 전하러 가는 장면과 같이</u> - 행 13:45 유대인들이 그 무리를 보고 시기가 가득하여 바울이 말한 것을 반박하고 비방하거늘 46 바울과 바나바가 담대히 말하여 이르되 하나님의 말씀을 마땅히 먼저 너희에게 전할 것이로되 너희가 그것을 버리고 영생을 얻기에 합당하지 않은 자로 자처하기로 우리가 이방인에게로 향하노라 47 주께서 이같이 우리에게 명하시되 내가 너를 이방의 빛으로 삼아 너로 땅끝까지 구원하게 하리라 하셨느니라 하니 48 이방인들이 듣고 기뻐하여 하나님의 말씀을 찬송하며 영생을 주시기로 작정된 자는 다 믿더라 - <u>너는 겪고 겪으며 나온 자이다.</u> 나를 만난 자는 이러하다.

　막는 자의 두 가지 유형이 있다! 하라. 훈련을 위한 붙이는 자(ㅇㅇㅇ, ㅇㅇㅇ 같은 등등)와 박해자이다. 막는 자 겪고, 박해자 겪은 이 자리이다. 영서의 반응이 각각 다 다르다 아니랴? 누구를 위함인가? 보라. 좋은 땅! 마 13:8 더러는 좋은 땅에 떨어지매 …. 예비된 자를 위함이다. 이 생명을 위한 전진이다! 하라. 나머지는 회개하지 않으면 무슨 유익이 있으랴? 대제사장, 서기관, 바리새인들 아느냐? 하라. 이와 같은 한국의 부활절이다. 기독교 전체가 내 제자이랴? 하라. 몇이랴? 물으라. 이 '% 범위' 안에 있기 위해 너 또한 겪는 자이다. "다! 이루었다" 하지 않는! 이루기 위하여 가는 자, 이미 앎이니 "끝없는 나의 길이다" 하라. 이는 인생 기간이다. 바울처럼 다 이루었노라 하지 않는 자 되어 "달려가노라" 하는 자이다. 말씀 두라. 빌 3:12 내가 이미 얻었다 함도 아니요 온전히 이루었다 함도 아니라 오직 내가 그리스도 예수께 잡힌 바 된 그것을 잡으려고 달려가노라. 이상이다. 닫으라. 어학이다, 학문이다 하랴? 성령 주시라. 오직 매인 바 된 이것이니 이를 이루라, 매이라. 매이고 매이는 자이다. "주만 붙들라" 하시는 주시라! 하라. 너 자신 이에 대한 싸움이다. 누구도, 누구도 무엇을 하든 너는 주께 붙으라, 이루라. 이는 나의 뜻, 나의 원하는 바이다 하라. 되었다. 마치라. 이상이다.

2022. 2. 27. 주일. 추가 글입니다.

니느웨의 외침 '부제'에 관함이다. "뜻으로써 두라" 하는 의미이다. 책 부제 자리에는 하지 않아야. 이는 왜이랴? 부제라 하니 너는 넣지 않더냐? 나의 말에 의한 두 가지 의미의 해석을 두어야 한다. 뜻으로 이해함과 실행할 적용이 있는 것이다. 이러할 때 묻는 자이다. 윤 후보도 그러한. 나는 그를 이렇게 여긴다. 그의 대통령을 나는 확정한다. 그러나이다. 나의 바람이 다 이루어지랴? 변칙, 불법의 난무 시대에서 유의할 그들이다. 반칙자, 뒤엎는 그들이다. 트럼프도 그러한 네게 알게 한 모든 것(미국 대통령 선거에 관한)이 확정(당선의 의미이다)이 아닌 나는 정하나 기도 방법, 필요성, 기도의 때 알리지 않으랴? 기도 싸움 전 아니랴? "기도하라" 한 당시이다. 너조차 제대로 못한 자 아니더냐?(이는 트럼프가 당선자 되기 위하여) 나의 확정이 나에게는 결정이다. 그럴지라도 인간사는 이러하다 하라. 이는 땅에 사는 너희이다. 섞이고 섞이면서 변질이 되기도 하고, 내게서 등을 돌리기도 하며, 나의 일 명함에 약해지기도 할 때 지는 자들이다. 이는 흙의 성분이니 창조 이전의 너희 모습이다. 창 1:2 땅이 혼돈하고 공허하며 흑암이 깊음 위에 있고 하나님의 영은 수면 위에 운행하시니라. 사람의 약함, 환경의 약함이다. 이는 이미 조성되거나(이는 사단의 세계이다), 싸우다가 물러나고 연합하지 않는 이유로 인해 내 뜻이 지연되기도 하며 사라지기도 한다. 나는 창조하나 없애기도 하지 않으랴? 또한 사망도 생명으로 바꾸지 않더냐? 이러한 하나님이시기에 무엇을 주어도 해석 문제로, 실행 문제로 내 뜻을 간파하지 못한다면, 이는 너희끼리도 우왕좌왕하지 않겠느냐? 이를 주라. 모두에게 알리라. 하나님의 뜻을 제대로 알라. 알기까지 묻지 않으랴? 무릎 꿇지 않으랴? 머리 조아리지 않으랴? 사람 의지하지 않아야 하지 않으랴? 이를 두라. 전하는 나이다 하라. "되었느냐? 되었다" 하라. 닫으라. 이상이다.

32. 방문하는 곳의 전달할 메시지에 대해서

(얼마 전, 아들과의 대화 관련하여 분별을 확인한 내용을 가서 전하라고 하십니다. 꿈 내용은 이러합니다) ㅇㅇ 신학교가 불교 혼합이나(한 강의실 안에서 승려와 섞인 모습을 본 자이다) 전ㅇㅇ 목사 강의실은 따로이다. 별개이다(강의 중인 모습을 본 자이다. 섞이지 않는 모습도 본 자이다) 집회는 애국 운동 입장에서 국민 집결, 사회 공산주의 저항이다. 버가모 교회, 서머나 교회이다. (이는 사람들이 전ㅇㅇ 목사님에 대한 불교 관련과 나라 관여에 대한 오해 등을 다시 확인 주시어 답변케 하시기 위한 것입니다) 세계 기독청! - ㅇㅇㅇ 사역자도 인정한 자이다. 나의 음성을 전하는 자, 여러 번 그를 알린 자이다 - 천년왕국 준비이다. (이어진 아들에 대한 말씀입니다) 네 아들 그릴 구이! 보이신 환상입니다! 하라. 사역하는 교회의 주일 설교 준비 과정, 이는 그릴은 고기 굽는 기구이니 구워진 고기가 나옴 같이 성경 준비 과정이다. 애쓴다 의미이다. 든든한 양식이다. 그는 소명자이다. (이어서 제게 주시는 말씀입니다) 마 3:17 하늘로서 소리가 있어 말씀하시되 이는 내 사랑하는 아들이요 내 기뻐하는 자라 하시니라. 아들 함께이다. 너는 성령이 임한 자이다. 부요한 자(하나님에 대하여) 같이. 'with' 동행한 자이다.

33. 요한의 아들 시몬아!

요 21:15 그들이 조반 먹은 후에 예수께서 시몬 베드로에게 이르시되 요한의 아들 시몬아 …. 너는 교회이다. 마 16:17 예수께서 대답하여 이르시되 바요나 시몬아 … 18 … 너는 베드로라 내가 이 반석 위에 내 교회를 세우리니 …. (이 말씀은 1995년 성령 세례를 받은 그 무렵에 주신 말씀입니다). 교회에게 외치는 자 장로 요한, 계시록의 저자이다. 이와 같은 일이다. 헌정사상 교회에게. (이는 영서와 책 발간에 대해서 주시는 말씀입니다)

2022. 3. 12. 토요일. 오후 4:09 추가 글입니다.

오랜 일이다. 나와 너 이야기(에피소드, 언약)의 하나이다. 성령 세례 이후 네게 쏟아부으신 나의 사랑 이야기이다 하라. 교회 봉사 '교사' 당시이다. 너와 나의 대화이다. "요한의 아들 시몬아, 이 사람들 보다 네가 나를 사랑하느냐" 이를 물으신 주이시다. "주님이 아십니다" 답한 자이다. 요 21:15 … 내 어린 양을 먹이라 … 16 … 내 양을 치라 … 17 … 내 양을 먹이라. 주신 말씀이니라. 성경 그대로이다. 나의 사랑에 많이 울던 자이다. 네 기도는 눈물의 기도이다. 이는 목양에 관함이다. 신학 부름을 일찍 안 자이다. 이는 네게 주었으나 마음 한켠 감동인지라 서두르지 않은 자이다. 그럴지라도 이는 확신이니 갈 방향으로 간단 명료히 '가야 하는 목적으로' 안 자이다. 주위 환경은 닫히므로 너 또한 나의 사랑이 식어진 자이다. 에베소 교회 아니냐? 계 2:4 그러나 너를 책망할 것이 있나니 너의 처음 사랑을 버렸느니라.

메시지 주신 주이시다. 나의 사랑을 입은 자, 서로 나눈 대화 아니냐? '직통 계시' 부인하는 자에게 이를 주랴? 성령이 말씀하지 않느냐? "잘 모르나 나는 다른 방법으로 주를 경험하는 자이다" 차라리 이렇게 함이 낫지 않으랴? 하지 못한 자, 못하고 있는 자는(직통 계시, 주와 대화) 나를 찌르는 자이다. 요 19:34 그중 한 군인이 창으로 옆구리를 찌르니 곧 피와 물이 나오더라. 이는 "죽음의 확인이다" 하라. 직통 계시, 성령의 은사들을 차단, 제한,

제지하는 이는 무지, 무모함, 무시라 하라. 성령(하나님, 주)에 대한 그의 태도, 반응이다! 하라. 그에게 자녀가 있으니 부모와 친근히 대화하는 유형이라 하자. 형제나 자매에게 전하니 부모의 메시지가 아니라 한다. 부모 입장, 자녀 입장 듣지 않고 믿지 않는 자들 각각 두라(입장 처하라). 어떠하랴? 너라면 어찌하겠느냐? 먼저는 부모의 뜻이 중요하다. 이는 너희끼리 관계와 나와의 관계와 다른 이웃 관계에 관함이니 이를 어찌해야 하느냐? 이 일이 지구 문제이다, 나라 문제이다, 사회 문제이다, 교회들 문제이다, 특정 대상 교회이다, 특정 무엇이다, 한 가정이다, 개인까지 두자. 어떠한 파급과 어떠한 성과, 열매가 있을는지 이를 두라. 알 수 있으리라. 성령의 훼방이 무엇인지 알리라. 순간 벼락치기 진노하시는 하나님이실 수 있으나 그러지 아니하다 하라.

    인류의 역사를 오랜 참음으로 기다리시며 나라에 대해서, 교회도 … 모두이다. 진노(징계)는 오래 참은 나이다 의미이다. 이 사랑을 모르는 자에게는 나에게 왜, 왜? 할지라도(안하무인 아니랴?) 더 때리겠느냐? 하라. 알기를 원하는 나이다. 이를 회개라 하지 않느냐? 또는 나의 특별한 무엇이 있기에 아니겠느냐? 너희 입장에 두고 나를 그 안에 담으려느냐? 네 하나님 도대체 뭣이냐 하라? 상식 이상의, 법 이상의, 제도권 이상의 세계가 있으니 "나는 그러하다" 이를 전하라. 너희식 가치 기준, 규정 따라 함부로 대하지 마라. 약 2:2 만일 너희 회당에 … 또 남루한 옷을 입은 가난한 사람이 들어올 때에 이를 두라. 2019년 성탄절 밤, 사도 요한을 본 자이다. 그가 어떠하랴? 그의 행색이 부자이더냐? 성경에 누구를 두라? 가난한 과부의 헌금, 내가 유심히 보지 않았느냐? 막 12:41 예수께서 헌금함을 대하여 앉으사 무리가 어떻게 헌금함에 돈 넣는가를 보실새 …. 무수히 말하랴? 이는 지면 할애이다. 생각(주신 은혜) 다 꺼내면 시간도 그러하다.

    '오직 성령, 오직 성령' 하라. 이는 너희의 살길이다. 성령은 말씀이시다. 설명하신다, 해석하신다, 교제하신다. 은사 활동의 영역을 아느냐? 아는 만큼 두라. 그 외 차라리 불가침 하라. 잠잠 하라, 묻고 배우는 자이다. 얼마나 아느냐? "저것이 무엇인가? 과연 그러한가?" 한다 해도 입을 옷인지, 보는 옷인지 알아야 함도 있다! 하라. 증인은 무엇인가? 행 1:8 오직 성령이 너희에게 임하시면 너희가 권능을 받고 예루살렘과 온 유대와 사마리아와 땅끝까지 이르러 내 증인이 되리라 하시니라. 나와 관계한다. 나의 보냄이다 아니냐? 증인이 되기 위하여 성령의 의지로 나아온 자, 성령이 목적이 된 자, 이를 훈련해온 자 아니냐? 그럴지라도 네게 준 말씀이 무엇이냐? 두려워지지 않으랴? 고전 10:12 그런즉 선 줄로 생각하는 자는 넘어질까 조심하라. 이 말씀 수차 이르니 영서는 일이며 나와의 관계가 우선이다. 이것이 생명임을 이르지 않으랴? 이는 주를 붙들며 성령을 의지하는 훈련이라. 오늘도 내일도 끊임없이 육체가 있는 동안 그러하다 하라. 이로써 요한의 외모는 그렇다 해도 그 안을 본 자이니, 주가 계심이라 이르라. 2019년 성탄절 밤 보이신 요한은 밧모섬의 은혜를 네게 알게 하여 기록물을 두고 있으니 현재도 그러하다. 베드로는 진행 중이다. 베드로는 다음 알리는 자이다. 이상이다. 닫으라.

"방문 도착지까지, 이동 중 기록합니다"

34. 비바람 만드신 주! 내가 너와 걸어갈 길이다(훈련)

"내가 너와 함께하리라. 두려워 말라. 놀라지 말라" 사 41:10 두려워하지 말라 내가 너와 함께 함이라 놀라지 말라 나는 네 하나님이 됨이라 …. (비가 와서 우산을 챙겨 나섭니다. 버스 하차하니, 다소 강한 바람에 우산이 날아갈 듯, 뒤집힐 듯합니다. 이때 임하신 말씀입니다)

2022. 2. 27. 주일. 추가 글입니다.

영서 첫날, 나는 네게 그곳을 떠나게 했다. 나의 목적을 두어 이곳에 이르게 하신 주 아니시냐? 돌아보니 이해되었느냐? 이는 "갈 길이다" 하라. 수많은 아픔과 과정 속에 이른 출판의 때이니 나도, 너도, 그들도 그러하다. 너는 소속 없는 자이다. 단독 이른 이곳이니 내가 버리고 오게 한, 이를 알린 나이다. 이는 당시이다. 어머니 장례 계기로(2020. 7. 23.

목요일은 영서 첫날. 그리고 30일 목요일은 소천 소식이다) 창세기 12장처럼 아브라함이 떠나듯 떠나온 자이다. 아들 형제를 위한 것이 아닌 "주의 일로 가라" 하지 않더냐? 이제도 머물지 않으랴? 이곳도 인고의 세월이다. 타향살이 아니랴? 혈혈단신 나온 자이다. 떠나온 그 당시에도 혈육 무관히 살아온 자이나 네 가족 중 두 사람은 신학의 길이 시작되었기에 개척자로서 책임지는 위치에서 이른 자이다. 나도 알고, 너도 아는 긴 이야기이다. 이는 군 생활 포함하여 신학생 훈련 기간 10년 아니더냐? 교회로써 지탱하고(소속 없을지라도 견딘 자이다. 이는 제도권 아래 두지 않은 나이다 하라) 맡긴 선교이다. 훈련 과정 지나오면서 영서와 출판을 맡긴 나이다. "되었느냐? 되었다" 하라. 닫으라 이상이다.

2021. 12. 4. 토요일. 위의 글 이어집니다.

주의 계시는 이러하다. 적으라. 날씨 변동에 관함이다. "천지 만물을 지으신 주시라" 하라. 보이신 마음이니라. 당시는 이러하다. 이날은 영서 첫날이다. 내 너를 불러내어 갈 길을 보인, 알린 영서 날이기에 그러하다. 사 45:7 나는 빛도 짓고 어둠도 창조하며 나는 평안도 짓고 환난도 창조하나니 나는 여호와 이 모든 일들을 행하는 자니라 하였노라. 나의 이름'은 이러하나니! 벧전 2:9 … 이는 너희를 어두운 데서 불러내어 그의 기이한 빛에 들어가게 하신 이의 아름다운 덕을 선포하게 하려 하심이라. 이와 같으니 네 갈 길을 재촉한 부르심 자리로 들어감이니 어떠한 곳을 보임으로 순종의 길을 나선 이 날이니라. 비바람에 당황한 당시이다. 이내 너를 잠재운 나이니라. 네게 준 말씀은 이러하다. 내 너를 구했으니 안심하라 아니겠느냐? 네 마음의 증표 아니겠느냐? 나를 네게 두어 평안과 담대함으로 알린 나이니라. 이는 '나의 증거'이다. 내가 너와 함께하므로 아무것도 염려하지 말라는 의미니라. "되었느냐? 되었다" 하라. 나 여호와의 말이니라. 당시 기후이다. 화들짝 놀란 자이다. 내 너를 돌보지 않으랴? 궂은 날씨임에도 응한 자이기에 내 너를 사랑한 그 날, 그때이다. 네 마음속 간직된 당시 아니겠느냐? 이는 예표이다. 꾸준히 이른 것이 아니겠느냐? 하라. 렘 25:3 … 요시야 왕 열셋째 해부터 오늘까지 이십삼 년 동안 여호와의 말씀이 내게 임하기로 내가 너희에게 꾸준히 일렀으나.

전통적 사람들의 말이 아닌 성령이 주시는 대로 하기가 쉽더냐? 이는 나 외에 두지 않을 때이나 내가 강권으로 하므로 얼마든지이나, 사람들은 '이럴 때 이러, 저럴 때 저러'하며 자기식 젖은 대로 사는 자이다. 너는 "나는 그러하지 아니하다" 하므로 너를 안다! 하여 네게 '명'함이니 이러한 예는 얼마든지 이미 충분히 경험해온 자이니라. 이 말은 내 너를 사용했다, 사용한다는 의미가 아니겠느냐? 하라. 기준은 나이다. 날씨가 어떠하든 나의 할 일은 언제, 어디서나, 어느 때나, 무엇이든 아니냐? 이를 둠으로써 네게 나를 알도록, 믿도록, 하도록 하려 함이니라. 계시는 이러한 것이므로 전통으로 사는 자는 "무슨?" 하리라. "말도 안 돼!" 하며 막는 자이다. 나는 이러한 일에 네 입을, 마음을 닫게 하여 알리지 않는 진행 방식을 때때로 취함도 이러하니라. 살갑게 하나 누구든지 예외가 아닌 정함으로 하려 함에도 듣지 않을 때나, 가르침에 불응할 때 "이제는!" 하며 돌아섬도 사실이다. 이는 내 모습이나, 이 또한 네 성향도 나에 의해 만들어짐 아니겠느냐? 기다린 자에게 무슨 할 말이 있느냐? 검토하는 나이다. 너 홀로 짐 진 아닌 '합력으로 하기 위한 길 나서는 자' 된 날이었다 하라. 이로써 눅 5:7 이에 다른 배에 있는 동무들에게 손짓하여 와서 도와 달라 하니 …. 그물 던진 베드로의 배가 가득차므로 다른 배(두 아들)를 부르신 주이시다! 하라.

이루려 하나 지금은 어떠하냐? 순간순간 매 순간 "장벽 된 환경이다" 하며 뒤로 물러서지 않느냐? 막히지 않느냐? 이는 현재까지 모습이니라. 그러하다. 이 일은 그러하도다. 비바람 길이라 말한 이유이다. 내가 너와 함께 가며 겪는 고초이니라. 성령이 아니고서는 주라 말할 수 없으니! 롬 10:9 네가 만일 네 입으로 예수를 주로 시인하며 또 하나님께서 그를 죽은 자 가운데서 살리신 것을 네 마음에 믿으면 구원을 받으리라 10 사람이 마음으로 믿어 의에 이르고 입으로 시인하여 구원에 이르느니라. 그들 나를 믿지 않은 자, 십자가에 못 박도록 둔 자들이다. 이들은 선택하지 않은 자이나 외에 두는 것이다. 인산인해 시대이다. 사람들의 인정이나 나는 그들과 다르다. 이도 당시이다. 나의 시대이다. 그들 앞 메시아이다! 나타남이니 그러하다. 많은, 넘치는 자들이므로 나를 외면한 저들 당시라 하라. 요 7:38 나를 믿는 자는 성경에 이름과 같이 그 배에서 생수의 강이 흘러나오리라 함과 같으니 39 이는 그를 믿는 자들이 받을 성령을 가리켜 말씀하신 것이라 ….

네게 보인 환상 2020. 2. 12. 수요일 하늘 문이 열리고 많은 물이 흘러 내림 아니겠느냐? 하라. 기도 중 보인 나이니라. 이는 나의 줄 말, 알게 할 많은 범위니 그러하다. 나만 아는 예비 된 자이니 그러하다. 2017년에서 2019년까지 3년 아니겠느냐? 준비 알린 "성령 구하라" 한 때이다. 이는 몰두 시기이다. 나를 중심으로 산 자들에 대한 나를 알림이니 2020. 5. 17. 주일, 이어진 나의 나타남도 그러하다. "공중에 서 계신 하나님이시라" 하며 두 손 준비한 무언가 "보이셨다, 알리셨다" 하며 지속적 이를 증거로 제시케 하여 여호와께서 나타나셨네! 이르라(전하라) 함이니, 내 시간 오늘까지 예레미야에게 이름 같이! 렘 25:3 유다의 왕 아몬의 아들 요시야 왕 열셋째 해부터 오늘까지 이십삼 년 동안 여호와의 말씀이 내게 임하기로 내가 너희에게 꾸준히 일렀으나. 이전부터이나(이는 30여 년 이른 메시지니라) 연장선 이어 알도록 펼치는 나이므로 '시대표' 아니겠느냐? 무엇을 물으랴? 수십 년 내지, 수년 내지, 1, 2년을 반복적으로 권하고 권하는 나이니라. 영서 첫 일에서 2021. 12. 4. 토요일, 오늘 아니냐? 지금도 기록하는 자이니 그러하다. 이를 알리라 함 아니더냐?

이를 네게 이름은 평안을 위함이라. 요 16:33 이것을 너희에게 이르는 것은 너희로 내 안에서 평안을 누리게 하려 함이라 세상에서는 너희가 환난을 당하나 담대하라 내가 세상을 이기었노라. 그들에게도 그러하다 하라. 각성 시대이다. 술 취함이더냐? 깨는 시기이다. 잠자는 자 있느냐? 일어나라! 사 60:1 일어나라 빛을 발하라 이는 네 빛이 이르렀고 여호와의 영광이 네 위에 임하였음이니라 하므로 '구하게, 찾게, 두드리게'(마 7:8) 하려 함이라. 이를 알라. 그 외 병든 자, 약한 자도 그러하다. 고전 11:30 그러므로 너희 중에 약한 자와 병든 자가 많고 잠자는 자도 적지 아니하니 함과 같도다. 이 글은 나의 말로써 이르니라. 내 마음이 네 손과 함께 있어 원하고자 하는 나의 줄 말로써 나타내느니라. 글이라 하더냐? '무슨?' 하지 않을, 이는 단 5:5 그 때에 사람의 손가락들이 나타나서 왕궁 촛대 맞은편 석회벽에 글자를 쓰는데 …. 그 시대도 그러하거늘 '하물며!'이랴? 천지를 나타내신! 창 1:1 태초에 하나님이 천지를 창조하시니라. 창 2:1 천지와 만물이 다 이루어지니라 하지 않더냐? 나 여호와의 말이니라. "무엇인들 하지 못하랴?" 하는 자는 이러한 나의 손이 되어 사용됨이니 이 믿음이 지키므로 무엇이든 주지, 내보이지, 만들지, 나타내지 않으랴? 나의 시대(예수 그리스도)이니 그러하느니라. 말세에 나타나 예비하신 구원을 내보이신 주 하나님이시라. 벧전 1:5 너희는 말세에 나타내기로 예비하신 구원을 얻기 위하여 믿음으로 말미암아 하나님의 능력(밑줄 치라. 이는 강조이다)으로 보호하심을 받았느니라. 이는 영서이다. 보호가 되리라. 나의 나타남 아니겠느냐? 하라.

이를 줌은 왜이더냐? 나의 변호이니라. 사도권 변호자 나이다. 고후 12:1 무익하나마 내가 부득불 자랑하노니 주의 환상과 계시를 말하리라. 네게 나타남이니 아는 자이다. 이는 계시이니 "나의 나타남이다" 하리라. 모세도 그러한, 예레미야도 그러한, ○○○○ 선지자(현재 활동하는 외국인 사역자)도 그러한, 이는 오늘날까지 내가 이르는 말하는 자들이 있다! 함에도 "무슨 선지자냐" 하더냐? 행 13:1 안디옥 교회에 선지자들과 교사들이 있으니 곧 바나바와 … 및 사울이라. 고전 12:28 하나님이 교회 중에 몇을 세우셨으니 첫째는 사도요 둘째는 선지자요 셋째는 교사요 …. 그다음은 이는 무엇이냐? 계 18:20 하늘과 성도들과 사도들과 선지자들아, 그로 말미암아 즐거워하라 하나님이 너희를 위하여 그에게 심판을 행하셨음이더라 하지 않느냐? 어떤 이에게는 있다, 다른 이에게는 아니라 없다 하니 무엇이 맞으랴, 옳으랴? 모른다, 아니다 하는 자에게는 알지 못하는 나이니라 함에도 "안다, 안다" 하며 우기는 자(자기가 옳다 내세우니라)라 하라. 없다 아닌 적다, 매우 적다. 이는 세대로 인함이니 과학으로 사람이 땅을 볼 수 없을 것이라. 욜 1:4 팥중이가 남긴 것을 메뚜기가 먹고 메뚜기가 남긴 것을 느치가 먹고 느치가 남긴 것을 황충이 먹었도다. 메뚜기는 무엇이더냐? 시대의 예표이다. 세상 세력 아니냐? 사람이 아닌 '류'들이다. 창세기 1장의 '각기 각종' 지으시나, 이를 배우라. 사람 아닌 것 둠은 왜이더냐? "다르다" 하며 아담에게 명한 '이름 짓기' 생태학 아는 그이기에 속성대로 지음이 아니더냐? 이는 창 2:19 … 아담이 무엇이라고 부르나 보시려고 그것들을 그에게로 이끌어 가시니 아담이 각 생물을 부르는 것이 곧 그 이름이 되었더라 함과 같다! 하라.

35. 전달자이다. '일곱 교회'에 대하여 적어보자

제1일. 니느웨 회개 기도 40-1   155

너는 무릎 꿇은 자, 시온산이다. 계 14:1 … 어린 양이 시온산에 섰고 그와 함께 십사만 사천이 서 있는데 …. 오르게 해야(받는 대상들)! 목회자 대상의 책이다. 책 발간할 때 주시는 자 뿌리, 근간이다. 나무를 보이십니다! 하라, 열매로 달린 자들이다. 유리 바닷가에서 노래하는 자, 모여진 자들 함께. 계 15:2 또 내가 보니 불이 섞인 유리 바다 같은 것이 있고 짐승과 그의 우상과 그의 이름의 수를 이기고 벗어난 자들이 유리 바다가에 서서 하나님의 거문고를 가지고 3 하나님의 종 모세의 노래, 어린 양의 노래를 불러 이르되. 너는 상급 원하는 자, 천국 집 소유자이다. 비할 수 없는 영광이다. 두 아들 함께. ㅇㅇ 떨어뜨린 이유 아는 자, 두 아들 함께 걸어온 길이다. 이후 15년 더 사는 자, 책 발간 해 되리라(시작된 원고이다. 책이 나온다 의미이다). 심어 놓은 자, '마지막 때'에 관하여 전달해 줄 자이다. 날짜 적어보자. 40일 기간. 여름 숙제 리포트이다. 하나님 주신 과제 듣기, 구하기. 책 제목 '종말'이다. The Last time, The End time. 영서이다. 두 가지 기억.

36. 하늘을 보라

비 오는 날, 검은 구름 덮인 하늘! 이는 내 마음이다. 노아의 때처럼 한탄, 근심하는 나의 마음이다. 창 6:6 땅 위에 사람 지으셨음을 한탄하사 마음에 근심하시고. 용의주도한 자이다. 주 함께하기 때문. 즉시 결정(듣고 2, 3줄 적으며 마무리하고) 준비, 출발.

2021. 12. 4. 토요일. 추가 글입니다.

'언젠가'이다. 기차 안 기억하느냐? 영서 시작 전이다! 하라. 나의 '노' 보인 이후 줄곧 마음 졸인 자이니 내 앞 아니겠느냐? 너를 사용 위함이다. 이는 진노의 이유이다. 나 '화난 상태' 네 일생일대 "가장 크신 노여움이다" 하며 놀란 자이다. 이는 내 마음을 보여 네 마음(믿음) 일으키기 위함이다 - [2022. 3. 12. 토요일. 오후 7:00 추가 글입니다.
징계의 이유이다. 하나님의 치심은 이러하다 하라. 이유 없는 고난이 있겠느냐? 너에게는 사용하기 위한 사인(sign) - 나 화난 것을 보인, 네 가진 것 훈련 내용 - 알린 그 당시이다. 이는 가치 평가이다. 그것이 얼마나 크고 중한 것인지 너로 알게 하여, 해야 할 일임을 보인 나이다. 나와 너와 받을 대상을 에스겔 파수꾼 말씀으로 알게 한 나이다. 이를 두라. 겔 3:16-21이다. "하나님의 화난 마음을 성경으로 찾자" 한 자이다. 겔 3:16 칠 일 후에 여호와의 말씀이 내게 임하여 이르시되 17 인자야 내가 너를 이스라엘 족속의 파수꾼으로 세웠으니 너는 내 입의 말을 듣고 나를 대신하여 그들을 깨우치라. 나를 위해, 너를 위해, 대상을 위해 '다, 좋게 하는' 길을 원하며 마음 다진 자 아니냐? 지금도 그러한 자이다. 여기서 개입이니 누군가 영으로 안다! 하자, 내 뜻 아는 자이면 네게 유익하니 나의 일을 위한 그 아니랴? 그러나 알든 모르든 끼임이 해가 되고 걸림이 되면, 이는 자신까지 다 무엇이 좋으랴? 이 일은 그러하다. 닫으라! 그러함에도 외출 나선 당시이다. 신중한 '머리 조아림'으로 마음 숙이고 나선, 이는 나로 인함이다.

행여나 노중에(길) 진노 보이지 않으시랴? 노심 초심 다니는 자이다. 그곳 아느냐? 네 선 자리 고백이다. 낮의 환한 빛! 이러한 빛을 보기 쉽지 않은 자의 외출이다. 차창의 햇빛이 비치므로 따사로운 기운을 느껴서 한 고백인 "혹시라도" 하며 "자연을 도구 삼아 책 표지 및 내용 관련을 행여 담는다면?" 이렇게 구한 자이다. 이는 당시이다. "나도 모르게 왜? 나온 기도인가?" 그때는 알지 못한 자이다. 자연스런 감사, 햇빛 누림에 대한 흐른 세트이다. 집에서 방언, 통역 임한 당시 1995년에도 나온 기도같이(아들 사명자 기도) 흐른 기도이니 세트 아니겠느냐? 상황 세트 기도이다. 우연이 아니다! 뜻이다. 햇살 아래 감싸인 자, 순간 평안한 마음에서 드린 내심 '사랑 고백'이라 하라. 그 후 잊은 자이나 외출은 지속되고, 이는 허락된 범위 내에서 다양한 렌즈 맞춤으로써 살린 자연 그림이니 사진이니라. 사계절 해보게 한 작품 활동이다. 이러한 일이 인생 가운데 있었더냐? 형상에 대해 주의, 경고, 알림으로 극 거부한 이도 한 부분이니 '나의 허락'은 일시라도 나를 위한 것이다.

나의 주권이 네 마음을 시원케 하여 자연 속 누빈 자이다. 나를 목적하여 한 컷, 두 컷 모음집 한 자료집이니라. 누군가에게는 "별거냐?" 할지라도 내 마음, 네 마음 연결됨이 아니냐? "대수냐?" 하는 자 있을지라도 나와 너 사이 테마이다! 하라. 사진 기술이 문제더냐? 나를 위한 시간을 두어, 대상 삼아 영광을 돌리고자 하므로 사용하든, 하지 않든지 이는 허락함이니 네 기쁨을 보았단다. 습 3:17 너의 하나님 여호와가 너의 가운데에 계시니 그는 구원을 베푸실 전능자이시라 그가 너로 인하여 기쁨을 이기지 못하시며 너를 잠잠히 사랑하시며 너로 말미암아 즐거이 부르며 기뻐하시리라 하리라. 나로 인하여 웃는 자를. 어린아이 같지 않더냐? 이후로 자연은 친숙한 사랑하는 아버지의 그늘 아래가 되어 기도, 찬양, 감사, 감탄, 촬영까지 함이 아니더냐? 이로써 나와 너 대화거리(화제, 말거리, 나눔 소제 등) 되지 않더냐? 눈이 오는 대로, 비가 오는 대로, 구름을 바라보며 해, 달, 별들도 수없이 바라본 자이다. 나그네가 집을 찾듯이, 갈 곳 없는 자에게 본향을 나타내기도 한 그들이므로 쉼이 되어 안식을 누리던 자, 네가 아니더냐?

기억하느냐? 편치 못한 자리 누운 자, 이는 좁은 공간 한구석이다. "머리는 하늘에 두고, 다리는 산에 뻗고, 발은 바다에 담그고 자라"는 나의 음성! 위로, 지혜를 기억하느냐? 자연을 네게 주어, 곤히 쉬는 자 두어야 할 자에게 영서로 알린 나이니라. 다시 기억하라. 거처로 인하여 어언 1년 넘게 애달픈 자에게 꿈을 통하여 자연 가운데 세워 이 또한 네 장소가 자연임을 알린 나이니라. 이는 외롭지 않게, 슬프지 않게 하려 함이다. 자연은 이러한 네게 있어서 가진 자가 된 "나의 선물이다!" 하며 주는 것으로 인식케 함이니 "복 받은 자여, 행복자로다" 하리로다. 사랑하는 여종 나의 어여쁜 신부! 아 4:12 내 누이, 내 신부는 잠근 동산이요 덮은 우물이요 봉한 샘이로구나. 이 말씀은 오랫동안 네게 이른 나의 말로써 봉한 말씀이니라. 나와 너, 둘만이 아는 자이더니 이제는 나타내는구나. 이는 당시이다. 한때의 정겨움, 사랑이다. 다시 회복할 '나와 너의 길'이라 하라. 되었느냐? 이외 등등 얼마든지이나 다 쓰랴? 구름 이야기 '얼마든지'라 하라. 나의 마음이다. 되었느냐? '나의 마음을 다루는, 전하는, 알리는 자'이다 의미이다. 되었다! 하라. 이상이다.

37. "서울에 대해 알려주세요"

4월 총선 전 상황, 「메밀꽃 필 무렵」(1936년 이효석 작가의 단편 소설입니다) 때이다. '우' 범하는 자들, 적폐 청산 이유로 가장된 자이다. 다음 대통령 준비하는 자들, 지령받은 자이다. 두 사람 등장, 이는 '대원군' 문재인 대통령과 '민비' 임ㅇㅇ 비서실장이다.

1) 한강 수위 보인 자(2020. 2. 13. 목요일)

2021. 12. 4. 토요일. 추가 글입니다.

한강 수위 보인 자: 열쇠이다. 당시 그러하다. 이 꿈의 의미를 알라. 서울에 대한 열쇠이니 상태를 알리는 메시지이다 하라. 한강이 보이더냐? 물 수위 차오른 상황이다. 다리 넘치기 전 불과 몇 센티랴? 이는 한 뼘이다. 네 손 '길이'니라. 작은 손이니 얼마나 다급, 위급하겠느냐? 그러나 지금도 그러하다. 그 물 수위를 알아야 하는 서울이니라. 넘치려 하는 넘실대는 물결, 차오르는 상황 거대하게 느껴지는 물의 양 그 한강을 보인 주이시다. 넘칠 때 서울이 어떠하랴? 이는 서울 상황을 알린 네 기도 시간에서도 나의 마음을 알린바 있는, 이는 "회초리이다. 들었다" 하라. 이는 한때가 아닌 오랜 기독교 시간이다. 역사라 봐야 한다. 수십 년 아니겠느냐? "나의 매 주리랴" 할 때는 오늘, 내일이더냐? 예레미야도 요시야 왕 13년부터 여호야김 왕 4년까지 꾸준히 이른 23년간 아니더냐?(렘 25:3) 오래 참음의 나이니라. 네 울음은 흐느끼다 못해 오열함이니 나의 마음 그들에 대한 수위(노)와 어찌해야 하는 설명으로 인함이다. 결정하나 '부득이'로 알리어 온 나이다. 이는 너도 유보를 구할 수 없을 만큼, 상황 이해됨이니 나의 마음이 어쩌랴? 이를 아는 너도 시큰둥해짐 아니더냐? 오래갈 수 없음은 눅 21:26 사람들이 세상에 임할 일을 생각하고 무서워하므로 기절하리니 이와 같지 않겠느냐? 긴장감, 두려움은 오래가지 못하는 이유됨은, 쉬었다 다시 기도를 위함이다. 이는 순번제라. 쉬는 자와 일하는 자의 서로

교대이다. 네가 쉴 때 누군가 일하고 네가 일할 때 누군가는 잠시 쉰다.

가시밭길 인생길이라 하라(추가 글 2022. 3. 12. 토요일). 아담의 범죄 이후 인류의 시간은 흐르나, 발전하나, 편리해지나, 나에게로 오기 위한, 너희 생애 아닌 이상 이 무슨 소용이냐? 하리라. 죄와는 끊임없는 전쟁 선포이다. 이 세상 신이 혼미케 - 고후 4:4 그중에 이 세상의 신이 믿지 아니하는 자들의 마음을 혼미하게 하여 그리스도의 영광의 복음의 광채가 비치지 못하게 함이니 그리스도는 하나님의 형상이니라 - 하므로 내 앞을 막는 것이다. 누구나 이 싸움이 쉽지 않음은 세상을 뒤로 하나, 저들 권세 강하므로 나의 사랑을 입고 온전히 거하여야만 유지되고 나아감이니 나를 사랑하는 것이 쉽더냐? 이리저리 두리번거리며 나아오나 직시 때까지 얼마 걸리랴? 이도(세상도) 저도(나도) 둘 다 해야만 오락가락, 갈팡질팡하며 그나마 지탱하는 자가 아니랴? 시소 타듯, 오를 때 "나 한번!" 하고 내려갈 때에는 세상 바닥에서 높이 오른 자를 향해 "도전하자!" 하며 시간 끌음(지체, 서서히 의미)이 아니랴? 산행하듯 오를 때까지, 이는 잠시 되기도, 오래 더딘 시간 되기도 각각이다. 그러함에도 꾸준히 이르는 산 정상 오르는 시기도 있느니라. 이는 산 정상에 오른 자가 아는 산 아래에서 내려다보이는 저곳 아래 세상이 아니냐? "산 높은 곳이 좋다!" 하며 하늘 가까이 기지개 켜며 맑은 공기 마시며 상쾌히 누림이 아니겠느냐? 이는 대기자라 하라. 공중 신부 준비자이다. 계 14:3 그들이 보좌 앞과 네 생물과 장로들 앞에서 새 노래를 부르니 땅에서 속량함을 받은 십사만 사천밖에는(밑줄 치라) 능히 이 노래를 배울 자가 없더라. 이는 최후 보루 시온산! 계 14:1 … 어린 양이 시온산에 섰고 그와 함께 십사만 사천이 서 있는데 …. 나의 택한 종이라 하라. 4 이 사람들은 여자와 더럽히지 아니하고 순결한 자라 어린 양이 어디로 인도하든지 따라가는 자며 사람 가운데에서 속량함을 받아 처음 익은 열매로 하나님과 어린 양에게 속한 자들이니.

시기를 두라. 이는 웬 말인가? 하리라. 경선자이다. 그들은 그러하다. 난립 신학교, 난립 정당, 난립 학교, 난립들이 많다! 하라. 무엇이 하고 싶어 그리 세우는가? 물으라. 자리 많은 명함 내밀기이다. 학력도 그러한, 이력도 그러한 "온통 자랑뿐이구나" 하라. 나를 아느냐? 물으라. 무엇을 아느냐? 물으라. 천국 가고 싶으냐? 지옥 내려가고(떨어지고) 싶으냐?

도대체 어찌 살려 하느냐? 물으라. 한국이 다인가? 지구가 다인가? 물으라. 저 하늘 가리키라. 세상은 넓다 하나 한 줌 거리 초토화 지구라 하라. 무엇을 위해 분분히 다투느냐? 가르냐? 내 너에게 보인바 나의 마음이니 '나의 옷'을 제비뽑아 나눈 자들이라 하지 않더냐? 막 15:24 십자가에 못 박고 그 옷을 나눌 새 누가 어느 것을 가질까 하여 제비를 뽑더라. 교단이 교세가 되어 뿔뿔이, 제각각 난립 현황으로 나를 찢었다. 옷이 찢기었다 하지 않느냐?

대형 교회는 무엇이더냐? 경영이 기업 되어 자산 보유 든든함으로 차 바퀴 구르듯 유지하리라 하지 않더냐? 중형 교회는 흡수하려 기업화 '키재기' 하듯 넘보는 교회 영입이라 하라. 개척 교회는 무엇이더냐? 하고 싶은 자더냐? 부르심이더냐? 무엇이든 그러하다. 만만치 않다! 하라. 우는 교회가 됨은 재정난으로 임대료조차 버겁지 않더냐? 배부르더냐? 먹으면 감사, 굶기도 하는 자리이니라. 나를 바라볼 수밖에 없는 저희이니 두문불출자 되어 성경 읽고 기도하지 않으랴? 이들의 기도는 고통(환경으로 인해) 때문에 엎드린 자 되어 마음의 가난과 청결로 주를 앎이니 기도가 많아지는, 깊어지는 은혜로 인해 이 나라 기도하며 부르짖음도 나를 위함이니 이들 기도로 심판 유보된, 지탱된 봐준 한국이었다 하지 않느냐? 2009년경 하늘의 가나안 커다란 포도송이 열매 보이신 후 알리신 당시이다. 종들(목회자들)을 보이느냐? 무언들 보이지 않으랴? 네 본 바 많은, 이는 나의 눈이 되어 살기 위함이다. 내 마음 알게 된 깨닫는 바 주의 나라이니라. '나의 나라에 대해서'이다. 홍수처럼 사라질 많은 죄를 어찌하랴? 우는 자가 됨도 이러한 은혜 아래가 아니더냐? 성전 건물을 마 24:2 … 돌 하나도 돌 위에 남지 않고 다 무너뜨려지리라 말함도 아는 자이다. 무수히 이른 나의 마음이니라. 오죽하면 아니겠느냐? 하라.

2022. 3. 12. 토요일. 추가 글입니다.

가시밭길 인생길이라 하라: 다시 넣으라. 이도 주리라. 상황 설명자이다. 내가 보인 것들이다! 하라. 이 당시뿐이랴? 이는 나라에 관함이다. 수년 전 이미 알리나, 이는 심각성 '위기 고조감'이다 하라. 남북한 관계 알아야 하는 한국 사회이다. 북한과 문재인 정권을 외적(겉, 표면, 행위)으로 아는 자들 아니냐? 중국도 그러하다. 3자 회담자, 하나 됨이니 그동안 그러하다. "우리 편이다" 하며 우르르 다닌 우매한 국민이다! 하라. 수박 겉과 속이 다르지 않으랴? 사단도 그러하니 깊이(정체)를 모르면 속고 속는 자이다. 내게 오라, 들으라, 알라, 배우라, 지키라, 멀리하라, 끊으라 등등 말하지 않으랴? 알아도 쉽더냐? 이는 네 문제이니 환경이 물결 흐름 싸움과 같지(거센 물결을 거슬러 올라가듯) 않으랴? 네 내면도 그러한 오락가락, 어리둥절, 긴가민가, 이리저리, 기우뚱할 때도 있고 맞서는 환경도 있으니 "다 알아서 해주시는 하나님이시다" 하랴? 이는 알고 행할 일의 훈련이다, 대응이다, 묘책이다. 이를 위하여 영서를 기록하여 책 발간도 두는 나이다. "알라, 나오라, 깨라 하시는 주시라" 하라. 이상이다. 닫으라.

　이는 교회를 알리는 사역이라 하라. 주는 바, 알게 된 주의 마음이니 그러하다 전하라. 좋은 나무 아름다운 열매 맺는 - 마 7:17 이와 같이 좋은 나무마다 아름다운 열매를 맺고 - 한국이다! 하나 소문 무성히 교회 수는 늘리나, 대형화되나, 신축, 증축, 건축, 교회 시설 중심, 인원 중심, 재정 중심, 학습 중심(놀이 학교 같은 한국 교회 아느냐? 하라) 문화 센터 같은 교회까지 "즐비한 모습이다" 하라. 교회이다! 하며 모여도 너희끼리이니 "나는 어디에 있느냐?" 물으리라. 놀이 예배더냐? 하라. '생명 중심' 주가 아닌 외의 패턴화된 교회가 수두룩 많으니 부흥이라 하랴? 쇠퇴라 하랴? 교회가 죽어가므로 무엇을 바라리요? 당시 사회 모습이니 지나온 시간 역사라! 하라. 많은 글을 둔 자리이다. 차근히 내보이리라, 내 마음 전하리라, 이 세대에 이르리라, 물처럼 흐르리라. 마음을 씻지 않으랴? 에덴부터(이는 교회이다 하라) 물 댄 동산이 되어, 근원이 되어 흘러야 하지 않겠느냐? "나를 구하라" 함은 이러함이니라. 창 2:10 강이 에덴에서 흘러 나와 동산을 적시고 거기서부터 갈라져 네 근원이 되었으니. 마무리하라. 이상이다.

2) 위의 강, '큰 물고기 떼의 죽음' 보인 자이다(추가 글 2021. 12. 4. 토요일)

　아래 강의 꿈 해석은 맑은 물은 사람이 없다는 것이다. 아이 업은 노인은 늙고 힘없는 자, 분별하고 있는 자를 뜻하는 것이다.

2021. 12. 4. 토요일. 위의 글 이어지는 추가 글입니다.

'**큰 물고기 떼의 죽음**': '큰 물고기 떼' 죽음 보인 자 이를 해석해 보자. 두 강물을 향한 자이다. 가는 방향을 정한 자이다. 위 지역으로 오르는 그 당시이다. 먼저 오른 위의 강이다. 강물이 말라서 강 전체가 '큰 물고기 떼의 죽음'으로 덮인 상태이다. 강을 건너고자 들어갔으나 촘촘히 누워 있는 죽은 큰 물고기들로 인해 발조차 이동하기 힘겨울 뿐더러 죽은 물고기의 살과 접촉되는 섬찟함과 맨발의 징그러운 촉감으로 인해 이내 나올 수밖에 없는 당시이다. 결국은 뒤돌아선 자이다. 좀 더 아래 위치의 강을 바라보니 한 폭의 그림과 같은 자연경관의 장소로써 사람마저 한적하여 다가선 자이다. 어찌 물이 맑은지 물속 돌조차 환히 보이는 믿기지 않을 만한 좋은 환경이기에 신기해한 자이다. 물 깊이도 무릎 위이기에 건너기에 적당하여 강으로 곧 들어가서 위 지역을 향해 가다 보니 미처 사람이 발견치 못한 곳인지, 알아도 진가를 모르는 것인지, 아쉬움에 주위를 둘러보다가 저 멀리 강 아래에서 한 노인 분이 어린아이 손자를 업은 채(젊은 부부들은 자녀를 위탁하고 경제(직업)로 나선 시대를 느낀 자이다) 강을 오르는 모습을 발견하는 자이다. 시대와 달리 맑은 물을 찾아 묵묵히 긴 강을 건너는 노인의 선택과 지혜에 놀란 자이다. 이상이다. 달으라.

38. 만리장성 길 가는 자들이다

전○○ 목사, 국제 교회 준비, 지구촌 결집. (이는 활약상에 대해 주시는 말씀이다! 하라) 「종말 1」은 때를 알리는 책이다. 발간 예정. 모든 것 의지했던 자들이 무너질 때이다. 사라질 것이다. 보이는 것들이니 지상 세계의 뜻이다. 영서 책의 전면 공격자들이 생길 것이다. 영성 부인하는 자들이다. (한 책을 보이십니다! 하라) '예수의 나타나심'에 대한 이 책 같은 영서 책이다 - [**2022. 2. 13. 월요일. 추가 글입니다.** 이는 네 책장 안의 책이니 이를 보임은 '나의 나타남'에 관한 영서 글이므로 '이와 같다' 알리기 위해서 보인 당시이다. "되었느냐? 되었다" 하라!

39. "주님 맞으시죠?"

1) 내가 그니라

(성경에서 말씀하신 대로 전하시는 '주'이십니다) '적대적 관계' 배제 시킨 자, 10여 년 걸린 시기이다. 너는 솔로(solo)이다.

2021. 12. 5. 주일. 추가 글입니다.

이는 장소에 관함이다. 세 번째 나의 다룰, 임함이니 성령으로 열어 주시는 '공중 하늘의 큰 포도송이 열매에 관함이다. 네 주변 테두리, 이는 환경이다. 차단한 나이니라. 걸림돌이 되기 때문이다. 나의 줄 말이 많다. 그 당시에도 계획된 나의 의도에서 배제 시킨 자들이니라. 이후로 얼마나 긴 시간인가? 나의 뜻을 차차 알아가며 켜켜이 쌓아 둔 자이다! 하라. 네 보장성은 나이다. 이는 훈련 요점이다. "의지 말아라!" 하는 미션 제의 아니냐? 고독해야, 외로워야 주를 아는 자이다. 이는 '홀로 둠' 속에 나를 의지하고, 부르고, 받으며, 교제를 위함이니라. 자신을 지키기 위함뿐 아닌 주와의 결속력이 필요한 시기이므로(이는 준비이다. 자신 준비, 주 준비, 증거 준비이다) 긴 방치 시간처럼 느끼나 실상은 갖고자, 주고자 채운 시기니라! 하라. 이상이다.

2) ㅇㅇㅇ 영상 사역자의 상황을 아는 자이다

다른 자에 의하여 유튜브 공격을 받은 자이다. 너 또한 뇌를 다친 꿈을 꾼 당시이다. 너는 당시에 이 사역자의 영상과 공격자의 영상도 함께 본 자이다. 이로써 공격받은 자이다. 처음 유튜브 사역 시작 시기에 뒤에서 도와줄까? 했던 자 너이다. 이 무대에 선 자 그는 주의 명에 의해 영상 사역을 시작한 여 목회자이며 이 당시에 너는 메시지 전체를 보며 성령의 일로써 공감을 가진 자이다. 그리고 꿈을 꾼 내용은 이러하다. 그는 무대 중앙으로 나가는 중이고 수많은 사람은 무대 아래서 보고 있으며 그의 뒤에 서서 도와주기 위해 몸을 감추고 있는 자신, 네 모습을 본 자이다. 곧 춤을 추는 그의 모습을 보며 꿈을 깬 당시이다. 이후 그는 유튜브 영상물에 대해 공격받게 됩니다! 하라.

2022. 1. 28. 금요일. 위의 글 이어집니다.

위 내용과 관련하여 영서 제1일. 제목 '핵에 대해서'편 핵실험에 대해 '주께 메시지 받는 자들에 대하여' 거론하시면서 보이신 환상이 있습니다. 하늘 공중을 먼저 보이시면서, 아래 땅 지구에서 특별히 선정된 자들에게 주께서 은밀히 교제하시면서 다루시는 자들을 알리신 것입니다. 저도 그중의 한 사람으로서 오랜 기간 묻혀 지내며 훈련받으며 메시지 지닌 자임을 은밀히 말씀하시는 당시입니다. 이 영상 사역자를 앞에 먼저 이름을 거론하시고, 그 외 몇몇 분들을 성령 사역자로 확인시켜 주시는 주이십니다. "되었느냐? 되었다" 하라. 마음 아프게 느끼는 자이다.

그 이후 받음이 무엇이더냐? "한국 교회는 이러하다!" 하지 않느냐? 두 가지 커다란 문제이니 '성령을 대적, 훼방하는 자들'(교계 중 그러하다. 많은 목회자가 있다! 하라 하지 않더냐?)이 한국의 문을(선교 지향 시점이니 "비키라" 하시는 주시라 전하라) 막고 있다! 하지 않더냐? 다른 하나는 '북한이니 끊임없는 공격자'이니라. 현재도 그러하다. 이에 반해 성령으로 진행, 진출, 진격하는 나이다. 주님이시다. 예수 그리스도 메시아 아니더냐? 이 둘의 큰 적이니 '한국 선교 문을 막는 그룹'이다. "되었느냐? 되었다" 하라. 이를 주라. 심판을 면해야 하지 않으랴? 누가 자신더러 "나는 막는 자이다" 하랴? 다 "주의 편이다" 하리라! 하는 자들이니 현재도 그러하다. 멸망의 원수로 서지 않아야 하는 자들이다.

Key 열쇠, 이는 무엇이냐? 천국 열쇠는 회개이다. 마 16:18 … 너는 베드로라 내가 이 반석 위에 내 교회를 세우리니 음부의 권세가 이기지 못하리라 19 내가 천국 열쇠를 네게 주리니 네가 땅에서 무엇이든지 매면 하늘에서도 매일 것이요 네가 땅에서 무엇이든지 풀면 하늘에서도 풀리리라 하시고. 이는 성령의 역사 상징이다. 이 말씀으로 네게 보인 환상이 있느니라. 동료들에 관함이다. 아버지(주 만난 자, 성령 세례받은 당시이다) 만난 자가 이들에게 찾아가서 겸손히 낮추고 전하는 자이다. 아버지가 없는 고아이니 거친 자이며 성품(심성)이 삐뚤어진 자 아니겠느냐? 이 시대에도 그러하다. 천국 앞에 '서 있는 무리'를 본 자이다. 왼편에 서 있는 자들은 키가 크고 옷을 입은 자이나 차갑지, 냉랭하지 않더냐? 성령이 있겠느냐? 성령은 빛이시며 온화하지 않으랴? 찬양을 주십니다! 하라. '따스한 성령님 …' 같은. 이들은 지위가 있으나 일한다 하나 자신이 주(주인 된)가 되어 '왕 노릇' 하려 하기에 나에 대해 시큰둥, 멀뚱거리는, 미온적이지 않더냐? 반면에 오른편 서 있는 무리는 어떠하더냐? 대부분 키가 좀 더 작은 여자들 무리이나 어린아이처럼 주를 기뻐하며 환호하는 자들이 아니더냐? 이는 저희가(왼편 서 있는 자들) 권위주의자가 되어 성령으로부터 멀어지며, 떨어지는 자 됨이며 이들은 "주밖에 몰라요" 하는 자이나 그러함에도 "나는 지켜보리라" 하며 보인 자이니 이 시대가 그러하다. 이는 인내도 필요하다. "끝까지 달아보는 주시라" 하라.

"성령을 귀히 여기라" 이는 최고의 선물이니 영을 다루는 자는 아는 "유일한 피난처 주시라" 하는 자 아니겠느냐? 주밖에 없어야 구원이 이루어지는, 이는 무엇인가? 하리라. 좁은 문 두라. 마 7:13 좁은 문으로 들어가라 … 14 생명으로 인도하는 문은 좁고 길이 협착하여 찾는 자가 적음이라. 이는 네가 들어가는 모습을 보인 나이다. 한 사람만이 매우 작은 공간(협소한)이기에 힘써야 들어감이 무슨 뜻인지 크기로도 보인 나이다 하라. 목회자가 다가 아니다 하라. 직분은 잠시이다. 위임이기에 그러하다. 자격이 무엇이냐? '예수 외에' 무엇이 필요하랴? 자격이 있는 자에게 위임을 주어 감당케 함이나 위임(직분, 직위, 지위, 자리 위치)을 앞세워 두려 함은 왜인가? 자기 높임이라 하라. 인정, 과시, 자랑, 만족 모두이다. 벧전 5:5 … 하나님은 교만한 자를 대적하시되 겸손한 자들에게는 은혜를 주시느니라. 성령이 시기하기까지 사모하라는! 약 4:5 너희는 하나님이 우리 속에 거하게 하신 성령이 시기하기까지 사모한다 하신 말씀을 헛된 줄로 생각하느냐. '주'시라 전하거라. 닫으라.

2021. 12. 5. 주일. 추가 글입니다.

그는 먼저 선 자이다. 세워진 자이다. 보게 한 당시이다. 그 뒤를 따라 증거자를 도우려 한 자(너)이나, 이내 알게 된 공격 상황이 아니더냐? 성령 사역자의 영상 메시지에 대한 '한 목회자' 유튜버의 공격이라 하라. 직통 계시에 대해 반대하는 자이다. 이는 성령 사역이므로 이 외 몇몇 유튜버 목회자들의 반박론도 보면서 심히 우려한 자, 너이다. 피해자가 된 충격적인 자신 모습을 본 당시이다. 너는 뇌를 공격받은 자이다. 머리가 절반으로 쪼개져 급히 봉합 수술하여 꿰맨 자국을 본 자가 아니더냐? 놀라고 놀란 자이며 이러한 공격자를 확인하며 이후에도 조심해야 할 상황을 알린 꿈이다. 성령 일을 시작하여 사역자와 함께한 꿈이니, 여차여차히 알게 된 소상한 내용이다! 하라. 이는 꿈으로 확인함이니 '성령이 하시는 일'을 전면에서 부인하고 나선 '한 목회자'로 인함이다. 사역해보려 하는(새로운 일, 준비자 당시이다. 이는 '성령의 주신 바 증거자'로 나서려 대기 중인 상황이다! 하라) 자에게 가해를 입힌, 성령 사역자 공격이다. 이는 '기막힌 일'이라 여긴 그때가 아니냐? 하라. 이편 영상도, 저편 영상도 보면서 분별하게 된 당시이며 성령 편에서 있는 자이므로 영적 공격으로 피해자 된 상황과 피해가 어떠했는지 자세히 보인 꿈이다! 하라. 이상이다.

3) 주님 믿고 가는 자이다

주구장창 적어야 하는 자, 기록물 원고이다. 마귀 소리로 생각하는 자, 이는 네 염려이니라. 공격자들의 욱여쌈을 겪어 본 자이기에 행여 실수로 하면 어찌하나? 하는 조바심, 조심성, 신중함이 내포된 마음이니라. 마리아, 제자들처럼. 요 20:13 천사들이 이르되 어찌하여 우느냐 이르되 사람들이 내 주님을 옮겨다가 어디 두었는지 내가 알지 못함이니이다 14 이 말을 하고 뒤로 돌이켜 예수께서 서 계신 것을 보았으나 예수이신 줄은 알지 못하더라 15 예수께서 이르시되 여자여 어찌하여 울며 누구를 찾느냐 하시니 마리아는 그가 동산지기인 줄 알고 이르되 당신이 옮겼거든 어디 두었는지 내게 이르소서 그리하면 내가 가져가리이다 16 예수께서 마리아야 하시거늘 마리아가 돌이켜 히브리말로 랍오니 하니(이는 선생님이라는 말이라). 마 14:25 밤 사경에 예수께서 바다 위로 걸어서 제자들에게 오시니 26 제자들이 그가 바다 위로 걸어오심을 보고 놀라 유령이라 하며 무서워하여 소리 지르거늘 27 예수께서 즉시 이르시되 안심하라 나니 두려워하지 말라.

2022. 1. 28. 금요일. 위의 글 이어집니다.

베드로에게 나타나신 주시라. 적어보자. 마 14:24 배가 이미 육지에서 수리나 떠나서 …. 이는 훈련 진행 과정이다. 누구나 그러하다. 25 밤 사경에 예수께서 바다 위로 걸어서 제자들에게 오시니. "닮아 보시는 주시라" 하라. 진행 과정 모두이다. 면밀히 살피어 온 자이므로 주는, 허락되는, 영서 시기이다. 26 제자들이 그가 바다 위로 걸어오심을 보고 놀라 유령이라 하며 무서워하여 소리 지르거늘. "영서 사건은 네게 이러하다" 하라. 예측 불허의 날에 나타나시는 '주'시냐? 하라. 이미 알린 바 있는, 어떠했는지 네가 아는 바라. 그날은 알리지 않음이니 이는 "마지막 때 재림이 이와 같도다" 하는 나이다 하라. 3년 준비(2017-19년) 이어 세계 코로나 발병 당시도(2020년) 꾸준히 알리어 온 나이니 흐르는 물과 같도다. 이는 준비이다. 2020. 5. 17. 주일, 기상 무렵에 나타나신 '공중의 하나님 두 손'은 어느 날 갑자기이나 준비한 자에게 나타남이다. 마 24:36 그러나 그날과 그때는 아무도 모르니 하늘의 천사들도, 아들도 모르고 오직 아버지만 아시느니라. 그날과 그때는 모른다! 하지 않더냐? 이와 같은. 이어 6월에도 찬양 중 임하신 주이시니 "좋은 일이 있으리라!" 들려주심이 아니더냐? 이어 "새로운 은사, 해석 은사 임한다!" 알리지 않더냐? 이어 7월 23일 목요일. 영서 기록 시작일이라. "불쑥, 유령같이 임하신 성령이시라" 전하여라.

'그러나'이다. 이는 '업로드(upload)'이다. (더 큰 컴퓨터 시스템으로 데이터를 보내는 것, 올리다. 이동하다. 전송하다 뜻입니다! 하라) 이는 목적 두고 나타나신, 등장이 된, 더 나아진 의미이다. '새로운 버전(version) 판, 설명. 이는 고쳐된(북돋우어 일으키다 뜻이며) 함양된(기르고 닦다) 의미이다. 재배치이다, 사용을 위한 준비이다 뜻이다. 내 너를 사용한다! 의미이다. 준비기이다! 하지 않느냐? 무기 신형화 아니겠느냐? 2021. 9. 18.

토요일, 북한 출시작 '극초음 미사일' 시험 "지구 어디든 1시간 이내에, 타격할 수 있다" 하는 자들이다. 2022. 1. 5. 수요일, '극초음속 미사일'이라고 주장한 탄도 미사일을 발사한 것을 시작으로 11일, 14일, 17일, 25일, 27일 여섯 번째이다. 서울까지 1분 거리, 속도 전하는 그들이다. 그동안 개발 추진화 과정같이 네게도 이러한 "성령 무기니라" 영서 제1일에 핵실험 '거리, 속도 줄이는 시기' 이르지 않더냐? 그사이 개발하여 선보이는 그들이다. 너희도 이러한 "성령 업로드 지속 시키지 않으랴?" 초고속화, 강력 대응(응징)! 할 또는 믿음 방어 두지 않으랴? 오르기 위한(휴거, 공중 들림) "지속적인 성령 역사 필요한 자들이다" 하라. 하다 보면(이는 준비라, 깨어 있는 자들 아니더냐?) 그날이 오리라. 맞으리라. 나팔 소리 들리리, 오르리라, 들어가리라. 늘 준비, 늘 깨어있는 이 시대이니라. 닫으라.

2022. 1. 28. 금요일. 위의 글 이어집니다.

성령의 일을 오래 확인한 자이다. 이는 1년 이상 아니겠느냐? 1년 전에 출간작 하지 못함은 이로 인함이다. 증거 많은 자이다. 나로부터 확인 아니더냐? "아니다 하라" 하는 자 있느냐? "있다" 하나 개의치 않아야 하느니라. 오늘 말씀 두라. 히 3:14 우리가 시작할 때에 확신한 것을 끝까지 견고히 잡고 있으면 그리스도와 함께 참여한 자가 되리라. 이 말씀이 위로하리라. 영서의 시작이니 "확신 기간 1년 반이다" 하라. 기간 두라. 2020. 7. 23. 목요일, 오늘이다. 이는 확신 기간이 된 영서이다. 이미 확인이나 일이 쉽지 않음이니 영의 글이므로 그러하다 하라. 영서 받으랴, 워드로 옮기랴, 성경 읽으랴, 바쁜 시간 훌쩍 지나는 하루, 일과이다. 차라리 스스로 쓰는 글이라면 사람의 글은 거기서 거기 아니더냐? 자신 이야기, 학문 이야기이나 이 글은 그러지 아니하다. 영적 전쟁이며 막는 자, 수두룩한 영의 권세도 느끼며(체험 중인 자), 배우기도 하며, 순종할 일도(지시 따라) 있는 자이며, 다니기도 한 자이다. 자신이 아는 것(내용들)을 내놓음도 쉽지 않으나 기록하게 하심이니 나타나는 상황이기에 이도 적지 않은 부담감과 함께 적응기라 하라.

나와의 일이나 인류사이며, 지구사이며, 교회사 아니더냐? "민족마다 열매 거두러 보내는 나이다" 하라. 네 눈물로써 알리는 나이다. 기도시에 다루는 나이다. 네 눈물

되어 흐르게 함이니 어찌 이루 말하랴? 이는 개인사가 아니라 하라. 주님이 함께 있어 인류의 기간을 설명함이니 역사와 문화에 대한 '총결산 시기'를 두어, 뼈 바르는 시기처럼 "뼈를 드러낸다!" 하라. 살살이 다루는 나를 뜻하는 것이다. 알리고 알리는 나이다 하라. 알아가는 자이다. 이제도 그러하다. 이전처럼 다루는 나이다. 이는 부르심이니 그러하다. 종말에 세워진 자이다. 너는 그러하다. 시대의 사역자이다. 시대를 위한 부르심, 이는 나의 부르심이니 교회 일에 갇히어 '내 교회' 하는 자에게 알리어라. 눈 뜨라, 넓히라, 때가 가까이 왔다 하라. 막 1:15 이르시되 때가 찼고 하나님의 나라가 가까이 왔으니 회개하고 복음을 믿으라 하시더라. 전하거라.

파수꾼을 죽이려느냐? 때리리라 하랴? 응징은 사단에게 하는 나이다 이를 전하라. "사단 편인지 내 편인지 가리라" 하는 나 아니냐? 하라. 하늘나라 공직자이다. 하나님 나라 부르심이니 '네 등 뒤에 핀 숯으로' 이는 천사이다. 사 6:6 그 때에 그 스랍 중의 하나가 부젓가락으로 제단에서 집은 바 핀 숯을 손에 가지고 내게로 날아와서. 네 등 뒤에 지지며 십자가 고랑을 두지 않더냐? 말씀을 채우며 살아가는 자이다. 말씀 사역자이다. 성령 세례 용어를 모른 당시나 처음 들은 자 '내게로' 부터이다. 네게 전한 "성령 세례를 주노라!" 아니더냐? 내가 가르치고 가르치어(내 제자 삼아) 여기까지 이른 너이다 하라. 너는 은사자이다. 은사를 말하랴? 알지 못하는 자는 아니다, 틀리다! 있다, 없다! 하며 요란케 하나 그대로 두라. 제풀에 꺾이지 않으랴? 자폭자이다. 자해자이다. 자살 행위 아니냐? 스스로 자신을 괴롭히는 자, 자해 현장 소문내고, 중계하고, 공개하는 자들 보라. 유유히 다니며(유유자적 - 타인 개의치 않는 자, 아랑곳하지 않는다 의미이다 - 걷는 자이다) 폼생폼사(폼에 살고 폼에 죽는다. 겉치레를 중요시한다 의미이다)자들 중에 그러하다. "나는 무엇이다" 하며 아는 척, 무슨 척, 척! 척! 하는 자 아니겠느냐? 드러나면 부끄러워질 수치, 모멸감, 때가 있지 않으랴? 이를 두라.

끝은 구원인가? 멸망인가? 보라. 내가 이를 가르치리라. 이들을 알리리라 뜻이다. 이는 네가 해온 일이다. 이제도 그러하나 이후도 그러하다. 한때는 그러하나 바벨론 왕 느부갓네살 되어 짐승같이 낮추는 때, 지내는 때 있지 않으랴? 단 4:32 네가 사람에게 쫓겨나서 들짐승과 함께 살면서 소처럼 풀을 먹을 것이요 이와 같이 일곱 때를 지내서 지극히 높으신 이가 사람의 나라를 다스리시며 자기의 뜻대로 그것을 누구에게든지 주시는 줄을 알기까지 이르리라 하더라. 스스로 조심하라 하지 않더냐? 이러한 시기이니라. 고전 10:12 그런즉 선 줄로 생각한 자는 넘어질까 조심하라. 이르신 주시라. 이상이다. 닫으라.

40. 피라미드 구조를 보이십니다! 하라

몇 단계 나누어진 유형별이다. 피라미드 삼각형의 가장 위, 꼭짓점에 서는 자, 이는 하늘 맞닿은 곳이니 성령 임재, 교제자이다. 버리고 오르는 자, 세상에서 나오는 자, 주를 위하여 오르고 오른 자리라! 하라. 너는 들으려는 자, 주 음성, 신랑 소리이다 하라. 마 25:6 밤중에 소리가 나되 보라 신랑이로다 맞으러 나오라 하매. 영서 주시는 이유이다. 오랫동안 품어온 자, 사모하는 자이다. 듣고 들어도, 알고 알아도 갈급한 심령 주 하나님에 대한 그의 나라이다 하라.

41. 앗수르 정책 가진 자들

이스라엘의 조공, 마치 이러한 세금이다. 이는 나라에 관함이다 하라. 적폐 청산의 대상은 기독교가 될 수 있다. 하나님은 빛이시라. 요일 1:5 우리가 그에게서 듣고 너희에게 전하는 소식은 이것이니 곧 하나님은 빛이시라 그에게는 어둠이 조금도 없으시다는 것이니라. 어둠은 소멸된다, 사라진다. 지구전이다. '주님은 나의 대장 되시니' 찬송을 주십시오! 하라. '우리 대장 예수 기를 들고서 … 믿는 사람들은 주의 군사니 앞서가신 주를 따라갑시다' 통치 지휘권이신 주, 백마 탄 자와 군대이다. 계 19:11 … 보라 백마와 그것을 탄 자가 있으니 그 이름은 충신과 진실이라. 그가 공의로 심판하며 싸우더라 14 하늘에 있는 군대들이 희고 깨끗한 세마포 옷을 입고 백마를 타고 그를 따르더라. 그 입의 검으로 싸우시리라. 계 19:15 그의 입에서 예리한 검이 나오니 그것으로 만국을 치겠고 ….

　코로나 사태로 실직 선언자들이 많다. 이들은 정부의 생활지원금을 받는(이들에게 필요한) 자들이다 – [2022. 12. 6. 화요일. 추가 글입니다. 이는 실직자들이 생활지원금을 받아야 한다는 의미이다. 문 정권에 대해서 주리라. 이를 정치 자금으로 악용한 자이다. 북한의 대내외용 선전 자금이다! 이르라. 정치 방역이다! 하므로 지원금을 민심을 사기 위한 밑밥으로 던지는 그들이니 종북 좌파로 드러난다 해도 민노총 시위(이 정권의 윤 대통령 규탄하는 자들이다! 하라)로 이어진 한 해이다(2022년)! 하라. 2021년 미리 알리신 2022년, 무서운 일이 일어나리라는 이태원 핼로윈 사태로 많은 생명이 죽음에 이르렀으니 이도 그중 하나이다. 이를 기억하라! 10월 29일 토요일, 나라를 위한 집회의 모임과 나라의 반대편에서 시위대가 된 민노총의 집결이니 이태원의 참사가 이어진 날이다! 하라. 이상이다. 닫으라. 되었다] – 이 나라는 제사장 나라이다.

42. 40일의 기적! 40일 연구하는 자이다

　여호와의 산에서 준비되리라. 창 22:14 아브라함이 그 땅 이름을 여호와 이레라 하였으므로 오늘날까지 사람들이 이르기를 여호와의 산에서 준비되리라 하더라. 주님이 함께하시는 곳 어디서든지이다.

2022. 1. 28. 금요일. 위의 글 이어집니다.

　"되었느냐? 되었다" 하라. 이는 '영서 제1일' 마침이 되는 오늘이다. 이는 원고 수정이다. 수없이 보아도 성령 음성이시다 하라. 알고 아는 이야기도, 혹 알아야 할 내용도 있는 영서 전체이다! 하나 일부분 이는 그러하다. 오랜 씨름이니 '영서'(영의 글)이기에 그러하다. 부담감, 무게감에 이어 전투를 위한 전사가 되기에 쉽지 않음이니 부족에 부족을 아는 자이다. 왜 선발하셨나? 은혜이나 책임감 막중함! 이는 주의 뜻 전달함과 자격 요건에 대한, 자질 논란을 끊임없이 다루며, 엎드리고 변화해야 할 자들(사람이라면 누구나 그러하다 하나)로서 다루기에, 두렵고 무서운 '주의 세계' 배제할 수 없음이 그러하다. 은총이다! 은총이다! 단 10:11 내게 이르되 큰 은총을 받은 사람 다니엘아 내가 네게 이르는 말을 깨닫고 <u>일어서라 함</u>이니 이 일이 그러하도다. 들을 자에게 전하시는 주시라. 모두는 들어야 한다. "세상 끝날까지 이르는 나의 말이다!" 하라. '백문이 불여일견'이라 하지 않느냐? 백 번 들음보다, 한 번 봄이 나은! 이는 직접 체험하라는 것이다. "나를 만남이 가장 최고이다!" 하라. 성경을 안다! 하느냐? 성령을 알아야 하느니라. 성령의 세계로 오는 자, 내 음성을 듣고 살리라. 이는 생명이라. 말씀으로 말씀하나 지시어도, 설명어도, 권능어도, 치유어도 등등 알아야 하지 않으랴?

성경으로만! 하나, 은사의 세계는 모르는 자이다. 무궁무진한 세계가 궁금하지 않으랴? 성경은 누구에게나 동일하게 주어지나(쉽게 얻어지며, 다 보고 있지 않으랴?) 은사의 세계는 많다! 하라. 공기 '산소'를 학문으로 접근 "잘 안다!" 하자. 공기의 순환이(호흡이다. 숨쉬기) 원활치 못하는 자가 많다. 산속 공기, 바다 공기 다 다르지 않으랴? 물속은 어떠하랴? 수면 중 어떠하랴? 걸음 빠르기 따라 어떠하랴? 다 다르지 않으랴? 이는 무엇이냐? 체험자로서 앎이 더 나은, 이가 "실체이다" 하므로 성령! 성령! 하지 않는 것이냐? 하라. 지식 발표자가 아닌 체험 나누는 자가 되라. '공기와 저항' 이도 관계 아니냐? 성령 세계는(말씀을 포함, 모든 은사 등등 신비함 이루 말하랴? 다 포함된 이다. 곧 나이다 하라. 주 하나님 세계이다) 얄팍지 않다! 하라. '숨 쉰다, 다이다!' 하지 않는, 이는 지혜로 나아가기 위함이다 하라. "되었느냐? 되었다" 하라.

내 앞에 모두가 겸손하길 바란다. 엎드리라, 구하라. "가난하다" 해야 하지 않으랴? 아는 자가 더 받음은 이러함이다. 맛본 자가 찾음이 아니더냐? "맛이 무엇이냐?" 하며 갈구는 자는 괴롭히는 자이며, 찜쩍이는 자는 귀찮게 하는 자이며, 치근대는 자는 몰입으로 과도히 접근하는 자이니 이는 시비 거는 자(사사로이 접근하여 매사 해롭게 하는 자, 유해하다 의미이다. 반격, 공격성 모두이다) 되지 마라! 뜻이다. 이러한 '인간 언어' 줌은 왜이더냐? 나는 땅을 내려가 본, 산 자이다. 되었느냐? 너희의 체질, 삶을 아는 자이다. 말씀 두라. 히 2:14 자녀들은 혈과 육에 속하였으매 그도 또한 같은 모양으로 혈과 육을 함께 지니심은 죽음을 통하여 죽음의 세력을 잡은 자 곧 마귀를 멸하시며. 이는 무엇이냐? 이를 위해 '시험받으신 주시라' 하라. 18 그가 시험을 받아 고난을 당하셨은즉 시험받는 자들을 능히 도우실 수 있느니라. 이는 인생이라. 인생에서 겪는 모든 일들, 모든 자를 위한 문제들 해결, 마침이 되신 주시라! 하라. 이러함으로써 너희 모든 언어에 대한 친근히 대할 주로써 줌이라. 어떤 이에게는 이러한 사용도 맞지 않으랴? 다양한 층 아니랴? 고상하신 주이시니 웬 말이냐 하랴? 너희의 무엇을 모르며, 알지 못한다! 하며 함구하랴! 저속 하느냐? "수준 이하이다, 실망이다" 하는 자들 있다! 하라. "거룩하신 주이시니 이런 말, 사용을 안 하신다!" 하며 "사탄이다, 귀신이다, 미쳤다" 유대인처럼 하려 하느냐? 되었다! 하라.

자신의 언어를 아는 자들이다. 자신들은 저속한(나 보기에 그러함에도) 줄도 모르고 거룩하다, 깨끗하다 하려는 자들이니라. 내가 누구에게 전도하지 않으랴? 갖가지 질병 든 자, 귀신 들린 자, 미치광이, 강도, 살인자, 마약범 등 또 테러범, 이슬람, 이스라엘까지 어느 한 곳, 누구에게도 아니다 하랴? "다 내게 오라" 하며 찾지 않으랴? 기회 주지 않으랴? 그들 중 돌아오지 않느냐? 너희도 그중 하나이니 내 앞에 저속하다 하려느냐? 친구 되어 살아온 나이다. 인간 세계 모든 곳 심지어 지옥까지 두루 도는, 섭렵하는 주 아니겠느냐? 하라. 내 언어는 너희 언어이다. 천국에서 지옥까지 오르내리는 언어들이다. '구원을 위한 임시 사용' 아니랴? 이때에 이렇게 저렇게 해보며 각성하기를 원해서 주는 나의 말이다. 사실상 너희 언어이나 친구로 본다! 하지 않느냐? 이로써 두라. 고상한 척하는 자에게 말이다. 너희 언어에 대들지 마라, 불끈하지 마라, 내가 이를 위해 왔노라. 생명 준 나이다. 받은 너희이므로 은혜로이 받으라, 지키라, 마음에 두라. 나의 사랑이었다! 알아지는 자들이니 애벌레의 변화같이 변하고 변해가는 너희이니 내게 오기까지 이 땅은 그러한 곳이니라.

이로써 마치는 니느웨 회개 기도 '40-1'일 이라 하라. 긴 용량이다. 그리할지라도 짧디짧은 1년 반 전체 분량 중 발췌이다. 수고한 자이다. "들을 자에게도 수고로이 받으리라" 하는 주시라! 하라. 마침이다. 시 2:7 … 오늘 내가 너를 낳았노라. 사랑하는 내 딸아! 또한 내 아들이다! 수고로 주를 기쁘시게 함이 마땅하도다. 십자가로 해산한 자 아니겠느냐? 찬양을 주십니다! 하라. '너는 내 아들이라 오늘날 내가 너를 낳았도다 나의 십자가 고통 해산의 그 고통으로 내가 너를 낳았으니' 나를 위해 기나긴 터널 지나 기다려온 30여 년이다! 하라. 묻히나 죽지 않은 자, 숨 쉬어 온 인생이다. 내가 생명 되어 호흡 되어 무너진, 무너지는 세상 더미에서 지탱해온 자이다. 기독교 교계, 정치 등등 어느 곳 하나 안전하랴? 이날을 위함이니 '출시작' 위한 서두름 되는 나이다. 네 안의 나를 느끼는 자이다. 밤낮없이 가보자! 하는 자이다. 수고로이 애쓰는 자 나의 종이다. 이 모두는 교회를 위한, 세상을 위한 '나의 사랑' 전달자이다. 이를 위함이다.

'구원의 수'를 위한 여기저기 파송자를 세우는 나, 아니더냐? 이에게도 들으라, 저에게도 들으라 하며 보내나 들을 귀 있는 자는 들으리라. 살자는 살리라 하라. 교회는 누구나 믿든, 믿지 않든지 기회가 되어 '나의 수로 들어옴'이니 누가 어찌 될지 어찌 알랴? 시간까지(지구의 때)는 그러하다. 네 손은 나의 손이니 나를 대신하여 대변하여 나서는 자이다. 이러한 일은 얼마든지이다. 무엇을 못하랴? 돌들도 소리 지른다! 하지 않으랴? 눅 19:40 … 만일 이 사람들이 침묵하면 돌들이 소리 지르리라 하시니라. 돌일 뿐이다. 돌로써 나타내는 자이다. 이는 '이방인 구원의 수'이기 때문이니라. 롬 11:25 … 이 신비는 이방인의 충만한 수가 들어오기까지 이스라엘의 더러는 우둔하게 된 것이라 26 그리하여 온 이스라엘이 구원을 받으리라 …. 이는 구속사를 위하여 합력하여 선을 이루는 관계니라. 롬 8:28 우리가 알거니와 하나님을 사랑하는 자 곧 그의 뜻대로 부르심을 입은 자들에게는 모든 것이 합력하여 선을 이루느니라. 이스라엘과 이방인이다. 이처럼 두는 나이니 엎치락뒤치락하지 않으랴? 그러함에도 인내 기간이니 이는 훈련생들이다. 시온산 서기까지니! 계 14:1 또 내가 보니 보라 어린 양이 시온산에 섰고 그와 함께 십사만 사천이 서 있는데 그들의 이마에는 어린 양의 이름과 그 아버지의 이름을 쓴 것이 있더라. 이는 나의 종이 됨이라. "되었느냐? 되었다" 하라.

하늘山
제2일. 니느웨 회개 기도 40-2 (2020. 7. 24. 금요일)

1. 주의 일보다 앞선 자이다

이는 "영서 기록 시간이 지체되어 주시는 말씀입니다" 하라.

1) 평강 가운데 나타나기를 힘쓰라

벧후 3:14 … 주 앞에서 점도 없고 흠도 없이 평강 가운데서 나타나기를 힘쓰라. 이날은 다친 날이다. 내 너를 이끌어 자리에 두었으나(지역 이동한 자이다) 하지 않은 자이다. "먼저와 나중을 알라" 이상이다. 가사를 앞둔 날이다! 하라.

2022. 3. 17. 목요일. 추가 글입니다.

2020. 7. 24. 금요일, 영서 이틀째 기록 두는 자이다. 서서히 진행할 일이나 하루의 분량을 위한 주의 계획이 있지 않겠느냐? 하라. 이를 위해 부른 나이니 이가 먼저이다! 아니랴? 그러함에도 나의 마음 같지 않은 자이므로 아직은 이러한 나의 심중을 헤아리지 못하는 당시이기에 주변 보이는 일들이 앞선 자이다. 해내야 하는 일들이기에 하다 보니 시간이 훌쩍 흘러서 다리 찰과상을 입고서야 멈춘 자이다. 그럴지라도 몸 상태는 소진하여 눕기도 한 자이다. 이는 왜이더냐? 나의 일이 아닌 일을 한 자가 있으니 그는 누구랴? 아담이 아니랴? 그의 아내가 아니랴? 이는 선악과 사건이니라. 창 3:1 그런데 뱀은 여호와 하나님이 지으신 들짐승 중에 가장 간교하니라 뱀이 여자에게 물어 이르되 하나님이 참으로 너희에게 동산 모든 나무의 열매를 먹지 말라 하시더냐. 뱀의 등장 왜이더냐? '나의 나라' 시험! 테스트하는 자이다. 나의 말(아담과 그의 여자에게 명한)을 두고 보는 나이다. 기준이 있어야 하지 않으랴? 뱀은 경계선을 넘은 자이다. 그의 다가옴은 나를 위한 것이

아닌, 시험에 빠뜨려 나와 너희 사이를 두고 '자신의 위치를 확보하려 하는 자'이다. 이를 '개입'이라고 하지 않더냐? 오늘날에도 이러하다. 무수히 많은 것(대상들)이 난무하는 시대이므로 사람을 호리지 않느냐? 죄, 미혹, 혼돈, 어둠, 거짓, 시행착오나 낙오되게 하는 것 등.

둘째 날 말씀 두라. 창 1:6 하나님이 이르시되 물 가운데에 궁창이 있어 물과 물로 나뉘라 하시고 7 하나님이 궁창을 만드사 궁창 아래의 물과 궁창 위의 물로 나뉘게 하시니 그대로 되니라 8 하나님이 궁창을 하늘이라 부르시니라 저녁이 되고 아침이 되니 이는 둘째 날이니라. '나의 날들'을 보면 의미가 있지 않으랴? 둘째는 첫째의 다음 둘째이다. 첫째는 빛이니! 창 1:3 하나님이 이르시되 빛이 있으라 하시니 빛이 있었고. 이는 생명이라. 주 예수의 통치 세계이다. 전권으로 상징하는 의미이다. 둘째는 하늘(궁창)을 두어 나의 처소이나(전 영역이 그러하다) 가리기 위한 심판을 예비한 위의 물이 있으며 그 아래 두는 하늘 영역이니 너희 보는 바라. 이 물은 노아 시대 쏟아짐이니! 창 6:6 땅 위에 사람 지으셨음을 한탄하사 마음에 근심하시고. 나의 마음을 알린 너희에게 이름은 "너희의 죄로 인함이다" 이를 말해주지 않더냐? 이 하늘이 어떠하랴? 이사야 말씀 두라. put은 두다, 위치 의미이다. 사 14:12 너 아침의 빛의 세계에 있었던 자이다" 아들 계명성이여 어찌 그리 <u>하늘에서 떨어졌으며</u>(밑줄 치라) …. 계 12:7 하늘에 전쟁이 있으니 미가엘과 그의 사자들이 용과 더불어 싸울 새 용과 그의 사자들도 싸우나 8 이기지 못하여 다시 하늘에서 그들이 있을 곳을 얻지 못한지라 9 큰 용이 내쫓기니 옛 뱀 곧 마귀라고도 하고 사탄이라고도 하며 온 천하를 꾀는 자라 <u>그가 땅으로 내쫓기니 그의 사자들도 함께 내쫓기니라</u>. 군단이다. 조직 세계이다. 악의 힘, 능력을 가진 자이다. 나의 일 저해자이다. 되었느냐? 자신의 결정, 스스로 하는 모든 일이 그러하다. 나의 원수가 된 그 날이다.

"성령으로!" 하지 않더냐? 이러한 무수한 싸움(나, 자신보다 하는 것들이다)에서 사는 이 세상이다. 교회가 안심하랴? 교회이니까, 목사이니까, 무엇이니까 하랴? 내 안의 너, 네 안의 나 외에는 아무것도 아니다. 들러리이다. 중심, 중앙, 가운데가 아닌 둘레를 배회하는 자이다. 담 밖에서 안을 어찌 알랴? 너는 알면서 내려간 자이다. 나와의 교제보다 사람에게 중심되어 이것, 저것 하다 보니 나를 뒤에 두어 시간을 낸 자이다. "해야지, 해야지!"

할지라도 끊어지더냐? 이는 선악과 먹은 자이다. 그럴지라도 나의 일을 위해 자리 앉은 자에게 다시 나를 보임이니 "적어보아라!" 하지 않더냐? 진 자이니(다른 일에 마음 두어 시간, 몸을 사용한 자이다) 부상은 깨닫기 위함이라. 다리 부상은 충격이니 "하던 일 중지, 멈춤이다"하라. 원인 없는 결과 있으랴? 다리는 나의 뜻 되어 사용됨이니 오래 지체된 그 자리 '경고등' 준 나이다. 징계는 사랑하는 자에게 주시는 것이다. 히 12:7 … 어찌 아버지가 징계하지 않는 아들이 있으리요. 나의 길을 바로 가기 위함이라. 이 말씀을 너희가 "나는 다 안다" 해도 지구, 나라들, 교회, 이 나라. 사회 등 징계를 주어도 알지 못함은 어찌 됨인가? 하라. 아직도 멍! 하는 자, 맹! 하는 자 있다 하라. "나의 일, 최선 다하고 있어" 한다 해도 하나님의 전체 시야와 하나하나 다루시는 면면히 알아야 하는 때, 시기 아니랴? 이를 주는 것은 "마지막 때 설 자, 깨어나기 위함임을 알리는 메시지이다" 하라. 되었다. 닫으라.

2) 오벧에돔의 법궤 가진 자이다

삼하 6:11 여호와의 궤가 가드 사람 오벧에돔의 집에 석 달을 있었는데 여호와께서 오벧에돔과 그의 온 집에 복을 주시니라. 영서를 쓰게 하신 주시라. 이는 복이 됨이니 "나를 안다!" 하라.

3) 게네사렛 호숫가 두 배이다

눅 5:1 … 예수는 게네사렛 호숫가에 서서 2 호숫가에 배 두 척이 있는 것을 보시니 … 7 이에 다른 배에 있는 동무들에게 손짓하여 와서 도와달라 하니 …. "도와 달라" 하는 자이다. 야고보와 요한에게(두 아들에게). 너도 이와 같음이라. 10 세베대의 아들로서 시몬의 동업자인 야고보와 요한도 놀랐음이라 …. 하나 되어 나의 일을 하기 위함이다 하라. 힘든 날 지남이니 이는 한고비이다. **나의 일 예비자이다(추가 글 2022. 3. 17. 목요일).**

2022. 3. 17. 목요일. 추가 글입니다.

나의 일 예비자이다: 나의 일을 위해 사람을 얻으러 합류시키는, 함께 일할 자! 이에 온 자이다. 나의 지시로 인함이다. 이는 영서를 받은 날, 듣고 순응한 자이다. 개척지 홀로 둔 자, 사람을 얻기 위한 길이다. 많은 대상을 보이며 겪은 자이다. 사람은 의지 대상이 아님을 아는 자이다. 주에 의한 결정(확인한 후)을 해야 하는 자이다. 쉽지 않은 일이나 해야만 하는 일이다. 얽히고설키지 않기 위함이며 주 뜻대로 해야 하는 훈련의 지속이다. 사람이 사람 말을 들을 때 일어나는 일들을 아는 자이다. 이는 너의 부르심이 주에 의한 것이므로 '주'의 사람이 되어 주의 명하신 일을 하기 위함이다 하라. 이 시기는 무엇이랴? 각자의 훈련 속에서 다시 모임이다. 엄마 신학 이후 아들들 신학까지 이어짐이니 이제는 "이 일을 해 보자" 하여 맡기신 '특명'이 아니더냐? 공중 보인 나이다. 땅과 현저히 다른 위 하늘이 아니랴? 은밀히 대화하는 자리이니 "이 부름은 소수의 사람임을 알리신 주시라" 하라.

한국 교회의 턴, 기회이다! 하는 자가 있느냐? 자신 일 기반 삼아 오르는 자들로 우후죽순 됨이니 아직은 그러하다. 전체를 알리는 자이다. "무슨 교단이다, 어디이다" 이를 위함이 아니다 하라. 나의 보는 눈을 알리는 자이다. 내가 어떻게 보는지, 어떻게 다루는지, 나의 알림으로 아는 자이다. 이는 아는 범위이다. '성' 방비(핵으로 인해 책 쓰라! 하신 뜻)가 무엇이냐? 나이다. "내게로 연합하라" 이를 주기 위함이다. 너희끼리 축제가 아닌 나를 알고 나에 의해 이룰 일들을 계획, 논의하며 친구삼아 땅끝까지 가보자 함이 아니랴? 이를 두라. 이로써 나를 알리는 나이다 하라. 이상이다. 닫으라.

4) 시몬의 배에 해당하는 자이다

눅 5:3 예수께서 한 배에 오르시니 그 배는 시몬의 배라 ….

2022. 3. 17. 목요일. 추가 글입니다.

배는 물 위에 떠 있으니 노아의 배같지 않으랴? 모인 자들을 위함이다! 하라. 나눈 자이다. 이는 아들들에게는 시작된 영서에 대하여 말한 자이다. 부름이 무엇이냐? 하라. 열두 제자의 부르심을 보라. 주의 부르심으로 나아온 자, 열두 제자이다. 이후 120명도 성령 세례를 받기 위해 모인 자들이다. 한국 교회의 목적은 성령인가? 물으라. 성령만을 위해 사는 자들이다. 이는 교회의 보임이 된 이유이다 하라. 성령은 무엇인가? 각자에게 임하시는 주의 영이시다. 언어, 생활 모두 "주에 의하여 사는 자들이다" 하라.

자신의 세계(스타일, 양상 다양화된 한국 사회이다. 교계이다) 구축이 아닌 주의 지시로 사는 자, 위로이든, 평안이든 그러하다. 내게 오신 주, 내게 관여하는 모든 것이 되시는 주가 아니랴? 어린아이는 "스스로 할 수가 없다" 하라. 양육자에 의해 모든 것이 이루어진다. 이것이 '의해서'이다. 다만 안다. 누군가가 해결해주는 자임을 알아간다. '존재 의식' 이는 부모의 역할, 사랑이다. 이러한 양육 방식을 아는 사람이다. 하물며 하나님이시랴? 하지 않으랴? 버리면 버릴수록 알아짐이니 이는 홀로 되나 구속한 주만 보이는 '주와의 일치'가 되는 것이다. 이를 주라. 나에 의한 명백한 것들로 자긍하며, 자랑하는 자가 나의 자녀, 그리스도의 신부가 아니겠느냐? 솔로이신 주이시다. 독생자, 하나님의 아들이 아니시랴? 아버지의 뜻을 행하시러 오심이니 그 뜻대로 부르심을 입은 자에게 내 형제, 자매, 모친이다, 친구이다! 하시지 않더냐? 말씀 두라. 마 12:50 누구든지 하늘에 계신 내 아버지의 뜻대로 하는 자가 내 형제요 자매요 어머니이니라 하시더라. 요 15:14 너희는 내가 명하는 대로 하면 곧 나의 친구라 15 이제부터는 너희를 종이라 하지 아니하리니 종은 주인이 하는 것을 알지 못함이라 너희를 친구라 하였노니 내가 내 아버지께 들은 것은 다 너희에게 알게 하였음이라. 이로써 마침이 되었다 하는 글이다. 닫으라.

5) 깊은 곳은 주님의 음성

눅 5:4 말씀을 마치시고 시몬에게 이르시되 깊은 데로 가서 그물을 내려 고기를 잡으라. 찬양을 주십니다. '… 주의 말씀 의지하여 깊은 곳에 그물 던져 오늘 그가 놀라운 일을 이루시는 것 보라…'

2022. 3. 16. 수요일. 추가 글입니다.

행하시는 일을 보라. 나의 행사에 참여하라. 이는 선하신 일이니 내 아버지시라, 구원을 위함이다 하라. 네 글의 나이다. 전하고 전함이니 오늘은 40일째이다. 영서 15차 마치는 날이다. 이 기간은 출판 제의를 한 자이다. 멀고 험한 길로 느낀 자이다. "장벽이구나" 하지 않으랴? 출판에 대한 훈련 기간이었다 하라. 그럴지라도 3차 관문까지니 출판사 3곳을 거치나, 결정되지 않은 자이다. '그러나'이다. 주의 말씀이 지속되므로 알아가고 알아가는 자이다. 세상을 배우는 자이다. 이는 혹독하다 하는 곳이다. 사단의 자녀이나 하나님의 자녀이나 모두이다. 출판 대상을 찾고 찾음이니 "아버지가 두시리라" 하는 자이다. '두다' 창 2:15 여호와 하나님이 그 사람을 이끌어 에덴동산에 두어(밑줄 치라) 나의 일을 할 사람 의미이다. 그것을 경작하며 지키게 하시고. 나의 일이 쉽더냐? 세상 할 일 중 나의 할 일이 얼마이랴? 가리고 가리는 나이다. 보이는 것이 '다'가 아니다. 행 19:19 또 마술을 행하던 많은 사람이 그 책을 모아 가지고 와서 모든 사람 앞에서 불사르니 그 책 값을 계산한즉 은 오만이나 되더라. '불사를 것'이 책만이 아닌 수두룩 많지 아니하냐? 네 본 바, 세상을 다니니 취할 것이 얼마이랴?

하나님의 자녀가 '어떠하다' 하는 시대이니 가르는 나이다. 마 13:49 세상 끝에도 이러하리라 천사들이 와서 의인 중에서 악인을 갈라 내어. 선별화, 차별화하지 않더냐? 소돔과 고모라 같은 시대이다. 사 1:10 너희 소돔의 관원들아 여호와의 말씀을 들을지어다 너희 고모라의 백성아 우리 하나님의 법에 귀를 기울일지어다. 마음을 찢고 여호와에게로 돌아오는 시기니라. 살전 5:17 쉬지 말고 기도하라. 이 시기이다 하라. 오직 전념하라, 이는 나의 길이다. 두드리라! 마 7:7 … 문을 두드리라 그리하면 너희에게 열릴 것이니. 밤 중에 찾아온 자의 '떡 세 덩이' 비유 두라! 눅 11:5 또 이르시되 너희 중에 누가 벗이 있는데 밤중에 그에게 가서 말하기를 벗이여 떡 세 덩이를 내게 꾸어 달라. 이제 이해되느냐? 이는 영서 자료 중 일부 건넨 자이니 떡 몇 덩이 보인 꿈이라. 주일의 꿈이다. 출판사에게 보낼 메시지이다. 첫날의 주제 다섯을 보임이 아니냐?!(꿈 이후 다음 날 출판사에게 견본 제시, 전송) 떡 가진 자이다. 내게 문을 두드리는 누군가에게 나누지 않겠느냐? 8 … 비록 벗 됨으로 인하여서는 일어나서 주지 않을지라도 그 간청함을 인하여 일어나 그 요구대로 주리라. 그러므로 9 … 문을 두드리라 그러면 너희에게 열릴 것이니.

"나의 왕이시다!" 하라. 그리하면 살리라. 마 21:5 시온 딸에게 이르기를 네 왕이 네게 임하나니 그는 겸손하여 나귀, 곧 멍에 메는 짐승의 새끼를 탔도다 하라 하였느니라. 주를 찬양하는 자이다. 모두 그러하다. 왕이신 주 높임을 외치는 자이다. 높이리로다! 높이리로다! "힘찬 시기이다" 하라. 왕을 높이는 자에게는 그러하다. "힘찬 전진이다" 하라. 신부 대기소이다. 한국에 둔 신부를 본 자이다. 찬양을 주십니다! 하라. '… 거친 광야에 꽃은 피어나고 세상은 네 안에서 주님의 영광 보리라. 강하고 담대하라 세상 이기신 주 늘 함께 …' 왕을 앞세워 나가는 시기이다. 전 세계 모으는 나이다. 이는 "나의 신부들이다!" 하라. 왕의 신부이니라. 이상이다. 닫으라.

6) 배 오른편은 책 써 내려가는 자이다

요 21:6 이르시되 그물을 배 오른편에 던지라 그리하면 잡으리라 …. '복음의 신' 신은 자이다. 이는 책 「종말」이다. 영서로서 전하는 나이다.

2022. 3. 17. 목요일. 추가 글입니다.

복음 들고 산을 넘는 자의 발이 아름답도다. 사 52:7 좋은 소식을 전하며 평화를 공포하며 복된 좋은 소식을 가져오며 구원을 공포하며 시온을 향하여 이르기를 네 하나님이 통치하신다 하는 자의 신을 넘는 자의 발이 어찌 그리 아름다운가. 엡 6:15 평안의 복음이 준비한 것으로 신을 신고. 막 1:1 하나님의 아들 예수 그리스도의 복음의 시작이라. 15 이르시되 때가 찼고 하나님의 나라가 가까이 왔으니 회개하고 복음을 믿으라 하시더라. 이는 예수를 알고 예수로 사는 자이다. 예수가 삶의 전체가 되었느냐? 물으라 각자. 전체에서 몇 %이냐? 이를 말하라. 이는 비중이다. 심령 안의 주가 계신가? 확인하라. 주가 주이신가? 알라. 사람에 의한 것인가? 주에 의한 것인가? 끊임없이 지속됨이니 이는 "나에 의해 살고 나에 의해 부름이니 저 천국까지이다" 하라. 복음 = 사도(제자) = 주의 성령이 아니랴? 성경은 나를 알기 위함이다. 내게서 배우기 위함이니 이는 하나님 나라이다. 네 안의 주를 볼 때이다. 생명은 나이다. 네가 아니다. 예수로 인해 사는 자이다. 이상이다. 닫으라.

2022. 3. 16. 수요일. 추가 글입니다.

영서는 특별 케이스의 부름이므로 신부 되기 위한 훈련 받은 자이다. 이제도 그러하다. 지속성, 항상성 두라. 이는 깨어나는 자, 쉼 없이 내게 모이는 자들이 되어 군단이 됨이니 주를 위해 싸우는 자이다. 미가엘 말씀 두라. 계 12:7 하늘에 전쟁이 있으니 미가엘과 그의 사자들이 용과 더불어 싸울 새 용과 그의 사자들도 싸우나. 한국전 시대이다! 하라. 남북 대치전 오래 아니냐? 전시 민족(외세 침입)으로 살아온 한국 역사이다. 지구전 시대 이른 마지막 시대 종착지 앞둠이 아니냐? 하라. "죽고 사는 전쟁이다" 하라. 영이 살고 죽는, 이는 천국과 지옥 전 아니냐? 나라를 잃으며 손실되는 또한 사람의 목숨 앗아가는 죽음의 민족 전 아니냐? 이러한 시대에 사는 자들이니 편하겠느냐? 주 예수 따름이라. 옥신각신 세상이니 새 예루살렘 성 '전진' 시기가 아니냐? 산 정상에 오르듯 일편단심 하여 나를 사랑하라 하신 '주'시니라. 되었다! 하라. 이상이다. 닫으라. 찬양을 주십니다! 하라. '내 영혼이 은총 입어 … 높은 산이 거친 들이 초막이나 궁궐이나 내 주 예수 모신 곳이 그 어디나 하늘나라'이다 하라. 찬양을 다시 주십니다! 하라. '주님 다시 오실 때까지' 아니냐? '나의 가는 이 길 끝에서 나는 주님을 보리라'

2. 지역 구름 (이전에 본 것)

비, 검은 먹구름 전해야 하는 자이다. 어제 비바람 둘 다 알려야. 구름은 "아버지의 마음이니라" 전하는 자이다. 언젠가 본, 여름밤 하늘이니 짙은 검은 먹구름이 하늘을 두르는 상황이다! 하라. 기상으로 인해 침울해진 지역 기운이니 다시 하늘을 봄이라. 순간 놀라지 않더냐? 사람 얼굴처럼 화난 모습이 커다란 구름 '형상'으로 나타남이니 화들짝 놀란 자이다. 두려워지는 마음은 나의 사인(sign) '징조'로 받은 자이기에 황급히 자리를 떠난 그때이니라. 구름은 '지역 영'을 의미한다. 또한 '나의 마음'이다.

3. 회전의자 (이전에 보여진 환상)

회전의자는 마치 놀이 기구와 같이 의자의 높낮이가 각각 다르며 기구 전체가 회전하여, 앉은 자는 사방을 보기도 하고 아래를 내려다보기도 하는 전망대 역할을 하는 것이다. 이는 '목회자의 영권'을 의미하는 위치의 차이이며, 자신의 '영적 상태에 따라' 의자에 앉혀지므로 회전되어 멈추는 자리에서 내려 사역 또는 배움이 되기도 한다. 붙는 자들과(각각 위치 다른 의자들 이에 관련한 목회자들) 매달리는 자(공중회전 의자에 앉히는 상황인 자, 너이다) 관계이므로, 더 높이 올라(성령으로) "지구 밖에서 볼 수 있어야 한다"라고 전하는 바이다 하라. 이는 지구 밖 '시작, 만남 장소' 그곳(1993년 가을, 임사 체험으로 하늘길 올라 이른 곳)에서 내려오므로 '다시 오르내리는 주와의 교제'를 의미하는 것이다. 주님 사랑이냐? 사람 의지이냐? 달아보는 주시라! 하라.

4. 시간 저울 (환상이 보입니다)

네가 보는 바 이 환상은 시간 저울이라 한다. 저울 모양은 네모난 구형 저울과 비슷하여 아래는 '시간을 가리키는 시계'이며, 위는 '영적 교통자들의 무게'를 달아 보신다! 한다. 환난 관련을 의미한다! 하라.

2022. 1. 29. 토요일. 추가 글입니다.

마지막 때를 위하여 사는 자이다. 이는 부르심이라 하라. '마지막 세대, 종말 시대에 태어난 자들'이 그러하느니라. 2천 년 전 '주'시나, 다실 오실 '새 예루살렘 성전진시키시는' 주시라. 들어갈 성 위함이니 "주의 신부 모집 기간이다" 하라. 또한 파수꾼이다. 나를 알리는 자이다. 무엇을 하는지, 왜 사는지를 알리는 '시대의 이정표'

되어 주는 자, 이는 부름이니 이 시대는 그러하다. 이 부름에 나오는 자들이다. 너희는 그러한 시대의 표이니 바다를 보라. 부유물(부표) 두둥실 바다 표면에 보이지 않느냐? 이는 경계선이다. 위험(Danger) 지역 표지판, 안내 '경고' 역할 아니냐? 하라. 시대의 죄에 대한 경고자이다. 지옥 위험을 알리는 "지옥이 있다!" 하는 자이다. 지옥 갈 수 있다! 전하는 자이다. 너도나도 모두이다.

"주의 뜻대로 살자!" 외치는 자이다. 이는 시대의 빛이니 퍼포먼스(신체로 표현하는 행위 예술)로 시선 집중케 하는 자 마치 그러한, 세상인이 보기에는 이색 모습이다! 하라. 왜 저러는가? 눈 흘기기도, 외면하기도, 조롱도 하지 않으랴? 일반인과 퍼포먼스의 차림(외형적 모습)은 다르다. 누가 봐도 '현저한' 아니겠느냐? 이러한 차이, 돌출, 특출, 표출이 있어야 하지 않으랴? '예수쟁이(장인, 전문인)!' 하므로 세상의 미움이 된 자이다. 마 24:9 그 때에 사람들이 너희를 환난에 넘겨주겠으며 너희를 죽이리니 너희가 내 이름 때문에 모든 민족에게 미움을 받으리라. 이는 왜인가? 빛은 어둠을 드러낸다! 하지 않느냐? 요 3:20 악을 행하는 자마다 빛을 미워하여 빛으로 오지 아니하나니 이는 그 행위가 드러날까 함이요. 이로 인함이라 하라. 어둠을 유지하려 그 안에 감추기를 원하는 자들 아니더냐? 나의 일은 이러하다. 마 10:26 그런즉 그들을 두려워하지 말라 감추인 것이 드러나지 않을 것이 없고 숨은 것이 알려지지 않을 것이 없느니라.

행장하는 에스겔, 이 시대는 이러한 자들로서 주는 바 '하나님 나라' 표현자이다! 하라. 겔 12:4 너는 낮에 그들의 목전에서 네 포로의 행장을 밖에 내놓기를 끌려가는 포로의 행장같이 하고 저물 때에 너는 그들의 목전에서 밖에 나가기를 포로 되어 가는 자 같이 하라. 이는 무엇인가? "시대를 알리라"는 것이다. 이스라엘 상황이 어떠한지 장차 어떤 일이 일어날지 퍼포먼스 하라. 이는 선지자의 할 일이 아니냐? 하시는 주시라! 하라. 너희도 이러한 때이다. '지구 탈출기' 시점 나타내는, 보이는 삶이 되어야 하지 않으랴? 이는 신앙인 모습이며 앞선 자(7월 23일 목요일. '2. 시온산→유리바다→휴거→새 예루살렘 성') 선두자(예시로 보이는 새 예루살렘 성 향한 환상으로 보인 자 아니냐? 하라)로서 뒤따르는 자 두어야 할 자들이다. 이로써 내 제자이며 신부들임을 알리라 하나 "도무지!"이니 이 시대가 몇이랴? 과연 준비자

"얼마냐?" 묻는 나이니라. 이를 전하거라. "되었느냐? 되었다" 하라. 이는 영적 교통자들의 무게 달아보시는 주시라. 위의 내용 '4. 시간 저울'이다 하라. 시대의 부름에 나선 자이니 "기억하라" 주는 메시지니라. 이상이다. 닫으라.

5. 한 대학교 건물이 보이냐?

(환상이 보입니다) 청년으로 보이는 대학생 두 명이 대학교 정문 앞에 있다! 하라. 정지, 등교 멈춤이 아니냐? 모임 폐하는 시대, 학생 활동 막는 자들이다. 코로나 상황 속 정치 방역이다! 하라. 기업은 북한에 보내야 하기에 통제, 시스템 가동시키지 않는 자들이다. 공장 생산품 전달해야 하는 자, 이는 남한 정부의 모습이다. 남한의 기업 도산, 외국 유치, 북한 송금케 하는 자들, 외화벌이 수단으로 삼는 자들이다. 마 24:7 민족이 민족을, 나라가 나라를 대적하여 …. 숲을 볼 때, 전체 상황을 알아야 할 때. 짐승 표 '666' 시대이다. 계 13:18 지혜가 여기 있으니 총명한 자는 그 짐승의 수를 세어 보라 그것은 사람의 수니 그의 수는 육백육십육이니라. 예표이다. 교회 박해 시대 도래이다. 서머나 교회, 버가모 교회이다. 2020년 여름 '폭우'는 중국의 남한 선거 개입자로 인함이다. **이는 관계이다 하라(추가 글 2021. 12. 5. 주일)**.

2021. 12. 5. 주일. 추가 글입니다.

이는 관계이다 하라: 이는 왜 그러한가? 적어보자. '하나님의 징계' 시다! 받은 당시니라. 이는 기록 당시이니 폭우로 인해 피해 심한, 재난 지역 국가 그들이니라. 나의 줌은 이러하다. 중국이 무엇이냐? 이른 영서니라. 너는 기록 보유자이니 여기저기 살피어 온 자이다. 면밀히 주려 하나 성경 준비 미비하다(영서 기간에 심야 시간 읽으라 권하신 주이시다) 이르나 듣지 않은 자이다. 더 성실히 임하여 말씀을 들음이니 이는

내가 말하고자 함으로 사용하여 전달할 성경 구절들이라 하지 않느냐? 전에도 이른바 말씀 사명이니 주께서 꺼내시는(사용자시라 하라) '상황 적용' 말씀이라 하라. 더 크게 사용함에도 미비함이니 어찌하랴? 하는 당시니라. 이는 요나이다. 모두가 그러하다. 온전할 자 있겠느냐? …생략… 너의 이런저런 모습이나 '영서' 할만한(맡길만한) 이는 훈련됨이니 거듭거듭 준비로 달구어진(단련된 의미이다) 도구라 하라. 막힌 벽 같은 곳을 오랜 세월 뚫고 넓히므로 나의 것을 전달케 함이니 그 비워진 통로는 '내 것으로 채움'이 되는 것이 아니겠느냐? 하라. 이 넓힘이 쉽더냐? 아픔이니라. 나의 아픔, 너의 아픔 함께이다. 버리는 것 많다! 하라. 이는 비워내는 것 그리고 채우는 나이므로 그러하다. 이로 인하여 내 너를 쓰는(사용함) 것이니 더 커지는 홀이 되어야 함에도 멈추랴? 이는 시간도, 인내도 그러하다. 24시간 중 얼마이랴? 내어 드림이겠느냐? 각자 물으라. 고통의 자리이다. 피가 흐르는 자리이다. 기다려야 하는 자리이다. 차단해야 하는 자리이다. 알았느냐? 들으라, 끊임없이 들으라. 성경으로! 성령으로! 이는 네 할 일이다. 따로 두라. 권면이다.

6. 밧모섬의 요한계시록 기록, 책 출간자이다! 하라

('이 시대 위하여' 주신 주 감사 드립니다!)

2022. 1. 29. 토요일. 추가 글입니다.

2020. 7. 24. 금요일, 이날은 영서의 양을 채우지 못한 자이다. 주의 일이 먼저이냐? 아니냐? 이 문제 아니겠느냐? '좀 더' 하다 시간 지체됨이니 이 일, 저 일 연장선이 그러하다. 이로써 부상 사건이 되었다! 하라. 날카로운 날에 찍힌, 피와 상처를 본 자이다. 이는 흔적 되어 네 눈 본 바이니, 얼마간 눈 교육을 시킨 나이다. 보면서 깨닫도록 함이다! 하라. 일하느라 몸 피곤하여 지쳐 누운 자이니, 이는 겨우 얻어낸 '생수' 적은 분량

영서이니라. 자서전이냐? 하리라. 그럴지라도 나의 이야기이다. 겪은 바, 설명 주어야 '성령이 하시는 일'을 나타냄이니 이러이러한, 여차여차하다 둠으로써 성령을 알아야 하는 너희니라. 고상한 주, 뽐내는 주가 아니시니 생활 면면 다루고 다루면서 함께 걸어온 길이니, 돌부리 넘어진 사건도 다루는 나이다 하라. 이면 저면 속속히(낱낱이) 주고자 하여도 받지 못함이라. 유대인의 하나님이시다 하는 자에게는 그러하다. 천국부터 지옥까지 다 주는 나이니라. 무엇을 얻으려 하랴? 거룩, 거룩만 전하랴? 성경 구절 나열시키랴? 표적, 기사, 이적, 기적 전하랴? 나의 뜻은 나를 두는 것이다. "함께했다" 이를 주는 것이다. 이 가운데, 영서의 이면 저면에서 "나도, 나도" 하는 자가 있지 않으랴? 고생도, 희락도 모두를 위하여 재료로 쓰는 나이다 하라. "되었느냐? 되었다" 하라. 닫으라. 종일 수고한 자이다. 마치자. 이는 어느덧 자정 지나 02:43분이다. 쉼이 필요한 사람(한계)이다. "쉬어라!" 하는 나이니라. 다시 시작하는 하루를 위하여 휴게소 들리는 시간이다! 하라. 장소 이동됨 같이 들어서는, 운전(영서 일) 멈춤이기에 그러하다. 달리기 위한 쉼을 두자. 이상이다. 닫으라.

하늘山
제3일. 니느웨 회개 기도 40-3 (2020. 7. 25. 토요일)

1. 너에 대함이다

이스라엘 사람(들)이다. 집중적인 분석가이다. 시험의 때 면하는 자이다. 이를 위함으로 순응케 하시는 주시라. 계 3:10 네가 나의 인내의 말씀을 지켰은즉 내가 또한 너를 지켜 시험의 때를 면하게 하리니 이는 장차 온 세상에 임하여 땅에 거하는 자들을 시험할 때라. 새로이 세워지는 자, 초 죽음 상황 겪은 자, 배워 보는 자, 집약된 대성가. 자작곡입니다! 하라. '내 모든 짐 내려놓고 …' 성경 보지 않고 듣는 자이다. 이는 영서 시간이다. 이전에 보이신 꿈대로 성령 음성 듣고 내용(메시지) 주실 때 성경의 해당 말씀을 찾는 자, 이를 준비하고 강단서는 자이다. 가르치는 자이다. 세워질 자이다. 토끼 2마리이다. 둘 다 좇는 스타일. 두 아들 세워 놓고(신학대학원 졸업 시기) 내(자신) '일' 준비하는 자이다. …생략… 내가 우선이다. 고후 5:17 … 이전 것은 지나갔으니 보라 새것이 되었도다. 말씀 선포할 때. 성경 창세기 1장 "되리라"에서 계시록까지 아는 자이다. 복음과 대적, 영생과 멸망에 대해서 아는 자이다. 최근까지 두길, 두 세계 요약한 자이다. 이는 위의 천국 아래의 지옥이다! 하거라.

2. "주님! 세워진 성전은 어떻게 되나요?"

멸망의 가증한 것이 세워질 때부터 될 것이다. 마 24:15 그러므로 너희가 선지자 다니엘이 말한 바 멸망의 가증한 것이 거룩한 곳에 선 것을 보거든. 주시 될 곳이다.

남한과 북한 사이. 남방 왕과 북방 왕 사이, 다니엘 11장 말씀을 봐야 하는 부분이다. 세계 평화를 위해 일하는 자처럼 보이는 가증한 것, 적그리스도 체제 아는 자이다. 개척 교회, 세계 선교 사명들 사이의 대립이다.

2022. 1. 29. 토요일. 추가 글입니다.

지금은 두라. 번영기와 같으리라. 백신(접종 시대이다) 이후 편(펼친) 정책이 된 그들이다. 이는 "문 정권이다" 하라. 빌 게이츠에 '내어 준'이나 – "수가 되었다" 하라. 세계인 모으는 그이다 하라 – 한국 교회는 백신 접종자 및 미접종자 구성으로 세워진 이후이다. 현재는 그러한 상황이므로 "주시 되는 한국 교회이다" 하리라. 누가 맞는가? 접전, 공방이라 할지라도 쉬이 사그라지는 정책이 아니니 백신 접종 연이은 자들로 북새통 이루는 한국 사회이다 하라. 이는 "맞나? 틀리나?" 하니라. 그럴지라도 "주는 하실 일이 있다" 하라. 회개이다. 면밀히 보시는 주이시니! 눅 13:29 사람들이 동서남북으로부터 와서 하나님의 나라 잔치에 참여하리니 상황이 되지 않으랴? 지속적 증가이다. 나의 사람은 그러하다. 떨어질지라도! 계 6:13 하늘의 별들이 무화과나무가 대풍에 흔들려 설익은 열매가 떨어지는 것 같이 땅에 떨어지며. 채우는 나이다. 이는 건져내는 자이다. 이러한 부르심 속 자리이다. 이는 맡은 영서 일 의미이다. 북새통 무엇이랴? 완고한 자에 대해서 보자. 히 3:15 성경에 일렀으되 오늘 너희가 그의 음성을 듣거든 격노하시게 하던 것 같이 너희 마음을 완고하게 하지 말라 하였으니. 차례로 두라. 이어 보자. 히 6:1 그러므로 우리가 그리스도의 도의 초보를 버리고 죽은 행실을 회개함과 …. 이는 '다 같은 종이 아니다' 하는 의미이다. 5장 두라. 히 5:12 때가 오래 되었으므로 너희가 마땅히 선생이 되었을 터인데 너희가 하나님의 말씀의 초보에 대하여 누구에게서 가르침을 받아야 할 처지이니 단단한 음식은 못 먹고 젖이나 먹어야 할 자가 되었도다. 이는 광야 아니겠느냐? 세상으로 치우친 자들에 관함이다. 세상 맴도는 자들이라 하라. 여기저기 기웃거림이 아니랴? 한 자리, 두 자리 위치(자리, 보장성, 사례비, 후원 등 모두 그러하다)도 그러한. "나만, 나만" 하는 자도 그러하도다. 제각기 길을 가는 자이니! 사 53:6 우리는 다 양 같아서 그릇 행하여 각기 제 길로 갔거늘 여호와께서는 우리 모두의 죄악을 그에게 담당시키셨도다. 이는 초보자 자리다툼, 키 재기, 자기 높이기, 유명도, 소문에 휘둘리는, 폭풍 같지 않으냐? 시험자가 있는 세상이다! 하라. 이상이다.

3. "중, 대형 교회에 대해서 어떻게 보시나요?"

설립자이다. 맡은 자이다. 우지좌지, 좌지우지 하는 자이다. 개척 단계는 누구나 엎드린다. 최소화! 한다. 벌이지 않는다는 뜻이다. 주님만 바라보려 하기에 주님이 크신 상태 또는 전부인 자들이다. 커가는 과정에서 세력에 의한(성도) 감식 당한다. 키우는 자(목회자)의 올바른 선택이 중요하다. 주의 좋은 성도의 말을 듣지 않는다. 어린 양이 인도자임을 안다. 따라다닌다. 계 14:4 이 사람들은 여자와 더불어 더럽히지 아니하고 순결한 자라 어린 양이 어디로 인도하든지 따라가는 자며 …. 요일 5:14 … 그의 뜻대로 구하면 들으심이라. 교회 방침이 누구 것인가? 성령이, 성령에 의한 뜻이다. 세워진 자, 세워진 곳이 교회이다. 이러한 교회라면 누구의 인도를 받을 것인가? 성령의 인도를 받아야 한다는 뜻이다 - [2022. 3. 17. 목요일. 추가 글입니다. 이 질문은 2010년경에 주신 내용입니다. 한국 교회 전체에 대한 주의 마음을 전하시면서 알게 하신 내용이 있어서 다시 주께 묻습니다. 이 질문도 성령 안에서 하게 하시기에 "알리시는 하나의 방법으로 사용하시기도 합니다" 하라. 너희 안에 소원을 두고 행하시는 주이시다. 빌 2:13 너희 안에서 행하시는 이는 하나님이시니 자기의 기쁘신 뜻을 위하여 너희에게 소원을 두고 행하게 하시나니. "되었느냐? 되었다" 닫으라]

4. 항공기 환상입니다

항공기 안 창문과 창문 곁의 좌석이 보인 자이다. (창가 좌석에 앉아 있는 제 모습이 보입니다) 이는 비행기를 타본 자이기에 그러하다. 하나님의 처소 하늘에 오른 자이므로 생각하느라 창가 옆에 앉아 지구도 함께 내려다보는 자이다 하라. 날(비상) 때이다. 공중 세력 대치자이다. 백마 군대들 144.000이다. 계 19:14 하늘에 있는 군대들이 희고 깨끗한 세마포 옷을 입고 백마를 타고 그를 따르더라. 너는 설왕설래하지만 굳세게 설 것이다. 시온산 깃발이다. 예수 그리스도 기, 깃발. 산 정상에 우뚝 서야. 기 들고 오르는 자, <u>기 세우는 자이다</u> - [2022. 1. 2. 주일. 추가 글입니다. 표지, 지침 되어 말하는 나이다 하라. 이는 자랑이 아닌 "그리스도의 십자가외에는 결코 자랑치 못하게 하려 함이라" 누구든지 그러하다. 성찰(되돌아봄, 자아 내면 점검자 되기 위한)케 하려 함이라. 또한 지향하라. 목적, 방향 설정되게 하라. 닫으라]

5. "ㅇㅇ 책에 대해서 읽어보지 못했어요. 왜 선택했을까요?"

주름이다. 세면대 배수관 모양처럼 '들어가고 나오고' 과정이다. "들어간 곳, 나온 곳은 무엇인가요?" (주름 형태의 배수관이 아닌 둥근 일직선 관을 보이십니다) 비교할 때 주름의 들어간 곳에 해당 "미흡하다" 뜻이다 - 오래전에 나눔을 위해 배부한 책이다! 하라. 충분히 주의 뜻을 구했어야 - 관의 주름이 펴질 때까지 과정이다.

6. "제 생전에 어떻게 무슨 일이 되어가나요? 진행표 알고 싶어요"

'배열 주실' 성령님을 기다려야 하는 자이다. 창 2:1 천지와 만물이 다 이루어지니라(in all their vast array …). 2009년경 하늘의 큰 포도송이 열매 꿈 이후 성경적 질문 속에 펼쳐질 것이다.

2021. 12. 8. 수요일. 추가 글입니다.

보아라. 하늘에 보인 나의 열매이다 하라. 이는 네가 본 2009년경 환상이니 꿈으로 보인 나이다 하라. 길가에 선 자이니 우연히 하늘을 보나 매우 커다란 아름답고 탐스런 열매 포도송이가 아니더냐? "이러한 모습 본 자를 아는 자는 놀라리라" 한 자이다. 왜냐하면 이러한 열매는 지구상에 없으므로 "기이하신 무언가 일을 위함이다" 생각하는 자이다. 주위에서 자신을 알게 되면 이러한 사실로 "어찌 이런 일이?" 하며 받은 자(이는 하늘의 사인(sign)이다! 하라. 장차 열릴 계시=주의 뜻)에 대해 숙연해지리라 의미이다. 이를 안 자이다. 자신에 대해 알리시고 나타내시어(자신이 누구인지 알게 된 그 날이다) 준비케 함이니 이후로 누운 자이다. 이는 활동하지 못하다 의미이다. 장시간 누워 지낸 자이다. 자신의 의지대로 할 수 없는 시기, 영으로 전하신 주님이시다 하라. 환경 차단이다. 사람 접근치 않게 하시고, 성경 읽거나, 누워 매인 채로 가르치신 기간이다. 이 시기는 그러한 포도송이 열매 풀기 위한 '주'의 의도하에 이루어진 자이다. 내 기간을 두어 알리고 알리며 알린 나 아니겠느냐? 하라. 가히 이를 수 없는 일들로 인해 무척 고심되나 알리기를 허락지 아니함은 당시 간직됨이니 쉽게 말할 수 없는 이 시대 교회들과의 차이이다. 내 너를 알게 하므로 다니엘과 같이 놀란 자이다.

'새 예루살렘 성'을 보이느냐? (2020. 7. 23. 목요일, 영서 첫째 날) '나'라 하라. 이도 그러한 네게 보이나 하늘과 땅 차이, 이는 하늘 아버지의 계획과 뜻하심이 전달되어도 아래 땅(세상, 교회들)은 다른 세계 같기만 하다! 하라. 이 격차를 어찌하랴? 왜인가? 하는 자이니라. 사람에게 전달함이 쉽지 않으니 이는 받고, 안 받고의 차이니라. "돌리라" 하나 이미 시간이 지난, 기회가 지난, 돌릴 수조차 없는 많은 변화로 인함이니 이는 지구사이다, 교회사이다 하라. 한국 교회도 이러한 탐닉으로 거대하나(외적 성장) 키를 드는 자 마음에 들랴? 마 3:12 손에 키를 들고 자기의 타작 마당을 정하게 하사 알곡은 모아 곳간에 들이고 쭉정이는 꺼지지 않는 불에 태우시리라. 나의 마음, 나의 마음에 드는 자 몇이랴? 교회는 어떠하랴?

나라는? 이는 마음 아는 자이니 그러한 종종 보임이라. 알게 한 나이다. 네게는 그러하다. 이러함에도 다 보이지 아니한, 이는 내 보따리이니 네게 간직케 하여 임시 맡기나 "어찌 풀랴? 황당하다, 기막히다, 어쩔 수 없다"하며 현실을 봄으로 닫히기도, 좁히기도, 미루기도, 기다리기도, 조바심 내보나 이 고민은 네 평생 되리라. 아나 죄이다 하는 자이다. 알기에 죄이다. 괴롭다 하는 자 아니겠느냐? 이는 근심, 슬픔, 답답함, 한탄이니 자신의 한계 죄 또한 이와 함께 십자가 된 삶, 생애니라.

　나의 사람은 그러하다. 예레미야는 어떠했느냐? 엘리야는? 바울은? 나의 제자들은? 이 시대도 그러한. 나의 마음이 부어지는 바 된 자이기에 이러한 마음이 자신을 자책하기도, 현실에 부딪치기도 하는 자가 됨이라. 이 당시는 많은 것을 보이나 온도 차이 느끼듯 내 안에서와 지구이니 알아도 시원치 않은 종말 상황이라. 교회를 보이나 주 없이 살 수 없는 이 세대이므로 다른 유형이 많음에 '안절부절'한 자니 나의 안 영광은 이러하다 하라. 매우 큰 일은 할 수 없는 일이 되는 것이다. 이는 무엇인지 아는 자이다. 성령의 지시까지 기다려야 하는 자이다. 차츰차츰 손으로 들어오기 시작하는 현재이니라. 그러함에도 영서도 거대한 벽을 보임이니 얼마나 세상 층이 막는 두터운 장벽임을 아는 자이다. 이는 '비바람 함께 가는'(2020. 7. 23. 목요일. 영서 첫날 주신 대로)이 되는 것이다! 라는 의미다. 교회는 네 서류 중 하나이다. 이미 받고 연구 중인 자이다. 신앙 초기, 교회 생활 잘 모르기에 맡긴! 나는 성령을 부어 알게 하여 나의 마음과 나라에서 볼 수 있게 하기 위함이다 하라. 이는 내 눈이니! 계 5:6 … 그에게 일곱 뿔과 일곱 눈이 있으니 이 눈들은 온 땅에 보내심을 받은 하나님의 일곱 영이더라. 보내어 살피는 자 됨이라. 이는 맡김이 "아는 것이 힘이라" 하는 자이다. 나의 접근은 오래전부터 해오나 일은 더디, 막힘과 지체 아니더냐? 왜 그러는가? 보라. 아는 것이 나를 위한 것이다. 이는 배우는 것이니 채우고 채움이라. 네가 본 바 기록 중이나 "기록이 어느 때 끝이 나리요?" 말도 그러하나 글(영서) 분량도 이 양을 어찌하며? 어찌 다하랴? 하는 자이다. "나는 약하다" 강력하신 하나님과 그 사단 아래 세계이니 "나는 어쩌랴?" 하는 자이다. 이는 고심이니라. 이상이다. 닫으라.

2022. 1. 2. 주일. 추가 글입니다.

다시 이으라. 오래 산 자 그곳이다. 이를 보임으로써 내면 활성화 위함이니 나의 것으로 채워야 견디는 시대로 인함이다. 이는 그 당시이다. 시대를 알아야 하지 않겠느냐? 어찌 된 세상인지 누가 무엇을 어찌하는지? 알아야 하며 피하기도, 맞서기도, 구하기도 하지 않으랴? 모략! 잠 20:18 … 지략을 베풀고 전쟁할지니라. 눅 14:28 너희 중의 누가 망대를 세우고자 할진대 자기의 가진 것이 준공하기까지에 족할지 먼저 앉아 그 비용을 계산하지 아니하겠느냐. 마 25:4 슬기 있는 자들은 그릇에 기름을 담아 등과 함께 가져갔더니 이와 같다! 하라. 기름 채우는 시기, 기름 그릇 위함이라. 이는 나의 때! 6 밤중에 소리가 나되 보라 신랑이로다 맞으러 나오라 하매 7 이에 그 처녀들이 다 일어나 등을 준비할새. 위함이 아니냐? 하라. 각자의 일이 있는 달란트(소임, 맡은 일)로서 - 발견치 못한 자 많다. 여전히 그러하다. 이는 한국 교회 모습이라 하라 - 내게 영광을 위하여 힘쓸지니 환난 시대라 하라. 한국(복음의 위탁)을 위한, 지구를 위한(곳곳이다) '나의 설계도' 안에서 진행이 아니겠느냐? 누구, 무엇, 어디, 어떻게? 하며 지시표 두어 나감이니 이스라엘의 성막 중심으로 지파 배치도 민수기 2장 아니겠느냐? 민 2:2 이스라엘 자손은 각각 자기의 진영의 군기와 자기의 조상의 가문의 기호 곁에 진을 치되 회막을 향하여 사방으로 치라. 불 되어 나갈 새 예루살렘 성까지니 나라 선교, 민족 선교! 행 1:8 … 땅끝까지 이르러 내 증인이 <u>되리라</u> 하지 않느냐? 준비이니 교회마다 깨어 일어나라. 사 60:1 일어나라 빛을 발하라 이는 네 빛이 이르렀고 여호와의 영광이 네 위에 임하였음이니라 하심이라 하라.

7. "혼 두께는 어떻게 … ?"

혼돈 속에 구원하시는 하나님이시다. 주님이시다. 영서 첫날 구한 자, 주이시다. 2019년 여름 경고 이후 노심초사 한 자, 달아보시는 하나님이시다.

2022. 3. 18. 금요일. 추가 글입니다.

혼의 두께 다루는 자이다. 한 교회를 방문한 어느 날 아니겠느냐? 이때는 다소 힘든 시기이므로 기도 중에 영 상태를 보임이니 "네 안, 내면이다" 하라. 마치 생명체 같은 물체가 있는데 공처럼 둥글며 그 주위에 벽 같은 두께를 본 자이다. 마치 수박 껍질과 같이 외부를 둘러싼 단단한 막인데 깨뜨려야 할 벽이다. '나'라는 자아이다. 거의 없는 줄, 착각한 자이기에 다소 놀라나 다행으로 여김은 안의 영체는 말랑말랑하고 매우 부드러운 생명력이 느끼는 생명체이며 비교적 크기가 크다. 그에 비해 겉(혼) 두께는 부분이기에 위로와 안심과 감사가 된 자이다. 만약 영체인 생명체가 작은 자라면 반대로 자아, 혼의 두께는 두껍기에 얼마나 훈련이 필요하랴? 혼의 두께를 보며 기도와 성령의 중요성을 더욱 실감한 자이다. 이러한 상황에서 주의 나타나심이니 건지신 주시라. 이는 2020. 7. 23. 목요일, 영서 기록을 위해 나타나심 아니냐? 이 교제는 이전 교제와 다른 '흐르는 물'처럼 주시는 은혜이니 쏟아부으시며 채우심이라. 되었다. 닫으라. 이상이다.

2022. 3. 18. 금요일. 추가 글입니다.

받아 보아라. 이 글은 네 인생 숙제이다. 추수단 보인 자이다. 영서는 그러하다. 알곡이 되나 정제되지 않은 글솜씨이므로 주는 대로(들리는 대로) 받아도, 네 지식 범위 내에서 다루는 나이다 하라. "추수 때이다" 하라. 시대의 끝이니 그러하다. 마 13:39 … 추수 때는 세상 끝이요 추수꾼은 천사들이니. 인생도 지구도 네게는 그러하다. 너를 적절히 부르심이니 왜이더냐? 가족력 가진 자이다. 아픔이 있는 가정이다. 첫째, 3.1 운동 참여자 외조부시니 그의 아버지와 함께 독립운동했음을 인터넷 글에서 본 자이다. 들으면서 자라오나 해당자 되는 '법 개정' 생활지원금으로 서류 준비하면서 자세히 알게 된 자이다. 자료 검색하여 본 자이다. 생전 처음 듣듯 하지 않으랴? 둘째, 6.25 전쟁사에 잃은 친족이 있다. 셋째, 나라의 일로 목숨 잃은 분이 있다. 넷째, 나라의 민주화 과정에서 유명을 달리한 가족이 있다. 우연은 아니다 하라. 다섯째, 부르심(모태로부터 택정을 말씀하신 주시라. 선지자의 부름을 전하신 주시라 하라)과 함께! 렘 1:5 내가 너를 모태에 짓기 전에 너를 알았고 네가 배에서 나오기 전에 너를 성별하였고 너를 여러 나라의 선지자로 세웠노라 하시기로. 이 자리에 온 자이니 '나의 역사'를 전하기 위함이라.

어린 시절의 추억을 적어보아라. 6.25 전쟁이라는 말만 들으면 무서움에 자지러지게 울던 자이다. 성탄절 '크리스마스' 영어 발음이 잘 안되어 '끄뜨리마스'라 한 자이다. 주위의 놀림과 장난삼은 웃음거리가 된 자니 마음에 간직된 자이다(이는 기억을 위함이다 하라). 또한 학교에서 애국가가 나오면 손을 얹고 국민의례를 하는 동안 어린 마음에 '나라'의 소중함도 느낌이니 초등학교 시절 이런 마음이 컸기에 감동을 기억하고 있는 자이다. 그날을 향하기 위함이다. 이는 어린 시절부터 접한 환경이니 어느 날 청와대 꿈까지 이어집니다! 하라. 오래전, "꿈은 이러합니다" 하라. 성년이 되어 청와대에 초대되어 국민의례 시간에 몇십 명 가운데 자리에 선 자이다. 영부인이 보면서 카메라맨에게 지시하여 근접 접근하여 집중 촬영을 하게 한 자이다. 그때 벽면의 큰 봉황(같은)에서 피가 흘러 가까이 오는 것을 보며 깬 자이다. 이는 무슨 뜻이랴? 해석해 보자. 나라의 부름이니 **"나라의 권세를 받는 꿈이다"** 하라(추가 글 2022. 9. 5. 월요일) 이후 나라를 사랑하는 마음(기도)이 생긴 자이다.

성령 세례를 받은 후, 불의를 향한 부르짖는 기도를 하게 하신 주이시다. 신학 기간에 개척 부름과 함께 학업 병행으로 통학마저 무리가 된 시기에 공중에서 나라를 위해 기도하라는 음성을 계속 듣는 자이다. 반복, 지속으로. 그 이후 활동을 정지시키고 나라 포함 전체적으로 영역을 알리시면서 영서 기간에 이르지 않느냐? 나라에 대해 받는 자, 예수를 위해 살기로 한 자이다. 네 꿈은 오직 이 하나이다. 주 예수 안에서 무엇이든 너를 지도 하시는 주이시니 지구도, 나라도, 교회도 모두이다. 어눌한 자이다. 글솜씨 특출한 자도 아닌 자이며 언어 단절된 생활한 자이며 대화법도 잊은 자이다. 성경 지식 넣어 나를 만나기 위해 단절된 시간이니 휴대폰 영상과 외출로 사람들의 말소리를 들을 때 다른 나라 문화 같지 않더냐? 이렇게 몇 해를 산 자이다. 아들들과 소통자이나 이 또한 떨어진 자니 신학 기간이 아니랴? 통화는 이따금 하니 서로의 훈련기이다 하라. 둘째 아들 편입으로 오가며 섬김 자리이다. 할 일이 많아짐으로 오르내리며 뒷바라지 한 자이다. 이는 유일한 교통 이용과 낮의 환한 빛도 겸함이며 자연 선물도 받은 자이다. 먹는 것 보충하는 자리도 되지 않으랴? 아들들 권유로 필요한 것도 얻기도 한 자이다. 꿈 같은 상봉기는 서로 화합을 위한 '끈'이 되기 위한 과정이다! 하지 않았느냐? 이제는 맡기신 일을 위하여 나의 더 깊은 사랑을 배우는 기간이다. (이어지는 내용들과 "김정은 일가에게 주는 나의 편지이다"는 부록 편에 이어집니다)

2022. 9. 5. 월요일. 추가 글입니다.

"나라의 권세를 받는 꿈이다" 하라: 피할 수 없는 상황이다! 하라. 청와대 내부에 선 자이며, 왜 그들 속에 자신이 전체의 중앙 자리에 서 있으며, 영부인에게 발견되고 개인에게 집중되어 '이 사람이다!' 하며 이 지시 속에 카메라맨이 근접 촬영을 하며, 청와대의 나라 통치 상징인 '봉황' 같은 새에서 피가 흘러나와 빠른 속도로 자신에게 흘러 피할 수 없는 상황이라 놀란 자인지를 이해할 수 없는 당시이다. 그러나 한 가지 자신이 나라와 관련 '선택' 된 것만은 아는 자이다. 이는 위의 글, 가족의 민주화 과정에서 겪은 일 당시 이후이니, 결혼 전인지 결혼 후인지 모르나(20대로 기억하는 자이다) 가끔씩 생각나는 꿈이다. 나라 관련 일로 인함이다 하라. 오늘 기록 날짜 넣으라. 이는 나라를 살릴 '영서 메시지'이다 하므로 '책 발간(종말 1)'에 대해서 알린 2022. 7. 21. 수요일, 밤에 주신 내용이니 "한국 교회의 출애굽 상황이 될 '동풍'(이는 민족의 애굽 세력에 지는 한국 교회 상황이다! 이르신 주이시다 하라)이 되어 '길이 열릴 주의 메시지 '종말 1' 책이다" 하십니다! 하라. 그 외 등등 설명과 함께 이어지는 말씀을 받은 자이다. 이 기록을 함께 넣게 하시는 주이시다! 하라. 되었다! 하라.

8. "하나님의 시간표는 어떻게 되나요?"

낙수이다. 세상(땅) 씻기고 건지는 과정이다. 멈출 때 끝난다. 물은 구원의 상징이다.

2022. 1. 29. 토요일. 추가 글입니다.

예수는 생수이다 하라. 요 4:10 예수께서 대답하여 이르시되 네가 만일 하나님의 선물과 또 네게 물 좀 달라 하는 이가 누구인 줄 알았더라면 네가 그에게 구하였을 것이요 그가 생수를 네게 주었으리라. 요 7:37 … 누구든지 목마르거든 내게로 와서 마시라 38 나를 믿는 자는 성경에 이름과 같이 그 배에서 생수의 강이 흘러나오리라 하시니 39 이는 그를 믿는 자들이 받을 성령을 가리켜 말씀하신 것이라 …. 이 말씀은 성령 시대에 관하여 주신 것이니 그리 알라. 내가 가야 온다(보내리니 말한 나이다)! 하므로 '그러한'이다. 요 16:7 … 내가 떠나가는 것이 너희에게 유익이라 내가 떠나가지 아니하면 보혜사가 너희에게로 오시지 아니할 것이요 가면 내가 그를 너희에게로 보내리니. "성령은 나의 영이니 내가 너희와 함께 있겠다" 함이니 받음으로 이루어지는 나의 제자들 당시이다 하라. 너희도 이러한 사모하기를! 행 1:13 들어가 그들이 유하는 다락방으로 올라가니 베드로, 요한, 야고보 … 다 거기 있어 14 여자들과 예수의 어머니 마리아와 예수의 아우들과 더불어 마음을 같이하여 오로지 기도에 힘쓰더라. 이는 교회의 할 일이니 "모이니 기도하더라" 아니더냐? 성령을 위함이다 하라. 성령으로써 나타내는바 나이니 그러하다. 계시 된 요한일지라도! 계 1:1 예수 그리스도의 계시라 이는 하나님이 그에게 주사 …. 기도하지 않으랴? 기도는 무엇이냐? 나를 구한다. 이는 듣기 위함이다. 나의 생각, 뜻, 계획, 마음 모두이다. 이로써 교회를 세우는 나이다. 이는 "성령 운동하는 교회이다" 하지 않으랴? 나를 구하게 하여 내 뜻대로 하기 위한 모임이리라 함이니! 마 12:50 누구든지 하늘에 계신 내 아버지의 뜻대로 하는 자가 내 형제요 자매요 어머니이니라 하<u>시더라 하</u>는 나이다 하라.

교회의 수가 많은들, 그 안 모임의 수가 가득하다 한들 이러한 나의 요구, 교회 세우는 목적이 아닌 나는 들러리이며 그들 중심(주 되어, 주인 노릇, 행세 의미이다)이 된들 무엇이 유익하랴? 이는 그리스도 초보에 머무름이니! 히 6:1 그러므로 우리가 그리스도의 도의 초보를 버리고 죽은 행실을 회개함과 하나님께 대한 신앙과. 나의 애타는 마음을 누가 전하랴? 잔치하는 교회, 행사 위주 교회, 만나서 만담, 잡담, 세상 주제, 논하는 자! 이는 무엇이냐? 나의 관심이 아닌 그들의 주변 관심으로 나의 뜻을 알아도 번복, 반복 행위 하는 자이다. 심판대 앞에 설 때 어찌하랴? 계 20:13 … 각 사람이 자기의 행위대로 심판을 받고. 히 11:8 믿음으로 아브라함은 부르심을 받았을 때에 순종하여 장래의 유업으로 받을 땅에 나아갈새 갈 바를 알지 못하고 나아갔으며. 이는 무엇이더냐? 나에 의한 목적 가진 자이다. '새 하늘과 새 땅'의 예표이다. 계 21:1 또 내가 새 하늘과 새 땅을 보니 처음 하늘과 처음 땅이 없어졌고 바다도 다시 있지 않더라. 갈 바를 정함이니 새 가나안 땅 아니랴? 멀리 바라보기 누가 하랴? 교회가 이를 가르치랴? 우리의 목적은 주 예수 그리스도시니 동행하며 나아가는 길 목적지가 이곳이라 하는 자가 있으랴? 참 선지자 아니랴? 나의 의도를 알아차리고 그의 지시하는 바가 '나'이라 하는 자이므로 그러하다 하랴. 속셈이 무엇인지 나타내라! 하랴? 묻지 아니하여도 알지 아니하랴? 이는 무엇을 위해 교회를 세우며 목회자가 되랴? 전도는 왜 하랴? 사람 모아 무엇 하는 교회이냐? 묻는 나이다. 이를 전해 주어라. 이상이다.

9. "오늘은 무엇을 주실 것인가요?"

성경책 가져오라는 이유, 펴볼 때가 있을 것이다. 영서 첫째 날은 책이다, 출간하라! 하신 주이시다. 이틀째는 다른 일로 다친 자, <u>하루 더 연장 41일로 해야!</u> - [2022. 6. 28. 화요일. 추가 글입니다. '하루 더 연장'은 니느웨 회개 기도 40일의 2차가 되며 영서가 계속 이어지기에 40일 3차를 하게 됩니다. 마치니 다시 4차, 5차, 어느덧 18차까지 이어진 영서입니다! 하라. 이상이다. 닫으라. 되었다! 하라] - <u>영서의 내용은 살진 암소이다</u>. 둘째 아들 잔치 용이다(눅 15:11-32). 눅 15:23 그리고 살진 송아지를 끌어다가 잡으라 우리가 먹고 즐기자 24 이 내 아들은 죽었다가 다시 살아났으며 내가 잃었다가 다시 얻었노라 하니 그들이 즐거워하더라. 마지막 때 건지는 자들이 대상이다. 목회자들, 탕진 자들, <u>돌아올</u>

<u>자들이 대상이다.</u> ……

2022. 1. 29. 토요일. 추가 글입니다.

하나님의 시간표 이어지는 내용이다. '교회의 잔치' 누구를 위함인가? 하라. 마 13:37 … 좋은 씨를 뿌리는 이는 인자요 38 밭은 세상이요 좋은 씨는 천국의 아들들이요 …. 히브리서 두라. 히 5:5 … 너는 내 아들이니 내가 오늘 너를 낳았다 하셨고. 이는 "나의 아들이다!" 하라. 성전 되어 자신을 희생하고 얻게 된 수많은 구원 대상자 아니랴? 이를 둠은 그러하다. 이는 "내 아들이다" 십자가에서 나온 해산한 아들들이라 하는 자이니라. 이러한 교회 잔치이다 하라. 먹고 마시고 행사하는 자 아닌 오직 나를 구하여 생성되는 현상이니 이는 생명이라. 좋은 씨들로써 두는 나이다. 이 잔치에 참여자가 먼저 된 자이다. 나의 은혜에 빚진 자들이라. 눅 7:47 … 그의 많은 죄가 사하여졌도다 이는 그의 사랑함이 많은지라 사함을 받은 일이 적은 자는 적게 사랑하느니라. 이는 너의 사랑은 내게로부터이니 나를 알고 만난 자는 그러하다. 이상이다.

…… (위의 글 다시 이어집니다.) <u>탐진을 적어보자.</u> 눅 15:13 그 후 며칠이 안 되어 둘째 아들이 재물을 다 모아가 지고 먼 나라에 가 거기서 허랑방탕하여 그 재산을 낭비하더니. 먼 나라이다. 세상 지배하에 있는 자들. 목회자 또한 일루미나티 지배하, 교황청 지배하, 세속 교단 교파 포함 '지배하'에 굶주린 자들이다. 영은 생명이다. 살 먹고, 피 마시는. 요 6:53 … 인자의 살을 먹지 아니하고 인자의 피를 마시지 아니하면 너희 속에 생명이 없느니라. 보이는 것 중시하는 자! 자리, 명예, 권력, 내 방식 등이다. 창기는 무엇인가? 눅 15:30 아버지의 살림을 창녀들과 함께 삼켜 버린 이 아들이 돌아오매 …. 음녀이다. 계 17:1 … 많은 물 위에 앉은 큰 음녀가 받을 심판을 네게 보이리라. 바벨론이다. 5 그의 이마에 이름이 기록되었으니 비밀이라, 큰 바벨론이라, 땅의 음녀들과 가증한 것들의 어미라 하였더라. 세상 영, 일곱 영이다. 유혹, 미혹의 영이다. 일곱 귀신 들린 마리아. 7의 수는 완전 장악, 괴롭힌 주체의 종류들,

다양성의 표현, 잡힌 자이며. 막 16:9 예수께서 안식 후 첫날 이른 아침에 살아나신 후 전에 일곱 귀신을 쫓아내어 주신 막달라 마리아에게 먼저 보이시니. 7일 안식과 정 반대 형편, 상황이다. 창 2:3 하나님이 그 일곱째 날을 복되게 하사 거룩하게 하셨으니 이는 하나님이 그 창조하시며 만드시던 모든 일을 마치시고 그날에 안식하셨음이라.

　돼지 쥐엄 열매에 대해 알아보자. 돼지는 식용 외에 존재감이 없다. 산 채 무용지물이다. 육식 목적뿐 즉 짐승 중 가장 미련하다. 공격성도 없다. 당하기만 한다. 가장 육적인 동물이다. 먹고 자고 배설, 생식하는, 생각 없는! 마 7:6 거룩한 것을 개에게 주지 말며 너희 진주를 돼지 앞에 던지지 말라 그들이 그것을 발로 밟고 돌이켜 너희를 찢어 상하게 할까 염려하라. 약육강식 동물 세계로 보면 가장 하등 동물이다. 성경 펴보자. 눅 15:16 그가 돼지 먹는 쥐엄 열매로 배를 채우고자 하되 주는 자가 없는지라. 돼지가 먹는 쥐엄 열매는 인간이 내려갈 수 있는 바닥까지(인간 세계, 너의 표현이다) 와 있는 상황이다. 사람 취급받지 못하는 저급한 삶, 궁핍 상태 '영육 모두, 극심한 고난까지(하나님께 돌아오기까지, 찬송을 주십니다! 하라. '천부여 의지 없어서 손들고 옵니다') 겪는 상황에 대한 설명이다. 회개 전까지의 삶, 요한의 세례와 다르다. 눅 15:12 … 아버지가 그 살림을 각각 나눠 주었더니. "사명, 직분으로 해석해 보자" 13 그 후 며칠이 안 되어 둘째 아들이 재물을 다 모아 가지고 먼 나라에 가 거기서 허랑방탕하여 그 재산을 낭비하더니. 어제 영서 2일째 잃은 자, 다른 일 바꾼 자, 영서 미룬 자이다. 실험 대상 붙인 자, 가장 가까운 사람부터이다. 새 일 시작이다. 어제 겪고 오늘은 앉는 자, 듣는 자이다.

10. ㅇㅇ 나무에 대해 알아보자

　ㄱㅇㅇ 목사 그는 누구인가? 포지션 알아보자. 대적자이다. 평화 가장, ㅇㅇㅇㅇㅇ 소속이다. 한마디로 평화주의자! 인류 전체의 '통합 방식 시스템'

가진 자들, 다스려 보려는 자들이다. 약자 보호자라는 착각마저 들게 한다. 가장한 자이다. 모기이다. 날아다니며 쏜(예수의 피, 생명 아닌 자). 그의 아버지는 누구인가? 마찬가지이다. 전체를 아우르기 위한 제스처이다. 선을 두르는 자, 경계선을 위해서이다. 모으려는 자이다. 단계 보자. 첫째, 모은다! 전체를 하나로 보는 자이다. 둘째, 나눈다! 신분, 대상 분리이다. 격상, 격식 가진 자들, 피라미드 조직체. 셋째, 처리한다! 분류 대상에 따라 바구니 담고, 버리는 자들이다. 넷째, 최종 남기는 자 5억이다. 특수 신분, 위세 가져 보려는 자들. 이들은 하수인이다. 제거 대상자이다. 조직 체계의 말단자! 대제사장, 서기관이 보낸 자들 집사람들, 종 같은 경우, 부리는 자들 해당이다. 막대기 끝의 미끼이다. 낚시대 끝의 지렁이, 영혼 사냥꾼이다. "악하고 더러운 귀신아!" 명하는 대상이다. ㄱㅇㅇ과 수하들 명해야.

2022. 3. 17. 목요일. 추가 글입니다.

위는 한 기독교 단체입니다. 이 글을 망설이다가 이니셜로 대체합니다. "어찌해야 하나요?" 기도를 드리니 저 멀리 '다리' 환상이 보입니다 "강 수위 보인 자, 알려야 하는 자이다"라는 음성을 듣습니다. 이전에 받은 한강의 물 수위로 '서울의 위기 상황'을 알리신 것을 뜻합니다. 그들은 '두 부지깽이 그루터기'에 불과하다. 사 7:4 … 르신과 아람과 그말랴의 아들이 심히 노할지라도 이들은 연기 나는 두 부지깽이 그루터기에 불과하니 두려워하지 말며 낙심하지 말라. 이와 같다! 하라. 목사이냐? 장로이더냐? 선교 단체이더냐? 선교사이더냐? 신학자이더냐? 무엇이라 해도 나의 기준 안에서 보는 것이 마땅치 아니하랴? 이를 이르라. 에서가 아닌 야곱을, 이스마엘이 아닌 이삭을, 나홀이 아닌 아브라함을 왜 선택했느냐?

기득권 남용 시대라 하라. 환상이 보입니다! 하라. 길의 조그만 땅입니다. 또아리 튼 한 마리 뱀이 길에 있으며 그 근처 감추인 한 곳에는 뱀들 군집 장소가 있음을 알게 하십니다. 그곳에서 나온 자이다 하라. 이는 위의 ㅇㅇㅇ 목사이다 하라. 자리 잡고 뱀들이 우글거린다 해도 이를 '교회이다' 하려느냐? '주의 일이다' 하려느냐? 사람의 생각에서 움직이는 자들이다. 베드로일지라도 막아선 자이니 이를 교훈함은 자기 부인의 길이 쉽지 않음이라 전하여라. 마 16:22 베드로가 예수를 붙들고 항변하여 이르되 주여 그리 마옵소서 이 일이 결코 주께 미치지 아니하리이다 23 예수께서 돌이키시며 베드로에게 이르시되 사탄아 내 뒤로 물러가라 너는 나를 넘어지게 하는 자로다 네가 하나님의 일을 생각하지 아니하고 도리어 사람의 일을 생각하는도다 하시고 24 이에 예수께서 제자들에게 이르시되 누구든지 나를 따라오려거든 자기를 부인하고 자기 십자가를 지고 나를 따를 것이니라.

전할 자이다. 전할 뿐이니 "그들 다, 내 손 안이다" 천국이 어디 있으랴? 지옥이 어디 있으랴? 하겠느냐? 나를 알고 죄를 알면 이 모두가 주의 명과 선악과처럼 순종 가운데 경계하지 않으랴? 둘 다 유념 두는 자이다. 이는 치우침, 기울어짐, 쏠림이다 하라. 사시 현상 겹침이니 어느 것이 실체인지 알지 못함과 같으니 선을 행하는 자를 공격함도 이 때문이라. 옳다고 하는 것이 자기 기준 된 자, 전체 운영하는 나이니 내가 잘 알지 않으랴? 내가 결정해야 하지 않으랴? 마음이 굳어 두터워지면 - 이 두께는 성령이 아니니 나와 다른 것이라 하라 - 자기 틀로 사는 자 되느니라. 이를 전하여라. 눅 20:17 그들을 보시며 이르시되 그러면 기록된 바 건축자들의 버린 돌이 모퉁이의 머릿돌이 되었느니라 함이 어찜이냐 18 무릇 이 돌 위에 떨어지는 자는 깨어지겠고 이 돌이 사람 위에 떨어지면 그를 가루로 만들어 흩으리라 하시니라. 누구나 회개의 기회는 있는 것이다. 회개한다, 하더라도 다시 '죄' 짓지 아니하랴? 그러함에도 획기적인 사건이 아닌 이상 어찌 돌이키랴? 나의 나타남이나 누군가에 의해 전달받지 않으면 어찌 알랴? 스스로 두터워짐이니 강한 충격 아니고서야 쉬우랴?

그의 대적은 어긋난 길이니, 부패가 심함이라 전하여라. 알림은 왜이더냐? 개선 여지를 위함이며 돌이키지 않을 시에 어찌해야 하나? 그릇된 자이다 하라. 이는 원수의 기도가 필요한 그이니 그가 박해자가 됨이라. 하나님이 주셨음에도 알리지 못하는 자이다. 개과천선(너희가 나를 알지 못함이라)을 "기다리시는 주시라" 하라. 좌익활동자이다. 대부분은 그러하다. 나의 편이 아닌 자이다. 성전 지도자들 또한 그러하니 나의 편이 누구이랴? 주를 부인하는 자이니 믿는 자를 대적하여 공격하는 그의 활동을 보아온 자 아니더냐? 이에 대해 잘 모르나 "알리신 주시라" 하라. 아닌 것은 "아니다" 하라. 너 또한 사랑 입은 자임에도 나의 뜻에서 멀어짐은 세속화 교회로 인함이 아니더냐? 사람은 모이나 성령 중심이 아닌 교회들이 그러하다. 이상이다. 닫으라.

11. 문재인 대통령! 좌파이다. 실체 드러난 자

…생략… 김ㅇㅇ 보자. 그녀는 누구인가? ㅇㅇ대 ㅇㅇ과 출신이다. 헤롯의 딸 '춤추는 자'이다. 마 14:5 헤롯이 요한을 죽이려 하되 무리가 그를 선지자로 여기므로 그들을 두려워하더니 6 마침 헤롯의 생일이 되어 헤로디아의 딸이 연석 가운데서 춤을 추어 헤롯을 기쁘게 하니. 섞이는 관계들, 나라 성(지도자들의 문제) 혼잡 이유, 좌파들의 '성 문화' 드러나는 표출 계기였다. 박근혜 대통령 보좌들과 다른 자들 ㅇㅇㅇ, ㅇㅇㅇ, ㅇㅇㅇ 등이다. 성추행범 연속 출몰! 짐승 떼처럼. 야수들이다. SNS 활동으로 친근감 보이며 국민 정서 우롱하는 자들이다. 라인이다. ㅇㅇㅇ 등 하수 체계이다. 불쌍히 여긴다? 놓아주다? 아니다. 치료가 필요한 자들. 용서의 기회 때, 회개할 자들이다. 오래가면 하나님이 심판하신다. 입의 검으로 싸우시리라. 계 2:12 버가모 교회의 사자에게 편지하라 좌우에 날선 검을 가지신 이가 이르시되 …. 16 그러므로 회개하라 그리하지 아니하면 내가 네게 속히 가서 내 입의 검으로 그들과 싸우리라.

2022. 3. 18. 금요일. 추가 글입니다.

"이는 당시의 기록입니다" 하라. 문 정권 심판은 '유보된'이다 하라. 역대 대통령 중 가장 악한 자였다. 그의 사죄는 없었다. 회개한 자이더냐? 국민 담화문 발표자이다. 이미 이른 대로 "대역 죄인입니다" 함이 옳은 자이더니 한 장소에 숨은 모습일 뿐(보인 나이다) 기세는 아직이다. 뉘우침은 아니다 하라. 떳떳하지는 않아도 권세의 약화로 숨을 뿐이다. 내놓으라 할만한 자신만만했던 자이다. 의를 알았더라면 숨으랴? 국민 정서를 우롱한 자이다. 인권 변호사 시절 해본 자이다. 사람의 약함을 아는 자, 그럴지라도 진심이 아닌 정책적 사용자이다. 고아원, 양로원 등 소외계층을 도울 마음이 아닌 행위로 한 자가 있느냐? 자신의 명예와 보장을 위한 자신의 정책이듯이 그 또한 그러함으로써 자신의 '의'와 함께 출중치 못한 자들과 손을 맞잡고 공산주의를 지향하며 일거수일투족을 북한 김정은을 위해 한 자이다 하라. 설익은 자이다 하라. 계 6:13 하늘의 별들이 무화과나무가 대풍에 흔들려 <u>설익은 열매가 떨어지는 것 같이 땅에 떨어지며</u>(밑줄 치라). 내게서 온 자인 듯(가톨릭 신자) 하나 "아니다" 하는 자이다. 그는 나의 열매가 아니다. 좌파에서 나온 사회 공산주의 지향자 아니냐?

'좌'는 무엇이냐? 하라. 나의 지향자가 아니다 뜻이다. 인류를 위한 길이 아닌 '파괴자' 김정은이 아니냐? 인권유린, 인권말살, 인권침해 … 나의 아픔이 된 그이다. 나는 그들을 위해 십자가를 지신 주이시니 각 사람을 위해 피 흘림이 아니더냐? 그 김정은은 무엇을 주었더냐? 나의 뜻으로 세운 나라(북한)가 아니다. 그 김일성 1대 지도자는 누구이더냐? 대한민국을 자른 자이다. 동강 낸 자, 스스로 왕이 되려 한 자 "살리자"가 아닌 "죽이자"가 된 그들이 되었다! 하라. 나의 길은 험난한 길이다. 가본 자는 아는 길이다. 가는 자 또한 그러하지 않으랴? 무엇으로 비유할까? 북새통 시장을 가보자. 모두, 다 팔기 위하여 나온 자들이다. 목적은 하나이니 돈벌이(필요해서) 아니냐? 뿌리치고 다니기 쉬우랴? 세상은 이와 같은 곳이다. 보이는 것들, 사람들이 이와 같은 "장사판 같은 곳이다" 하라. 너는 물건 싫어하는 자이다. 먹는 것도 그러한. 사용품을 줄이고 줄인다 해도 짐 같은 자이다. 먹지 않을 수 없어(에너지 문제) 먹는 자이다. 음식 또한 신중해야 하므로 먹기 전, 먹은 후 살피는 자이다. 생명 하나 부지, 지탱이 쉽더냐? "벌고 쓰자, 나누자!"가 아닌 언제? 어디서? 누구와? 무엇을? 어떻게? 어디서? 왜? 이러한 훈련에 지친 자이다. 헤아리고 헤아리면서 간다고 해도 좁은 길이다. 이를 왜 주냐? 어떤 자리이든, 위치이든, 맡긴 일이든 돌아볼 필요가 있다! 하라.

대통령 선거는 치르나(3월 9일 수요일) 이와 같은 자들 속에서 선 자 그이다. 이는 당선자 윤석열 대통령이 아니냐? 그 또한 나의 '의'를 위해서 서야 할 자, 달릴 자이다 하라. 십자가를 질 자이다. 나의 십자가는 '공의와 사랑'이다. 이는 하나님의 마음과 뜻대로 나아갈 자이니, 그의 명분이며 푯대이자 그의 생명이 되는 것이다! 하라. 그는 바퀴이다. 대한민국이 나의 방향대로 가기 위한 두 바퀴 혹은 네 바퀴 되어야 하리라. 산전수전 겪은 자이다. 불의를 아는 자이다. 그럴지라도 나 없이는 이룰 수 없는 내재된 그의 한국을 향한 불타오르는 마음은 나를 향해서 달려야 하리라. 이를 주기 위해서 너를 흔드는 나이니 이른 시간 일으켜 세움이 아니냐? 잠 깨운 '주'이시라. 익숙지 않은 일이다! 하라. 기계 멀리한 자, 영상이 무엇인지 열린 자가 휴대폰조차 과하다, 넘친다, 이와 싸움이다! 하는 자이더니 생전에 노트북 사용하여 '나의 글을 알리는 도구'가 되었으니 이 어찌 됨인가? 여전한 채, 두는 자이다.

바퀴로 사는 자가 몇이랴? 나의 바퀴는 다 빠져 버린 채 서로 나의 운전대에 앉으려는 자들만 우글대며 득실대는 세상이 되어 "대통령이다" 하며 좌지우지 하려는 자가 있다면 나의 심판대에 서지 않으랴? 하라. 이실직고 시대이다 하라. 나, 주 예수의 일은 이러하다. 이는 내 앞에서 살기 위함이니 죄를 회개시키러 온 하늘의 주이시니 땅의 나의 자녀들을 삼기 위함이 아니더냐? 용서와 사랑 이를 알라. 나의 길은 이러하다. 회개, 용서, 사랑, 이는 너희 생애의 삶과 길이다. 그 끝은 나의 품에, 저 영원한 천국에 이르지 않으랴? 이는 실제적인 사랑이니 이 세상의 거짓을 위해 속이는 거짓된 사랑(사랑인 척)에 속지 말아라. 이를 위해 사는 모두이어야 한다. 이를 위해 하나 되기 위하여 민족(한반도 지도)을 주시며 경계를 나눔이니 민족들이 아니냐? 행 17:26 인류의 모든 족속을 한 혈통으로 만드사 온 땅에 살게 하시고 그들의 연대를 정하시며 거주의 경계를 한정하셨으니. 나의 나라를 오기 위한 구분이니 나의 팀들이다! 하라. 이곳저곳 나뉜다 해도 하나의 지구이니 나를 위한 민족의 상이 있지 않으랴? 개인상, 단체상 모두이다.

나라가 같으랴? 민족의 영 또한 알린 나이니, '한국의 영' 내분, 분열의 영을 아는 자이다. 이는 민족적 흐름이니 당파, 당락 싸움의 나라 아니냐? 작은 나라 이리저리 쪼개어 당리당락 좇지 않았느냐? 지난 이씨 조선 왕조는 그렇다! 하자. 여전히 현재까지 그러하니 이제는 하나 되어 일으킬 군단이 필요한 때이다. 원수는 사라지지 않으나 너희끼리 질서는 있어야 하지 않으랴? 순위는 무엇이냐? 이는 영들의 질서이다. 성령에 의한 일은 순응하되 오르고 오르는 나의 길이니 그 누구도 "내 사람이다, 우리이다" 하지 않아야 하는 자들이다. 4가 3이 되기도 하며 2가 1이 되기도 하지 않으랴? 1이 2가 되기도 3이 되기도, 2가 3이 되기도 4가 되기도 할 수 있다! 하라. 육체 안(육체 속에 거하는 영이니) 너희이니, 육체 밖에서 나를 볼 때까지 이러하다. 누구도 자랑치 못한다! 하라. 누가 1위며, 누가 2위더냐? 오직 나만 보며 좇음이니 나에 의한 순위이다. 베드로와 안드레가 형제이더냐? 요 1:40 요한의 말을 듣고 예수를 따르는 두 사람 중의 하나는 시몬 베드로와 형제 안드레라 41 그가 먼저 자기의 형제 시몬을 찾아 말하되 우리가 메시아를 만났다 하고 (메시아는 번역하면 그리스도라) 42 데리고 예수께로 오니 …. 후에는 베드로와 야고보와 요한이며, 베드로의 활약과 베드로와 요한의 활약사도 있다! 하라.

무명한 자 같으나 유명할 자 있으나 이 또한 나의 계획은 얼마든지이다. 유명한 자 가룟 유다(12제자)가 있으니 이 또한 굴러떨어진 자이니 깊은 수렁이라. 탐욕에 빠진 자이다. 이 모든 일이 내게서 나갔으나 그 안에 교만, 자랑, 욕심의 거짓 세계가 있으니 이 또한 나의 시험 '나 사랑 테스트'가 아니랴? 원수가 있어야? 둘 중 무엇이냐? 혹은 그 안에도 층층(마치 계단처럼)이니 오르고 오르지 않으랴? 내려가고 내려가랴? 음부까지? 지옥 가겠다 하랴? 나의 줄 말은 이러하다 하라. 뽐이 아닌, 폼이 아닌 자가 되어야 하리라. 이는 겉치레이니 보이기 위함이 아니랴? 누구에게 보이랴? 사단을 위한 사람 앞에 아니랴? 오직 내 앞에 나를 위한 너희이니 사람은 나에 의한 관계로써 할 일이 있는 대상이다! 하라. 너희끼리 무엇을 하랴? 우리끼리 하다가 푹 꺼진, 사라진 자들이 한둘이랴? 이는 멸망의 길이 아니랴? "우리 교회, 우리 어찌!" 하지 않아야 하는 마치 흙 같은 한 줌이다. '오직 나에 의한 참된 것으로' 자랄지라, 유지하라, 열매 맺으라. 이상이다. 닫으라.

2022. 4. 9. 토요일. 추가 글입니다.

위 내용과 관련하여 회개의 대상들 중 '한 사람'을 주목해보자. 이는 금주의 꿈이다!

하라. 2022. 4. 7일 목요일, 무릎 꿇은 모습이다. 하나님을 찾은 자이다. 그가 탄 엘리베이터(승강기)에 진동이 일어나자 그는 두려워 하나님을 부르며 무언가 회개하는 모습이다. 이를 보았다. 이 글에는 많은 사람 및 교회들 그리고 사람을 지칭하여 악하다 하시는 자들이 있으며 회개를 기다리시는 하나님의 마음도 표출되어 있다! 하라. 그중 어떤 목회자, 나라 지도자와 관련하여 회개자도 있으며 여전히 죄악 가운데 죄가 강성해지는 자들도 있다. 나라의 일은 나라 일대로 교회 일은 교회 일대로 나뉘는 시기이다. 이미 얻은 소득이니 나라 흔들어(진동, 두려움이 아니냐? 이는 코로나 시기이다 하라) 건져낸 자들이 있다. 교회들의 회개 시기이다. 한 줌 흙이 되기 전에, 심한 바람이 불어 흩날리기 전에 다시 엎드릴 '교회 심판'에 관함이다 하라.

이는 왜 주냐? '난리와 난리 소문 속' 지속이다. '나라들의 전쟁이 예견된'이다. 테러화 범죄들(집단) 우후죽순 솟아날, 이 땅의 악이 찬 상태이다 하라. 창 6:12 하나님이 보신즉 땅이 부패하였으니 이는 땅에서 모든 혈육 있는 자의 행위가 부패함이었더라 13 하나님이 노아에게 이르시되 모든 혈육 있는 자의 포악함이 땅에 가득하므로(filled with violence 폭력) 그 끝 날이 내 앞에 이르렀으니 내가 그들을 땅과 함께 멸하리라. 계 20:11 또 내가 크고 흰 보좌와 그 위에 앉으신 이를 보니 땅과 하늘이 그 앞에서 피하여 간 데 없더라. 되었다! 하라. 나의 심판을 알리는 자이다. 너 자신 회개함도 그러하다. 누구든지 회개 없이 나를 보느냐? 보겠느냐? 주의 인자함이 두를지라도 개탄의 때가 있으니 돌이킬 시기라. 더 가까이 이를 때이다. 나오라, 어디든 매임에서 풀릴 때이다. 이를 전하여라. 땅이 진동할 때 누가 남으리오? 하라. 진동은 '나의 노'이다 하라. 히브리서 진동 말씀 두라. 히 12:26 그 때에는 그 소리가 땅을 진동하였거니와 이제는 약속하여 이르시되 내가 또 한 번 땅만 아니라 하늘도 진동하리라 하셨느니라 27 이 또 한 번이라 하심은 진동하지 아니하는 것을 영존하게 하기 위하여 진동할 것들 곧 만드신 것들이 변동될 것을 나타내심이라. 되었느냐? 닫으라. 이상이다. 마치라.

주는 성령이시다 하라. 성령의 통제가 자유이다. 세상의 통제는 죄악이 넘실대는 깊은 바닷속같이 빠질 곳들이니 빠뜨리기 위함이라. 이로써 저들의 정체는 드러났나니 그 아래는 지옥 불이다! 이르거라. 누구든지 회개치 않으면 이와 같으리라. 나를 아는 자는 내게, 그들 주관 속에서 매이고 빠지는 지는 자는 그에게 속하여 다 같이 그곳으로 간다! 하라. 이는 둘째 사망이니 영원히 타는 불 못이다! 하라. 계 20:14 사망과 음부도 불못에 던져지니 이것은 둘째 사망 곧 불못이라.

12. 거짓 선지자들 해당하는 자 보자

교계 지도자들, 로마 교황청, 가톨릭 또한 정치적 선동자들 또는 정치권에 야합 또는 동조자들이다. 엄선된 자들 공격한다. 특히 권위 부여된 자들이다. 이방인과 집권자들 임금들 앞에 서리니 전ㅇㅇ 목사 등등. 눅 21:12 … 너희에게 손을 대어 박해하며 회당과 옥에 넘겨주며 '임금들과 집권자들' 앞에 끌어가려니와. 막 13:9 … 권력자들과 임금들 앞에 …. 행 9:15 주께서 이르시되 가라 이 사람은 내 이름을 이방인과 임금들과 이스라엘 자손들에게 전하기 위하여 택한 나의 그릇이라. '회당과 거리에서' 이는 2014년 교황 방문 때 설명과 말씀을 성령이 주신 자이다. 마 6:2 그러므로 구제할 때에 외식하는 자가 사람에게서 영광을 받으려고 회당과 거리에서 하는 것같이 너희 앞에 나팔을 불지 말라 진실로 너희에게 이르노니 그들은 자기 상을 이미 받았느니라.

2022. 1. 8. 토요일. 추가 글입니다.

이는 가톨릭의 정체성이다. 사람에게 보이려고 하는 것이 많다. 외식이라 말씀하시는 구절을 두라. 위의 말씀(마 6:2)이다. 쾌척자(구제)이다. 그는 그러하다. 그러하므로 당시 주신 말씀은 이러하다 하라. 마 23:5 그들의 모든 행위를 사람에게 보이고자 하나니 곧 그 경문 띠를 넓게 하며 옷술을 길게 하고 6 잔치의 윗자리와 회당의 높은 자리와 7 시장에서 문안받는 것과 사람에게 랍비라 칭함을 받는 것을 좋아하느니라. 이상이다. 이는 그에 관함이니 이를 성령이 "이르라" 하심이라 하라. 도구로 보여지는 영서이다. "나의 줄 말은 많다!"이나 다는 아니라 이름(말하다)은 왜인가? 두라, 사람들이 좋아하는 것이 있다면 무엇이겠느냐? 하라. 다들 이르리라. "돈, 성, 명예이다" 하리라. "아닙니다" 하겠느냐? 십자가의 원수로 행하는 자들이 많다. 왜 그러한가? 이는 흙 성분으로 인함이니! 창 1:2 땅이 혼돈하고 공허하며 흑암이 깊음 위에 있고 …. 2:7 여호와 하나님이 땅의 흙으로 사람을 지으시고 …. 그 안(자기 스스로 옳다! 여김이 많다)에서 얽히고설키어 뒤죽박죽됨 아니겠느냐? 무엇이 무엇인지 잡히는 대로, 만져지는 대로, 보이는 대로, 들리는 대로, 접촉(만남, 교제 모두이다. 해당하는 것들)되는 대로, 끼인 대로, 맞물린 현상대로 "하나님 뜻이다" 하는 자이다 하라.

　이로써 덮이는 환경이다. 안이 그러하니 겉마저 그러하다. 이는 회피하기도, 멀리 두기도, 달아나기도, 도망하는 자이니! 마 24:15 … 멸망의 가증한 것이 거룩한 곳에 선 것을 보거든 … 16 …산으로 <u>도망할지어다 함에도</u> 머무는 자이다. 관망한다, 속는다, 모른다, 당하는 저들이다. 제쳐두기도, 밀치기도 이는 거부 권리이니 해로운 것이 접근할 때 하지 않으랴? 부당하면 이같이 하지 않으랴? 엎기도 이는 주 예수께서 의로 인함이니 "마땅치 않다" 하며 성전을 둘러보신 후 하시지 않더냐? 비일비재하다. 그러함에도 부지기수는 한 방향 몰림 현상되어 우르르! 하는 자들이더니 마침내는 마 7:27 비가 내리고 창수가 나고 바람이 불어 그 집에 부딪치매 무너져 그 무너짐이 심하니라. 이는 권능을 잃을 때 생기는 일이다. 사데 교회가 되면! 계 3:1 … 살았다 하는 이름은 가졌으나 죽은 자 이렇지 않으랴? 라오디게아 교회가 되면! 계 3:17 네가 말하기를 나는 부자라 부요하여 부족한 것이 없다 이렇지 않으랴? 버가모, 두아디라, 에베소 교회 모두이다. '나 없이도!' 하는 자니 이는 걸림이라, 넘어짐이라. 한국 교회는 이러하여 무너짐이 심하니 현세에서도 그러하거늘 내세는(음부, 지옥)는 어떠하랴? 주는 바이라 하라.

　한국 교회의 권태기이다. 나는 그러하다. '말 많은' 쏟아지는 홍수 설교이나 듣지 않겠느냐? 하나 사 1:15 … 너희가 많이 기도할지라도 내가 듣지 아니하리니 …. 예배의 열심 교회' 한국이 아니더냐? 기도(예배 참석) 비례하여 나의 사랑인 줄 아느냐? 모임을 좋아하는 나인 줄 아는 자이다 하라. 죄지은 자를 교도소 왜 보내겠느냐? 분리, 교화 단계, 회개하라 의미이다. 바꾸어 나오라. 버리고 새 출발까지 그곳 있으라 함(유배) 아니겠느냐? 이와 같은 나의 마음이니 범죄자 대함이라. 나는 그러하다. 사 1:4 <u>슬프다 하지 않느냐</u>?

11 … 기뻐하지 아니하노라 13 … 모이는 것도 그러하니 성회와 아울러 악을 행하는 것을 내가 견디지 못하겠노라 14 내 마음이 너희의 … 를 싫어하나니 그것이 내게 무거운 짐이라 내가 지기에 곤비하였느니라 24 … 내가 장차 내 대적에게 보응하여 내 마음을 편하게 하겠고 …. 나를 위해 하는 자가 아니다! 함에도 지속하는 것이다. 나를 홀대히 대할 때 그러하다. 시시해진, 무뎌진, 데면데면한, 굳어진 아니겠느냐?

오직 성령으로 보이심이니! 고전 2:10 오직 하나님이 성령으로 이것을 우리에게 보이셨으니 성령은 모든 것 곧 하나님의 깊은 것까지도 통달하시느니라. 구하게 한 나이다. 행 1:4 사도와 함께 모이사 그들에게 분부하여 이르시되 예루살렘을 떠나지 말고 기다리라 하지 않더냐? 5 … 너희는 몇 날이 못 되어 성령으로 세례를 받으리라 한 나이다 하라. 그러므로 구했으니 13 들어가 그들이 유하는 다락방으로 올라가니 … 14 … 더불어 마음을 같이하여 오로지 기도에 힘쓰더라. 그러하므로 부은 바 되신 "주 성령이시다" 하라. 행 2:4 그들이 다 성령의 충만함을 받고 성령이 말하게 하심을 따라 다른 언어들로 말하기를 시작하니라. 이는 행 1:8 오직 성령이 너희에게 임하시면 너희가 권능을 받고 예루살렘과 온 유대와 사마리아와 땅끝까지 이르러 내 증인이 되리라 하시니라. 이러한 역사자 주시라! 하라. 나를 사랑하는 자들의 이야기, 스토리이다. 나와의 일어난 일 소개한 사도행전 저자 '누가'이다. 이상이다.

'성령으로! 성령으로!' 하지 않겠느냐? 이제는 그러하다. 계 14:1 또 내가 보니 보라 어린 양이 시온산에 섰고 그와 함께 십사만 사천이 서 있는데 …. 4 이 사람들은 여자와 더불어 더럽히지 아니하고 순결한 자라 어린 양이 어디로 인도하든지 따라가는 자며 …. **관망자는** - 고전 1:22 유대인은 표적을 구하고 헬라인은 지혜를 찾으나 - '나와 다른'이다. 뒤를 이으라. 23 우리는 십자가에 못 박힌 그리스도를 전하니 …. 그러하도다. 이로써 나의 제자로서 의무이니 나의 사랑을 입은 자라. 성령으로써 나타나는바! 고전 2:4 내 말과 내 전도함이 설득력 있는 지혜의 말로 하지 아니하고 다만 성령의 나타나심과 능력으로 하여 5 너희 믿음이 사람의 지혜에 있지 아니하고 다만 하나님의 능력에 있게 하려 하였노라. 약속 있는 복음으로써 서는 자들이라. 복음은 하나님의 능력이다. 이를 믿으라. 찬양을 주십니다! 하라. '빈손 들고 앞에 가 십자가를 붙드네. 의가 없는 자라도 도와주심 바라고 생명 샘에 나가니 나를 씻어주소서'

하라.

세팅(배열)이다. 다 이루기 위함이다. 창 2:1 … 다 이루어지니라. 구원을 위한 영서 아니겠느냐? '나의 생명' 위한 내보냄이니, 네게 꿈으로 산의 배열자 '목회자'들을 나열, 분류 보인 나이다. 코로나 세상 두려우나 "백신으로 한숨 돌린 자들이다" 하라. 출 8:15 그러나 바로가 숨을 쉴 수 있게 됨을 보았을 때에 …. 자신과 싸우는 자들이다. 내면 문제로 인함이니 외부와 연결 아니냐? 잘해오면 성내랴? 이는 복음(전하는 자)에 대한 자극이 화풀이가 되는 유형이다. 세력 중심으로 모여 살더니 "일개 아무개에 대한 어찌 대하나?" 하며 전하는 자에 대한 자세를 이런 식으로 한다. 저들이 그러하다! 하지 않더냐? 세력은 누르면 나오는 것이다. 자신보다 더 강한 악의 세력은 두려워하고 나의 복음에는 화내는 자, 들썩이는 자(용암 끓듯), 솟구치는 자(분출자), 내팽개치는 자, 심지어 산의 배열 그 끝 선(줄 세운 나이다)에 선 자들은 영서를 전하는 자를 죽이려 함이니 이는 "의에 대한 반응이다" 하며 보인 나이다. "세력이 있기 때문에 그러하다" 주는 나이다.

코로나는 백신이 답이 아니다 하라. 그러함에도 맞음은 무엇인가? 위안인가? 강한 자, 세상 권세자들로 인함인가? 하라. 사회의 기초는 무엇인가? 소금과 빛이다. 마 5:14 너희는 세상의 빛이라 산 위에 있는 동네가 숨겨지지 못할 것이요 15 사람이 등불을 켜서 … 등경 위에 두나니 이러므로 집 안 모든 사람에게 비치느니라. 드러내기 위하여 보내는 나이다. 백신 맞지 아니하고 구별됨이 낫지 않으랴? 구분 지어 보이라 하며 '통계자' 되어 나선 이들이니 백신 '수'(백신 '병들') 우르르 던짐 아니냐? "옛 다, 받으라! 맞으라! 죽을 수도 살 수도 있다" 하며 던짐에도 덥석 받는 자들이다. 나라 예산 초과자이다. 물 쓰듯 써 버리는 자 홍보자 문 대통령 아니냐? "나 대통령이다" 하며 구제인양 활보 자이다 하라. '의학의 힘' 믿는 자이더니(백신 계약자) 책임도 아니겠느냐? 살릴 자 위해 맞힌 정책이더냐? (이는 살아남는 자이다) 자신이더냐? 누구를 위함인가? 하라. 요 10:11 나는 선한 목자라 선한 목자는 양들을 위하여 목숨을 버리거니와 …. 그는 나라를 위해, 국민을 위해 무엇을 버렸나? 물으라. 대신 죽은 자들이 버렸느니라 하랴? 이도 아니라 하라.

내가 버린 것! 요 10:11 … 선한 목자는 양들을 위하여 목숨을 버리거니와. 이미 이룬 일이니 그러하다. 이로써 너희에게 생명이 된 너희이다. 내가 보호, 지키지 않겠느냐? 생명(피)의 언약 되어, 하나님의 자녀 되어 요 1:12 영접하는 자 곧 그 이름을 믿는 자들에게는 하나님의 자녀가 되는 권세를 주셨으니 믿음에 거하는 자이더니 세상이 만만치 않더냐? 호락호락할 자들 아니기에 그러하도다. 창 3:5 너희가 그것을 먹는 날에는 …. "먹어봐" 하는 자들은 세상 끝날까지 시험하기로(두기로) 한 자이므로, 믿는 자의 주가 되어 물리치는 주가 아니시겠느냐? 그러함에도 "괜찮은데" 하며 1차, "괜찮아, 죽지 않아" 하며 2차, "맞지! 맞자!" 하며 3차, 여기까지 왔으니 "휴 살았네, 다행이다!" 하며 4차, "믿을 만한, 백신이야!" 하며 5차, "더 없나? 살아 있네, 역시!" 하며 기다리랴? 더 이상 백신이 아니다 할 때 어찌하랴? 불안하지 않으랴? 의지해온 의약품 '정부 시책'에 대중, 무리 되어 "뭉치자"한 나라이니, 너도나도 아우성치지 않으랴? "도대체 뭔가? 이제 죽는 건가?" 하지 않으랴?

 코로나 감염에 죽었다 하자, 두려우랴? 하나님 부르심이니 매일 매일 성결하게 살다가, 주만 사랑하다가 안기자! 하지 않으랴? 백신 부여 잡음은 일말의 희망인가? 자신에게 물으라. 시책의 강권, 강제성, 강압으로 인함인가? 물으라. 사회 체면이다. 너도나도 맞는 추세 피할 수 없으니 민폐이다! 함인가? 물으라. 교회, 교회이다! 전원 참석 기회이다. 섞어도 좋다. 일단 백신을 맞아야 %(출석률) 높인다! 하며 맞음인가? 물으라. 우리 교회뿐이랴? 대세이다, 추세이다, 안 하면 왕따이다, 이상하게 본다, 교회들도 다! 맞히는 흐름이다! 하며 눈치 살피다가(이리저리 누구는? 어디는? 살피다가 결정하다) 채근하며 결국 맞자 한 자인가? 물으라. 죽음은 하나님 뜻이 아니다 하며 교회 위함이다, 주의 일 위함이다 함인가? 물으라. 기도 했느냐? 주께서 허락하심이니 모두 맞음이 '나은'이다 함이냐? 전하라. 복음이니 알려야 하지 않겠느냐? 영광, 감사하며 널리 널리 교회마다 잔치하듯 내게 나아오지 않으랴?

 사회에 답을 주라. 이는 교회의 할 일이다. 내게 묻고 물으며 "어떠하다. 주께서 이렇게 말씀하신다!" 해야 신뢰하지 않으랴? 이는 빛, 소금 아니겠느냐? 그럼, 온 교회가 백신 접종률 세계 1위 국가 되게 공헌함이니 나라 공로, 치하 대상 되지 않으랴? 무엇이든 내놓으라. 어떠하다 소신을 두라. '예배 출석률'(%) 높인 그들(외형은 그러하다)이니 은혜로 보랴? 그리 알고 한 믿음의 행위인가? 돌파구 때인가 하랴? 무엇이든 내놓으라. 부모가 말씀하신 '위기' 봉착 시점에서 대안, 해결책 제시해야 자녀 아니겠느냐? "코로나는 위기이다!" 아는 자들이다. 교회는 그러하지 않으랴? 이 위기와 백신은 무슨 관계이냐? 말하지 않으랴? 교회도 잘 알지 못하니 세상은 오죽이랴? 하지 않게 함이 내 뜻이라 하랴. 이는 시대의 숙제이다. 북한이 핵을 왜 두냐? 가르치라. "나라가 어떠하다" 알리라. 이는 파수꾼의 경성함이라! 하라. 몇 교회는 그러하더라. 다는 아니니 이는 위험하다 듣지 말자 하랴? 대부분 교회가 이러하니 "맞다" 하며 따르게, 믿게 하랴? 무엇이냐?

　나의 답답함이 이루 말하랴? 이스라엘의 모세를 보라. 제시한 자이다. 아는 자이다. 그러므로 내보인 지도자이다. 결국은 '가나안 지경까지 이른 이스라엘 되게' 그의 역할은 중대하다. 여호수아 후계자 이어 뜻을 이루도록 하지 않더냐? 이러한 이스라엘도 무수히 넘어진 광야의 죽은 수, 사망자들 아니더냐? 하나이든, 둘이든, 몇이든 나의 뜻을 아는 자로 이루어지는 나의 뜻이니 이 가운데 '시대 사명자'가 몇이랴? 얼마의 교회이랴? 개교회 시대이다 하며 교회만 지키자! 하며 사수하는 건물 교회가 되랴? 시대에 사명을 알리는 교회가 되랴? 이러한 교회들을 통해 들으랴? "자신을 점검하라! 하는 나이다" 하라. 무너진 철책선 분단 한국 잊지 마라. 교회 하나 붙들고 천국 가자! 하랴? 주가 천국 아니겠느냐? 너희 의가 천국이 아니다. 이를 잊지 마라. 나의 의로 부름이다. 양육이니 성장으로 제자 되어 땅끝으로 내 나라, 내 백성 삼으려 하나 거대한 제국(세상 세력)이 가만히 있으랴? 너희를 내 편(자신들) 되게 하여 "하나 되자" 하며 "우리 힘을 기르자" 하지 않으랴? 이편저편 싸움이니 '주'시냐? 아니냐? 하라. 오직 이로써 달린 것이 '새 예루살렘 성' 가기 위함이 아니더냐? 나의 신부 대기자들 줄지어 세워 이르게 하는 시대이다. 너희가 이를 알라! 하며 이르고 또 이르고 하며 새김질하여 마음과 생각에 기록 두게 함이 아니냐? 하라.

　카톨릭의 구원과 기독교의 구원이 무엇인지 아느냐? 이를 두라. 사망 권세 아는 자는 이기는 자이다 하라. 이는 Key 열쇠이니 하늘 문이 열릴 때 알 수 있으리라. 계 3:7 … 곧 열면 닫을 사람이 없고 닫으면 열 사람이 없는 그가 이르시되. 적으라. 너는 새 같지 않으랴? 지저귀는 새이다. 듣고, 적고, 나누고, 네 날 하루 '매일'이 그러하다. 이상히 여기지 마라.

이는 익숙한지 오래이다. 성경 말씀 보기 '눈'이 영서로 바뀌어 비중이 커짐이니 그리 알라. 8 볼지어다 내가 네 앞에 열린 문을 두었으되 …. 성경은 네 옆에 24시간 떠나지 않은 책이라 하라. 네 삶이 된 지난 날이다. 이제도 그러하다. 보지 못하는 그 날이 이르기까지는 애착 된, 장착된(무기), 필수 된, 생명 된 가장 소중한 대상 아니겠느냐? 영(성령)과 책(성경)이면 족하다 함이니 이렇듯 체질화 시킴이 내 뜻이다. 단으라. 또, 한 말씀 두라. 마 16:18 또 내가 네게 이르노니 너는 베드로라 내가 이 반석 위에 내 교회를 세우리니 음부의 권세가 이기지 못하리라 19 내가 천국 열쇠를 네게 주리니 …. 이는 무엇이냐? 하늘 권세 '내 권세'가 너희에게 다 말하는 이것 아니겠느냐? 고전 2:10 오직 하나님이 성령으로 이것을 우리에게 보이셨으니 성령은 모든 것 곧 하나님의 깊은 것까지도 통달하시느니라. 40일 명한 나이다. 이는 1차가 된 이어진 이후니 14차 아니겠느냐? 주라 그리하면 주리니 말씀 두라. 눅 6:38 주라 그리하면 너희에게 줄 것이니 곧 후히 되어 누르고 흔들어 넘치도록 하여 너희에게 안겨 주리라 너희가 헤아리는 그 헤아림으로 너희도 헤아림을 도로 받을 것이니라. 이상이다.

13. '옛적 길 곧 선한 길' 선지자들에게 물어보라

렘 6:16 … 옛적 길 곧 선한 길이 어디인지 알아보고 그리로 가라 너희 심령이 평강을 얻으리라 …. 사무엘에 해당! 기름(하나님 뜻 알게 한다. 공의, 사랑, 진리 등이다) 붓는다! 이는 영서이다.

2022. 1. 29. 토요일. 추가 글입니다.

영서를 두는 이유에 관함이다. 이는 지구전이니 "세계 평화 위장된 코로나 사태이다" 하라. 이는 백신에 관함(관련이다)이니 정한 자 "모의시험 시기이다" 하라. 세계 인구 '센서스'이므로 세계 정상하에서 이루어지는 제도권 나라에 대한 제재안에서 협약한 백신 구입이라! 하라. 국가 정상은 살아도 나라마다 희생된 수많은 사람이니 '전 세계 인구 감축'

아니더냐? 유행성이라 하랴? 전시라 하랴? 이는 지구전이다! 하라. 막후 세력 가진 자에 의한 '하나님의 막대기들'로써 나타내어 다루시는 진리와 미혹에 대한 - 요일 4:6 … 진리의 영과 미혹의 영을 이로써 아느니라. 살후 2:11 이러므로 하나님이 미혹의 역사를 그들에게 보내사 거짓 것을 믿게 하심은 12 진리를 믿지 않고 불의를 좋아하는 모든 자들로 하여금 심판을 받게 하려 하심이라 - 시험이니 표(짐승표)를 두기 위한 진행 과정이다 하라. "무엇이 나오며, 무엇이 개발된다!" 하는 세상이다. 인간의 몸에 '이식' 위한 점차 지능화 또한 기술력이다. 마 10:16 보라 내가 너희를 보냄이 양을 이리 가운데로 보냄과 같도다 그러므로 너희는 뱀같이 지혜롭고 비둘기같이 순결하라. 이 시대에 이르는 말이다. "무엇이 좋다!" 하나 그 무엇이 무엇인가? 주체를 아느냐? 하라. 이는 어디로 와서, 무엇을 위함인지, 어떻게 과정이 이루어지는지 "알라"이다. 이는 지혜이다. 계 13:18 지혜가 여기 있으니 총명한 자는 그 짐승의 수를 세어 보라 그것은 사람의 수니 그의 수는 육백육십육이니라. 단 12:3 지혜 있는 자는 궁창의 빛과 같이 빛날 것이요 …. 10 많은 사람이 연단을 받아 스스로 정결하게 하며 희게 할 것이나 악한 사람은 악을 행하리니 악한 자는 아무것도 깨닫지 못하되 오직 지혜 있는 자는 깨달으리라.

 세대 간의 격차로 살 것이 아니니라. 의인이냐 악인이냐?, 주의 뜻대로이더냐 사단의 뜻대로이더냐? 차이 아니냐? 주의 종이더냐 사람의 종이더냐?, 주를 기쁘시게 하랴 사람을 기쁘게 하랴? 오직 초점은 '구원의 주'시라 하라. 이를 위해 사람도, 교회도 있지 않으랴? 이로써 영서를 두는 바이니 들을 귀 있는 자는 들으라. 목적지에 따라 사는 자들이다! 하라. 주에 의해 살고, 주에 의해 사는 인생이다. 주가 행하시는 일과 사단이 행하는 일로써 다루라. 이는 영서의 할 일이며 수하들의 움직임과 그 활동을 보면서 주의 가르침 속에 살라. 이는 어지러운 세상 아니더냐?

 백신이 어디로부터 왔느냐? 물으라. 왜 맞지 않느냐? 물으리라. 이는 맞지 않은 자이다. 어느 날 '갑자기 나온'이 아닌 점차 표출된 것이기에(수면 위 떠오르는) 그 과정을 보아온 자의 결정이다! 하라. 산 비탈길에서 굴리는 자 있는 '와르르' 쏟아진 백신 병들 아니랴? "어, 어!"하다가, 보면서 피하지 못함은 구르는 속도와 미처 피하지 못하는 많은 사람으로 인함 아니냐? 누구도, 누구도 맞더라. 어느 교회도 그러하다. 이는 국가 정책이니 따르리라.

예배를 위함이 아니냐? 하라마는 산비탈 길 아래, 오랜 주시자는 행태를 보아 온 아니냐? 굴릴 준비자들이므로 "나는 맞지 아니하리라" 한 자이다 하라. <u>백신은 "카펫이다"</u> 주시므로 받은 자이다. 이는 대환난 기간 '짐승 표'를 행하기 이전에 <u>모의시험</u>으로 족하다(전 세계 접종 수) 하는 저들이니 파악 자이다. 이로써 '<u>레드카펫</u>'이 된 진입로 되었으니 이 기간은 실험 대상 된 인류(세상, 세계, 각국 나라)이다 하라. 또한 Key 열쇠가 되는 짐승 표를 위한 먼저 제공한 '<u>열쇠고리</u>'라 하라. 이도 받은 자, 메시지이다. 그러나 열쇠 '짐승 표'는 받지 않아야 함이니, 어떤 자에게는 선물이다!(이는 열쇠를 끼우는 고리 아니냐? 이는 유착시키는 수법 아니냐?) 하며 좋아할 자 있으련만, 이는 믿음이 아니다 하라. '자원' 유도이니 국가 정책 강제성, 강요로 이루어진다! 할지라도 <u>스스로</u> 선택이 아니냐? 그날 '표' 시기에는 피할 자 누구랴? 목숨 잃을 만큼 싸우랴? 목숨 던질 만큼 세상 모든 제공, 제도 포기할 수 있으랴? 교회 지킨다, 예배 위함이다 하며 그때에도 짐승의 표 받으랴? 이는 당위성이다! 하랴?

기독교 전체가 항거하지 못함은 우후죽순, 뒤죽박죽, 얽히고설킨 이 때문 아니더냐? 그러함에도 이 때문이라 할지라도(이로써 되지 않았지만) 이리 붙고 저리 붙고 현실 목회자로 인함이니 그러하도다. 기독교 전체가 3.1절 민족 운동 '나라 회복'을 하듯 일어났더라(거부 행사) 어떠했으랴? 죽어도 주를 위해 죽자. 미접종자가 코로나 걸려 죽으면 '주를 위한 영광' 아니냐? 사랑은! 고전 13:6 불의를 기뻐하지 아니하며 진리와 함께 기뻐하고. 이를 두라. 이로써 나의 뜻을 나타냄 아니냐? 인사(사람 위치, 자리, 등용 모두이다)보다 인권을 위해 살라. 목회자는 이러한 자이다 하라. 사람의 권리 그 생명은 나만이 다루는 자이다. 이 사람, 저 사람 누군가에 의해 좌지우지하랴? 주의 생명이니 주가 살리시고 죽이시지 않으랴? 이는 세력이다. 한 편에서 불어오는 바람이니 오랜 준비자들 그들 아니겠느냐?

악(코로나 생화학 바이러스 전 아니냐?)이 선(백신)도 주랴? 살인 무기든 강도가 살리랴? 위장자이다 하라. 출애굽기 두라. 생명을 나일강에 던지는 자들이다. 출 1:22 그러므로 바로가 그의 모든 백성에게 명령하여 이르되 아들이 태어나거든 너희는 그를 나일강에 던지고

… 계 12:17 용이 여자에게 분노하여 돌아가서 그 여자의 남은 자손 곧 하나님의 계명을 지키며 예수의 증거를 가진 자들과 더불어 싸우려고 바다 모래 위에 서 있더라. 싸움(공격, 전쟁)은 점차 커지리라. 교묘한 수법화 되지 않으랴? 지혜에 자라가라. 이는 살길이다. 평화 위장, 가장 공세 시대이다. 거대한 세력, 사단 주축하 이루어지는(피라미드 조직체 알린) 세상 제국이다! 하라. 피난길 오르는 세계 난민일지라도 영원한 나라 향하므로 생명의 호흡(숨, 생기), 양식, 힘이 되지 않으랴? 목적지는 주와 그의 나라이다. 새 예루살렘 성으로 오르라. 이는 영서의 할 일이다! 하라. 이상이다. 닫으라.

14. 살림에 관하여 또는 재물

눅 15:11 또 이르시되 어떤 사람에게 두 아들이 있는데 12 … 아버지가 그 살림을 각각 나눠 주었더니. 은사 또한 하나님은(나는) 지키길 원한다. 나와 너의 관계 언약이다. 아브라함 언약을 발설하지 않아야. 이는 영서, 책 발간 관함이다.

2022. 1. 2. 주일. 추가 글입니다.

발간 예정 책에 관함이다. 보안 및 차단 위한 조치이다. 사람은 안다. 자신의 아는 바를 개입시키려 하므로 혹은 관여이다. 참견 및 설득자 많은 시대이다. 끼임도 있다. 슬쩍 엿보는 자, 취하려 하는 자, 별의별 등등 인함이다. 이러한 시기 되므로 알리지 않는 것이다. 이상이다. 집필기 동안 은혜 나눈다? 아니다. 영적 전쟁 아는 자이다. 고유로 지키자. 나는 고유 명사이다. 고유 명사일 때 경우이다. 책에 대해. 나의 영광 '책'이다. 모세 등 뒤 나타나신 하나님의 영광이다. 출 33:21 … 내 곁에 한 장소가 있으니 너는 그 반석 위에 서라 22 내 영광이 지나갈 때에 내가 너를 반석 틈에 두고 내가 지나도록 내 손으로 너를 덮었다가 23 손을 거두리니 네가 내 등을 볼 것이요 얼굴은 보지 못하리라. 반석을 내가 치랴? 민 20:10 … 모세가 그들에게 이르되 반역한 너희여 들으라 우리가 너희를 위하여 이 반석에서 물을 내랴

하고. 우쭐 대지 않아야 한다. 무익한 종은 일하고 끝자리, 낮추는 자! 눅 17:10 이와 같이 너희도 명령 받은 것을 다 행한 후에 이르기를 우리는 무익한 종이라 우리가 하여야 할 일을 한 것뿐이라 할지니라. 섬기는 자 자세(자기를 낮추는 자, 자랑하지 않는, 우쭐대지 않는)로 살자. 이상이다.

15. 명품에 대해서이다

알리라. 개인 교회에게 받는 자, 이는 '교회가 교회에게'라 하라. 이는 영서의 역할이다. 성경의 명시를 보자. 부자(눅 16:9)는 사치, 호화, 잔치하는 교회. 개들처럼 여기는 자이다. 나사로 보자. 상에서 떨어지는 것, 개들도 헌 데 핥더라. 눅 16:19 한 부자가 있어 자색 옷과 고운 베옷을 입고 날마다 호화롭게 즐기더라 20 그런데 나사로 이름하는 한 거지가 헌데 투성이로 그의 대문 앞에 버려진 채 21 그 부자의 상에서 떨어지는 것으로 배불리려 하매 심지어 개들이 와서 그 헌데를 핥더라. …생략… 부자 교회는 라오디게아 교회이다. 계 3:15 내가 네 행위를 아노니 네가 차지도 아니하고 뜨겁지도 아니하도다 …. 17 네가 말하기를 나는 부자라 부요하여 부족한 것이 없다 하나 …. 돼지는 미련한 짐승. 육신적 누리는 부분, 명절 때 모습 너는 주고받을 때 아닌 것 아는 자, 이는 **한국 문화의 문제이다(추가 글 2022. 1. 2. 주일)**. 회개의 시대! 적그리스도 전환기, 등장기이다. 주 내려오시는 모습과 지상 위에서 막아선 자의 **대치 모습을 보인 자(추가 글 2022. 1. 2. 주일)** 너는 누리지 않아야. 영 깨어 있으려 몸부림치는 자(지기도 하지만-유튜브 영상 집중은 타인의 삶 보는 자이다) 사랑 제일 교회(전 목사)는 서머나, 버가모 교회이다. 라오디게아 교회와 대조적이다.

2022. 1. 2. 주일. 추가 글입니다.

한국 문화의 문제이다: (한 교회의 예입니다. 꿈과 환상으로 주신 모습입니다) 교회가 보이며 전체 모습이 '돼지 형상'으로 건물 외형을 본 자이다. 건물로 보여지나 건물의 외형이 비대한 돼지 모습이며 돼지의 얼굴 면은 교회의 문 입구로 보인 당시이다 하라. 목회자들의 부요함 의미이다. 서로 나눔, 채움이니 "육신적 과다하다" 하라. 한 성도가 외로이, 지친, 허름한 자로 보이며 교회 문을 향해 들어가나 가난한 성도이다. 외형도 영도 그러하다. 이를 주라. 교회는 목회자들을 위하여 세운 것이 아니다 하라. 나를 위한 것이니 "나를 구하라" 아니겠느냐? 외로이 찾은 가난한 한 성도 모습이니 누구를 위함인가? 과다, 축적, 비만한, 돼지 유형이니 동물 형상 비유 아니겠느냐? 하라. "이는 어느 교회입니다" 하라. 지속적 보이시는 환상이 있으나, 메시지와 분별이 주어지나 전하지 못한 자이다. "그러하다"로만 알게 되어 현재까지이니 나의 마음 이루 답답하지 않으랴? 차곡히 보인 알린 자료나, 이는 한 부분의 나의 교회일 뿐 수두룩 많다. 라오디게아 교회가 한둘이랴? 이는 한국 교회의 추구자 목회자이니 성전(나 '주'시라 하라) 모르는 자들이라 하라. 알아도 나 외에 두는 것 많다! 하라. 섞인 것 많다. 사 1:25 내가 또 내 손을 네게 돌려 네 찌꺼기를 잿물로 씻듯이 녹여 청결하게 하며 네 혼잡물을 다 제하여 버리고. 찌꺼기, 혼잡물 제하라 하지 않느냐? 이와 같은. 스스로 높이는 자아 '상위!' 이를 아는 자이다. 많은 자들이 그러하다. "어디 출신 아니냐?" 하는 자이며 "누구 관계 수두룩 많다"하며 자긍하는 자, 뽐 높임이니 나(주이시다 하라)는 어디로 가고, 자신 왕좌 되었냐? 하라.

낮추고 낮추는 나이다. 이는 오랜 기독교 역사이니 내 종 위함이다. 나의 시험을 보라. 마귀에게 당한, 겪은, 치부한 그이다. 자신 수하 두려 한 자니 그러하다. 마 4:3 … 네가 만일 하나님의 아들이어든 명하여 이 돌들로 떡 덩이가 되게 하라. 이는 첫 번째 시험이다. 육신 테스트이다. 육신을 위해 살라. 필요한 것 주마. 바꾸라 하는 자이다. 다음은! 마 4:6 이르되 네가 만일 하나님의 아들 이어든 뛰어내리라 …. 이는 둘째 시험이다. 과신, 과욕, 지나침에 관함이다. 자신을 의지함으로 해보라 하는 미끼이다. 다 할 수 있어, 너는 그러한 자야 하며 부추기는 현상 앞에 따르도록, 기울도록, 자신을 나타내도록 하는 시험이다! 하라. 셋째는! 마 4:9 이르되 만일 내게 엎드려 경배하면 이 모든 것을 네게 주리라. 가진 것 무엇이냐? 하는 자이다 나를 따를 때 가지는 모든 것이니 "나를 위해 살라" 하며 포기케 하는 이는 배도의 영, 뒤집고 세상살이 육신적 삶을 위해 합하자, 연합하자. "다 이루리라" 하는 자이다. 계 6:2 이에 내가 보니 흰 말이 있는데 그 탄 자가 활을 가졌고 면류관을 받고 나아가서 이기고 또 이기려고 하더라. "이는 세상 정복자이다" 그들은 그러하다. 나를 대적하는 적그리스도이니 "다 주마" 한다는 자이므로 끝내 '표'를 두려 하지 않겠느냐? 이는 계 13:16 그가 모든 자 … 에게 그 오른손이나 이마에 표를 받게 하고 17 … 매매를 못하게 하니 이 표는 곧 짐승의 이름이나 그 이름의 <u>수라 함</u>이니 미리 알린 나이다 하라.

이 시대가 어찌 가나? 보라. 무엇을 하는지 보라. 나라 주관자, 정책 모두이다. 저들의 원함은 무엇인가 아느냐? 내 편, 우리 편(창 11:4 … 우리 이름을 내고) "수하 두자" 하는 자들 아니냐? 계 12:12 … 그러나 땅과 바다는 화 있을진저 이는 마귀가 자기의 때가 얼마 남지 않은 줄을 알므로 크게 분 내어 너희에게 내려갔음이라 하더라. "두자" 하며 벧전 5:8 근신하라 깨어라 너희 대적 마귀가 우는 사자 같이 두루 다니며 삼킬 자를 <u>찾나니 하지 않느냐?</u> 욥 1:7 여호와께서 사탄에게 이르시되 네가 어디서 왔느냐 사탄이 여호와께 대답하여 이르되 땅을 두루 돌아 여기저기 다녀왔나이다. 창 3:1 … 뱀이 여자에게 물어 이르되 …. 현저한 자들이다. 가시화된 현재이다 하라. 여기저기, 이곳저곳 드러나 전개 시키는 자들이니! 마 24:15 그러므로 너희가 선지자 다니엘이 말한 바 멸망의 가증한 것이 거룩한 곳에 선 것을 보거든 하는도다. 계 13:18 지혜가 여기 있으니 총명한 자는 그 짐승의 수를 세어 보라 그것은 사람의 수니 그 수는 육백육십육이니라. "조직체이다. 한무리, 덩어리, 네트워크 연결망 아니겠느냐?" 하라. 동물의 왕국 같은 저들이다. 체제하, 수하 두어 굴복시키며 먹이 사슬로 여기기에 살육, 서슴지 않는 잔인함도 내키는 대로 하지 않느냐? 죽이기 위해 사는 자, 사람 공격자, 생명 유린자들이라 하라. 미완성자들이다 누구나 그러하다. 그러함에도 '나의 때를 위하여' 맡기지 않겠느냐? 주는 바이다. 이는 그러하다. 나의 나라 위함이니! 히 10:24 서로 돌아보아 사랑과 선행을 격려함으로 "나를 위해 살라"이다. 이상이다.

2022. 1. 2. 주일. 추가 글입니다.

대치 모습을 보인 자: 몇 해 전 꿈에 주의 하강과 막는 자, 이는 나라의 주관자 '적그리스도에 대한'이다 하라. 영 깨우는 나이다. "내 할 일이 네 할 일이다" 알린 꿈이니라. 이를 본 자, 너는 나를 돕기로 한 자이다. 이후로 '마지막 때 관하여' 일하라는 명을 받음이니 마지막 때 전하는 사역자이다 하라. 오랫동안 너를 알린 나이다. 모으는 자들이니 내 다함 없는 보물로써 세운 자들이라. 눅 12:33 너희 소유를 팔아 구제하여 낡아지지 아니하는 배낭을 만들라 곧 하늘에 둔 바 다함이 없는 보물이니 거기는 도둑도 가까이 하는 일이 없고 좀도 먹는 일이 없느니라. '하늘을 위하여 산 자들' 되게 하는 나이다. 공중으로 오름이니, 비우고 나서는 공중 길이다. 곧 때가 이르리니 나는 나이므로 "나를 볼 자들에 대해 인치는 시기이다" 하라. 성령으로 살 자, 나를 위할 자이다. 이 시기는 그러하다. 추스림이니 모아서 가르는 나이다. 이미 이나 두고 보는 나이다. 이러한 의미로써 전하는 메시지이다. "나의 주는 말이다" 하라. 이상이다.

16. "빌라델비아 교회(계 3:7-13)도 알려 주세요"

때가 되면 이루리라. 준비 중이다. 이는 너이다. 상고부터, 영원 전부터 약속이다. 내가 너를 두고 싸우리라. 입의 검으로. 계 2:16 그러므로 회개하라 그리하지 아니하면 내가 네게 속히 가서 내 입의 검으로 그들과 싸우리라. 대치하는 자, 경계 두는 자들. 너는 베들레헴이다. 목자 배출자 사명 받은 자이다.

2022. 3. 18. 금요일. 추가 글입니다.

빌라델비아 교회는 나의 사랑하는 교회이다. 처음이나, 나중 된 자보다 나은 자이다. 누구이냐? 뒤늦은 출발이니 모태 신앙인이 아닌 자이다. 대대로 이교도 집안이나 나를 위해 너를 부름이니 이는 씨가 되기 위함이다. 마태복음 두라. 마 13:37 대답하여 이르되 좋은 씨를 뿌리는 이는 인자요 38 밭은 세상이요 좋은 씨는 천국의 아들들이요 가라지는 악한 자의 아들들이요. 사 28:25 지면을 이미 평평히 하였으면 소회향을 뿌리며 대회향을 뿌리며 소맥을 줄줄이 심으며 대맥을 정한 곳에 심으며 귀리를 그 가에 심지 아니하겠느냐 26 이는 그의 하나님이 그에게 적당한 방법을 보이사 가르치셨음이며. 나에 의해 산 자이다. 너 또한 나를 보이며 살아온 자이니 이 말씀으로 보인 신학의 길이라. 내게 묻는 자에게 준 답변이지 않으랴? 이뿐이랴? 찬양을 주십니다! 하라 '천성을 향해 가는 성도들아 앞길에 장애를 두려워 말라 성령이 너를 인도하시리니 왜 지체를 하고 있느냐 앞으로 앞으로 천성을 향해 나가세 천성문만 바라고 나가세 모든 천사 너희를 영접하러 문 앞에 기다려 서있네' 하지 않더냐? 증거 구한 자이다. '가정 경제' 주권 없는 자이기에 꿈으로 보인 나이다. 매월 50만 원과 냉장고에 가득 채워진 음식들, 이 약속을 본 자이다. "네 공급은 나이다" 알린 나이다. 이는 오랜 일이니 20년 이상 아니랴? 나의 공급은 이러하다. 우는구나, 나의 사랑 기억됨이니 그러하다. 난 네게 주었다. 척박한 땅 아니더냐? 입히고 먹이고 다 하지 않으랴?

 네 가정의 가장은 나이다! 함을 보인 나이다. 복음의 값을 위해 맞바꾼 고생 아니더냐? 마음 고생이며 박해이며 심지어 이단, 미친 자 소리 들은 자이다. 교회와 맞지 않아 힘든 자이니 도움을 받았을지라도 끝내 내 영이 주저앉지 않으랴? 이는 네 속의 나이다. 한, 두 가지가 아닌 주위 환경이나 교회는 이러한 숨은 자를 볼 줄 알고 성령이 일하도록 돕는 것이 할 일이나 이로 인하여 겪은 일이 자주, 빈번이니 교회 생활이 힘들다! 함은 성령에 대한 차이니라. 이미 겪으나 지속되어 현재도 그러한 마음 아픔과 욱여쌈이 아니랴? 돕는다 하나 '내 교회!' 하는 자들이다.

 신학 이전에 영이 답답하여 '선교 길' 다녀온 자이다. 이 또한 말씀 주어, 다 내가 하지 않더냐? '흰 돌' 말씀이다. 계 2:17 귀 있는 자는 성령이 교회들에게 하시는 말씀을 들을지어다 이기는 그에게는 내가 감추었던 만나를 주고 또 흰 돌을 줄 터인데 그 돌 위에 새 이름을 기록한 것이 있나니 받는 자 밖에는 그 이름을 알 사람이 없느니라. 이러한 나의 사랑 입힌 자이다. 나의 길을 갈 자에게 주는 성령과 은사들, 말씀의 지도, 꿈, 환상 등 이 모두 아니랴? 네 인생은 나이니 "내가 주었다" 하는 모든 것들을 내보이며, 나를 자랑하기 위함이 아니냐? 하나님은 살아계시다, 주가 함께하셨다, 부활의 주이시다. 성령께서 나타남이시니 돕지 않으시랴? 나의 증인이 되는 길이다. 이후 네 길은 나와 너 사이 이러저러하게 맞잡아 여기까지 옴이니 "네 구원은 나이다" 하라. 나 또한 내 아버지께서 이제까지 일하시니 나도 일한다(밑줄 치라)! 하지 않으랴? 이 말씀을 두라, 찾았구나. 요한복음 5장 17절 말씀이라. 요 5:17 예수께서 그들에게 이르시되 내 아버지께서 이제까지 일하시니 나도 일한다 하시매. 네 길을 아는 나이다. 막힘도 진행도 모두 내게, 이는 이스라엘의 성막 같지 않으랴? 민수기 두라. 민 9:17 구름이 성막에서 떠오르는 때에는 이스라엘 자손이 곧 행진하였고 그들이 머무는 곳에 이스라엘 자손이 진을 쳤으니. 이미 이른 대로 구름은 성령의 상징이다! 하지 않느냐? 마 24:30 그 때에 인자의 징조가 하늘에서 보이겠고 그때에 땅의 모든 족속들이 통곡하며 그들이 인자가 구름을 타고 능력과 큰 영광으로 오는 것을 보리라. 말씀대로 구름 타고 오시리라. 이를 전하라. 되었다. 닫으라.

2022. 4. 11. 월요일. 추가 글입니다.

이는 구름 이야기이다 하라. 한 사람의 생애이다. 아주 가까운 사이이다. 그를 지켜본 자이다. 그의 떠남은 이러하다. 나를 뒤로 한 자이다. 그럴지라도 면면히 도운 자니 사랑한 자이다. 그의 가정, 가족에 대함이다. 애쓰나 자신 한계 부딪친 자이다. 그의 어깨에 짐 가진 '가장이다' 하는 자이다. 생활 책임이나 적게 쓰는 자, 아껴 쓰는 자이니 "과도하다" 보는 그의 삶이다. 이는 왜 주냐? 이러한 그가 전도되어 교회를 알게 되고(이는 '그의 영' 분별이다) 잠시 다니나! 이는 예배 출석이다. 전도자의(전도한 사람) 하나님을 따르겠다며 나선 그의 신앙 출발이다. 교회의 상황을 아는 자이다. 오래 다닌 자가 아는 것이 아니다! 하라. 대체적 그러하다. 왜인가? 이는 젖어지는 타성화 문화 관습, 패턴이다. 교회의 지도자가 전면 수정하거나 흐름을 바꾸는 계기가 있지 않는 한 '그대로 식' 유지하는 교회 문화이다 하라. 예배의 습관화 속에서 돌고 도는 다람쥐 쳇바퀴 식이니 이는 성장하지 못하는 이유이다. 가족이 모여 공동 식사한다 해서 사랑하거나 진보(변화)를 위한 길인가? 전환되어 나서는 누군가가 주도적 역할이 필요하나 목회자가 아닌 이상 흐름은 바꾸기가 쉽지 않음은 질서를(권위) 제도에 두기 때문이다! 하라.

초대 교회사는 어떠했는가? 베드로가 누구랴? 이는 주가 세움이시니 주의 제자가 아니랴? 지금 시대는 주의 제자가 아니어도 지식에 의해서, 제도권 안에서 인맥 인사도 등용함이니 배우려 함에도 잘되지 않음은 무엇인가? 하라. 흐름 안에서 개선이 쉬우랴? 고난이 유익이라 함이니! 시 119:71 고난 당한 것이 내게 유익이라 이로 말미암아 내가 주의 율례들을 배우게 되었나이다. 지구의 종말 징조(많고 많다)가 없으면 나를 찾으랴? 주께 피하고 피함이니 피하지 않고서야 어찌 살랴? 아는 자는 아는 상황이 아니냐? 하라. 이는 삶도 그러하며 교회사도 그러하니 고난이 있어야 기도하고, 금식(무릎 꿇다. 죽은 자같이 애절함 아니냐?)하며 병원 입원 환자 같이 치료에만 전념하지 않으랴? 나라의 환난도 그러함. 코로나 사태 '전 세계 팬데믹' 왜이더냐? 이는 세계의 '일시 정지' 같은 상황이니 죽을 수 있다, 죽는다고 함이니 – 이는 실제 죽어가는 자를 본 자들이다 – 생명 앞에 무엇을 구하랴? 삶과 죽음 사이 나 외에 누가 지도하며 가르치랴? 구원하더냐? "백신이 해결되었다!" 온 세상 들뜸이다. 주 대신 구원자(가장, 속임)가 되어 사면 팔방 장악함이니 이는 세상 세력이 아니더냐? 주의 보혈, 주만을 신뢰하며 가는 자 몇이랴? 이는 주와 사명이니 이 초점(명확성)이 아닌 다른 무엇에 마음을 내주어 하나님이 좋다! 하며 아이처럼 외치랴? 이를 "교회에 주라 하시는 주이시다" 하라.

　위의 한 사람에 대해서 보자. 이는 그의 장례일이니 위 하늘을 본 자, 영서 기록자가 아니냐? 하라. 우는 자에게 주시는 위로이니 사도행전 말씀을 두라. 이 말씀으로 말씀하신 주이시다. 행 1:11 갈릴리 사람들아 어찌하여 서서 하늘을 쳐다보느냐 너희 가운데서 하늘로 올려지신 이 예수는 하늘로 가심을 본 그대로 오시리라 하였느니라. 그의 죽음은 무엇이냐? 곧 나이다. 나의 영이 올려지는 상황이다! 하라. 이는 부활의 영이니 내가 그를 세상에서 건져내어 그 안의 주가 계시니 승천이 아니랴? 이상이다. 닫으라. 이를 주기 위함이다 하라. 모두는 내게로, 나에 의해 오를 저 하늘이다. 너는 이 구름길을 오르고 하나님을 만난 자이다. 이는 임사 체험이 아니랴? 가는 길(오르는 길)이 길지 않으랴? 오르다가 들어가는 구름길 매우 긴 길이다. 세상과 차단(육체는 정지되어도)되나 영은 육체 밖에서 자유해지니 이것이 실체임을 알게 된 자이다. 이 또한 교회 초년생이니 예배 생활 1년이 채 안 되어 체험한 자이다. 나의 섭리하에 무엇이든지 아니랴? 되었다! 하라.

이 세상은 끝 시점이 있다! 하라. 종말을 알리는 사역자, 이는 영서 기록자이다 하라. 사명 된 자이니 함께 나아갈 자 두 아들과 함께 걷는 길이다. 주님이 하시는 일을 볼 때이다. 사람의 일은 많다! 하라. 내 일은 나로부터, 사람의 일은 사람으로부터 아니겠느냐? 마음이 내 나라이다 하라. 로마서 말씀 두라. 롬 14:17 하나님의 나라는 먹는 것과 마시는 것이 아니요 오직 성령 안에 있는 의와 평강과 <u>희락이라 하지 않더냐?</u> 마음에 임하신 주의 성령이시니 그러하다. '마음 안에!'이다. 이는 계 3:20 볼지어다 내가 문 밖에 서서 두드리노니 누구든지 내 음성을 듣고 문을 열면 내가 그에게로 들어가 그와 더불어 먹고 그는 나와 더불어 먹으리라. 영의 주인이신 주가 아니시랴? 되었다! 하라. 닫으라. 이상이다.

17. "전세 대출, 정부 지원금 알고 싶어요"

재난 '생활지원금'은 실업 급여이다. 실직자에게 주는 것이 내 뜻이다. 문 정부는 잘못 사용하는 자, 막무가내 퍼주는 자이다. 용의 입 토한 강물이 떠내려 가게(성도=아들=믿는 자), 공격 물질로 사용되어졌다. 계 12:15 여자의 뒤에서 <u>뱀이 그 입으로 물을 강같이 토하여</u>(밑줄 치라) 여자를 물에 떠내려 가게 하려 하되 16 땅이 여자를 도와 그 입을 벌려 용의 입에서 토한 강물을 삼키니. 나라의 돈 '금고' 열다, 꺼내다, 퍼 주다. 이는 정책 자금이다. 섭렵하는 자 너이다. 때가 되면 이르리라. 아직은 무관히 살자. 전세 대출 알아본 자, 알아본 적 있는 자, 나도 안다. 오랜 기간 반복하여 주의하게 된 자이다. '정부 지원금'을 실수로 가져온 자(영 분별 문제이다) 사용치 않은 자, 신청자이나 그대로 두다. 반납이다. 다시 신청하지 않은 자! 자세한 내용은 생략이다.

2022. 1. 7. 금요일. 추가 글입니다.

긴급 재난 지원금에 대해서 다시 두라. 위 이어지는 내용이다. 정부는 무엇인가? 국가는 이익 집단이라 하라. 이미 알린! 네게는 '그러한'이나 도통 모르는 자 많다. 신앙인은 외국인이다. 하나님 나라 시민권자임을 다 아는 바이다. 그러함에도 여기저기, 이리저리 주관하며 멸시하는 자들에게 받으랴? 문 정부의 섬김이다고 하느냐? 자기 것이 아니니라. 국가 모금인 "국민에 의한 모금액이다" 하라. 나라를 위한 세금 정책하에서 내나, 공동 준비금이니 지출 또한 알리는 의무이다 하라. 세액 수입, 지출 알리는 의무이다. 교회 또한 하나님 나라 시민권자들의 모임이므로 회계 지출은 치리자(목회자들, 교역자들) 함께 운용하나 이 또한 공용 비용이므로 기도하며 예산 세우고 지출도 그러하지 않느냐? 공용 자산이므로 '회의' 모든 것이 그러하다. 주께 드린 것이니 사람끼리 상용 두는 바이다 하라. 서로 맞대고 하나님 나라에 필요한 경비 지출하지 않느냐? 전체 수입 총괄자 누구인가? 주 보시는! 하나님이 아니겠느냐? 묻고 묻는 자들이니 나의 마음에 관하여 맞닿은 그곳이니 주라, 전하라, 갚으라. 비용 절감하라, 절약하라, 늘이라, 사용하라, 나누라 함에도 누가 내 뜻대로 하며 나의 길을 가려 하는가? 되짚으라. 이는 묻는 훈련이니 찾을 때는(궁할 때, 다급할 때, 긴급 요청일 때 아니겠느냐?) "하나님!" 해도 갖출 때, 부요할 때, 지닐 때에는 "이도 하자, 저도 하자" 하며 머리로, 환경으로 지출함이니 나의 줄 말이 많다! 하라. 이는 알릴 것, 가르칠 것, 고칠 것, 뒤집을 것, 다룰 것 모두이다.

일개 전도사! 신학 한 자 너이다. 홀로 세운 자이다. 교단 의지하지 않게 해온 나이다. 이는 힘든 이유이다. 그러므로 내 보살핌이 크지 않느냐? 이도 주라. 나에 의한 모든 것이 나가므로 내 말 되어 전함이니 그리 알라. 아무렇지 않은 자이다. 서기(기록자)는 그러하다. 이는 행위 책 아니겠느냐? 적듯이 "이를 알라" 하며 주는 나이다. 가리개이다. 사단에게 '가림막' 되게 하는 영서이다. "우리끼리 논의하자, 잘해 보자" 하며 주는 것 아니겠느냐? "우리 세계이니 우리가 해결해보자." 이로써 주 십자가에 달리심 아니겠느냐? 하라. 그러함에도 흉보랴? 일개 전도사이다 하랴? 사람은 아무것도 아니다. 누구든 내가 잡으면, 집으면, 붙들면 전하는 자가 되는 것이 아니겠느냐? 너희처럼 이렇게 저렇게 하며 '방식이 참 많도다' 보는 나이다 하라. 신학교 성적이더냐? 목회 자랑이더냐? 파송자 우후죽순 세워 놓고 '몇 개, 몇 사람' 하며 '어디, 누구' 하며 세랴?

나는 그러지 아니하다 하라. 중심! 삼상 16:7 여호와께서 사무엘에게 이르시되 그의 용모와 키를 보지 말라 내가 이미 그를 버렸노라. 내가 보는 것은 사람과 같지 아니하니 사람은 외모를 보거니와 나 여호와는 중심을 보느니라. 폐부와 심장을 봄으로써 "안다" 하지 않겠느냐? 렘 20:12 의인을 시험하사 그 폐부와 심장을 보시는 만군의 여호와여 나의 사정을 주께 아뢰었사온즉 주께서 그들에게 보복하심을 나에게 보게 하옵소서. 너는 하나님 마음 대리자이다. 전하는 자이다. 물 흐르듯 받는 자이다. 기록자이다. 잘남이 아닌 '십자가의 의'로써 가엾기에. 인간 누구에게나 그렇지 않더냐? 건진, 나의 사랑하는 자이므로 그러하다. 이로써 나의 의가 되어 우는 자이다. 말씀을 사랑하게 되어 계시! 나의 나타남 '여러 부분과 여러 모양으로' 히 1:1 옛적에 선지자들을 통하여 여러 부분과 여러 모양으로 우리 조상들에게 말씀하신 하나님이 함께 두어 전하는 자이니 그리 알라.

허리케인 현상 아니겠느냐? 이 시대는 그러한 자연 재난 함께 어두워진 세상이므로 늘 대기하는 자들이라 하라. 시대의 징조로써 두는 바이니, 시대의 표적 예수 그리스도로서 방패 삼아 숨게 함이 아니냐? 하라. 피난처, 대피처 알린 나이다. 자연도, 사람도(복음 전하는 자, 그의 아들 예수 그리스도 주시라) 주를 보라 가리키지 않느냐? "나 외에 없으니 구원은 오직 예수시라" 전한 바울이다 하라. 행 4:12 다른 이로써는 구원을 받을 수 없나니 천하 사람 중에 구원을 받을 만한 다른 이름을 우리에게 주신 일이 없음이라 하였더라. 이상이다. 주를 위한 나의 길을 걸을 자이다. 모두이다. 만난 자는 그러하다. 이는 세상이 아닌 하늘의 상을 위한, 부름의 상 전진이니 화합(믿음 일치)되어 '새 예루살렘 성'을 바라봄으로 질주케 하기 위함이다. 그러므로 서로 받으라. 고후 5:18 … 화목하게 하는 직분을 주셨으니. '그리스도 외에 할 수 없는 일'을 알리는 나이다 하라.

18. 빌립과 안드레 비교해보자

둘 다 신앙인이다. 누가 더 잘했는지 다 안다. 목회자 설교 통해 알려진 내용이다. 빌립 시험을 보자. 먹이고자 하는 자! 생활 이유형, 직장 소득 자유형, 생계 책임자 목회자 유형과 같다. 성도로 하여금 벌게 한다. 소득을 갖게 한다. 헌금 생활하게 한다. 이를 위해 기도한다. 자신이 책임지려는 자들이다. 내 사랑 방식, 현실 타협 목회자 또는 생활인, 성실해 보이는 자 엄중 심판 대상자이다(성도, 목회자 둘 다). 요 6:6 이렇게 말씀하심은 친히 어떻게 하실지를 아시고 빌립을 시험하고자 하심이라 7 빌립이 대답하되 각 사람으로 조금씩 받게 할지라도 이백 데나리온의 떡이 부족하리이다.

나는 안드레를 원한다. 그는 주님의 마음을 아는 자, 하나님의 아들 '표적' 행할 수 있는 나로 본 자이다. 그리고 제자의 할 일을 아는 자이다. 순종할 자를 발견할 수 있는 눈을 가진 자, 찾아낸 자이다. 영적 메시지로 보자면 믿음 가진 자, 순전한 나드 '옥합 드린 여인'과 같은 헌신자를 키워낸 자이다. 기회 제공한다, 발견한다. 어린이 선정! 이는 순수한 자를 상징한다. 하나님의 나라는 이런 자의 것이다. 주님께 데리고 온다. 드리게 한다. 천국은 주는 것이다. 내 것을 내놓을 수 있는 자(필요한 때)이다. 너 개척 장소, 이러한 아이 같았다. 손 가진 것 비우려 한 자였다. 항상 살아 보려(주려) 했다. 내가 안다. 실직자 같은 삶 속에서 두려움 없이 나를 믿어 보려 한 자였다. 지금도. 나의 은혜 아래 놓여진(그물 안, 주가 통제하는 자들 의미) 이를 느꼈던 너이다. ㅇㅇㅇ 사역자보다 더 많은 훈련 거친 너이다. 뿌리 흔들리는 순간까지. 이는 생명, 건강, 재물, 사람 관계 등이다. 그물 안 마찬가지이다. 생명의 위경 속 건짐 받은 너, 새롭게 되리라 …생략… 생색 하지 않으려는 자, 무덤덤해진 자, 교회 보인 자. …생략… 교회 하지 않게 보여온 나이다. 이는 제도권 교회이다 하라.

2022. 1. 7. 금요일. 추가 글입니다.

개척지는 훈련지이다 하라. '주를 만나기 위한'이며 '일부 훈련생을 위한'이다! 하라. 창립 예배, 교단 소속에 대한 분분하나 교단들은 하게 한다! 하라. 누구든 그러하다.

그러함에도 하지 않음은 때때로 알게 한 모든 것들이다. 다 말하지 않는 자이다. 견줄 자는 누구인가? 주 외에 말하지 않음이 나은 '마지막 때 시기'이다 하라. 열린 문 교회가 무엇이랴? 계 3:7 빌라델비아 교회 … 8 볼지어다 내가 네 앞에 열린 문을 두었으되. 면류관을 지키며! 11 내가 속히 오리니 네가 가진 것을 굳게 잡아 아무도 네 면류관을 빼앗지 못하게 하라. 시험의 때를 위하여(휴거 기다리는 자) 사는 자이다. 계 3:10 네가 나의 인내의 말씀을 지켰은즉 내가 또한 너를 지켜 시험의 때를 면하게 하리니 이는 장차 온 세상에 임하여 땅에 거하는 자들을 시험할 때라. 사 6:8 … 누가 우리를 위하여 갈꼬 하라. … 내가 여기 있나이다 나를 보내소서 하라 주인집에 가 있는 자이다. 문 여는 자이다. 눅 12:36 너희는 마치 그 주인이 혼인 집에서 돌아와 문을 두드리면 곧 열어 주려고 기다리는 사람과 같이 되라 함 같으니 누구든지 이와 같으면 복이 있는 자이니 '때'를 앎이라. 기경하라! 묵은 땅을 갈라. 렘 4:3 여호와께서 유다와 예루살렘 사람에게 이와 같이 이르노라 너희 묵은 땅을 갈고 가시덤불에 파종하지 말라. 파종하는 자 예수시라 하라. 마 13:37 … 좋은 씨를 뿌리는 자는 인자요.

전 세계인 향한 나의 말이니라. 시간표 주라. 곧 가까이 임하실 주이시니 그러하다. 마 25:6 밤중에 소리가 나되 보라 신랑이로다 맞으러 나오라 하매. 이때이다. 밤중 소리 나기까지 기다리는 자이다. 들어가기 위함이다. 혼인 잔치이다. 마 25:10 그들이 사러 간 사이에 신랑이 오므로 준비하였던 자들은 함께 혼인 잔치에 들어가고 문은 닫힌지라. 사러 가는 자 누구이냐? "교회에 사러 가는 교회 시대이다" 하라. 아직은 그러하다. 많은 사람이 드나드는 이유이다. 그중에 나의 종은 이미 '문 열어 주는 자'로 소리에 귀 기울이는 자로 지내리라. 이는 누구인가? 막 3:35 누구든지 하나님의 뜻대로 행하는 자가 내 형제요 자매요 어머니이니라.

독신자 주이시다! 하라. 내 주 오심을 기다리는 자에게는 이러한 삶이 필요하다 하라. 고전 7:29 … 그때가 단축하여진 고로 이후부터 아내 있는 자들은 없는 자 같이하며 30 우는 자들은 울지 않는 자 같이하며 기쁜 자들은 기쁘지 않은 자 같이하며 매매하는 자들은 없는 자 같이하며 31 세상 물건을 쓰는 자들은 다 쓰지 못하는 자 같이하라 이 세상의 외형은 지나감이니라. 이러함은 왜인가? 하라. 사모함이 혼인을 위한 예비(대기) 때이니 그러하다. 막 12:25 사람이 죽은 자 가운데서 살아날 때에는 장가도 아니 가고 시집도 아니 가고 하늘에 있는 천사들과 같으니라.

돌파구가 된 주시라! 하라. 이 말이 무슨 말이냐? 하리라. 지구는 답이 없다는 뜻이다. 장애물 아니겠느냐? 돌고 돌아도 얽히고설키고, 매이고 조이고, 굳어지는 막히는 지구이다 하라. 호흡 곤란자에게 씌우는 산소 호흡기 같은 역할 '주'시라. '자가 호흡 안되는 지구 상황'임을 아느냐? 하라. "된다" 하면 어불성설이다. 이는 산소가 아닌 임시방편 되는 대체로 인함이니 "착각으로 사는 자들이 많다" 하라.

지구의 생명 연장이 아닌 '단축'이 나은 이를 구하라. 이는 계 22:20 이것들을 증언하신 이가 이르시되 내가 진실로 속히 오리라 하시거늘 '아멘 주 예수여 오시옵소서'이니, '마라나타 신앙'을 외치라. 이는 할 일이다. 나를 만난 자에게는! 사 62:4 … 오직 너를 헵시바라 하며 네 땅을 뿔라라 하리니. 주었으되 한국의 신부는 어디 있으며 나의 땅이 어디 있느냐? 이가봇! 하지 않게 하라. 삼상 4:21 이르기를 영광이 이스라엘에서 떠났다 하고 아이 이름을 이가봇이라 하였으니 하나님의 궤가 빼앗겼고 그의 시아버지와 남편이 죽었기 때문이며 22 또 이르기를 하나님의 궤를 빼앗겼으므로 영광이 이스라엘에서 떠났다 하였더라. 모두가 그러하다. 경계에 경계를 두는 시대이다 하라. 이는 한국적 상황이 되어 가는 현재이다. 블레셋전 치루는 한국이다. 공산화에 빼앗기는 엘리 제사장 집 가문이니 그러하다.

엘리는 누구인가?(삼상1-4장) 전통에 매인 자이다. 제사장직 수행의 그릇된 자니 교회도 가정도 침체케 한 자이다 하라. 하나에서 열로 보자. 1, 2, 3, 4, 5, 6까지니 수위 오른 WCC 상황이다. 가세된 좌파이니 좌익, 공산주의 옹호자, 동조자, 환영자, 활동자 모두이다. 7, 8까지 아니냐? 마지막은 9, 10이니 표 받는 자가 되랴? 남는 자가 되랴? 이는 '일시 정지' 같은 '순간 멈춤' 상황이 되리라. 그리고 막 내리는 전이니 지구는 '끝'이 되는 것이다! 하라. 살리는 이 '주'시라 하라. 멈춤 되지 않기 위한 고난도 시험 치를 자들이다. 구슬 꿰는 시기! 이는 받은 바, 아는 바, 계 3:11 내가 속히 오리니 네가 가진 것을 굳게 잡아 아무도 네 면류관을 빼앗지 못하게 하라. 계시록 저자이다. 계시록 후편 쓰는 자들 시기이다 하라. 이는 해석서이다. 풀리는 대로 알아내고 대처하며 쌓아 올라가는 공중이니 새 예루살렘 성 집으로 가자! 본향으로 운동이다! 하라. "나의 집으로!" 외치라. 나그네 삶 종결 시간, 모두가 텐트를 걷고 안전지대로 이동할 때이다! 하라. 이상이다.

19. 인자의 날 하루에 대하여

바벨론 하루 1시간, 계 18:17 그러한 부가 한 시간에 망하였도다 …. 무엇이 가장 제일 좋은가? 자연 토산품 아는 자이다 …생략… 등 늘 궁금. 알기 원한 너 안다. 이러한 현상을 '하늘 보기'로 본다. 하늘로부터, 나로부터 알기를 바란 자 너였다.

2022. 3. 18. 금요일. 추가 글입니다.

'바라기'이다. 이는 나를 향한 자들이다. 삼상 16:7 여호와께서 사무엘에게 이르시되 그의 용모와 키를 보지 말라 내가 이미 그를 버렸노라 내가 보는 것은 사람과 같지 아니하니 사람은 외모를 보거니와 나 여호와는 중심을 보느니라(밑줄 치라) 하시더라. 성형 시대이다 하라. 마음의 만족도를 높이는 하나의 방법이다. 높임이다. 커지려는 하나의 외모 지상주의에서 나온 것이다! 하라. 옷, 장신구, 외형적인 것 모두 그러하다. 생존이 아닌 생활이라 하며 행복의 질로서 추구해오지 않더냐? 나는 주리라 하나(모든 것들이 있으니 가져가라 함에도) 세상 외형 갖가지 것들에 익숙해져 그를 좇음이니 나 닮기보다 높아지자, 소유하자 함이 아니냐? 이를 바벨화라 한다. 추구가 다르다. 안과 겉이니 평토장한 무덤을 두라 눅 11:44 화 있을진저 너희여 너희는 평토장한 무덤 같아서 그 위를 밟는 사람이 알지 못하느니라. 이 말씀을 받음은 왜인가? 하라. 이는 영서의 역할이다! 하라. 선교회 기도이다. 2022. 3. 6. 월요일, 한 교회에 들러서 "기도하라" 하심으로 순응하니 주신 말씀이라 하라. 방문차, 잠시 기도한 자이다. 모은 덤불을 태우는 성령의 일하시는 교회(모임)를 알지 않으시랴? 마 18:20 두세 사람이 내 이름으로 모인 곳에는 나도 그들 중에 있느니라. 이와 관련하여 한국 교회는 평토장한 무덤이 많다 - 눅 11:44 화 있을진저 너희여 너희는 평토장한 무덤 같아서 그 위를 밟는 사람이 알지 못하느니라 - 알림이니 이를 위해 나서는 자이다. 미약하다 하지 않는, 이는 핑계이다 하라. 나를 사랑하는 자들이 모이는 자들이다. 조건은 이뿐이 아니냐? 말씀 주어 "이리 해라!" 하여 그대로 하니 알린 나 아니냐?

20. 멸시하는 재판관은 누구인가?

눅 18:2 어떤 도시에 하나님을 두려워하지 않고 사람을 무시하는 한 재판장이 있는데 3 그 도시에 한 과부가 있어 자주 그에게 가서 내 원수에 대한 나의 원한을 풀어 주소서 하되 …. '한 도시 과부'는 무엇인가? 하라. 도시는 치열한 경쟁 지역이다. 농촌 이주해 온 자 또는 출생지인 자도 있다. 자급자족보다 물질세계를 동경하는 곳이다. '부'를 추구한다, 달려간다, 애쓴다, 수고한다, 열심히 산다 등등이다. 그러나 이곳은 주로 부각 되는 것이 명예, 권력, 물질이다. 목적을 위해 편법적, 불법이 난무하는 곳 서울로 보자. 꿈 내용 '큰 물고기 떼의 죽음' 이는 지도자들, 권위자들의 실체이다. 출세 가도를 위해 모여진 곳이다.

다음, 과부는 누구인가? 남겨진 자, 헤쳐 나갈 자, 무시 받는 이스라엘의 하층민이다. 다시 보자. 성령은 누가 구하는가? 세상에서 남겨지는 자, 소외되는 자, 책임질 자가 있는 자이다. 창세기 11장 바벨탑 사회 풍조 당시 하나님을 구할 수 있겠는가? 소돔과 고모라 도시에서 하나님을 구할 수 있겠는가? 창 18:20 여호와께서 또 이르시되 소돔과 고모라에 대한 부르짖음이 크고 그 죄악이 심히 무거우니. 이와 같은 맥락이다. 도시에서(번영 문화, 세속 추구자, 문화 발달 중심지) 만연해진 사회 풍조 속에서, 편리한 시대, 신속성, 오락이 난무하는 이 세대, 이 세상 속에서 주를 찾는 간절함이 있겠는가? 바라보는 자 너이다. 어둠! 세상 표출 부분이 다르다. 그러함에도 동화된다. 중고폰 이어 사용하다. 고장으로 구입한 새 휴대폰 본다, 빠진다, 탐닉한다. 웃는 자, 즐거움 찾는 자이다. 쉬어 간다, 본다. 마지막 때에 인자가 믿음을 보겠느냐? 눅 18:8 내가 너희에게 이르노니 속히 그 원한을 풀어 주시리라 그러나 인자가 올 때에 세상에서 믿음을 보겠느냐 하시니라. 믿음보다 환경이 거대한 산처럼, 바다처럼 여겨지는 세상 문화로 형성 되어졌고 온통 집중하는 자들의 세상 모습이다. 형상을 아는 자도 기웃거린다. 들어가 볼까 한다. 6 주께서 또 이르시되 불의한 재판장이 말한 것을 들으라 7 하물며 하나님께서 그 밤낮 부르짖는 택하신 자들의 원한을 풀어 주지 아니하시겠느냐 그들에게 오래 참으시겠느냐.

잘 생각해 보라. 너희에게 필요한 것이 무엇이냐? 자연을 두셨다. 자연이 환경이다. 거리의 바닥 콘크리트 포장은 물이 흡수되지 않아 장마철 범람하는 이유이다. 자초하는 것 아니냐? 자연은 너희에게 필요한 환경이다. 훼손, 훼파, 이용으로 황폐, 피폐 상태이다. 병든 숲, 더러운 곳, 위험한 곳에서 사는 너희여, 세상 거민들아! 지구촌 숲, 이 또한 섬 같은 바다(자연재해 상징) 아는 자들은 헬기 '구조' 요청을 끊임없이 할 것이다. 이것이 '밤낮 간구'이다. 눅 18:7 하물며 하나님께서 그 밤낮 부르짖는 택하신 자들의 원한을 풀어 주지 아니하시겠느냐 그들에게 오래 참으시겠느냐. 오직 성령으로만 견디고, 자신을 지키고, 인도(안내)받고, 헬기(재림)가 오기까지 내게 집중하는 자들이다. 너희와 나는 다른 것이다. 영과 물질, 무한과 유한, 토기장이와 흙 – 개인, 나라, 세계까지 지구 전체가 해당 아는 자이다. 많은 자들이 죽을 것이다. 내 뜻 안에서 허락되어 진 시점 가운데에서 그러하다. 너는 '때에 대해' 내게 맡겨야. "큰 물고기 죽음 꿈, 왼쪽 위 물가 내용 알고 싶어요" 현재 진행 중이다. 세상 속 빠진 자들, 권위 부여자들('크다' 하는 자)이다. 지도자, 권세자, 위정자, 나라의 지도자 계층이다. 꿈의 오른쪽 아래 물가 '맑은 물'은 은혜의 강, 생명의 강, 구원의 강(당시 상황)이다.

21. 숨에 대한 용어

숨은 호흡, 생기, 생명, 형상이다. 불어 넣으실 때 '영'(형상)과 함께 호흡(육-활동)이다. 영 '불순종' 말씀 두라. 창 2:17 ⋯ 죽으리라 ⋯. 호흡이 끊기다. 원죄 '허물과 죄로 죽었던' 엡 2:1 그는 허물과 죄로 죽었던 너희를 살리셨도다. 이는 아담의 전 생애 기간 총체적 기간 해석으로 보자. "아담은 지옥에 있나요? 있다면 왜 갔나요?" (개인적 궁금증을 묻습니다) 죄의 시작, 어둠 세력 출범시킨 자이다.

하나님의 계획, 나의 계획 '인류 향한' 반역자이다. 죄가 있을 수 없다. 에덴은 흠 없는 곳, 천국의 모델이다. 강력한 경고를 무시한 자. 핵실험 한 자이다(오늘날 이르게 한 자이다 하라) 인류 전체에 '죄' 전가 흐르게 한 자, 첫 사람이다. 첫 번째이다. 모든 것의 시작에서 실수해서 전체를 망가뜨렸을 때 너는 어떻게 하겠는가? 스스로 질문해보라.

궁금한 것 물어보자. **"천사들에 대해서 본 적이 없어요. 이 영역 또한 궁금해요"**(추가 글 2023. 3. 10) 그들이다. cherubim! 창 3:24 … 에덴동산 동쪽에 그룹들(cherubim)과 두루 도는 불 칼을 두어 생명 나무의 길을 지키게 하시니라. 천사 영역이다. 하나님의 아들들이다. 피조물이다. 대표 아는 자 너. 미가엘, 가브리엘, 루시퍼. 몰이해, 몰지각 상태인 자. 스가랴에서 보자. 에스겔, 다니엘, 욥, 사복음서에서 계시록까지 다시 보자. 이후에 말하자. 더 봐야 하는 자이다. 탐구 부족 상태. 심어 놓아야 하는 자, 뿌리이다. 본인이 할 부분이다. 눈(성경 보기)으로 은혜 주신다.

2023. 3. 10. 금요일. 추가 글입니다.

"천사들에 대해서 본 적이 없어요. 이 영역 또한 궁금해요": 본 적이 있는 자이다! 하라. 첫 교회 신앙생활 당시이다. 이사야 6장 6절 말씀 보자. 사 6:6 그 때에 그 스랍 중의 하나가 부젓가락으로 제단에서 집은 바 핀 숯을 손에 가지고 내게로 날아와서 7 그것을 내 입술에 대며 …. 이러한 체험이다. 나라 시험을 보는 자들이 시험지 앞두고 풀지 못하는 상황이다. 이를 보는 자 너이다. 너를 발견한 남자 한 사람이 매우 빠른 속도로(순식간에 오기에 사람으로 느끼지 않은) 와서 그의 손에 든 부젓가락으로 네 등에 지지며 십자가 고랑을 두지 않느냐? 이는 말씀(성경) 사명자 부르심이다. 그 천사는 에스겔서의 '가는 베옷 입은 사람' 그러하다. 나라의 일로 명하신 주이시다! 하라. 겔 9:3 … 여호와께서 그 가는 베 옷을 입고 서기관의 먹 그릇을 찬 사람을 불러 4 여호와께서 이르시되 너는 예루살렘 성읍 중에 순응하여 ….

그다음 천사는 무엇이냐? 신학교 갈 때 이사야서 한 권을 보며 작정 기도한 자 아니냐?

입학 날까지도 확인 기도를 거듭 구한 자이다. 이때 주신 찬양곡이다. '천성을 향해 가는 성도들아 앞길에 장애를 두려워 말라 성령이 너를 인도하시리니 왜 지체를 하고 있느냐 앞으로 앞으로 천성을 향해 나가세 천성문만 바라고 나가세 모든 천사 너희를 영접하러 문 앞에 기다려 서있네' 주시지 않으랴? 성령과 천사에 대한 약속이시다! 하라. 보이지 않는다 해도 너를 지키고 보호한 천사이다. 또 그다음 언제인가? 선교를 위하여 서울로 신학교를 전학했을 때 낯선 도시에 가는 자이기에 약속하신 길에서 천사가 돕는다는 말씀을 듣기도 한 자이다. 이 말씀은 몇 번 듣지 않으랴? 개척자에게 주시는 붙이시는 천사의 도움 손길 약속에 대한 이를 주신 '주'시다! 하라.

2022년 작년 겨울에는 천사의 모습을 기도 중에 본 자이다. 아름다운 미인형이며 30대 정도 젊은 모습이다. 단정히 올린 머리에 매우 우아하며 품위 있는 모습이다. 그 얼굴은 오직 자비로운 모습에 미소만 띤 채 바라보는 말이 없는 천사이다. 세상의 미와 비교할 수 없는 깨끗하고 존귀한 모습이다. 이 전체적인 모습에 놀란 자이다. 어느 날, 거울 앞에서 잠시 올림머리를 할 때 자신 얼굴 모습에서 그 천사의 얼굴 모습을 발견한 자이다. 그때 깨달은 것은 자신에게 그 천사의 모델을 정하신 주가 아니시랴? 한 자이다. 이후에 또 다른 천사를 보았다. 어느 한 장소의 위쪽에 '주'의 일하려 하는 여성이 둘, 셋 서 있는데 그 뒤에 천사가 가르치며 돕는 모습이다. 그 천사는 예쁘지 않은 평범한 모습이다. 인물이 없다! 여길 만큼, 천사인가? 할 만큼 그러한 모습일지라도 지혜 있게 지도하는 천사를 본 자이다. 이는 수행 천사이다! 하라. 되었다 닫으라.

22. 자는 자에 관하여 알아보자

'죽은 자의 부활'이다. 고전 15:35 누가 묻기를 죽은 자들이 어떻게 다시 살아나며 어떠한 몸으로 오느냐 하리니. 육체(땅 흙에 속한 자), 형체(하늘의 형상)는 다르다. 48 무릇 흙에 속한 자들은 저 흙에 속한 자와 같고 무릇 하늘에 속한 자들은 저 하늘에 속한 이와 같으니 49 우리가 흙에 속한 자의 형상을 입은 것 같이 또한 하늘에 속한 이의 형상을 입으리라. 무엇을 뿌릴 것인가? 주고받는 자이다. 36 어리석은 자여 네가 뿌리는 씨가 죽지 않으면 살아나지 못하겠고 37 또 네가 뿌리는 것은 장래의 형체를 뿌리는 것이 아니요 다만 밀이나 다른 것의 알맹이 뿐이로되.

 십자가에서 죽은 자(자아 포기, 자아 파쇄, 자아 죽이기) 마음의 변화 과정 서치는 자들이다. 마음에 생각들, 일곱 귀신 영역이다. 더 악한 귀신 일곱을 데리고. 눅 11:24 더러운 귀신이 사람에게서 나갔을 때에 물 없는 곳으로 다니며 쉬기를 구하되 얻지 못하고 이에 이르되 내가 나온 내 집으로 돌아가리라 하고 25 가서 보니 그 집이 청소되고 수리되었거늘 26 이에 가서 저보다 더 악한 귀신 일곱을 데리고 들어가서 거하니 그 사람의 나중 형편이 전보다 더 심하게 되느니라. 무릇 내게 오는 자는? 버리는 자들이다. 이는 관계적인 것, 환경이다. 가족, 집, 밭 등이다. 마 19:29 또 내 이름을 위하여 집이나 형제나 자매나 부모나 자식이나 전토를 버린 자마다 여러 배를 받고 또 영생을 상속하리라.

23. 책의 내용 구성에 대하여 적어보자

 40일 기도 목차, 책 발간에 대해서 보자. '예비하신 하나님' 책 발간 즈음에 이에 대하여 적어보자. 기도 내용에 대해서 보자. 구하는 자에게 주시는 하나님, 그의 뜻대로 구하면 들으심이라. 요일 5:14 그를 향하여 우리가 가진 바 담대함이 이것이니 그의 뜻대로 무엇을 구하면 그가 들으심이라. 이와 같이 되는 자이다. 영서 이틀째에 다리 다친 것 상처는 40일 여정(40일 니느웨 회개 기도) 속에 흔적으로 볼 때이다. 날아오르는 새이다. 비상, 부상. 초개같이 사르리라. 출 15:7 … 주께서 진노를 발하시니 그 진노가 그들을 지푸라기(stubble)같이 사르니이다. 사 47:14 보라 그들은 초개(stubble) 같아서 불에 타리니 그 불꽃의 세력에서 스스로 구원하지 못할 것이라 ….

말씀 전해야. 바벨론(죄)에서 나오라. 계 18:4 … 내 백성아, 거기서 나와 그의 죄에 참여하지 말고 그가 받을 재앙들을 받지 말라.

구원으로 이끄시는 하나님이시다. 심판은 목적이 아니다. 청소하고 남은 것은 버려진다. 거룩함(성결)이 목적이다. 구원의 주 하나님을 아는 자이다. 구원하심이 목적이다. 하나님의 보석! 아끼는 자, 건지는 자, 사랑받는 자 될 것인가? 버림받는 자, 무용지물, 쓰레기가 될 것인가? 말씀하시는 하나님이시다. 자연 통해 다양한 방법, 기회를 제공하신다. 교회, 방송, 책등 영도 사용, 꿈, 사람, 자연재해, 지각을 주시는 하나님. 여러 통로, 경로를 끊임없이 주변에 두셔서(환경) 알리시는 하나님이시다. 인간의 속성은 자식이라도 좋은 것을 줄 줄 안다. 채찍의 '상에서 하까지' 이것이 하나님 마음을 아는 자이다. 마 7:11 너희가 악한 자라도 좋은 것으로 자식에게 줄줄 알거든 하물며 하늘에 계신 아버지께서 구하는 자에게 …. 채찍은 지혜로운 자는 타인의 징계 통해(두아디라 교회로 모든 교회가) 깨닫기도 한다. 계 2:23 또 내가 사망으로 그의 자녀를 죽이리니 모든 교회가 나는 사람의 뜻과 마음을 살피는 자인 줄 알지라 ….

24. 청와대

죄의 온상이 된 곳이다. 문 대통령은 북한과 결탁자이며 일ㅇㅇㅇㅇ(빌 게이츠 통화)와 결탁자, 중국과 결탁자이다. 살피는 자, 알아 온 자이다. 붓을 든 사람이 많아지는 시대이다. 눅 1:2 처음부터 목격자와 말씀의 일꾼 된 자들이 전하여 준 그대로 내력을 저술하려고 붓을 든 사람이 많은지라. 유튜브 또한 1인 시위, 금식, 기도회 등등 나라의 어둠, 현세 아는 자들, 관심, 알고 싶은 자들 모두 포함이다.

25. 갤러리

2019년 여름 하나님께로부터 생명 경고 후 2020년 여름 방문지를 올라갈 때, 구름 사진(이후 촬영에 대해) 구하게 한 자이다. "삭제된 것 어떻게 해요? "사진 사용하실 건가요?" ㅇㅇㅇ에서 찍은 것 남겨야. 출간할 책 비빙, 겉표지에 사진 사용할 디자인을 찾아보자 - [2022. 12. 8. 목요일. 추가 글입니다. 새 분야이므로 도전해본 자이다! 하라. 그러나 달라진 상황에서 내용에 넣은 사진들도 다 생략한 자이다. 책의 내용과 맞는 배경을 다시 고심할 때, 메시지를 주셔서 급히 마무리한 자이다. 이는 아들에게 하게 하신 겉표지입니다. 고민하는 네게 메시지에 맞는 배경을 찾아준 자이다! 하라. 되었다. 닫으라] - 어느 정도 사진첩 가져야. 자연을 담는 자이다. 지역 영 연구하는 자이다. 무지개 담아 보자, 이 은혜를 무지개 속 구름 언약이라 둔 자이다. "찍을 기회 주소서" 이제부터 찍자. 내 보내실 때 찍자. 밤낮 찍어 보자. 비 올 때도.

2022. 9. 26. 월요일. 추가 글입니다.

"무지개 본 날이다" 하라. 2022. 8. 28. 주일, 예배 후 쉼과 밤 기도회 장소로 이동시키신 주이시니 가까운 바다를 가라! 하심이다 하라. 코스를 주시니 잠시 들린 한곳에서, 펼친 바다를 향하여 가는 자에게 하늘을 보게 하시니 석양, 황혼의 아름다운 빛 옆에 무지개가 눈에 띄어, 놀란 자이다 하라. 둥근 타원형의 커다란 무지개가 아니더라도 부분 형태를 보이신 주이시다! 하라. 2년 전 여름 2020. 7. 25. 수요일, 영서 제목 '25 갤러리'에서 약속하신 무지개이다 하라. 그동안 무지개가 소개되는 은혜의 징조들을 보면서 "나는 왜인가?" 하며 기다린 자이더니 사실상 잊을 즈음 나타난 언약이다. 이때 주신 주의 말씀은 '선교회의 언약'이라 하십니다! 하라. 되었다 닫으라.

26. 겉치레 벗자

외식에 대하여, 물음표에 대하여, 묻는 자들(예수께 찾아온 자들의 '질문' 유의하라 주신 주이시다 하라) 도움 또는 파는 자이다. 알려 주는 것 좋아하기에 네게 오는 자 차단 상태이다. 사람 관계도 겉치레이다. '안다'의 의미는 무엇인가? 내적 세계의 공감이다. 교통, 교제자이다. '하나님 영광인가? 하나님 뜻인가? 하나님 마음인가?'에 따라서 살펴져야 한다. 살펴볼 필요가 있다. 받는다. 상대가 주는 목적이 무엇인가? 하나님의 인도인가? 성령의 지시를 받고 있는가? 순수한가? 영적 질서 속에 있는 자인가? 하나님과 나 관계부터이다. 하나님으로부터 나오는가? 이는 의도이다! 하라. 나눔인가, 위세인가? 하나님을 사랑하는 자 '청지기'적 자세로 부여받고 하는 것인가? 받으려고(목적 가진 자, 무엇이든) 주는 자는 거절하자. 모르고 건네는 자 마찬가지이다.

27. 비치솔에 대해: 길(도로) 신호등 대기 장소의 '파라솔'

파라솔 모양은 '핵 암시'이다. 표징물. 공중 보는 자(너는 하늘을 자주 본다) 영역 구간이다. 이는 핵실험 장소이다. 살펴볼 필요가 있다. 파라솔 설치 왜인가? 너는 맡은 일에 대해 "뭔가? 맞나?" 하는 상황이다. (세상에서 암시되는 것들을 눈여기어 보라! 하십니다). 사가랴는 늙고 나이 많다. 눅 1:18 … 내가 늙고 아내도 나이가 많으니이다. 그는 기도의 응답을 믿지 않은 자이다. 마리아는 '말씀대로' 한 자이다. 눅 1:38 마리아가 이르되 주의 여종이오니 말씀대로 내게 이루어지이다 …. 마리아는 사갸랴보다 더 불리한 환경과 불이익 초래 상황이다. …생략…

마지막 때 되어질 일이 이루어지리라. 품절 현상의 시대, 성령의 사역이 마무리되는. 2천 년 시기 지나온 때이다. 열려지리라. "영안으로 보게 하소서,

듣게 하소서" 영적 민감한 자(갖고 있어서), 책의 속 '내용지'에 해당하는 자이다. (환상이 보입니다) 책의 양면 겉표지 사이로 속 내용, 장수의 두께가 보입니다! 하라. 굳세게 하리라, 붙들리라. 사 41:10 … 내가 너를 굳세게 하리라 참으로 너를 도와주리라 나의 의로운 오른손으로 붙들리라. …생략… 2019년, 징계받다 – 받은 바가 큰 자이다. 증인으로 나서지 않기에 하나님의 마음(진노)을 알리심이니 생명 경고이시다! 하라 – 일을 위함이다 하라. 2020년 여름 폭우 속 장마 기간에 여러 가지 일이 있다! 하라. 2020. 7. 23. 목요일 영서 시작. 주 임재, 주의 음성 듣다. 그리고 나오다. 방문지로 이동한 자이다. 욥 같은 상황이다. 전 목사와 같은 자, 주께 받은 것으로 일해보려는 자이다.

28. 설정! 유다 아들 죽었다

창 38:9 오난이 그 씨가 자기 것이 되지 않을 줄 알므로 형수에게 들어갔을 때에 그의 형에게 씨를 주지 아니하려고 땅에 설정하매 10 그 일이 여호와가 보시기에 악하므로 여호와께서 그도 죽이시니. 하나님의 구속사에 있는 자들에 관한 내용이다. 그 시대의 하나님 계획, 자녀 두지 않는 자였다. "자부 관계 치명적 아닐까요?" 이 내용에 한 번 울었던 자 안다 – [2022. 1. 8. 토요일. **추가 글입니다**. 남자의 세계에 대하여 일어나는 일들로 인하여 성경 인물들을 대하며 운 자이다. 유다도 그러한 "죄를 알라"이다. 성경은 그러한. 바울이 전한 '의, 절제, 심판'에 대한 강론을 두라. 행 24:25 바울이 의와 절제와 장차 오는 심판을 강론하니 벨릭스가 두려워하여 …]

29. 여자의 성 보자

하와는 산 자의 어미이다. 1차 생명의 잉태(번성)는 사랑의 결실이다. 암수 한 쌍씩 보면서 아담은 어떤 생각이었을까? 외로움은 상대역, 사랑의 대상, 사랑의 요소이다. 아내 관계는 사랑의 결실 자녀이다. 하나님 주신 명령. 이 외에는 불륜이다. 하나님 관계는 명령! 선악과 금령이다. 하나님의 창조 질서이다. 하나님의 법! 하나님의 금지 구역, 영역 중앙 '침범'은 아내(사랑-결실) 외의 금지 구역 침범 같은 것이다. 신약을 보자. 예수님은 여자 없었다(결혼하지 않으심). 아담은 하나님의 형상인 채로(짐승 이름은 타락한 인간 모습) 지으심. 마음속 다 아신다. 열두 제자는 결혼 이야기 없다. 고전 9:5 우리가 다른 사도들과 주의 형제들과 게바와 같이 믿음의 자매 된 아내를 데리고 다닐 권리가 없겠느냐. 베드로 외 직접적인 언급이 없다. 바울은 성이 배제된 초월한 자의 삶이었다. 가톨릭의 신부와 수녀 같은 맥락, 불교의 승려, 이는 수도사들의 모습이다. 기독교의 목회자와 성도는 결혼한다. 교회의 타락 중 가장 많은 것은 성 문제이다. 수도사처럼 살지 않는다. 아내 두면서 성범죄, 성 부도덕성 피한다는 이유로. 이것이 성령의 역사가 제한되는 이유이다. 여자 문제는 마음의 혈기로, 음식 문제 또한 공격성들까지 문제 될 수 있다.

성령 충만은 성을 초월한다! 하라. 성관계 속에서 '영향을 받는, 영향을 주는!'이다. 시대가 지나고 목회자의 결혼은 일반화(당연시 또는 조건)되었다. 인간 제도의 모순, 인간이 규정한 것이다. 많은 거짓 그리스도, 거짓 선지자의 이유이다. 선별되지 못한다. 신학? 원하면 갈 수 있다. 교회? 할 수 있다. 제도권 지원 아래서 맡는다. 가톨릭은 직영점, 절(사찰)은 프렌차이즈, 교회는 마트(중, 대형 교회), 시장은 개척 교회로 분류를 표현하는 자 보라. 결혼은 안 할 수도, 할 수도. 바울의 사도권 권리는 결혼할 수도. 그러나 다 쓰지 않는다. 경험해보면 더 자유하다. 제도권 아래 묶인 자들이다, 문화에 묶인 자(성도)들이다. 막 9:23 … 할 수 있거든이 무슨 말이냐 믿는 자에게 능히 하지 못할 일이 없느니라 하시니. 믿음대로. 결혼은 필요성이면 괜찮다. 함께 사역을 위해, 사랑해서 등은 괜찮다. 준비된 자들

- 자신 성숙, 하나님 관계 기도, 인도 등. 그 외는 직면할 문제의 소지, 많아질 수도 있다.

30. 개헌에 대해

그들은 위험 감수 초래하는 자들이다. 마지막 때에 관해 들려주는 자들이 있는 자들, 이는 전ㅇㅇ 목사의 설교 영상이다! 하라. 그들은 양심 화인 맞은 자들. 딤전 4:2 자기 양심이 화인을 맞아서 외식함으로 거짓말하는 자들이라.

31. 한경직 목사에 대해

"잘 모르겠는데요" 헌정사 인물이다. 고립적 신앙인이다. 우국충정한 자이다. 본질 아는 자. 한 세대 '획 그은 자'이다. 설교 메시지 들어 보자. 설교 대가이다. 주님의 추천이다. 내가 추천하는 자이다.

32. 본디오 빌라도에게 못 박혀 죽으시고 (사도신경)

그는 누구인가? 로마 총독이다. 다 아는 인물이다. 아내에게 권고받은 자, 지금 시대의 외짝 믿음이다. 마 27:19 총독이 재판석에 앉았을 때에 그의 아내가 사람을 보내어 이르되 저 옳은 사람에게 아무 상관도 하지 마옵소서 오늘 꿈에 내가 그 사람으로 인하여 애를 많이 태웠나이다 하더라. '이실직고하는 스타일'이다. 유대인 왕이냐? 눅 23:3 … 네가 유대인의 왕이냐 …. 죄 찾지 못하겠노라 등 눅 23:22 빌라도가 세 번째 말하되 이 사람이 무슨 일을 하였느냐 나는 그에게서 죽일 죄를 찾지 못하였나니 …. 나에 대한 그의 생각은 표면적, 호의적이었다. 다치지 않게 해보려 했다. 나의 예정대로 될 것이다. 그렇기에 그는 등을 돌린 것이다. 무리의 말 듣고 원대로(요구 표현) 해주기로 했다. 우는 자들이 많다. 너도 그중의 한 사람이다. 따라오는 여자들 무리! 눅 23:27 또 백성과 및 그를 위하여 가슴을 치며 슬피 우는 여자의 큰 무리가 따라오는지라. 나의 마음이 어떻겠는가? 그중에 어머니도 있다. 요 19:25 예수의 십자가 곁에는 그 어머니와 이모와 글로바의 아내 마리아와 막달라 마리아가 섰는지라. 찢기는 고통을 아는가? …생략… 예루살렘 딸들아! 자신과 자녀를 위해 울게 했다. 눅 23:28 … 예루살렘의 딸들아 나를 위하여 울지 말고 너희와 너희 자녀를 위하여 울라. 마찬가지이다. 자신을 위해 울라, 각자.

33. 가이사 세금에 대해

마 22:15 이에 바리새인들이 가서 어떻게 하면 예수를 말의 올무에 걸리게 할까 상의하고 16 자기 제자들을 헤롯 당원들과 함께 예수께 보내어 말하되 … 17 … 가이사에게 세금을 바치는 것이 옳으니이까 옳지 아니하니이까 하니. 국세, 관세 '반 세겔' - 마 17:24 가버나움에 이르니 반 세겔 받는 자들이 베드로에게 나아와 이르되 너의 선생은 반 세겔을 내지 아니하느냐 25 이르되 내신다 하고 집에 들어가니 예수께서 먼저 이르시되 시몬아 네 생각은 어떠하냐 세상 임금들이 누구에게 관세와 국세를 받느냐 자기 아들에게냐 타인에게냐 - 세금 종류들이 많은 세상, 문화 혜택의 결과이다. 당신의 나라 세금으로 시험하려 한 것이다. 누구 편인가 보려는 자들, 기회 노리는 자들이다. 화폐 문화는 어디서 왔는가? 내가 준 것이다? 아니다. 거래 과정에서 만들어진 것이다. 나는 거래하지 마라, 자연과 너희뿐이다. 만든 자이다. 주는 자에게 받는가? 이것이 나의 핵심이다.

34. 공교회의 의미는 무엇인가?

사도부터 세워지는가? 너는 성령 세례자이다. **성령 받고 해본 자! 교회 관계(추가 글 2022. 1. 8. 토요일)** '성령의 뜻대로 하기 위함'이 교회를 세우는 이유이다. 성령은 성령을 낳는다. 이것이 아들이다. 나의 뜻이 아들이다. "아들을 낳으라" 나의 뜻대로 하라는 뜻이다. 이는 반석 위에 지은 집이다. 마 7:24 그러므로 누구든지 나의 이 말을 듣고 행하는 자는 그 집을 반석 위에 지은 지혜로운 사람 같으리니. 하나님의 뜻대로 행하는 자. 막 3:35 누구든지 하나님의 뜻대로 행하는 자가 내 형제요 자매요 어머니이니라. 육적 대답한 자이다. 그 당시, 네 대답이다. 아들을 낳으라는 나의 말에 "저 아들 둘 있는데요" 대답한 자이다. "내가 필요한 아들이다"라고 말씀 주신 네 하나님이시다. 이는 신앙 초기이다.

교회 '반석 위'(마 7:24) 보자. 반석은 나이다. 위는 집 지으라는 뜻이다. 아래는 음부의 권세 무저갱! 싸울 수 있는가? 계 9:2 그가 무저갱을 여니 그 구멍에서 큰 화덕의 연기 같은 연기가 올라오매. 교회들이 패하는 실패의 이유이다. 기초에 두지 않는다. 두려워하지 않는다. 내(자신의) 생각, 말, 경험, 습관대로, 사상 이념까지 동원, 계획, 수립 시행하려 한다. 대형 교회 기업화는 형성된 기반으로 틀로 시스템 구축되어 운영해 나간다. 위험적 요소이다. 이는 라오디게아 교회이다. 계 3:17 네가 말하기를 나는 부자라 부요하여 부족한 것이 없다 하나(밑줄 치라) 교회의 패턴화된, 굳은 모습이다! 하라. 네 곤고한 것과 가련한 것과 가난한 것과 눈 먼 것과 벌거벗은 것을 알지 못하는도다.

만민이 기도하는 집! 막 11:17 이에 가르쳐 이르시되 기록된바 내 집은 만민이 기도하는 집이라 칭함을 받으리라. 전○○ 목사! 모여 기도하는 자들이다. 내가 그렇게 되기를 원한다. 이전에 원했던 자, 24시간 문 열린 교회가 아니냐? 새 예루살렘 성은 성문을 닫지 아니한다. 계 21:25 낮에 성문들을 도무지 닫지 아니하리니 거기에는 밤이 없으리라. ○○ 교회 문 닫는 것을 원치 않으신 주이시다!

말씀하신, 네게 알게 해주었다. 이곳은 오래전 기도처이다. 밤에 문 닫고 새벽에 문 여는 교회 그 당시이다. 새 건축물 도난 문제일지라도 당시에 **교회는 열기를 원한 나이다**(추가 글 2022. 4. 12. 화요일).

2022. 1. 8. 토요일. 추가 글입니다.

성령 받고 해본 자! 교회 관계: '사는 자'는 이는 '산다! 하는 자들'이다. 마 22:30 부활 때에는 장가도 아니 가고 시집도 아니 가고 하늘에 있는 천사들과 같으니라 32 … 죽은 자의 하나님이 아니요 살아 있는 자의 하나님이시니라 하시니. "허용치 범위 아는가?" 하라. 어디까지인가? 하리라. 이 시대는 그러하다. 조금씩, 조금씩 하다가 - 마 26:38 … 내 마음이 매우 고민하여 죽게 되었으니 너희는 여기 머물러 나와 함께 깨어 있으라 하시고 39 조금 나아가사 얼굴을 땅에 대시고 엎드려 기도하여 이르시되 …. 눅 22:41 그들을 떠나 돌 던질 만큼 가서 무릎을 꿇고 기도하여 - 멀어진 베드로 아니겠느냐? 마 26:58 베드로가 멀찍이 예수를 따라 대제사장의 집 뜰에까지 가서 …. 교회의 음부 권세 아는 자이다. 마 16:18 … 너는 베드로라 내가 이 반석 위에 내 교회를 세우리니 음부의 권세가 이기지 못하리라. 사망의 냄새 아는 자! 고후 2:16 이 사람에게는 사망으로부터 사망에 이르는 냄새요 저 사람에게는 생명으로부터 생명에 이르는 냄새라 누가 이 일을 감당하리요. 이러한 자에게 주는 나의 글이다. 공교회에 대함이다. 모임은 무엇인가? 나에 대한 실책 가진 자들이 세우는 교회가 많다. 이러함에도 주는, 내어 주는, 허락하는 교단 교세 확장이 아니겠느냐?

개척 교회 예배자들의 모임에 관함이다 하라. 수년 전 이를 네게 알리신 주시라. **너희끼리의 한 말씀씩 나눔은 왜인가?**(추가 글 2022. 6. 30. 목요일) 분명히 알라이다. 사도직 교회이다 하라. 사도는 무엇이냐? 나의 제자이다. 부름으로 나온 자, 나를 위한 자, 나의 뜻 전달자이다. 내 뜻은 무엇인가? 영생이라 하라. 요 6:40 내 아버지의 뜻은 아들을 보고 믿는 자마다 영생을 얻는 이것이니 마지막 날에 내가 이를 다시 살리리라 하시니라. "이를 위해 세워진 제자이다" 의미이다. 마 23:13 화 있을진저 외식하는 서기관들과 바리새인들이여 너희는 천국 문을 사람들 앞에서 닫고 너희도 들어가지 않고 들어가려 하는 자도 들어가지 못하게 하는도다.

이와 같기에 실책이라 하는 것이다! 하라. 영혼 구원 위함이니 이를 구하지 아니하겠느냐? 이는 목회자의 사명이니라. 이를 위해 견실히 흔들리지 않을 자이니, 이는 '산 자'라 하라. 소망이 무엇이더냐? 나를 위해 산다 아니겠느냐? 나는 어디에 있는가? 그들 안에 아니겠는가? 이로써 제자라 함이니 나와 결합(연합, 하나 됨이다)으로 둠이다. 실상은 그 안에 나의 생명이다. 내가 사는 것이다. 내 영체로 그의 주가 되어 행하지 아니하겠느냐? 모든 것을 나에 의하여 사는 자이다.

나는 공의회에 있지 아니한 그 당시이다. 범람한 그곳이니! 마 7:27 … 그 집에 부딪치매 무너져 그 무너짐이 심하니라. 사 8:7 그러므로 주 내가 흉용하고 창일한 큰 하수 곧 앗수르 왕과 그의 모든 위력으로 그들을 뒤덮을 것이라 그 모든 골짜기에 차고 모든 언덕에 넘쳐 8 흘러 유다에 들어와서 가득하여 목에까지 미치리라. 앗수르 아니겠느냐? 그들은 그러하다. 나의 백성이 아닌, 나의 제자가 아닌 나의 대적, 나의 원수이다 하라. 사 1:24 … 내가 장차 내 대적에게 보응하여 내 마음을 편하게 하겠고 내 원수에게 보복하리라. 곧 앗수르 왕이 오는 날! 사 7:17 여호와께서 에브라임이 유다를 떠날 때부터 당하여 보지 못한 날을 너와 네 백성과 네 아버지 집에 임하게 하시리니 곧 앗수르 왕이 오는 날이니라. 아니겠느냐? 하라. 도무지 내가 너를 알지 못하리라! 눅 13:26 그 때에 너희가 말하되 우리는 주 앞에서 먹고 마셨으며 주는 또한 우리의 길거리에서 가르치셨나이다 하나 27 그가 너희에게 말하여 이르되 나는 너희가 어디에서 왔는지 알지 못하노라 행악하는 모든 자들아 나를 떠나가라 하리라. 렘 1:15 내가 북방 왕국들의 모든 족속들을 부를 것인즉 그들이 와서 예루살렘 성문 어귀에 각기 자리를 정하고 그 사방 모든 성벽과 유다 모든 성읍들을 치리라 …. 이는 한국 상황이라 하라.

"공교회 들어선다!" 하리라. 공교회는 나의 교회가 아니다. 나를 떠난 자리이다. 주인 없는 자리 선풍기 돌아감 같은 너희끼리이다. 이는 세력(바람)이나, 떠난 자리 지키며 "주가 계신다!" 하며 전원 꽂아 – 주의 일이라 하며, 예배라 하며 모임을 뜻한다 – 지속적 돌리는 자들이다. 주의 영이 계신 곳에! 고후 3:17 주는 영이시니 주의 영이 계신 곳에는 자유가 있느니라. 이것이 교회이다. 선풍기 바람은 나의 영광(시원케 하는 역할)을 위함! 아니겠느냐? 하라. 선풍기가 많다. 이는 "교회가 곳곳이다" 자랑한 한국 교회이다. 교회 수, 교단 수, 지역 교회 수, 해외에도 수, 수, 수 … 하다가 '우수수' 아니겠느냐?(계 6:13) "한 나무가 있다!" 하자. 바람(세력)에 의해 많은 나뭇잎이 떨어지고 지금도 떨어지며, 흩날리고, 나부끼고, 나뒹구는 상황 아니겠느냐? 계 6:12 내가 보니 여섯째 인을 떼실 때에 … 13 하늘의 별들이 무화과나무가 대풍에 흔들려 설익은 열매가 떨어지는 것 같이 땅에 떨어지며 상황 같은 것이다.

"한국 교회의 위상이 어디" 하랴? 백신 접종 1위 국가라 함이 영예이더냐? 교회 '수'도 많다, 접종 '수'도 많다 아니겠느냐? 예배를 위함이다 하리라. 자동차 교통사고율, 이혼율, 자살률 등 다 1등(많다 의미이다) 아니겠느냐? 1등 좋아하는 민족이다 보니 그러하다 하랴? 세계 진출로 수익 창출, 경제 발전이다 하랴? 선진국 향해 가랴? 꿈이더냐? 선교로 자랑하더니 무엇 자랑하랴? 기술력 자랑하랴? 산업 기술 운운하랴? 정보 산업체 등장 으쓱하랴? 천국이 무엇이더냐? 나의 나라 아니냐? 이 땅에 지상 천국 꿈이더냐? 물으리라. 화려함, 다양함, 크고 좋은 것(호화, 사치), 유명한 것, 넓고, 많고 … 쌓고 쌓더니 코로나에 슬프더냐? 백신에 놀라더냐? 의학이 좋으니 "좋다" 하랴? '묻고 싶은 말' 쌓인 나이다 하라. 글이 약한(출중치 못한) 자에게 어찌 이루 말하랴? 마음을 꺼내나 한정이다! 하라. 이상이다.

2022. 4. 12. 화요일. 추가 글입니다.

교회는 열기를 원한 나이다. 시대의 험난함이 교회를 문 닫은, 문단속 이유이다. 이제는 그러하다. 이는 거의 20여 년 된, 그 당시 교회건축 후(위의 교회 예이다) 아낌이다. 당시 서울의 ㅇㅇㅇ 교회나, 다닌 첫 교회는 주야 기도자를 위해 열어두거나 예배가 지속되어지지 않으랴? 문 열린 교회의 편한 출입! 이는 자유로움이다. 사람이 두려워, 도난이 두려워, 염려하지 않은 당시이다. 교회는 예배, 기도하는 곳 외에(행사, 문화 등은 염려되어도) 다른 생각 두지 않은 때이다. 이로써 교회에 대한 마음이 염려된 당시이다. 순회자가 되어(순회하라 하신 주이시다 하라) 다녀보니 "교회 형편이 각각이다" 함으로 내 하나님과 그들 하나님이 다르다! 하며 교회를 하나로, 동일시로 보지 않게 된 자이다. 이러한 개교회는 꾸준히 살피고 살피어 성령의 가르침 되어 개척 당시에 "하라" 함에도 서두르지 않은 자이다. 왜인가? 교회의 주는 주이시니 정확한 인도 '명' 없이 하지 않기 위함이다. 이는 제도권 문제가 열리기까지 주춤된 자이다. 개척이 무엇인지 배워 온 자이다. 개척을 제도권 교회로 안 자이다. 이 틀이 바뀌기까지 고난 치르고, 훈련이 병행되어 현재에 이른 자이다. "개척은 주의 다스림이다" 하라. 주가 알게 하시는 한국 교회를 '많이 보이심(유형들)'으로 인해 영서 받을 시기까지도 내면에 치중하게 하시는 주이시다! 하라.

꿈과 희망의 시기이다. 2022. 3. 24. 목요일, 꿈으로 알리시고 이어 4. 11. 월요일에는 두 번째 '영음'으로 알리신 말씀이다. '마지막 때 주'를 알리려 하나 지친 자이다. 자신의 부족, 한계 및 주위 환경이 이를 막으나 힘 되시고 위로로 함께하시는 임마누엘의 하나님이시다. 풍전등화 한국이다. 기반이 된(펼쳐진 상태) '공산주의화 한국 사회'가 와해 되고 무너져야만 하는 시기이다. 이는 왜인가? 복음 저해, 막는 자이기 때문이다. 모든 것은 복음을 위해서이다. 자유민주주의도 그러하니 다시 중단된 이 기틀을 세우는 시기이다 하라.

설치는 누구, 누구 아니겠느냐? 이는 나대는 자(들)이다 하라. '주 없이 대세이다!' 하나 모래 위의 성은 무너진다! 하라. 뱀은 사악한 행위자이다. 욕설 난무, 비방 (지금 환상이 보입니다. 마치 불가사리 같은 모양인데 가지처럼 뻗은 끝부분은 살아있는 상태로 보이나 가운데 넓은 부위와 뻗치는 부위 절반은 상한 상태입니다. 심히 손상되어 더 이상 쓸 수 없는 상태입니다) 이는 무슨 뜻이냐? 그들 모습이다(최근 이슈입니다). 내재 된 모습이니 겉과 속이 다른 자들이다! 하라. 전ㅇㅇ 목사는 알고 지지 않는 자이다. 이상이다. 닫으라. 되었다! 하라. 이를 줌은 왜인가? 하라. 한국에 이런 유형 많음이 아니냐? 몸의 가지 뻗친 부위는 일하는 모습이니 주를 위해 한다 하나 그 안은 병폐, 퇴폐 많다. 상함인 줄 모르고 하는 자들이다. 가지는 임시하는 목회 현장이나 죽은 부분이 많다! 하라. 닫으라.

35. 교회의 인사권 보자

지도자 '계급식' 교회이다. 상류층 '독점식'이다. 명예, 지위, 학식 보고 세우는 교회 모습들 여기저기 많다. 장로 장립 어떻게 하나? 성경의 감독은? 늙은 남자, 늙은 여자 다 함께 보자. 영적 기준인가? 아니다. 딤전 3:1 미쁘다 이 말이여, 곧 사람이 감독의 직분을 얻으려 함은 …(딤전 3:1-5절 참조). 딛 1:5 … 내가 명한 대로 각 성에 장로들을 세우게 하려 함이니 …(딛 1:5-9절 참조). 딛 2:2 늙은 남자로는 절제하며 경건하며 신중하며 믿음과 사랑과 인내함에 온전하게 하고. 3 늙은 여자로는 이와 같이 행실이 거룩하며 모함하지 말며 많은 술의 종이 되지 아니하며 ….

2022. 1. 30. 주일. 추가 글입니다.

감독자이신 주이시다. 이러한 예로써 말함은 교회의 '무분별한 인사권'에 대함으로써 두는 '그러므로'이다. 사람은 모름지기 "하나님의 뜻대로 살자" 하며 "바벨화 하지 말자" 하려 함이니라. 창 11:4 또 말하되 자, 성읍과 탑을 건설하여 그 탑 꼭대기를 하늘에 닿게 하여 우리 이름을 내고 온 지면에 흩어짐을 면하자 해볼지라도 그들의 끝은 어떠하랴? 하더냐? 창 11:9 그러므로 그 이름을 바벨이라 하니 이는 여호와께서 거기서 온 땅의 언어를 혼잡하게 하셨음이니라 여호와께서 거기서 그들을 온 지면에 흩으셨더라. 갈수록 태산 아니냐? 하라. 이 지구가 이러하다. 교회는 어떠하랴? 이와 같이 하면 눅 13:4 또 실로암에서 망대가 무너져 치어 죽은 열여덟 사람이 예루살렘에 거한 다른 모든 사람보다 죄가 더 있는 줄 아느냐 5 너희에게 이르노니 아니라 너희도 만일 회개하지 아니하면 다 이와 같이 망하리라. "이로써 회개 시대라" 하라. 외적 평가가 높아진들 무엇이라 하겠느냐? 나는 면밀히 보시는 하나님이시라 하라.

집 밖에서 가족 중 누군가 일한다! 하자. 그의 직업이 무대에 오른 자이더냐? 역할로 한 자이다. "우리 자식이다" 하랴? 일로써 대하는 자이다. "일한다! 일의 역할로 연기자 누구이다!" 하지 않으랴? 이는 안다는 것이다. 집안 관계이니 가족이 아니랴? "그는 이러하고 저러하고 하는 자이다" 하며 이는 "우리 관계이다" 함으로써 상호성 혈육을 뜻함이 아니냐? 이를 바라노라. 대본 가진 연기자가 아닌 마음 중심으로 관계되어 다 속속히 알듯이, 이가 실체이니 "안다" 하지 않으랴? 일은 댓가이다. 이렇게 하면 수고비를 지불한다 하기에 일하는 것이 아니랴? 그러나이다. 가족은 관계(혈육으로 맺은) '사랑 공동체' 하나로써 주시는바, 가족이자 신앙 공동체가 아니랴? 이는 신분이다. 하나님의 부여하심으로 관계된, 세워진, 조화로움이니 협력 관계로써 하나를 나타내는바 주 예수 그리스도 하나님이시라 하라. 이러한 자세로써 임직을 명함이다. 이는 혈육이 아닌 타인일지라도 교회라는 특수한 공간(믿는 자의 모임이 되는 곳이니 예배이다. 예배는 '주를 위하여'이다) 내에서의 주가 맺으신 관계라 볼 수 있으니! 마 12:50 누구든지 하늘에 계신 내 아버지의 뜻대로 하는 자가 내 형제요 자매요 어머니이니라 하시더라 같은 것이다.

그럴지라도 알곡과 쭉정이로 가르지 않으랴? 마 3:12 손에 키를 들고 자기의 타작마당을 정하게 하사 알곡은 모아 곳간에 들이고 쭉정이는 꺼지지 않는 불에 태우시리라. 마 10:16 보라 내가 너희를 보냄이 양을 이리 가운데로 보냄과 같도다 하지 않으랴? 마 25:32 모든 민족을 그 앞에 모으고 각각 구분하기를 목자가 양과 염소를 구분하는 것같이 하여. 마 13:49 세상 끝에도 이러하리라 천사들이 와서 의인 중에서 악인을 갈라 내어. 계 14:9 또 다른 천사 곧 셋째가 그 뒤를 따라 큰 음성으로 이르되 만일 누구든지 짐승과 그의 우상에게 경배하고 이마에나 손에 표를 받으면 10 그도 하나님의 진노의 포도주를 마시리니 … 불과 유황으로 고난을 받으리니. 이 말씀을 두라. 이는 최후 확정이니 계 20:15 누구든지 생명책에 기록되지 못한 자는 불 못에 던져지더라. 반면에 보자. 계 21:27 … 오직 어린 양의 생명책에 기록된 자들만 들어가리라. 이는 왜 주냐? '임직'이 중요하다. 그러므로서 주는 바이다 하라. 신중하라, 기도하라, 이는 무게감, 저울 주시는 주시라. 영서 제2일 '4. 시간 저울'에서의 영적 교통자들의 무게 의미이다 하라. 이는 '교회 임직'에 관함이다. 이를 기록 두라. 닫으라. 이상이다.

36. 세월호에 대해

무수한 생명들 바라볼 때 어떠했는가? 안타까워 발을 동동 구른 자들이 많다. 시샘 자들도 있었다. 영혼의 부르짖음을 듣는가? 목회자인가? 구원자이다.

속수무책 바라보기만 했던 너, 울기만 했던 너, 가슴만 친 자이다. 위로자는 아니다. 기도조차 할 수 없었던 너였다. 끼니도 거르고 운 자였다. "생명의 구원을 위해, 무엇을 했는가?" 징검다리 건너며(이는 일상 통행로, 하상 하천을 건너며 다닐 때이다) 바다를 보며 사고 이후로 마음만 아픈 너, 몇 년을 그렇게 살아온 너, 아직도 바다 위 배에는 오르지 못하는 자이다.

2022. 1. 30. 주일. 추가 글입니다.

그만 울자. 그 모습이 선하구나, 잊어야 살 수 있는 자이다. 한강 사건, 한 청년 '대학생 죽음'이더니 의문사 된 '미 수사 종결' 마침이다 하라. 작년 2021년 4월이니 세월호 참사 만 7주년, 이는 전 국민 애도케 한 의대생(의학도)이다. 이도 준 바이나 닫으라. 시대의 악함으로써 발생 된 자녀 아픔이자 부모들의 숙제 된 사회이니 가정부터 통찰 시기. 이는 험난한 사회 문화 속에 두지 않을 자녀이다 하라. 다음에 이어지는(논한, 다룰, 나눌, 알릴) 이슈이다. 사회 문제 된 나라 위기 속, 지구 위기 속 내포된 '고리된 시사 사회면'이다 하자. 모든 죄는 연결 고리이다. 사단으로부터 세계, 지구, 나라, 사회, 교회, 친족, 지인, 가족, 개인까지 도미노 현상이다! 하라. 밀리어 오는 거센 파도 같은, 태풍 같은, 눈보라 같은. 그리하기에 나를 알라, 내게서 배우라, 내게 피하라 함이니 나의 눈으로 보아 "어떠하다" 하기 위함이다 하라. 이상이다. 묻으라. 아픔이니라. 닫자.

2022. 4. 12. 화요일. 추가 글입니다.

적으라. 수장(물속의 죽음) 문제 다루는 자이다. 호수 안 '꽃송이' 이는 세상 물속 헤엄치며 나가는 둘이니 두 아들이 아니냐? 엄마가 다루는 '영서 이야기' 출판사 투고 이후, 만남 되어 기도하고 자연으로 나간 자이다. 이는 호수를 산책하며 바라봄이니 다녀와서 꾼 꿈이다! 하라. '시대의 꽃' 한송이 메시지 주심으로 알게 됨이 아니더냐? 이 뜻은 매우 커다란 꽃 한송이니 '시대 사역'이 된 영서 발간 책 '종말'(책 제목)이 아니냐? 부분 분량(영서 첫날의 42 주제 중 5 주제를 견본식 이메일로 출판사에 전송한 자이다)일지라도 예표이니 보임으로써 마침이다 하라. 더 이상 내보이지 않아도 알만한 '주'의 주신 글이니 그러하다. 되었다 닫으라. 이상이다. 이는 사람 손에 나타난 주의 임재이다 하라. 단 5:5 그 때에 사람의 손가락들이 나타나서 왕궁 촛대 맞은편 석회벽에 글자를 쓰는데 왕이 그 글자 쓰는 손가락을 본지라.

또 한 꿈이니 차남의 모습을 본 자이다. 이는 커다란 개인 수영장이니 물이 가득하고 넓지 않으랴? 그 속에서 혼자 개인 수영하는 모습이다. 이는 무엇이냐? 날마다 일어나 성경부터 보는 자니 이후에 밥을 먹지 않더냐? 이는 대학 가기 전 준비기와 휴학기에도, 쉬는 날에도 성경을 보는 자이니 주신 은혜에 대함이다. 물은 세례이다. 자유이다. 영의 자유 '주의 말씀 안에서'이다. 촘촘히, 자세히, 면밀히 성경을 보려 한 자이다. 이는 차남 모습이다. 다음은 장남에 관한 꿈이다. 한 교회 안 수영장에 어린이들이 많이 모여있는 상태이며 아들이 그 속에서 함께하는 지도자의 모습이다! 하라. 또 한 꿈은 어느 목회자이다. 그를 위해 기도한 당시이니 꿈으로 보이심이라. 휠체어 탄 체 아득한 절벽 아래 저 밑 바다 물속으로 빠지지 않으랴? 이는 은혜의 시기이니 주안에 잠김이라. 믿음의 도전이다. 이외 등등이다.

이에 반해 물은 심판의 예표이다. 노아의 홍수가 아니랴? 이후 장마철 폭우 등 기상 이변 함께 침수 피해 잦아진 시대이다. 또한 물은 사고의 지역이 되어 자연재해 및 강 도하이니 북에서 남으로 생명 걸고 오는 자들이 많다. 익사 사고 및 총살도 그러한 수장 지역이 아니랴? 자살자 및 범죄 은닉 현장이 됨과 계획 범죄, 우발 사건도 그러하다. 희생이 되기도 하나 매장지로(바다 던져) 사용하는 악함도 있다! 하라. 2014년 세월호 사건은 바다 사건 중 큰 충격을 안긴 사고이다. 정치적으로 시사하는 바가 크다! 하라. 또한 이외에도 배의 사고(기상 및 결함 문제 등)뿐 아닌 전시 중 공격으로 침몰한 배들도 있으며 어선 중에 원양 조업은 희생이 크다 하는 범죄가 종종 아니랴?

이 모두는 지속 알려온 물속의 수장 시신들이 많음이니 고기 떼의 먹이가 된 사람이다. 영혼들 문제 된 자리이며 죽음의 영이 다소 강하여 생명을 잃는 사고가 많다! 하라. 이는 유의할 장소이다. 유원지가 아닌 하나님의 창조물로써 주께 경배를 위한 장소이며, 이러한 물의 창조와 기능과 역사와 사건 앞에 겸허히 서야 함이니 술 자제, 유흥 자제가 아니냐? 하라. 죄가 아닌 회개의 장소 되어, 주를 찾기 위해 밟는 그곳은 창조물 중 하나이다. 죄에 얽매여지고 후회하는, 사고 겪는 자리가 아닌 기도자 되어 섬이 마땅하지 않느냐? 이를 두라. 다소 짧은 글이다. 설명을 일축 시킨 불과 몇 줄이라도 의도는 알지 않으랴? 하라. 이상이다. 닫으라. 되었다. 이는 물에 대함이다. (오래전부터 '물에 대해' 연구하게 하십시다. 성경의 시작은 물입니다! 하라) 창 1:2 … 하나님의 영은 수면 위에 운행하시니라.

37. 아주 먼 옛날! 태초부터 시작된 사랑을 보자

찬양을 주십니다! 하라. '아주 먼 옛날 하늘에서는 당신을 향한 계획 있었죠 …' '당신은 사랑받기 위해 태어난 사람 … 태초부터 시작된 하나님의 사랑은 …' 널 만드신 주 아니더냐? 해, 달, 별들 위치한, 세팅 한 나이다. 창 1:17 하나님이 그것들을 하늘의 궁창에 두어(God set them…) 구름 위를 들어오고(오른 구름길), 만나게 해 준 나이다(1993년 임사 체험). 바다를 바라보며 나의 위엄을 생각하는 너였다. 나는 안다. 너의 모든 것을 면밀히 지켜보았다. "이제부터 무엇을 해야 하나?" 알리는 것이다. 마지막 때를!(2019년 부활절 금식 후 꿈) …생략… 기름진 것 주는 자이다. 처음과 끝이 되시는 주님을 섬기는 자. 창조(태초)에서 심판까지, 개인의 시작에서 끝까지.

38. 전대, 검에 대하여

이제는 왜일까? 눅 22:36 이르시되 이제는 전대 있는 자는 가질 것이요. 배낭도 그리하고 검 없는 자는 겉옷을 팔아 살지어다. 궁금한 상태인 자, 어렴풋이 생각해 본

자. 유다를 보라. 맡은 자의 실족 - [요 12:6 이렇게 말함은 가난한 자들을 생각함이 아니요 그는 도둑이라 돈궤를 맡고 거기 넣는 것을 훔쳐 감이러라. "다음 두라" 마 26:14 그 때에 열둘 중의 하나인 가룟 유다라 하는 자가 대제사장들에게 가서 말하되 15 내가 예수를 너희에게 넘겨주리니 얼마나 주려느냐 하니 그들이 은 삼십을 달아 주거늘 16 그가 그때부터 예수를 넘겨줄 기회를 찾더라. "이러한 유다이다! 하라" 요 13:26 예수께서 대답하시되 내가 떡 한 조각을 적셔다 주는 자가 그니라 하시고 곧 한 조각을 적셔서 가룟 시몬의 아들 유다에게 주시니 27 조각을 받은 후 곧 사탄이 그 속에 들어간지라 이에 예수께서 유다에게 이르시되 네가 하는 일을 속히 하라 하시니 30 유다가 그 조각을 받고 곧 나가니 밤이러라. 막 14:43 예수께서 말씀하실 때에 곧 열둘 중의 하나인 유다가 왔는데 대제사장들과 서기관들과 장로들에게서 파송된 무리가 검과 몽치를 가지고 그와 함께 하였더라 44 예수를 파는 자가 이미 그들과 군호를 짜 이르되 내가 입 맞추는 자가 그이니 그를 잡아 단단히 끌어가라 하였는지라] - 아시고 지금 하신 것이다. 마 10:9 너희 전대에 금이나 은이나 동을 가지지 말고 10 여행을 위하여 배낭이나 두 벌 옷이나 신이나 지팡이를 가지지 말라 이는 일꾼이 자기의 먹을 것 받는 것이 마땅함이라. 이제는 나눔을 위해 필요한 것이다. 지도자로서 섬기는 자, 지도와 나눔에 필요한 것이다.

2022. 1. 30. 주일. 추가 글입니다.

이는 왜이더냐? 하라. 질문 내용이다. 성경 보는 당시의 두 말씀 "가지지 마라, 이제는 가지라" 차이니 그러하도다. 물질 훈련이 필요함은 이로써 하는 것이다. '치심치 않기 위한' 절제이다 하라. 과욕으로 인하여 견물생심이니 하와가 본 그 나무, 선악을 알게 하는 나무 앞 아니더냐? 마 4:19 … 나를 따라오라 … 20 그들이 곧 그물을 버려 두고 …. 이는 베드로와 안드레의 부르심이다. 막 1:20 곧 부르시니 그 아버지 세베대를 품꾼들과 함께 배에 버려두고 …. 이어 야고보와 요한 부르심이다. 마 19:21 예수께서 이르시되 네가 온전하고자 할진대 가서 네 소유를 팔아 가난한 자들에게 주라 그리하면 하늘에서 보화가 네게 있으리라 그리고 와서 나를 따르라 하시니 22 그 청년이 재물이 많으므로 이 말씀을 듣고 근심하며 가니라(눅 18:18 어떤 관리가 물어

… 23 그 사람이 큰 부자이므로…. 막 10:29 … 나와 복음을 위하여 집이나 형제나 자매나 어머니나 자식이나 전토를 버린 자는 30 현세에 있어 … 백 배나 받되 박해를 겸하여 받고 내세에 영생을 받지 못할 자가 없느니라). 왕상 19:21 엘리사가 그를 떠나 돌아가서 한 겨릿소를 가져다가 잡고 소의 기구를 불살라 그 고기를 삶아 백성에게 주어 먹게 하고 일어나 엘리야를 따르며 수종 들었더라. 엘리사 또한 버리다! 이는 "버리고 따르라"에 대해서이다. 그러나 주시는 때가 있음이니 이 또한 나눔을 위한 주께 드리는 자이니라. 마 6:19 너희를 위하여 보물을 땅에 쌓아 두지 말라 … 20 오직 너희를 위하여 보물을 하늘에 쌓아두라 … 24 … 너희가 하나님과 재물을 겸하여 섬기지 못느니라. 이상이다.

39. 무릎 꿇지 않는(바알들)

왕상 19:18 그러나 내가 이스라엘 가운데에 칠천 명을 남기리니 다 바알에게 무릎을 꿇지 아니하고 다 바알에게 입맞추지 아니한 자니라. 문 정부 vs 광장 집회 모인 자, 서명자들 '다'는 아니다. 분위기에 휩쓸리는 자도 있다. 대충 알고 협조하는 자. 대부분 피 흘린 자들, 각오하는 자도 있었다. 권세자들의 서명은 쉽지 않다.

40. ㅇㅇㅇ의 ㅇㅇ에 대해서

(한 유튜버 사역자에 대해서 주시는 말씀입니다) 두 증인, 예언자이다. 계 9:3 내가 나의 두 증인에게 권세를 주리니 그들이 굵은 베옷을 입고 천이백육십일을 예언하리라. 전 3년 반 준비할 자들, 들을 귀 있는 자들, 지하 교회, 시온산에 선 자들, 거문고 내는 소리이다. 계 14:1 또 내가 보니 어린 양이 시온산에 섰고 그와 함께 십사만 사천이 서 있는데 … 2 내가 하늘에서 나는 소리를 들으니 … 내가 들은 소리는 거문고 타는 자들이

그 거문고를 타는 것 같더라.

41. 세 족속 비교해보자

모압, 암몬, 에돔은 비주류이다. 학대자들, 전쟁사에 걸림돌이 된 자들, 넘어진 자였다. 불법을 행한 자들아 나를 떠나가라. 마 7:23 그 때에 내가 그들에게 밝히 말하되 내가 너희를 도무지 알지 못하니 불법을 행하는 자들아 내게서 떠나가라 하리라. 가라지에 해당하는 자, 마 13:30 둘 다 추수 때까지 함께 자라게 두라 추수 때에 내가 추수꾼들에게 말하기를 가라지는 먼저 거두어 불사르게 단으로 묶고 …. 왼편에 선 자들, 마 26:41 또 왼편에 있는 자들에게 이르시되 저주를 받은 자들아 나를 떠나 마귀와 그 사자들을 위하여 예비된 영원한 불에 들어가리라. 공격성 가진 자들, 음부의 권세에 해당하는 자이다. 마 16:18 또 내가 네게 이르노니 너는 베드로라 내가 이 반석 위에 내 교회를 세우리니 음부의 권세가 이기지 못하리라.

42. 에서의 기업에 대해

약육강식으로 살아가는 자들이다. 초라해 보이는 것, 비참해 보이는 것, 가난한 것 싫어하는 자들이다. 권모술수 사용, 권위로 다스리는 자, 힘으로 제압하는 세력 등이다. 모압, 암몬도 해당한다.

43. ㅇㅇㅇ 사역에 대해

(한 유튜버에 대해서 주시는 말씀입니다) 박근혜 전 대통령을 공격한 자이다. 파렴치하게 보는 자, 눈 여겼던 자이다. '자로 재듯'만 보려 하는 자였다. 선거 이전의 당시 상황을 알고 들어온 자였다. 좌파 세력이었다. 추종자(문ㅇㅇ 계열)가 있는 자, 주사파 추종자이다.

44. ㅇㅇㅇ에 대해

(한 유튜버에 대해서 주시는 말씀입니다) 무엇을 전하고 싶은 것일까? 무엇을 말하고 싶은 것일까? 북쪽의 하수인이다. 우파를 가장한 자이다. 열혈로 전하는 자, 보수인 척하는 자이다.

45. 셈의 후손이다

창 10:1 노아의 아들 셈과 함과 야벳의 족보는 이러하니라 홍수 후에 그들이 아들들을 낳았으니. 메시아 사상 가진 자, 전하는 자이다.

46. 물고기 그림을 사용한 시대에 대해

암호 사용이다. 가학적 시대였다. 박해의 최고조기. 은어에 해당하는 바벨론(로마)이다. 벧전 5:13 택하심을 함께 받은 바벨론에 있는 교회가 너희에게 문안하고 내 아들 마가도 그리하느니라. 들짐승은 치리자, 로마 당국자들이다. 막 1:13 광야에서 사십일을 계시면서 사탄에게 시험을 받으시며 들짐승과 함께 계시니 천사들이 수종들더라.

47. 전, 월세에 대해

무관하게 살자. 바울의 셋방 행 28:30 바울이 온 이태를 자기 셋집에 머물면서 자기에게 오는 사람을 다 영접하고. 또는 교회에 머물며 사역하는 중이다. 아브라함의 내게 무엇을 주시려나이까? 창 15:2 아브람이 이르되 주 여호와여 무엇을 내게 주시려 하나이까 …. 집 문제는 솔개에 해당하는 문제이다. 11 솔개가 그 사체 위에 내릴 때에는 아브람이 쫓았더라. 해질 때 눕는 자이다. 12 해질 때에 아브람에게 깊은 잠이 임하고 …. 주님의 답가이다. 사무엘처럼 듣는 자이다. 나라에 대해 - 이스라엘 vs 블레셋(적대국, 공격자. 제사장에 대해), 이는 사무엘상의 전쟁 상황이다! 하라 - 드려진 자, 듣는 자이다.

48. 밤의 목자와 양 떼에 대해서

천군 천사 나타난 배경이다. 자기 일에 성실했던 자이다. 눅 2:8 그 지역에 목자들이 밤에 밖에서 자기 양 떼를 지키더니 13 홀연히 수많은 천군이 그 천사들과 함께 하나님을 찬송하여 이르되. 새 포도주를 기다렸던 자이다. 새 부대이다. 마 10:9 새 포도주는 새 부대에 넣어야 둘이 다 보전되느니라. 시므온(위로를 기다린 자) 알고 기다린 자이다. 눅 2:25 예루살렘에 시므온이라 하는 사람이 있으니 이 사람은 의롭고 경건하여 이스라엘의 위로를 기다리는 자라 성령이 그 위에 계시더라. 안나는 하나님과의 교제에 중심을 둔 자, 메시아 사상을 가진 자, 그리스도를 기다리는 자들이다. 눅 2:36 또 아셀 지파 바누엘의 딸 안나라 하는 선지자가 있어 나이가 매우 늙었더라 …. 37 …. 이 사람이 성전을 떠나지 아니하고 주야로 금식하며 기도함으로 섬기더니. "동방 박사들은 어떠했을까요?"(제가 질문을 드립니다) 세례자(Baptist) 요한부터이다. 광야에서 지낸 자. 막 1:6 요한은 낙타털 옷을 입고 허리에 가죽 띠를 띠고 메뚜기와 석청을 먹더라. 성전에서 외치지 않는 이유는 무엇일까? 새로운 무대이다. 이전의 종교 형식이 아닌 새로운 방식으로 전도(전파)하게 하셨다. 다윗을 보라. 기도로 묻고 상황에 대처했던 자이다. 에스겔, 다니엘 등 하나님의 영 나타나심은 무수하다.

49. 성경에 대한 너의 생각을 들어보자

성경은 너에 대한 것, 너도 성경의 모든 죄를 지을 수 있다. 이전에 알려주신 내용, 인간의 약함을 알리신 주이시다. 이는 오래전 일이다. 이후로 어떻게 살았나? 생각지 않고 살아온 너이다. 주신 것, 받은 것에 대한 태도가 애매모호하다. 스타일이다. 흐르는 속에 있어야 하는 스타일이다. 유형이다. …생략… 비침(은사)으로 바뀌어 간다. …생략… 논리가 필요한 때, 이성도 필요하다. 사고성이다. 지혜, 명철이다.

50. 양과 이리에 대하여

마 10:16 보라 내가 너희를 보냄이 양을 이리 가운데로 보냄과 같도다 그러므로 너희는 뱀같이 지혜롭고 비둘기처럼 순결하라. 양은 온순하다, 케어를 받는 자, 목자(치는 자, 돌보는 자)를 따른다. 방어력이 없다. 싸우지 않는다. 목자가 대신 지켜 준다. 요 10:3 문지기는 그를 위하여 문을 열고 양은 그의 음성을 듣나니 그가 자기 양의 이름을 각각 불러 인도하여 내느니라 4 자기 양을 다 내놓은 후에 앞서 가면 양들이 그의 음성을 아는 고로 따라오되. 이리는 날카롭다, 예민하다, 꾀를 쓴다(발달 되어 있다). 생존 본능에 강하다. 해치고 얻어낸다. 자신을 위해 사는 자들이다. 뱀과 전갈을 밟는 권세! 눅 10:19 내가 너희에게 뱀과 전갈을 밟으며 원수의 모든 능력을 제어할 권능을 주었으니 너희를 해칠 자가 결코 없으리라. 뱀은 기어 다닌다, 기어오른다, 날쌔다, 기회주의자 모습을 가진 자들이다. 마 10:16 … 뱀 같이 지혜롭고 …. '틈' 공격자들이다. 전갈(사막) 쏘다, 일침 공격, 쐐기 받는 자들이다. 다섯 달 타격을 받는다. 계 9:5 그러나 그들을 죽이지는 못하게 하시고 다섯 달 동안 괴롭게만 하게 하시는데 그 괴롭게 함은 전갈이 사람을 쏠 때에 괴롭게 함과 같더라. 권투의 KO 펀치 강타와 같으며 게임용 펀치 눕히는 인형과 같다.

51. 헤로디아의 딸을 보자

엄마의 요구에 가담한 자이다. 마 14:8 그가 제 어머니의 시킴을 듣고 …. 막 6:24 그가 나가서 그 어머니에게 말하되 내가 무엇을 구하리이까 그 어머니가 이르되 세례 요한의 머리를 구하라 하니. 불법자의 동류로다. 헤로디아는 성희롱 대상자였다. 불륜 관계, 에돔인 헤롯 동생의 아내이다. 막 6:17 전에 헤롯이 동생 빌립의 아내 헤로디아에게 장가든 고로 …. 좌파의 세력과 비슷, 성 문란 온상지였다. "내 딸, 내 아들이라면 어떻게 할까? 어땠을까?" 흥분하는 이유이다. ㅇㅇㅇ 이는 한 우파 활동가이다. 좌파 정권에 일어나는 성 문제, 계속 연이은 사건으로 토론 현장에서 도덕성으로 볼 때, 용납할 수 없는 자들로 보기 때문이다. 성교육이 안 된 현장. 성 정체성을 무시하는 인권 변호사(이는 문재인 대통령이다) 무슨 일을 할 것인가? 결국 다 잃는다. 성은 성역이다. 하나님의 창조 질서 영역이다. 형상, 거룩한 자손 위한 이것이 가장 기본이다. 설법, 강좌이다.

52. 물질관에서 보자

자연이 기원이다. 에덴동산(창 2:8 여호와 하나님이 동방의 에덴에 동산을 창설하시고)은 먹을거리, 볼거리, 쉴 거리, 돌볼 대상, 일터(경작지) 다 있다. 주님의 소유 안에서의 세계이며 질서가 있는 곳이다. 하나님의 재산이다. 내 땅, 내 백성, 내 성소 '다 주의 것'이다. 이것이 물질관이다. 에덴의 법칙에는 구분이 있다. 창조주 하나님이 명시한 내용들이다. 현재는 사람이 주인이 되었다. 소유주가 되어 탐욕과 악독으로 차 있는 상태 안, 겉은 깨끗! 눅 11:39 주께서 이르시되 너희 바리새인은 지금 잔과 대접의 겉은 깨끗이 하나 너희 속에는 탐욕과 악독이 가득하도다. 이것이 바벨탑이다. 시장 경제만 떼놓으면 창세기 11장 바벨탑이다.

자유민주주의 또한 사람 중심이다. 사람이 주인 되어 온, 정치 세계이다. 하나님께로 돌아가야 한다. 신본주의, 복음주의 국가관이 되어야 한다. 이것이 에덴의 회복이다. 기도하는 나라, 예수 그리스도의 이름을 외치는 나라, 1:1 일대일 신의 소리를 들을 수 있는 나라를 지향하는 것이 기독교 국가이다. 하늘의 질서대로 세워지고, 성령에 의한 통치가 이루어지는 나라가 새 예루살렘이다. 이스라엘 국가처럼 하나님의 통치 속에 있는 나라, 한 지도자 또는 선지자들에 의해 흥망성쇠가 선포 되어지고 민족이 반응한 나라처럼, 기독교 국가관 그 민족성을 예수 그리스도께 두고 화합, 단합하는 공동체이다. 기름 받는 국가, 영적 제사장 나라이다.

성령이 소멸 되어질 때 국가적 환난이 일어나고 현재처럼 국가 전체 또한 공산화, 좌경화 되어져 가기에 교회 일치 운동은 회개와 믿음을 바탕으로 '국가적 기도 기간 비상사태'인 것이다. 주를 위한다면 교회의 자세는 엎드려야 할 것이며, 교회에게 주시는 성령이 말씀하시는 소리를 들어야 할 것이다. 니느웨도 백성 전체에 금식을 선포했다. 욘 3:4 요나가 그 성읍에 들어가서 하루 동안 다니며 외쳐 이르되 사십 일이 지나면 니느웨가 무너지리라 하였더니 5 니느웨 사람들이 하나님을 믿고 금식을 선포하고 높고 낮은 자를 막론하고 굵은 베 옷을 입은지라. '교회의 금식 운동'이 필요하지 않을까 생각해 본 자, 나라적 통일 상황이 어려운 것 아는 자이다. 민심 어지럽혀진 상태이다. 여호수아, 갈렙이다. 전진하자. 찬양을 주십니다! 하라. 창작곡 중 '주를 위한 나의 마음 드려요 ….'

하늘山
제4일. 니느웨 회개 기도 40-4 (2020. 7. 26. 금요일)

1. 영서에 대하여 주시는 말씀입니다

첫째, 오병이어와 같다. 마 14:19 무리를 명하여 잔디 위에 앉히시고 떡 다섯 개와 물고기 두 마리를 가지사 하늘을 우러러 축사하시고 떡을 떼어 제자들에게 주시매 제자들이 무리에게 주니. 이는 영서 일로 주시는 은혜이다. 둘째, 지혜의 샘과 같은 영서이다. 잠 2:6 대저 여호와는 지혜를 주시며 지식과 명철을 그 입에서 내심이며. 셋째, 말씀의 떡 영생! 생명 잔치 의미이다. 요 6:51 나는 하늘에서 내려온 살아 있는 떡이니 사람이 이 떡을 먹으면 영생하리라. 내가 줄 떡은 곧 세상의 생명을 위한 내 살이니라 하시니라. 넷째, 말씀의 검으로 일하는 자이다. 히 4:12 하나님의 말씀은 살아 있고 활력이 있어 좌우에 날선 어떤 검보다도 예리하여 혼과 영과 및 관절과 골수를 찔러 쪼개기까지 하며 또 마음의 생각과 뜻을 판단하나니. 계 19:15 그의 입에서 예리한 검이 나오니 …. 다섯째, 오벧에돔의 집과 같은 상황이다. 삼하 6:11 여호와의 궤가 가드 사람 오벧에돔의 집에서 석 달을 있었는데 …. 법궤 지고 가는 자이다. 여섯째, 광야에 외치는 자의 소리 … 길을 준비하라(마3:3)! 이와 같은 자이다. 재림주를 선포하는 자, 만물의 마지막이 가까이 왔으니 정신을 차릴지라. 벧전 4:7 만물의 마지막이 가까이 왔으니 그러므로 너희는 정신을 차리고 근신하여 기도하라. 폭우 통해 전하신 주이시다! 하라.

2. 한 교회의 예를 환상으로 보이십니다

보이시는 모습은 이러하다 하라 – [이 교회는 주일 예배 시간이며 기도하는 중에 본 모습, 환상입니다. 건물 외형이 희미하게 보입니다. 다시 기도하는 중에 뚜렷한 모습이 보입니다. 그리고 다음 장면은 성전에서 연기가 위로 오르는 모습을 보게 됩니다. 계 8:4 향연이 성도의 기도와 함께 천사의 손으로부터 하나님 앞으로 올라가는지라] - 이로써 기도의 역할 필요성, 중요성을 갖는 것이다! 하라. 이어지는 것은 무엇인가? 보라, 교회의 내부 모습이니 물이 흐르는 관(통로)이 보이며 윗부분은 다소 파손된 상태와 그 안은 물이 필요한 상태이다 하라. 흐르는 물 역할, 이는 교회를 위한 외부 중보자(교회의 영적 상태 아는 자)의 역할을 의미한다. 흘려보내야. 성전 씻는 시기이다. 성전의 회개가 시작될 때이다. 라오디게아 교회의 말씀을 주신 자, 환난에 대해 네게 말한 나이다. 사고자가 나온 교회 이는 일반적이지 않다. 교회의 문제 상황이다 하라. 하나님의 경고 메시지이다. 교회 건물의 돼지 모습과 성도의 가난(부족) 모습의 꿈 메시지(2020. 1. 26. 주일, 한 교회를 보이시며 라오디게아 교회라 하십니다) 이어, 두 번째이다. 회개를 선포해야! 이는 관련된 사역자에게 해야 할 일에 대한 것입니다. 에스겔 골짜기 말씀으로 성도들에게 명해야, 일으켜야! 겔 37:9 … 생기야 사방에서부터 와서 이 죽음을 당한 자에게 불어서 살아나게 하라 하셨다 하라. 관속의 물, 흘러 내보내 사역자부터 회개, 이어 이 물로 성도를 소생시켜야!

3. 이 기도 자리(영서 자리)에서 보인 환상에 대해서

(이 환상은 2020. 1. 26. 주일, 주신 것입니다) 연기(어둠 권세 상징)로 보이지 않는 교회의 십자가이다. 가톨릭으로 느껴지는 교회를 본 자이다. 가톨릭형 교회(유형이라는 의미이다)가 많다. 적지 않다. 교회 사역자들, 교회들을 위해 중보하는 사역자들에 의해 벗기는 부분이다. 이는 기도로 **어둠의 권세, 덮인 연기(추가 글 2022. 12. 17. 토요일)**가 사라지는 것이다! 하라. (이 시대에 중보자가

필요합니다. 교회를 향해 외칠 자들이 있어야 함을 절실히 느낀 환상의 메시지입니다)

2022. 12. 17. 토요일.

어둠의 권세, 덮인 연기: 위의 교회를 덮고 있는 어둠인 '연기'의 환상은 최근에는 '안개' 비유로 설명하시는 주이시다! 하라. 이는 지구의 죄악이며 세상이 안개로 덮이어 앞이 보이질 않습니다. 목회자들이 갈 길을 알지 못하기에 성도를 어떻게 인도해야 할지 잘 모른다! 하라. 이를 알리심으로 울게 하시는 주의 마음과 함께 안타까운 시대를 느끼면서 우는 자이다! 하라. 이를 보일 때 그러하다. 이 글을 보이라. 넣으라. 이는 지구, 나라, 교회, 사회와 관련하여 주신 메시지로 기도할 때 이따금 '안개' 환상을 보이심이니 진단하시는 주이시다! 하라. 두 눈 감은 네 앞에 안개를 펼치어 보임으로 갇히어 있으며 알지 못하고 나가지 못하는 길로 인하여 답답함을 알리시는 주이시다! 하라. 이 세상 사람들이 그러하다. 목회자가 그러하다. 교회들이 그러하다. 목회자를 깨우기를 원하시는, 이를 기다리시는 주의 뜻을 알리기 위함이다! 하라. 되었다. 닫으라.

4. 찬양과 말씀 사역에 대해서

(한 사역자에 대해서 주십니다) 씻기는 사역 '찬양'과 말씀 선포 '두루마리 전하는 자' 어느 것이 크겠느냐? 말씀 사역이다. 씻기는 사역은 스스로 할 수도. 말씀 사역 이는 목회자가 할 일이다. 분변시키는 자, 나팔 소리, 전쟁 경보 알리는 자, 하나님의 마음을 전달하는 자이기 때문이다. 렘 4:19 슬프고 아프다 내 마음속이 아프고 내 마음이 답답하여 잠잠할 수 없으니 이는 나의 심령이 나팔 소리와 전쟁의 경보를 들음이로다. 누가 크냐? 섬기는 자가 될 것이다. 생명의 양식을 먹이는 자이다.

5. 어느 목회자에게 주시는 말씀입니다

그는 양육하는 자이다. 애정을 갖고 기르는 자이다. 이는 스승의 마음, 아비의 마음이다. 그곳 교회의 맡은 부서는 그의 영적 자녀이다. 바울을 보라. 얼마나 헌신했는지. 그는 모든 것을 다 바친 자이다. 솔로(독신)로 지내며 혹독하게 견뎌낸 자이다. 오직 나만을 위하여, 그리스도의 사랑을 전하기 위하여 애를 썼다. 몸을 다 바쳤다. '무소불위'자이다. 등극한 자이다. 추대자이다. 모든 자가 추천(천거)하는 자 바울이다. 옛적 선한 길을 묻는 자가 누구뇨? 렘 6:16 … 옛적 길 곧 선한 길이 어디인지 알아보고 그리로 가라 너희 심령이 평강을 얻으리라 …. 이처럼 살라는 의미이다. 믿음의 선진을 보라. 얼마나 애썼는지 오직 나만을 위해 산 자들이다. 격세지감 때이다. 왕궁의 화려한 옷 입은 자 너다. 눅 7:25 그러면 너희가 무엇을 보려고 나갔더냐 부드러운 옷 입은 사람이냐 보라 화려한 옷을 입고 사치하게 지내는 자는 왕궁에 있느니라. 깨어나리라, 일어서리라, 외치리라. 주를 위해 무엇을 할 것인가? 시험하여 보라. 피비린내 나는 전투가 시작된 때이다. 여러 환난으로 두문불출자가 많아질 것이다. 설상가상이다. 문재인 정부. 나라를 위태롭게 하는 자들이다.

6. 에스겔서 보라. 네게 합당한 말씀을 찾을 것이다

사 42:3 … 꺼져가는 등불을 끄지 아니하고 …. 스스로 아는 자이다. 찬양을 주십니다! 하라. '멀리멀리 갔더니' 곡이다. '섭섭하여 울 때에 …' 인도받는 중이다. 체험 가도 달릴 것이다. 신실하신 하나님이시다. "나는 여호와라 노하기를 더디 하고" 은혜 베푸는 하나님이시다. 여호와라. 출 34:6 … 여호와라 여호와라 자비롭고 은혜롭고 노하기를 더디하고 인자와 진실이 많은 하나님이라. 내 이름 아는 자 너희야!

너는 은사자이다(추가 글. 2022. 1. 9. 주일).

2022. 1. 9. 주일. 추가 글입니다.

너는 은사자이다: 기도처 한 교회를 방문할 때입니다. 찬양 사역자들의 모습을 보며 부러워하니 성령께서 제게 말씀하십니다. "부러워하면 지는 것이다. 달란트가 다르다. 너는 은사자이다. 마지막 때를 전하는 자이다. 곧 하게 되리라" 이미 오랜 기간 저에 관해 알게 하시니 이날의 위로와 소망의 메시지는 지난 모든 시간(힘든 것들과 기다리고, 기다린 자이더니)을 다 잊게 하셨습니다. 이는 2019년 봄 부활절 즈음에 주신 말씀이며 현재까지 주의 신실한 사랑과 은혜 안에서 맡기신 일을 하고 있습니다! 하라. 또한 어느 한 교회의 예입니다. '사랑하라'는 목회자의 설교이다. 그러나 지친 성도이니 물 공급이 필요한 자들이다. 아파서 누워 있는 자에게 사랑하라는 것과 같다. 먼저 먹여야 한다, 살려내야 한다. 사랑은 내가 가르치는 것이다(바울 서신의 주께 배우라). 나에게서 사랑이 나오는 것이다. 살전 4:9 형제 사랑에 관하여는 너희에게 쓸 것이 없음은 너희들 자신이 하나님의 가르치심을 받아 서로 사랑함이라. 먹는 것이 결핍된 자에게 배설물을 요구하는 것이 지식 전하는 자, 지식 설교자이다.

이는 어느 날 한 교회에 참석하여 이러한 '사랑에 관한' 설교를 들은 자이다. 교회 중보기도를 한 이후에(은사 사역 시간을 가진 자이다) 이어진 설교 내용은 은사보다 사랑하라는 말씀이며 은사자인 저는 앞서 중보기도 시간이 있었기에 무안, 무색해진 시간입니다. 기도가 되어 한 것뿐인데 마음 걸리게 '사랑의 삶'을 강조하여서 마음이 근심되었습니다. 이에 대해서 중보기도 하게 하신 교회의 상황과 제게 주신 은사가 필요하여, 참석한 기회에 '성령께서 하신 일'임을 돌아와서 깨닫게 하셨습니다. 설명해주셨습니다. 저 역시 사랑의 삶이 부족하나, 서로 유기적 관계가 되기 위한 임시 교제(예배자)나마 하도록 하신 상황이며, 성령의 해석으로 곧 마음이 평안해진 당시입니다! 하라. 되었다. 닮으라.

2021. 11. 13. 토요일. 추가 글입니다.

"은사 편을 다룹니다" 하라. 교회가 기득권을 사용하지 않을 때이다. '내 성도, 내 성도' 하다가(자기 방식 스타일 고수자들이다) 한국 교회가 휘청! 된, 현재 이르는 모습이다. 다크(dark)! 어두운 시대 전하는 자이다. 아무도 모르게 일한 자이다. 이제 모습을 드러내려 하는 준비자이다. 왜냐하면 주께서 명하신 일이기 때문이다. 너는 은사자이다. 은사는 무엇인가? 적어보자. '어둠 헤치는 무기'니라. 무기 사용 따라 전시가 역전되기도, 승리의 개가를 부르기도 하는 것이다. 네가 싸울 수 없는 상황에서 투입되는 자체가 사랑이다. 사랑의 기준이 무엇인가? 전세 역전을 위해, 승리를 위해, 자신을 드리는 시간이 기도이자 은사 사용 시간이다. 자신의 명예(뽐내려, 자랑하려, 위상 세우려, 자신만만한 태도 아닌 이상) 위한! 아닌 이상 은사로 힘 쏟을 이(집중과 힘쓰는 시간이 은사 사역이다)! 누가 하려는가?

성령께 잡힌 바 되어 자신도 모르게 예배, 기도에 전무, 몰두하다 보니 이루어지는 은사 사역이기도 하다. 누가 은사를 위해 예배 현장 자리를 가는가? 주를 위해, 주를 구하며 나아가는 자리에서 '성령이 다루시는 자'를 사랑이 있다, 없다 논하는 것은 바람직하지 않다. 겨냥을 받은 자이다. 은사는 하나님 편에서 일하는 것이지 사람을 위한(사람 입장에서 원하는 방식의 사랑 수준, 그 기대로 평가하려는 우를 범하지 않아야 한다) 것이 아닌 나타나는 현상, 일로써 성령의 세계로서 분야, 분야로 여기는 것으로 두어야 한다. 이는 교회들이 착각 속에서 자신의 목회를 위한 관점, 방식으로 대할 때 성령이 일하시는 것을 제한, 한계 두는 것임을 알아야 한다.

은사의 세계는 다양하다. 적소, 적소 배치하기도(되기도), 상황 상황에 따라 누구든지 임시도 사용할 수 있음을 알아야 한다. 성령이 일하시는 권위, 그 방법에 있어서 왈가불가하는 자가 아닌, 살펴보며 "무엇일까?" 하는 것은 누구든 할 수 있으나 - 의문 제기, 궁금증 유발, 선호, 호감, 관심도 그러한 - 성령보다 앞서서 누르고, 외면하고('아는 척' 할 때 우를 범할 수 있다 하라) 자기식 논법으로 이렇다 저렇다 휘두르는 식 접근은 매우 위험하다. 자신에게 유익도 되지 않을뿐더러 커가는 과정의 성도이거나 은사를 사모하는 대상자에게는 칼을 휘두름과 같다. 전문가에게도 은사 영역은 기피 또는 회피, 지연, 불순종까지 일어남은 손상된 사역이라 하라.

  과학화 시대일수록 영의 세계는 단절화 추세이기에 은사자의 영역은 '고귀한, 특수한 파트' 분야로 여겨줄 만한 자세가 필요함에도 교회 지도자일수록 자기 방식 주장하여 목회 외의 세계로 치부해 버리는 안타까운 교회 실상이자 현실인 시대이다. 모름지기 배워야 한다. 모르면, 알지 못하면, 잠잠함이 신뢰이다. 극단적인 종말론자들로 인해 종말론을 믿지 않거나 터부시할 것인가? 이와 같은 예이다. 그럴지라도, 그러할수록 방해 속에 더 올바르게 가기 위한 사투가 필요한 때이다. 진짜가 있기에, 때가 때이니만큼 등장이 되어 혼란케 하므로 미루고, 덮는 것이 아닌, 아는 자는 꾸준히 힘쓰며 묵묵히 진행하는 그 길 '종말의 삶, 사역'이 아니겠는가? 하라. 주를 보기 위함이다. 주와의 만남이다. 이 목적은 목적을 목적되게 이루게 하기 위해 만류, 훼방이라 할지라도 뚫고 가는 것이 진정한 종말주의자이며 자세이고 준비이다. 은사를 함부로 말하지 마라. 난도질하지 마라. "한계이다. 잘 모르는 주의 영역이다"라고 솔직해짐이 정직한 하나님과의 관계에서 나타낼 자세이자 겸허한 수용력이다. 이는 은사자에 관한 다시 보기이다. 은사는 '무기'편으로 다루는 시간이다.

7. 성령의 운동을 보자

  초대 교회 상황이다, 모습이다. 모인 자들! 기도하고 떡 떼고 찬미, 수가 더해진 것이다. 행 2:42 그들이 사도의 가르침을 받아 서로 교제하고 떡을 떼며 오로지 기도하기를 힘쓰니라 46 날마다 마음을 같이하여 성전에 모이기를 힘쓰고 집에서 떡을 떼며 기쁨과 순전한 마음으로 음식을 먹고 47 하나님을 찬미하며 또 온 백성에게 칭송을 받으니 주께서 구원 받는 사람을 날마다 더하게 하시니라. 오늘날은 어떠한가? 먹고, 마시고, 춤추고 세상 교제가 많다. 혼탁한 자들이다. 보이지 않는 하나님이다.

너는 미세 먼지 측정의 '수치'를 알려주는 자이다. 대비케 하는 자이다. 마치 미세 먼지로 외출하지 않는다, 차단 방법으로 창을 밀봉 또는 공기 정화기 등을 사용하듯이 어둠의 권세도 알아야 대비한다. (이 장면은 어느 날 보게 된 방송 영상입니다. 한 연예인의 모범적인 가장 모습을 본 자이다. 밖의 환경 오염, 미세 먼지로부터 어린 자녀들을 보호하기 위해 집 내부를 세심히 애쓰는 모습이다! 하라. 우연히 보게 된 이러한 삶의 한 모습을 예로 설명하신다 하라. 되었다. 닫으라)

8. 실수하지 않으시는 하나님에 대하여

차원의 하나님, 격상시키시는 하나님! '넘버원'이다. (엄지척 손동작으로 알리십니다) 내가 너에게 주리라. 소용대로 주리라. 2020. 2. 12. 수요일 '하늘 문' 환상! 생수의 강이다. (이는 성령이시다! 하라) 눅 11:8 내가 너희에게 말하노니 비록 벗 됨으로 인하여서는 일어나서 주지 아니할지라도 그 간청함을 인하여 일어나 그 요구대로 주리라. 너는 어리벙벙, 어리둥절 상태이다. 사랑의 이벤트! 이벤트 하시는 하나님이시다.

9. 노래하는 자에 대하여

찬송시 주시는 하나님! ㅇㅇㅇ에 지혜의 시, 믿음의 시를 옮기는 자이다. 자작곡이다. 습작이다. 기도곡 모음집 되리라. 외로울 때 광야를 지나며 시대를 알고 느끼며 탄식하고 나를 위해(집중을 위해, 만남을 위해) 만든 곡 아니냐? 사마리아 여인을 알듯이! 요 4:29 내가 행한 모든 일을 내게 말한 사람을 와서 보라. 너에 대해 다 안다는 뜻이다. 빌립과 나다나엘! 나다나엘이 무화과나무 아래 있을 때 보시고, 아시는 하나님이시다. 요 1:48 나다나엘이 이르되 어떻게 나를 아시나이까 예수께서 대답하여 이르시되 빌립이 너를 부르기 전에 네가 무화과나무 아래에 있을 때에 보았노라. 너는 알려야 하는 자이다. 이것은 기도곡이다. 마음을 주께 드린 자, 나와 함께 만든 곡이다. 나의 '넘버원'이다. (주께서 '엄지척' 손동작을 보이십니다! 하라)

10. 영과 육에 대하여 적어보자

실수하지 않으시는 하나님이시다. 여기까지. "주는 나의 반석이시다" 하는 자이다. 영은 무엇인가? '하나님이다' 아는 자 너다. **기록자 사도 요한은 "나와 하나이시다"**(추가 글 2022. 1. 9. 주일) 보는 자. 요 10:30 나와 아버지는 하나이니라 하신대. '동등 됨 취하지 않으시고' 대해서 보자. 빌 2:6 그는 근본 하나님의 본체시나 하나님과 동등 됨을 …. 이것이 본체이다! 이는 '있다, 계시다, 존재한다, 살아 계시다, 운행하신다' 같은 말이다. 용어 차이이다. '주 하나님' 다시 펴보자. 계 21:22 … 주 하나님 곧 전능하신 이와 및 어린 양이 그 성전이심이라. 전능하신 이! 전능하신 주 하나님, 전능하신 주, 전능하시다, 살아 계시다. 빌 2:6 '동등 됨을 취할 것으로 여기지 아니하시고'(본체이시다) 무슨 뜻인지 아느냐? 묵상해보자. 창 1:1 태초에 하나님이 천지를 창조하시니라 2 … 하나님의 영은 수면 위에 운행하시니라. 계신, 전능하신 주 하나님이시다. 이것이 나의 영이다. 본질이다. 성경을 많이 알아야 성령 말씀의 세계가 넓고 깊어진다.

2022. 1. 9. 주일. 추가 글입니다.

기록자 사도 요한은 "나와 하나이시다" 보는 자. 이는 2019. 12. 25. 성탄절 심야 '주의 나타나심' 본 자이다. 사도 요한과 함께 나타나신 주시라! 하라. 아들과 전화 통화로 성경 내용을 대화한 이후 성경 말씀을 찾다가 피곤하여 깜빡 잘 때 나타나심이라. 요한의 모습을 보이시고 요한 안에 주 모습이 그대로 서 계신 상태를 본 자이다 하라. 이는 홀로된 자이니 개인 예배처에서 드리나 사람 만남 없이 준비시키는 나이다 하라. 요한의 외로움을 아는 자이다. 낮아진 자, 주께 내어 드린 자, 그 속에(몸 안에) 주가 주되심을 보임으로 이를 2020년 새해 표어의 소망으로 주신 자이며, 실제 2020년은 성령의 임재와 함께 주와 연합된 자이다 하라. 이는 '영서의 해'이니 손이 도구 되어 기록하게 하심이라. 그뿐이더냐? 나를 위해 산 자이니 두문불출자가 아니더냐? 내려놓음, 낮아짐, 모두이다. 삶이 그러하다. 고생길 많다마는 사람이기를 포기하게 한 환경에서 "나 죽었소"하고 산 자이다 하라. 연명하나, 때때로 먹어도 대부분은 그러하지 아니한 고생한 자이다. 세례 요한도 광야의 삶이 아니더냐? 막 1:6 요한은 낙타털 옷을 입고 허리에 가죽 띠를 띠고 메뚜기와 석청을 먹더라. 무지막지 고생한 둘 요한이니 세례 요한, 사도 요한이다! 하라. 네게도 그러한 은혜가 임함은 나를 사랑함이라 하라. 이는 너를 선택한 이유이다. 고생길이나 은혜로 말미암음이니 체험자에게 주시는 한정판 같은 특급 체험이다. 이는 그러하다. 다 그리하겠느냐?

마지막 때에 관한 연구 위함이다. 네게 맞는 옷을 주신 주시라! 하라. 주지 않고 살아도, 공급이 부족해도 견디는 힘은 '자가 발전 같은 힘'(에너지, 생명력)이다 하라. 너는 성령 세례자 아니냐? 훈련자 아니냐? 오랜 걸음으로 한걸음 씩 걸으며 이곳까지 이른 자이다. 많이 받은 사랑으로 인함이다 하라. 눅 7:47 이러므로 내가 네게 말하노니 그의 많은 죄가 사하여졌도다 이는 그의 사랑함이 많음이라 사함을 받는 일이 적은 자는 적게 사랑하느니라. 이상이다. 이와 같은 자로서 두는 바이다. 너는 내게 '다함이 없는 보물'이라 함은 이러한 이유이다. 눅 12:33 너희 소유를 팔아 구제하여 낡아지지 아니하는 배낭을 만들라 곧 하늘에 둔바 다함이 없는 보물이니 거기는 도둑도 가까이하는 일이 없고 좀도 먹는 일이 없느니라.

성령을 왜 주느냐? 두느냐? 머물게 하느냐? 공급하느냐? 알리느냐? 이 같은 연관이다. 상호 작용 아니겠느냐? 네가 사랑하니 나도 사랑하고, 내가 사랑하니 너도 사랑한다! 사이 아니겠느냐? 물 붓듯이 부으시는 은혜로써 살아온 자이다 하라. 찬송을 주십니다! 하라.

'몸도 맘도 연약하나 새 힘 받아 살았네. 물 붓듯이 부으시는 주의 은혜 족하다 …' 이는 살수 없는, 감내키 힘든 상황이기에 그러하다. 은혜로 살았다는 무엇이냐? 사람으로서는 할수 없으니 하나님의 베푸신 사랑이 아니냐? 하라. 이는 증거이다. 나의 나라에 들어올 자에 대한 "어찌 사는가?"에 대한 숙고자이다. 모두가 그러하다. '좁은 문'이라 하니! 마 7:13 좁은 문으로 들어가라 … 14 생명으로 인도하는 문은 좁고 길이 협착하여 찾는 자가 적음이라. 어떠한가? 하나 이는 네 시작이니 성령이 임하고 보인 길이며 가르침 되어 오늘날까지 이른 자이다 하라. "아프고 뼈 깎는 훈련이다" 하라. 재산도, 건강도, 가족도, 사람도, 계획도, 목회도, 꿈도(주의 도구라 하여, 해 보려 한 것들, 사명 도구 유형에 해당하는), 구입도, 음식도. 추위랴? 더위랴? 강도 위험에서 건물 위험까지 등등 어찌 이루 말하랴? 찬양을 주십니다! 하라. '지금까지 지내 온 것 주의 크신 은혜라 한이 없는 주의 사랑 어찌 이루 말하랴? …' 아니겠느냐? 쓴웃음 짓는구나. "기막힌 세월 인생이다" 하는 자이다.

 그러함에도 낙심하지 않으려 함에는 "주가 나를 아신다" 하며 "나도 주를 알기에 나는 증거 하기 위해 산다" 하며 매일 '하루'를 보낸 자이다. 죽지 못함도 이는 죽음을 좌우지하는 자들이니 사람 개입 간혹 알게 되는 자이다. 불응함도 이는 그들을 아는 자이므로 굽히지 않는 믿음을 가진 자이다. 겪어온 자이다. 이로 인함이다. 2019년 보이신 주의 진노 외에는 "주가 데려가신다. 이때이다" 말씀하지 아니하시니 그들에 아랑곳하지 않는 자이다 하라. 산 자가 되려 함에는 이러함이니 '주의 증거' 받은 은혜, 주 뜻 명하실 때 다 사용하고 주 뜻 따라 살다가 가리라. 이는 이 몸, 자신이 아까운 것이 아닌 받은 복음(증거들=체험)이 아까워(아버지의 것이니 주의 피 값이니 내 것이 아니기에) 보관자로 생각하며, 기다리며 기다려 오는 시간들 아니겠느냐? 이는 '바로보기'이다. 찬양을 주십니다! 하라. '똑바로 보고 싶어요, 주님 …'이다. 주의 눈 응시자이다. 눈과 눈이 마주칠 때, 주의 원하시는 바를 하리라, 해야 하리라 하지 않으랴? 이 '힘' 지탱되어 살아온, 견딘, 참은, 기다린, 소망한 자이다. 다 고생이랴? 그러하다. 그러함에도 내가 아는 자들 중에 심하다. '누구보다'이다! 하는 자가 있지 않으랴? 세상 고생 많다마는 주를 위해 그리한 자는 무엇인지 아는, 자아 깎는 자이기에 쉽지 않음이니 "다! 그러하다" 해도 눈 여길만한 나의 애달픈 자도 있는 유형 가진 자이기에 그러하다.

이로써 고난 시대를 통과하며 환난기 접어들 때이니 '표'를 행할 자 준비기이다. 사악한 자들, 잔인한 자들 "사람이 아닌 짐승이다" 하라. 이미 준비하며 핵무기 신형화 하듯 그러하다. 원하는 모델 이르기까지 그들은 집중기이! 하라. 연구 개발 전문가이다. 사람 죽이려 연구자들 많은 세상이다! 하라. 서서히 죽이느냐? 섞는 것들 '무엇, 무엇' 많지 않느냐? 먹거리, 사용 물품들 모두 그러하다. 언제이냐? 시간 차이다. 백신도 그러하다 하지 않느냐? '후유증' 이른 사망에서 후까지 보는 자들이다! 하라. 후(나중)에 죽으면 백신으로 죽었다! 하겠느냐? 후유증 기간이니 '언제라도'이다. 이는 참고 문서이다. 나날이 받을 만큼 위중한 중대사 '시대 이슈' 내지, 전쟁 치르는 자들 아니더냐? 사람의 생명을 다루는 의사가 다 의사더냐? 1에서 10까지이니 성큼 낚아채고 의사직 박탈하고픈 내 진노의 대상자들도 있다. 인간의 인생 고귀함을 모르는 자들에게는 그러하다. 사업 수익성도 많다. 명예도 있다. 대 이어 칼을 든 자도 있다! 하라. 목사도 그러하다. 각계각층 어디인들 그러지 아니하다 하랴? 정치, 교육 등 분야 분야마다 그러하니 사회, 국가라 하겠느냐?

심지어 좌익 운동자들에 의하여 공산화 지경까지 이르며, 전쟁 위기마저 나날이 위협화 속에 전쟁 국가로 산지 어언 얼마이더냐? 휴전이 아니다 하라. 지속하는 싸움이니 크고 작을 뿐이라. 지진 국가 일본을 보며 신기해하지 않더냐? 도대체 잦은 지진으로 생명의 위협 불안 속에서 왜? 이민 가지 않고 일상생활을 지속하고 있는지 의아한 자 너 아니더냐? 이 나라가 그러하다 하라. 이는 한국을 보는 나라들이다. 어찌 살까? 하는 위태롭고, 아슬아슬함이 아니겠느냐? 깨어 있는 자는 이어지나 얼마랴? 나라가 위태롭다! 하여도 개인 생활 만끽자들이니 죽어도 좋다 아니면 무엇이겠느냐? 하라. 어둠을 모르는 자들, 그 위세, 위력, 실세를 모르는 자들이다. 알아도 피하면 범죄 아니랴? 국민이 나라 걱정 안 하면 국민이 아니다 하라. 지구인이 지구 걱정 안 하면 지구인이 아니다 하라. 하나님의 자녀, 백성, 시민, 아들딸들이 하나님 나라, 주의 마음에 아랑곳하지 않으면 버린 자 아니겠느냐?

이를 두라. '환란사' 기록 문서이니라. '내 마음 알리어' 동조케 함이니 나의 마음 알아 "내게로 다가오라" 전해지는 글이다. 그 어떤 화제, 사업, 뉴스, 관심 대상보다 우선하지 않으랴? 자기 집 구성원들(가족들이) 집에는 전혀 무관, 무심, 무정하고 타인, 이웃집에 대해서만 관여하면 정상이랴? 자살골 아니겠느냐? 하나님 나라에 힘 쏟음이 정상이지 세상 나라 관여로 자살골 넣으랴? 세상 득점자들 많다! 하라. '많다, 많다' 왜 하느냐? 보라. 이미 많은 인류 죄인들이 아니겠느냐? 그중 얼마 건진다! 하자. 이는 주를 믿게 한 자이다. 그러함에도 나는 말한다. 마 7:13 … 멸망으로 인도하는 문은 크고 길이 넓어 그리로 들어가는 자가 많고 하지 않느냐? 마 24:5 많은 사람이 내 이름으로 와서 이르되 나는 그리스도라 하여 많은 사람을 미혹하리라 10 그 때에 많은 사람이 실족하게 되어 서로 잡아주고 서로 미워하겠으며 11 거짓 선지자가 많이 일어나 많은 사람을 미혹하겠으며. 이는 무엇이냐 하느냐? 천국은 포기의 삶이다. 세상 것은 버리고(모든 소유 관함이다. 보이든, 안보이든 그러하다) 천국은 취하는, 얻는! 마 11:12 세례 요한의 때부터 지금까지 천국은 침노를 당하나니 침노하는 자는 빼앗느니라. 이는 바꾸며, 심고 거두기도 하며, 뒤로 하고 앞을 향해 가는 것이다! 하라.

다 아냐(나도 안다! 하는 자) 새로이 취하라, 도전하라. 되새김질하듯 먹으라, 받으라. 마음에 두라. 특별 대상자이다. 누구인가? 가르침은 다가 아니니 내려놓고 대하는 자세를 두어 '생수라 여기는 자'에게는 이러한 은혜로써 도금 입히듯, 흰 눈이 덮이듯 하지 않으랴? 이상이다. 받고, 보고, 듣는 자에게 복이 있도다. 계 1:3 이 예언의 말씀을 읽는 자와 듣는 자와 그 가운데에 기록한 것을 지키는 자는 복이 있나니 때가 가까움이라. 상급이 큼이라 뜻이다. 도전자가 아니겠느냐? 하늘(아버지 사랑, 은혜, 영광이다)의 도전은 그러하다. 낮춘 자에게는 끝없이 오르는, 사모함 아니겠느냐? 바닷물을 보라, 산들을 보라, 하늘의 구름을 보며 높은 저 하늘을 보며, 밤하늘 별들과 달과 낮의 해를 보라. 나를 한정 지으랴? 어리석은 자 아닌 이상 어찌 그리할 수 있으랴? 아는 자는 한없이 취하나 모르는 자는 "안다"하며 덮는 자, 거리 띄우는 자, 관심 집중하지 않는 자이다. 마 25:20 다섯 달란트 받았던 자는 다섯 달란트를 더 가지고 와서 이르되 주인이여 … 또 다섯 달란트를 남겼나이다. 하나 24 한 달란트 받았던 자는 와서 이르되 주인이여 당신은 굳은 사람이라 심지 않은 데서 거두고 헤치지 않은 데서 모으는 줄을 내가 알았으므로 25 두려워하여 나가서 당신의 달란트를 땅에 감추어 두었었나이다 하는 자이다 그러므로 28 그에게서 그 한 달란트를 빼앗아 열 달란트 가진 자에게 주라 29 무릇 있는 자는 받아 풍족하게 되고 없는 자는 그 있는 것까지 빼앗기리라. 요 9:41 … 너희가 맹인이 되었더라면 죄가 없으려니와 본다고 하니 너희 죄가 그대로 있느니라. 이와 같다! 하라. '나의 의'에 대해서 거부하는 자는 이러하다 함이니 새김이라. 이상이다. 닫으라. 이으라.

11. '성정' 무슨 뜻일까?

신성(형상)이다. 신이 가지신 모든 것이다. 예를 들어 아버지를 닮았다 할 때 전체와 같다. 하나님 자체이시다. 하나님 형상대로(창 1:27)이다. 약 5:17 엘리야는 우리와 성정이 같은 사람이로되 …. 창 1:27 하나님이 자기 형상 곧 하나님의 형상대로 사람을 창조하시되 …. 벧후 1:4 … 신성한 성품에 참여하는 자가 되게 하려 하셨느니라.

12. 삼위에 대하여 보자(비유들)

1) (환상으로 의자 셋이 보입니다) 삼위는 성부, 성자, 성령을 뜻한다. 신학 용어 동격, 동질이다. (다시 환상으로 3개의 의자가 보입니다) 3개를 붙여서 위치한다. 또는 일체(한 개의 긴 의자), 하나님이시다. 이는 한 분 하나님을 지칭한다.

2) (신학 시절에 주께서 알려주신 비유도 다시 말씀하십니다) 고리 3개 같은 것이다. **색을 3구분(나누다) 위함이다(추가 글 2022. 1. 9. 주일)**.

3) 또 하나의 비유를 보자. '이동'의 예이다. (저를 비유한 예도 주십니다) 먼저 '성부'에 대해서이다. 어떤 사람이 위의 지역 A 도시(성부이며 <u>하늘 위치</u>를 뜻한다)로 통학한다. 그다음은 '성자'에 대해서입니다. 아래 지역 B 도시(성자이며 <u>땅의 위치</u>를

뜻한다-낮아지심)에 살다. 그다음은 '성령'에 대해서이다! 하라. C 도시는(성령이며 사역 '일'을 뜻한다) 오다. 이동하다. 이에 역할이 다르다. 삼위는 <u>하늘, 땅, 사역지</u>이며 한 사람은 '본질' 살아 계시다. 전능하시다 의미이다.

4) 또 한 예를 보자. (나무가 보입니다) 성부! 이는 나무이다! 살아 계시다. 전능하시다는 의미이다. 이어 나무가 땅에서 보이지 않는다. 이는 주의 죽으심, 땅속의 뿌리만 남다. 그리고 성자! 이는 땅 위의 나무이니 사람을 통해 일하시는 '주' 이는 성령의 역사이다.

5) (다음 환상으로 비행기 조종사가 보입니다) 성부! 이는 비행기에 승선하는 조종사, 하늘 공중 나는 중이다(운행하시다. 살아 계시다. 권능). 하늘 비행은 능력(비행하다)이다. 이어 성자! 이는 여행지 도착이다. 탑승객 내려준다. 땅으로 내려오다. 땅은 십자가 체험이다. 그리고 성령! 다시, 하늘 비행은 승천이다.

6) 또 한 예를 보자. 칼 사용법 보자. 칼을 둔다! 말씀 상징이다. 칼을 사용한다! 말씀의 검으로 일하시는 주이시다. 입의 검에 해당한다(대적한다). '살아 있는' 말씀이시다. 영, 혼, 육 관련 일하신다. 계 2:16 … 내 입의 검으로 그들과 싸우리라. 계 19:15 그의 입에서 예리한 검이 나오니 그것으로 만국을 치겠고 …. 히 4:12 하나님의 말씀은 살아 있고 활력이 있어 좌우에 날선 어떤 검보다도 예리하여 혼과 영과 및 관절과 골수를 찔러 쪼개기까지 하며 또 마음의 생각과 뜻을 판단하나니. 또한 말씀은 생명 양식, 관련 구절 두라. '영'은 말씀, 진리, 메시지, 하나님의 뜻, 비밀, 계시이다. 선포될 때 힘을(영향력, 일하심) 발휘한다.

2022. 1. 9. 주일. 추가 글입니다.

색을 3구분(나누다) 위함이다: 신학교 가는 길에 주께서 말씀하심으로 깨달은 당시는 오래전이다. 같은 비유이니 '고리 3개' 보이심과 '3색' 설명 함께 주심이니 3개를 쌓은 상태는 한 하나님이시며, 각각의 3개를 분리함은 성부, 성자, 성령 의미이다! 알린 나이다 하라. 같은 성분 철로 알린 나이다. 이는 적절한 예로써 삼위를 묻는 자, 너에 대한 답변이다. 이 외에도 보이심은 왜 그러한가? 나를 나타냄은 아버지의 사랑에 관함이다. 범죄한 인류 구원이 아니겠느냐? 사랑했다, 사랑한다, 사랑하므로 건질 자이다. 이를 알라! 하는 것이다 하라. '되도록'이면 다양히 둠이니 해석 도움을 주기 위함이다. 체험으로써 아는 자들이다. 그러함에 전하는 자는 필요한 설명, 해석이 있어야 하지 않겠느냐?

또 하나의 예를 보자. 이는 네가 본 바 환상(꿈)이니 하늘의 하나님이 흰옷을 입으신 모습이시다. 네 아들(부자 아들로서 보인, 이는 하나님 아버지로 인함이다)을 업으신 체 하강(내려오시는) 장면이니 아들이 어림(성년임에도 유아 상태)은 '마지막 때에 관한' 증거를 네가 구한 자이다. 이는 주의 응답하심이다. 아들에게도 은혜가 임하도록. 그리하여 이때부터 네가 본 자이니, 아들의 '종말 은혜' 주시는 것 1, 2년간이 아니더냐? 성년까지(영적 나이가 실제 나이대로) 본 자이다. 위 하늘로부터 아들을 업으신 하나님의 모습이 아래로 내려오실 때, 주의 낮은 형체로 모습이 바뀌는 것을 본 자이다. '한 하나님'이심을 본 자이다. 그리고 2019년 성탄절 밤, 사도 요한 꿈을 통해서도 주께서 그대로 요한 안에 계심을 본 자이다. 삼위는 한 하나님 아니시더냐? 또한 이 외에 하나님, 주 모습을 수차례 본 자이다. "횟수 많다" 하라. 나를 위해 죽으신 주, 이 땅에 내려오신 이유이다. <u>죄 없으신 하나님이시다</u> – [거룩하신, 흠도 점도 없이 완전하신, 전능하신, 거짓이 없으신 하나님만이 하실 수 있는 용서이니 이는 너희는 죄인이며 나는 의로움이라 전하여라] – <u>부활의 주가 되어</u> 승천하심으로 보좌에 이르심은 하나님만이 하실 수 있음을 보인 나이다 하라. 이로써 너희 구원의 길이 열린, 이르는, 완성이라 하라.

'성령 하나님' 관해 보자. 성령의 임재를 아는 자이다. 인격체이다. 근엄, 존엄, 위엄으로 느끼는 자이다. 그러나 사람에 따라(대상), 상황에 따라 성령은 '자유자재'로 일하신다! 하라. 특정적인 하나의 모습이 아닌 매우 다양하다. 전략도 그러하다. 주는 이러하시다! 하라. 사 11:2 그의 위에 여호와의 영 곧 지혜와 총명의 영이요 모략과 재능의 영이요 지식과 여호와를 경외하는 영이 강림하시리니. 은사 영역을 보라. 얼마나 많은가? 다채로운가? 경이로운가? 상상 초월의 힘 가지신, 연구할 바 많은, 깊은. 어느 학문에 견주랴? 그러함에도 과학, 의학, 산업이 무엇이다, 어떠하다 하랴? 인공 무엇이 몇 가지랴? 나를 알았더라면 '멈추지 못할 신비한 세계'로 나아옴 아니겠느냐? 하라. 사람은 가장 좋아하고, 필요하고, 이상적인 관심(대상, 분야 무엇이든 이다)에 향한다. 그러나 나를 아는 자는 나밖에 좇지 않으랴? '최고의 감당치 못할 무언가'가 가늠이 된다면 궁금해 나오지 않으랴? 너의 일생에 나 밖에 쏟을 마음, 이보다 더한 무엇이 있으랴? 그러면 얼마나 아느냐? 사랑받으며 쌓아둠이 있느냐? 너의 자랑은 이 밖에 무엇이랴? 다 없어질 외에 단 하나 생명 세계이니 '주 예수 그리스도 하나님 아버지' 외에 또 있으랴? 묻는 나이다 하라. 이상이다.

　삼위 체험 외 너희의 허락된 시간을 달리 쓰지 않기를 원한다. 삶의 맡은 분야가 있다 하더라도 이 절대적 세계, 권위 아래에 두라. 그는 그대로, 나는 나대로. 이후에 남음이 무엇이 될지 자세히 살피며 찾은바 되는 그것을 이루라. 상관관계라 해도 발견함으로 내게 두어 나의 일이 되게 하고 끊임없는 '나의 알기'에 도전하는 자가 되라! 이는 시간이 많지 않음을 알게 된 '인생사와 지구사' 아니겠느냐? 개인이든, 지구이든 유한한 시간이니 언젠가는 마침이 되는 시점 가까이 향함이니 이를 두라. 서두르라. 나를 알기를 그리하라. 시간으로 인함이니 지구는 그러한 한정, 한계 안에 두는 '나의 손안 세계'이다. "문 닫는다" 알린, 폐점 시간 안에 일을 마치지 않으랴? 나의 세계도 그러하다. 더 많이 가져다 두려는 세상 물건, 세상 것이 아닌 '나의 나라의 것'을 소유하려는 거룩한 욕구로 나를 기쁘게 하는 자가 되어라. 지구인은 그러하다. 나를 떠나서 살 수 있겠느냐? 한정 시간 안에 회개하며 복음을 위한! 막 1:15 이르시되 때가 찼고 하나님의 나라가 가까이 왔으니 회개하고 복음을 믿으라 하시더라. 쟁취적인 목적자가 되어 한순간 사라질 모든 것들을 뒤로 하는, 배설물 같이 여긴다는 바울처럼 하라. 빌 3:8 또한 모든 것을 해로 여김은 내 주 그리스도 예수를 아는 지식이 가장 고상하기 때문이라 내가 그를 위하여 모든 것을 잃어버리고 배설물로 여김은 그리스도를 얻고 9 그 안에서 발견되려 함이니 …. 이로써 두는 영서이다. 권면이다. 사랑이다. 명이다! 하라. 이상이다. 닫으라.

13. 사도적 교회를 세울 때

너희는(가족 세 사람) 주님이 기르신 자들이다. 난세 영웅 난다! 하지 않느냐?. 무명한 자 같으나 유명한 자 같은 자이다. 고후 6:9 무명한 자 같으나 유명한 자요 ···. 종이(paper) 용지 사용자이다. 기록한 자이다. 반석 위에 세우리라. 마 16:18 또 내가 네게 이르노니 너는 베드로라 내가 이 반석 위에 내 교회를 세우리니 음부의 권세가 이기지 못하리라. 사도신경 '천지를 지으신 하나님 아버지를 내가 믿사오며!'이다. 구하라 주실 것이요(마 7:7), 듣는 자이다. 열두 제자의 다대오이다. 지명도가 낮은 상태, 드러나지 않은 자, 이름 알려진 자가 아닌 자이다. 마 10:3 빌립과 바돌로매, 도마와 세리 마태, 알패오의 아들 야고보와 다대오. 열두 제자 분류할 때 무명한 자 그러나 높이리라. 베드로, 요한, 야고보까지. 곧 이때라 듣는 자는(주의 생명 접하는 자) 살아나리라. 요 5:25 진실로 진실로 너희에게 이르노니 죽은 자들이 하나님의 아들의 음성을 들을 때가 오나니 곧 이때라 듣는 자는 살아나리라.

주님을 알아가는 자이다. 신성 '성정'화 되어 보려 하는 중이다. 까마귀 공급지이다. 너는 양육자이다. 히스토릭하다. 그리스도의 형상을 본 자이다. **새 예루살렘 성이다. 내려오다. 오래전 꿈에 본(추가 글 2022. 1. 9. 주일)!** 훈련한다는 뜻이다. 성도의 권세가 깨질 때까지이다. 단 12:7 ··· 반드시 한 때 두 때 반 때를 지나서 성도의 권세가 다 깨지기까지이니 그렇게 되면 이 모든 일이 다 끝나리라 하더라. 너는 기름종이(전한 자)이다. 성령의 통로이다. 눌리는 자 왜일까? 주의 낮추심이다. 이 일이 되는 날까지 네가 말 못하는 자! 눅 1:20 보라 이 일이 되는 날까지 네가 말 못하는 자가 되어 능히 말을 못하리니 이는 네가 내 말을 믿지 아니함이거니와 때가 이르면 내 말이 이루어지리라 하더라. 주의 누르심이다. '주구장창' 영서 기록자이다. 1993년 가을 입신 이후 주의 다루심이라. 훈련생이다.

2022. 1. 9. 주일. 추가 글입니다.

새 예루살렘 성이다. 내려오다. 오래전 꿈에 본: 2020. 7. 23. 목요일, 영서 제1일 '1. 형상에 관하여' 이어 제목이 된 '2. 시온산 → 유리 바다 → 휴거 → 새 예루살렘 성'이다 하라. 먼저는 네 초등학교 시절이니 합창단원 임시 모집단에 차출된 자이다. 담임 교사의 지목, 왜 선발인지 모르는 자이다. 노래 실력에 비하면 여전히 의문이다. 반에서 혼자 지명, 수업 중에 "합창단에 가라" 해서 영문 모르고 참석, 합류한 자이다. 음을 못 맞추어 자주 지적받아 곤혹스러운, 고충의 시간이다. 이는 거룩한 성! '새 예루살렘 성' 주제곡이다. 찬양을 주십니다! 하라. '나 어젯밤에 잘 때 한 꿈을 꾸었네 … 예루살렘 예루살렘 그 거룩한 성아 …' 시 경연 대회로 기억되고 2위 입상한 명예로 기억되는 복음곡이다. 이는 후에 알게 된 자이니 '장엄한 곡의 위엄과 깊이'가 아니냐? 하라. 하나님의 은혜로 발탁되어 은혜로 참여한 자이다. 이는 네 고생이나(연습 기간에 실력 부족으로 인한) 뒤돌아보니 하나님의 섭리이다! 알게 됨은 훈련 과정에 연이은 사랑이니 이는 체험이다. 새 예루살렘 성을 가기 위한 인생 여정이니 그러하다. 누구나 믿음의 선발자는 이러한 목표로 인한 '은혜 씌우기 삶'이라 하라.

　다음은 중학교 때에 친구 초대로 '성탄절 밤'을 중등부 학생들과 교회에서 지내면서, 선물 교환으로 예쁜 조개집을 받아온 자이니 이는 이어지는 '집에 대한 예표'이다. 사모자가 되기 위한 이 땅의 집은 예수만 섬기는 우리 집! 교회이며, 온 땅이 그러하도다. 나의 집이 아니겠느냐? 베드로서 보라. 벧후 1:13 내가 이 장막에 있을 동안에 … 14 이는 우리 주 예수 그리스도께서 내게 지시하신 것 같이 나도 나의 장막을 벗어날 것이 임박한 줄을 앎이라. 민 12:7 내 종 모세와는 그렇지 아니하니 그는 내 온 집에 충성함이라. 무엇보다 '하늘 장막' - 계 21:3 … 보라 하나님의 장막이 사람들과 함께 있으매 하나님이 그들과 함께 계시리니 그들은 하나님의 백성이 되고 하나님은 친히 그들과 함께 계셔서 - 새 예루살렘 성이 아니겠느냐? 이는 네 사모할, 흠모할 집이니 나그네 세상에서 모든 시름을 덮을 영원한 집 아니겠느냐? 끝으로, 12년 신앙 생활한 첫 교회에서 주신 은혜이다 하라. 거룩한 성이 하늘에서 내려와 교회의 넓은 유리창으로 보임이니, 교회에서 세 사람이 함께 있어 보게 되는 꿈이므로 이는 약속으로 보이신 꿈이라 하라.

이후 개인 예배자로 보내는 시기에 찬양의 은혜를 부어주시니 '거룩한 성' 찬양을 접하나 가사, 악보가 초등학생에게 무리한 곡임을 알게 되어 이는 하나님의 부르심으로 되어진 일임이 다시 한번 은혜가 되지 않더냐? 이러한 은혜는 성령 세례를 받고 천국 찬양과 함께 '천국을 사모한 자'가 되어 죽음의 지경을 오르내리며 천국 집을 가까이함이니 '천국 앞에서 지옥문 앞까지'는 체험이 되는 지경을 주시나, 천국은 오르지 못한 미체험자이니 네 소원은 이제 무엇이냐? '나는 눈이 열려 천국을 보며 현장을 전해 주는 자'가 되고 싶음이 아니더냐? 또한 천국에 있는 성경 속의 믿음의 사람들을 보고자 함이니(사도 요한은 본 자이나) 이러한 천국의 관심은 영서를 통해 주제가 되어 하나님 마음을 알리고 전하는 통로가 되었으니 시작이 반이라 하지 않더냐? 행여 아닐지라도 마음에 품음은 영에 유익함이라. 내 아버지 집 가기까지 천국에 대한 도전이다. '천국을 중계하고 싶은 아나운서'가 되기를 소망하는 자 아버지가 아신다! 하라. 이는 어디로부터인가? 모든 좋은 것, 선한 것은 나로부터이다. 네 은혜는 나로부터이다. "내게 영광 돌리라" 함이니 나의 기쁨이 너의 기쁨이다.

또 네 꿈이 무엇이더냐? 마 3:17 하늘로부터 소리가 있어 말씀하시되 이는 내 사랑하는 아들이요 내 기뻐하는 자라 하시니라. 이 말씀과 같이 하늘의 아버지께 이러한 아들이 되는 것이 아니냐? 내 너를 안다! 하라. 요 4:29 내가 행한 모든 일을 내게 말한 사람을 와서 보라 이는 그리스도가 아니냐 하니. 이와 같이 나는 너를 알기에 영서를 통한 너의 모든 것을, 생각나게 하고 드러내는 나이다! 하라. 아버지가 다 아시기에 부끄럽지 않느냐? 이를 사람들에게 전하여 주는 나의 사랑하는 종이 되어라. 이는 마침이다. 마무리 전하는 나의 말이니라. 이상이다. 환난이 와도 견디는 자이므로 주는 나의 말이다. 이는 오랜 햇수 머문 자리, 개척 예배처이다. 사랑한다 전하는 주 예수시라 하라. 나의 검증자이다. 나도 너의 검증자이다. 우리의 관계이다 하라. 이로써 담아 두고 견디며, 지탱하며 살아온, 살아낸 자이니 꿋꿋함 아니냐? 피난살이 같은 지난날이라 하라. 고생 자리에서 위험 자리 되어 다시 피난자이니 영서 사명이 힘 되어, 살맛 나는 자 된 자이다. "네 소망 오직 나이다" 이를 전하라. 환경은 피폐하나 영이신 주는 살리시므로 산다! 하라.

이는 요한계시록 저자가 되게 함이니 궁핍, 궁색자 사도 요한이다. 네가 본 바 모습 그대로이다. 어떠하느냐? 그의 말년 밧모섬에서 그가 어찌 견디어 냈나? 비로소 알만하지 않으랴? 그는 낮춘다. 온유하고 겸손한 나의 성품 그대로 네 본 바이니 이를 전하라. 마 11:29 나는 마음이 온유하고 겸손하니 나의 멍에를 메고 내게 배우라 그리하면 너희 마음이 쉼을 얻으리니. 고생이 은혜가 되기에 전하시는 주시라! 하라. 네 고생이 내 고생이기에 그러하다. "나의 고생은 이루 말할 수 없다" 전하지 않느냐? 이 땅에서 그러하며 지금도 그러하니 지구사 마치기까지 그러하도다. 그러함에도 지옥 갇힌 자는 내 짐이 되니라. 저들의 고통이 내게 편하랴? "생명 사랑하는 나이다" 하라. 그러나이다. 공의의 표를 위함이니 그러하도다. 이상이다. 닫으라.

14. 골로새서 교회론 읽어보자

하베스트(harvest), 추수기이다. 적어보자. '의의 평강'의 열매를 많이 맺을 자이다. 살 소망 끊어졌던 자! 고후 1:8 형제들아 우리가 아시아에서 당한 환난을 너희가 모르기를 원하지 아니하노니 힘에 겹도록 심한 고난을 당하여 살 소망까지 끊어지고. 구경거리! 고전 4:9 내가 생각하건대 하나님이 사도인 우리를 죽이기로 작정된 자같이 끄트머리에 두셨으매 우리는 세계 곧 천사와 사람에게 구경거리가 되었노라. 눈물 난 자이다! 미래가 주는 보장 갖고 살지 않는 자이다. 한달 한달, 그날 그날 사는 자이다. 주의 다루심이다.

15. 마지막 때 되어지는 일을 보자

계시록 다섯째인, 여섯째인 보는 자. 일곱 인이 풀리는 때이다. 어린 양이 떼시리라. 계 5:5 … 유대 지파의 사자 다윗의 뿌리가 이겼으니 그 두루마리와 그 일곱 인을 떼시리라 하더라. 배우지 않고 구하자. 계시록 열려야. '생체칩 최적화 시기' 보는 자들이다. 적그리스도는 개미의 이동(꾸준히, 지속), 오랜 시간이니 목적지가 있는 자들이다. 군집 형태이다. 다윗의 온역 기간! 삼하 24:15 … 전염병을 이스라엘에게 내리시니 …. 교회들의 오만함, 인구 조사이다 하라. 삼하 24:1 여호와께서 다시 이스라엘을 향하여 진노하사 그들을 치시려고 다윗을 격동시키사 가서 이스라엘과 유다의 인구를 조사하라 하신지라. 수적 부흥, 큰 교회 목회자 인정 시대이다. 교회 크기를 주의 능력으로 착각하는 시대, 제자화 문제 시동이 걸린 한국 교회이다. 많은 사람 실족, 많은 사람을 키운 교회들이다. 마 24:10 그 때에 <u>많은 사람이 실족하게 되어</u> 서로 잡아주고 서로 미워하겠으며 11 거짓 선지자가 많이 일어나 많은 사람을 미혹하겠으며 12 불법이 성하므로 <u>많은 사람</u>의 사랑이 식어지리라.

16. "책에 대하여 말씀해주세요"

책 발간자이다. 요 3:8 바람이 임의로 불매 … 성령으로 난 사람도 다 그러하니라. 바람 부는 자이다. 아브라함의 자손이다. 수가성 여인이다. 요 4:5 사마리아에 있는 수가라 하는 동네에 … 7 사마리아 여자 한 사람이 …. 이제부터는 종이라 하지 아니하리니 … 친구라! 주인의 일을 안다. 요 15:15 이제부터는 너희를 종이라 하지 아니하리니 종은 주인이 하는 것을 알지 못함이라 너희를 친구라 하였노니 내가 내 아버지께 들은 것을 다 너희에게 알게 하였음이라. 장터에 피리 부는 자, 춤추는 자이다. 슬피 우는 자, 가슴을 치는 자이다. 마 11:16 이 세대를 무엇으로 비유할까 비유하건대 아이들이 장터에 앉아 제 동무를 불러 17 이르되 우리가 너희를 향하여 피리를 불어도 너희가 춤추지 않고 우리가 슬피 울어도 너희가 가슴을 치지 <u>아니하였다 함과</u> 같도다. 옛것, 곳간에서 꺼내주는 자이다. 마 13:52 … 천국의 제자 된 서기관마다 마치 새것과 옛것을 그 곳간에서 내오는 집주인과 같으니라.

17. 애곡하는 시대

나의 오른손으로 붙들리라. 굳세게 하리라. 사 41:10 두려워하지 말라 내가 너와 함께 함이라 놀라지 말라 나는 네 하나님이 됨이라 내가 너를 굳세게 하리라 참으로 너를 도와 주리라 참으로 나의 의로운 오른손으로 너를 붙들리라. 성전 시대에서 개인 시대로, 추수기이다. 초등 학문적 신앙인이 많은 한국 나라이다. 갈 4:3 이와 같이 우리도 어렸을 때에 이 세상의 초등학문 아래에 있어서 종노릇 하였더니. 너는 부푼 가슴 안고 개척지 들어간 자! 넉다운이다. 받아서 일하는 시기, 성령의 인도가 시작되었다. 주가 일하신다. 권세자의 방언 가진 자 … 등등 어디서나. 사용할 때 큰 역사 이루는 자, 참여한 자, 한국 교회 대표 '박해'로 부르짖은 자. 기도, 크신 역사 이루리라. 나라, 중국 개입, 북한, 코로나 등. 노출 시기이다. 성령(주) 음성들을 때이다. 다메섹 도상 만난 자이다. 행 9:3 사울이 길을 가다가 다메섹에 가까이 이르더니 홀연히 하늘로부터 빛이 그를 둘러 비추는지라.

하늘山
제5일 니느웨 회개 기도 40-5 (2020. 7. 27. 월요일)

1. 두 사람의 기도

바리새인은 10절의 교회 안 모습, 밟고 다니는 자들이다. 눅 18:10 두 사람이 기도하러 성전에 올라가니 하나는 바리새인이요 하나는 세리라. 11, 12절의 "나는 … 와 같지 아니하고" 이는 행위 중심이 된 자들이다. 교회 안이 '다'가 아니다. 세리는 교회 밖에서 일하는 자이다. 세관(정부 산하 아래 직업 가진 자) 이는 예배자의 모습, 자세이다. 11 바리새인은 서서 따로 기도하여 이르되 하나님이여 나는 다른 사람들 곧 토색, 불의, 간음을 하는 자들과 같지 아니하고 이 세리와도 같지 아니함을 감사하나이다 12 나는 이레에 두 번씩 금식하고 또 소득의 십일조를 드리나이다 하고. 13절 "하늘을(감히 아니랴?) 쳐다보지도 못하고 다만 가슴을 치며 죄인이로소이다" 하니 13 세리는 멀리 서서 감히 눈을 들어 하늘을 쳐다보지도 못하고 다만 가슴을 치며 이르되 하나님이여 불쌍히 여기소서 나는 죄인이로소이다 하였느니라. 예배 대상 목적 뚜렷한 자들이다. 마지막 때 교회의 모습이다.(14 내가 너희에게 이르노니 이에 저 바리새인이 아니고 이 사람이 의롭다 하심을 받고 그의 집으로 내려갔느니라 무릇 자기를 높이는 자는 낮아지고 자기를 낮추는 자는 높아지리라 하시니라)

2. 두 아들

첫째 아들은 선민, 먼저 믿은 자, 바리새인이다. 마 21:28 … 맏아들에게 가서 이르되 얘 오늘 포도원에 가서 일하라 하니 29 대답하여 이르되 아버지 가겠나이다 하더니 가지 아니하고. 둘째 아들은 이방인, 나중 믿은 자, 세리이다. 30 둘째 아들에게 가서 또 그와 같이 말하니 대답하여 이르되 싫소이다 하였다가 그 후에 뉘우치고 갔으니. 나중 믿은 자가 먼저 되는 자들이다. 죄를 인정할 때 측은히 여기신다는 것이다. 이것이 중점이다. 죄를 죄로 여겨질 때 스스로의 뉘우침을 아는 자들. 하나님 앞에 죄인으로 선 자들이다. 31 그 둘 중의 누가 아버지의 뜻대로 하였느냐 이르되 둘째 아들이니이다 … 세리들과 창녀들이 너희보다 먼저 하나님의 나라에 들어가리라.

서기관의 질문은 실생활과 마음이 드러나는 질문이다. 누구나이다. 사람의 질문에 영을 알 수 있다. 관심사를 내놓는다는 표현한다는 뜻, 표명한다, 표출시킨다. 지향 또한 마찬가지이다. '영은 말'이다.

3. 세계 '프리메이슨' 알아보자

목적, 대상이 된다. …… (잠잠하여 기다립니다) 이들은, 악의적이다. …… (다시, 잠잠하여 기다립니다) 마음의 생각들 드러내는 자들이다. 가진 자들이다. 포획자들이다. 그물 던진 자, 소유자에 대해. 사냥꾼이다. 공격 대상 찾는 자들이다. 이리이다.

4. 세례 요한 관계에서 주의 제자 관계로 넘어감을 보자

의를 행하라. 마 3:15 예수께서 대답하여 이르시되 이제 허락하라 우리가 이와 같이 하여 모든 의를 이루는 것이 합당하니라 하시니 이에 요한이 허락하는지라. 길이 된 자이다. 나를 소개한 자이다. 밤 시간에 성경을 봐야, 듣지 않는 자 너. 요한은 사가랴와 엘리사벳의 영광이다. 눅 1:5 유대 왕 헤롯 때에 아비야 반열에 제사장 한 사람이 있었으니 이름은 사가랴요 그의 아내는 아론의 자손이니 이름은 엘리사벳이라. 기업인 자, 선지자이다! 표출된 자, 뽑아낸 자. 내가 사용했던 종이다. 나를 소개하도록. 나의 소개서이다. 설명서, 설명자였다. 세례 요한(Baptist)은 영웅인가? 길이 되어준 자, 낮춘 자이다. 스스로 지켜낸 자이다. 마 11:3 … <u>오실 그이가 당신이오니이까</u> …. & 마 26:39 … <u>만일 할 만하시거든 이 잔을 내게서 지나가게 하옵소서</u> …. 마 27:46 … <u>어찌하여 나를 버리셨나이까</u> …. 고통의 절규이다. 한계였다. 그럴지라도 승리한 자이다. 이뤄낸 자이다. 참수당한 자, 끝내 내게 영광 돌린 자이다. 그가 나를 저버리지 않았다. **나는 그와 쌍두마차였다**(추가 글 2022. 1. 30. 주일).

2022. 1. 30. 주일. 추가 글입니다.

나는 그와 쌍두마차였다: "사도 요한을 보았다!" 한 자이다. 당시이다. 기록을 두라. 2019. 12. 25이니 성탄절 밤이 아니랴? 이는 네게 말한, 알린 2018년 가을이니 "얼마간은 상담하라" 하는 주시라. 이후 나타나심이다. 해 바뀐 2019년 부활절 '지구 보이신' 주시라. 이는 네 눈이니 힘이 없어 눈을 못 뜨는 자이더니, 감은 눈이나 빛과 함께 둥그런 '지구' 모습을 보게 함이 아니랴? (눈은 빛이며 지구이다) 이후로 영서가 된 기록자이다. 이는 차순으로 할 일을 위한 계시이다 하라. 지구를 보며 적는 자이다. 우는 자이다. 기도자이다. 나타내는 자이다. 나의 뜻, 마음, 계획, 진통의 지구 해산 시기 - 2021. 10. 11. 월요일, 금식 중 보이신! 이도 힘이 없어 눈 감은 자이더니 임산부 배로 보이심 아니랴? - 이 모두를 위한 부르심이라 하라. 요한은 어떠하냐? 그와의 관계 나 알리는 이 되거라. 이상이다.

2022. 1. 11. 화요일. 추가 글입니다.

어떤 이들은 말하리라. 이는 영서를 읽는 자들이다. 은혜스럽다! 하지 않겠느냐? 그러나 고개 갸우뚱거리는! 이러한 자도 있다. 이해 안 되는 주제이다! 하며 줄거리는 의아해하기도 하며 이상하다! 하지 않겠느냐? 다, 다르다! 하며 신중히 보기도 하는 자 있으나 행 2:12 다 놀라며 당황하여 서로 이르되 이 어찌 된 일이냐 하며. 비아냥하는 자에게는 - 13 또 어떤 이들은 조롱하여 이르되 그들이 새 술에 취하였다 하더라 - 이는 무엇이냐? 내 스타일 아니네! 하는 자들이다. 자기 중심될 때 나타나는 이상 현상, 반목 현상, 대립 현상, 거부 현상이 아니겠느냐? 하라. 무슨 이득이 있으리요? 하리라. 놀라울 만한 소식이 아니겠느냐? 찬송을 주십니다! 하라. '놀라운 이 소식 알리어라. 세계 만민을 구하려 내 주 예수를 보내신 참사랑의 하나님, 만백성이 따를 길 어둔 밤 지나고 동튼다. 환한 빛 보아라 저 빛 주 예수의 나라 이 땅에 곧 오겠네, 오겠네'

거부자들을 불쌍히, 긍휼히, 가엾게, 자비롭게 여기라. 괴로움, 외로움 이어질 자 아니겠느냐? 베드로의 부인을 보며 깨달으라, 유대인의 대적도 그러하다. 많은 무리들은 표적을 구함과 같도다. 고전 1:22 유대인은 표적을 구하고 헬라인은 지혜를 찾으나 23 우리는 십자가에 못 박힌 그리스도를 전하니 유대인에게는 거리끼는 것이요 이방인에게는 미련한 것이로되. 구하고 원하다가 영생의 좁은 길에서 하나둘씩 다 떠나감은 기록된 말씀대로 보느냐? 보는 너희니라. "읽는 자는 깨달을진저!"이다. 요 6:66 그때부터 그의 제자 중에서 많은 사람이 떠나가고 다시 그와 함께 다니지 아니하더라 67 예수께서 열두 제자에게 이르시되 너희도 가려느냐 68 시몬 베드로가 대답하되 주여 영생의 말씀이 주께 있사오니 우리가 누구에게로 가오리이까. 이상이다. 닫으라.

5. "한 데나리온을 보이라"는 자들에 대해서

바리새인들이 감히 질문하다. 마 22:15 이에 바리새인들이 가서 어떻게 하여 예수를 말의 올무에 걸리게 할까 상의하고 16 자기 제자들을 헤롯 당원들과 함께 예수께 보내어 말하되 선생님이여 우리가 아노니 당신은 … 이니이다. 17 그러면 당신의 생각에는 어떠한지 우리에게 이르소서 가이사에게 세금을 바치는 것이 옳으니이까 옳지 아니하니이까 하니. 나는 기꺼이 응했다. 18 예수께서 그들의 악함을 아시고 이르시되 외식하는 자들아 어찌하여 나를 시험하느냐 19 세금 낼 돈을 내게 보이라 하시니 데나리온 하나를 가져왔거늘. 설명 주기보다 제자들과 따르는 무리 보호하기 위해서이다. 20 예수께서 말씀하시되 이 형상과 이 글이 누구의 것이냐 21 … 그런즉 가이사의 것은 가이사에게 하나님의 것은 하나님께 바치라 하시니. 유대인의 왕이다. 이는 전ㅇㅇ 목사에 대해 공격과 같다. 전ㅇㅇ 목사 등 성령의 역사자들이다(현재는). "공격받게 하려 … 찾아오는 자들이다" 나는 선한 목자이다. 방패이다. 양을 보호하기 위함이다. 요 10:14 나는 선한 목자라 나는 내 양을 알고 양도 나를 아는 것이다.

2022. 1. 11. 화요일. 추가 글입니다.

교회에 주기 위해서 애쓰는 자(너)이다. 이 일은 그러한 나의 부름이니 거절할 수 없는 일 아니더냐? 찬송을 주십니다! 하라. '나를 위해 오신 주님 나의 죄를 위하여서 유대 민족들에게 잡히시던 그 날 밤에 아무런 말도 없이 우리에게 사랑을 보여주신 주님 예수 십자가를 지셨네 … 거절할 수 없어 …' 로마 병정들 아니겠느냐? '이 세상에 오신 주님 나의 죄를 위하여서 로마 병정 창과 칼에 찔리시던 그 날 오후 …' 대적자이다. "누구를?" 하며 말하리라. "나는 아닌데!" 하는 자마다 그러하다. 자신의 눈 '들보' 아니더냐? 마 7:4 보라 네 눈 속에 들보가 있는데 어찌하여 형제에게 말하기를 나로 네 눈 속에 있는 티를 빼게 하라 하겠느냐. 가르치는 자(교훈자)에게 나타나는 현상이다! 하라.

내 말 전함은 나의 명 아니겠느냐? 하라. 지나가는 돌을 사용하기도 하는 나이다 하라. 마 27:32 나가다가 시몬이란 구레네 사람을 만나매 그에게 예수의 십자가를 억지로 지워 가게 하였더라. 너도 그러하다. 이는 꿈이니 오랜 이전이라. 나에게 붙잡힌 바 될 때 그러하다. 어느 옛 대문 앞, 선 자이더니 모인 자 중 하나이다. 대문은 나라이다. 대한민국 상황 당시, 안에는 매우 크고 넓은 마당(궁궐의 뜰)이 있으며 몇십 명의 남자들이 지휘관 아래 앉아 있고 그들은 종이 시험지에 답을 쓰나, 쩔쩔매는 모습이니 풀지 못하는 상황이 아니더냐? 너는 대문 앞, 조금 열린 문의 틈 사이를 보던 중 '시험관 감독'에 눈에 띈 자이다 하라. 그는 쏜살같이(매우 빠른, 이 세상 걸음이 아니므로 의아한 당시이다) 와서 불 막대기로 네 등에 십자가를 파지 않더냐? 사 6:6 그 때에 그 스랍 중의 하나가 부젓가락으로 제단에서 집은 바 핀 숯을 손에 가지고 내게로 날아와서. 영문 모르고 부름을 입은 자이니 '나의 선택'이라 하라. 이러한 유형, 케이스이다.

    그러함에도 그들은 알지 못하므로 여전히 지식 탐구로 "무엇을 가르쳐 보자" 하는 자이니 "나의 줄 말이 많다!" 함에도 묻기보다 성경으로 수단 삼아 목회해보려다 마 7:27 비가 내리고 창수가 나고 바람이 불어 그 집에 부딪치매 무너져 <u>그 무너짐이 심하리라</u>. 이와 같지 않으랴? 교회 무너짐이 무엇이냐? 영혼 잃는 것이다. 자신도 잃고 모인 자도 그러하니 '지식의 열쇠' 말씀 찾아 넣으라. 눅 11:52 화 있을진저 너희 율법 교사여 너희가 지식의 열쇠를 가져가서 너희도 들어가지 않고 또 들어가고자 하는 자도 막았느니라 하시니라. 이러한 상황은 무엇이더냐? 내 중심이 되지 않았다. '성경' 글로 해보려다 영이신 하나님보다 우상이 되었다 하는 것이다. 이러하므로 마 23:13 화 있을진저 외식하는 서기관들과 바리새인들이여 너희는 천국 문을 사람들 앞에서 닫고 너희도 들어가지 않고 들어가려 하는 자도 들어가지 못하게 하는도다. "위험스런 일을 알라" 하는 메시지니라.

    이를 알림은 왜이냐? 나의 사랑이다. 부모와 자녀 간 아니더냐? 끝내 다루리라, 알게 하여 천국 보내리라 함에도 듣지 아니하더니 수많은 자 무수히 떨어진 그곳 무서운 곳, 영원한 형벌 그 장소 - 지옥문 입구 세운 나이다 하라. 이는 너로 '보좌에서 그 아래 끝까지'니 환상 알린(꿈 체험시킨 나이다 하라) - 아니더냐? 일깨움이다. 전쟁도, 핵전쟁도 이러함은 땅의 경고이다 하라. 살전 5:3 그들이 평안하다, 안전하다 할 그 때에 임신한 여자에게 해산의 고통이 이름과 같이 멸망이 갑자기 그들에게 이르리니 결코 피하지 못하리라 함이라. "내 생전에 무슨 일이?" 하려느냐? 어리석은 자들은 이러하다. 그러나 출 20:6 나를 사랑하고 내 계명을 지키는 자에게는 천 대까지 은혜를 베푸느니라. 이러한 복 있는 사람은! 시 1:3 그는 시냇가에 심은 나무가 철을 따라 열매를 맺으며 그 잎사귀가 마르지 아니함 같으니 모르랴? 캄캄함이 아니니 알지 아니하랴? 이는 열매이다. 살전 5:4 형제들아 너희는 어둠에 있지 아니하매 그날이 도둑같이 너희에게 임하지 못하리니 5 너희는 다 빛의 아들이요 낮의 아들이라 우리가 밤이나 어둠에 속하지 아니하나니 6 그러므로 우리는 다른 이들과 같이 자지 말고 오직 깨어 정신을 차릴지라. 도둑 같이 올 날을 알리라 하는 것이라.

다시 보자. 슬기로운 다섯 처녀 아니겠느냐? 첫째, 기름 준비 시기가 있다! 하라. 마 25:4 슬기 있는 자들은 그릇에 기름을 담아 등과 함께 가져갔더니. 둘째, 신랑이 더디오므로 다 잘지라도. 5. 신랑이 더디오므로 다 졸며 잘 새. 셋째, 밤중은 맞으러 나가는 소리이므로 주가 오신다 아니겠느냐? 6 밤중에 소리가 나되 보라 신랑이로다 맞으러 나오라 하매 7 이에 그 처녀들이 다 일어나 등을 준비할새. 이는 몰두기다. 힘써 알아 온 자들이 인내 시기에 들어가나 그럴지라도 심은 대로, 준비한 대로 들어가리라. 이는 이어지는 넷째니 들어가리라 아니겠느냐? 10 그들이 사러 간 사이에 신랑이 오므로 준비하였던 자들은 함께 혼인 잔치에 들어가고 …. 이를 두라. 다는 아니라. 유다 말씀 보라. 막 14:18 … 너희 중의 한 사람 곧 나와 함께 먹는 자가 나를 팔리라 하시대. 이는 무엇이냐? 너희 중에 나를 파는 자가 - 살후 2:3 누가 어떻게 하여도 너희가 미혹되지 말라 먼저 배교하는 일이 있고(배교자들이 많다. 이는 유다 같은 자들 의미이다) - 세상에 만연해진, 많아진 현대 사회이다 하라.

이는 물질 만능주의로 인함이니 "돈, 돈, 돈 하다가" 걸려도 돈에 걸림이니 이는 네 본 바 꿈이니 이도 주리라. 적으라. 이는 오래전 일임이라. 병원에 한 사람이 진단받는 모습이며 의사의 사형 선고(생 마감)가 주어지는 자이다. 이는 믿는 자이며 열심히 산 자, 또한 성품도 온유한 자이다. 이는 네 본 바이다. '그러나'이다. 곧 의사 진단을 들음이니 그는 '천국 간다' 하며 믿음으로 착각하는 어리석음을 네게 알게 해주었다. 하늘에서 "돈, 돈, 돈 하는 자 나오라" 하나 - 너는 하늘 음성을 들으나 … 꾸짖는, 노한 음성 아니냐? - 회개하라 함에도 들을 귀가 없으므로 지는 장면 아니더냐? 이는 무엇이냐? 의사의 말을 하나님 말씀으로 받는 어리석은 자 아니겠느냐? 사건으로 뜻을 묻는 자가 아닌 현실의 물질에 잡혀 살다가 현실 문명의 힘, 의사의 권위이니 "신뢰하는 그이다" 하라. 나 없이 천국 가려는 자의 모습이 아니더냐? 이는 오늘날 교인들의 대다수 모습이다. 믿음 좋다, 외적으로 성실히 착하게 매우 현실적으로 산 자들의 모습이니라.

교회 출석은 천국 가기 위함이다. 이는 종교 생활이 아니더냐? 기부금! 십일조, 각종 헌금을 심고 천국 간다, 갈 수 있다는 착각이다! 하라. 교회는 죄의 문제의 해결지이다!

하라. 각 사람이 무엇을 어찌해야 하나? 자신을 주께 드리며 통회하고 주의 뜻대로 삶이 아니더냐? 그러함에도 회개를 놓치는 그이며 자신의 한계를 현실로 제한하고(현실적으로 결정한다는 의미이다) 그 끝을 천국으로 잇는 자이니, 나의 음성을 들음이 매우 중요한, 이는 나와 너 다르다, 내 뜻과 네 뜻이 다르다 보임이니 많은 착각 속에 기울어진 자들이니라. 이는 너희라. 찬양을 주십니다! 하라. '똑바로 보고 싶어요 주님 … 기우뚱하기 싫어요 하지만 내 모습은 온전치 않아' 내 이름으로 나아오나 나를 잘 모른다! 하는 자들이니 교회의 역할이 무엇이더냐? 하라. 버릴 것은 버리고, 자를 것을 자르고, 뗄 것을 떼고, 없앨 것을 과감히 없애고, 좁은 문 생명 길로 들어서는 훈련이 이 생애 아니더냐? 이를 두라. 마 7:13 좁은 문으로 들어가라 멸망으로 인도하는 문은 크고 그 길이 넓어 그리로 들어가는 자가 많고 14 생명으로 인도하는 문은 좁고 길이 협착하여 찾는 자가 적음이라. 교회는 깨어라! 막 1:15 이르시되 때가 찼고 하나님의 나라가 가까이 왔으니 회개하고 복음을 믿으라 하시더라. 이상이다.

    이를 말은 많다. 말씀을 알았더라면, 나를 알았더라면 주지 않으랴? '그러나'이다. 제대로 보지 못함은 본다 하므로! 요 9:41 … 너희가 맹인이 되었더라면 죄가 없으려니와 본다고 하니 너희 죄가 그대로 있느니라. 이로써 눈에 들보가 되어 티를 빼리라. 마 7:4 보라 네 눈 속에 들보가 있는데 어찌하여 형제에게 말하기를 나로 네 눈 속에 있는 티를 빼게 하라 <u>하겠느냐 하는</u> 목회자, 설교자, 인도자, 탐구가(신학자 포함) 모두 그러하다. 어린아이 같이 사모하라 하지 않느냐? 벧전 2:1 그러므로 모든 악독과 모든 기만과 외식과 시기와 모든 비방하는 말을 버리고 2 갓난 아기들 같이 순전하고 신령한 젖을 사모하라 이는 그로 말미암아 너희로 구원에 이르도록 자라게 하려 함이라 3 너희가 주의 인자하심을 맛보았으면 그리하라. 닫으라.

6. '아버지의 마음'을 알 수 있는가? 어떻게 알 수 있는가? (위 연결)

    "내노라" 하는 자들이다. 바리새인, 서기관, 대제사장 당시의 권세 가진 자들이다. 실세들이다. 무엇을 배울 것인가? 어떻게 할 것인가? 당시라면 어떻게 할 것인가? 내게 오는 자는 내게 듣고 배운다. 요 6:45 … 아버지께 듣고 배운 사람마다 내게로 오느니라. 오지 않는 자들이다. 질문으로 포획하려 한다. 덫을 놓는다. 올무(trap) 놓으며! 마 22:15 이에 바리새인들이 가서 어떻게 하면 예수를 말의 올무에 걸리게 할까 상의하고. 이것이 포획이다. 이들은 정치가. 정치가와 야합한 자이다. ㅇㅇㅇ 목사 표현 방식 연구해 봐야 한다. 문 대통령은 하달자이다(초대장 보냄). 기획자이다. 지시형이다.

2022. 1. 11. 화요일. 추가 글입니다.

너는 글 쓰는 이가 아니다. 시몬 구레네 유형으로 부름 인함이니 부득이! 해야 함이 아니겠느냐? 마 27:32 나가다가 시몬이란 구레네 사람을 만나매 그에게 예수의 십자가를 억지로 지워 가게 하였더라. 전문인 글이 아니므로 부족하다 하여도 출간 이유가 있다! 하라. 나라의 때로 인함이니 핵과 관련 또한 지구전도 그러한 내막을 아는 자이다. 그러므로 알아 온, 마음속 둔, 근심된 자이니 조금씩 증거 할 겨를이 없으므로 쏟아부으나(글로 두는) 이도 한계이다 하는 자이다. "이러하다" 하며 하늘 아버지의 마음을 알리며 시대의 징조와 시대사 등 함께 마지막 때 경고등을 두기 위함이다! 하라. 언어를 보랴? 검열하랴? 교정한다? 수정한다? 문맥 본다? 이같이 함은 "나에 대한 멸시이다" 하라. 도구를 어떠한지 알고 사용함도 "내 영광이다" 하라. "받으라, 협력하라" 함이 아니겠느냐? 하라. 모든 자는 내 손 지휘 아래 있으나 요긴하게 - 고전 12:22 그뿐 아니라 더 약하게 보이는 몸의 지체가 도리어 요긴하고 - 두어 다루는 유형도 있기에 급한 대로, 부족대로, 약함대로 나의 뜻 안에서 보임이니 그리 알라.

성령의 도구는 그러하다. 완벽하지 않은 그대로이니 "내 손에 들고 해보겠다!" 한 주시라! 하라. 이상이다. 이를 두라. 결례를 행하는 자이다. 두 가지 말씀 두라. 행 18:18 … 바울이 일찍이 서원이 있었으므로 겐그레아에서 머리를 깎았더라. 행 21:23 … 서원한 네 사람이 우리에게 있으니 24 그들을 데리고 함께 결례를 행하고 그들을 위하여 비용을 내어 머리를 깎게 하라. 무슨 뜻이랴? 고넬료 가정을 두라. 보아라. 행 10:15 또 두 번째 소리가 있으되 하나님께서 깨끗하게 하신 것을 네가 속되다 하지 말라 하더라 16 이런 일이 세 번 있은 후 그 그릇이 곧 하늘로 올려져 가니라. 이는 이방인 시대이다. 선발대들이다. 유대인에게 계략, 모략, 책략 등으로 고난을 받지 않더냐? 이로써 두는 이유는, 계 3:7 빌라델비아 교회 … 8 … 네가 작은 능력을 가지고서도 내 말을 지키며 내 이름을 배반하지 <u>아니하였도다 하는</u> 자들을 위함이다 하라.

크다 하느냐, 작다 하느냐? 많다 하느냐, 적다 하느냐? 부족이더냐, 부요이더냐? 내게는 아무것도 아니다. 내 손안 너희니 그러하다 의미이다. 2020. 5. 17. 주일. 공중에 나타나신 하나님의 두 손안을 본 자이다. 모든 것은 사라질 한순간이다! 하라. 이 순간을 위해 사나 나를 위한 것인지(나의 영혼과 영혼 사랑) 알 수 있지 않으랴? "이뿐이다" 하는 나이라. 글 맺음은 이러하다. 나의 사랑이 너를 세웠으니 전하라. 내가 모두를 사랑함이니 도구를 사용함 아니냐? 하라. 도구 평가는 나이지 너희가 아니다. 쓰는(사용) 동안은 그러하다. 보내신 자 누구신가? 왜인가? 외에 너희니 '나와 보낸 자' 평가로 너희 눈, 덮어쓰기를 하랴? 더 어두워질 뿐이라. "부족은 사랑으로, 본질은 하나님께 영광으로" 이는 부탁하는 나이니, 나와 글쓴이와 너희 모두를 위함이다 하라. 이상이다.

7. 누가 '성령의 제한'을 하는가?

내 생각이 많은 자, 내 뜻대로 해온 자들이다. 섭렵꾼이다. 이것저것 관여하는 자, 지경으로 착각한 자이다. 하나님이 내게 허락하신 범위 내에서 성령과 동반한다. 이것이 성령의 지시이다. 성령의 순응자이다. 너는 넓혀가는 자, 행보하는 자이다. 행장 꾸리고!. 겔 12:3 인자야 너는 포로의 행장을 꾸리고 …. …생략… 나와 같은 자 되길 원한 자이다. 내 길은 좁다, 협착하다. 마 7:14 생명으로 인도하는 문은 좁고 길이 협착하여 찾는 자가 적음이라. 많은 것을 바라며 내게 나아오는 자들이다. 산헤드린, 바리새인이다(대제사장, 서기관, 장로들). ㅇ ㅇ ㅇ

목사 마찬가지 그는 여러 가지 한다. 명예욕 가진 자(회당, 거리, 시장). 주는 자가 받는 자보다 복이 있다. 행 20:35 범사에 여러분에게 모본을 보여준 바와 같이 수고하여 약한 사람들을 돕고 또 주 예수께서 친히 말씀하신 바 주는 것이 받는 것보다 복이 있다 하심을 기억하여야 할지니라. 실세로 성공하려 한 자들이다(모두, 나열한 자 해당이다). 이방인과 집권자들이다.

8. 검열 대상이다 (유튜브)

휴대폰 내력을 보는 자들이다. 빌 게이츠 움직임이 크다. 손을 내민다. 평화조약이다. 빌라도와 헤롯이 '전에는 원수였으나' 당일에는 친구이다. 눅 23:12 헤롯과 빌라도가 전에는 원수였으나 당일에 서로 친구가 되니라. 모두가 그렇다. 말세를 꿈꾸는 자들이다. 도축자이다. 살인한 자들이다. 성경의 종들에 대한 태도이다. 마 21:35 농부들이 종들을 잡아 하나는 심히 때리고 하나는 죽이고 하나는 돌로 쳤거늘 36 다시 다른 종들을 처음보다 많이 보내니 그들에게도 그렇게 하였는지라. 신장의 결석 같은 자들, 걸림(장애)이다. 온몸(내 나라)에 지장 주는 자, 고통받게 하는 자, 떼어낼 자이다. 내 교회이다(하나님 나라). 내 터 위에 세우는 자들, 내 제자들이다.

9. 믿는 자의 유형을 보자

꽃 같은 자들, 가지 같은 자들, 열매 같은 자들 세 가지이다. 모두 내 제자이다. 나를 따르는 자이다. 믿고 사는 자들이다. 한 나무 하나씩 보라. 첫째, 꽃은 아름다움이다. 표현해내는 자. 예를 들어 A 사역자, B 사역자이다. 향기 가진 자이다. 그리스도의 마음 가진 자, 내 눈물 가진 자, 나의 마음에 부합해온 자,

부합하려는 자이다. 둘째, 가지는 연결 부분이다. 꽃대이다. 지탱자이다. 피워 내게 돕는 자, 인내하며 기다려 온 자, 꽃이 피기까지 소명자이다. 키우는 자, 바라보는 자, 중보기도 하는 자, 사인(sign)하는 자(지시, 가르침, 목적 달성을 위한), 길러낸 자 대부분이다. 예를 들어 ㅇㅇㅇ 목사, ㅇㅇㅇ 몇 등. 셋째, 열매는 최종적 목표이다. 마지막 주자로 달리는 자들. 끝을 보이는 자, 알려 주는 자이다. 생명 나무 열매 같은 역할이다. 영생을 돕는 자들. '종말'을 위한 나의 길을 보라. 바울 같은 사람이다. 딤후 4:7 나는 선한 싸움을 싸우고 나의 달려갈 길을 마치고 믿음을 지켰으니 8 이제 후로는 나를 위하여 의의 면류관이 예비되었으므로 …. '강림'을 외치는 자, 전하는 자, 교육의 목적을 두는 자이다. 경주 결승전 테이프, 때의 가까움을 전해온 자들이다. 준비시키는 자이다. 요한 같은 주의길 예비, 재림 사역자들이다. **종말 외치는 자들**(추가 글 2022. 7. 12. 화) 나의 때, 나의 볼 것을 믿고 전하는 자들이다.

2022. 7. 12. 화요일. 오후 10:22

종말 외치는 자들: 계 14:6 또 보니 다른 천사가 공중에 날아가는데 땅에 거주하는 자들 곧 모든 민족과 종족과 방언과 백성에게 전할 영원한 복음을 가졌더라 7 그가 큰 음성으로 이르되 하나님을 두려워하며 그에게 영광을 돌리라 이는 그의 심판의 시간이 이르렀음이니 하늘과 땅과 바다와 물들의 근원을 만드신 이를 경배하라 하더라. 8 또 다른 천사 곧 둘째가 그 뒤를 따라 말하되 무너졌도다 무너졌도다 큰 성 바벨론이여 모든 나라에게 그의 음행으로 말미암아 진노의 포도주를 먹이던 자로다 하더라. 9 또 다른 천사 곧 셋째가 그 뒤를 따라 큰 음성으로 이르되 만일 누구든지 짐승과 그의 우상에게 경배하고 이마에나 손에 표를 받으면 10 그도 하나님의 진노의 포도주를 마시리니 그 진노의 잔에 섞인 것이 없이 부은 포도주라 거룩한 천사들 앞과 어린 양 앞에서 불과 유황으로 고난을 받으리니 11 그 고난의 연기가 세세토록 올라가리로다 짐승과 그의 우상에게 경배하고 그의 이름 표를 받는 자는 누구든지 밤낮 쉼을 얻지 못하리라 하더라 12 성도들의 인내가 여기 있나니 그들은 하나님의 계명과 예수에 대한 믿음을 지키는 자니라. 환난의 시대에서 주시는 말씀입니다! 하라.

이 시대에 전할 자들의 복음입니다! 하라. 되었다. 닫으라.

시대의 영광이 될 자들이다. 종말을 전한다! 하니 듣는 자가 이는 거부라 하랴? 무엇이 복음이냐? 물으라. 때를 알라! 교회를 세우심은 이러하다. 119 소방서가 왜 있으며, 병원 구급차가 왜 있으며, 야간 진료의 응급실도 그러한. 차의 급행은 왜 있으며 단 12:4 다니엘아 마지막 때까지 이 말을 간수하고 봉함하라 많은 사람이 빨리 왕래하며 지식이 더하리라. 왜이랴? 만사의 때를 알리는 것이 복음이다. 막 1:15 … 때가 찼고 하나님의 나라가 가까이 왔으니 회개하고 복음을 믿으라 …. 계 1:1 … 반드시 속히 일어날 일들을 그 종들에게 보이시려고 …. 계 1:19 그러므로 네가 본 것과 지금 있는 일과 장차 될 일을 기록하라 함과 같으니 때의 복음이 시대의 복음이다! 하라. 이는 복음의 유의이다. 예레미야가 외친 바벨론에게 항복하라! 왜이더냐? 때의 시기이니 포로 시대의 시작을 알림이 아니더냐? 하라. 이와 같이 모든 것의 때에 할 일을 아는 것이 중점이다! 하라. 지금은 '종말, 종말' 해야 하지 않으랴? 더더욱 가까워짐이니 '짐승표' 환난기를 앞둔 시기이다 하라. 핵전쟁 위기, 대비, 방비 또한 그러하다. '새 예루살렘 성' 가는 집중, 집념도 그러하다 이를 두라. 되었다. 닫으라.

10. 야곱 장막 가진 너

스스로 헤치는 자, 영서 받은 것 중에서 알려 하지 않는 자, 다시 보지 않는 자이다. 헤아림으로 헤아림을 받으라. 영서 적을 때 끊기는 자이다. 일사천리로 받고 적어야 하는 자, 적을 때이다. 니느웨 회개 기도 40일에서 4일째이다. 남은 시간 36일. 매우 놀라운 일이다. "나의 일을 받드는 자들은 놀라움을 금치 못한 자" 너도 알지? 새로이 태어나는 자이다. 너는 성령 세례받은 자이다(1995. 8. 21). 열매 맺을 때이다. ㅇㅇㅇ 목사와 무관하다. 나의 뜻은 다르다. 그들은 그들이다. 너는 예송이다. 예수님 소나무 비유. 사시사철 유형, "푸르게 살자" 유형이다. 다녀보라, 행보 보이라, 너 누운 땅 되리라. 창 28:11 한 곳에 이르러서는 해가 진지라 거기서 유숙하려고 그 곳의 돌을 가져다가 베개로 삼고 거기 누워 자더니. 너의 생각 속에 나의 마음을 두라, 그곳에서 나오리라. "증거는 무엇인가요?" 생략합니다! 하라. 새 포도나무가 되리라. 열매가 주렁주렁 달리리라, 보리라, 따는 자. 영생 들어갈 자들이다. "건강 문제는요?" 전한 자 히 11:1 믿음은 바라는 것들의 실상이요 보이지 않는 것들의 증거니. 믿고 구하는 자이다. 보인 자이다(2019년 부활절 주님 모습 이는 믿음 지닌 자를 보인 장면 주이시다! 하라). 호숫가의 두 배이다. 눅 5:1 무리가 몰려와서 하나님의 말씀을 들을새 예수는 게네사렛 호숫가에 서서 2 호숫가에 배 두 척이 있는 것을 보시니 …. …생략… 많은 것들을 받는 자, 영서이다.

11. 누가 내게 부르짖어 갈까?

이사야의 표현이다. 사 6:8 … 내가 누구를 보내며 누가 우리를 위하여 갈꼬 … 내가 여기 있나이다 나를 보내소서 …. 주를 안 자는 탄식한다. 그 뜻을 보여 되묻게 하시는 주님이시다. 나의 한탄이 나옴이다. 마 9:37 이에 제자들에게 이르시되 추수할 것은 많되 일꾼이 적으니 38 … 추수할 일꾼들을 보내 주소서 …. 추수하는 일꾼이다. 너는 순응해야만 한다. 나의 길을 보인 자, 할 일을 받은 자! 두 가지이니 일과 책이다. 추수꾼이다, 추수꾼 사명자이다. 추수(harvest) 이미 보이신 주! 아는 자이다. **땅 들어갈 자이다(추가 글 2022. 1. 11. 화요일).** "어떻게 진행하나요?" 가보라. '매여 있는 나귀 새끼' 타보지 않은(막 11:2) 두 아들이다! 하라. 왕을 소리 높여 외치는 자들, 마 21:9 앞에서 가고 뒤에서 따르는 무리가 소리 높여 이르되 호산나 다윗의 자손이여 찬송하리로다 주의 이름으로 오시는 이여 가장 높은 곳에서 호산나 하더라. 찬양하는 자들, 말씀 보는 자들, 배우는 자들(신학), 내게로 오는 자들이다. "나의 왕이다!" 외칠 자들이다. 무릎 꿇어 나아올 자들이다. 자작곡 중에서 '… 더 가까이 더 가까이 내 눈 열어 주 보게 하시네 주님 이 땅 가까이 오셨네 오셨네' 가까이 오셨네! 너는 전한 자이다. 들었던 자이다. 악보 소유자이다. 서해안 간척지이다. 영종도 연결 도로 이어진 지역, 공항이다. 이와 같을 것이다. 만들어 내는 곳이다. …생략… "매우 드문 일이다" 하고 사람들이 전할 것이다. 네게 나아온 자들 중에서.

(이어 아들들에게 말씀을 주십니다) 성전 예수 12세 같은 그들이다. 눅 2:42 예수께서 열두 살 되었을 때에 그들이 이 절기의 관례를 따라 올라갔다가. 내 아버지 집은 아들들의 신학과 사역지이다. 49 예수께서 이르시되 어찌하여 나를 찾으셨나이까 내가 내 아버지 집에 있어야 될 줄을 알지 못하셨나이까 하시니. 두 아들 떨어진 상태, 상황! 이것이 이유이다. "내 말씀대로 되리라" 하나님에 대해 듣는 자들은 어린아이 같은 자들이다. 아들의 소원대로 계시받는 자 외에. 눅 10:22 … 아들의 소원대로 계시를 받는 자 외에는 아버지가 누구인지 아는 자가 없나이다 하시고. (갑자기 제 머릿속이 멈춘 듯, 비워진 듯, 백지상태처럼 느낍니다) "무슨 뜻일까요? 이럴 때 쓰는 것 아닌가요?" 뇌의 생각, 마음에 '저장, 보유된 것' 삭제된 상태 느낌(삭제화) 이것이 삭제의 대상, 내용이다. 오후, 영서 받는 시간은 삭제화 시켜야 한다. 네 생각, 세상에서 받은 것도. 마귀는 안다. 내 뜻인 것을 그도 안다. 막 1:23 마침 그들의 회당에 더러운 귀신 들린 사람이 있어 소리 질러 이르되 24 나사렛 예수여 우리가 당신과 무슨 상관이 있나이까 우리를 멸하러 왔나이까 나는 당신이 누구인 줄 아노니 하나님의 거룩한 자니이다. 막 5:2 … 더러운 귀신 들린 사람이 무덤 사이에서 나와 예수를 만나니라 6 그가 멀리서 예수를 보고 달려와 절하며 7 큰 소리로 부르짖어 이르되 지극히 높으신 하나님의 아들 예수여 나와 당신이 무슨 상관이 있나이까 원하건대 하나님 앞에 맹세하고 나를 괴롭히지 마소서 하니. 이상이다.

2022. 1. 11. 화요일. 추가 글입니다.

땅 들어갈 자이다: 1995. 8. 21. 월요일, 성령 세례 이후 주님의 지속적인 권고가 있는 상황 그 당시이다. 매우 길다란 길 양옆에 '포도 열매가 가득히 주렁주렁 달린 포도밭 길'

사이를 거니는 저의 모습을 보았습니다! 하라. 사람은 없으나 익은 포도송이의 열기로 매우 덥기도 하며 답답한 상태입니다. 포도송이를 '추수할 일꾼이 없어서' 혼자 있기에는, 혼자 일하기에는 무리인지라 밖으로 나오게 됩니다. 열매가 있는 장소에 관심이 없는 사람들로 인해 추수하지 못하는 깨달음을 주시기에 안타까이 여기며 깨어난 어느 날 주신 꿈의 메시지이다 하라. 몇 년 후, 다시 새벽 기도 시간에 주의 음성이 호되게 '꾸짖음'으로 들립니다. "추수하라" 재촉하시는 말씀입니다. 그 이후 다시 한 꿈을 꿉니다. 이 시기는 개인적으로 문제 중에 있기에 꿈을 통해 많이 잃은 것들을 발견하게 됩니다.

"꿈은 이러합니다" 하라. 하늘에서 제 이름을 부르십니다. "ㅇㅇㅇ, 나오라!" 중앙 무대를 보이시고 나오라 외치시며 호통을 치십니다. 화가 나신 하나님의 모습과 마음이 느껴져 두려움으로 급히 응합니다. 저는 흰 신부 드레스를 입은 모습이나 다급해서 신발을 제대로 갖추지도 못한 채, 앞에 놓여진 신(이 상황을 아시는 교회의 사모님께서 급히 들고 오시느라 드레스에는 어울리지 않는 신이나)조차 떨면서 겨우 신고 달리기 시작합니다. 제가 들어선 건물은 임시 설치된 세트장 같으며 경기장의 1인 트랙처럼 좁고, 길의 끝이 예측되지 않는 긴 미로입니다! 하라. 좌우로 높은 칸막이벽이 있으며 위로는 열려 있으나 앞만 보고 쉼 없이 속도 내어 달려야만 하는 상황이기에 위조차 쳐다볼 겨를이 없습니다. 보이신 '중앙 무대 강단'을 향해 한참을 달리다가 지쳐서 주저앉습니다. 힘겹기도 하고 외로운 상황이며 갇힌 공간은 답답하고 끝을 모르기에 그러합니다. 하늘 아버지의 사랑과 맡기신 영역에서 긴장감을 늦추고 환경에 안주한 시간과 거리감이 얼마나 컸던가? 남겨진 길은 또 얼마인가? 앞은 캄캄하기만 합니다! 하라.

그 당시 상황이니 내게 멀어짐, 떨어짐, 잊은 자, 사명 잃어가는 상황이 아니더냐? 이후, 너는 교회를 네 마음에서 내려놓고 다른 교회에서 새벽 기도로 내게 나아와 울부짖은 자이다. 너를 알린 내게, 도움을 구함으로 교회가 중심되어 산 자에게, 길이 되시는 주의 은혜로 다시 회복하기 시작함이 아니더냐? 많은 자들이 교회 헌신을 착각, 지경 내에서 머물므로 자신 눈을 가리는 자가 되어 슬피 옮이 아니더냐? 내가 네게 준 지경이니 지구가 아니더냐? 우주가 아니더냐? 수많은 별 중 셀 수 없지 않더냐? 다 센다, 착각하지 마라. 과학이 '다'가 아님을 알지 않느냐? 가늠자들, 추측하는 관측자, 연구가, 전문인 아니겠느냐? 작은 지구도 있으니 이는 네가 본 바(1993년 가을, 임사 체험) 작고 작은, 하늘에서 보니 구슬 같더라 아니더냐? 그 안에서 '자기가 크다, 가진 것이 크다!' 하는 무리가 있으니 어리석지 않으랴?

내가 만들고 내가 폐함으로 마치는 물질계 아니더냐? 핵으로 나를 쏘랴? 무엇으로 나의 만든 바를 폐하려느냐? 바닷물에 발바닥 담금질 같지 않더냐? 너희 행위는 지구에서 그러하다. 물로 다스리지 못하랴? 바람으로 다스리지 못하랴? 불로 다스리지 못하랴? 비, 눈, 우박, 뇌성, 번개 등 얼마든지 아니랴? 어리석지 않으면 윙윙거리는 파리 날개 자랑하듯 하지 않으련만 어찌 자고 하는 인간들이더냐? 하라. 우쭐댐이 무엇이냐? 무엇으로 내 앞에 내밀랴? 지나가는 자 발아래 꿈틀거리는 지렁이에 불과하지 않으랴? 길에 먼지들이 비 내리면 씻겨 사라지지 않으랴? 인생이 안개 같다! 하지 않느냐? '오직 나 외에' 너희는 없다, 아니다 함이 지혜로운 자이니라. 이를 알리라.

교회 건물은 임시이다. 평수랴? 층수랴? 성도 수랴? 무엇으로 자고하랴? 수많은 건물 중 하나이다. 나 없는 교회는 더욱 그러하지 않으랴? 내 이름으로 교회 장사하는 자가 아니랴? 마 21:13 그들에게 이르시되 내 집은 기도하는 집이라 일컬음을 받으리라 하였거늘 너희는 강도의 '소굴'을 만드는도다 하였으나 아직도 그러하다 하라. 이상은 "추수에 관함이라" 하라. 이를 주는 바는 나의 나타남이니 시대를 알리고 할 일을 알리는 일깨우는 나이나 너희는 '매인 자' 됨으로 나의 일을 지체하기도, 그릇되기도, 엎기도, 없애기도 하려 하지 않느냐? 하라. 나의 소유들 뿐이니 '우리, 우리' 하지 않아야 하는 내 앞의 겸허, 낮춤을 하라. 모든 교회는 그러하다. 나의 부름이 있고 교회의 부름이 있다! 하라. 교회가 전부이다 하려느냐? 건물에 매여 있는 자, 마 21:2 이르시되 너희는 맞은편 마을로 가라 그리하면 곧 매인 나귀와 나귀 새끼가 함께 있는 것을 보리니 풀어 내게로 끌고 오라. 주가 주장하시게 하라 뜻이니라. 교회로 매이느냐? 놓으라. 가정에 매이느냐? 놓으라. 무엇으로 매이든 놓으라. 나의 것은 그러하다. 너희 자신이 매인 것에 당연하다 하려느냐? 놓임을 원하라. 소유주는 나 외에 없느니라.

추수할 일꾼을 청할 때이다. 구하라. 마 9:38 그러므로 추수하는 주인에게 청하여 추수할 일꾼들을 보내 주소서 하라 하시니라. 이는 내가 필요한 자이다. 내 마음대로 나의 다룸 속에서 사는 자들이다. 교회는 도구이다. 불과할 뿐이기에 누구의, 어디의 할 수 있으랴? 겪은 자이다. 어디서나 그러하도다. 이는 네 간증의 오랜 시간 동안 내가 보이므로 알게 되지 않느냐? 이 매임은 매우 크도다. 사람의 혼돈, 공허, 흑암(깊음)도 이러한 이유이며! 창 1:2 땅이 혼돈하고 공허하며 흑암이 깊음 위에 있고 하나님의 영은 수면 위에 운행하시니라. 수고, 무거운 짐 진 자들도 이러하다! 하라. 마 11:28 수고하고 무거운 짐 진 자들아 다 내게로 오라 내가 너희를 쉬게 하리라. 사람이 사람을 소유로 할 수 없나니 돈 매수자이더냐? 놓으라. 돈 대가이더냐? 놓으라. '돈, 돈, 돈' 하지 않아야 유익하니라. 해 되지 않으리라. 오직 '영혼 사랑' 대함이 나를 대함 같이 여김으로 나의 나라를 위함으로 살자 아니더냐? 돈이 앞서더냐? 멈추라, 중단하라, 없애라, 가지 마라, 서라. 딤전 6:10 돈을 사랑함이 일만 악의 뿌리가 되나니 이것을 탐내는 자들은 미혹을 받아 믿음에서 떠나 많은 근심으로써 자기를 찔렀도다. 딤전 5:18 성경에 일렀으되 … 또 일꾼이 그 삯을 받는 것은 마땅하다. 눅 17:10 이와 같이 너희도 명령받은 것을 다 행한 후에 이르기를 우리는 무익한 종이라 우리가 하여야 할 일을 한 것뿐이라 할지니라 하리라. 이는 나를 대하는 자세이다 하라. 너희끼리 아닌 나이다. 나의 종에 대한 나의 일로 두는 나이다 하라.

요한은 밧모섬이니, 베드로는 어떠하며, 바울은 어떠하느냐? 다 고생이 아니겠느냐? 하늘 상급이 양식이니라. 이는 너희의 배부름이니 "나를 사랑하다가 죽은 자이다" 이 묘비 외에 무엇이 있으랴? 영이 생명이라 하라. 요 6:63 살리는 것은 영이니 육은 무익하니라 내가 너희에게 이른 말은 영이요 생명이라. 왜 주느냐? '육, 육, 육' 하며 살다가 멸하지 않으랴? 당하지 않으랴? 오지 않으랴? 빠지지 않으랴? 고생됨이 나은, 이는 육신으로 살다가 호위, 호사, 사치, 부요가 아닐지라도 치우침은 그러하다. 갈 6:7 스스로 속이지 말라 하나님은 업신여김을 받지 아니하시나니 사람이 무엇으로 심든지 그대로 거두리라. 마지막 때이니라. 너희의 부름은 이에서 나온 자이니 이 시대 사람 아니냐? 하라. 종지부 찍는 시기, 마침이 되는 시기 제6일 이는 사람(하나님의 형상=그리스도의 형상=성령의 증인)으로 온 세상을 맡기어 나와 함께하며 증거 하지 않느냐? 나의 나라 완성 시간이니 부름을 받은 종들이다.

시대의 설거지, 청소, 짐 정리(텐트 걷는 시기이다) 모두 모두 할 일뿐이라. 양식 나눔이 많은 시기이다 하라. 강권하는 시기에 그러하다. 이는 기회 주기 위함이니 막바지 초대 잔치 기간 '환난 중'일지라도 여전히 나의 일은 진행되어! 계 7:13 … 이 흰옷 입은 자들이 누구며 또 어디서 왔느냐 14 … 이는 큰 환난에서 나오는 자들인데 어린 양의 피에 그 옷을 씻어 희게 하였느니라. 창 8:22 땅이 있을 동안에는 심음과 거둠과 추위와 더위와 여름과 겨울과 낮과 밤이 쉬지 아니하리라. 사계절의 변화 가운데 거하라. '그러나'이다. 잊지 말라. 이도 만만치 않음이니 "자연계 위상이다" 하라. 해, 달, 별들 모두들 자기 역할이 있는 끝 시대의 변화가 그러하다. 자연도 힘든, 사람도 힘든 시기 아니겠느냐? 사단이 멸할 그 날까지니라. 계 20:10 또 그들을 미혹하는 마귀가 불과 유황 못에 던져지니 거기는 그 짐승과 거짓 선지자도 있어 세세토록 밤낮 괴로움을 받으리라. 요일 3:8 죄를 짓는 자는 마귀에게 속하나니 … 9 … 이는 하나님의 씨가 그의 속에 거함이요 그도 범죄하지 못하는 것은 하나님께로부터 났음이라. 계 19:15 그의 입에서 예리한 검이 나오니 그것으로 만국을 치겠고 …. 창 3:15 내가 너로 여자와 원수가 되게 하고 네 후손도 여자의 후손과 원수가 되게 하리니 여자의 후손은 네 머리를 상하게 할 것이요 너는 그의 발꿈치를 상하게 할 것이니라 하시고. 요일 4:6 … 진리의 영과 미혹의 영 …. '싸움전'이라 하라.

이 시대는 막 내리는 시기이니 최종 무대 오른 자들이 아니겠느냐? 일한 배우들을 소개하고 마치며 무대 커튼 내리는 나이니 그리 알라. 이를 줌으로써 저들 또한 나의 종으로 세워지리라. 시대를 흔들만한, 요동칠 중보자(시대 사역자들) 누가 세우겠느냐? 하라. 주의 종이냐? 그러하다. 주의 종이 누구냐? 슥 4:6 … 만군의 여호와께서 말씀하시되 이는 힘으로 되지 아니하며 능력으로 되지 아니하고 오직 나의 영으로 <u>되느니라 하리라</u>. 이는 나의 종이니! 마 3:17 하늘로부터 소리가 있어 말씀하시되 이는 내 사랑하는 아들이요 내 기뻐하는 자라 하시니라. 건물로서 교회가 아니라 하라. 영, 그리스도의 영이니 이는 진리라. 요 4:23 아버지께 참되게 예배하는 자들은 영과 진리로 예배할 때가 오나니 곧 이때라 아버지께서는 자기에게 이렇게 예배하는 자들을 찾으시니라.

"사람 관계 치중하지 마라" 하는 나이다. 나를 사랑함이 순서이다 하라. "하나님을 사랑하라"가 먼저이다! 하라. 십계명 1계명에서 4계명 하나님 사랑이니! 출 20:3 너는 나 외에는 … 4 너를 위하여 새긴 우상을 만들지 말ო … 5 … 나 네 하나님 여호와는 질투하는 하나님인즉 … 6 나를 사랑하고 내 계명을 지키는 자에게는 … 7 너는 네 하나님 여호와의 이름을 … 8 안식일을 기억하여 거룩하게 … 10 일곱째 날은 네 하나님 여호와의 안식일인즉 … 11 이는 엿새 동안에 나 여호와가 … 모든 것을 만들고 일곱째 날에 쉬었음이라 그러므로 나 여호와가 안식일을 복되게 하여 그날을 거룩하게 하였느니라. 다음은 네 이웃을 사랑하라. 십계명 5에서 10까지이다. 자신 이외의 대상과의 관계이다. 이로써 두는 나이다 하라. 종들로 - 갈 1:10 이제 내가 사람들에게 좋게 하랴 하나님께 좋게 하랴 사람들에게 기쁨을 구하랴 내가 지금까지 사람들의 기쁨을 구하였다면 그리스도의 종이 아니니라. - 이는 하나님을 기쁘시게 하기 위함이니. 이상이다. 이으라.

12. '보라 날이 이르리니'에 대해서 적어보자

제목 '예루살렘이 황폐케 되는 날' 진노의 날이다. 표현해 보자. 마 23:37 예루살렘아 예루살렘아 … 38 보라 너희 집이 황폐하여 버린 바 되리라.

2022년 1월 중 추가 글입니다.

창고형, 개방형 두 가지가 있다! 하라. 창고형은 비축, 보관, 장래를 위한!이다. 공급지 역할이라 한다. 이로써 주의 군사도 나뉜다! 하라. 특수군, 일반군이니 특수군은 비상시 대책 활동이니 '종말'을 다룬다! 하라. 일반군과 달리 주의 감춤이니 그러하다. 암벽 등반 아무나 하랴? 고공 낙하도 그러한. 비상 음식 주어 떨어뜨림이니 고난 행군, 동굴 속에도 머물지 않으랴? 일반군이 이해하지 못할 무언가 있으니 훈련관과 훈련받는 자 외에 누가 알랴? 이러한 자들에게는 일반군을 사랑함(보호를 위한, 비상시 투입을 위한)이나 특수군을 오해하여 신고하랴? 넘기랴? 부랑아 취급하듯 몰매 하랴? 내쫓으랴? 이는 "한국 모습이다" 하라. 성령의 사람과 그렇지 아니한, 미치지 못함으로 자기 매김식 대하려는 자이니 훈련관 보기에 어떠하랴? 자기편 공격자가 아니겠느냐? 이러한 모습이 내 눈에 미움, 염려, 한탄이 된 너희이다. 설상가상이더냐? '백신 약병'들 구름으로('굴러감' 의미이다 하라) … 산비탈에서 쏟아짐이더니 '우후죽순' 예배 모임이 위안이 되더냐? 누가 누군지 가리라. 이는 너희 할 일이다. 내 편(주)인지, 사단 편(적그리스도) 모임들, 부류들인지 알고 행하라. 이는 복이 되는 너희의 세움이든, 허무는 것이다. 무너짐이 되리라. 술로 술을 깨우랴? 취할 뿐이다! 하라. 해독제 '그리스도의 피'이니 막 16장 18절 두라. 막 16:18 … 무슨 독을 마실지라도 해를 받지 아니하며 ….

"실로암! 한국이었다" 하라. 이는 찬양 가사대로 '… 여명 있음을 나는 느낄 수가 있었소 오 주여 당신께 감사하리라 실로암 내게 주심을 나에게 영원한 사랑 속에서 떠나지 않게 하소서" "달리다굼! 한국이었다 하라" 막 5:41 그 아이의 손을 잡고 이르시되 달리다굼 하시니 번역하면 곧 내가 네게 말하노니 소녀야 일어나라 하심이라. '빈익빈 부익부' 된 한국 사회이다 하라. 이사야 보라. 사 1:23 네 고관들은 패역하며 도둑과 짝하며 다 뇌물을 사랑하며 예물을 구하며 고아를 위하여 신원하지 아니하며 과부의 송사를 수리하지 아니하는도. 일 맡은 자의 구함은 충성이 아니더냐? 고전 4:2 그리고 맡은 자들에게 구할 것은 충성이니라. 충성이 무엇이랴? 충성은 나이다. 나와의 연관이다. 잇기, 매듭이 아니냐? 있으라는 곳에, 가라는 곳에, 명한 무엇에 의한, 아니겠느냐? 계 14:4 이 사람들은 여자와 더불어 더럽히지 아니하고 순결한 자라 어린 양이 어디로 인도하든지 따라가는 자며 ….

줄 서기 '새 예루살렘 성' 보인 환상이니 서야 함은 왜이더냐? 이는 환난의 중함이니라. 용암이 끓듯 죄악이 끓어 나의 진노가 되며 분출(솟구침 현상, 폭발이라 하더냐? 너희는 그러하다. 이렇듯 표현하며 무관하다 하랴?)됨으로써 흐름이니 땅을 덮지 않으랴? 닿는 곳마다 어떠하랴? '초토화' 시키지 않으랴? 나도 그러한 죄악으로 인한 '마음 분출'이니 죄를 다스림(멸망)이라. 이때이므로 피난처 주는 나 아니더냐? 알면 오르리라 하며 '기다리는 아버지의 마음' 알리고 알린, 이는 영서 제1일 '2. 시온산 → 유리 바다 → 휴거 → 새 예루살렘 성' 주지 않더냐? 남북한 전쟁 민방위 사이렌이 울리니 어찌하랴? 대피하라 하는 훈련이니 그러하다. 일상대로 무시하고 아무렇지 않듯 하랴? "종말로 대비케 하기 위한 모든 훈련이라" 하라. 이는 2012년 네 받은 바이니 북한의 역할은 암막이라. 남한을 뒤집어씌운 어둠이니 그 안에서 종말(다가오는)을 위한 민방위 훈련과 같도다. 이름(알림)이 아니더냐?

나라의 지속적인 위기 상황을 보임으로써 두문불출하여 듣고, 보고, 알게 함이니 나라의 위기가 교회를 깨운다 하나 베드로의 닭 우는 소리 부인과 같이 다! 졸며 잘새 밤중 소리가 나나 기름 사러 다니기 바쁘다! 함은 어찌 됨이냐 하지 않으랴? 이는 때에 관함이다. 더 주랴? 말고의 귀 떨어뜨린 베드로라 하더라도! 요 18:10 이에 시몬 베드로가 칼을 가졌는데 그것을 빼어 대제사장의 종을 쳐서 오른편 귀를 베어 버리니 그 종의 이름은 말고라. 그의 죽음은 어떠하랴? 요 21:18 … 네가 젊어서는 스스로 띠 띠고 원하는 곳으로 다녔거니와 늙어서는 네 팔을 벌리리니 남이 네게 띠 띠우고 원하지 아니하는 곳으로 데려가리라. 순교자의 길은 이러하다 하리라. 사도 요한도 그러한 밧모섬이 아니더냐? 바울을 말하랴? 히브리서 11장 두라. 다 이루 어찌 말하랴? 이 시간까지 모두 몇이랴? 계 20:4 또 내가 보좌들을 보니 거기에 앉은 자들이 있어 심판하는 권세를 받았더라 또 내가 보니 <u>예수를 증언함과</u>(밑줄 치라) <u>하나님의 말씀 때문에</u>(이도 밑줄 치라) <u>목 베임을 당한 자들의</u>(이도 그러하다) 영혼들과 또 짐승과 그의 우상에게 경배하지 아니하고 그들의 이마와 손에 그의 표를 받지 아니한 자들이 살아서 그리스도와 더불어 천 년 동안 왕 노릇 하니. 위장자는 아니다 하라. 이는 무엇이냐? 마 7:15 거짓 선지자들을 삼가라 양의 옷을 입고 너희에게 나아오나 속에는 노략질하는 이리라.

이로써 나의 마침은 무대 세울 자들을 위한 잔치이다 하라. 세상 시상식 어떤 장면보다 멋지랴? 아름다우랴? 비할 데가 없으니 "나의 영광으로 인함이다" 하라. 나를 위한 그들이니 나의 끝은 이러한 '이기는 자들의 잔치 무대가 아니냐? 하라. 새 예루살렘 성, 전진 시기이니 뒤에 무엇이 쫓을 때, 도망치지 않으랴? 사랑하는 자를 만나러 갈 때 서두름, 촉진이 아니겠느냐? 나누는 자는 아는! 이보다 더 좋은 무엇이 있으랴? 요 14:2 … 내가 너희를 위하여 거처를 예비하러 가노니. 환난의 땅 수고를 마치고 들어가리니 무엇에 비하랴? "형용할 수 없는 세계이다" 알리지 않더냐? 영서 첫째 날의 '새 예루살렘 성' 편을 보라.

보게 하지 않는 이상 어찌 알랴? 쉴 곳은 이러하다. 땅의 무엇도 비할 데 없으니 견줄 대상이 아니다. 금과 배설물을 어찌 비하랴? 이보다 더하지 않으랴? 하루살이 벌레와 지구를 바꿀 자 있으랴? 부모와 어린아이의 과자 1개를 맞바꾸랴? 지나가는 행인에게 우리 거처로(집 장만, 임대도 그러한 쉽더냐?) 오라, 내가 이곳 머물리라 하며 행인 삶이 되랴? 이 세상 비교는 '불과' 일뿐이다 하라. 예시이나 영과 육은 다르기에 그러하다. 이상이다.

13. 영성은 무엇인가?

영성, 신성 두 가지이다. 하나님(주) 뜻, 생각을 아는 자이다. 게이지로 표현하는 자, 너이다. 이는 계획, 목적이다. 나의 지시대로 해야 할 내용이다. 마음은 사랑에서 질투, 진노까지 표출되는 나의 마음이다. 너희에 대한 나의 반응이다. 나는 수행자이다. 계획 또는 선포한다, 찾는다, 준다, 순종을 바란다, 기대한다, 미쁘게 여긴다. 이는 믿고 싶다, 믿고 맡기는 하나님 나이다. 지정된 것, 지시하는 대로 순행자는 세상 아는 자. 악을 보고 느끼는, 분간하는 자이다, 분간할 것이다. 준행할 것이다, 준행자이다. 순종하는 자, 순응하는 자이다. 노아처럼 do, as 본 자. 창 6:22 노아가 그와 같이하여 하나님이 자기에게 명하신 대로 다 준행하였더라(Noah did everything just as God commanded him).

14. 도피처가 될 것이다

세례 요한과 예수 그리스도의 만남의 장소가 될 것이다. 너는 요단강 사역이다. '물세례와 성령 사역'을 요즘 수없이 듣는 자, 생각나게 하시는 하나님이시다. 거듭난 자가 하나님 나라를 볼 수 있다. 창세기 12장의 본토, 친척 아버지 집 떠나는 자. 아브라함의 구성된 자들, 아브라함 믿음으로 가는 자들이다. "내가 네게 보일 땅으로 가라" 무슨 뜻인지 알겠느냐? 창 12:1 여호와께서 아브라함에게 이르시되 너는 너의 고향과 친척과 아버지의 집을 떠나 내가 네게 보여 줄 땅으로 가라. 알지 못하는 곳이다. 인도받을 곳이다. 아직 경험해보지 않은 곳, 새 터이다. 다시 기도하는 자이다. 주 인도받고 싶은 자이다. 기다리는 때이다. 섬세한 스타일이다. 주는 이유 알아야. 걸러낼 것이 많은 자이다. 아는 분야가 많다는 뜻이다. 섬섬옥수 되리라. 옥수수처럼(가지런히 정렬된 상태를 의미) '선' 보일 자이다.

15. 모든 병을 알리신 '주'이십니다! 하라

이는 생략 부분이다. 그러나이다. 적으라, 주리라.

2022. 1. 11. 화요일. 추가 글입니다.

아픔이 있는 자는 안다! 하라. 나의 십자가 고통을 아느냐? 인간이 가히 이를 수 없는 산 자(생명 있는, 호흡하는, 느끼는 모든 것 아니냐?)에게 행해진 저들의 포악성, 잔인성이니 나의 창조물로 겪는 나의 마음의 고통이 육체로 당함이니 속죄의 값이 아니더냐? 낳은 자이나 창조 대상 모든 것 중 하나이다 하라. 버려진 자들에 의해(스스로 포기자 아니더냐? 내게서 돌아선, 등 돌린, 떠난 그들이라. 이는 자기 지위로 인함이라) 당한, 겪은 나이다. 육체의 고통이 이를 말하며 더하지 않으랴? 이는 인류의 오랜 역사, 시간 함께 보아온 나이다. '속 썩이는 자들' 멸망의 원수 아니겠느냐? 이들에 의한 인류의 구성은 "병들고 병들어 숨이 떠나리라" 보는 나이다 하라. 이는 몸이 느낄 때 나를 생각하기 위함이니 아플 때 '십자가의 주의 고통'에 운 자이다. 잊었느냐? 이후로 마음이 어떠하느냐? "병보다 …" 하는 자이니, 뒤로 한 자 아니더냐? 조금씩 나아지나 여전히 남은 상태도 있는 … 구하지 않음이라. 일신상 문제가 제쳐진, 이는 무엇이더냐? 네 '몸 이상' 모든 것들이 병들고 죽어가는 현상을 알게 한 나 아니더냐?

　주께 쓰임 받고 가리라 하며 지탱해온 자이다. 오히려 이로써 자유 해진 자이니, 병에 끌려다니며(치료를 위한) 마음고생, 시간 낭비, 물질도 그러한, 주변도 알려지는 이 또한 걱정이 싫음이라. 이제는 "맡기련다" 하며 뒤로 하고 사태(세상)에 대한 증거로 초점을 정밀히 맞추려 함 아니냐? 이러한 "몸은 몸대로, 나는 나대로 바쁘다" 하며 준비하여도 사람의 제약이 있으니 그럴지라도 "주께서 하게 하시면 하리라" 한 자이기에 견딘 시간이므로 이 결실은 네 인생의 열매가 되었다! 하며 나로 인해 기뻐하는 자라 하라. 오직 증거만이 살길이다. 이로써 마치리라 함은 나의 빛(은혜)에 대한 무거움과 받을 대상(말씀 받을 자)에 대한 하나님의 마음 2009년 '노' 보이신 이유는 "일하라" 하심이다. 혼비백산한 자이더니 '나의 사랑으로 살린 나' 아니냐? 이러함을 안다. 나만이 구원이 됨을 몸소 체험, 체득으로 떠날 수 없는 자, 너이다. 이에 무엇과 대체 하랴? 그러함에도 밀림은 죄악 된 세상에서 육체로 사는 동안 그러하다. 내 너를 알리므로 이도 네게 숨을 틔게 하기도 하며 – 인간은 약하기에 자신을 용납하는, 알게 되는 자이다 하라 – 유약한 인간에 대한 앎이 됨이니(육체를 떠나기까지 모든 자가 그러하다 함이라) 나의 가르침은 끊임없는 약, 치료제가 아니더냐?

　이뿐이더냐? 이미 사회는 건질 자만 주시, 여기고, 일해야 하는 상태임을 이 또한 2005년 알리지 않더냐? – 사회 변화가 아닌 한 영혼 구원이라도 건지기에 힘쓰라 – 영혼을 건지는 일, 이로써 "너희 할 일이다" 함이니 교회의 모인 수가 아닌 제자 훈련이 무엇인지 알리지 않더냐? 모임이 제자가 아니다. 알 것을 알고 하늘 아버지를 사랑하는 자이니, 그리스도 외 구원이 없음을 삶 속에 두어 가는 길이니, 이것이 쉽더냐? 세상을 따라 살다가 돌이킴이며 나에게 안기어 푹 젖어(사랑의 하나님 아니시더냐? 어떠한 상황 중에라도 이도 쉽더냐?) '나를 알려 한 자'더냐? 너희가 그러하느냐? 이를 주기 위함이니 네 길이 그러하며 모든 자도 그러하도다. 이는 "길 제시다" 함에도 나에게 배우지 않는 자가 얼마나 수많은 잘못된 허상에 빠져 사는지 답을 보인 나이다. "주를 따르라, 돌이키라" 하는 자가 쉽지 않음은 현대 교회사의 종교 개혁이 필요함도 일찍이 알린 나 아니더냐?

이를 알리라. 묵은 것을 개혁하기가 쉽지 않음에 주저앉는 자들도 알게 한 나이다. 너 또한 이를 알린 자 아니냐? 너 자신을 보게 한 나이다. '하나님의 크고 위대하고 놀라운 사랑'이 어떠한지 알린 신학교 한 교수가 아니더냐? 흰 천, 이는 네 옷이니 매우 긴 길이가 하늘로부터 땅에 떨어지며 쌓이는 그 길이를 보인 나이다. 그는 옷의 길이에 놀란 모습이 아니더냐? 이는 꿈으로 본 자이다. 어찌 다 꺼내랴? 받음도 잊음도 다 그러하다 하라. 나는 말한다. 사도 요한이 전한 대로 이는 요한복음 끝 절이라. 요 21:25 예수께서 행하신 일이 이 외에도 많으니 만일 낱낱이 기록된다면 이 세상이라도 이 기록된 책을 두기에 부족할 줄 아노라.

다시 이르라, 이는 목회자들에 관함이다. 이 글은 당시 기록이니 이후에도 더 악을 더함도, 회개도 있지 않으냐? 이 모든 변화는 누구에게나 그러하다. 그러나이다. 주가 기록케 하심은 그럴만하다 하지 않느냐? 이러기도 저러기도 한 너희 모습일지라도 다 내게로 오기 위함이며 세우려 함이니 각자 받고, 취함에 있어서 은혜 안에서 두라. 사도 개혁은 이스라엘 당시 센세이션한 획기적 일이 아니더냐? 예루살렘 성전을 보라. 주최자, 기득권, 득세자와 일개 무명자들(제자들)의 전(전쟁)일지라도 나의 승리는 성경에 기록되어, 계 21:14 그 성의 성곽에는 열두 기초석이 있고 그 위에는 어린 양의 열두 사도의 열두 이름이 있더라 함이니 유력자들이라. 유능한 나의 제자들 자랑, 인정, 높임이 아니더냐? 사도 시대나 이제나 그러하니 이제는 더 '득세 시대'이다 하라. 적그리스도 등장기까지 다가오는 그 날 앞에 마 24:5 많은 사람이 내 이름으로 와서 이르되 나는 그리스도라 하여 많은 사람을 미혹하리라 11 거짓 선지자가 많이 일어나 많은 사람을 미혹하겠으며. 이는 왜인가? "나의 길이 아니다"라는 것이다. 그들을 위한 길, 치세로 득세로 세력화 되어 높임이 되고 소유를 위함이니 이는 자신을 위한 자신을 두는 내 위치를 뜻한다! 하라.

낮아짐은 무엇인가? 사람을 동정하는가? 그럴지라도 그에 대해 알지 못하면 낮아짐이 아니다. 각 사람을 아는 것이 나이다. 자기 부인의 길에서 나타남은 알아지는 것이니 현세가 아닌 내세를 위해 가고자 함으로 주어지는 일련의 눈 열림 현상되어 사람을 안다! 함이니 이러한 세상 조직도까지 알아야 경계하며, 빠지지 아니하고, 밀어내며(저항, 거절, 포기 모두이다) '나를 두기 위해' 애쓰지 않으랴? 이는 사람의 약함, 악함이니 그러하다.

나의 눈(기준, 통찰력, 혜안, 영안)에서 보는 자가 되어야 너희 살길이다. 세상 견디는 힘, 이기는 힘, 내게 나아오는, 다가오는, 하나 되는 힘이니라. 이상이다. 맺으라. 글쓰기는 이러한 너를 알리며 다른 자도 알리는 나의 줄 바이므로 사랑, 복음 외에는 없다! 하지 않으랴? 이에 대해서 줍은 병든 지구에 대해 알리는 나이니 "구원을 이루라" 이는 힘쓸 의무요, 생명(영생-영원히 주와 함께 사는 것)이기에 그러하다. 이를 두라. 나와 너의 여정 사이 알리는 "발표, 나눔이다" 하라. 이으라.

16. 구레네 시몬은 어떠했을까?

뜻밖의 개입자로 나의 사역에 동참 된 그이다. 마 27:32 나가다가 시몬이란 구레네 사람을 만나매 그에게 예수의 십자가를 억지로 지워 가게 하였더라. 막 15:21 마침 … 시골로부터 와서 지나가는데 그들이 그를 억지로 같이 가게 하여 예수의 십자가를 지우고 …. 눅 23:26 … 시골에서 오는 것을 붙들어 그에게 십자가를 지워 예수를 따르게 하더라.

2022. 1월 중, 추가 글입니다.

"이전 꿈, 과거 고시 보는 자들의 대문 앞에서 선택된 자 너이다" 오래전, 신앙생활 초기 무렵 꿈입니다. 제가 어떤 큰 옛날 집 대문 앞에서 모인 구경자들 속에 있습니다. 그 안에는 매우 크고 넓은 마당이 있고, 바닥 자리에는 의복을 갖추고 머리에 갓을 쓴 남자 30여 명이 앉아 있습니다. 정렬된 자리, 엄숙한 분위기 속에서 각자 앞에 놓인 종이를 보며 신중히 생각하는 모습입니다. 나라의 중요한 시험을 치르는 것 같았고, 답을 쉽사리 찾지 못하는 난관의 분위기가 느껴졌습니다. 곧 '시험 감시관' 같은 한 분이 나타나는데 그 손에 불붙은 막대기를 갖고 있었습니다. 저를 발견하자마자 찾았다는 듯이 쏜살같이 달려와, 제 등에 급히 살을 지지는 것을 뜨끔하게 느꼈습니다. 제 등판에 십자가로 표시됨과 경미한 통증에 비해 십자가 안 공간은 크게(깊이) 생긴 것을 감지했습니다. 곁에 서 계신 당시의 교회

사모님께서(은사자) 이 장면을 보시며 "무엇으로 저 안을 채워야 하나?" 생각하십니다. 성경 말씀으로 채워야 한다는 것까지 깨달아 알고 저는 꿈에서 깨어납니다. 그리고 이 상황 '부르심'은 이후에 이사야 6장 말씀으로 이해가 되었습니다. 사 6:6 그 때에 그 스랍 중의 하나가 부젓가락으로 제단에서 집은 바 핀 숯을 손에 가지고 내게로 날아와서 7 그것을 내 입술에 대며 … 네 악이 제하여졌고 네 죄가 사하여졌느니라 하더라.

이후 또한 마찬가지이다. 걸어온 길이 그러했다. 나의 요청에 이끌려 준 자이다. 견디고, 매 맞고, 아프고, 울고, 몸부림치고, 구하고 반복한 너이다. 인내는 쓰나 열매는 달다. 그러하듯이 이 상황이다. 열매는 달다. 이를 보리라. 사마리아 여인의 "내게 대하여 말한" 안다. 요 4:29 내가 행한 모든 일을 내게 말한 사람을 와서 보라 이는 그리스도가 아니냐 하니. '안다' 하시는 하나님이시다. 처음에 네게 "안다, 보았다" 하신 하나님이시다. 계속 그러하도다. 네게 무엇을 주랴? 할 때 "선교요" 대답하게 하셨다. 솔로몬의 일천번제 기간이 이어지는 기도의 때에 물으시고 답 주셨던, 이전이다. 이 또한 지나가리라. 솔로몬 성전을 세우는 자이다. 또한 다윗 성전이 되리라. 함께 주의 영광 보리라, 보이리라. 나 여호와의 말씀이니라. 이상이다! 하라.

17. 너는 선교사이다

공중의 회전의자 보인 자. 의자의 높낮이가 각각 다른 것을 제가 탑니다. 때마다 '다른 영적 깊이'의 차이입니다! 하라. 새 곳으로 옮기리라, 새의 둥지 되리라, 포도나무 심을 곳이다. 이전 살던 집의 큰 포도나무! 이는 12년을 섬긴 첫 교회를 나와 이사할 무렵에 집 안에 심겨 있던 꿈으로 보이신 '큰 포도나무'이다! 하라. 이후의 정탐 열매 '매우 큰 포도송이' 거쳐! 이는 2009년경에 이 땅에 없는 '하늘에 커다란 가나안 열매 포도송이'를 보이셨습니다(하늘에 있으며 그 크기가 엄청나게 크기에 지구에는 없습니다! 하라). 사람들이 이러한 저를 알면 놀랄 것이라는 것을 알게 하셨습니다. 세우리라, 주의 성소로소이다. 출 15:17 … 여호와여 이는 주의 처소를 삼으시려고 예비하신 것이라 주여 이것이 주의 손으로 세우신 성소로소이다. 물 벽 사이 지나는 자. 출 14:22 이스라엘 자손이 바다 가운데를 육지로 걸어가고 물은 그들의 좌우에 벽이 되니. 혹은 가나안 땅 진입 혹은 새 예루살렘 성 앞이다. 바라보자, 믿자, 가자.

18. 솔로몬의 일천번제를 드린 후 열린 자이다

왕상 3:4 이에 왕이 제사하러 기브온으로 가니 거기는 산당이 큼이라 솔로몬이 그 제단에 일천번제를 드렸더니. '천 마리의 희생' 무슨 의미일까? 소유이다. 주를 위해 살겠다는 너의 생각, 믿음, 계획이다. 대하 1:6 여호와 앞 곧 회막 앞에 있는 놋 제단에 솔로몬이 이르러 그 위에 천 마리 희생으로 번제를 드렸더라. 성전의 의미는 "나를 위한 것이다" 아는 자이다. 나와의 관계, 거리이니 교제 중점 하는 자. 나의 뜻 '영생 열매' 알리고, 보이고, 전해 주고, 구하게 하려는 자! '그의 나라와 그의 의'이다. 마 6:33 그런즉 너희는 먼저 그의 나라와 그의 의를 구하라 …. 나의 기쁨, 선물 되려는. 너의 초점은 '나'와이다. 이것이 나의 기쁨이다. 이것을 아는 자. 너이다. 나 또한 기쁘다.

2022. 1. 11. 화요일. 추가 글입니다.

당시 주리라, 적으라. 이를 두라! 1992년 ㅇ월 ㅇ일 주일, 동네 인근 한 교회에 오빠 부부의 소개를 받아 교회 생활을 시작합니다. 오빠가 섬기는 교회의 부목사님께서 개척하신 교회입니다. 저는 교회 가기를 결정하고 오빠 교회로 가고 싶다고 전화를 드린 당시이나 '비교적 크니, 성도 수가 작은 교회에서 시작하는 것이 좋다!' 하며 소개해 주신 집 가까운 교회로 가게 되었습니다. 몇 개월 후, 다음 해 봄에 새벽 기도를 시작한 첫날부터 신비한 하나님의 세계를 체험하고 곧이어 참석하게 된 부흥회에서는 교회 건물 건축에 대한 작은 믿음의 씨가 시작되었습니다. 그리고 그해 여름, 교회는 가까운 곳으로 이전하게 됩니다. 어린 아들들 양육기인지라 교회 이전에 아무 도움이 되지 못한 저는 마음이 무거웠습니다. 이후에 교회를 위해 작은 일이라도 하고 싶어 시작한 일천번제 예배(성전 건축 헌금 목적)는 예배를 참석하면서 작은 액수나마 예배의 표로 두어 건축 헌금 기간이 됩니다. 일천번제 예배의 시작은 이러합니다.

그러나 주께서는 제게 말씀을 주십니다. "돌을 옮겨 놓으라" 하시며 요 11:38 … 무덤이 굴이라 돌로 막았거늘 39 예수께서 이르시되 돌을 옮겨 놓으라 하시니 그 죽은 자의 누이 마르다가 이르되 주여 죽은 지가 나흘이 되었으매 벌써 냄새가 나나이다. 이는 제 할 일로 깨닫게 하시고 '외형의 건물보다 교회의 예배자를 위한 기도의 길'로 이끄셨습니다. 지속된 일천번제 예배는 신학교, 사역지 교회를 이어 잠시 머무는 기도원까지 제가 예배하는 장소에 예물을 드리며 형식일지라도 이어지는 당시입니다! 하라. 개척하라 하시나, 사역지를 한 번 더 나간 후에야 다시 개척하라는 주의 음성에 순응하여 작은 예배처 공간을 준비하니 주께서 목회를 가르쳐 주십니다. "목회는 쉬운 것이다" 하시며 말씀을 주십니다. 요 10:3 … 양은 그의 음성을 들으니 …. "듣는 자가 양이다"라고 알려주십니다. 듣는 자를 가리면 된다고 하십니다.

그리고 이어 주신 말씀은 일천번제 예배와 예물을 지속하는 당시입니다. (체험 주신 말씀이기에 이 은혜를 나누는 것이니 전하라) 주께서 어느 날 갑자기 말씀을 건네십니다. "네게 무엇을 줄꼬?" 성경 그대로의 질문이십니다 하라. 왕상 3:5 기브온에서 밤에 여호와께서 솔로몬의 꿈에 나타나시니라 하나님이 이르시되 내가 네게 무엇을 줄꼬 너는 구하라. 누워 있을 때, 제게 가까이 주께서 계셔서 말씀하신 장면이 지금도 기억됩니다. 주의 질문하심에 저는 "선교요" 합니다. 즉각 답하게 하심도 "주이심을 압니다" 하라. 저에게 '일천번제 예배단'은 크나큰 은혜를 입혀 주신 기간이며 이어지는 '40일 니느웨 회개' 2020. 7. 23. 목요일 시작, 현재 14차까지 이르는 '영서 시기 기간' 중 기록자로서 체험시키시는 놀라우신 주의 은혜의 사랑임을 나누고자 합니다! 하라. 마치라. "되었느냐? 되었다" 하라. 다음을 이으라.

19. 영서로 나를 대행하는 자이다

추수꾼 이어 선교사 이어 서기관이다. 기록자라는 뜻이다. 사도 요한처럼. 받아 적는 자이다. '고추 먹고 맴맴' 어린 시절의 개인 예배처를 잊는 자이다. 풍류 소리에 돌아오는 자이다. 눅 15:25 맏아들은 밭에 있다가 돌아와 집에 가까이 왔을 때에 풍악과 춤추는 소리를 듣고. 사명, 사역 받아 적는 자이다. 둥근 달 에바 속 여인이다. 이는 오래전에 보여주신 환상! 슥 5:7 이 에바 가운데는 한 여인이 앉았느니라 하니 그 때에 둥근 납 한 조각이 들리더라 8 그가 이르되 이는 악이라 …. 지구를 대표한다는 뜻이다. 죄악을 진다. 대신 회개할 자, 부르짖을 자이다. 육신이 있는 곳, 네가 사는 곳 죄의 대표성이다. 회개를(내용) 아는 자이다. 쉴 새 없는 마음이다. 성령의 탄식 때문이다. 머리의 생각과 심장의 마음, 나의 것이기 때문이다. 나 때문에 불편하고, 느끼는 것이다. 너라면 어떠하겠느냐? 무엇을 하겠느냐?

나처럼 하지 않겠느냐? 너 또한 그러하리라. 그렇게 하는 것이 나의 뜻이다. 내 뜻대로 나눠줄 것이다. 데나리온 비유의 내 뜻대로 부르는 시기, 사용 시기 모두 같은 나의 은혜이다. 마 20:1 천국은 마치 품꾼을 얻어 포도원에 들여보내려고 이른 아침에 나간 집 주인과 같으니 2 그가 하루 한 데나리온씩 품꾼들과 약속하여 포도원에 들여보내고 3 또 제삼 시에 … 5 제육 시와 제구 시에 … 6 제십일 시에도 … 8 저물매 포도원 주인이 청지기에게 … 삯을 주라 … 10 먼저 온 자들이 와서 더 받을 줄 알았더니 … 14 … 나중 온 이 사람에게 너와 같이 주는 것이 내 뜻이니라. 마리아 때도, 요한 때도, 지금 이 시대에도, 나의 뜻대로 하는 자들에게 주는 상, 나의 사랑 나의 마음이다. 시대가 요청하는 자들이다. 이스라엘이 기도할 때 모세를 준비하듯이 너는 그러하다. 시대가 요청한 것이다. 죄악과 맞서 싸우는 자들이다. 모르고 온 자들이나 알고 나온 자들이나(모집병, 지원병을 아는 자이다) 둘 다이다. 전자는 모집병, 후자 현재는 자원병. 다 같이 그러하다. "싸우자, 이기자, 나가자!"이다. 숱한 자들도 그러하다. 오는 자들도 있을 것이다. 내가 택하고 부르는 자들 되리라.

20. 사데 교회 '흰옷 입은 자'

계 3:4 그러나 사데에 그 옷을 더럽히지 아니한 자 몇 명이 네게 있어 흰옷을 입고 나와 함께 다니리니 그들은 합당한 자인 연고라 5 이기는 자는 이와 같이 흰옷을 입을 것이요 내가 그 이름을 생명책에서 결코 지우지 아니하고 그 이름을 내 아버지 앞과 그의 천사들 앞에서 시인하리라. 너는 나온 자이다. 생명책에 기록된 자이다. 선지자이다. 복음 전하는 자이다. 교사 생활한 자, 이어 신학교를 다니며 강단(지정 장소 의미. 예배 장소의 세움 자리) 위치에서 즐거움으로, 기쁨으로 나에 대해 전하는 것, 말하는 것, 찬송을 즐긴 자였다. 내 생각보다 네가 보여주기식으로 증인이 되고자 한 자이다. 내 뜻 알려 할 때, 서서히 말씀 속으로 나와 다니며 10여 년(2010-2020년) 보내왔다. 여러 가지 이유로 나올 수 없고 갇히어 보낸 자였다. 훈련 기간이다. 이스라엘 성막 위 구름이 떠오를 때 진행할 수 있듯이 - 민 9:17 구름이 성막에서 떠오르는 때에는 이스라엘 자손이 곧 행진하였고 구름이 머무는 곳에 이스라엘 자손이 진을 쳤으니 - 수십 번 그 이상 성막 위의 구름을 확인하려 한 너였다. 잠시 숨통이 트이는 문밖, 출입 외에 모든 시간을 실내로 규정하고 그러한 시기를 보내야 했던 너였다. 사역을 원하지 못함은 건강 때문보다는 본인을 준비하려는 필요성에서, 자책하며 또 문책당하며 오랜 햇수를 감옥, 병원, 선교지(해외) 또는 북한 실정을 비교 또는 처한 환경처럼 보내야 했던 너였다.

죽음의 임박한 상황과 <u>죽음에 관한 요구자들</u> - [최근까지, 이는 목회자들의 영의 사역이다! 하라. 자기 뜻 따라 하는 자들이라 하라. 오래전부터 그러해도 현재까지 산 자이다 하라. '주'의 나타나심, 보호하심이다. 깊이는 말할 수 없는 자이다] - **수 없는 압박과 가중감**(추가 글 2021. 5. 26. 수요일) 속에서 한

줄기 빛, 생명의 구원이신 주를 놓지 않으려 했고, 하나님을 향해 구조 요청을 지속적으로 소망을 붙잡고 온 너이다. 기르는 자, 주관자는 하나님과 오직 주 예수 그리스도뿐이라는 것을 믿으며 호흡을 놓지 않았다. 이것이 내가 네게 주는 이유이다. 하나님의 두 손을 준비하신 것! 찬양을 주십니다! 하라. '서러워 … 때에도' 복음의 메시지로 찬양하며 지내 온 너, 이것이 내게 대한 믿음과 영광을 돌린 것이다. 믿음의 기도는 병든 자를 일으키리니! 약 5:15 믿음의 기도는 병든 자를 구원하리니 주께서 그를 일으키시리라 …. 본인 스스로가 믿음이 있기에, 사자들을 명하사 네게 듣게 하신 하나님이셨다. 영으로 받고 때때로 교회의 기도회를 참석한 자이다. 찬양을 주십니다! 하라. '나의 갈 길 다가도록' 예수 인도하는 자이다. '실망치 말라, 부르짖으라!' 나는 실패하지 않는 하나님이시다. 롬 11:29 하나님의 은사와 부르심에는 후회하심이 없느니라. 말씀을 받은 자이다. 이는 신학 당시이다 하라. 너의 죄와 세상 죄와 훈련 기간으로 힘들고 지칠지라도 나는 완성해내는 성취하는 하나님이시다. 가는 것을 잊지 말아라.

2021. 5. 26. 수요일 추가 글입니다.

수없는 압박과 가중감: 왜 당하나? 적어보자. 너는 그들에게 미우새(미운 우리 새끼)이다. 각자의 편향, 편차 가진 이들이다. 주를 바라볼 때이다. 마태복음 24장 36절 말씀대로 그날과 그때는 아무도 모른다. 겪을 그들이다. …생략… 새우잠 이곳이다, 그곳도 그러하다. 나날이 짐 진, 해보려는 자이다. 자신도 그러하거늘 '덮어씌우기식'으로 처리하는 방식 가진 이들이다. "나는 믿는다. 주를!" 하는 너이다. 이는 자신의 외침, 주께 대한 고백이다. 너는 살뜰히 해보려는 스타일이다. 가진 자, 일말의 두는 자(자신 몫)가 아닌 타입이다. 그들도 아는, 이는 관련자들이라. 너를 애매모호 속 두는, 관련으로 보고자 하는 자들이다. 너의 민감한, 골똘한, 세심함을 아는 이들이다. 우김으로 해 보려는 또는 위한다 하나 …생략… 주만 바랄지어다. 얻는 것이 무엇이냐? 그들에게 상처뿐이라. 너는 10여 년 이상 거치는, 지나오는 이 길이라. 무엇 때문에 "가게(죽음) 하겠다!" 수 없이 알린, 알게 한 이들이니 어이없는, 기막힌 일이라! 하는 너이다. 걷잡을 수 없는 격동기 보내온 그곳 이어 이곳이라. …생략… 찬양을 주십니다! 하라. '아버지 사랑 내가 노래해 그 사랑 변함없으신 신실하신 그 사랑 상한 갈대도 꺾지 않으시는 …' 너를 사랑하시기에 주신 은사이다. 일을 위함이다. 해보려는 자이다. 꺾는 그 무엇도 개의치 않는 자가 되려 하나, 다시 얽히는 괴로움 주는 자들이라. 이러이러해서, 여차 여차해서 "나는 너를 이렇게 하려 한다!" 이는 수장 계획이다. 한강 사건처럼. 본인이(네가) 원치 않는 것들로 매김을 해서(정해서, 계획을 알리는) 주는 자 누구일까? 하는 너이다. 피 흘린 남편 - 주 예수이시다! ㅇㅇㅇ 사역자의 꿈 내용처럼. 그는 전한 자이다 - 안으려는(이는 악과 싸우시는 주시라) 너이나 그들은 다르다. 너는 내(주) 일로 보아도, 그들은 자신 관계 일로써 구하는(너를 죽음에 붙이려 한) 자들이다.

결정권 누구랴? 주시라. 주가 보이시기까지는 아닌 것으로 밀쳐내는 너이다. 더딜지라도 가는 자이다. 발걸음이 헛짚고 빠질지라도, 비틀대어도 가는 자이다. 이는 자신의 스타일이다. …생략… 답답하나 걸어 보려는, 가보려는 몸짓이다. 죄과를 보는 누군가에 의해서이다. 처리로 여기는 그들이나 지탱해보려는 대응이다. 미세한 힘이나마 '제로'(포기) 만들지 않으려 하기에 또 보고 진행 시키는 날이다. 찬양을 주십니다! 하라. '아버지 사랑 내가 노래해 …' 송축이다. 주께 향한 드릴 마음 있는 자이니 뚫을(이는 장벽이라) 힘이다. 소진일지라도 생명줄 놓지 않으려 함이다. 눕힌(2021. 4월 한강 사건 그 청년, 학생같이) 상황이나 일어서리라. 믿는 하나님이시다. 이러한 일은 종종, 더러, 오랜 시간 속에서 있어 본, 마주친, 몸에 밴 것이라. 한켠에 압박이나 마치 암 병을 두고 이겨내듯 해 온 지난 시간이라. 이것은 '자극된'이다. 그 무엇도 바꾸고 싶지 않은 주시라. 주가 말씀 있으시리라! 믿는 자이다.

2020. 5. 17. 주일, 하나님 두 손 보이신 자 그 무게는 큰 것이다. 비중이다. 삶의 '추'가 되고 '살'이 되고 '뼈'가 되는 또 하나의 나 된, 자신의 모습이기에 "그들, 그런가 보다" 하며 다시 한켠에 두고(죽음 붙이려 한다 해도) 사라지리라(잠시 겪는 것이다! 하며 이겨내는) 하는 자 된 너이다. 자양분은 어디서 오는가? 그들은 비바람과 같은 자들이다.

내(자신) 속에 둔 여러 가지 겪어 본 체험이라. 행 20:24 … 주 예수께 받은 사명 곧 하나님의 은혜의 복음을 증언하는 일을 마치려 함에는 나의 생명조차 조금도 귀한 것으로 여기지 아니하노라. 조금도 아끼지 않아야, '목숨 바쳐서 해 보는 길이 된'이다. 이렇게 죽으나, 저렇게 죽으나 일반이라. 그러함에도 산 자의 소망은 주 예수와 주를 위한 길이라. 너는 미우새(미운 우리 새끼)이다. 그들에게 그러하다. 너의 타킷이다(과녁 된, 전신 된). 건전한, 아름다운, 좋은 나를 둘 너이다. 주 예수시라. '붙들 소망 된'이다. 이상이다.

2022. 6. 30. 목요일. 오후 9:15 추가 글입니다.

현재는 출간 책 '종말 1' 조판의 수정 시간이다 하라. 렘 5:30 이 땅에 무섭고 놀라운 일이 있도다. 2021년에 받은 2022년 말씀이다. 이와 유사한, 흡사한 글을 영서로 미리 보이신 문구가 있습니다! 하라. 난리와 난리 소문을 듣는 시대이다 하라. 이는 '깨어 있기' 위함이다. 한 해, 한 해, 안전하지 않다! 하라. 살전 5:3 그들이 평안하다, 안전하다 할 그 때에 임신한 여자에게 해산의 고통이 이름과 같이 멸망이 갑자기 그들에게 이르리니 결코 피하지 못하리라. 요즘 지속하여 보는 예레미야서에 무엇이라 하느냐? 왜 '박해'를 받더냐? 평안이 아니라 재앙을 전하기에 그렇지 않더냐? 이는 예레미야서 이곳저곳에서 볼 수 있음이니 이와 같은 시대이다 하라. 눈 뜨면 "난리 소문이다" 하라. 각종 사고 범죄 및 재해, 재난, 전염병, 세상을 뒤흔드는 사건뿐 아니라 무슨 변화가 그리 많은지 해괴한 자들도 많지 않더냐? 사람인지 짐승인지 구분 안 되는 마음, 행위, 행태, 문화 등등 아니냐? 어떤 자(모 정치인)는 누구를 정신 병원에 감금도? 하며 전하는! 있지 않더냐? 이는 당한 자의 증언이다. 목회자의 뒤를 봐주는 무엇도 있다더냐? 이 모든 것들로부터 자유해야 할 자들이다! 하라. 롬 8:38 내가 확신하노니 사망이나 생명이나 천사들이나 권세자들이나 현재 일이나 장래 일이나 능력이나 39 높음이나 깊음이나 다른 어떤 피조물이라도 우리를 우리 주 그리스도 예수 안에 있는 하나님의 사랑에서 끊을 수 없으리라 하라.

주를 위해 주께서 무엇을 행하셨는지 아는 자이다. 병든 자 살리시며, 죽은 자 일으키시나, 복음에 장애는 '값'을 주시니 회개와 구원을 보이시며 먼저 데려가심이 아니랴? 하라. 이는 겪은 자이다. 가족도 타인도 그러하다. 심지어 목회자도 예외가 아니니 이 모두를 알리신 주시라 전하거라. 가까운 이웃도 있으며 무관한 듯 하나 걸림이 있으니 때에 따라 하늘 아버지의 하시는 일(장례)이시다! 하라. 이를 아는 자이다. 영서 일도 그러하니 이미 받은 자도(장례에 대해) 있으며, 책 출간 이후에도 자신에 대해 "책임을 지신다!" 하신 말씀을 주신 주이시다! 하라. 이를 알리시는 주이시니 '일(영서와 책 출간)의 중요도'를 알라는 의미이다. 너는 인맥을 자랑하지 않으려는 자이다. 왜 없겠느냐? 사람의 방법대로 하지 않으려는 자이다. 하지 못하게 함이니 개인의 불미스러운 일, 억울한 일, 진행할 일 등! 이러한 훈련 속에 지내 온 자이기에 주의 영광이 크시다 하라. 하나님의 갚으심이 선한 일이나 악한 일이나 모두 아니겠느냐? 하라. "되었느냐? 되었다" 하라. 이상이다. 닫으라.

선한 자나 악한 자나 복음이 전해지나! 마 22:10 종들이 길에 나가 악한 자나 선한 자나 만나는 대로 모두 데려오니 혼인 잔치에 손님들이 가득한지라. 회개의 기회이지 공격의 기회가 아니다 하라. 자신을 위해 살려 하며 특정한 무엇을(조직) 위해 이리한다면 이는 전체를 아우르는 주를 알지 못해 '… 하므로' 죄 없다 아닌 참으나, 기다리나, 갚음이 있으리라. 이를 주라. 여호와 앞에 다 죄인이나 가리시는, 고르시는, 하나님이시다! 하라. 되었다.

21. 갈대 상자에 대하여

요게벳은 모세의 어머니이다. 출 6:20 아므람은 그들의 아버지의 누이 요게벳을 아내로 맞이하였고 그는 아론과 모세를 낳았으며 …. 찬양 가사 두는 요게벳의 노래, '작은 갈대 상자 물이 새지 않도록 역청과 나무 진을 칠하네 어떤 맘이었을까 그녀의 두 눈에 눈물이 흐르고 흘러 …. 끊임없는 세상 악과 통치자들 권세로부터 끝까지 사용되어질 노래이다, 상황이다. 시대적 배경에서 나온 내용의 찬양이다. 사역자들이 들어야 한다. 요게벳 어머니 같은 신앙의 믿음과 사랑을 가져야 하므로 출시된 곡이다. 사역자는 요게벳의 마음이다. '그의 생각과 계획 속에 나의 뜻'을 주어 강가에 내보내게, 띄우게 했다. 출 2:3 더 숨길 수 없게 되매 그를 위하여 갈대 상자를 가져다가 역청과 나무 진을 칠하고 아기를 거기 담아 나일 강 가 갈대 사이에 두고. 나를 필요로 하는 자들이다. 그들 가족은 아버지, 어머니, 누이 내게 부합된 자들이다. 합심으로 두세 사람이 내 이름으로 기도, 마 18:20 두세 사람이 내 이름으로 모인 곳에는 나도 그들 중에 있느니라. 나의 뜻을 이루어 낸 자들이다.

꽃송이와도 같은 모습이다. 이 가족은 시대의 '한 꽃송이'로 내게 바쳐진 자들, 해낸 자들이다 - [2022. 10. 2. 주일. 추가 글입니다. 이 글 후에, 2022년 3월에 영서 일부를 원고로 준비하여 출판사에 보내고 가족이 모여서 호수를 산책합니다. 다음 날, 이 꽃에 관한 꿈을 꾸게 됩니다. 시대의 꽃송이 의미는 후에 깨닫습니다. 이 글 또한 소개된 추가 글입니다] – 하나님 집 그릇 말씀, 딤후 2:20 큰 집에는 금 그릇과 은그릇뿐 아니라 나무 그릇과 질그릇도 있어 귀하게 쓰는 것도 있고 천하게 쓰는 것도 있나니 21 그러므로 누구든지 이런 것에서 자기를 깨끗하게 하면 귀히 쓰는 그릇이 되어 거룩하고 주인의 쓰심에 합당하며 모든 선한 일에 준비함이 되리라. 내유외강한 자들이다. 나의 뜻을 이루는 자들의 마음은 온유하고 주와 같은 자들이 - 마 11:29 나는 마음이 온유하고 겸손하니 - 세상 세력 앞에 강한 모습으로 대항한 자들이다.

이러한 예도 있다. 당국자, 보내는 자들, 파송되는 자들(용역, 경찰 모두) 전ㅇㅇ 목사의 사랑 제일 교회 어떻게 할 것인가? 정치적 연루로 보는 자들이다. 애국 단체이다. 구국 운동, 나라 살리기 본부이다. 문 정권 심판에 대해 바라보는 자들의 시각이 다 다르다. 누가 맞는가? 온건인가, 강경인가?, 대응인가, 협조 내지는 통합(합류)인가? 주는 어떻게 보시는가? 계시록 11장 3절의 '기름 받은 두 증인'에 해당하는 자이다. 전 목사는 감람나무이다. 계 11:3 내가 나의 두 증인에게 권세를 주리니 그들이 굵은 베옷을 입고 천이백육십일을 예언하리라 4 그들은 이 땅의 주 앞에 서 있는 두 감람나무와 두 촛대니. 순찰자이다. 성전 쫓고, 엎는 상황이다. 교회들에 대해 주의 마음으로 강경(꾸짖다, 드러내다, 오라 한다)하게 하는 자, 성전 중심으로 해보려 한 자. 그는 부흥사이다. 설교가이다. 이상 두 가지이다. 복음 전도자의 삶을(생애) 살아내는 자이다.

사랑 제일 교회와 광장을 엎치고 덮치고 하는 상황 속이다. 청와대 고조된 자들 불신화 상승이다. 뱀처럼 지혜(마 10:16) 이는 교묘하게 진행해 온, 해 나가는 자들이다. 누가 가르칠 것인가? 배도자 이는 성전에 대해 압력 가하는 자, 예루살렘 군대들 같다. 눅 21:20 너희가 예루살렘이 군대들에게 에워싸이는 것을 보거든 그 멸망이 가까운 줄을 알라. 형국이다, 난세이다, 격세지감이다. 놀라고, 분하고, 떨리고, 나가려는, 질주하려는 상황이다(8.15 준비). 사태로 보자. 격돌 이전 모습. 막으려는 자와 저항하려는 자, 저항해온 자이다. 대제사장, 서기관, 장로(산헤드린) 같이 꾸짖는 자. 권위에 도전 "무슨 권세로 일하느냐?" 하는 자이다. 마 21:23 예수께서 성전에 들어가 가르치실 새 대제사장들과 백성의 장로들이 나아와 이르되 네가 무슨 권위로 이런 일을 하느냐 또 누가 이 권위를 주었느냐.

22. ㅇㅇㅇ 목사에 대해

중도파로 보고 '입장' 표명한 김ㅇㅇ이다. "주님은 어떻게 보시나요?" 그는 교회를 애지중지하는 자이다. 이쪽, 저쪽 다이다. 양쪽 서려는 자이다. 이쪽도 저쪽도 다이다. 청와대 때문, 당회장 자리 섰기 때문, 북한 갔다 왔기 때문이다. 비유이다 하라. 조강지처 ㅇㅇㅇ 목사와 애인 문재인 대통령이니 둘 다 관계하는 자이다. 애인(새것처럼 보이는 자, 새롭게 느낀 자. 백제 의왕의 삼천궁녀, 솔로몬이다) 다첩 둔 자이다. 왕상 11:3 왕은 후궁이 칠백 명이요 첩이 삼백 명이라 그의 여인들이 왕의 마음을 돌아서게 하였더라. 또한 르호보암이니 애굽왕 시삭은 중국 관계! 왕상 14:25 르호보암 왕 제 오년에 애굽의 왕 시삭이 올라와서 예루살렘을 치고. 이는 사역, 영적 상황이다. 전ㅇㅇ 목사는 다윗처럼 무소불위한 자. 사무엘하 15장의 압살롬 반역(ㅇㅇㅇ)을 겪고, 교회 공격에 도망(투옥까지), 울며 올라오는 상황이니 예루살렘 환궁이다. 바르실래는 조ㅇㅇ 목사이다. 사독으로 변호사 가진 자이며 몇 주축 되어온 자. 팀(지원팀) 가진 자이다. 블레셋 싸움, 이는 문재인 대통령, 북한, 중국이다.

23. 사사들

거리 외치는 자 또는 방송, 영상들 이는 사사들의 발언이다. 현시대는 위 모두 겪고 있다. 구한말 전환기, 중간기와 새 역사 시점 같은 위기의 때이다. 나는 누구인가? 주께 외치는 자이다. 길러낼 자이다. 주를 위하여, 그의 나라 위하여, 주의 일꾼 세워보려는 자(모집병, 지원병 둘), 성령의 역사 아래 모든 것을 할 수 있다! 믿는 자이다. 그분의 뜻, 계획안에 붙들릴 때 사용되어진다! 아는 자, 믿고 바라보는 자이다. 여기까지이다. 스룹바벨 영광 나타나리라. 슥 4:6 … 여호와께서 스룹바벨에게 하신 말씀이 이러하니라 만군의 여호와께서 말씀하시되 이는 힘으로 되지 아니하며 능력으로 되지 아니하고 오직 나의 영으로 되느니라.

2022. 1. 11. 화요일. 추가 글입니다.

나의 상태가 주님의 상태이다 하라. 내가 지치면 주님도 지치신, 내가 힘이 나면 주님도 힘이 나심이니 이는 왜 그러한가? 물으리라. '나와 하나 된 자'이다. 수많은 시간은 그러하다. 이를 고민함도 저를 생각함도. 마 26:53 너는 내가 내 아버지께 구하여 지금 열두 군단 더 되는 천사를 보내시게 할 수 없는 줄로 아느냐 54 내가 만일 그렇게 하면 이런 일이 있으리라 한 성경이 어떻게 이루어지겠느냐 하시더라. 이를 줌은 이러하다. "당하라" 함은 왜이더냐? 그들로 깨닫기 위함이다. 이는 기다림이니라. 자녀 양육기에 기다리지 않더냐? 이는 수많은 시간이다. 인류의 역사 기간을 기다리며 진행하는 주시라! 하라. 너희도 인생사를 보냄은 이러하다. 나의 기다림이며 너희도 누군가를 위하여 기다림이 되지 않으랴? 이는 생애이니 생애 동안 그러하도다. 이는 마침이 될 때 개인이든, 인류이든 갚으시는 주이시다! 하라. 생애를 가는 길은 이러하다. 오래더냐? 그러지 아니하다. 누구에게는 뱃속에서 사라짐도 있으며 유아기, 초등기, 중고등부 등등 굽이 굽이마다 도는 인생길에서 스침도, 만남도 잘되어야 하느니라.

사람이 사람을 해하지 않더냐? 더욱더 많아짐은 창 6:13 하나님이 노아에게 이르시되 모든 혈육 있는 자의 포악함(violence)이 땅에 가득하므로 그 끝 날이 내 앞에 이르렀으니. 이는 '포악, 잔인함 시대'이다 하라. 이는 악하고 음란한 세대! 마 12:39 예수께서 대답하여 이르시되 악하고 음란한 세대가 표적을 구하나 선지자 요나의 표적밖에는 보일 표적이 없느니라. 동종 시대(끼리끼리, 유유상종, 비슷한 관심사 끼리 아니더냐?)이니 한 손과 한 손, 한 발과 한 발 관계이다 뜻이다. 합치나 너와 나로 만나나 그 안은 실체, 실상, 실물, 실제에 해당하는 것 같기에 겉은 다소 달라도, 전혀 아닌 듯해도 삼삼오오 됨도 이러하다. 이인삼각 경기 아느냐? '하나' 팀이다. 같이 보조 맞추어 손발 함께 하자 함이니 선도 악도 그러하다 하라. 이 동네, 저 동네 다 그러하다.

'말고' 주신 주님이시라. 요 18:10 이에 시몬 베드로가 칼을 가졌는데 그것을 빼어 대제사장의 종을 쳐서 오른편 귀를 베어버리니 그 종의 이름은 말고라. 이 시대의 모습이다! 하라. "내가 하리라" 하며 내 앞 나섬이니(앞지른 자, 참견자, 오버 액션자 아니겠느냐?) 베드로의 출중함은 남다르나 꺾이지 않은 시기에 그러한 누구나이다. 하수인에게 화풀이한다 뜻이니라. 나의 목적을 제대로 모르기에 일어난 일이다. 이 장면은 그러하다. 베드로의 검이 난투극 되랴? 본 자이다. 윗선들에 대한 삶의 현장이니 지도층 모습은 이러하다는 것이다. 이는 2022. 1. 9. 주일 꿈이다! 하라. 젊은 남녀가 입구에서 안내함이니 길 가까이 도로 주위로 안내함이라. 들어선 길이 맞이어진 터인지라 언덕 위를 보게 됨이니 산 짐승들이 있고 그 앞에 죽은 짐승들이 즐비하지 않더냐? 그들끼리 싸움이니 이는 세력전이라. "이 나라 상황이다" 하라. 차라리 안 보는 것이 낫지 아니하랴? 이는 보호하기 위하여 안내자를 세움이니 그들이 알기에 막는 것(통행 길 부분 두어 안내하는 자들)이라 하라. 깊은 것에 대한 차단이니 그들은 위세자이다. 크다, 많다, 높다 하나 짐승이라. 사나운 짐승들이다. 되었느냐? 이는 나라의 모습이라 하라. 이상이다. 나의 길은 다르다. 사람을 사람 되게 하지 않으랴? 이를 위함! 아니냐? 저들은 짐승 모습이며 행위이니 사람이 아니라 포획자이더니 가장 높은 권좌로 인함이라 하라. 이를 위해 살아온 자이니, 칼은 이러한 베드로에게도 무기가 되어 혈기의 도구가 되었다! 하라.

　BMW 차를 보라. 한 아파트 주차장 외제, 고급차들이니 "있다더라" 이는 방송에서 본 자이니 '수익 창출' 국가가 좋더냐? 차가 순위 된 나라이다. 차에 의해 누구는 무슨 차 아니겠느냐? 집도 그러하다. 몇억, 수십억, 수백억 하지 않으랴? 귀중품, 소장품, 사용품, 교육, 이용처 무엇이든 그러하다. 다 외형 위주, 소유에 탐닉 된 사회이다 하라. 그러함에도 노숙자는 여전히 이곳저곳 통행 길에서 봄이니 모두 이러한, 이런저런 모습에 요지경 세상 속되어 요술 방망이 같은 핵이 터지든 말든 하랴? 다양한 사회 문화 추구는 병폐 되어 인간의 짐이 되어진다! 하라. 신음, 고통, 죽음으로 엎드러짐 아니겠느냐? "나를 두라 살길이다" 살릴 이 하나님뿐이시니 오직 이를 위해 몸을 주신 하나님 한 분, 그의 아들 그리스도 '주'시니라. 되었다! 하라. 닫으라. 다브엘의 시대이다. 사 7:6 우리가 올라가 유다를 쳐서 그것을 쓰러뜨리고 우리를 위하여 그것을 무너뜨리고 다브엘의 아들을 그중에 세워 왕으로 삼자 하였으나. 이는 '산 짐승들' 꿈 본 바 대로이다. 이상이다. "나의 줄 말이다" 하라.

하늘山
제6일. 니느웨 회개 기도 40-6 (2020. 7. 28. 화요일)

1. 너는 '인' 같이 새기고(아가서)

아 8:6 너는 나를 도장같이 마음에 품고 도장같이 팔에 두라 사랑은 죽음같이 강하고 …. 성령 '인' 항상 집중해야 하는 것이다. 성령(주)이면 성령 훼방하는 자들이 있다. 막 3:29 누구든지 성령을 모독하는 자는 영원히 사하심을 얻지 못하고 영원한 죄가 되느니라 하시니 30 이는 그들이 말하기를 더러운 귀신이 들렸다 함이러라. 주의 친족 또한 미쳤다 하지 않느냐? 막 3:21 예수의 친족들이 듣고 그를 붙들러 나오니 이는 그가 미쳤다 함일러라.

2. 영서를 받는 것에 대해

너는 은사자이다. 긍휼히 여길 자이다. 바로미터 되는 자이다. "보혈의 강물, 은혜의 강물, 그곳은 주님의 강! 내 모든 죄 사하소서, 씻어주소서, 주의 긍휼 덮으소서" 천국 잔치 열리는 자, 국회 의사당 국회의원들 의석수와 같다. 네게서 다스릴 자가 나오리라. 꿈 보인 자이다. 미 5:2 베들레헴 에브라다야 너는 유다 족속 중에 작을지라도 이스라엘을 다스릴 자가 네게서 내게로 나올 것이라 그의 근본은 상고에, 영원에 있느니라

3. 암흑 같은 이 세상이다

칠흑 같은(한 치 앞을 볼 수 없는 거리 상징) 어둠 속 걸어갈 때 어찌할 것인가? 내다볼 수 없는 상황, 가늠할 수 없는 상황. 나만 의뢰하는 이에게 주는 시험의 때이다. 시험이다. 준비한 자, 준비된 자는 이겨낼 것이다.

4. 휴거에 대하여 보자

'들림 현상'이라 일컫는 자들이 있다. 자석 이동(붙는 성질 비유) 이라고도 한다. 어찌 볼 것인가? 위에서 보는 자 입장이다. 무엇을 볼 것인가? 노아처럼 방주 가진 자, 준비된 자이다. 즉 신부이다. 이것이 예복이다. 말씀대로 살아온 자! 방식대로, 식양대로 다 좋다. 출 25:9 무릇 내가 네게 보이는 모양대로 장막을 짓고 기구들도 그 모양을 따라 지을지니라. 지켜낸 자들이다. 공항에서 여행 가방을 트레일러(trailer)에 올려놓은 것과 같다. 데이터 총량, 허락된 것을 다 쓰고 온 자들이다. 데이터 총량은 무슨 뜻인가? 성령을 받은 은사대로, 맡겨진 대로 임무 완수해낸 자들이다. 써야 할 것은 무엇인가? 내 뜻대로 한 자들이다. "데이터는 내 뜻"이다. 해낸 자들이다. 본인에게 주어진 것이다. 때가 가까움이다. 근신하여 정신 차리고 깨어 있을지어다. 벧전 4:7 만물의 마지막이 가까이 왔으니 그러므로 너희는 정신을 차리고 근신하여 기도하라. 찬양을 주십니다! 하라. '하나님 한 번도 나를 실망시키지 않으시고 …' 실망시키시는 하나님이 아니시다. 내 뜻과 너의 뜻은 다르기 때문이다. 위를 바라보는 자, 위의 것을 찾는 자이다. 골 3:1 그러므로 너희가 그리스도와 함께 살리심을 받았으면 위의 것을 찾으라 …. 너는 두 가지, 하나님 관계와 도움 역할(일), 다! 해내고 싶은 자이다. …생략…

"휴거는요?" 노아의 방주, 물 위는 방주가 떠오르다. 아래는 물이 오르다. 반대 현상이다. 창 7:17 홍수가 땅에 사십 일 동안 계속된지라 물이 많아져 방주가 땅에서 떠올랐고 18 물이 더 많아져 땅에 넘치매 방주가 물 위에 떠다녔으며. 위는 '생명 구원'

현장이다. 곡식은 곳간으로. 아래는 '심판대로' 가는 자들이다. 가라지는 꺼지지 않는 불로. 그때는 과정이다. 마 3:12 손에 키를 들고 자기의 타작마당을 정하게 하사 알곡은 모아 곳간에 들이고 쭉정이는 꺼지지 않는 불에 태우시리라. "올리시는 것인가요? 산채로? 어떻게 상상할 수 있나요?" 꿈에서 날아본 자이다(꿈은 그날의 삶, 영의 모습이다) 꿈 같은 현상이다. 나를 위해, 이웃을 위해 살 때, 이것이 체질화된 모습이다. 그렇게 살아온 자들에게 쉼을 주시는 하나님이시다.

(저는 질문을 합니다) "40일 홍수를 보니 비가 내리고! 창 7:11 노아가 육백 세 되던 해 둘째 달 곧 그 달 열이렛날이라 …. 물은 오르고! 17 … 물이 많아져 … 18 물이 더 많아져 … 19 물이 땅에 더욱 넘치매 … 20 물이 불어서 …. 죽었고! 21 땅 위에 움직이는 생물이 다 죽었으니 …. 물이 줄어들고! 창 8:3 물이 땅에서 물러가고 … 5 물이 점점 줄어들어 …. 땅이 마를 때까지가 13 육백일 년 첫째 달 곧 그 달 초하룻날에 땅 위에서 물이 걷힌지라 … 14 둘째 달 스무이렛날에 땅이 말랐더라. … 1년이던데요?" 40일은 환난, 재난의 시기. 1년은 하루. '인자의 날 하루' 관계가 궁금한 자(너)이다. 생각해 보라. 눅 17:22 또 제자들에게 이르시되 때가 이르리니 너희가 인자의 날 하루를 보고자 하되 보지 못하리라.

2022. 2. 1. 화요일. 추가 글입니다.

그 날까지이다. 죽도록 충성하는 자이다. 계 2:10 … 네가 죽도록 충성하라 …. 왜이더냐? 날이 가까움이라. 예루살렘 군대들에게 에워싸이는 날이다. 눅 21:20 너희가 예루살렘이 군대들에게 에워싸이는 것을 보거든 그 멸망이 가까운 줄을 알라. 고장 난 시계들이다. 세상 시간에 의해서 사는 자 모두를 일컫는 말이다. 너는 나에 의해서 사는 자이다 …생략… 산 자의 하나님이시다. 막 12:25 사람이 죽은 자 가운데에서 살아날 때에는 장가도 아니 가고 시집도 아니 가고 하늘에 있는 천사들과 같으니라. 이는 '성의 초월자이다' 하는 의미이다. 성적 만족 없이 사는 자, 이성에 대한 그리움이나 관심이 아닌 오직 주를 위한 자 아니랴? 보기 드문 현상이라 해서 '말씀이 아니잖냐가 아닌'이라 하라. 고전 7:29 … 그때가 단축하여진 고로 이후부터 아내 있는 자들은 없는 자 같이하며 34 … 시집가지 않은 자와 처녀는 주의 일을 염려하여 몸과 영을 다 거룩하게 하려 하되 …. 이를 두라. 이에 지나서 사는 자는 무엇이겠느냐? 매인 자 되어 값(노고, 수고하는 자 되어)이 - 33 장가간 자는 세상일을 염려하여 어찌하여야 아내를 기쁘게 할까 하여 - 되어야 하는 자이다.

이러한 말씀은 왜 묻히랴? 목사들이 쉬이 손대지 아니하는 이유가 무엇인가? 이를 생각해 두는! "왜?" 질문 두라. "왜인가요?" 하라. 가르치고 가르치는 나이다. 요 14:26 보혜사 곧 아버지께서 내 이름으로 보내실 성령 그가 너희에게 모든 것을 가르치고 내가 너희에게 말한 모든 것을 생각나게 하리라. (이어지는 말씀입니다) 요 6:45 … 아버지께 듣고 배운 사람마다 내게로 오느니라. '실리'자 너이다. 믿음의 세계에 대해서 그러하다. 히 11:1 믿음은 바라는 것들의 실상이요 하지 않으랴? 믿음의 세계가 실리이다. 아는 자이기에 그러하다. "이것이 실리이다" 하는 추구자이니라. 부활도 이러한 참여가 아니냐? 주가 살아 계시니 나(너희 자신)도 그러하며 "이 믿음에 거하리라" 하는 자이더니 보고 보며, 듣고 들으며, 알고 아는 자 되지 않으랴? 이는 믿음의 길이라 하라. 세상 바벨론 제국이 아닌 하늘나라, 아버지 나라, 영원하신 나라 '내 집은 저 하늘 저 너머 있고…' 이 찬양의 가사처럼 마치 그러하다 하지 않으랴? 이는 주와의 연합이다. 주와 결혼한 자, 주의 신부 된 자, 이는 모든 것(삶에 관한 것, 문화라는 것, 대중적인, 자연인, 일반인 아닌 '독신'에 관함이다)을 뒤로 하리라 하는 자이다. 마 19:12 … 천국을 위하여 스스로 된 고자도 있도다 함이니 이러하도다.

이를 줌으로써 목회자들에 대한 일침이다. '대부분' 의미이다 하라. 자신들이 할만한 혹은 들을 만한 선에서 하지 않으랴? 줄넘기하는 자가 비행기 조종을 도전하랴? 이는 이적이 아니랴? '나에 의한' 아니면 어찌하랴? 이러하다 하여도 공중 위로 다니는 세계 '비행'이 없으랴? 이는 위로 눈을 향하며 고개를 들어야 알 수 있는, 알 수 있다더라 조차, 해 봄이 아니랴? "나는 전하리라" 이는 네 길이다. "전하리라" 하는 자이다. 수년간 이른 말(독신에 대한)이 있는, 이는 교육 아니랴? 알게 한 이 세계이다. 이는 왜 주더냐? 드러날, 나타날 설교가 묻히어 온 세대이니 드러내자, 나타내자. 누군가는 듣지 않으랴? 12인 사도(제자) 외 70인 이어 120인뿐이더니 온 세상 덮으나 나 보기에 또한 12 가리고, 70

가리고, 120 … 이러하여 144,000의 수를 말함이 아니냐? 이는 무엇인가? 다가 아니다. 선정, 선택이다! 함이라. 이로써 나의 줄 말이니 받으라. '혼전 순결' 유지된 자이더냐? 이 길 걸으라. '넘어진 자'이더냐? 또한 이 길 두라. 이는 사모하는 자이다. 받는 자에게는 이러하다. 더 좋은 길이 아니냐? 말씀 두라. 고전 7:38 그러므로 결혼하는 자도 잘하거니와 결혼하지 아니하는 자는 더 잘하는 것이니라. 이 시대는 이러하다. 교회의 정체성 회복이 아니냐? 이를 두라. 이제는 그러하다. 극명히 나누리라. 이편과 저편이니 '더 좋은'이랴? '더 나쁜'이랴?

두아디라 교회 말씀 두자. 이는 한국 상황이다. '많이 무너진' 의미이다. (계 2:24 두아디라에 … 남아 있어 이 교훈을 받지 아니하고 소위 사탄의 깊은 것을 알지 못하는 …. '선악과 침범 지역에 대한' 연구이다. 자세히 앎으로써, 창 3:24 … 에덴동산 동쪽에 그룹들과 두루 도는 불 칼을 두어 같은 문지기 된, 이는 연구자 부름이다 하라. 목회자는 이러한 면밀히 두어야 하는 자이다. 천국 문을 닫는 자가 아닌! 마 23:13 … 너희는 천국 문을 사람들 앞에서 닫고 너희도 들어가지 않고 들어가려 하는 자도 들어가지 못하게 하는도다. 열린 문이 되는 자, 천국 열쇠 지닌 자이다. 마 16:19 내가 천국 열쇠를 네게 주리니 네가 땅에서 무엇이든지 매면 하늘에서도 매일 것이요 네가 땅에서 무엇이든지 풀면 하늘에서도 풀리라 하시고. 계 3:7 … 다윗의 열쇠를 가지신 이 곧 열면 닫을 사람이 없고 닫으면 열 사람이 없는 그가 이르시되 8 볼지어다 내가 네 앞에 열린 문을 두었으되 능히 닫을 사람이 없으리라 아니더냐?

사회 제도 두라. 이어지는 메시지이다. 사회 개혁하랴? 이는 산을 보인 꿈이라. 산 오르는 자 이는 섬이니 들어섬이다. 진입자이다. 도로 길 따라 좌우를 보라 함이니 이는 안내이다. "벗어나지 마라" 함이니 안전히 느낀(안내길 따라가는 자) 꿈의 상황이다. 오르다 보니 빗긴 길, 조금 벗어난 지점에서 보게 된 '산 짐승들이 모여 있는' 언덕 위 평지니 산 짐승들 앞에 죽은 짐승들이 쌓인 상태이다. 죽인 자들이 바라보고 있지 않더냐? 이는 사회 제도이다. '약육강식 세계'이다. 젊은 청년들 각각 남녀 안내자이니 이들은 정치 입문자이다. 정치 관여, 관심, 연구 모두이다. 이러한 자들을 위한 세움! 그들이니 선악과나무에 가까이 금지함 같은 사단의 깊은 것에 해당한 산속 숨은 짐승들 세계이다. 이를 두라. 한국 사회를 알라. 내 종들 위함이니 건지기 위하여 다시 두라. 이는 '니느웨 회개' 메시지이다. 욘 3:4 요나가 그 성읍에 들어가서 하루 동안 다니며 외쳐 이르되 사십 일이 지나면 니느웨가 무너지리라 하였더니. 왕도 금식하지 않더냐? 모두이다. 7 왕과 그의 대신들이 조서를 내려 니느웨 선포하여 이르되 사람이나 짐승이나 소 떼나 양 떼나 아무것도 입에 대지 말지니 곧 먹지도 말 것이여 물도 마시지 말 것이며. 이를 두라. 대조 두라. 창 7:21 땅 위에 움직이는 생물이 다 죽었으니 곧 새와 가축과 들짐승과 땅에 기는 모든 것과 모든 사람이라.

정치적 상황 보자. 북측 김일성과 남한의 이승만 초대 대통령이니 이는 한국 교회 사울가와 다윗가의 싸움이더라. 삼하 3:1 사울의 집과 다윗의 집 사이에 전쟁이 오래매 …. 이는 '한국의 남북 대치전이 된' 아니냐? 이제도 그러하니 이재명 대통령 후보자와 윤석열 대통령 후보이니 이는 남한 내 '남북전 대결 구도'이다. 북측에 의한 후보 선출이니 문재인 대통령 이은 배턴 체인지라 하라. 남한은 경선이나 물망 된 자이니, 신입 된 후보자이다. 종교전과 정치전이니 한국 파벌 싸움 오래라. 당파 싸움이 종교로 나타나 남북 나누이더니, 이는 기독교 내부적 문제가 된! 아니냐? 야곱과 에서의 싸움 전이며 바리새파와 사두개파 싸움이기도 하다. 성령과 정치 세력이 야합 된! 아니더냐? 이는 예수 생애 시대이나 지금도 그러하도다. 그리스도와 적그리스도로 나뉘라. 이는 '최종전 향하는 막바지전' 세계인 구축하에서 일어나는 소속전이라 하라. 그리스도의 영과 적그리스도의 영으로, 진리의 영과 미혹의 영으로 나뉘는 과정이다. 나타낸다! 자신이 누구인지, 연합이 어디며 누구랴? 하는 자들이다! 하라. 요일 2:18 아이들아 지금은 마지막 때라 적그리스도가 오리라는 말을 너희가 들은 것과 같이 지금도 많은 적그리스도가 일어났으니 그러므로 우리가 마지막 때인 줄 아노라. 이를 두라. 이어 보자. 요일 4:6 우리는 하나님께 속하였으니 하나님을 아는 자는 우리의 말을 듣고 하나님께 속하지 아니한 자는 우리의 말을 듣지 아니하나니 진리의 영과 미혹의 영을 이로써 아느니라. 이상이다. 맺으라.

5. 바벨론 문화에 대해 더 보자

첫째는 덕지덕지 화장하는 여자들, 화려한 옷, 현란한 말솜씨 이 '세 가지' 어떠하랴? "하나님이 보시기에 좋았더라"인가? 뱀의 모습이다. "뱀이다 …." 노래하는 여가수 모습 보라. 이는 오래전에 영상에서 눈에 띈 자니 깜짝 놀란 자이다. 뱀을 노래한 등장 여가수로 인함이다. 그럼 찬양하는 자는 어떠한가? 준비한다. 세상 것을 배제하고, 더럽힌 옷을 빨고, 희게 하며 나아오는 자들이다. 이것은 '화장 제거' 모습이다. 반드시 해야 한다. 화장은 회칠한 자와 같은 맥락이다. 마 23:27 화 있을진저 외식하는 서기관들과 바리새인들이여 회칠한 무덤 같으니 겉으로는 아름답게 보이나 그 안에는 죽은 사람의 뼈와 모든 더러운 것이 가득하도다 28 이와 같이 너희도 겉으로는 사람에게 옳게 보이되 안으로는 외식과 불법이 가득하도다. 겉모습을 가리는 자, 치장을 좋아하는 자, 꾸미는 자들 모두이다. 마음이 나온 것이다. 세상 사랑, 나 자신을 사랑하는 내면의 모습이 투영되는 것이다.

둘째는 화려한 옷이다. 옷의 기원은 죄 때문에 감추는 모습이다. 성경 기록을 보자. 창 3:7 이에 그들의 눈이 밝아져 자기들이 벗은 줄을 알고 무화과나무 잎을 엮어 치마로 삼았더라. 그리고 죄 있는 자에게 죄를 깨닫게 하고 하나님의 표를 가죽옷으로 바꾸고 그들의 근원 된 땅으로 돌려보내졌다. 창 3:21 여호와 하나님이 아담과 그의 아내를 위하여 가죽옷을 지어 입히시니라. 이와 같이 죄지은 자가 스스로 부끄러움을 가리켜 '표'(죄를 짓기 전과 이후를 알 수 있는 전, 후는 옷으로 표현되는 것이다)를 옷에 두게 된다. 그러나 하나님은 하나님과의 관계 속에서 이루어진 사건을 기억하도록 하나님의 표로 바꾸신 것이다.

그러므로 옷은 '죄와 은혜의 표징'으로 볼 수 있다. 찬양하는 자의 옷은 화려하지 않아야 한다. 성결 상태를 나타내는 단정한 옷! 단장! 여자에 대한 말씀 참조이다. 딤전 2:9 또 이와 같이 여자들도 단정하게 옷을 입으며 소박함과 정절로써 자기를 단장하고 땋은 머리와 금이나 진주나 값진 옷으로 하지 말고. 세마포 옷, 의의 옷, 그리스도로 옷 입는! 이사야와 신약 성경의 '여자의 옷' 등 참조이다. 롬 13:14 오직 주 예수 그리스도로 옷 입고 정욕을 위하여 육신의 일을 도모하지 말라. 계 19:8 그에게 빛나고 깨끗한 세마포 옷을 입도록 허락하셨으니 이 세마포 옷은 성도들의 옳은 행실이로다 하더라. 갈 3:27 누구든지 그리스도와 합하기 위하여 세례를 받은 자는 그리스도로 옷 입었느니라. 마 3:4 이 요한은 낙타털 옷을 입고 허리에 가죽 띠를 띠고 음식은 메뚜기와 석청이었더라. 벧전 3:3 너희의 단장은 머리를 꾸미고 금을 차고 아름다운 옷을 입는 외모로 하지 말고. 사 3:16 여호와께서 또 말씀하시되 시온의 딸들이 교만하여 늘인 목, 정을 통하는 눈으로 다니며 … 22 예복과 겉옷과 목도리와 손 주머니와 23 손거울과 세마포 옷과 머리 수건과 너울을 제하시리니 24 그 때에 썩은 냄새가 향기를 대신하고 노끈이 띠를 대신하고 대머리가 숱한 머리털을 대신하고 굵은 베 옷이 화려한 옷을 대신하고 수치스러운 흔적이 아름다움을 대신할 것이며.

 셋째, 현란한 말솜씨이다. 미혹(뱀)은 그럴듯하다. 넘어가도록(먹을 수 없는 것을 먹도록 하려면) 쓴맛을 단맛으로. 대중가요의 내용 그 메시지에는 하나님이 원하시는 뜻과 마음이 아닌 것들이 많다. 하나님 나라는 회개하라, 믿으라 두 가지이다. 막 1:15 이르시되 때가 찼고 하나님의 나라가 가까이 왔으니 회개하고 복음을 믿으라 하시더라. 대중가요는 회개할 것과 믿지 않아야 할 것에 대한 내용이 더 많다. 대부분이다. 거의 다이다. 대중가요의 메시지와 찬양의 메시지는 정반대이다(대부분). 이것이 바벨론 모습이다. 바벨론 문화. 부분적 요소를 보자. 먼저는 회개이다! 죄를 알게 하신다. 비워내게 하신다(바뀌다. 하지 말라). 새것을 보이신다. 훈련 시키신다. 의에 이르도록 강성함으로 이끄신다. 이것이 회개의 순서이다. 다음은 복음이다. 회개의 내용이 죄(옛것)의 영역이라면, 복음은 의(새것)의 영역이다. 즉 믿음의 대상과의 '관계 형성'인 것이다. 믿음 받을 준비, 일 준비, 지킬 준비로 들어간다.

 복음은 나에서 예수 그리스도로 중심이 이동된 상태, 배우는 상태. 자기

비움으로 시작하여 예수 그리스도만 채워지고 순응하는 자이다. 집을 보자(육체이다). 내가 주인 되었을 때, 나의 생각과 마음대로 옷을 선택한다. 이것에 대해 선호가 있고 취향이 있고 경험이 있다. 내게 주인이 생겨, 옷 선택 권리가 주인에게 있어서 나 선택을 포기한다고 하자. 나의 반응은 어떠하겠는가? 옷 하나의 예에도 우리의, 어떤 이의 정서는 화들짝 놀랄 것이다. 즉 선택권을 포기하는 것이 믿음이다. 나의 주인 되신 예수 그리스도께서 하나님의 뜻대로 모든 것을 이루어 나가시도록, 나의 포기를 그분께 이양하는 것이 믿음이다. 이 믿음 안에서의 훈련이 그리스도의 옷을 입는 것이다.

6. 현세에서 내세로의 신앙 또는 자세에 대하여 적어보자

막 10:30 현세에 있어 집과 형제와 자매와 어머니와 자식과 전토를 백 배나 받되 박해를 겸하여 받고 내세에 영생을 받지 못할 자가 없느니라. 현세는 버리는 자이다. 이는 회개의 영역이다. 의지하지 않는다 - 옷에 해당(입혀진 옷, 내가 선택한 옷 둘 다) 주는 자이다. 섬기는 자(낮추는 자) - 온유와 겸손이 가능(마 11:29 나는 마음이 온유하고 겸손하니 …) 제자 삼는 자이다. 가르쳐 지키게 하는 자! 마 28:19 그러므로 너희는 가서 모든 민족을 제자로 삼아 아버지와 아들과 성령의 이름으로 세례를 베풀고 20 내가 너희에게 분부한 모든 것을 가르쳐 지키게 하라 …. 열매 맺게 하는 자! 여기까지가 내세 지향적이다. 무엇이 다른가? 과거의 옛 죄를 벗어나 질주 시기이며 훈련 포함이다. 현세의 시작은 굴곡 가지는 시기, 굴곡이 많다. 내세는 평정성 시기, 굴곡이 적다. 너는 종말관 가진 자이다. 내세로 들어와 지향하는 자, 재림 기다리는 자, 휴거 준비하는 자, 주님 교통이 우선인 자이다. 본인 개인 구원 및 휴거 또는 재림 신앙을 구축으로 열매 모으는 자, 천사들 모으리니! 마 24:31 그가 큰 나팔 소리와 함께 천사들을 보내리니 그들이 그의 택하신 자들을 하늘 이끝에서 저

끝까지 사방에서 모으리라.

7. 교회의 방향 어디로인가?

　조직 체계 속에 지내는 자들이 될 수 있다 하라. 교회 스타일을 전하는 자가 많다. 탈북 강사들의 정체를 알아봐야 하는 자들이다. 교회의 위험, 노출 시키는 자가 될 수 있는 것이다. 영 분별없는 교회의 경우 그러하다. '포섭 대상' 받는 자가 될 수 있다. 이는 개인 연락시(강사 섭외 문제) 유의할 점이다. 북한 사회화에 동조하려는 자, 정부 편인 자 …생략… 이는 교회 문제이다. 조심할 때, 신중할 때이다. 햇볕 정책 스타일(김대중 전 대통령, 노무현 전 대통령 시기) 가진 교회가 있다. 호감보다 영안이 열릴 때이다. 구하고, 찾고, 두드리라, 기도로 구하고 깨어 있어야 하는 사역자, 목회자들이다. 생존 전략 구해야(노아의 방주). 지금은 남녀 종들이 예언할 때이다. 욜 2:28 그 후에 내가 내 영을 만민에게 부어 주리니 너희 자녀들이 장래 일을 말할 것이며 너희 늙은이는 꿈을 꾸며 너희 젊은이는 이상을 볼 것이며. 마지막 날 예수 그리스도 은혜의 시대(초림 이후 재림)이다. 별은 교회이다. 계 3:7 빌라델비아 교회의 사자에게 … 9 보라 사탄의 회당 곧 자칭 유대인이라 하나 그렇지 아니하고 거짓말 하는 자들 중에서 몇을 네게 주어 그들로 와서 네 발 앞에 절하게 하고 …. 이러한 교회의 유대인에게 절하지 않아야. 탈북 강사를 교회 강단에 세우는 일, 수습하지 못하는 일을 벌이는 교회가 되지 않게 하라.

　아담과 하와의 선악과(북한 이어지는 중국 적그리스도 체계) 접근한 상태, 그들 감시 대상자이다. 국정원은 다 아는 자이다. 유튜브 허락 시기, 유튜버 방들을 열어놓는다. 사용, 가입, 구독, 보게 한다. 구글은 건물주이며 어장으로 보는 자들이다. 너는 그물망('주'의 관리 대상)으로 보는 자이다. 인내의 말씀을 지켰은즉 시험의 때 면하리라. 계 3:10 네가 나의 인내의 말씀을 지켰은즉 내가 또한 너를 지켜 시험의 때를 면하게 하리니 …. 빌라델비아 교회에 주시는 말씀이다! 하라. 문화 사역하는 교회를 유의할 때이다. '좌파 성향자' 시대 분간 못하는 자이다. 명분 사역, 또는 명분(…이다. …때문에 하자) 사역자라 한다. 명분 내세우는 자이다. 이러한 교회는 쥐엄 열매이다. 돼지가 먹는 음식을 먹지 않아야(듣지 않는다) 하는 것이다. 눅 15:16 그가 돼지가 먹는 쥐엄 열매로 배를 채우고자 하는 것을. 쥐엄 열매는 라오디게아 교회이다. 돼지가 먹는 음식은 나는(부요한 자는) '하나님에 대하여 부요한 자'로 바뀌어야 한다. 계 3:17 네가 말하기를 나는 부자라 부요하여 부족한 것이 없다 하나 …. 설상가상. 엎친 데 덮친 격이다. 이러하므로 주구장창 전하는 자이다. 에스라의 교육이다. 그러함에도 주의 손, 옆구리 확인(영서)하는 스타일이다. 요 20:27 도마에게 이르시되 네 손가락을 이리 내밀어 내 손을 보고 네 손을 내밀어 내 옆구리에 넣어 보라 그리하여 믿음 없는 자가 되지 말고 믿는 자가 되라.

8. 침례 요한 누구인가?

세례자이다, 선지자이다, 사도이다, 복음 전도자이다. 마지막 때 쓰여진 자, 오직 주만 위해 살아간 자. 재림 앞에도 같은 상황이다. 세례 요한이라면 어떻게 전할까? "회개하라, 주님 곧 오신다!" 세례 요한은 초림 예수 사역자, 사도 요한은 재림 예수 사역자이다. 요한 이름은 언제 등장하는가? 시대순 AD 전후 즉 예수 시대의 선지자, 제자, 사도 이는 복음 시대에 필요한 자들, 주역들 이름이었다. 성경의 요한의 이름에 관함이다. 요한의 아들 시몬아, 요 21:15 그들이 조반 먹은 후에 예수께서 시몬 베드로에게 이르시되 …. 야고보와 요한, 막 1:19 조금 더 가시다가 세베대의 아들 야고보와 그 형제 요한을 보시니 …. 세례 요한은 주와 같은 해이며, 눅 1:36 보라 네 친족 엘리사벳도 … 이미 여섯 달이 되었나니 56 마리아가 석 달쯤 함께 있다가 집으로 돌아가니라. 마가 요한이다. 행 12:12 깨닫고 마가라 하는 요한의 어머니 마리아의 집에 가니 …. 행 12:25 바나바와 사울이 부조하는 일을 마치고 마가라 하는 요한을 데리고 예루살렘에서 돌아오니라. 골 4:10 나와 함께 갇힌 아리스다고와 바나바의 생질 마가와 ….

9. 휴거에 관하여

ㅇㅇ은 휴거 대상자 되는 자(어떤 식으로든), 날다 보면 공중으로 가는 자(오르는 중)이다. 물(홍수)이 오르는 중이다. 물은 하나님의 마음이다. 마음이 표현된 것이다. 노아 입장 - 땅 대청소 기간, 멸망하는 자 입장 - 죄에 대한 진노의 심판이다.

10. 라오디게아 유형 교회에 관하여

'큰 구렁텅이' 아브라함이 전한 말, 눅 16:26 그뿐 아니라 너희와 우리 사이에 큰 구렁텅이가 놓여 있어 여기서 너희에게 건너가고자 하되 갈 수 없고 거기서 우리에게 건너올 수도 없게 하였느니라. '연단이 예비' 된 교회이다. 불은 하나님 징계이니 계 3:18 내가 너를 권하노니 내게서 불로 연단한 금을 사서 부요하게 하고. 교회의 문제 파악할 때이다! 하라. 바벨론에서 나오라. 계 18:4 또 내가 들으니 하늘로부터 다른 음성이 나서 이르되 내 백성아, 거기서 나와 그의 죄에 참여하지 말고 그가 받을 재앙들을 받지 말라. 외칠 때이다. 죄 참여하지 말라! 너는 선지자이다. 전해야! 아는 것을 보이고, 나타내야! 주의 일이기 때문이다. 사건 사고 시대를 견디며 하늘을 바라보는 자이다. 하늘바라기, 주바라기이다. 목숨보다 귀한 사랑 '주의 사랑'이다. 생명책 기록된 자이다. 밀밭 길 열며 이삭 줍는 시기이다. 막 2:23 안식일에 예수께서 밀밭 사이로 지나가실 새 그의 제자들이 길을 열며 이삭을 자르니.

하늘山
제7일. 니느웨 회개 기도 40-7 (2020. 7. 29. 수요일)

1. 주는?

"나의 생각이시다. 나의 마음이시다. 나의 뜻이다. 나의 계획이시다" (제가 고백하게 가르쳐주십니다) "주의 궤도 안에 제가 있습니다" (고백하게 하시는 '주'이십니다) 주께서 구하는 것은 상한 마음이시다. …생략… 시 51:17 하나님께서 구하시는 제사는 상한 심령이라 하나님이여 상하고 통회하는 마음을 주께서 멸시하지 아니하시리이다. 호우, 산사태! 오늘 특보이다. 주의보는 지역 문제이다. (이어서 아들의 기타를 보이십니다) 마음 울림이다. 찬양을 주십니다! 하라. '… 의지할 이 예수밖에 없네! 십자가에 달려서 예수 고난 당했네 나를 구원하실 이 예수밖에 없네' 다시 찬양을 주십니다! 하라. '나는 있어도 당신이 곁에 없으면 나는 언제나 없습니다 …'

2. '하늘 아버지, 아바 아버지 그 사랑을 나는 믿어요…'

찬양을 주십니다! 하라. 네 자작곡이다. '하늘 아버지 아바 아버지 그 사랑을 나는 믿어요 …' 성경적 사랑이 무엇인지 알아보자. 찬양을 주십니다! 하라. '내 안에 계신 주…' 네 자작곡에 표현한 자이다. 네 찬양은 내게서 나오는 것, 내게 속한 것, 나를 표현한 것이다. (이어 하늘 영역에 대해 말씀하십니다) 보이는 것이 볼 수 있는 것이다. 환한 하늘, 아름다운 산 모양, 이 산 라인은 구름 모양 형상과 같다. 사랑은 종소리 같다. 아름다운 것이다. 깨끗한 것이다. 거룩한 것이다. 모양이 있다. 존재한다. 이상이다. "주님, 이와 같기를 원합니다. 주님 나아가기를 원합니다. 주님과의 관계, 사역, 모두요" 러브 라인 형성, 생성될 것이다. 구름(성령을 상징한다! 하라)들의 모임이다. 아들 둘 함께.

3. '재난 지원금' 도난 일으킨 자, 문 정부이다

2022. 1. 14. 금요일. 추가 글입니다.

무슨 말인가? 이는 문 정부의 중구난방식 지출이다! 하라. 자기식대로 나눔! 자선 행사하듯 하는 자이다. 정부 예산 편성은 "누구를 위함인가? 어디를 위함인가?" 하기 전에 이리저리 선심 쓰듯이 하는 자 아니겠느냐? 나라가 거꾸로 이는 '피가 거꾸로'라는 의미이다 하라. 자신도, 나라도, 북한도 위함이 아닌 다 힘겹게, 무너지게 하는 처사이다. 이는 그러하다. 산전수전, 별의별 다 겪고 이 나라를 위한 것이 아닌 "내(문 대통령 스스로) 고생, 갚음이다" 하며 위상 찾아 사는 자, 이는 누구이든 그러하니 "호강해보자" 함이 아니냐? 하라. 이 호강(대통령 위치)은 무슨 의미인가? 자기만족 식이다. 이를 안다(상황, 속내, 들여다보는 자들이다! 하라) 하며 부리듯 다루는 자 있으니 북한도, 중국도 그러하다. 정부 예산은 가족이 모은 듯 모아둠 아니겠느냐? 회계 맡긴 나라(정부 측)이다 하라. 그러나 우리 정권에서는 이러, 다른 하나는 저러하며 당략을 위함이니 자기 나라를 세우듯! 하는 자 되어 "왕이다" 하며 높이며, 다음 정권을 위한 '무대 이양' 발판 주는 식, 체인지(배턴 넘기는) 아니겠느냐? 하라.

"공산주의가 무엇이냐?" 물으랴? 난투극 현장이다! 하라. '혈전 시대' 자랑자 김정은이다 하라. 무법자 나타났다. 어찌하랴? 국민이 대세이다. 왜냐하면 국민 투표 시대이니 그러하다. 그러함에도 정권 교체는 피비린내 나는 혈투극이니 공산주의 개입되어 목적 달성으로 덤비는 자들이 되어 나라 쑥대밭 되게 함이 아니더냐? 만기 북한, 이는 전쟁 후 어언 70년 사 지나온 '만기 형량' 그곳 북한이다! 하라. 만기 형량이 무엇이더냐? "해

보겠다" 내민 공산주의 사상을 따른 기독교 후예이니, 이단이 나으랴? 공산주의가 나으랴? 무엇이더냐? 이단은 사생아처럼 칼날 되어 위협하나! 지난 세월, 시대마다 그러하다. 공산주의는 세계 제패로 나선 인류 살육자이더니 기세 꺾이지 않으랴? 강도와 강간범 누구 편 들으랴? 이단은 강간자 되어, 공산주의는 강도 되어 위협하는 둘 다 '인류 파렴치한 세력들'이라 하라.

이단은 무엇이냐? 나보다 저들 내세움은 무엇이냐? 신격화이니 사상, 교리, 무엇이든 그러하다. 무지함이 부른 참사, 대참사 인류의 모습이 아니더냐? "주를 안다" 하나 헤집는, 쑤시는, 해됨이 아니더냐? 연구이더냐? 십자가를 구하라. 고통 중에 다 이루신 주가 계시니 그 아래 엎드리라. 주를 높이라. 높이는 자는 알아가는 나의 길이다. 그러나 "구원이 다 내게 있다" 하나 정작 나를 찾는 자는 많지 않은! 이는 구하고 찾지 않는, 두드리지 않는 <u>끊임 없음이니, 나의 나타남까지이며</u> - [마 7:7 구하라 그리하면 너희에게 주실 것이요 찾으라 그리하면 찾아낼 것이요 문을 두드리라 그리하면 너희에게 열릴 것이니 8 구하는 이마다 받을 것이요 찾는 이는 찾아낼 것이요 두드리는 이에게는 열릴 것이니라. '산 자로서 전해야 함에도' 자기식 대로 나팔 부는 자들 많다! 하라. 내 종은 그러지 아니하다 하라. 내 길로 오려 하는 자이니 끊임없이 나를 찾는 목마름이 있다! 하라. 이는 기다림이니! 잠 8:30 내가 그 곁에 있어서 창조자가 되어 날마다 그의 기뻐하신 바가 되었으며 항상 그 앞에서 즐거워하였으며. 그의 눈망울(이는 심장이다)이 나를 향해 갈구함이니 애완견들 보지 않느냐? 저들 같은 눈이니 주인의 일거수일투족 향한, 바라기 아니더냐? 이러한 내 종들이니 개에게서 배우는 아버지 사랑 찾는 자들이다. 닫으라] - <u>다시 이러하기를 평생토록 하지 않으랴?</u>

경쟁은 나를 멀리하는 사시 되는 눈 같음이니 이단도, 공산주의도 사실상 이들은 이에서 비롯됨이니 밀리지 않으려 무엇이라도 막아보려 함이니 제대로 아닌, 쥐어진 대로 하다 보니 마귀가 이용함이 아니더냐? 진리는 경쟁이 아니라 무릎 꿇음이다. 내 앞에 주저앉고, 엎드리고 수 없이 나아오다 보면 경쟁이 아닌 '나 알기에 급급한 자' 됨이니 배 주린 자가 싸우랴? 오직 먹기 위함이 아니냐? 나는 먹으련다 하다 보니 배가 부를 때 비로소 나눌 자가 발견됨이니 이는 양보, 긍휼, 불의를 알림이 아니더냐? 모두가 내게서 나오는 것이니,

한 집에 사용되는 것도 있으며 폐기되는 것도 있듯이 모두가 나를 위함이나 아는 자는 좋은 것으로, 모르는 자는 모르는 것으로 각각 나아옴이 아니랴?

그러할지라도 나의 영광 '거룩'을 위한 선택은 나이므로 나의 것이나 폐기하지 않겠느냐? 누가 집 안에 오물을 두며, 쓰레기를 두며, 상한 것을 두며, 위험한 것을 두랴? 이와 같음이니 다 내 것이라. 이는 분류이다. 무엇은 이러하다. 다른 무엇은 저러하다 하며 나눔이니 빛을 위한 나의 선택은 언제나 옳으므로 내게 대항할 자 누구이겠느냐? 나라도 이와 같은 이단이든 공산화이든 "나의 기준에 옳지 않다" 할 때 나의 나타남이니 나의 사랑의 대상들에게 알림으로 '이'다, '저'다 하며 가르치지 않으랴? 세속화 교회이다. 전쟁이 나눈 참사이다! 하려느냐? 세상 기준, 치우침이니 이러한 발상이 다 그릇 가게 함이다! 하라. 잠 28:12 의인이 득의하면 큰 영화가 있고 악인이 일어나면 사람이 숨느니라. 잠 11:11 성읍은 정직한 자의 축복으로 인하여 진흥하고 악한 자의 입으로 말미암아 무너지느니라. 잠 29:2 의인이 많아지면 백성이 즐거워하고 악인이 권세를 잡으면 백성이 탄식하느니라. 잠 26:9 미련한 자의 입의 잠언은 술 취한 자의 손에 든 가시나무와 같으니라.

4. 구글 계정 보라

(환상이 보입니다) 경찰 모습들 보이게 하는 나이다. 계정자, 연루된 자이다. 조사권 가진 자이다. 뒷조사이다. 하는 자, 해야만 하는 자이다. 시키는 자로부터.

2022. 1. 14. 금요일. 추가 글입니다.

이는 당시이다. 그럴지라도 여전한 이는 공화국 제국주의 같은 시기이다 하므로 거치는 시기 됨이니 "난무 시대이다" 하라. 총, 칼 위협자! 아니랴? 무엇이든 그러하다. 빼앗고, 취하고, 높아지고, 다스리기 위하여! 하는 자들이라 하라. 문화 세대이니 각종 혜택이라 하랴? 위험한 시기이다. 영상물을 본 자이다. 이는 오징어 게임이라 일컫는,

모집자 한 여성을 봄이니라. 고공에서 연이어진 폭 좁은 널판 위로 건너뛰는 자이다. 그 등에 안전장치가 연결되어 있다! 하자. 이를 "왜 하랴?" 하는 자, 너이다. 무수한 게임 속 하나이다. 게임 즐기는 시대 아니냐? 보기만 해도 아찔한 높이가 아니냐? 그 시간에 차라리 주를 알기 위해 시간과 마음을 사용한다면 어떠하랴? 한 자이니 이는 안타까움이다 하라. 네 마음이 내 마음이니 저들은 세상에 취하여 갈 길을 잃은 자이다 하라. 오락, 게임 … 즐김의 난장판, 어지럽힌 상태, 이는 지구 아니겠느냐? 주를 알아가도 미혹의 영으로 쉽지 않음이니 눈 뜨면 하루에 무수히 생겨나는 일들로 "어지럽다" 하라. 시시각각 순간마다 곤두세움이니 '영적 안테나' 주를 찾음이 아니랴? 이러함에도 많은 사람이 내 곁을 떠나 세상이 제공하는 무대 시스템 안에서 속고 속는 시대이다 하라. 이상이다.

영상 시대 아니겠느냐? "너도나도 해 보자" 하는 참여 시대라 하나 진리와 미혹 사이, 이는 간격이다! 하라. 선악의 차이들이니 선도 선 나름 아니랴? 부분에서 전체, 혹은 조금 안다 해도 '척하고 싶은 자'도 많다! 하라. 이는 깊이이니 하늘 아버지의 마음 깊은 속까지니 - 고전 2:10 오직 하나님이 성령으로 이것을 우리에게 보이셨으니 성령은 모든 것 곧 하나님의 깊은 것까지도 통달하시느니라 - 알아야 하지 않으랴? 하늘의 큰 깊은 샘들도 창 7:11 노아가 육백세 되던 해 둘째 달 곧 그달 열이렛날이라 그날에 큰 깊음의 샘들이 터지며 하늘의 창문들이 열려 있으나 네가 본 바 물속이 훤하게 보이는 맑은 샘, 무릎 위 깊이도 있지 않으랴? 또한 비 온 날, 땅에 고인 적은 물이니 마치 엎드러진 한 그릇 물의 양처럼 발을 딛을지라도 괜찮다(물에 젖지 않음이니) 하는 샘이 있지 않으랴? 목 축일 만큼일지라도 물은 물이다. 다 같지 않음이니 나아오고 나아옴으로써 자신을 낮추고 낮추는 자들 되어야 함이니 나는 크다, 높다, 많다, 깊다, 무한하다, 불멸의 신 영원하다 하는 네 표현대로이다. 이로써 엎드릴 자들이 아니랴? 하라. "되었느냐? 되었다" 하라.

그들일지라도(이는 구글 회사 거대할지라도) 내 앞이니 나의 종들을 함부로 대하지 않아야 함에도, 어쩔 수 없이 행태로 나타내어짐은 그들 자신이 높임(교만, 자랑은 이생의 자랑) 이것이 '목적이다' 함이 아니랴? 샅샅이 해 보랴? 만신창이 만들랴? 누구든지 복음을 전하는 자에 대해서 무지막지한 자는(함부로 대하는) 초토화 현장이 기다리는 자들이라 하라. 이는 마지막은 불사름이니 사 14:15 그러나 이제 네가 스올 곧 구덩이 맨 밑에 떨어짐을 당하리로다. 이를 주라. 선하신 하나님이시다. '그러나'이다. 선에서 멀어지는 자, 끝을 향하는 자에게는 이와 같도다! 하라. 구글 계정 자 많은 시대이다. 이미 알린 영상 전쟁 시대에 관함이다. 깊도다! 하지 않으랴?

"묻고 묻는 자들이 나의 종이다" 하라. 이들의 눈이니 나타냄은 무엇이냐? 자기식을 전하는 자이니, 바벨론에 대하여 알리고 알림이 아니냐? 또한 지옥 권세이니 지옥 소개자 아니냐? 악하고 음란한, 가증한 것들이 난무하는 영상물이 아니더냐? 저들은 제공한다, 다 준다, 심사하시는 주 하나님이시다. 계 20:11 또 내가 크고 흰 보좌와 그 위에 앉으신 이를 보니 땅과 하늘이 그 앞에서 피하여 간 데 없더라 12 또 내가 보니 죽은 자들이 큰 자나 작은 자나 그 보좌 앞에 서 있는데 … 죽은 자들이 자기 행위를 따라 책들에 기록된 대로 심판을 받으니. 각 사람이 자기의 행위대로 심판을 받으니. 이는 끝이라, 최후이다. 이를 알리라. 너희의 전함은 이것이니 누구든지 심판과 상급 아래 서지 않으랴? 운동 경기장에 선 자가 최후 '골인 지점'을 위함이니 '목표 향한 자'이더니 왜? 알리지 않으랴? 이를 위한 인생이니 믿음의 법대로 경기하는 것과 목표지(가야 하는 거리, 최종 도착) 이를 알리지 않으랴?

이는 숙제이다. 한번 오는 인생, 가는 인생이니 누구에게나이다. 예수의 법, 주의 법 아래에 두어 가르치는 자 하나님이시다! 하라. 요 6:44 나를 보내신 아버지께서 이끌지 아니하시면 아무도 내게 올 수 없으니 오는 그를 내가 마지막 날에 다시 살리리라 45 선지자의 글에 그들이 다 하나님의 가르치심을 받으리라 기록되었은즉 아버지께 듣고 배운 사람마다 내게로 오느니라. 나의 눈이 되라. 계 5:6 … 한 어린 양이 서 있는데 일찍이 죽임을 당한 것 같더라 그에게 일곱 뿔과 일곱 눈이 있으니 이 눈들은 온 땅에 보내심을 받은 하나님의 일곱 영이더라. 천국을 전하는 자, 지옥을 알리는 자, 이는 복음 전하는 자들의 할 일이다. 때가 되어, 오실 주 '길'을 위함이다 하라. 젖혀진(제외된), 낙오된 수많은 사람, 밟힐 만큼이라 해도 종들은 전하는 의무이니 이는 부르심이다. 고전 4:1 사람이 마땅히 우리를 그리스도의 일꾼이요 하나님의 비밀을 맡은 자로 여길지어다 2 그리고 맡은 자들에게 구할 것은 충성이니라. 이상이다. 이만 맺음이다.

5. ㅇㅇ시 ㅇㅇㅇ 시장에 대해서

그는 청년 같은 자이다. 모순 속에서 간 자이다. "ㅇㅇㅇ 대사와 무슨 관계인지 알고 싶어요" 연관 검색어이다. 성희롱에 대한 그의 생각은 다르다. 비서에 대한(착각이다) 침실 준비한 자이다. 제2의 부인으로 보는 것이다. 정치계 ㅇㅇ 사람들의 생각이다. 제2 부인을 두는 자라는 뜻이다. 그는 비서의 비주얼 보는 자, 마음에 품은 자, 간음한 자이다. 마 5:28 나는 너희에게 이르노니 음욕을 품고 여자를 보는 자마다 마음에 이미 간음하였느니라. 수도 없이. 실상으로 오버 랩 되는 자, 도치이다. 그는 북의 감시 대상자이다. "그 외는요?" 무엇으로 그를 알 수 있는가 보자. 여비서 침실과 문 정부 관계 숨은 것, 감추인 것 ㅇㅇㅇㅇ 드러난 것이다. "의문사인가요? 자살인가요?" ㅇㅇ문 추정시키는 자. ㅇㅇㅇ 지시이다. 위장, 가장하는 문 정부이다. 문재인 대통령 제도권 형성이다. 임신한 여인의 만삭 상태. 약 1:15 욕심이 잉태한즉 죄를 낳고 죄가 장성한즉 사망을 낳느니라.

6. 문재인 대통령 계열 보자

임ㅇㅇ 관계, 그는 누구인가? 첨가제 요소, 화학 재료로 쓰이는 자, 가공식품이라 하자. 이는 거부되는 음식이다. 악을 위해 만들어 낸다. 북한이 만든 자가 되려 한 자이다. 조직 관계와 같다. 어둠의 실체이니 해악자들이다(해 입히는 사람의 의미). 충성, 맹세, 돕는 자들이다. 임ㅇㅇ은 지시형(ㅇㅇ), 문ㅇㅇ은 순박한 자, 도금이다. 북이 입혀 준 자들이다. ㅇㅇㅇ 관계, 그녀는 누구인가? 무엇인가? 청문회 등장한 자('해를 입고 나온 달' 표현되는, '악' 묘사에), 기사화 드러난 자, 감시 대상자이다. 일변 가도 달린 자. 자동차 뒤에 문 정부가 준 것, 싣고 달린 자이다. 세무 조사 대상이 된 자, ㅇㅇㅇ(ㅇㅇ) 드러내는 자이다. 문재인 대통령 연루자이기 때문이다.

7. 김정숙 여사

그녀는 이멜다 같은 여자이다. 치세 좋아하는 자, 나서는 자, 우쭐대는 자. 한마디 말하면 치세가이다. 여우(문 대통령)와 사는 호랑이이다. 점잖은 것처럼 보이지만 호랑이 같은 자이다. 방송 영상의 한 장면에서 표정을 본 자이다. 사나움, 공격성, 비하하는 마음 보인 자. 가인 같은 안색 화, 분(angry)이다. 창 4:6 여호와께서 가인에게 이르시되 네가 분하여 함은 어찌 됨이며 안색이 변함은 어찌 됨이냐.

2022. 4. 7. 목요일. 추가 글입니다.

"회개하라" 하시는 주이시다! 하라. 너희 곁에 서신 주이시다. 승강기 안, 인원 네 사람이며 그중 어린이 하나 제외 세 사람은 어른이다. 여자 셋이니 국모 김정숙이 바닥에 무릎을 꿇어 기도하는 모습이 아니냐? 하나님께 회개 "왜이더냐?" 이는 승강기 곁에 계신 '지켜보시는 하나님으로 인해' 승강기가 흔들림(진동)이니 위로 오르는 중이 아니냐? 자신의 거처, 위치 가는 중이다! 하라. 다음은 김정숙 여사와 나란히 선 김혜경, 대통령 후보 낙선자의 아내를 본 자이다. 그가 내리더니 아파트 복도에 나와 아내 기다리는 그의 남편, 이재명 후보 낙선자 모습이 보이지 않으랴? 그는 일반 직장인 모습이며 일찍 퇴근하여 외출한 아내를 집 문 앞에서 기다리므로 내린 자가 발걸음을 서두르지 않으랴? 이를 알린 나 아니더냐? 이 꿈은 내가 네게 보인 꿈이니 승강기 전체를 주관하시는 '권세' 체험이 아니냐? 좌지우지 나이다 하라.

위로 오르나 불안한 자 현재이다. 그(김정숙 여사)의 무릎 꿇음을 본 자이니 다음은 너는 "내 차례이다" 깨닫는 자이다 하라. "무슨 회개이냐?" 묻는 현재이다. 무릎 꿇은 시간이다. 내 앞에, 네 눈을 감은 자이니 늘 그러하듯 광활한 - 누워 있을 때 보인 환상 있으니 산들(둘레 전체) 위 광활한 창공 아니랴? - 공중 하늘이 보이니 주 음성 들리는 이 시간이다. "적으라!" 하심이니 말씀하시므로 들리는 대로 적는 자이다. 너는 산 기도자이다. 산속 정자 이르기까지. 이를 때 주시는 말씀 있으리라. 전날 가지 못한 자, …생략… 다시 오르는 산이다. 회개(승강기 흔듦)에 대해 무엇을 해야 하나? 하는 자이다. 옷인가? 음식인가? 일 '출판 문제'인가? 하는 자이다. 구하라! 하는 '주'시라. 회개의 첫 번째는 "산에 오르라!"이다. "되었느냐? 되었다" 하라. 먼저 "아버지께 구합니다" 하라. 사람에게 하지 않는 자이다. "예수 그리스도 이름으로 구하라!" 이는 다음이다. 이는 인증샷이다. 나와의 관계이다. 출판 기획자에게 건네는 준비자이다. 3월 9일 대선 이후의 상황을 알리는, 이는 나라일 관여자이다. 교회 소속자들에게 주는 시기이다.

너는 교회 밖 사역자이다. 교회 향해 부르짖는 자이다. 나의 대상, 네 두 아들에게 주는 자이다. 이는 나눔, 영서 잔치 시기이다 하라. 나의 마음을 글로 알리는 자이다. 그다음은 "출판 힘쓰라!"이다. 이는 '회개할' 내게 묻는 내용이다. …생략… "되었느냐? 되었다" 하라. (이어 바닥에 대고 기록하는 제게 말씀하십니다) 일어서라, 다시 보자, 누락 가진 자이다. 여의사 지우는 글 된 - '백신 관련' 글 관함입니다. (제1일 4. 시가를 다니는 자들에 대하여 적어보자. 2021. 12. 25. 토요일. 추가 글입니다) - 다시 넣는! 되었다! 하라. …생략… 3차 출판사(현재 기다리는 자)이든, 4차이든(다음 출판사) 진행이다. …생략… "김정숙 여사 회개 부분 어떻게 해요?" 따로 두는 이 글이다. 그의 글 안에 '잇기'이다. 줄 때 하는 기록이다. 되었다. 오늘 메모 두라. 하나님 나타나신 꿈 "회개하라!"이다.

8. 문재인 대통령 그는 누구인가?

이리이다. 양의 공격자이다. 목표 대상물(먹이) 기독교인이다. 북한과 숙주 관계이다. 붙어서 살고 이름 내는 자. 당시 네피림, 영웅! 창 6:4 당시에 땅에는 네피림이 있었고 그 후에도 하나님의 아들들이 사람의 딸들에게로 들어와 자식을 낳았으니 그들은 용사라 고대에 명성이 있는 사람들이었더라. 에서 같은 자이다(가톨릭 신자 그이다). 야곱을 해하려는 자. 그는 정치가이다. 권모술수에 능한 자, 인권 변호사 때부터 익힌 자, 그늘에서 커 나온 자, 어둠이 배인 자이다. 북한과 숙주 관계에서 그러하다.

9. 그들은(청와대 세력) 도미노처럼 무너질 것이다

전광훈 목사의 '사랑 제일 교회' 기도하는 자(나라를 위한 집회 '기도 모임'이라고 하십니다), 도처에 등(나라 위해 기도하는 모두에 대해 말씀하십니다! 하라). 물이 청와대로 들어가는 중, 휩쓸려 떠내려갈 것이다. 반석 위에 집 짓지 않는 자, 모래 위(현세적 행동 양식가들) 사단 세력이다. 마 7:26 나의 이 말을 듣고 행하지 아니하는 자는 그 집을 모래 위에 지은 어리석은 사람 같으리니 27 비가 내리고 창수가 나고 바람이 불어 그 집에 부딪치매 무너져 그 무너짐이 심하니라. 멜라닌 색소 되는 자들, 얼굴의 주근깨처럼 말이다. 나라에 있어 점과 흠 되게 하는 자이다. 북한의 붉은색은 피를 찾는 자들을 뜻한다. 아벨을 찾는 자들이다. 쓰레기 매립지 같은 곳, 그들도 모인다, 모아진다. '마지막 때는 더더욱' 그러하다. 추운 북극이다, 싫어하자. 누구인가? 문 대통령류와 북한을 거부하는 자들이다. 이는 북한이 거부 되어지는 자들이다! 뜻이다.

2022. 2. 2. 수요일. 추가 글입니다.

자유민주주의는 무엇인가? 기독교 입국론이다. 의자가 있어야 앉는 자이다. 이는 기독교이니 '영혼 구원'을 위함이 아니더냐? 자유민주주의는 이러한 기독교인을 앉도록 하기 위한 의자의 '다리 받침대 역할'이다 하라. 이는 체제이다. 기반이 되어 하나님을 섬기기 위한 '구원의 세계=하나님 나라 위한' 아니냐? 이러함에도 공산주의 체제를 들이려

하는 무리 됨이니 창세기 11장의 바벨탑 사건이 아니냐? 대항해 온 자들이며 대항하는 사상이다. 이는 공산 사회주의이다 하라. 한 편이니 '선교 대국' 위하여 힘써온 무리가 있다! 하라. 다른 한 편이니 이를 무너지게 하는 와해, 방해 세력이니 기독교 분열자가 있다! 하라. 외면하는 자, 도외시하는 자, 무력하게(무력화 시키는) 힘 빼는 자, 무리 되어 공격자 되어 나서는 공산 사회주의 편이 아니냐? 혹은 사상 중심자 되어 이끄는 자이니 이는 '주'의 반대자이다 하라.

주의 원수를(박해하는 세력이다! 하라) 사랑하는 자가 되어라. 기도하라. 이는 교회마다 부르짖음이니 수년이랴? 70년 사 '남북 분단' 역사대로 아니냐? 이는 남과 북의 기도자들이니라. 원수의 머리에 숯불을 쌓아 놓으리라. 롬 12:20 네 원수가 주리거든 먹이고 목마르거든 마시게 하라 그리함으로 네가 숯불을 그 머리에 쌓아 놓으리라. 두고자 함이니 때가 되어 행여 회개자와 끝내 도리질(부인, 거부)로 마칠 자도 있다! 하라. 남한의 위기는 북한의 위기와 함께이다. 이는 보인 대로니 2020년 코로나 시작 해이며 그 무렵이다! 하라. 하나(한 나라)가 둘(남한, 북한)이 되어 동강 된(나뉜) 채 <u>나라 체제 위기이니</u> - [이를 보이신 주시라! 하라. 생수 물병의 피티 안의 흙이 남북이나 반이 잘린 체, 둘로 나뉘어 잘린 면으로 둘 다 흙이 쏟아지는 위기 상태이다! 하라] - <u>안보, 경제 모두이다</u>. 작고 작은 나라 나뉨이다 하라. 동서양 고금하고 몇이랴? 남북 분단 비극이 남유다, 북이스라엘, 마치 그러하도다! 하지 않더냐? 둘 다 앗수르와 바벨론 제국에 의한 멸망이 되지 않으랴? 이스라엘이 난민 되어 1948년 독립 국가 되나 전쟁 종식되지 않은 현재도 그러하다 하니 주 오실 날 마침이다 하라. 이는 이 땅의 모든 전쟁이 그러하다. 사 2:2 말일에 여호와의 전의 산이 모든 산꼭대기에 굳게 설 것이요 … 4 그가 열방 사이에 판단하시며 많은 백성을 판결하시리니 … 다시는 전쟁을 연습하지 아니하리라.

한국의 '선교 문을 막는 둘'이니 하나는 성령을 훼방하는 자들이며 또 하나는 공산주의, 공산화 찬성자이다 하라. 이 싸움은 오랜 싸움이나 세계 코로나 전에서 다룰 일이다. 전하여라. '백신주의' 이는 옹호자가 아니다 하라. 너는 그러하다. 면밀히 보는 나이다 하라. 나의 눈에 맞춘 자, 이는 나의 마음이니 "하나님이 왜 저러하실까?" 늘 살피는 자 되어 나아온 자는 알리라. 모를지라도 숨죽여 온 자이니 나를 구하지 않으랴? 구하는 자에게 주시는 주 여호와이시니 나의 친구 되어 이제 가지 않으랴? 요 15:14 너희는 내가 명하는 대로 행하면 곧 나의 친구라 15 이제부터는 너희를 종이라 하지 아니하리니 종은 주인이 하는 것을 알지 못함이라 너희를 친구라 하였노니 내가 내 아버지께 들은 것을 다 너희에게 알게 하였음이라. "가르치시는 성령이시라" 하라. 무엇을 위해 여기 있느냐? 각자 물으리라. 이 세대에 변치 않으신 하나님(주)의 사랑이시라. 히 13:8 예수 그리스도는 어제나 오늘이나 영원토록 동일하시니라. '일편단심' 주 사랑하는 자가 되어 보자. 이는 이 시대의 할 일이다. 이를 전하거라. 이상이다. 닫으라.

10. 생태계의 원리를 보자

산에서 흘러내리는 비와 같다. 체계를 주려 한다. 집결한다. 나눈다. 상, 하 조직이다. 피라미드 체계이다. 피라미드 상부, 하부 나누는 자들이다. 위 올라갈수록 통제, 압력이다. 사단에게 받아 일하는 자들이다. 버려지는 물이다. (환상이 보입니다) 하수구(도로가에 위치한 하수구) 아래로 흐르는 물이다. 아래는 더러움의 상징, 악취 나는 곳이다. 피비린내 나는 곳이다. 각축전이니 죽고 죽이는 관계이다. 그들은 해머 역할을 하는 자들이다. 악의 도구이다. 연장에 거부하는 기도를 하나님께 해야 하는 것이다. '아벨'자들(아벨에 해당하는 자 줄임말) 거부 사태 '문 정권 실세에 대한' 일어날 것이다. 에덴에서 쫓겨나는 자이다. 청와대의 선악과를 먹는 자, 이는 하나님의 금기에 도전하는 자들, 먹는 재미로 사는 자들, 악해질 수밖에 없다. 주가 세우신 이 나라이다. 너는 헌법 기도문을 들은 자이다.

11. 개헌 국회이다. 국민 의결 기관이다

아는 자이다. 문재인(대통령), 임ㅇㅇ(비서실장) 등 북한 연루자들을. 정부 지원금 선심이다. 이는 공약 같은 것이다. 선거 준비하는 자, 차기 대통령 준비하는 자, 북한 지령을 받는 자이다. 문재인(대통령) ㅇㅇㅇ 아는 자, 그들은 청와대 내부 '숙주들'이다. 한반도(지도-남북이 같은 색) '인민'화하는 자들, 해온 자들이다.

12. 북한 정책 보자

김일성 수령님! 우상화된 자들이다. 조상 사진 '초상화'를 놓고 제사상 앞에 절하는 것과 같다. 인간에게 절하는 자들, 죽은 자에게 절하는 자들이다. 짐승, 우상 경배이다. 계 13:14 … 짐승을 위하여 우상을 만들라 하더라 15 … 또 짐승의 우상에게 경배하지 아니하는 자는 몇이든지 다 죽이게 하더라. 사람이 신인가? 경배 대상인가(창조주)? 능력자인가? 너는 전지전능하신 하나님, 거룩하신 하나님, 지혜의 하나님, 사랑의 하나님, 진리의 하나님을 아는 자이다. 예를 들어 어떤 일하는 장소 사무실에 모든 인간 사진(명한 자, 좋아하는 자 등)으로 사진을 대체한다! 하자. 이와 같은 것이다. 누구나 우상 대상, 경배 대상이 되는 것과 같다. 특정한 사람 만인가? 죄 아래 놓인 사람들이다. 죄의 공통점을 가진 자들이 사람이다. 이것을 알아야 한다. 형제끼리 우열로 부모를 정할 것인가? 부모는 부모이고 자녀는 자녀이다. 부모라는 근원, 발생지가 같은 곳이다. 위치가 다른 것이다. 하물며 사람이 하나님 자리를 대신하려느냐? 바꾸어 놓는 자들이다. 로마서의 피조물 이 말씀을 두라. 롬 1:23 썩어지지 아니하는 하나님의 영광을 썩어질 사람과 새와 짐승과 기어 다니는 동물 모양의 우상으로 바꾸었느니라.

13. 정치 세계를 알아야 한다

동물의 왕국이다. 약육강식. 편법화 된 곳, 통하는 자리이다. 이것이 국회이다. 아수라장 모습들, 싸우는 자들(고성방가). 청문회는 공방전. 학생 문화 모임 구성만도 못한 곳이다. 구경거리가 된 자들, 국민의 신뢰(존경 대상이 아닌)를 잃는 자들이다. 그들은 선을 위해 사는가? 정책 싸움이다. 국민을 놓고 줄다리기하는 자들 '편 경쟁'이다. 나이 어린 가수들 팬클럽에서도 그렇게 안 한다. 왼쪽(이편), 중간(국민), 오른쪽(저편) '힘겨루기' 경쟁자들이다. 양편에서 국민을 놓고 서로 내 편하기 위해 당기는 것이다. 학생 선거도 이렇게 안 한다. 배우게 하라. 그들은 무엇을 위해 당선을 원하는가? 등극이다. 조선 왕조에서 나라 개혁으로 정부가 세워지고 난 후, 물밀듯 밀려드는 '외세' 외부 영향으로 온 나라가 출세 가도, 신분 상승 - 사회 계층 변화 꿈꾸었고 물질 만능 위주의 가치관으로 탈바꿈하는 나라(당시 분위기)가 되었다 - '출세 지향적' 나라가 된 것이다. 농촌에서 도시로 이동! 배우고, 벌기 위해 사는 시대였다. 1970, 80년대 민주화의 가치가 형성되기 전, 북의 공산 체제의 영향으로 인한 공산 사회주의 지지 세력이 민주화의 자리를 먼저 차지했기 때문에 나라의 이러한 배경이(모션), 기독교 바탕 건국이념이, 흙탕물 유입으로 더럽혀진 것같이 나라 전체가 서서히 더러워졌다. 국회도 마찬가지.

14. 국세청은 무엇인가?

마태의 집이다. 주도 계시고 초대자(마태가 주역이듯이)도 있고, 바리새인들도 모인 곳이다. 막 2:14 또 지나가시다가 알패오의 아들 레위가 세관에 앉아 있는 것을 보시고 … 15 그의 집에 앉아 잡수실 때에 …. 다이소의 다양한 물건 종류들처럼 다! 있다. 왜냐하면 '세'의 집결지이기 때문에 모든 부류 또한 집약된 곳이다. 주님은 그 가운데 계셔서 가르치신다. 마태를 통해 잃어버린 자를 구원하러(영생) 오신 하나님의 사랑을 말씀해 주신다. 병든 자(죄인)를 위해 그곳에 계심을! 그리고 의사로서 필요한 분이심을! 막 2:17 … 건강한 자에게는 의사가 쓸 데 없고 병든 자에게라야 쓸 데 있느니라 나는 의인을 부르러 온 것이 아니요 죄인을 부르러 왔노라 하시니라.

마태의 집은 국세청이다. 청와대 세관 같은 곳이다. 국민 세금으로 나라를 통치한다. 주를 위해 베푸는 잔치, 죄인(병든 자)들이 나라 업무를 수행한다. 국세청은 죄인들의 집이다. 세리 같은 자들이다. 이것이 나라에 바라시는 주님의 마음이다. 국민 세금으로 나라를 주관한다. 이것이 정책이다. 그들은 무보수로 섬기는 자가 아니다. 받아서 운영한다. 그리고 권력과 명예와 부를 얻기 위해 그 세계(정치-나라 업무)에 입문하는 것이다. 학생 선거는 대가를 받고 하는 것이 아니다. 그들 마음에는 '선'이 있다. 아름다움을 추구하는 것이다. 교실의 환경 게시판을 꾸미듯 미화에 목적이 있다. 어린아이와 같이 되지 않으면 천국에 갈 수가 없다. 마 18:3 이르시되 진실로 너희에게 이르노니 너희가 돌이켜 어린아이들과 같이 되지 아니하면 결단코 천국에 들어가지 못하리라. 순수한 동기가 아닌 것이 더 많다. 대부분이다. 비일비재하다. 난장판 형국이다. 나라의 모습이다. 현 당국 정세.

15. 정치인이 좋은가?

대부분 북한과 연루하여 오징어 눈이 터진 먹물같이 더럽혀진 상태, 그들은 오징어 눈 먹물이다. 요리할 때 눈만 제거해야 하는데 터진 상태, 튄 상태, 먹물화 된, 어지럽힌 상태이다. 마치 바닥에 비닐을 펼치고 물감 놀이 하는 어린아이가 자리를 이탈하고 온 집안 벽, 커텐, 물건들에, 집안 온 사방에, 마구잡이 칠해

놓은 것과도 같듯이 나라 전체를 어지럽히는 자들, 어지럽히는 중이다. 너는 비밀 요원이다. 청와대의 감시자 '청원 게시판' 같은 위치이다. 그러면 하나님 뜻은 무엇인가? "청와대를 내놓으라" 하신다. …생략… 자작곡을 주십니다! 하라. '예수의 보혈 날 깨끗케 하시네. 날 위해 죽으신 그 사랑 … 흰 눈보다 …' 흰 눈의 역할을 할 자이다. 하나님의 은혜를 구하는 자 상태이다. 세월호 때부터 듣는 자, 마음 아픈 문제 '재난 인재'이기 때문이다. 산 채로 보고 있다는 현실이 믿기지 않을 만큼 충격적 상황이었다.

너는 그린벨트이다. 주님이 푸셔야(해제) 하는 자이다. 지금이 이러한 때이다. 유료화 '가용 면적'화 시기. 가용화(하나님의 땅) 시키시는 하나님이시다. 찬양을 주십니다! 하라. '불길 같은 성신여 … 불로 불로 충만하게 하소서' 곳간에서 꺼내 오는 자이다. 마 13:52 … 천국의 제자 된 서기관마다 마치 새것과 옛것을 그 곳간에서 내오는 집주인과 같으니라. 프레임 가진 자. 프레임화 시키는 자이다. 서게(세우는)! 권세 사용, 이것이 너의 프레임이다. 교회들 변화를 원하는 자이다.

16. 문화에 대해 알아보자

가요는 가수들의 세계이다. 가수는 무엇인가? 싱어(부르는 자)의 메시지는 무엇인가? 감정 표현(마음의 상태 메시지)하고 싶은 자! 세상의 상처 또는 동경 이 두 가지이다. 나 아파 다쳤어, 상처가 고민이야, 무엇을 하고 싶어(부정적 측면이다), 무엇을 하는 중이다(죄의 길, 죄악 모습 상태이다). 그래서 좋아, 너도 해 보자! 하며 끌어들이기 등이다. 세상을 가지고 싶어 하는 자이다. 사랑이든, 일이든, 무엇이든 소유에 대한 갈망이다. 정서를 향한 노래는 자연이 소재일 때, 사람의 변화를 추구할 때이다. 예를 들어 효도하고 싶어, 부부 사랑, 친구 사랑 등 '사람다움'의 갈망이 있을 때, 필요를 알고 있을 때이다. 경험 또는 동기 부여 상황 중인 자.

먼저 감정이 중점이다. 멜로디이다. 박자이다. 너는 '음표에 대한' 연구이다. 전문적 지식은 잘 모르지만 작곡한 자이다. 다음은 메시지, 내용이다. 한마디로 인간의 희노애락이 많다. 간혹 예외는 있다. '독도는 우리 땅'은 특정 지역, 특산물 또는 지역 인물과 관련.

결론은 무엇인가? 들어도 무방하다? 아니다. 흰 도화지를 받는다면 무엇을 그릴 것인가? 선뜻 그리지 않는다. 마음은 도화지와도 같다. 깨끗하게 마음을 비우고(회개하고) 무엇을 그릴까? 생각하듯 가장 아름다운 것, 작품화(공개되어도, 공개하고 싶은 좋은 것 나눔) 하고 싶듯이 선곡을, 할 필요가 있다.

17. 주는 길이시다

길 따라가는 자이다. 주께 이끌리어 사는 자이다. 에덴의 금, 보석이 있는 땅과 첫째 강의 역할이다. 해내야만 한다. 창 2:10 강이 에덴에서 흘러 나와 동산을 적시고 거기서부터 갈라져 네 근원이 되었으니 11 첫째의 이름은 비손이라 금이 있는 하윌라 온 땅을 둘렀으며 12 그의 금은 순금이요 그곳에는 베델리엄과 호마노도 있으며. 자작곡 '생명이 사네'를 주십니다! 하라. 생명이 살도록, 살게 해주는 통로가 되어 주어야 한다. 겔 47:9 이 강물이 이르는 곳마다 번성하는 모든 생물이 살고 또 고기가 심히 많으리니 ….

18. 빌립보서 다시 읽자

바울의 마음은 어떠했을까? 교회들을 사랑하는 마음을 나도 가져 보고 싶다! 생각해 보자. 한 사람, 한 사람을 교회를 대하듯(한 사람-씨가 있다) 근간을 보자.

뿌리를 대하듯 아껴보자. 이것이 사람을 대하는 태도이다. 하나님은 이 땅에 뿌리를 내놓으신다. 비록 그 뿌리가 어떠할지라도 또는 약한 뿌리일지라도. 열매를 보자. 하나님이 받으실 영광, 뜻이 나타날 것, 이것이 세상을 대하는 태도이다. 썩은 뿌리, 벌레들이 붙어 있는 뿌리일지라도 기적을 일으키시는 하나님이시다. 내가 할 일은 사랑이다. 분별은 하되 정죄하지 않는다. 방어 세 가지! 멀리한다, 명한다, 결박한다. (다음은 잠시 후 빌립보서를 읽고 나서 주신 글입니다) 집단 감염 시대. 그리스도 군사로 모집된 자는 자기 일에 얽매이지 않아. 딤후 2:4 병사로 복무하는 자는 자기 생활에 얽매이는 자가 하나도 없나니 이는 병사로 모집한 자를 기쁘게 하려 함이라. ···생략···

2022. 12. 22. 목요일. 추가 글입니다.

빌립보서를 다시 읽은 날 주시는 말씀입니다! 하라. 하나님이 원하시는 것은 무엇인가? 제사보다 순종이라고 하십니다! 하라. 삼상 15:22 사무엘이 사울에게 이르되 여호와께서 번제와 다른 제사를 그의 목소리를 청종하는 것을 좋아하심 같이 좋아하시겠나이까 순종이 제사보다 낫고 듣는 것이 숫양의 기름보다 나으니. 많은 사람이 이것을 잃어가고 있다고 합니다! 하라. 이 세대에서 그러하다. '하나님 중심의 마음'이 아닌 '일'로 여기기 때문이니 예배가 그러하다. 시간 맞추어 익숙해진 자리에 교회를 오름이니 습관 형성이 되거나, 자체적 해야 하는 무언가가 있으므로 그러하지 않겠느냐? 하라. 자주 식사하는 자리에 무의식으로 앉거나 "먹어야지" 하는 습관성으로 앉는 행위와도 같음이니 이러하다! 전하라. "그러지 아니하다" 함은 무엇인가? 주의 마음을 아는 것이다. 주의 머무는 시선이 자신과 바라보는 곳과 일치하는지, 행여 미치지 못하거나 함은 무엇인가? 이를 살피어 조심히, 신중히 하는 자이다! 하라. 근신이 아니냐? 주 앞의 두려움(경외함)이 아니냐? 자신의 일로 하는 일이 많다마는(이는 한국 교회 유형 '스타일'이다) "디모데의 연단을 구하라" 하시는 주이시다! 하라. 빌 2:21 그들이 다 자기 일을 구하고 그리스도 예수의 일을 구하지 아니하되 22 디모데의 연단을 너희가 아나니. 이와 같음이니 바울이 되기 위함이다! 하라.

바울은 어떠하랴? 그리스도의 심장으로 주께 붙은 자이다. 빌 1:6 내가 예수 그리스도의 심장으로 너희 무리를 얼마나 사모하는지 하나님이 내 증인이시니라(밑줄 치라) 심장은 사랑이며 사랑은 진리이다. 진리는 예수 그리스도를 앎이니 그의 삶은 주를 위해서 버리고 얻은 자가 아니더냐? 빌 3:7 또한 모든 것을 해로 여김은 내 주 그리스도 예수를 아는 지식이 가장 고상하기 때문이라 내가 그를 위하여 모든 것을 잃어버리고 배설물로 여김은 그리스도를 얻고. 그리스도를 위하여 버린 자이다! 하라. 이를 두라. 빌 3:6 나는 팔 일 만에 할례를 받고 이스라엘 족속이요 베냐민 지파요 히브리인 중의 히브리인이요 율법의 의로는 흠이 없는 자라(밑줄 치라). 조상에 대하여 열심을 가진 그로다! 하라. 갈 1:14 내가 내 동족 중 연갑자보다 유대교를 지나치게 믿어 내 조상의 전통에 대하여 더욱 열심히 있었으나. 이는 그가 박해자가 된 이유이다. 그리스도를 알지 못함이 아니냐? 하라. 13 내가 이전에 유대교에 있을 때에 행한 일을 너희가 들었거니와 하나님의 교회를 심히 박해하고 하였음이라. 이는 제사이다! 하라. 빌 3:6 열심히는 교회를 박해하고 율법의 의로는 흠이 없는 자라. 행함과 다른 삶이다. 익숙함, 습관에 매여 지내는 자들이다! 하라. 교회의 성탄도, 절기도, 예배도 이러하다면 한국 교회는 사울 왕이 되었다! 하라.

사울의 나섬이 그러하다. 삼상 15:22 사무엘이 이르되 여호와께서 번제와 다른 제사를 그의 목소리를 청종하는 것을 좋아하심 같이 좋아하시겠나이까 순종이 제사보다 낫고. 이는 18 또 여호와께서 왕을 길로 보내시며 이르시기를 가서 죄인 아말렉 사람을 진멸하되 다 없어지기까지 치라 하셨거늘 하였으니 이로써 말하는 것이라! 하라. 주의 뜻을 묻는 길이 예배이다. 그 뜻을 이루는 과정이 예배이다. 그 열매로 영광 돌리는 것이 예배이니라. 성전 시대는 끝이 남이니 이스라엘이 그러하다. 이 시대는 이방인 시대의 복음 기간이니 은혜의 시대가 아니랴? 그러나 이방인 시대가 가고 있으니 이스라엘의 구원이 가까워짐이라. 그러므로 이방인은 이스라엘과 같이 된 상태와 이스라엘이 이방인같이 은혜를 받음이니 이러한 시대의 교차기이다! 이르라.

마지막 할 일은 '민족 복음의 채움 기간'이니 이를 한국 교회가 해야 하나, 역부족이므로 '나의 친서'를 주어 영서(영의 글)가 기록이 되고 책으로 전함이니 이에 일 맡은 저자이다!

하라. 저자의 삶이 훌륭해서가 아닌 디모데의 연단같이 '그리스도의 일'(빌 2:21)을 구하되 기다린 자니 출판이 더딤은 이러하다 하라. 환상을 보이심이니 교회, 신학교 등은 조직이며 소속 교단이 있으므로 여기저기 화원들로 비유하여 보인 자이다. '무슨 화원' 하며 이름을 가지니 인지도가 아니냐? 그러나 반대편에 바위틈에 한송이 희귀하며 특이한 꽃이 있으니 이러하여 출판사와 '시작과 일' 과정이 되는 자이나, 이 환상은 둘의 비교이기에 멈춤이 된 시점을 알리신 주이시다! 하라. '저자 소개'도 문턱이 되며 일 과정도 그러하다. 주께서 책의 순서로 미리 보이신 대로 원고 투고를 출판사에 한 자이다. 그러나 끝 무렵 이도 넘을 산이 되기도 하고 지성, 학문을 찾는 시대이므로 자신의 글이 영서의 특별한 문장이나 구조나 이를 왜 주께서 사용하시는지를 알림에도 이해의 한계도 있으며, 저자가 사용하는 언어나 글 실력 등 이도 넘을 산이다! 하라.

 원고대로 출간을 요구하므로 편집의 넘을 산도 있으니 단어, 문장 등 수정을 허락하지 않으며 또한 문단도 대체로 길므로 이 모두가 넘을 산이 되어 옥신각신, 와장창(저자는 심히 항의한 자이다) 사건도 겪으며 원고대로 출간하기를 요청 중이다! 하라. 이 산들은 형식과 함께 외적인 거품(학식, 인맥, 인지도, 지위, 물질 등)이 아닌 주의 사랑과 은혜를 증거로 부르심이 되어 나선 자이니 이는 소명이다! 하라. 책 출간은 그러하다. (이는 3차 출판사와의 준비 과정에서 주시는 말씀입니다! 하라) 이에 관한 주위와의 싸움도 혹독히 치러 오나 현재도 그러하니 멸시, 위협, 가해하고자 하는 경계까지 이른 자이다. 이는 대상이 멀리 있지 않다! 하라. 유대인 바리새파 사울이 박해하듯, 사울 왕이 쫓듯 이도 겪으며 피신도 하며, 예레미야가 옥에 갇히듯 이도 겪으며, 에스겔처럼 행장을 꾸리고 다니기도 하며, 이사야처럼 벗은 발 기간도 둔 자이며, 다니엘처럼 금할 것들과 이러한 교회와 목회자들 앞에 엎드리지 않아야 함도 성령 세례 이후 받아온 훈련들이다! 하라. 그러나 항상 이러함은 아니니, 저자 자신의 약함이 있으므로 이와도 싸우기도 해야 하고, 두 아들의 합류를 영서 받은 날부터 주시나 깊이 열리지 않거나, 자신들 지경으로 매게 하려는 자들로 인해, 겪는 싸움도 현재까지이다! 하라. 이를 연구하는 자이다. 소속이 없는 자를 부르심은 이러하다.

주를 위해서 교회들을 위해서 해온 일이나, 자신의 미숙함으로 연단도 긴 자이니 이로써 조직, 집단의 세력이 무엇인지 아는 자이다. 이는 개척이다! 하라. '홀로서기'이니 주가 주인이 되어 자신을 다스리고 성령에 의해서 시간을 살아가고 할 일을 해야 하는 이러한 훈련의 삶이다! 하라. 누군가의 개입이 '막'이 되어 주와의 관계도 걸림이 때때로 되는 자이다! 하라. 이도 넘을 산이다. 이에 책 발간을 준비하며 사람과 주위 환경이 아닌 주의 추천의 글과 저자 소개의 글과 신앙의 길의 글을 보이며, 전해질 메시지 내용들에도 주가 친히 저자와 관련된 과거, 현재, 미래 또는 주위 대상들을 말함도 <u>하나님이 저자의 증인이 되고자 함이니(밑줄 치라)</u> 영서의 글로 나타낸다! 하여도 성령으로 받지 못하는 자들은 베뢰아 사람들처럼 되기를 원하시는 주이시다! 하라. 행 17:11 베뢰아에 있는 사람들은 데살로니가에 있는 사람들보다 더 너그러워서 간절한 마음으로 말씀을 받고 이것이 그러한가 하여 날마다 성경을 상고하므로. 이를 두라.

유대인 중에 안디옥과 이고니온 사람들이 하듯이 쫓으며 막는 자가 있다! 하라. 행 14:19 유대인들이 안디옥과 이고니온에서 와서 무리를 충동하니 그들이 돌로 바울을 쳐서 죽은 줄로 알고 시외로 끌어 내치니라. 이 말씀의 체험도 겪은 자이다. 교회가 다 교회가 아니니 그러하다. 목회자가 유대인처럼 복음에 순종하지 않기에 스스로 나서거나(유튜브상에 많다! 하라), 저자를 배타적으로 대하거나, 가족 세 사람을 서로 비교하여 이보다 저가 낫다, 누구는 우리 편, 우리와 일한 자이니 하며 누름도 심하며, 연대해야 할 선교팀 가족을 서로 각각 나누기도 함이니 이는 조직력이다! 하라. 조직 경쟁, 조직 편파, 조직 우세, 영서의 3년은 이를 섬세히, 피부적으로 겪고 사는 자이다. 올 한해는 더하니 **출간의 과정이 아프다! 함은 의러하다 하라**(2023. 7. 12. 수요일. 추가 글입니다). ……

2023. 7. 12. 수요일. 추가 글입니다.

오늘도 지속하여 쫓는 자가 있으니 최근에는 더 심해진 편파(가족을 나누고 방해하는)와 다른 계획으로 매이게 하여 가족 선교단에 전체 영향을 미치는 중이다! 하라. 가족이 연합하여 훈련 안에서 주 안에 하나 되어 나아가지 못하게 함은 이러한 주도, 의도를 지닌 체 이 시간까지 3년을 괴롭히는 자이다 하라. 이 목회자는 심지어 책 출간 중지도 시키려 한 자이며 가족이 겨우 넘은 산과 새로운 환경과 4차 출간 시기에 다시 쫓는 최근이다. 이러하므로 "사울과 다윗 관계이다" 하신 주이시다! 하라. 금주는 매우 중요한 새 원고 준비이다. 분량 문제로 원고의 분량을 줄이는 일부 내용 삭제와 글씨 크기를 부득이 줄이는 자이다. 그로 인하여 그간 1년을 3차 출판사와 진행할 때도 개입되어 쓴 잔, 쓴 눈물로 지낸 자이다. 이러한 목사에 대해 미움, 원망, 불평, 원한의 마음을 처리함이 쉽느냐? 하라. 다윗처럼 되고 싶은 자이다. 이는 용서와 자신을 막는 '벽'으로 여러 차례 보이심이니 이 간힘에서 탈출, 도전하는 힘까지 얻기 또한 쉬우랴? 하라. 금주 2-3일은 밤을 지새우며 외로움, 배고픔, 피로감, 졸음과 싸우며 해내야 하는 시간이다! 하라. 오늘은 전달해야 하는 날이나 그는 출판을 중지하라는 영 전송까지 다시 전한 자이니 이 공격에 결국 견디지 못하고 2시간을 누운 자이다. 이러한 목사로 인해 자신의 쉬지 않는 신음 기도는 "원수의 목전에 상을 베푸소서" 아니랴? 영서와 출간 기간 3년의 긴 싸움에 주께 호소하는 자이다. 이는 '신원 기도'(계 5:10)이다! 하라. 주의 원수이다! 하라. 그의 마지막 결말을 미리 아는 자이나 과정의 인내, 시험 통과는 어렵고 힘든 싸움이다! 하라. 이 글을 넣는 오늘이다. 출간 과정의 아픔, 환난을 전하는 자이다. 되었다. 닫으라.

…… (위의 글 다시 이어집니다) 저자의 약함을 알고 쓰시는 하나님이시다! 하라. 쓴다, 사용한다! 함에는 토를 달지 마라. 할 수 있게, 해낼 수 있게 지켜보거나, 기도함이 아닌 이러한 자 또는 교회, 신학교, 출판사라 하자. 유익이 있으랴? 이들이 내 편이라 하랴? 모르는 일은 침묵이 차라리 낫다! 하라. 묻든가, 기다리든가, 기도로 돕든가, 음식에 파리가 날아와 앉듯이 해가 되는 자들로 어려움을 겪지 않음이 나은, 이는 음식이 부분 더럽혀지기도 하며 파리 날리다가 시간 지체로 음식도 상해짐이니 부분 떼어내기도 해야 하고 일부 음식도 쏟기도 해야 한다면 누구 죄이랴? 마치 병자가 급한 상황에서 해야 하는 일로 나선다! 하자. 하게 하는 맡기신 주이시니 이를 알면 아픈 곳을 흉보거나 때리거나 하지 않아야 함은 더 병이 심해짐이니 회복을 기다려 다시 하려면 이 일 지체로 주의 일이

막히거나, 더디거나 함이니, 이 '맡은 일'이 크기에 막대한 지장을 주었다! 하자. 어찌하랴? 이러한 미련하고 어리석은 자들이 되어 주의 크신 전체의 그림을 알지 못하여 훼방하는 자가 되지 마라! 하라. 이는 이 글을 보는 모든 자에게 이르는 말씀이다! 하라. 되었다. 닫으라.

19. 홍수에 대해

물! 내리는 비에 대하여. 하나님의 마음이다. 자연은 전달체이다. 자연 또한 도구이다. 축복도 저주도. 사람도 선한 도구 악한 도구 있듯이 그러하다. 너는 생산자이다. 농부이다. 창의성 가진 자. 하나님께 받아서(일) 농부처럼 성실함과 인내로 결실을, 맺는 자가 되게 한다. 이것이 하나님 뜻이다.

20. 출간 책 '별곡'이다

… 별곡, 나의 … 집이다. 책이 서간에 꽂히는 자이다. 저자의 이름은 네 이름 또는 무명인 또는 이니셜이다. 노트북 워드보다 손 속도가 빠르다. 너는 최ㅇㅇ이다. 비슷한 유형이다. 이는 '불의'의 항거자이다. 나라 대표로 나서는 자 오래 보아온 그이다. 내재한다, 네 안에 그처럼 불의를 용납지 않으려는 자이다. 너는 물을 사용하여 씻는 것을 좋아한다. 정화(부분, 분야이다)에 관심이 있다. 환경 정화, 개선에 관심, 갖는 자이다. 네 이름 ㅇㅇ이다. 한자의 '맑은 물' 뜻이다.

21. 예언에 대해 보자

계시는 커텐이 열리다, 감추인 것 드러내다, 나타내다, 보이다, 알다, 알게 된다 등이다. '하나님의 세계' 원하시는 것, 알리려 하시는 것, 계획하시는 것 등이다. 과거, 현재(최근, 지금), 미래이다. '주와 하나' 연합될 때, 내 안에 너, 네 안에 나이다. 세례(장사, 죄에 대해 죽고), 의에 대해 사는 것, 할례, 새 마음, 하나님 나라(물, 성령 거듭남) 등 이제는 '주' 위해 사는 것, 주만 나타나시는 것, 그분의 목적 안에 있는 것, 계획 안에서 나의 위치가 있는 것. 위는 하나님 선상의 나, 아래는 흑암의 권세들 공격자, 대적자, 방해자이며 떨어뜨리려 한다. 아래 세력 또한 아는 것, 사단의 깊은 것이다. 계 2:24 두아디라에 남아 있어 이 교훈을 받지 아니하고 소위 사탄의 깊은 것을 알지 못하는 너희에게 말하노니 다른 짐으로 너희에게 지울 것은 없노라. 파렴치한이다. 문재인(대통령), 임ㅇㅇ(비서실장) 두려워 떨지어다! 외쳐야.

2022. 2. 2. 수요일. 추가 글입니다.

'문 정권에 대한'이다. 5년 집권 마치는 그이다 하라. 그러함에도 아무 일 없었듯이 내려오랴? 이는 왜 주는가? 선거 앞둔 한국이다 하라. 그의 5년 임기는 '피비린내' 혈투전이다, 혈투전이었다 하라. 수많은 자들이 공산화 치닫는 과정 중에 코로나 사태까지 또한 북한의 1월 중 핵실험이 무려 7회 연속되지 않으랴? 문 대통령은 기록자이다(보유자). 그에게는 나라의 일로 치닫는 문제들 심각성에 대한 이일, 저일 기록뿐이다 하라. 나라 위기 경고등 사이렌 소리 울리는 5년간이었다 하라. 실제로 '위기 한국 사회'이다 하라. 이제도 그러하다. 그의 5년 집권기 동안 한 사람 갇힌 자 되어 '옥살이' 된 이를 기억하라. 이는 박근혜 전 대통령에 대한 야심 찬 등장을 위한 그들의 제거이다 하라. 나라의 일이 어지러운 틈을 타 당한 그 박근혜 전직 대통령이다. <u>죄 없이 아닌, 부분일지라도</u> - [하나님 보시기에 누구나이다. 죄 없으신 하나님 앞에 "나는 죄가 없다" 하는 사람은 하나님을 거짓말쟁이로 만드는 자들이다. 요일 1:8 만일 우리가 죄가 없다고 말하면 스스로 속이고 또 진리가 우리 속에 있지 아니할 것이요 10 만일 우리가 범죄하지 아니하였다 하면 하나님을 거짓말하는 이로 만드는 것이니 또한 그의 말씀이 우리 속에 있지 아니하니라] - <u>그들의 이 행태</u>는 '천인공노'하지 않으랴? 이스라엘을 친다 한들 이후에 어떠하랴? 뒤이어 처리하신(보복하신) 주이시다! 하라. 이스라엘은 앗수르와 바벨론에 당할지라도 그들 또한 메대와 바사 또 뒤이은 그리스 이어 로마까지 이는 세계 역사 아니겠느냐? 그러나 결국은 이스라엘 회복 과정이다! 하라. 이방인의 구원의 수! 때를 위함이니 이도 지나가고, 다 지나가나 오직 주의 세계 입문자들 구원 대상자, 나의 거룩한 자들이라. 이는 남음이니 영원하다 하리라.

잠시 겪는 환난의 세상이다! 하라. 그 가운데 악인이 처처에 횡행하나, 횡행한들 나의 다스림이 아니랴? 검은 구름, 비바람 같은 날일지라도 해의 아래 이는 잠시 머문, 오가는 시간(때)뿐이라 하라. 나의 영원한 해 같은 '빛의 세계'가 있음을 알린 나이다. 이를 줌이니 알고 믿으라, 견디라. 저 너머 저 위, 하늘빛의 세계를 알림은 이때를 위함이다 하라. 나의 세계 알린 나이다. 이는 빛의 세계이다. 어둠, 검은 구름과 비바람도 알아야 하는 시대이다. 이는 빛을 아는 자에게 견디기 위함이다. 다가 아니다. 잠시다 이를 알면서 끝까지 빛으로 나아가기 위해 잠시 환난(이 세상)을 통과해야 하는 나의 자녀이다 하라. 이상이다. "되었느냐? 되었다" 하라.

투표에 관함이다. 이를 받아 두라. 국민 전체 요람에서 무덤까지니 왕은 "나 외에 없다!" 하라. 영원한 통치자가 누구랴? 주 하나님 아니시냐? 그러함에도 세상 정치인들 믿으랴? 이는 잠시이다. 모자 같은 자이다. 이 모자, 저 모자 잠시 씌움이니 나라의 모자 역할로 두나 모자가 왕이 되려 하는 어리석은 지도자이랴? 사람이 주(주체)이다. 모자는 물건이니 이리 두고, 저리 두고 하지 않으랴? 사람을 보호하고 빛내고 영예 되기 위함이나 저들 권세 자리 욕심 되어 취하여 으쓱대는 자로 군림하랴? 모자는 바람에 날릴 수 있다 하라. 쓰는 자(국민)가 벗길 수 있다 하라. 사람이 쓰기도 벗기도 하지 않으랴?

국회는 무엇이랴? 손 장갑, 양말 아니랴? 손, 발 되어 주어 손이 상하지 않게, 발도 그러함이니 "나라를 위한 일을 해라" 함에도 장갑, 양말들이 끼리 되어 "우리! 우리!"(창세기 11장 바벨탑 사건 기억하라)하며 으쓱대기도, 폼생폼사 하기도 하지 않더냐? 하라. 기억하라, 모자 대통령과 장갑, 양말 그 외 정치인이다! 하라. 사람(주인)을 위한 섬김! 이러한 자세이더냐? 물으라, 사람에게 무수한 물건들 모자, 장갑, 양말 그중에 누구일 뿐이다! 하라. 영원하지 않다. 이를 쓰다가(사용) 저를 쓰기도 하는 그중 하나이다. 이뿐이니 자고하지 않아야 하는 위치이다 하라.

이는 꿈에 보인 이 나라 대통령이 어떠한 인물이어야 함을 보인 수년 전이다! 하라. 이는 박근혜 전 대통령 선거 즈음이다. 나라를 바라보며(상태, 위기이다) 우는 한 사람이다. 울고 난 후 그는 강한 마음으로 싸우리라! 한 의지, 불굴의 모습 아니더냐? 이는 이 나라에 필요한 지도자, 대통령의 모습 당시이다. 이제도 그러하다. 이는 제시로서 보인 나이다 하라. 이러한 나라를 사랑하는 마음의 눈물을 가진 자이며 죄, 불의와 싸우려는 강한 의지, 담대한 "진리의 한 사람이다" 하는 것이니 이를 두라. 또 한 모습을 보인 바이다. 정치 인사, 등용에 관함이다. 어떠한 자로써 정부 각료 중심이 되어야 하는지 보인 나이다 하라. 우후죽순 인사 '금물'이다. 정치를 아는 자, 인격이 갖춰 진 자, 품격이 있는 자 아니더냐? 사람은 다양하다. 그 사람이 그 사람이 아니다. 격이 있어야 하는 자. 국민의 대표 아니더냐? 나은 자, 아는 자, 고르고 고른 인사들이다. 대표성 아니겠느냐? 섬김이 알맞은 자의 격상, 이를 두라. "되었느냐? 되었다" 하라.

격을 말한 주시라! 하라. 정치의 노련함도, 격도 다 필요함이다. 너는 나라를 위한 충언자이다 하라. 잘남이 아닌 모르고 모르는 자이더니 주를 만난 자, 나타나신 바 되어 성령으로 알리고 알리며 여기까지 온 자이다. 아는 만큼 이는 받음이니 나누라, 전하라. 이는 할 일이다. 누구나 그러하다. 정치의 '주' 이시다 하라. 민족, 이 나라의 주이시다! 하라. 나라의 가장 높으신, 세계 위에 가장 뛰어나신 주가 아니시랴? 반백 년 사 한국을 지탱해 온 경제라 할지라도, 이는 무너짐이 될 수 있다 하라. "오직 주 외에는 영원함이 없으시니" 작고 작은 나라 두 동강이 되어 남한과 북한이 되었으니 더 겸손히 엎드리라. 흙의 나라 상태 보인 나이다 하라.

(제게 보이신 환상이 있습니다) 이는 남한과 북한 위기 모두이다. "북한도 자긍하지 말지어다" 외치라. 주 앞에 낮추라. 인간이 인간을 위하여 살 수 없다! 하라. 사람이 신이

아니니 "오직 주를 경배하라" 함은 무엇이랴? 천지 만물 조성자 하나님이시니 보호하며, 지탱하며, 위기 가운데 돌보심이니 내 너를 지키지 않으랴? 다 내게로 돌이키고 돌이키며 천국 '영원한 생명의 나라' 이끌려 함이니 이것이 나쁘다! 하랴? 나라가 나라에 속지 마라. 너희끼리 경쟁은 아무 의미가 없다! 하라. 물고 물리면 이에 멸망뿐이니 상하고 상한다 한들 이것이 상이 될 수 있으랴? 심은 대로 거두리라. 의를 위하여 심는 자, 나라, 무엇이든 그러하니 생명을 거두지 않으랴? 영생의 길, 주 하나님이시다. 이를 전함이 나의 기쁨이 되지 않으랴? 또한 이를 위하여 사는 누구든 무엇이든 그러하니 나를 위한 나의 길은 나의 영원함이다. 함께 하는 것이다. 짧은 부요, 쾌락, 즐거움, 권세, 소유 이를 위해 살지 말라 함이니 영원한 멸망의 불지옥 또한 있음이니 이를 알라. "되었느냐? 되었다" 하라. 이만이다. 닫으라.

22. 시간 여행 속에 있는 자(과거, 현재, 미래)

손들고 찬양할 때이다. 인도자이다. 말씀 강단 세워질 자(새 장소) 동시에 요게벳이다. (환상으로 빛이 보입니다) 환한 공간. 이어 어둠이 더해지고 이어 아래는 회색 여러 층이다! 하라. 우림, 둠밈을 가진 자이다. 출 28:30 너는 우림과 둠밈을 판결 흉패 안에 넣어 아론이 여호와 앞에 들어갈 때에 그의 가슴에 붙이게 하라 …. 네게 아일랜드섬을 전한 주님이시다. 요나의 니느웨 회개 외쳐 보자. …… (이어 환상으로 '문'이 보입니다) 문재인 대통령 그는 천국을 막는 자이다. 너는 대적에 대해 두려움을 갖지 않아야! 이는 증거이다. "문 정권의 퇴진을 기도합니다" (기도하게 하십니다) 문재인 대통령, 임ㅇㅇ 비서실장은 큰 강 유브라데에 결박한 네 천사에 해당하는 자들이다. 계 9:14 나팔 가진 여섯째 천사에게 말하기를 큰 강 유브라데에 결박한 네 천사를 놓아주라 하매. 다섯 달을 괴롭게 북한, 중국, 구글, 일루미나티에 맡기는 자이다. 계 9:5 그러나 그들을 죽이지는 못하게 하시고 다섯 달

동안 괴롭게만 하게 하시는데 그 괴롭게 함은 전갈이 사람을 쏠 때에 괴롭게 함과 같더라. 주님이 풀어 놓으신 자들이다.

 (기도하게 하시니 홍수 장마를 기도합니다) 비 멈춘다, 기도 영권을 사용한 자, 이전의 너이다. 자연 명하는 것 믿는 자, 해 본 자이다. …… (이어 환상으로 산이 보입니다) 모세의 산, 안개. 출 19:18 시내 산에 연기가 자욱하니 여호와께서 불 가운데서 거기 강림하심이라 그 연기가 옹기 가마 연기 같이 떠오르고 온 산이 크게 진동하며. 학개(학개서)의 산이다. 나무는 방주. 학 1:8 너희는 산에 올라가서 나무를 가져다가 성전을 건축하라 그리하면 내가 그것으로 말미암아 기뻐하고 또 영광을 얻으리라 여호와가 말하였느니라. …… 가야바 뜰 선 자, 문 정권 앞에 선 자이다. (이어 환상으로 뼈만 남은 생선이 보입니다) 생선 뼈 같은 자 문 정권, 발라내어 살을 먹을 수 있는 나라이다. …… (이어 환상으로 구운 고기가 길게 나오는 상황이 보입니다) 하나님이 내시는, 하나님이 내놓으시는 책이 되리라. 찬양을 주십니다! 하라. '생수가 넘치는 곳 날 인도하시네 ….' 예수의 나라 되게 하소서! 해야 하는 자이다. 예수의 통치하시는 나라이다. 너는 서머나 교회에 해당하는 자이다. …… (이어 환상에 화장지 케이스 안에서 화장지가 계속 나옵니다) '롤'(두루마리는 영서)이 풀려 나오는 자이다. (교회들을 중보기도합니다)

 …… (다시 이어 환상으로 여자의 자궁 모습이 보입니다. 산부인과 초음파 볼 때 장면같이) 자궁 안 모습은 문 정부이다. 위는 중국이 잉태하고 있는 자들이다. …… (이어 환상으로 세워진 막대기가 보입니다. 남한입니다. 아랫부분을 누군가 치니- 공격) 좌파 정부 및 악한 세력이라 하라. (이어진 환상입니다) 막대기가 사선으로 비스듬히 기울어집니다. 그리고 넘어진 모습이 가로누운 원통으로 보입니다. 무기처럼 보이는 원통 안에 남한의 사람들이 있습니다! 하라. 기독교인을 가두다. 북으로 이동하려는 모습이다! 하라. 이동 준비하는 자는 문재인(대통령)과 북한 김정은이다. 김정숙(여사)는 이멜다 같은 여자, 문제 가진 여자이다. 바벨론 같은 여자, 짐승을 탄 자, 문 대통령이다. 계 17:3 … 내가 보니 여자가 붉은빛 짐승을 탔는데

그 짐승의 몸에 하나님을 모독하는 이름들이 가득하고 일곱 머리와 열 뿔이 있으며.

23. 5억 프로젝트 가진 자들이다

창세기 11장 바벨탑 쌓는 자들이다. 홍수 후 바벨탑 사건 보라. 노아 홍수, 불과 100년 아는 자. 죄의 자생력이다. 교회의 예배자들 뒤에서 악한 자가 악을 뿌리는 것 본 자이다.

2021. 12. 10. 금요일. 추가 글입니다.

어느 교회의 장면입니다! 하라. 예배를 다녀와서 꾼 꿈에서 당시의 상황을 보게 됩니다. 성령이 역사하는 예배로 인해 좌석에 앉은 여성도 무리의 얼굴 모습이 환하고 빛나는 모습으로 보기에 아름답습니다. 이와 달리 출입문 앞 긴 통로에는 악한 자가 혼자 서성이며 오가는 모습입니다. 손에는 긴 막대기를 들고 있습니다. 그 끝에 무언가 물체가 묻혀진 상태입니다! 하라. 그는 바닥에 막대기를 내밀며 악한 물체를 뿌립니다. 곧 살아 있는 악한 형상(사람 모습 머리)으로 바뀝니다. 계속 악한 부활체를 퍼뜨리는 행위를 본 바이니 이는 마 13:38 … 가라지는 악한 자의 아들들이요 39 가라지를 뿌린 원수는 마귀요 …. 교회에 침투된 자이다 하라. 예배 방해자, 훼방꾼이니 성령의 현장에서도 그러한 섞이는 누군가의 활동상을 본 자이다. 되었다. 닫으라.

24. 산 위의 방주를 보고 싶은 자!

(환상이 보입니다) 흰 구름(온유 상징) 속에 사람의 모습이 보입니다. "노아로 예시된 자이다" 노아로 보이는 사람이 '하늘의 구름' 속으로 들어가며 점점 위로

올려집니다. 모습이 점점 작아지며 보이지 않습니다. 이어 구름 아래는 어둠이 많아지며 커집니다. 어둠 속에 흰 구름은 떠 있습니다. "숲 같은 어둠 위에 흰 구름같이 산 자, 노아이다."

25. 이 시대를 무엇으로 비교할까? 어떤 삶으로 비교할까?

(환상이 보입니다. 집의 내부가 다 보이는 '큰 유리 창문'입니다) 실내는 빨간 조명으로 붉은색입니다. 잠시 후, 큰 유리 창문 안에서 검은 물체가 나타납니다. 두세 사람이 유리문을 가립니다. 밖에서 안을 보지 못하게 하기 위함입니다! 하라. "어둠 장악 모습이다. 문 정부는 빛 좋은, 개살구이다. 빨간 불은 세상적 상태이다" …… (이어 환상으로 막대기에 '음식이 몇 개 꽂힌 꼬치'가 보입니다) 세금 빼먹는 자, 남은 것은 북한 주려는 자이다. 창문 비친 검은 옷들이다. 거물급 ㅇㅇㅇ 실세들이다. 문ㅇㅇ, 임ㅇㅇ, 박ㅇㅇ. (3인은 환상의 창문을 가린 검은 물체인 두세 사람의 이름입니다) 서머나 교회의 10일 환난, 나라의 상황 함께이다. 계 2:10 … 마귀가 장차 너희 가운데에서 몇 사람을 옥에 던져 시험을 받게 하리니 너희가 십 일 동안 환난을 받으리라. ……

(이어 환상으로 '하늘 향한 긴 사다리'가 세워져 있습니다) 사다리를 오르기 위해 한 사람(아들)이 가까이 다가서는 모습입니다. 이는 영서와의 관계입니다. 은혜를 상징합니다! 하라. …생략… 영서의 책 출간은 항아리 물 채우는 자, 포도주 잔치 준비하는 자이다. 요 2:7 예수께서 그들에게 이르시되 항아리에 물을 채우라 하신즉 아귀까지 채우니 8 이제는 떠서 연회장에게 갖다 주라 하시매 갖다 주었더니 9 연회장은 물로 된 포도주를 맛보고도 어디서 났는지 알지 못하되 물 떠온 하인들은 알더라 연회장이 신랑을 불러 10 말하되 사람마다 먼저 좋은 포도주를 내고 취한 후에 낮은 것을 내거늘 그대는 지금까지 좋은 포도주를 두었도다 하니라.

당일에 친구된 자, 문재인(대통령)과 김정은이다. 눅 23:12 헤롯과 빌라도가 전에는 원수였으나 당일에 서로 친구가 되니라. …… (이어 환상으로 전에 보이신 집 '건물의 변화'에 대한 환상을 설명해주십니다) 건물 재료가 황토벽 같은 외벽과 함께 문을 보인 것이 기억납니다. 벽의 재료와 문과 건물의 크기와 모양이 바뀌면서 집이 고급스러워집니다. 몇 차례 바뀌어 가는 집입니다. 끝의 천국 집까지. "너의 모습이다. 강의 배 되어 주는 자, 아들이다. 물고기 잡는 자, 어부, 사람을 낚는 어부가 되리라" …… (이어진 환상은 하늘의 해(불)가 노을빛(황혼 무렵의 색깔)!입니다) 검어지는 이는 밤이 오는 시기, 깨어 있지 않다는 뜻이다. (이는 한 교회에 대해 주시는 말씀입니다) 소금 기둥 된 자들(롯의 아내) 많다, 사역자도 있다. 해외여행 다니는 자들이다. …… (이전의 꿈 해석에 관함입니다) 문재인 대통령! 도로 준비는 로마 시대 같은 상황, 중간기 시대 같다. 도로 준비에 대해 꿈을 주신 바 있는, 이는 문재인(대통령)과 김정은을 본 자이다. 각각의 위치에 서 있는 두 사람이니라. 위 '북한'에 선 김정은이 도로 제시(이는 남한과 북한을 잇는 대규모 공사이다)를 하며 서두르지 않음에 대해 질책, 촉구하는 자세, 모습입니다! 하라. 문재인 대통령은 도로 주변에서 듣고 있는 자세이며 그의 권위, 지시에 아무런 대응도 하지 않은 체 약자의 위치에 있습니다! 하라.

…… (이어진 환상으로 바구니형 모습의 빵틀이 보입니다) 누룩, 가루가 부푼 것과 같다. 목적 아래 놓여 있는 자들이다. 영서 '책' 발간이다! 하라. …… (이어진 환상에 둑을 따라 저와 두 아들이 걷고 있습니다) 각자 걸으며 쉬기도, 생각하기도 합니다. 신학 기간에 떨어져 지내다가 영서와 출판 준비로 만나면서 맞추려는 모습, **조화 시기이다(추가 글 2022. 3. 5. 토요일)**. …… (이어진 환상은 비행기 같은 물체 속입니다) 특별한 장소의 내부 같기도. 내부의 창문이 보입니다. 창문 옆의 좌석에 앉아 저는 밖의 '지구'를 보고 있습니다. "이방인과 집권자들의 치리시대. 너는 여행자이다. 여행자로 사는 자. 정부의 생활지원금, 실업 급여로(코로나로 인한 실직자를 위한) 베풀었어야. 선거 전략용 데이터 분석 자료, 동선에 이용한 자들이다."

2022. 3. 5. 토요일. 추가 글입니다.

조화 시기이다: 이는 연합하는 모습이다! 하라. 떨어진 자들 붙이는 과정이다. 서로 알아지게 하는 과정이다. 나의 일을 위함이다. 영서로 "하나 되게 하시는 주이시다" 하라. 이는 결속력을 위한 과정이니 서로 배려하고 하나 되기 위함이다. 셋트이다. 골육 친척이나(부모와 자식, 모자 관계이다) 내 뜻대로 하는 자가 "내 형제요 자매요 어머니이니라" 하지 않으랴? 막 3:35 누구든지 하나님의 뜻대로 행하는 자가 내 형제요 자매요 어머니이니라. 지금은 이러하다. 너대로, 나대로이더냐? 모으더냐? 주변 세력 만만치 않은 지역이니라. 자기 중심화된 자들이 아니랴? 안일에 갇힌 자이며 "내 교회이다" 하는 자 등등이 아니랴? 자기의 편견대로 굽게 가는 자도 그러한 이는 나의 일을 모르는 자들이며 그의 지경은 갇힌 자이니, 장래도 모르고 현재도 모르는 자이다. 지난 것은 알랴? 어찌 알겠느냐?

자신 안위의 한계 안에서 사는 자니 대형 교회이든, 중형 교회이든 그러하다. 모르는 관계가 나은 차라리이다. 돕는다 해도 나의 일(영서, 책 출간 등)에 대한 알든, 모르든, 지체케 함이니 이는 성령보다 앞선 자이다 하라. 안다 하나 걸림돌 되어 뒤척이게 하며(잠 못 드는 자 아니냐? 너를 아는 주시라), 눈물짓게 하며, 가슴 파는 자 이는 고통 지우는 자 아니랴? 그럴지라도 "나는 간다!" 하나 연고, 배경 없는 자이니 '연약한 어깨 위에 무거운 짐' 찬양 두라 아니랴? 교단, 교세, 교회, 목회자 권세 알리지 않으랴? 안다 하나 참고 기다리는 자이니, 하나님의 원수가 되어 미우나, 이는 네 마음 통제라. 마음이 힘들어지면 자신도 비우고 기다려야 하기에 지체됨이 아니더냐?

자기장처럼 당기는 자, 밀어내기도 하는 자, 수없이 겪고 당한 이 자리, 지역이 아니랴? 그 가운데 천사들(선한 목회자)을 보임도 있으나 이 또한 의지 대상이 아니므로 외로운 자이다. '나의 일' 섭리를 모를 때, 우후죽순 붙는 세력으로 인하여 고비 고비마다 서러움, 아픔 함께 지체되어 지금까지 온 자이다. 교회가 교회를(그 안의 나 아니며 내 '일'이 아니더냐?) 대적하니 외세 확장되어 승승장구로 "나는 부요하다, 많다!"하며 "교회이다, 목회자이다" 하지 않더냐? 너를 한 개인으로 보는 자, 미미한 자로 여기는 자, 네 가진 것이

나보다 무엇이냐? 하더냐? 그 끝을 알리라. 이미 알린 나이다. 누구든지 그러하다. 고전 1:27 … 세상의 약한 것들을 택하사 강한 것들을 부끄럽게 하려 하시며.

너의 넘어짐은 나의 일 훼손이다. 중지 아니랴? 이는 '생명 구원' 역사를 위한 '핵무기' 성령의 일이다. 영서에 기록된 대로 네 꿈에 보임이니 불과 며칠 전 아니랴? 영서 출간 관련하여 핵무기로 보인 나이며 이에 관련한 무엇에 대해서도 알림이니 출간 차질 된 이 또한 기록 둠으로써 차후 알릴 나이다 하라. 보이지 않느냐? 차근히 다루리라. 누구든 드러내리라. 단 5:5 그 때에 사람의 손가락들이 나타나서 왕궁 촛대 맞은편 석회벽에 글자를 쓰는데 왕이 그 글자 쓰는 손가락을 본지라 6 이에 왕의 즐기던 얼굴빛이 변하고 그 생각이 번민하여 넓적다리 마디가 녹는 듯하고 그의 무릎이 서로 부딪친지라. 나의 글을 이르는(전하는) 너에게 나는 말하니라. 사랑도 진노도 겪은 자이다. 영서 기록 중이라도 꾸짖는 나이다. 네게 위로 또한 크니 나는 면밀히 보며 이면 저면 살피는 너의 하나님이시다. 나의 마음을 드러내어 보이며 느끼게 하여 기록하는 중이니 크신 하나님을 아는 자이다. 이를 줌은 왜이더냐? 하나, 둘씩 알아가는 진노의 대상 누구이랴? 나라이든, 대통령이든, 정치가이든, 각계각층 아니랴? 또한 교단이든, 교회이든, 목회자이든, 성도이든 그러하다. 너 자신, 가족, 이웃 등 누구를 제하랴? 나의 면밀히 보는 대상 이 땅, 지구가 아니랴? 나의 기쁨이 되는 자, 아픔이 되는 자를 네게 알리며 너를 배우게 하고, 준비케 하며 나라이든, 지구이든 다 내 것이니 나만 의지하라! 구하라! 하지 않으랴?

좋은 소식 알리어 온 나이다. 너희를 지구에서 내오기 위한 탈출을 설명하지 않으랴? 악한 세상 이를 알아야, 사람을 알아야 벗고 벗지 않으랴? 더러운 세상의 옷, 치부(수치)의 옷 아니랴? "가자, 예루살렘 성으로!" 이는 이스라엘이니 "내 백성을 위한 잔치 시기이다" 알린 나이다. 이방인 시대가 끝나가니 교회 시대 또한 마치는 시기 아니랴? 교회 안 갇혀 무엇을 보느냐? 나를 구하고 구하여, 알아야 하지 않으랴? 영서 제1일, '새 예루살렘 성'을 보인 나이다. 오르고 오를 자들이 아직도 여전하니 하늘 공중 위는 비인 상태이며 아래 세상은 왁자지껄, 요란한 땅 지구이니 그중에 선한 자, 준비된 정예 요원 같은 자, 나의 신부가 몇이랴? 30여 년, 네게 보인 나의 선택자는 소수 아니랴?

교회의 안일이 깨어지는 시기니 코로나로 놀람이 이제 파도타기 되어 안하무인 자들이 되어가는 이 세상 아니냐? 자연(도구) 경고, 생화학 바이러스(도구) 경고등 숱하나 그럴지라도 안면이 두터워 지는 마음이라면 나의 구원을 보겠느냐? 하라. 이는 화난 부모의 마음과 징계에 대응이 강해지는 죄의 담력이니 얼굴 뻔뻔함, 마음 굳음이 아니냐? 겔 2:4 이 자손은 얼굴이 뻔뻔하고 마음이 굳은 자라 내가 너를 그들에게 보내노니 너는 그들에게 이르기를 주 여호와의 말씀이 이러하시다! 하라. '죄 된 세상'을 보며 회개하라! 알게 함이니라. 회개치 않으면 죄에 둔감해지며 타당 시 여기고, 당연시 여기고, 타협하지 않으랴? 악인을 잘한다! 하며, 알아도 모른 척! 하지 않으랴? 내오는 음식 같은 글이니, 전하고 전함(누구든 전하는 자는 그러하다. 이 사람, 저 사람 보내지 않으랴?)은 왜이더냐? 오랜 나이냐? 이 일이 한 번이냐? 한두 번이더냐? 꾸준히 이르고 이른 나이니, 나의 사랑은 너희와 다른 지속이다. 그럴지라도 웬 징계이냐? 웬 환난이냐? 하려느냐? 아직도(여전히) 몰라요. 하려느냐? 이 영서는 핑계치 못하는 나의 글(대서자에게)이니 이제는 알리라. 알리고 알리는 나이다. 이는 기회이다. 알 기회이며, 돌이킬 기회이며, 전진할 기회이므로 이 말을 두는 것이니 너희끼리 다투거나, '하나'이다 할지라도 이를 두어 무슨 뜻인가? 보아야 하리라. 이상이다. 기록자이다. 이는 오늘의 글이다. 날짜 두라. 되었다. 닫으라.

26. 7월 영서 '첫 주'에 주신 은혜(7. 23. 목요일-7. 29. 수요일)

집(여러 차례 변화 보인)에서 천국(성)까지 갈 길이다. 만삭되지 않은 자에게 계시하신 하나님이시다. 고전 15:8 맨 나중에 만삭되지 못하여 난 자 같은 내게도 보이셨느니라. 성공작 되리라. 서서히 진행 화, 과정 중이다. 틀 가진 자. 집의 변화 과정 보여주신 하나님이시다. 환상이 열려지는 중이다. '피라미드 유형'(권세, 명예, 물질 지향) 버리고 산다. 이것이 얻는 것이다. 빌라델비아 교회이다. 계 3:10 네가 나의 인내의 말씀을 지켰은즉 내가 또한 너를 지켜 시험의 때를 면하게 하리니 ….

하늘山
제8일. 니느웨 회개 기도 40-8 (2020. 7. 30. 목요일)

"어머니 장례 기간! 7. 30. 목요일-8. 1. 토요일까지입니다"

2020. 1. 14. 금요일. 추가 글입니다.

 2020. 7. 30. 목요일, 첫날부터 보자. 들은 소식은 어머니 임종이니 이날은 '폭우 지역' 상황이다. 사는 건물의 물 침수, 배수 문제로 해마다 장마철 비상 대기자가 아니냐? 역류 문제까지 발생한 날이니 이른 새벽, 긴급 상황 된 침수로 인해 놀람 속에서 물 퍼내기 등으로 기운 저하 상황이다! 하라. 금식 중에 몸을 추스리고 아들들과 함께 나선 자이다. 장례 문화에 대해 이르시는 기회가 있으나(이전에 주신 자), 맡은바 영서 시작일이 목요일이니 한 주 보낸 후 다시 목요일에 장례를 맞은 자이다. 그럴지라도 주는 전하시니(장례식장에서 이어지는 메시지 '영서'를 밤새 받은 자이다. 장지에서도 말씀 지속으로 일한 자이다) 신앙인 어머니인지라 가족 또한 믿음의 가정이니 다소 편안함 아니더냐? 이 장례는 '미리보기'식으로 마음 준비케 한 자이다. 이미 네 어머니를 소천하신 분으로 알고 '영서 임무'를 집중하게 한 준비기 수개월 전이므로 영서의 지구전, 나라전 주제로 인해 사명이 주는 마음의 담대함을 얻은 자이다. 이는 큰 것(지구전, 나라전)을 위해 작은 것을 내려놓으며 뒤로 하는 훈련을 받아옴이니 이는 "나의 영광이다" 하라. 마지막 때 전함에 있어서 사명자이므로 씌운 은혜이니 그리 알라.

 그곳에서 여러모로 오해 불식 함께 잘 넘기나, 너 자신도 '상상 못한' 주께 붙들림(성령의 역사)으로 일한 장례 기간이다! 하라. 내 생각과 너희 생각은 다르지 않느냐? 가족과 오랜 떨어짐(이는 사역 차이, 훈련 차이, 모든 것의 차이가 있다! 하라)으로 장례식 참여조차 조심스러운 자이더니, 곤혹스러운 입장이 될 수 있으나(된 당시이다) 말씀이 임하여 붙드시므로 성령이 원하신 바 해냄이니 누구라도 '불이 임하면' 하지 않으랴? 성령을 누가 이기랴? 교회 제도권이 아닌 자이므로 해 낸 자이니 이는 사람마다 다르다. "내 뜻대로 하는 자가 옳다" 하는 나이다. 막 3:35 누구든지 하나님의 뜻대로 행하는 자가 내 형제요 자매요 어머니이니라 함이니 장례식 일 마치고 지친 자이나 지속적 오랜 기간을 '성령이 하신 일'(장례 기간)임을 증거 주심이라! 하라. 이는 '영서 기간' 사명을 맡은 자, 성령 불로 "증거 자리를 세우신 주시라" 하라. 이 기간은 어머니 장례이다.

2022. 4. 15. 금요일. 추가 글입니다.

'곡예사의 첫사랑'을 아느냐? 나는 '줄'이 되어 너를 태웠다. 한 꿈을 보임이니 공중 외줄을 타고 건너는 자 아니랴? 외줄은 무엇이냐? 시선 집중이다 하라. 한 치 앞을 나갈 수 없음이 아니랴? 줄은 일정한 기간(길이)이며 얼마간 더 가야 하는 끝 지점이니 이는 무엇이더냐? 나를 위해 사는 자니 곡예 하듯 사람에게 보이는 자이다. 집중치 못하면 떨어지는 자니 불상사 아니랴? 이 당시(꿈꾼 당시니, 작년 2021년도이다) 문재인 대통령이다. 그는 호랑이 짐승 가죽(탈, 형상, 모습, 옷)을 쓰고 불 속을 통과하는 중이니 젊은 사람들에게 "자신처럼 해보라" 지향하는 자이다. 이를 보임이니 그의 정체가 이중이다! 하라. 속과 겉이 다름이니 그의 위험한 인생 '짐승 탈과 불 속 시험'이 아니랴?

너는 '나를 위해 산다' 하라. 이 글 또한 나를 위해 증거가 아니더냐? 네게 행하신 하나님, 알게 하신 하나님이시니 지구에 대하여, 나라에 대하여, 사회에 대하여, 가정에 대하여, 개인에 대하여! 짐승류도 설명을 넣는 나이다. 교회는 어떠하냐? 거대한 집단이다. 이단 제외, 우상신 제외하더라도 그러하다 하라. '나의 나라'라 보랴? 네게 보임은 무엇이더냐? 예레미야야, 무엇을 보느냐? 렘

1:11 여호와의 말씀이 또 내게 임하니라 이르시되 예레미야야 네가 무엇을 <u>보느냐 하지</u> <u>않으랴?</u> 네게 30년 보인 지속하신 주이시다! 하라. 죄를 알게 하여 떠나게, 버리게 함이 아니랴? 상세히 보임은 왜이더냐? 착각자 많다. 죄의 두께 층을 모를 때 일어나는 일이다. 미세 먼지 다루듯 치밀하게 죄를 다루는 주이시다! 하라. 어디 어디는 네게 미리 보임이니 기도할 때 먼지가 일어나 뭉게뭉게 위로 솟구치듯 날아오르지 않으랴? 미리 보임이니 그들과 '상관' 관계이다! 하라.

   이를 왜 주느냐? 이 글 속에 마음을 담아두는 자이다. 이러한 일을 위함이니 영서 받은 날이 아닌 이전부터 알아 온, 알게 된 면밀한 분야들 함께 떠올려 글 작업화를 하게 함이니 글쓰기 어려운 소제, 주제가 아니더냐? 네 성섬세격이, 조밀하여 마음에 들 때까지 안되면 더디라도 잇는 자이니 후다닥 못하는 자를 이리 뛰고 저리 뛰게 하여 성향도 다른 나이니 작은 일(섬세한 분야) 뒤로 하고(내려놓게) 인도 훈련, 지경 훈련도 시킨 나이다 하라. 치밀한 성격으로 계획하고 준비가 긴 자니 성령의 즉각, 즉시 반응 훈련도 함이 아니더냐? 정리 정돈 어떠하느냐? 청결 어떠하느냐? 이 반대편 세계에서 오히려 두어 너를 교체하듯 바꾸기도 한 주시라! 하라. 하나님의 세계, 일에는 모든 것이 다양하게 필요함이니 무엇을 갖다 사용할는지 알 수 있으랴? 하라. 이때는 이러, 저 때는 저러하니 이 모양, 저 모양 굴리듯 훈련한 나이며, 내팽개치듯 하기도, 꼬옥! 끌어서 안기도 하여 영예(아름다움) 속에 두기도 한 주이시니 네 안에는 이런, 저런 모습들이 있지 않으랴? 다급히 마치기도 세밀히 하기도 하고, 꾸미기도 한 자나 꾸밈을 버리기도 한 자이다 하라.

   이러한 훈련들로 인해 너를 이리저리 사용(훈련 시키신 주이시다)하여 엄마의 장례 기간 또한 일할 수 있었다 하라. 큰 일이다! 담대하지 않으면 또한 섬세, 치밀하지 않으면 할 수 없는 당시의 일이다. 이는 여러 상황, 여러 계층, 여러 유형이 모인 자이므로 문화도 각색이며 신앙도 그러하니 '성령의 지시'대로 하여 이룬 성과이니 '성령 사역의 밀도'를 뜻한다. 깊이 또한 그러하다. 바울을 전하는 자, 주를 전하는 자, 성경의 모두를 전하지 않으랴? 그러함에도 "저것(저 사람)은 무언가?" 살피며 전한 자이다 하라. 눈살, 혈기 다 나오는 그들이 아니냐? 자신이 저울에 달려 주의 평가 '시험'을 치르는 줄도 모르고 한 사람, 주의 명에 의하여 나선 자이니 마치 다윗이 군복, 칼 없이 골리앗 앞에 등장함 같지 않더냐? 이는 오직 주가 말씀하심이니 주안에 거한 자가 성령께 잡힌 바 되어 한 일을 마치 우습잖게 미치광이, 광신자로 취급하지 않으랴?

주 예수 그리스도가 누구신지, 바울의 역사가 어떠한지 다시 훈련을 시작할 그들이 아니냐? 지식으로 무엇을 말하지 못하랴? '어떠했다더라' 하며 헌금 챙기고 사례비 두둑이 넣어 높은 의자의 대우 장소에 나타나 "에헴, 나 누구인데!" 하며 위세 등등 다니지 않으랴? '교계 누구이다! 무슨 자리 무슨 장, 위원이니' 하며 사람들 반응이 '무슨 교회, 누구 목사님이시다' 하니 외형에 휩싸인(사람들 평가이다) 채 우쭐대며, 당연시 여기며 다니기도 하는 자들 아니냐? 그중에 찾는 주의 눈 속에 담을만한 의인도 있으니, 대부분은 이들에게 가린 자니 그들 평가 밖 외면된 자 아니냐? 고위층도 그러하며 경제인도 그러하며 정치가 등등 셀 수 없는 자들로 비일비재 된 무리들 한 꾸러미 시대이다.

이는 네가 본 바 나라의 도시(번영화 일군 한국 자랑이랴?)를 쓰레받기에 담은 채 쓰레기 취급한 상태이냐(2021. 8. 27. 금요일), 하나님의 마음도 모른 채 사는 자 대부분이다! 하라. 이는 바벨 경제, 바벨 문화 속 지향된(추구화, 품종 유사된 아니냐?) 교회들도 많다! 하라. "되었느냐? 되었다" 하라. 눈물 거두라, 울 일 아니다. 장례는 장례일 뿐이다. 하나님이 주신 말씀으로 산자이니, 어머니에 대한 간증 가진 자이다. 그의 삶, 신앙 아니랴? 딸과의 '신앙 대화' 전도부터 시작하여 믿음으로 어찌 살아왔는지 이도 한 분야이다. 이만 닫으라. 가족을 뒤로한 채 걸어온 자이다. 특별한 부르심이라 하라. 누가 특별히 여기리오? 외형에 치우친 자는 잘 모르는 세계이다 하라. '외형 추구'화에 길들인, 휩싸인 자들은 여전히 자기만의 세계, 그들만의 세계가 있으니 세상 중심화로 치우치거나, 섞인 채 혼합

의식, 결탁, 협동(협력, 합일)까지 두는 자들이다.

떼는 것이 쉽지 않음은 온 세상이 조직화 틀 안에 네트워크 조직망 되어 한 문화를 이루어냄이니 서로 상부상조 관계됨이 아니냐? 서로 연결되어 해부, 파헤치고, 나눠 갖기식 하는 공조 체제이니 나는 그중에 엮이지 않은 특별한 자를 찾아내어 기름을 부음이니 사람 눈에 가잖아! 한들 내 눈에 만족 된 자는 내 일에 세워짐이니 너도 이러한 시각으로 훈련받아 오는 중이다! 하라. 네가 쉽게 굴하지 않음과 피함과 관계치 않음도 이러하지 않더냐? 찾기 힘든 시대이므로 지친 자이다. 주께서 허락하시는 관계가 누구랴? 어디랴? 흩어져 숨은 자 있으나 주에 의하지 않으면 어찌 알랴? 그래도 몇은 찾아냄이니(다 찾은 것은 아니다 하라. 발견된 자이다) "같은 일이구나" 하는 자가 있기에 견디어 온 자이다. 대중층은 많지 않더냐? 나오고 나오는 자이니 이는 외로움이다! 하라. 되었다. 줄 말이 많다! 하라. 이는 오늘 일기이다. 닫으라 이상이다.

2022. 5. 5. 목요일. 추가 글입니다.

여름이 오면 생각 나는 자이다. 물 장마이니 그러하다. 이에 주는 글이다! 하라. 장마철이 오지 않으랴? 서서히 조이는 그 시기이다. 지금 생각나는구나. 2020년 수해 당시에 "여름 오기 전 장마 대비 기도하라, 미리 하라" 주신 주시라. 이를 알리거라. 목숨 잃은 목회자도 있는 그 해 2020년이 아니냐? 장마 기도자이다. "기도하여라!"이다. 기도가 산적한 시대이다. 이는 정신 차림, 주의보 시대이다. 이는 너의 물에 대한 아픔이다. 어려서 동네 하천에서 휩쓸릴 뻔한 자이다. 또한 이전에는 수해를 겪어보지 않은 자이므로 먼 나라 일로 여김이나 개척 예배지에서 겪게 된 물난리 상황이다. 이를 주라. 건물주와 협의 안 된 부분이다. 요청, 요구, 상황 설명에도 결국 무산된 그대로 아니냐? 그는 공사 방법 찾지 않음이니 한 사람 말 듣고 "그렇다더라"만 전하니 답답한 자이다. 공사 방법이 왜 없으랴? 이로써 "방비하라, 공사하라" 알림에도 하지 못하여 어머니 임종 앞에 수해 맞아 물 퍼내고 치우느라 기진맥진한 자에게 연락이 있지 않더냐? 일시 멈춘 비로 인해 누운 자에게 "어머니 임종 전이다" 하나, 가지 못한 자이다. 임종 알리나 자신의 체력 소모 큰 상태와 마음 아픔으로 누운 체, 다음 날 오후 아들들 도착까지 지낸 자이다 하라.

물은 이러한 아픔이다. 2014년 4월의 세월호 사건도 그러하고, 2021년 4월의 한강 의대생 사건도 그러하다. 이는 사순절 기간에 일어난 일이다! 하라. 마지막 때 징조로 물들이 범람하여 나라들이 겪는 상황을 봄도 그러하다. 개척 예배처에서 해마다, 철마다 계절 앞에 두려워지는 자이니 "겨울이 오면 어쩌나?" 이는 추위며 "여름이 오면 어쩌냐?" 이는 더위와 장마가 아니랴? 한동안 출판 준비로 이를 잠시 잊음이니 불현듯 떠오름이 아니랴? "6월 장마?" 하니 끔찍해지는 현실이 코 앞이니 어찌하나? 이는 영서 받은 해부터 세 번째 맞는 여름이므로 출간 앞 시름이 없어는 상황이다! 하라. 이를 왜 주느냐? 윤석열 대통령 20대 취임식 앞두므로 해보려 한 출간이 마음대로 안 되어 현재까지이니 6월은 발행되어야 한다! 하니 이 일, 저 일 엮임의 동시 해결 상황이 아니랴? 이뿐 아니라 여러 가지이다. 마음이 지치어 간 자이다. 주위 환경(이는 세력이다 하라)에 밀리어 갈 곳이 없기에 다시 몸 둘 곳을 찾은 '두문불출로 지낸 이전의 그 자리 개척 예배처가 아니랴? 물이 문제 된 자리와 전기 위험으로 지낼 수 없는 자이니, 주의 해결 앞에 엎드리어 온, 마음 틈틈이 외친 자이다. 내 마음 같지 않은 주위이다. 개인 이익 앞에, 교회의 조직 앞에, 무슨 모임이니, 무슨 관계이니, 무슨 소속이기에 하므로 외롭고 서러운 자이다. 이를 두라. 알만한 자들이 꽤 있지 않으랴? 유명세, 저명도, 인기몰이 무관히 살아온 자이다. 이름 없는 꽃같이 무명이 아니랴?

백신 패스 제도는 패스(pass)! 통과, 허가 아니랴? 딱지(죄인 취급으로 단속한 백신 거부자, 미접종자이니)로 사는 자이다. "너 그거 없구나" 마치 현금 사회에서 카드 문화로 바뀌어 헌금 내는 자에게 "도대체 뭐야?" 하는 세상과 같도다! 하라. 이를 두라. 네피림 시대에 이름 가진 자 그, 그들 아니랴? 창 6:4 당시에 땅에는 네피림이 있었고 그 후에도 하나님의 아들들이 사람의 딸들에게로 들어와 자식을 낳았으니 그들은 용사라 고대에 명성이 있는 사람들이었더라. 창세기 11장 상황 두라. 창 11:4 또 말하되 자, 성읍과 탑을 건설하여 그 탑 꼭대기를 하늘에 닿게 하여 우리 이름을 내고 온 지면에 흩어짐을 면하자 하였더니. 이와 같지 않으랴? 또 두라. 요 6:66 그때부터 그의 제자 중에서 많은 사람이 떠나가고 다시 그와 함께 다니지 아니하더라. 주를 떠나가는 시대이다! 하라. 이어 유다의 시대가 아니랴? 말씀 두라. 돈 궤 맡은 그이다. 요 12:6 이렇게 말함은 가난한 자들을 생각함이 아니요 그는 도둑이라 돈 궤를 맡고 거기 넣는 것을 훔쳐 감이러라. 돈이 중심된 사회 아니냐? 한 자리는 이를 위함이다. 자신의 이름(높이기, 알리기, 나타내기, 자기 영광 위함이다 하라)과 권력, 재력 향한 몸부림치는 시대이다 하라. 많은 주의 종들이 타락하는 시대이다. 이를 두라. 거짓 그리스도, 거짓 선지자 말씀 두라. 마 24:24 거짓 그리스도들과 거짓 선지자들이 일어나 큰 표적과 기사를 보여 할 수만 있으면 택하신 자들도 미혹하리라.

주를 향한 자는(해바라기 시대이다. 이는 주바라기 아니랴?) 주의 일을 하는 자이다. 주 닮아가는 모습 지닌 자들이다! 하라. 세상 동경자는 주를 등지고 마치 석양의 해 같이 기우는 저묾이 아니겠느냐? 아니면 만삭되지 못하고 미발육으로 세상 빛 보지 못하고 어머니로부터 떨어지지 않으랴? 이와 같은 자들이다. 세상이 좋더냐? 아니다 하라. 지옥이다. 알면 그러하다. 모르면 달콤한 사탕 같기도 하고, 마술사 보듯 신기해하며 구경거리 흥미진진하지 않겠느냐? 이전에 서커스단(유랑단-유랑자들의 모임)이 마을로 들어와 진을 치고 온 동네 들뜨게 함 같으니 마음을 훔치는 세상이 이러하다. 이는 무대 설치이다 하라. 본 적 있는 자이다. 이전의 풍습이 아니랴? 나의 나라이니 이는 너희 안에 계신 주, 하나님이 아니시랴? 그러함에도 하나님보다 보이는 세상이 "더 무엇하다" 하는 자들이니 머지않아 숨질 때 있는 인간 한계의 수명 알지 않느냐? 이를 두라. '세상, 지구 …' 하나

병들어 진지 오래이다. 숨 헐떡이는 자 마치 그러한 주 예수의 산소 호흡기 지닌 체 연장자 아니랴? 마치 이러한 위중 환자이다. 이는 지구이니 이를 두라. 죄의 이산화탄소로 질식사하는 마치 그러한 죄악의 시대이니 범람하는 물같이 수위 '위험, 위기 경고' 두는 주시라! 하라. 이는 '문화 연구 및 죄의 연구' 함께이다. 이를 하는 자이다. 이를 전하거라. "되었느냐? 되었다" 하라. 이만 닫으라.

하늘山
제9일. 니느웨 회개 기도 40-9 (2020. 7. 31. 금요일)

"장례식장의 영서입니다! 7. 31. 금요일 저녁에서 토요일 아침까지"

1. 주의 손으로 세우신 성소로소이다(출 15:7)

출 15:17 주께서 백성을 인도하사 그들을 주의 기업의 산에 심으시리이다 여호와여 이는 주의 처소를 삼으시려고 예비하신 것이라 주여 이것이 주의 손으로 세우신 성소로소이다.

2022. 2. 4. 금요일. 추가 글입니다.

2020. 7. 30. 목요일. '어머니의 부고' 소식을 들으나 움직이지 못한 자이다. 누워 지낸 자이다. 다음 날 이튿째, 비로소 추스리고 나선 자이다. 두 아들에게 부축받고, 의지하여 나선 자이다. 장례식장은 코로나 기간의 '장례법'(문상객 제한)으로 한적한 모습이며, 금요 철야 예배일이니 교회들의 모임으로 가족 중심 위주로 있지 않더냐? 그 외 몇몇일 뿐이다. 기독교 장례 문화 역시 비슷하니 병원식(장례식장 안 설치된) 그 자리 앞 '문상객'으로 선 자이니 이는 주신 말씀 출애굽기 15장 17절이라. 울다가(슬픔의 장례, 가족과 이별하고 산 자이다. 간혹 보나, 떨어진 훈련 시기 이로 인함이다) 시키시는 기도에 의한 일한 자이다. 이는 강권하신 성령이시라. "어디든 교회이다" 하는 자니 정형화된, 격식 된 문화 의식을 싫어하는 자이므로 어디 가나 난처하다. 주를 찬양하고, 기도하고, 말씀 듣고(전하시는 주이시니), 그 외에 장소도 사람도 모이는 이유도 "이를 추구한다" 하지 않으랴?

바울은 어디 가나 '오직 예수 그리스도 외에는' 하지 않으랴? 그가 업이 된 당시 천막 일 - 행 18:3 생업이 같으므로 함께 살며 일을 하니 그 생업은 천막을 만드는 것이더라 - 외에 오직 복음 전하고 기록한 자 아니냐? 또한 헌금 전하기 위해 방문하기도 한 자이다. 그의 재림 신앙은 이제 더욱더 가까워진 말세지말 아니냐? 그러함에도 목회자들의 삶이 어떠냐? 보는 자이다. 이는 나이다. 내가 너로 주시하게 함 아니냐? 그중에 깨어난 '주'의 사랑하는 자도 있다! 하라. 이는 전달체 그의 삶이니 간혹 이러한 누군가의 깨어있는, 준비한 자를 발견할 때 기쁨이 크지 않으랴? 주의 살리심은 여전하다 하지 않으랴? "있도다, 찾았다"하며 전하기도 하는 자이다. "누구는 이러하게 전하더라. 다행이다" 하지 않았느냐? 이는 나부끼는(쭉정이) 시대이니 알곡 상태에 "와!" 외치는 자 아니더냐? 너도 이러한 자가 되어라, 되도록 하라. 이로써 주는 권면하시는, 재촉하시는 주시라! 하라.

이어지는 주의 말씀이니 그 앞 다시 앉히신 주시라. 어머니의 성경책 놓인 자리에 서서 기도한 자니 영서를 위해 앉은 자이다. 먼저 어머니의 손때 묻은 책을 읽을까? 하다가 성경책을 뒤적이다 말씀이 임한 자이다. "기도하라, 들으라!" 하시므로 순종한 그 날밤이다. 이는 교회들의 금요 철야예배 시간 무렵에 도착한 장례식장이니 마치 교회와 같은 은혜를 주신 주시라! 하라. 이는 '장례에 관한 문화 편'에 다시 다루리라. 이전에 네게 어떻게 교훈하신 주신지 '장례 편'을 두어야 하리라. 사회법에 익숙해진 교회들의 장례 사역이다! 하라. 이 시대는 그러하다. 마치 톱니바퀴가 맞물려 가듯 그러하니 성령의 역사 제한이 아니겠느냐? 많은 교회는 익숙해진 대로 흐를 것이다. 그러나 그중에 '새로운 일을 행하는 자'도 나오리라. 지구 전체를 에덴처럼 하랴? 나라 전체를, 이 사회 전체를 그리하랴? "악은 악대로 두라, 선은 선대로 두라" 하지 않더냐? 그중에 나올 만한 회개자는 환난을 통해서 나오며 전하는 자가 누구이냐? 어떤 자이냐? 따라 다르지 않으랴? 콩을 심은 데 콩 나니, 열매가 다 다르지 않으랴? 나의 원하는 열매를 구하는 자가 되어라. 이러한 자가 되어(준비되어) 이루라! 하는 나이다. 개혁은 이러하기에 쉽지 않으므로 좁은 길 생명의 문이 되지 않으랴? 마 7:13 좁은 문으로 들어가라 멸망으로 인도하는 문은 크고 그 길이 넓어 그리로 들어가는 자가 많고 14 생명으로 인도하는 문은 좁고 길이 협착하여 찾는 자가 적음이라.

소록도 두라. 이는 외딴섬이니라. 나병 환자들 거주촌이니 지구는 나 보기에 그러하다. 백신 시대에 신이 난 빌 게이츠 등등 누리는 자이며 주최자 있다! 하라. 기독인은 깨어있는 자로 주축 되어 막을 일이나 하지 못한, 넘어진! 이는 도미노와 같더라 하라. 백신에 대해 많은 분량 전한 나이다. 전한들 어떠하랴? 혹 누군가 "달걀이 바위 치기 아닌가요?" 하리라. 이미 '우후죽순'에 대해 알린 나니 광야 들어선 광야 1세대 같지 않으랴? 섞이고 섞인 자니 그중에 여호수아와 갈렙 뿐이며 그의 자녀들 2세대뿐이지 않으랴? 민 14:37 곧 그 땅에 대하여 악평한 자들은 여호와 앞에서 재앙으로 죽었고 38 그 땅을 정탐하러 갔던 사람들 중에서 오직 눈의 아들 여호수아와 여분네의 아들 갈렙은 생존하니라. 오늘날에도 전 세계인은 이와 같도다! 하라. 광야 같은 이 세상 아니랴?

"가나안 새 예루살렘 성! 내 집 가리라, 들어가리라" 하는 자 몇이랴? 이 땅의 우후죽순, 섞이고 섞인 교회들은(이는 알곡과 가라지라, 양과 이리이다) 삼삼오오 잔치하는 교회이다 하라. 자기식대로 한다는 의미이다. 나의 의도와 빗나간 자이다. 나의 뜻 멀리 선 자이니 둘째 아들이 아니랴? 탕진하는 자 많다! 하라. 눅 15:13 ⋯ 둘째 아들이 재물을 다 모아 가지고 먼 나라에 가 거기서 허랑방탕하여 그 재산을 낭비하더니. 쥐엄 열매도 그러하다. 배부르지, 깨끗하지 못한 것으로 배 채우며 지내는 자들이다. 16 그가 돼지 먹는 쥐엄 열매로 배를 채우고자 하되 주는 자가 없는지라. 언제 돌아올꼬? 하늘 아버지의 마음 외면한 채 '부흥 외치는 한국 교회'이었다 하라. 살진 암소 준비하는 나이다 하라. 눅 15:23 그리고 살진 송아지를 끌어다가 잡으라 우리가 먹고 즐기자 24 이 내 아들은 죽었다가 다시 살아났으며 내가 잃었다가 다시 얻었노라 하니 그들이 즐거워하더라. 이는 전하는 자들의 메시지이다. 내가 보낸 자 아니랴? 이를 찾기가 쉽더냐?

나 또한 내 아버지가 보내신 자이니! 마 3:17 하늘로부터 소리가 있어 말씀하시되 이는 내 사랑하는 아들이요 내 기뻐하는 자라 하시니라. 요 1:18 ⋯ 아버지 품속에 있는 독생하신 하나님이 <u>나타내셨느니라 하지 않더냐?</u> 하라. 요 10:30 나와 아버지는 하나이니라 하신대. 이도 그러하다. 히 1:3 이는 하나님의 영광의 광채시요 그 본체의 형상이시라 ⋯. 빌 2:6 그는 근본 하나님의 본체시나 ⋯. 얼마든지 성경이 전하는 나이다. 이를 두라. "되었느냐? 되었다" 하라. 하물며 너희랴? 마 24:9 ⋯ 너희가 내 이름 때문에 모든 민족에게 미움을 받으리라. 너희 안에 원수 가진, 이는 히 10:29 ⋯ 은혜의 성령을 욕되게 하는 <u>자라 하라</u>. 하나님이 하시는 일을 X, 아니다, 틀리다,

다르다, 반대이다 처리 한 자이다. 나의 일을 막는 자에 대함이니 이와 같은 너희이다. 이는 나의 사랑하는 제자마다 그러하리라! 하지 않더냐? 계명 중 많은 이는 십계명 아니냐? '그러나'이다. 새 계명 서로 사랑하라! 요 13:34 새 계명을 너희에게 주노니 서로 사랑하라 내가 너희를 사랑한 것 같이 서로 사랑하라 함에도 이를 왜 주냐? 하나, 나의 오로지 구할 것은 "성령이시다" 하라. 이로써 죄 없다! 하지 않느냐? 성령이 하시는 일에 관한 막는 자 되지 마라. 막지 말아야 하는! 이 복음이 살아서 달려야, 질주해야 하지 않으랴? 저들이 주의 공생애 기간 어찌하더냐? 이는 너희를 미워함이라. "되었느냐? 되었다" 하라. 나의 하는 일을 저희도 할 것이나 이는 믿음에 마 7:25 … 주추를 반석 위에 놓은 자가 아닌, 두지 않고 스스로 서려 함이니 27 … 무너져 그 무너짐이 심하니라 하지 않으랴? 하라. 이상이다. 닫으라.

2. 나는 부활이요 생명이니 나를 믿는 자는 죽어도 살겠고(요 11:25)

요 11:25 예수께서 이르시되 나는 부활이요 생명이니 나를 믿는 자는 죽어도 살겠고.

2022. 2. 4. 금요일. 추가 글입니다.

요한복음 11장 25절 이는 표어이다. 기독교인들에게 두어야 할 말씀의 열매이다! 하라. 나의 구원의 대상에게 주는 상이다. 장례에 표를 두는 문구이니 "이 말씀 구절을 두라" 하며 보인 나이다. 꽃 분향, 향 분향 아니다! 하라. 꽃은 두라. 충분히 꽃은 '꺾인 꽃' 아니랴? 그렇다고 해도 꽃 장사 이득 내게 하는 장사의 날 되지 아니하랴? 애도는 애도이다. 마음으로 두는 각자이니 그러하다. 네게 천국 환송 보임이니(1993년 9월, 아버지 장례식 때 오른 '하늘길'이니 그러하다) 장례는 교회의 할 일과 유족들의 감사이다. 그 당시 '평안'이 된 자이다. 이는 1993년 하늘길 오를 때 체험자이다. 지구 죄악 세상에서 '구출(된)자' 아니랴? 육의 몸을 벗지 않느냐? 영이 오르는 길, 이 길은 구름 같은 길이라 하라. 매우 긴 구름 속으로 오른 자이다. 구름을 본 자이다. 그러함에도 우는 자들은 가는 자 편 아닌, '주의 영광' 찬송 아닌, 스스로 위함이 아니냐? 못다 한 무엇이, 잘못한 무엇이, 사사로움으로 등등 이는 인간 세상일로 울지 않으랴? 이를 전하거라. "잘 가는구나, 좋은 곳 가니 얼마나 좋으랴?" 구출자에게 보내는 환호 박수 아니랴? 뜻을 두라. 의미를 두라. 이는 너희 "장례 맡은 자이다" 하라. 이상이다. 닫으라.

3. 바요나 시몬아, 네가 복이 있도다(마 16:17)

마 16:17 예수께서 대답하여 이르시되 바요나 시몬아 네가 복이 있도다 이를 네게 알게 한 이는 혈육이 아니요 하늘에 계신 네 아버지시니라. (이 말씀 전체를 주시면서 이어 말씀하십니다) 너는 혈육 관계 지나서 나를 찾는구나. "평탄한 길 주소서"

2022. 2. 4. 금요일. 추가 글입니다.

이도 두라. 적어보자. 이 말씀의 의미는 무엇이냐? 혈육(믿음의 가족이라 할지라도) 사이 선 당시이다. 영서 기간 아니더냐? 네 가는 길, 주의 부르심이니! 갈 1:16 … 그를 내 속에 나타내시기를 기뻐하셨을 때에 네가 곧 혈육과 의논하지 아니하고. 이와 같이 걸어온 길이다 하는 의미이다. 이는 오래전부터 함께 한 말씀이니 내 너를 불렀다, 증거자이다! 아니겠느냐? 마트 다녀온 자들이 신상품, 획기전, 할인 제품 등 세상 출시 물품이나 세상에 있는 것들에 대해 소문내는 자 아니랴? 너의 소문은 오직 나이다. 마치 사용품 자처럼, 여행자처럼, 소유자처럼 자랑하고 알리는 자 아니랴? 네 경험, 체험은 나이다. 이를 알리려는 자이다. 네 오랜 꿈은 이것 '증언, 증거' 아니랴? 네 소원 기도 들었느니라. 심중에 마치 한나처럼 담고 살아온 자이다. 삼상 1:15 … 나는 마음이 슬픈 여자라 포도주나 독주를 마신 것이 아니요 여호와 앞에 내 심정을 통한 것뿐이오니 하는 자이다. 이는 나를 구하는 것이다. 성령과 일이니 "하나님의 뜻대로 시키시는 것 하리라" 하며 기다린 자이다. 뜻밖의 부름 '영서 기록'과 '책 발간' 증언자가 아니랴? 이도 저도, 혈육에게 알리지 않은 자이다. 이는 영서 시작 둘째 주이니 어머니 장례 기간 맞은 자이므로 참석하나 알리지 않은 자이며, 더 크신 명하신 일의 부름 앞에 서는 자가 아니냐? 이를 두라. 비바람 길 속일지라도 나의 일은 진행되어진다! 하라. 비바람이 무엇이랴? 창 3:15 내가 너로 여자와 원수가 되게 하고 네 후손도 여자의 후손과 원수가 되게 하리니 여자의 후손은 네 머리를 상하게 할 것이요 너는 그의 발꿈치를 상하게 할 것이니라 하시고. 이와 같다! 하라. "되었느냐? 되었다" 하라. 닫으라.

2022. 3. 5. 토요일. 추가 글입니다.

"나의 약함이 하늘 아버지의 변호가 되었다!" 하라. 이를 두라. 나의 글은 나에게서 나옴으로써 전하고자 함이니 누군가 있어야 하지 않으랴? 누구든 택함은 나의 영광이다! 하라. 글쓴이가 된 지 오래더냐? 1년 8개월 차 들어선 자이다. 밀린 영서 보며 한탄, 시름하는 자이다. 받은 채 둔 자니 일부 내용 출간조차 오래 끌음이 아니냐? 이는 피 흘림이니 마음의 고통이 흐른 기간이다! 하라. "미처 못 전한 글 어찌하나?" 노심초사이더니 이제는 멍한 자이다. 훼방 세력에 지친 자이다. 자신의 그릇 탓을 오래 한 자이더니 이제는 담담해진 자이다. 출간 원고 붙든 자이니 "이도 벅차다" 하지 않으랴? 이는 개척 예배처에서 10여 년간 말을 줄이며 끝내 외부 차단됨이니 두 아들 외에(이는 어쩌다 보게 된 당시이다) 교제자가 없으니 영상을 보며 사람 말소리와 옹기종기 모임도 보며 다양한 문화들을 생소하듯 구경하며 바라본 자 아니냐? 영상을 보며 사람 그리움에 울기도 한 자이다. 이러한 환경에서 영상 속의 몇몇의 성령 사역자를 발견케 됨이 아니냐? 2020. 7. 23. 목요일, 영서 첫날에 이들은 '주의 그물망' 교제자라 하며 알리신 주이시다! 하라.

그러함에도 금식으로 지친 시간이니 사람 통화조차 부담되어 간혹 오는 전화를 거부하기도, 통화 중에 지쳐 눕기도 한 자이다. 한 끼의 늦은 식사는 다음 날의 에너지이니 종일 성경 보며 지탱하는 중에도 고갈을 느낀 자이다. 다음 한 끼까지 이 소중한 한 끼의 식사는 네 표가 되어 현재도 하지 않으냐? 두 아들의 대학원 기간에 목적 둔 자이나 받은 영서와 책 출간 준비 기간에도 <u>이어지는 자이다</u> - [**2022. 7. 2. 토요일. 오전 12:33 추가 글입니다.** 이제는 "금식 시간을 줄이라" 하시는 주이시다. 늦은 밤 식사가 아닌, 저녁에 먹게 된 자이다. 그럴지라도 긴가민가? 하여 거듭 알림에도 상황 따라 하는 자이다. 몸이 약해짐으로 인해 시간을 앞당겨서 하라! 하심이니 수개월 듣지 아니하다가 나아지는 자이다. 늦은 그 시간까지 금식하라 하는 편(전하는)이 있기에 그러하다. 장기전이 된 자이다. 이제 출판 시작이다. 차기작이 있는 자이다. 이는 '종말 시리즈'이다! 하라. 남은 영서 분량들도 그러하다. 이는 손으로 기록한 자니 이 시간만큼 노트북에 다시 워드 작업을 해야 하는 자이다. 원고 준비 기간 그러하다. 출판사에 건네기까지 할 일이 많은 자이다. 이는 오랜 시간 집중으로 해야 할 일들이다. 이뿐 아닌 금식하지 않으면 하나둘씩 무너지는 것이 있기에 하는 자이다. 절제를 위함이다. 사람 관계 등등 아니랴? 닫으라. 되었다! 하라!
- 언어 세계 단절하듯 산 자이더니 사람 문화 대화의 언어 체계가 잊혀지지 않더냐?

행여 대화가 필요할 상황조차 무슨 말을 어떻게 할까? 막막하기도 한 자 아니랴? 영의 세계, 꿈, 환상, 성경이 너의 세계가 되어 온 자이니 사람 관계는 여전히 생소하다 하는 자이다. 두 아들 외에 대화 상대, 기회 없지 않으랴? 이는 사람과의 언어는 약화 됨이니 주께서는 쏟아부으시나(영서) 전달 매개체로서 맞서는 언어의 벽을 느끼는 자이다. 냉수(기록자)가 온수(출판사)와 독자층을 만나는 상황이다! 하지 않으랴? 두 아들은 각자의 교회 사역 훈련으로 바쁘기도, 힘겹기도 한 자이니 도우나 부분이다. 정보 통신 세계마저 지난 시간의 연구 분야 속에 알게 되어 '거리 두기' 한 자이다. 그 이전 신학생 시기에 잠시 다룬 컴퓨터 키보드 경험이다. 책 출간 원고를 위해 준비한 노트북은 영서 '손 기록'을 워드 치는 정도일 뿐, 초고라 하여도 첩첩산중의 원고 작업이 아니더냐? 그럴지라도 하나님의 말씀이고 사명이니 믿음과 배짱으로 버티기도 하지 않으랴? 이를 줌은 왜이냐? "약함을 자랑하라!"이다. 해내야 하는 일이므로 최선을 다하려고 하는 마음뿐이지 자신의 상태, 형편, 처지를 잘 안다! 하라.

금식 중이나 '의'가 되지 못함은 '나의 십자가 외에는' 의가 될 수 없다! 이르지 않으랴? 이는 어제 전한 나이다. 그럴지라도 하고 싶은 금식자가 어디 있으랴? 체중 감량하는 자들도 육신을 위한 다이어트를 하거늘, 영을 위한 다이어트이다 하며 오랜 금식을 해온 자가 아니랴? 너의 첫 금식은 나이다 하라. 무엇, 무엇 목적이 아닌 '나(하나님)를 위한'

아니랴? 이는 예배의 자세이니 뒤늦은 교회의 예배 생활로 "나는 하나님의 값진 은혜를 그냥 받을 수 없다" 하여 시작한 자가 아니랴? 그러므로 금식의 시작은 나이다. 하나님을 하나님 되게 한 자니 영서 또한 이러하도다. 나를 나 되게 하는 일을 맡은 자이므로 이를 위해 두 아들 대학원 학업 기간 마침에도(2018년 2학기 시작하여 2021년 1학기까지이다), 영서와 출간 일로 금식 시간을 더 연장하지 않으랴? 몹시 지친 자이다. 건강의 한계이니 이전보다는 좀 더 나은 식단이라 할지라도 성경이나 영서나 원고나 집중하는 오랜 시간과 가사 일 병행, 외부 일(외출) 또한 이 모두를 금식 시간에 해내므로 몸에 무리가 된 시점이다. 자신과의 싸움, 외부와의 싸움 이를 거치면서 과정 과정을 이겨내야 하는 출간 사명자가 아니랴?

내가 너의 말이 되었다! 하라. 사람의 소통은 나를 위함이니 말 잘하는 아론이더니 모세가 된 자이다. 그럴지라도 모세 또한 기록자 아니더냐? 출 4:10 모세가 여호와께 아뢰되 오 주여 나는 본래 말을 잘하지 못하는 자니이다 주께서 주의 종에게 명령하신 후에도 역시 그러하니 나는 입이 뻣뻣하고 혀가 둔한 자니이다 11 여호와께서 그에게 이르시되 누가 사람의 입을 지었느냐 …. 예레미야 두라. 렘 1:7 여호와께서 내게 이르시되 너는 아이라 말하지 말고 내가 너를 누구에게 보내든지 너는 가며 내가 네게 무엇을 명령하든지 너는 말할지니라. 바울 두라. 그 외 누구더냐? 두 번째 출판사 거절 이후(2022. 2. 28. 월요일, 2월 중에 해보려 한 자이다) 다음 날, 네게 위로함 아니더냐? 2020. 3. 1. 화요일. 식사 준비 중에 전한 나이다. 나와 여러 가지에 대해 대화한 그 시간 아니더냐? 문장 실력이 출중한 자는 많다! 하는 의미로 전한 나이다. 다음은 네 질문이다. "영서 기간 동안에 글 잘 쓰는 것을 왜 구하게 하지 않으셨나요?"라고 내게 물은 자이다. "줄 수 있으나 사람들이 네 영서(책 출간도)에 이러쿵저러쿵! 하는 것을 내가 보기 위함이다" 하였느니라.

왜이겠느냐? '영이냐? 육이냐?' 차이다. 영 중심 보는 자에게는 영으로 끌리며, 육 중심 보는 자에게는 육으로 끌리어 흉볼 거리, 트집거리 있다! 하라. "사람들이 나를 누구라 하더냐?" 이를 보고자 하는 나이다. 마 16:13 예수께서 빌립보 가이사랴 지방에 이르러 제자들에게 물어 이르시되 사람들이 인자를 누구라 하느냐. 네 글은 테스트이다. "나에 대한 그들을 본다!" 하라. 이 중에 베드로 있지 않겠느냐? 마 16:16 … 주는 그리스도시요 살아계신 하나님의 아들이시니이다. 이 또한 네 말씀 아니랴? 1995. 8. 21. 월요일. 성령 세례를 받으면서 영으로 나와 교제한 자 너 아니냐? 많은 대화 오고 감이니 너를 간구하게 함이라. 나를 위하여 기도자로 세우기 위하여 나의 나타남이니 이를 알지 못하는 자에게는 "무슨 말이냐?" 이단, 삼단, 논란거리 두지 않으랴?

이때 알린 말씀이니! 마 16:17 … 시몬아 네가 복이 있도다 이를 네게 알게 한 이는 혈육이 아니요 하늘에 계신 내 아버지시니라 18 또 내가 네게 이르노니 너는 베드로라 내가 이 반석 위에 내 교회를 세우리니 음부의 권세가 이기지 못하리라 19 내가 천국 열쇠를 네게 주리니 네가 땅에서 무엇이든지 매면 - [이를 두라 '매임'이 많은 시대이다. 너도나도 불철주야 하랴? 나를 온전히 따르랴? 사 53:6 … 각기 제 길로 갔거늘 아니랴? 더하리라. 배도자의 시대이다. 우후죽순으로 인함이다. 교회의 책임이다. 나의 반석, 이는 진리 위에 세워지지 못한 자들 많다! 하라. 기마병들 시대이다 하라. 계 6:2 이에 내가 보니 흰 말이 있는데 그 탄 자가 활을 가졌고 면류관을 받고 나아가서 이기고 또 이기려고 하더라. 적그리스도 시대이다. 등장자이다. 인류의 번영기를 다스릴 자이다. 나라마다 이미 세운, 이를 알린 나 아니랴? 시대마다 있으나 이는 마지막 무대라. 이미 전함이니 최종전, 총결산 시기이니 집계, 합산, 두지 않으랴? 심판 시기를 위함이다. 계 20:12 … 자기 행위를 따라 … 심판을 받으니] - 네가 땅에서 무엇이든지 풀면 (이 내용은 지나가라, 기록 두지 않는 자리이다) 하늘에서도 풀리리라 하시고. 이로써 두는 나의 자리이니 검색(뜻 찾고 묻는 인터넷 사용) 많지 않게 하려는 나이다 하라. 네 범위 내에서 교통케 하시는 하나님이시라. "배웠더라면!" 하지 마라. 언어 나열로 나를 알리랴? 너희 지식으로 나를 알리랴? 네게 이른 말이 무엇이냐? 내가 너를 사용하는 것은 영(하나님과의 관계)과 헌신(다 안다! 하시는 주시라. 이는 네 삶이라)이 아니더냐? 이미 이른 나이다. 최근 주신 메시지 아니냐? 이상이다. 닫으라. 되었다! 하라.

4. 주의 이름을 부르는 자는 구원을 얻으리라(롬 10:13)

롬 10:13 누구든지 주의 이름을 부르는 자는 구원을 받으리라. 요 14:6 예수께서 이르시되 내가 곧 길이요 진리요 생명이니 나로 말미암지 않고는 아버지께로 올 자가 없느니라. "주님, 이후로 무엇을 할까요?" 네 소원대로! 소원 두고 행하시는 주이시다. 빌 2:13 너희 안에서 행하시는 이는 하나님이시니 자기의 기쁘신 뜻을 위하여 너희에게 소원을 두고 행하게 하시나니. 나를 아버지라 부르는 자 너, 네 소원대로 행하리라. '사명, 계획에 대해서'이다. 혈육 연합이 아닌(장례식에서 가족 우선이 아닌 자이다) 나를 찾는구나, 내 길을 묻는구나.

2022. 2. 4. 금요일. 추가 글입니다.

너는 하늘 아버지의 아들이다. 이는 보이신 꿈이니 성령 세례받은 자이기에 아들로 보임이다. 또한 '주'의 간호사가 아니냐? 이는 기도 중 환상이라. 넓은 길, 이는 인생길이니 피난민 긴 행렬 보임이라. 길고 긴 줄, 끝없는 줄이라 하라. 주께서 그들 가운데 함께 계시니(맨발이신 주이시다! 하라) 네게 무엇을 가르치더냐? 너는 주 옆에 선 자이며 '주는 의사, 너는 간호사라!' 내가 가르쳐 주며, 사람들의 아픈 곳을 치료하시는 주 옆에서 너는 심부름만 하라 하지 않으랴? 이 꿈은 너와 내가 나눈 대화 아니냐? 나는 전하는 주시며 너는 들은 자이니 이는 우리 사이 오래전 묵은 이야기처럼 된 지난 시간들이다. 이는 네 훈련의 길이다. 그동안 그러하다. 이를 두라. 나의 치료 대상 '인류'가 아니냐? 내게 나아오는 자, 줄 선 자이나 가난하고 아픈 자들이며 갈 길 먼 '아버지 나라' 아니냐? 이는 사람의 인생길 알린 나이다.

이는 신앙 초기 1992. 11. 2. 주일. 첫 예배 이후 1995년 방언 임한 후(집에서 먼저 받은 자이다) 이어진 1995. 8. 21. 월요일. 성령 세례 그 당시이다. 그 무렵, 성령이 임하여 성경 말씀과 환상으로 보인 나이다 하라. 너 자신 확증된 받은 바 많으니 나의 일, 나의 길 증언자이다 하라. 나를 만난 자이니, 훈련도 내게 받지 않으랴? 사람(목회자들)이 개입해도 줄곧 알리며 알린 나이니, 회개와 도망(도피), 외면도 여러 번, 마침내 숨긴 나이다. 이는 너의 건강의 문제로 차단시킨 나이니, 나만을 구하도록, 의지하도록 하지 않더냐?

그러함에도 쉽지 않음이니 다시 보인 2002년 '보좌 길' 꿈으로 알린 나이다. 이는 오직 주뿐이라. 오직 성령으로 살 때이다. 이는 끊임없는 도전! 7전 8기라도 누구나 지향할, 지향해야 하는 나의 길이다! 하라. 이상이다. 닫으라.

5. 내가 곧 길이요 진리요 생명이니(요 14:6)

요 14:6 예수께서 이르시되 내가 곧 길이요 진리요 생명이니 나로 말미암지 않고는 아버지께로 올 자가 없느니라.

2022. 2. 4. 금요일. 추가 글입니다.

오늘 두라. 이는 2020. 7. 23. 목요일, 영서 시작된 '40일 니느웨 회개 기도' 명함이 아니냐? 이는 나이다. 이로써 시작된 40-1일이니 40-40일까지 이를 마치고 지속한 자이다. 2차 40일, 3차 40일 등 이러하게 해오는 자이다. 이를 못내 아쉬워서 했느냐? 아니다. 나의 손이 쓰도록 하는 것이다. "주리라, 주리라, 나의 줄 것이 많다!" 하지 않더냐? 쓰기 싫어도 쓴 자이다. 왜 쓰기 싫으냐? '영들이다' 하는 자이다. 개입된 자이다. 그럴지라도 '훈련이다' 하며 여기까지 온 자이다. 이는 목회자들에 대한 영 분별이다.

이외 등등이다. 오늘 이 글을 두라 함은 왜이더냐? 영서 기록 1년 수개월이니 이는 1년 이상이며 어느덧다시 7개월을 향하는 자이다. 이는 14차 40일 영서 끝 일이며, 2022. 2. 5. 토요일 내일은 15차 40-1일 다시 이어지는 자이다. 14차 끝날, 오늘에 주시는 은혜가 크도다! 하라. 이미 받은 내용 가진 자이다. 1차 40일 분량 초과로(추가 내용 분량이 많으므로) 40-1일에서 40-11일까지 1차를 우선 "탈고해 보자" 하는 자이다. 이는 '나라전, 지구전 가속화 시기'이니 시기 늦춰진 발간 예정 1년이 미루어지므로 허락하는 주시라! 하라. 묻고 물으며 나아오는 자이다. '괜찮다' 하는 자이다. '하도록 하라'는 의미이다. 성령의 유연성을 아는 자들은 알만한 이해 폭이라 두고 해보자 하는 자이다. 이로써 오늘 마감이 되는 영서 교정이다(전체 파악). 차일피일 미루나 본의 아닌 시험이 크다. 이는 비바람(저해 요소, 훼방의 모든 것)이며 또한 확증을 원하는 자이기에 지체함도 없인 문제 중 하나이다.

바라보라. 계 21:1 … 새 하늘과 새 땅이라. 나의 원수는 나의 아래 두는 나이다. 도표 두라. 일직선 그려 보라. 위는 새 하늘과 새 땅이니 하늘나라, 하나님 나라 '영원한 저 천국'이다. 그 아래는 세상이다. 땅 나라, 사단의 나라 '불 못에 던져질 지옥'이다. 이를 향해 태초부터 행해 온 '만군의 여호와의 열심'이 이를 이루리니! 사 9:7 그 정사와 평강의 더함이 무궁하며 또 다윗의 왕좌와 그의 나라에 군림하여 그 나라를 굳게 세우고 지금 이후로 영원히 정의와 공의로 그것을 보존하실 것이라 만군의 여호와의 열심이 이를 이루시리라. 위는 '+ 플러스, 더하기' 세계이다. 천국 향해 가는 자들, 목적 삼은 자들이니 나를 위해 이 땅에 사나 자신은 버린 자이다. '버리고 얻은 나' 아니랴? 스스로 되려 하지 않는 오직 주를 의지하며 살아내는 자들이다. 비바람 속을 걸어갈지라도 이는 아래에서 떨어뜨리려 무수히 괴롭히는 사단 세력이 아니랴? 그러함에도 나의 붙듦 - 히 1:3 … 그의 능력의 말씀으로 만물을 붙드시며 죄를 정결하게 하는 일을 하시고 - 안에서(커다란 투명 볼 안에 선, 한 사람이 구르는 볼 함께 발걸음 이동됨을 보지 않았느냐? 이는 한 영상의 장면이다. 마치 이러한 보호이다) 목적지 가는, 이동자이다 하라. 그 아래는 '마이너스, 빼기' 세계이다. 스스로 무엇을 하나 높아진다 해도 그 소유가 많거나, 적거나, 어떠하다 해도 주 없이 사는 자이니, 웅덩이 같은 세상에서 맴도는 자들 '파고 파고' 들어가나 그 길은 어둠 속이며 그 끝은 지옥이다! 하라.

내게 묻는 기도 없이 사는 자는 위험하다 하라. 웅덩이인지 어찌 알랴? 교회가 의지 되어 사는 자도 이러한 오류를 범할 수 있다 하라. '영이신 하나님' 외에 그 무엇이 안전하랴? 이를 두라. 반문하는 시대이다. 나인가? 사단인가? 이는 그리스도와 적그리스도 양 갈래이다. 어느 편에 치우친 자인가? 내심 묻는 자이다. 구원이 살길이다. 그리스도 외 구원이 없기에 그러하다. 너의 생각과 마음속에 나를 두라. 히 10:16 주께서 이르시되 그날 후로는 그들과 맺을 언약이 이것이라 하시고 내 법을 그들의 마음에 두고 그들의 생각에 기록하리라 …. 이상이다. 맺으라. 닫으라.

6. 네 골육 친척 아비 집을 떠나 내가 네게 지시하는 땅으로 가라(창 12:1)

창 12:1 여호와께서 아브람에게 이르시되 너는 너의 고향과 친척과 아버지의 집을 떠나 내가 네게 보여 줄 땅으로 가라. 네가 기도하는 자리, 다시 오르는 곳 나와 함께 있을 것이다. 부활의 영 믿는 자, 내게 영광 돌리는 자이다. 네 마음속에 내가 있다. 영체 아는 자이다.

2022. 2. 4. 금요일. 추가 글입니다.

이날 주께서는 명하셨습니다. 저의 훈련지 접으라고 하십니다. 외로이 지낸 긴 시간이나 주와 함께한 익숙한 장소이며 교회 하겠다고 나설 때 "개척하라" 하시기에 처음은 지고 후에 순종하게 된 자입니다! 하라. 길에서 네게 임한 말씀이다. 넓은 땅, 많은 건물 있지만 교회 예배처를 형편대로 구하려 하니 슬퍼진 자이다. 나는 주었다. "말 구유에 탄생하신 주이시다" 눅 2:7 첫아들을 낳아 강보로 싸서 구유에 뉘었으니 이는 여관에 있을 곳이 없음이러라 하지 않느냐? 이는 2008년 당시이다. 이 말씀은 영서 쓰는 기간에도 오갈 데 없는 자에게 주시는 위로 아니랴? 한 곳 정한 자이더니 이는 "말 구유이다" 전한 나이다. 가냘픈 몸 하나 기댈 좁은 공간이며, 사람 통로이기에 수 없이 발을 오므려야 하는 자이다. 누추한 위치(임시 공간 사용자이다) 그 앞에 영서 자료 두니 이는 요한의 밧모섬을 말씀하신 주이시니 "편치 않은 자리이다" 하지 않느냐? 외출 시, 밖에서 지쳐서 온 피곤한 자에게 이 공간은 주와의 만남의 자리이므로 불편해도 사모하며 그리워한 자리이다. 뻗을 다리 마땅치 않아 몸을 구겨 자기도 한 자, 뻗을지라도 통행자들 생각하느라 각도 맞추어 두 다리 겨우 두니 이는 발이 걸리지 않게 하려 함이다. 이러한 속에서 굽어진 다리며 장시간 좌식 생활로 허리 통증 등등 아니랴? 이로써 나는 네게 위로를 주었다. 이는 2021. 2. 26. 금요일 "나로 말미암음이라" 이는 "네 육신적 고통은 나 때문이다" 하였다! 하라.

2020. 7. 23. 목요일, 영서 첫날이니 개척 예배처에서 갈 바를 알지 못하고 나온 자, 행하는 자, 바라보는 자, 이는 어언 1년 7개월이다! 하라. 떠나고 떠나는데 익숙해진

자이다. 그러함에도 한 장소 예배처에서 이는 2008년부터 머문 장소 아니랴? 고충, 고통, 고난의 자리이나 "나를 만난 많은 이야기 있다" 하라. 다른 교회 부럽지 않은 자리이다. 비록 제도권이 아닐지라도 주에 의한 훈련과 만남과 할 일이 있는 자이다 하라. 누가 내 교회라 하랴? 제도권의 '교단 가입 교회' 모두가 교회이랴? "비제도권은 교회가 아니다" 하며 큰 소리 치랴? "나의 교회 기준과 너희 교회 기준과 다르다" 전하거라. 나 또한 "성전이 아니다" 하며 수많은 공격자 속에서 당한 예수 생애가 아니랴? 지위에 오르랴? 배우랴? '수'를 두어 교회이다 하랴? 헌금 재정으로 여러 일을 한다! 하여 교회이다 하랴? '오직 성령으로' 이 외에는 아무것도 아니다. "내 기준으로 정하는 교회이다" 하라.

그러므로 계시록 일곱 교회 또한 어떠하다 하며 "회개하라" 하지 않더냐? 그러나 계 2:9 … 자칭 유대인이라 하는 자들의 비방도 알거니와 실상은 유대인이 아니요 사탄의 <u>회당이라 하지 않더냐</u>? 계 3:9 보라 사탄의 회당 곧 자칭 유대인이라 하나 그렇지 아니하고 거짓말하는 자들 중<u>에서 하지</u> 않더냐? 무엇을 이르랴? 나로 인해 더불어 사는 인생이니 내가 주되어 다스림이니 "그가 교회이다" 하는 나이다. 신학 배우고, 지위 주어(목사 안수 혹은 목회자의 이동도 그러하다) 자신들끼리 교회이다! 하며 목사(님)이다! 하랴? 내가 세우노라. 혹은 나에 의한 자 되기 위해 나아오려 애쓰는 자 이들이 나의 교회, 나의 종이 아니랴? 누구나 이 선상에서 머물고자 하면 안전하나, 이는 힘쓰는 자이다. 눅 13:23 어떤 사람이 여짜오되 주여 구원을 받는 자가 적으니이까 그들에게 이르시되 24 좁은 문으로 들어가기를 힘쓰라 …. 이는 나의 훈련기이다 하라.

구원을 얻기까지 지내는 이 세상이다. "육체에 거하는 동안 죄를 지을 수 있는 자들이다" 알린 나 아니랴? 네게 주었다. 오래전에, 선 줄로 아는 자는! 고전 10:11 그들에게 일어난 이런 일은 본보기가 되고 또한 말세를 만난 우리를 깨우치기 위하여 기록되었느니라 12 그런즉 선 줄로 생각하는 자는 넘어질까 조심하라. 말씀 준 나이다. 네게 수 없이 이르지 않더냐? 설명 보이지 않더냐? 들은 자이다. 주보다 일을 사랑하는 자도 그러하다. 매 순간 주를 주되게(이는 생명, 호흡이다) 기울일 자이니 매사 인정 속에 의지함 아니더냐? 쉽지 않음이다. 그럴지라도 주가 호흡 되어야 하는, 이는 넘어지지 않기 위함이다. "나 밖에 없다" 하는,

이는 2019. 12. 25. 수요일, 성탄절 밤 사도 요한 안에 주가 주인 되어 계심을 본 자이다. 보인 나이다. 이와 같도다. 자리 차지(내가 해야) 항상 내게 우선권이니 이를 배우라. 이를 네게 가르친 나이다 하라. 이상이다. 닫으라.

7. 구글 시스템 다시 적어보자

…생략… 계속되는 추적자들이다.

2022. 2. 4. 금요일. 추가 글입니다.

구글 전쟁 시대이다. 이미 알리 나이다. 이는 2009년경 깊이 잠재우시고 너를 제어함 아니냐? 자리에서 일어나지 못한 자이다. '주의 계시'속으로 들어간 자이니, 눈도 뜨지 못함이라. 아무도 없는 홀로 된 상황에서 자신 의지(기상도 마음대로 안 된)대로 할 수 없는 나의 훈련이었다 하라. '세계 구도' 준 나이다. 영상 시대 관하여 알린 나이다. 유의할 시대이다. 지옥의 '가상 공간' 모든 것 체험시킨다! 하라. 이를 주라. '성 문란' 적나라해지는 '수위 높은 방송 시대' 도래 알린 나이다. 1인 방송 유튜브 시대 알린 나이다. 이단 위험, 각종 죄의 온상 발판 되어 펼치고 펼칠 세계이니, 게임 시대도 그러한, 판매도 그러한 다 '위험 요소 깔린' 허다한 자들 나서는 공간이다! 하라. 펼치고 펼치나(기회를 준다 해도) 선한 자들 탄압할, 미리보기 준 자이다. 이는 세상의 정체이다.

복음으로 활동해도 후에는 '짐승 표'를 두어 최종전 판가름하려는 자들이며 반대자를 어찌하겠느냐? 세상을 다 준다 해도 바꿀 수 없는 주시라! 하라. 이를 위해 한 걸음 두 걸음 나아가기도, 날아오르기도 하는 연습자들 아니냐? '내 나라' 들어오는 훈련 과정이다. 영상 관련은 세상의 눈이 된 여러 가지이다. 한둘이랴? 구글은 "내 나라이다"하는 자가 통치하지 않으랴? 임시 통로(복음, 주 전하는 자들이라 하라)나 맹수 풀어 활동케 하는 전쟁터이다 하라. 각종 영들이 다 모이지 않으랴? 분별하기 위해(할 때까지) 안 보는 것이 낫다! 하라.

'차라리'이다. 이 방, 저 방 다니다가 영이 힘들어지지 않으랴? 갈리게 하라. 닫을 방 이는 열지 않을 방 보이나 건너 뜨기 훈련해야 하는 자들이다. 차라리 성경 보아라, 기도하라. 눈이(영안, 영적 감각, 지각) 열리리라. 내게 물으며 나아오라. 볼 자는 이러하다 하라. 유튜브 영상에서 전할 자가 있느냐? 이는 메시지이다. 나를 알리는 이 또한 눈높이가 다 '다른'이니 차등 두어, 이 또한 고르고 고르는 선택이니라. 초등 교사, 중등 교사, 고등 교사, 대학 강사, 전문 분야 학자 다 다르지 않으랴? 지금은 주를 구할 때이다. 많은 선생으로 어지러울 때이다. 이는 방송이 통로 된 시대 아니냐?

유명인, 저명도가 영성이 있다, 주를 깊이 사랑한다 할 수 있으랴? 유튜브 영상을 누가 보랴? 단계에 오를 때 보는 자는 평신도가 아니냐? 교회를 통한 해갈이 안 되는 자에게 그러하다. 한 단계씩 도전 위함이니 가리고 가리라. 이는 부득이함이다. 어쩔 수 없이 보고자 하거든 '맛집'을 쉬이 구하랴? 충분한 검토이다. 숨어 있는 보물이 있기는 하나 마 13:44 천국은 마치 밭에 감추인 보화와 같으니 - 감별 없이 흙인지, 무엇인지 어찌 알랴? 신중에 신중을 더하여 우후죽순 가운데에서 찾아야 하는 상황이다! 하라. 초등학생은 중등 과정 본다! 하자, 진급이다. 전문인은 나를 구한다. 이는 연구자이다. 영서는 구글 심의자이다. '의'를 전하는 자에게 엄격한 잣대 두는 저들이다. 세상 조직을 위해 "꽹과리 치고 판벌이라" 하며 온갖 것 다 용납하여 자리를 펴 주나, 전체 통치 사회에 관한, 또는 세상 조직력(거대 조직=악한 무리 시스템)은 "우리 편이다" 하며 지원(부추기는)하지 않으랴? 악을 버리고 선을 택하라. 이는 살길이다! 하라. 그들은 의에 대하여 박해하는 자이다. 마 5:10 의를 위하여 박해를 받은 자는 복이 있나니 천국이 그들의 것임이라. "영상에 대한 할 말이 많다!" 하는 주시라. 지나친 자들의 참여이다 하라. 이상이다. 닫으라.

8. 서머나 교회가 되리라

이전에 갈릴리 바다 거닐 때 기억하느냐? 바다 앞, 너희 가족 모두 서 있는 모습이다(그 당시에 다른 사람에게 네 가족 환상에 대해 듣게 한). 열어 준 나이다. 아는 자(이는 가족 모두 주실 은혜에 관함이다) 떼고 떼면서 여기까지 온 자이다. 너는 나의 예언자이다. 내(너의) 가족 사랑하는 자, 구원 기도 내게 드린 자이다. 나는 약속 지키시는 신실하신 너의 하나님이시다. 깨닫느냐? 나의 종아, ㅇㅇ아! 너는 이름 불러 주길 원한 자이다. 아브라함아! 이를 성경에서 보며 다시 부러워진 자이다. 창 22:11 여호와의 사자가 하늘에서부터 그를 불러 이르시되 아브라함아 아브라함아 하시는지라 …. 너의 아버지 통해 사가랴에게 준 요한 이름과 같은 너였다. 눅 1:13 … 네 아내 엘리사벳이 네게 아들을 낳아 주리니 그 이름을 요한이라 하라. 이것이 네가 아버지로부터 <u>사랑받은 이유이다</u> – [저는 1993년 가을, 아버지 장례 때 "천국에서 만나요"라고 오열한 자이며, 장지에서 병원 이송 중 임사 체험으로 하늘길을 올라 하나님을 만납니다. 2020년, 가을을 앞두고 아버지는 교회 산 묘지에서 27년 채우고 다시 어머니와 함께 화장하는 장소에서 지켜보던 중에 성령 불을 받습니다] – <u>가족의 선지자였던</u> 너였다. 마이크로 칩처럼 내 것을 네게 주었다. 직통자, 나 만난 것이다.

"무엇에 대해 말씀해 주시고 싶으세요?" 흰 눈(눈은 성령을 상징합니다! 하라) 오는 날! 오늘 될 것이다. 덮일 것이다. 네가 받은 은혜, 소용대로 주리라. 나의 딸 ㅇㅇ아, 나의 종 ㅇㅇ아, 선지자의 영으로 말하리라! 여기까지이다 – [2023. 7. 17. 월요일, 내 말대로 이루어진 예언이다! 하라. 개척 예배처에서 부른 자이다. 장례식장의 네 어머니 고인 된 자를 위한 추모 '단' 앞에 선 자이다. 그곳에서 너를 밤새운 나이다. 듣게 한 나이다. 받아 적는 당시는 잘 모르나, 지나 보니 '성령의 강권'적 다루심이다! 하라. 그곳은 한 집단, 조직, 문화이니 장례, 문상, 사람 모임 아니랴? 교회뿐 아닌 친인척과 가족들과 지인들과 낯모르는 자들과도 섞인 장례 기간이다. 그럴지라도 너를 빼낸 주가 아니시더냐? 영서 사명 중(영서 은사 받고 기록 8일째 장례이다 하라) 나타난 자리이니 맡긴 일 '눈 오는 날'이다 하라. 이는 성령으로 덮이는 날이자 증언, 증거의 날이다! 하라. 깜짝 쇼, 반짝 쇼하듯 행하신 네 주 하나님이시니 이 일을 증거 하는 자이다. 이 지면이다. 그리고 어디든 그러하다. 발설이 나에 의한 그 날을 주시리라. 되었다. 닫으라]

너는 주구장창인 자, 네 주위에서 너를 보는 자들이다. "놀라지 마라! 두려워하지 마라" 나는 너의 하나님이다. 구하라. 주리라. 눅 11:9 … 구하라 그러면 너희에게 주실 것이요 …. 소용대로 주리라. 8 … 그 간청함을 인하여 일어나 그 요구대로 주리라. 환상 '하늘 문'의 생명샘 물, 생수의 강 보인 자 - **장례식장에 도착하여 기도 시작에(추가 글 2022. 3. 6. 주일)** 내가 너를 세우는 것이다. 필요할 때 세우는 자이다 - 금식하는 자에게 주시는 힘! 나의 힘으로 서리라. 아직은 아니다. 하지 말라면 안 하는 너이다. 내가 고맙게 생각한다. 나는 너이다. 너의 마음이기 때문이다. 내가 너와 함께한단다. 굳세게 하리라. 너는 안다, 나를! 사랑하는 내 딸아, 굳세게 하리라. 나는 너의 여호와로다. 나의 통치 권세가 너를 덮을 것이다. 너를 덮을 때 나의 것으로 세워지는 것을 너는 안다. 소용대로 주리라. 이는 2-3년 전부터 주신 말씀이다. 눅 11:8 내가 너희에게 말하노니 비록 벗 됨으로 인하여서는 일어나서 주지 아니할지라도 그 간청함을 인하여 일어나 그 요구대로 주리라. 내가 너를 도우리라. 굳세게 하리라. "나의 반석 하나님! 외칠 것이다" (장지에서 일어날 일에 대한 미리 말씀을 주십니다! 하라)

…생략… "커피 끊으라고 하셨는데 먹었어요. 그런데 왜 만나주세요? 너는 지금 울면서, 흐느끼면서 내게 말한 자이다. 이는 오랜 묵은 마음의 체증 같지 않으냐? 인간의 약함을 아시는 주이시다. 나는 너를 정죄하지 않는다. 사람이(관계자) 회개시키는 것이다. …생략… 요지부동할 자, 지키면 좋은 자이다. 약할 때에 허용된다. 자주 하지 않기에. 나 여호와는 중심을 보시는 하나님이시다. 삼상 16:7 여호와께서 사무엘에게 이르시되 그의 용모와 키를 보지 말라 내가 이미 그를 버렸노라 내가 보는 것은 사람과 같지 아니하니 사람은 외모를 보거니와 나 여호와는 중심을 보느니라 하시더라.

2022. 3. 6. 주일. 추가 글입니다.

장례식장에 도착하여 기도 시작에: 이날 당시 기록 두라. 장례 이틀째 맞은 자이다. 주신 은혜대로 훌쩍 지난 밤이니 영서 기록하다 보니 새날을 맞음이라. 영서를 받은 자이다. 위의 내용은 이날 주의 예비하신 '복음 증거' 기회이니(장지에서 일어날 일) 미리보기 식, 주신 말씀대로 일한 자임을 후에 읽고 수정 중에 알게 된 자이다. 알게 하심이니 '<u>흰 눈 오는 날' 무엇이랴? 성령이시라 하라</u>(밑줄 치라). 또한 하늘 문 사이로 흘러내리는 생명수 다시 보임이니, 이는 장지에서 주의 말씀이 지속적으로 흐름이니 심령에 채우심이라. 이는 여호와의 지식이며 덮으신 성령이시라 전하라. 나의 갈 길을 갈 자(너)이다 하라. 무엇이든 나의 명하는 일에 순종하리라! 한 자이더니 맡기지 않더냐? 기회 잃어 장지에서 두 번째는 하지 못한 자이다. "한 번 더 일하자" 하신, 그럴지라도 '나의 등 뒤에서 나를 도우시는 자' 아니시랴? 네 갈 길 인도하시리라. 중심으로 따르려 함이니 그러하도다. 누구든지 그러하다. 나를 사랑하는 자가 내게 오지 않으랴? 너는 주께 사랑받고 싶은 자이다. 받은 사랑으로 일하며 '영광의 길' 가려 하는 자이다. 이는 '나를 위한 길이다' 하라. 네 선택은 나이다. 나에 의해 살고, 나에 의해 죽는 자이다. "사나 죽으나 주의 것이로다" 하는 자이다. 생명 연장 아니랴? 아버지 장례식 장지 1993년이니 얼마 연장이랴? 수고로이 일하는 자이다. 라멕같이. 창 5:28 라멕은 백팔십이 세에 아들을 낳고 29 이름을 노아라 하여 이르되 여호와께서 땅을 저주하시므로 수고롭게 일하는 우리를 이 아들이 안위하리라 하였더라.

한 해, 한 해 겪는 시기이다. 재난의 시대, 환난에 들어선다! 하라. 터널 입구 들어가듯이 어둔 터널을 앞둔 시점이다. 물살이 거센 자동차 세차 기계를 본 자이다. 자동차 안에 있을지라도 눈 질끈 감은 자 너니 마치 홍수 속 갇힌 자 된 듯이 두려움과 답답함이 아니랴? 이와 같은 시기이다. 준비한 자, 자동차 안에서 세차를 기다린다 해도 환난기는 이와 같으리라. 맹렬히 퍼붓는 그들로 인함이니 놀랍고 무서운 일이 일어나리라. 짐승들의 활동기 아니랴? 겉은 사람 탈, 속은 짐승 정체이니 사람을 사고팔고 이어 온갖 시험 삼아 다루더니 '표' 강행기 두지 않으랴? 내 편 네 편의 싸움이 아니랴? 청백전 운동회 나뉘듯 나누이리라. 온 세상 그러하도다. 이미 진 자 있으나 아니다 할지라도 장담치 못한다!

하라. 겹겹이 무장한다 해도 벗기고 벗기려 함이니 그들의 수법은 잔인하니라. 무법천지 활보하며 종횡무진 달리는 극악무도한 파렴치한 자들이다. 마치 날 선 검으로 에이듯 능숙히, 익숙하게 다루는 그들이니라.

    두려움이 아닌, 나의 능력이 되어 감싸는 나이니 택한 자는 그러하리라. 단련에 단련을! 해야 하는 준비의 시기이다. 선수는 경기 출전 최종까지 '맹연습'을 한다! 해도 경쟁이 있지 않으랴? 본 무대 앞에 최종 리허설을 어찌 소홀히 하랴? 지금은 그러한 시대이니 준비한 자에게 이러하도다. 안다 해도 기막힌 세대 앞에 주저앉기도 하지 않겠느냐? 그럴지라도 너희 의가 아닌, 나로 말미암는 구원의 역사이다 하라. 지구의 남은 '재 한 줌'과 '부활체 생명의 성벽'을 본 자 아니냐? 이는 네게 보인 환상이니 마지막 때를 전하는 자이다. 이를 증거 하라! - 사도행전 1장 8절 말씀 대로이다. 행 1:8 오직 성령이 너희에게 임하시면 너희가 권능을 받고 예루살렘과 온 유대와 사마리아와 땅끝까지 이르러 내 증인이 되리라 하시니라. 이는 2008년 개척 예배처에서 '표어'로 주신 말씀이니 삼위일체와 함께이다! 하라 - 주는 나의 영서 글이니라. 닫으라. 이상이다. 맺으라.

2022. 2. 3. 목요일. 추가 글입니다.

    커피에 대하여 보자. 이는 교회 생활을 시작하는 당시니, 나에 대해 들은 것 중 하나이다. 한국 교회의 문화가 된, 커피 생활자 많지 않더냐? 예배 마치고 마시면서 두런두런 나누나 내게는 다소 한국이 염려된 당시이니, 기도보다 나눔 교제가 많으며 이 또한 문화 토착이 되어 '나를 위한' 아닌, 너희의 교제가 많아진 이로써 '해이함'이 아니냐? 이를 주었다. 한국 교회는 커피 문화로 주저앉고 담소하나 비일비재 많아진 당시이니 깨어남을 원한 나이며 이를 네게 알려주어 "마시지 말라" 하나 끊지 못한 자이다. 끊기도 하고, 한 번씩 마시기도 하며 오랜 세월을 반복함 아니더냐? 같은 은혜 입은 여 목회자를 만남이니 그 또한 마시지 않기에 차단해보나 온전히 끊지 못함 아니랴? 늘 걸림이니 주께서 친히 말씀하시나 끊지 못함이 아니랴? 네 죄악의 짐으로 눌림이니 가끔씩 먹을 때마다 그러하며, 늘 마음 한켠 끈질긴 자신의 약함에 기막히기도, 놀라기도 하며, 이토록 끊지 못함이 무엇인지 애타기도

한 자 아니랴? 사람이 도움 되어 제지받기도(먹지 말라 하는 권면), 토하기도, 배탈이 나기도 함에도 단절되지 못함이니 이 죄는 오래토록 긴 싸움이로다! 하는 자 아니랴? 이는 맡은바 선교 영역이니 한국의 이면 저면 알리며 가르쳐오고 이런저런 면들을 자르고, 뗀 자이니 한둘이 아닌! 아니랴?

그러함에도 "커피는 여전히 남은 문제이다" 하는 자이다. 값 또한 많은 지출로 소비문화된 기호 식품이니(한국인, 기독교인) 음식 문화 훈련을 받아오는 자이기에 '해야 할 일'(금주, 금연 운동하듯)로 지정하고 하고 싶으나, 잘되지 않으므로 네게는 죄스런 마음이 항상 있지 않으랴? 물은 사람에게 필수이며 음식 또한 필수, 기초 위주로(모든 것은 주를 위해 존재하는 생명이니 호흡도, 활동도 그러하다) 그동안 훈련받지 않으랴? '몸이 좋다' 하는 것 찾아 나서는 자 아니다. 기호 식품, 유해 한 식품들 차단 훈련 받지 않으랴? 지금은 다른 입장에서 보내는 시기이니 음식 문화가 다시 무거워지는 자이다. 이제껏 살아온 시간(훈련 기간) 혹독히 지내 온 훈련기 아니랴? 몸을 위해서(구별) 문화를 얼마나 알고 알면서 배제하고 차단하고 신중히 해야 함을 알지 않으랴? 이를 두라. 에너지가 필요한 육체이므로 음식 섭취가 필수이나 얼마나 절제와 선택에 유의해야 하는지 네게는 이러한 육신이 '주를 위해 살 때' 가는 길이 쉽지 않음을 아는 자이다. 커피 이야기를 통하여 잠시 이어 보는 음식 이야기이다. 이를 나누라. 나의 은혜는 "줄 것이 많다!" 하는 나이다. "되었느냐? 되었다" 하라. 다음에 이어 보는 주제(음식 문화)이리라. 닫으라.

9. 코로나에 대하여 적어보자

발뺌하고 있는 자. 청산유수자들이다(문 정권, ㅇㅇㅇ). 네가 꾼 꿈의 강 도하전의 왼쪽 물가(큰 물고기 떼 죽음)에 해당하는 자이다.

2021. 12. 10. 금요일. 추가 글입니다.

문상객이 된 자이다 하라. 살아생전에 어머니 '위탁'에 대한 기도 부탁한 자이다. '내 길을 위한' 아니더냐? 나와 함께 걷기 위한 조건 제시 이는 너의 기도이니 어머니를 부탁한 오랜 지난 날이다. 어머니를 모시는 자, 섬기는 자로서 효도할 누군가에 대해 눈물로 간구한 자이다. 요 19:26 예수께서 자기의 어머니와 사랑하시는 제자가 곁에 서 있는 것을 보시고 자기 어머니께 말씀하시되 여자여 보소서 아들이니이다 하시고 21 또 그 제자에게 이르시되 보라 네 어머니라 하신대 그 때부터 그 제자가 자기 집에 모시니라. 나를 사랑하는 자, 만나는 자이니 이러하다 하라. 맡기는 일이 무엇이냐? '종말'이 아니더냐? 아버지 소천 당시, 이는 1993년 가을. 추석 한 주 전이니라. 겔 8:3 … 주의 영이 나를 들어 천지 사이로 올리시고 아니더냐? 높이 오른 이른 곳, 나를 만나 보고 들은 자이다 하라. 2020. 8. 1. 토요일. 어머니 장례식 이후에 줄곧 이어진 영서이니 사명이므로 그러하다. 에스겔은 아내가 죽은 자이다. 울지 않게 한 나이다. 겔 24:16 인자야 내가 네 눈에 기뻐하는 것을 한 번 쳐서 빼앗으리니 너는 슬퍼하거나 울거나 눈물을 흘리거나 하지 말며 17 죽은 자들을 위하여 슬퍼하지 말고 … 18 내가 아침에 백성에게 말하였더니 저녁에 내 아내가 죽었으므로 아침에 내가 받은 명령대로 행하매. 예레미야 찾으라. 렘 16:5 여호와께서 이와 같이 말씀하시되 초상집에 들어가지 말라 가서 통곡하지 말며 그들을 위하여 애곡하지 말라 내가 이 백성에게서 평강을 빼앗으며 인자와 사랑을 제함이라 8 너는 잔칫집에 들어가서 그들과 함께 앉아 먹거나 마시지 말라.

코로나는 포로기라 하라. 바벨론 세력 집권기라 하라. 짐승 시대니라. 도래이다. 지구사 아는 자이다. 언제 주 오실지 아느냐? 물으라. 준비되었느냐? '새 예루살렘 성' 오르고 있느냐? 하라. 요셉 아리마대 사람이다. 눅 23:50 공회 의원으로 선하고 의로운 요셉이라 하는 사람이 있으니 51 … 그는 유대인의 동네 아리마대 사람이요 하나님의 나라를 기다리는 자라 52 그가 빌라도에게 가서 예수의 시체를 달라 하여. 이는 왜이더냐? 교회 시대(공회)이다. 모임이 있는 자이다. '그러나'이다. 나를 위해 과감히 행하는 자니 그, 그들보다 사랑하는 자이다 하라. 이는 중심이다. 환경은 교회 시대, 마음은 주께 두어 '성령으로! 성령으로!' 외치는 자이니라.

어머니 장례 전, 영서 은사 임하기 전에 개척 예배처의 베란다 배수 문제 공사 "꼭

해야 한다" 하기에 이를 전한 자이다. 그리고 그들이 요구에 응하지 않음으로 힘들어진 자이다. 매사 기후에 매인 자뿐 아니라 더 불편해진, 불거진 주방의 역류 사태까지이다. 이로써 주방 씽크대(오래, 묵은, 낡아서 부서진, 지탱도 부실한) 이동으로 부서지니 사용 불가 상태이다. 전기도 그러한 보수(시설 점검 포함) 수년 전 알리나 그대로 방치된 채 지낸 자니 위험 알리므로(벽 문제 등등) 드나드나 가지 못하고 대기 중인 자이다. 그곳은 노후 건물이라! 하라. 보수, 공사할 곳이 한두 곳이랴? 참고 견디어 온 자리이니 주거 불가 된 자니라. 이곳은 자연을 사랑하여 견딘(숨 쉬는 자리, 휴식 자리) 자이다! 하라. 내 종은 머리 둘 곳이 없다! 하라. 마 8:20 예수께서 이르시되 여우도 굴이 있고 공중의 새도 거처가 있으되 인자는 머리 둘 곳이 없다! 하시더라. 이는 늘 하신 말씀이다. 이는 훈련 과정이니 오래 참음으로 옷 입은 자이다. 골 3:12 그러므로 너희는 하나님이 택하사 거룩하고 사랑받는 자처럼 긍휼과 자비와 겸손과 온유와 오래 참음을 옷 입고 사는 자, 현재는 그러하다.

　어머니 문제 일단락이다. 장지 겪은 자이다. 승려 만난 자이다. 오고 가는 길에 그를 피하려 자리 이동하다가 다시 만난 자니 시신을 태우는 불을 창문 너머 바라보며 고인 된 부모의 유골함을 받는 대기 장소이다. 안내를 받은 이 지정 장소의 옆 옆 대기실에서 목탁 소리가 들리니 거슬린 자, 이는 성령이 일하시기 위하여 반응하심이니 네 마음 불편함이다 하라. 이는 전하는 계기가 되었다. 성령이 밀어내심으로 발설한 자이다. '영 대치' 가운데 기도 후에 자리를 다시 이동하여 산 나무 그늘에 세우시고 바람을 일으키어 땀 식히며 기도를 지속하게 함이 아니냐? 하라. 성령이 담대히 '평안' 가운데 말씀으로 알리시고 나타내시니 이는 네 머리털 하나도 상하지 아니하리라 - 눅 21:18 너희 머리털 하나도 상하지 아니하리라 - 하는 약속 보임이 아니냐? 두 감람나무 아니냐? 계 11:4 그들은 이 땅의 주 앞에 서 있는 두 감람나무와 두 촛대니 하라. 네 머리에 주신 메시지니라. 가슴 '마음'도 그러하다. 보호하심의 약속이다. 바울을 상기시키지 않느냐? 무수한 박해자들로 고초, 고난으로 상함 아니겠느냐? 맞은 자, 쓰러진 자, 죽을 위기까지 그니라. '이에 비하면 …' 하게 한 당시니라. 친족으로 난감해진 자이니 무수히 느낀 자이다. 이번뿐 아닌, 언제 어디서나 수없이 선 자리이다 하라. 이는 '맞지 않다, 다르다' 하는 자이니 "왜 그러한가?" 하며 이상히 여기기도, '누'가 되는 자로 여기기도, 귀찮음도 때때로이다. 그럴지라도 주가 주신 말씀이므로 위로가 되어 용기 낸 자이다.

친족들이 붙들려 미쳤다! – 막 3:21 예수의 친족들이 듣고 그를 붙들러 나오니 이는 그가 미쳤다 함일러라 – 이 말씀도 하신 주이시다. 너는 하늘 아버지의 이름으로 일하게 한 자이다. 물리친 자이니 그러하다. 승려 그는 네 기도 시간에 그의 '머리를 날려!' 아니냐? 이는 네가 그에 대해 기도하는 중에 환상으로 본 바이니 마치 삼상 5:4 … 다곤이 여호와의 궤 앞에서 또다시 엎드러져 얼굴이 땅에 닿았고 그 머리와 두 손목은 끊어져 문지방에 있고 다곤의 몸뚱이만 남았더라 같지 않더냐? 그다음 환상은 그가 돌아가는 모습이 보인 자이다. 그가 가는 길은 내려가는 길이며 곧 막다른 길 막힘이니 그가 하늘의 하나님을 잠시 생각하는 자가 된 모습이니라. 그다음은 승려와 함께 있던 불교인들 그 무리를 위해 눈물로 기도할 때 보인 환상이다! 하라. 그들 또한 주신 은혜이니 '하늘 문 사이로 흐르는 생수' 이는 여호와를 아는 지식이니 그들이 마음으로 두는 바라. 이 생수 환상은 몇 달 전에 미리 보이시고 이후에 영서 기록 첫날에 설명하신 성경 구절이다 하라. 사 11:9 내 거룩한 산 모든 곳에서 해 됨도 없고 상함도 없을 것이니 이는 물이 바다를 덮음 같이 여호와를 아는 지식이 세상에 충만할 것임이라(합 2:14 이는 물이 바다를 덮음같이 여호와의 영광을 인정하는 것이 세상에 가득함이니라). 이는 네가 전하므로(외친 자) 듣게 된 그들이니 천국과 지옥, 종말, 남북 관계, 공산주의 위기 한국이라 하라. 내가 전한 것이니 네 마음에 담아 두어 흐르게 함이니라. 채워지면 나의 시킴 '명'으로 내뱉는, 쏟는, 설파자가 됨 아니냐? 이는 경험하는 바라. 네 준비는 무엇이냐? 듣고 들은 자, 본 바, 알게 되어 가슴에 두고 채워 상황을 접할 때, 나의 기를 들고 '전진하는 나이므로 따르는 자이니' 그러하다 하라.

그날에 원고 준비하였느냐? 아니다 하라. 전하리라 준비하였느냐? 아니다 하라. 네 약함이 나의 자랑이 되어 일으켜 세움이니 성령이 불일 듯 네 약함이 나의 자랑이 되어 일으켜 세움이니 성령이 불일 듯하지 않더냐? 이는 아 8:6 너는 나를 도장같이 마음에 품고 도장같이 팔에 두라 사랑은 죽음같이 강하고 상황이니라. 다시 하려 하나 멈칫한 멈춤이니 주변인에게 위로로 다가서기로 방향 우회전을 한 자이니 사람 편 두어 '타협한 자가 된'이다. 꺾지 못한 등 후유증 겪은 자이다. 나의 일보다 혈육을 다독거림은 다가 아니라 하라. 몇 방울 적시랴? 나의 흐르는 하늘의 생수로 씻어야 해갈이 되는! 죄악을 미워하는 자가 되는 것이다. 다 이루고 마치고 왔느니라. 더 강한 공격은 있으나 지치므로 넉다운(knockdown) 되어 쓰러진 채(차 안 상황이다! 하라) 돌아온 자리니라.

주의 가르침이 다시 있으니 용서이다. 아무렇지 않은 자, 이는 내 영으로 인하여 사람이 너를 장례식장에서 반긴 것이니 이는 "네 속의 나로 인함이다" 말해주므로 일한 자이다. 평안으로 담대함으로 사랑으로 진리로 한 자이니 아무 뒤탈 없이 네 마음은 차분히, 그러한 일이 무엇인지 알기 위해 듣기 위할 뿐, 그 외에 사람 관계는 문제 되지 않음을 체험 한 바니라. 이는 나의 능(영 의미이다 하라)이니! 슥 4:6 … 이는 힘으로 되지 아니하며 능력으로 되지 아니하고 오직 나의 영으로 되느니라. 너는 낮추고 나는 높아짐이 너를 위한, 나를 위한 것임을 알게 함이니라. 이는 자신 비하가 아닌! 2019. 12. 25. 수요일, 성탄절 날 밤에 보인 주와 요한이라. 너도 이와 같이 되기를 원하노라. 그 안에 오직 나만을 주되게 함이니 자신을 비어 종의 형체로 사신 주를 따르기 위함이라 하라. 빌 2:7 오히려 자기를 비워 종의 형체를 가지사 사람들과 같이 되셨고.

요한의 낮은 형체(외모, 성품 보이지 않느냐?)가 나의 영광이 되었다! 하라. 이는 요한을 본 증인이니라. 기록케 함이니 요한이 살듯 나의 길을 따르기 위함이라 하라. 이를 전함으로 "여호와께서 영광을 받으셨다" 하라. 살피는 자이니 이는 무엇인가? 자세히 살피기 위함이다. 요한처럼 살라. 사도 요한은 나의 제자니라. 사랑하는 제자이므로 보인 나이니라. 그의 삶은 나를 나타내었다. 보임으로 이해되었느냐? 찬양을 주십니다! 하라. '갈 길을 밝히 보이시니 주 앞에 빨리 나갑시다 … 듣기도 하며 생각하니 참 진리시로다 죄악 벗은 우리 영혼은 기뻐 뛰며 주를 보겠네 ….' 보아온 자이니 나를 사랑하여라. 내 길을 따르라. 이는 이르는 말이니라 이상이다. 되었다. 닫으라

하늘山
제10일. 니느웨 회개 기도 40-10 (2020. 8. 1. 토요일)

'장례식장 출발, 장지 도착, 그리고 이후'
(토요일 '장지'의 일은 주일날 기록하게 하십니다)

1. 화장장 'ㅇㅇ원'에서 "하나님이 받으셨다" 말씀하신 자이다

장례식 장지, 시신 화장하는 장소 ㅇㅇ원에서 "엄마에 대하여 받은 말씀이다" 하라. 이는 "영혼 구원에 관한 확신이다" 하라. 주께서 들려주신 말씀이니 다시 위로차 건네주시는 주일이니라.

2022. 2. 5. 토요일. 추가 글입니다.

"조금 전 주신 글을 적으라 하십니다" 하라. 2022. 2. 4. 금요일 밤, 어제 11시경 한계 이르는 상황이니 두통 함께 힘겨운 자이다. 하루의 반을 누워 시름 한 자, 들려주신 이야기 무엇이랴? 환난 시대이다. 통제 사회이다. 네가 아픈 것은 point 상태이다. point! 이전에 받은 은혜의 말씀을 다시 주십니다. 마 26:38 My soul is overwhelmed with sorrow to the point of death 이에 말씀하시되 내 마음이 매우 고민하여 죽게 되었으니 …. "이는 너로 인하여 영광을 받기 위함이다" 하라. 내가 심은 것 아니겠느냐? 네게 주어 알게 한 모든 것이다. 몸 추스르고 일어나 앉은 자이다. 왜이더냐? 누운 채, 계시록 1장을 영어로 읽음이니 계 1:18 I am the Living; I was dead, and behold 곧 살아있는 자라 내가 전에 죽었었노라 볼지어다 이제 세세토록 살아 있어 사망과 음부의 열쇠를 가졌노니. 'behold' 가졌노니 이 단어에서 말씀이 임합니다. 그런데 저는 behind로 단어를 기억합니다. "어둠이 곧 오리라" (이어 주시는 말씀입니다) 계 1:10 … and I heard behind me 내 뒤에서 나는 나팔소리 같은 큰 음성을 들으니.

'behind' 네 곁에 계신 주시라. 적으라! stand 서라, (누운 자리에서 일어나라 하십니다) 노트북 워드 읽으라. 밤새 읽게 한 나이다(밤새 누운 채 영으로 계속 밤새 읽은 자이다) 읽고 또 읽으라. 워드 저장 시간 되리라. …생략… 'all the thing' 모든 것 준 것이다. (받은 영서 용지, 쌓아둔 것을 가르치십니다) …생략… 모든 것이다. 리얼리티, 바로미터 출시, 영적 '자'이다. 줄 자 재듯 영적 무게와 함께 영 분별 믿음 '키' 진단자이다.

<u>삼세히 왜 주냐?</u> - [이는 오랜 저의 고민입니다. 영서 내용이 그러합니다. 제 개인 이야기 등 그 외에도 마땅치 않게 생각되었기에 아픈 와중에도 계속 '글'에 대한 고민이 됨을 아시고 말씀하십니다] - <u>적어보라!</u> 몸을 보라. 손, 발, 장기, 세포, 피, 근육 등 많은 기능 '역할'로 이루어진 것이다. '나를 설명하기 위해' 필요하다. 네게 일어난, 행해진 것을 'connect' 잇는 것이다. 집을 보라. 다 말하지 않으랴? 집이 된 구성이니 지나온 시간이다. '새 예루살렘 성' 위한 준비 과정이다 …생략… 너는 송축자이다. 주를 송축하는 자이다. 찬양(높임)을 보낸다(올린다)는 의미이다 …생략… '복음의 신' 신을 자이다 …생략… 영서 밀린 자이다. 배열하시는 성령님이시다. 나는 이도 저도 다하는 하나님이시다. 무언들 못하며? 낮추기까지 - 빌 2:8 사람의 모양으로 나타나사 자기를 낮추시고 죽기까지 복종하셨으니 곧 십자가에 죽으심이라 - 땅에 내려와서 해결하지 않으랴? 높이기도 낮추기도 하는 자이다. 천국에서 지옥까지 나에 의한 곳 아니랴? 사람의 걸어온 길대로 천국도 지옥도 나뉘어지지 않으랴? 천국 또한 다르지 않으랴? 특별상, 공로상, 1 등, 2 등, 3 등 … 사람의 상도 '열매' 따라 하듯 나누는 나이다 하라.

이 땅에서 고생한 나사로이다 하라. 네 삶이 이러하니 부자 대문 앞일지라도 괜찮은 자이라 하라. 눅 16:20 그런데 나사로 이름하는 한 거지가 헌데 투성이로 그의 대문 앞에 버려진 채 21 그 부자의 상에서 떨어지는 것으로 배불리려 하매 …. 속속히 드러내는 나이다. 오늘 상황 적어 두라. 어젯밤 '구글 전'에서, 기록 중 주저앉은 자이다(영적 방해로 힘들어 누운 자). 영상물은 다양한 스팩이다. 일(성과)로 여기어 자신을 드러내는 자들 많다! 하라. 주춤자이다. 7전 8기 일어서는 자이니 나에 의한 것이다. 세수, 양치하고 앉자. 노트북 보자. 마무리해 주리라. "되었느냐? 되었다" 하라. 닫으라. 이전 내용 2020. 8. 1. 토요일.

이어진다! 하라.

2. 화장장 대기소에서 일어난 일 적어보자

2020. 8. 1. 토요일, 어제 일에 대한 것이다. 장지 이어지는 말씀이다. 대기소 2층에서 의자를 찾는 너였다. 한적한 곳을 찾아보는 중이다. TV 앞 피하고 다른 빈 좌석 앉으려 하자 바로 근처, 네 앞에서 목탁 치는 자, 승려복 입은 자가 한 여성과 대화 중이다. 그래서 조금 떨어진 곳으로 이동, 얼마 후 다시 이동했다(어머니 시신 화장 장소 앞 대기자이다) 이곳에서 받은 말씀이 어머니를 "하나님이 받으셨다!"이다. **나도(자신도) 모르게 외쳐댔다(추가 글 2022. 2. 5. 토요일)**. 인생의 허무함 속에서 사람을 만드신, 세상을 만드신 죄인을 구원하러 오신 예수 그리스도를 종말 '때'를 알리며 전한 것이다. 공중에 날아가는 천사의 복음 내용이었다. 영원한 복음에 대하여. 계 14:6 또 보니 다른 천사가 공중에 날아가는데 땅에 거주하는 자들 곧 모든 민족과 종족과 방언과 백성에게 전할 영원한 복음을 가졌더라 12 성도들의 인내가 여기 있나니 그들은 하나님의 계명과 예수에 대한 믿음을 지키는 자니라. 할렐루야! 성도들의 기도가 세세토록 올라가리로다. 계 8:4 향연이 성도의 기도와 함께 천사의 손으로부터 하나님 앞으로 올라가는지라.

그리고 누군가에 의해 끌려 나왔다. 하지 못하도록 막은 자이다. 제지받는 상황 속에서도 마음은 여전했다. 건물 밖 오른편 나무숲 쪽으로 가서 돌계단 위에 올라섰다. 금연 팻말과 함께 경계 표시 '줄' 안에 들어서서 두 손을 들고 기도가 계속 터져 나왔다. 안전지대에 자리를 잡는 느낌이었다. 얼마 후, 숲 쪽으로 몸을 돌려(등 돌려) 계단 위에 앉은 채로 기도를 이어갔다. 바람을 주신 주이시다. 여름 더위. 문상차 입은 겉옷 위에 상복 입은 자, 산들바람으로 더위 식히는 가운데 주의 눈물 기도자이다. 그들을 위한(불교인 가족의 중보기도와 함께 승려와 등등)!

속이는 것(승려), 속는 것(보이는 것)을 전하고, 회개도 외쳤고, 하나님의 사랑도 외쳤다. 그들은 시신 화장 중인 장소에서 만난 자이니, 가족 대기실 칸막이 옆에서 '목탁' 두드리며 염불하며 불교 의식을 행하는 자와 불교인들이다. 이는 성령의 탄식으로 솟구친 '대결 구도'라 하라. 시신 가족 측 불교인을 위한 "주의 사랑이다" 전하거라. 교회는 잠잠하나 여호와를 신뢰하니 "성령이 하자" 설명하셔서 한 자이다 하라. 이는 기도로 주의 마음의 눈물, 탄식 쏟음이니 네게 위탁 아니냐? 그곳은 장지라도 구원 대상이 있으니 "일하시는 성령 역사이다" 하라. 무엇이 중하느냐? 이로써 증거, 확증 보이신 승리자이니 이는 보이신 환상이 있다! 하라.

2022. 2. 5. 토요일. 추가 글입니다.

나도(자신도) 모르게 외쳐댔다: 이 상황 다시 보자. '성령 불 받은' 당시이다. 이는 '불 앞에서'이다. 사랑하는 아버지를 교회산 묘지에서 다시 화장터로, 어머니 시신 함께 화장하는 시간 아니냐? 네가 외국에서 온 듯 봉사자 아니랴? 나의 훈련에 의해 멀리 떨어진 가족이기에 그러하다. 뒤로 하고 받은 영적 자료 아니랴? 물밀듯 솟구침이니 밀어내는 힘, 마음이다! 하거라. 안식일 밀밭 사이 거닐며 이삭 자른 자이니 - 마 12:1 그 때에 예수께서 안식일에 밀밭 사이로 가실새 제자들이 시장하여 이삭을 잘라 먹으니 - 안식일에 하지 못할 일, 2 바리새인들이 보고 예수께 말하되 보시오 당신의 제자들이 안식일에 하지 못할 일을 <u>하나이다 하지</u> 않느냐? 하며 '떼' 무리에게 지탄받은 자이다. 바울의 외침은 무엇이며! 행 17:22 바울이 아레오바고 가운데 서서 말하되 아덴 사람들아 너희를 보니 범사에 종교심이 많도다. 장터에서 전하지 않으랴? 17 회당에서는 유대인과 경건한 사람들과 또 장터에서는 날마다 만나는 사람들과 변론하니. 나의 전함은 어떠하랴? 장소를 국한 시키더냐? 야이로 회당장의 딸, 12세의 어린 소녀를 어찌 살렸느냐? 나사로의 무덤 앞에서 어찌했으며 영을 살리기 위해 급한 대로 전하기도(일하기도), 찾아가기도 한 나이며 사람들을 맞기도(찾아오는 무리) 하지 않으랴? 심지어 성전, 예배처 안에서 큰소리치며 위풍 당당히 나온 그들이니라. 이는 나의 하는 일을 모를 때 일어나는 일이다.

문화를 사랑하여 '동성애 축제를 허락하는 도시들이 되지 않으랴? WCC도 그러하다. 아론의 금송아지와 같은 행위를 하는 자들이 많다! 하라. 대중에 끌리어 입장 대변, 비위 맞추는 자 아니랴? 나의 진리, 기준치를 위한 싸움이 있으랴? 에베소 교회이니! 계 2:2 … 악한 자들을 용납하지 아니한 것과 자칭 사도라 하되 아닌 자들을 시험하여 그의 거짓된 것을 네가 드러낸 것과. 다음은 서머나 교회이니! 계 2:9 … 자칭 유대인이라 하는 자들의 비방도 알거니와 실상은 유대인이 아니요 사탄의 회당이라. 버가모 교회이니! 계 2:13 네가 어디에 사는지를 내가 아노니 거기는 사탄의 권좌가 있는 데라 네가 내 이름을 굳게 잡아서 내 충성된 증인 안디바가 너희 가운데 곧 사탄이 사는 곳에서 죽임을 당할 때에도 나를 믿는 믿음을 저버리지 아니하였도다. 두아디라 교회이다! 계 2:24 두아디라에 남아 있어 이 교훈을 받지 아니하고 … 25 다만 너희에게 있는 것을 내가 올 때까지 굳게 잡으라. 빌라델비아 교회이니! 계 3:8 … 네가 작은 능력을 가지고서도 내 말을 지키며 내 이름을 배반하지 아니하였도다 9 보라 사탄의 회당 곧 자칭 유대인이라 하나 그렇지 아니하고 거짓말하는 자들 중에서 몇을 네게 주어 그들로 와서 네 발 앞에 절하게 하고 내가 너를 사랑하는 줄 알게 하리라까지이다. 여전히 교회에게 주시는 말씀이니! 계 1:20 네가 본 것은 내 오른손의 일곱 별의 비밀과 또 일곱 금 촛대라 일곱 별은 일곱 교회의 사자요 일곱 촛대는 일곱 교회니라. 이상이다. 닫으라. 다시 이으라.

2022. 2. 5. 토요일. 추가 글입니다.

꿈 적어보자. 2019년 사순절의 은혜이다. 금식으로 얻은 자이니, 공중의 비행기 안 아니랴? 나라와 나라를 이동하는 중이다. 저 아래 지구가 보이고, 없어질 수도 있는 상황인지라, 이를(종말) 마음에 두고 사는 자이다. 이를 알린 나이다. 그 이전의 꿈은 어떠하랴? 주를 본 자이니 '지상 강림' 장면이다. 지상에 가까이 이르므로 공중의 악한 자가 막는, '주의 일 방해자'임을 알리므로 이후에 영이 열린 자이니, 이 사람이 한국 사람인 것은 나라마다 이미 적그리스도가(주의 일 훼방자) 세워짐을 알린 나이다. 이를 보고 매우 긴박하고 촉박한 상황으로 느끼며 "주를 도와 드려야지" 하는 자이더니, 이어지는 계시와 함께 영서 출간작이 아니랴? 이미 수없이 이 내용, 저 내용(꿈, 환상 해석) 알리지 않으랴? 보고 보아도 "웬?, 뭔?" 하랴? 나의 계시이다. 소중히 여기지 아니하랴? 전하지 않는 자에게 이를 또한 주어, "일어서라, 깨어라" 함이니 함부로 돌을 던지랴? 이미 충분한! 채움(양)이니, 나로 인하여 수많은, 얼마나 많은 자들이 나를 대적하며 십자가에 못 박으랴? 전하거라. 이를 알지 못하면(이는 깊이이다) 내게 대드는 저들이니, 창 3:15 … 너는 그의 발꿈치를 상하게 할 것이니라 하시고. 이와 같다! 하라. 이상이다. 닫으라.

3. 말씀의 내용 적어보자(임하신 주의 말씀이시다)

주를 대적한 성전 지도자들! 장지에서 너를 나무란 자, 제지한 자 등이다. 바울의 전도! 박해 모습, 이를 상기시키므로 저들을 이해하게 했다. 눅 21:18 너희 머리털 하나도 상하지 아니하리라. 이로써 너는 성령이 시키시는 일을 평안 가운데 할 수 있었다. 이어 다음 장소로 이동하기 전, 말씀을 받을 때 "한 번 더 해야 하리라" 하나 하지 못한 자이다. '시신 화장' 장소에서 성령의 인도를 받고 일했듯이, 다음 장소인 납골 묘지에서도 하라는 말씀입니다! 하라. 막 3:21 예수의 친족들이 듣고 그를 붙들러 나오니 이는 그가 미쳤다 함일러라. 누구, 누구 등이다. 승려의 목탁 소리는 경건하고(조용히 두드리니), 목사도 경건하니 - 기독교 장례식으로 참여한 목회자분들을 뜻합니다 - 너는 부르짖으며 전했다고(내게는 다급한 상황이었다) 미치광이가 되었다. 성령은 누구에게는 이러하고, 누구에게는 저러하다! 하라. 그들이 네 행동에 대해 "아니다" 하나, 아닌 게 아닌! 성령에 대해 더 알지 못하니, 자신들이 옳은 줄 안 자들이다! 하라. 끝내 이러한 우김은 '오래 가더라'이다. 이에 대해 말해도 알지 못했을 때는 그대로 두라. 그러하므로 차차 알게 되든가, 묻어두고 말든가 함이 나은, 이는 마 10:14 … 영접하지도 아니하고 너희 말을 듣지도 아니하거든 그 집이나 성에서 나가 너희 발의 먼지를 떨어 버리라 이니, 너는 성령의 사역을 하는 자이기에 다음 일을 위해 그리고 이어 성령 사역의 대상이 되는 자들을 위한 준비, 나아감이어야 한다! 하라.

4. 영적 싸움의 환상 내용이다(기도 당시, 열린 상황을 본 자이다)

첫 번째 환상은 목탁 치는 자의 모습이다. 승려의 목이 잘려 날아갔다. 두 번째 환상은 그가 돌아가는 모습이니 그가 가는 길이 내리막길임을 본 자이다. 그 길은 매우 짧은 길이며 끝이 다다른 막힌 길이니, 그는 곧 멈추고 하늘의 하나님을 생각하는 자이다. 이는 네가 본 바이다. 세 번째 환상은 열린 하늘 문 사이로 생명수가 - 2020. 2. 12. 수요일, 하늘 문 환상대로, 성령에 대해 전하라는 세 환상 중 하나 - 흘러내리고 그 아래 땅에 선 무리(장례로 모인 불교 집안)에게 은혜 주시는 장면이 보인 자이다. 할렐루야! 성도들의 기도가 세세토록 올라가리로다. 계 8:4 향연이 성도의 기도와 함께 천사의 손으로부터 하나님 앞으로 올라가는지라 5 천사가 향로를 가지고 제단의 불을 담아다가 땅에 쏟으매 우레와 음성과 번개와 지진이 나더라.

5. 차 이동, 납골 묘지 도착

땅을 밟을 때 주신 말씀, "여호와의 동산 되리라" (이를 들려주십니다).

6. 장례 마치고 돌아와서 현장에 대해 듣는 자이다

다 이상히 보다, 이상했다 등 여러 소리이다. 이는 미리 알리신 대로 '주변의 반응에 대해' 설명을 주신 것과 같이, 가까운 자를 통하여 현장의 반응이 어떠했는지 듣습니다. 이미 상황마다 영을 다 느낀 자이다 하라. 장례 기간 중 한 일에 대한 영역은 이전에 알리신 다섯 가지 영역, 이는 '전체에서 개인의 마음'까지입니다! 하라. 첫째 영역은 깊은 것이며, 둘째 영역은 깊은 것이 표면화된 것이며, 셋째와 넷째 이 두 영역은 장례와 관련한 것이다. 너는 이 기간에 일한 자이다. 다섯째 영역은 개인의 마음이다. 너는 성령의 불을 받은 자이다. '성령의 불, 성령의 불 내리소서 …' 자작곡대로 불 받은 자이다. 행 9:31 … 성령의 위로로 진행하여 수가 더 많아지니라. 하늘의 주가 시키신 일을 한 자이다.

하늘山
제11일. 니느웨 회개 기도 40-11 (2020. 8. 2. 주일)

1. 다시 보자! 40일 기도

버스 내린 날, 비바람 속에서 들려주신 말이 있었다. 이것이 내가 너와 함께 가야 할 길이다. 이날은 2020. 7. 23. 목요일, 오후 저녁 무렵이었다. …생략… 2022. 7. 24. 금요일, 징계 주신 날! 사람의 일을 먼저 한 자이다. 다리를 다친 자, 부상당한 자이다. 이것이 둘째 날이다. 하늘의 '물'(창 1:6-8)에 대해서는 "보시기에 좋았더라" 하지 않은 뜻을 알겠느냐? 왜 그럴까? 왜 그런 것일까? 생각해 보자. 창 1:6 하나님이 이르시되 물 가운데에 궁창이 있어 물과 물로 나뉘라 하시고 7 하나님이 궁창을 만드사 궁창 아래의 물과 궁창 위의 물로 나뉘게 하시니 그대로 되니라 8 하나님이 궁창을 하늘이라 부르시니라 저녁이 되고 아침이 되니 이는 둘째 날이니라. '빛' 창조(창 1:3-5) 이후, 창조물의 층수를 보자. 가장 위는 '물 층'이다. 창 1:7 하나님이 궁창을 만드사 궁창 아래의 물과 궁창 위의 물로 나뉘게 하시니 그대로 되니라. 이는 화염검, 생명 길이 될 부분이다. 창 3:24 이같이 하나님이 그 사람을 쫓아내시고 에덴 동산 동쪽에 그룹들과 두루 도는 불 칼을 두어 생명 나무의 길을 지키게 하시니라. 이곳은 '하나님의 마음, 너희의 마음'을 표현하는 곳이다.

다음은 대기이다. 이 우주 공간 '하늘'은 네가 다녀간 곳이다. 광활한 곳, 넓은 곳 다녀간 자이다(1993년 가을). 이곳은 해, 달, 별을 배치한 곳이다. 창세기 1장이다. 이들의 배치, 위치, 역할 등에 대해 정한 마음을 표현하고 싶었다. 이는 인간 언어 표현의 입장이다. 나에 대해서 너희는 정하지 않는다. 피조물로서 경배해야 하는 자들이다. (얼마 후 하와, 아담, 뱀에 대한 창세기 사건을 떠오르게 하십니다) 피조물인 저들이 해, 달, 별 등을 보고 깨닫기 바랐다. 해, 달, 별

등은 한 위치, 한 역할, 지속성, 잠잠히, 묵묵히 해내는 그들이었다. 내가 땅에 내려가기까지, 이는 십자가 사건이다(너희 입장에서). 교회의 사명과 역할이니 - 1993년, 하늘에서 땅을 내려다보고 안 자이다. 한 교회와 목회자의 사명, 한 영혼을 회개시켜 하늘로 보내는 - 내게 돌려보내는 것! 이는 천국 환송식이다. 1993년, 네가 발견하고 들은 것이다. 나는 잠잠하지 않았다. 계속(지속성) 알려주었다.

2. 아버지에 대해 알아보자

그는 누구인가? 뼈를 보고 온 자이다. 토요일, 장지에서 화장 직후 보게 된 자이다. 그의 청년 시절 사진 모습을 본 자, 어떠한가? 어떠냐? 그의 모습이 바로 너이다. 아버지의 마음을 가진 자이다. …생략… '아버지와 나(너)' 사이를 보자. 너는 설교가였다, 그는 들었다, 사랑했다, 데리고 다녔다. 그는 네게 '나의 발'이 되어 주었다 …생략…

2022. 1. 15. 토요일. 추가 글입니다.

'나의 아버지!' 하라. 이는 제목이니라. 설레임 아니냐? 더 사랑하지 못한 아버지이시다 하라. 너는 환자를 돌본 자이다. 그러함에도 힘들어 밤중에 집 옥상을 오름이니 가정사에 지친 당시이다. 한 모퉁이에서 주저앉아 운 자이다. 죽을 만큼 힘든 상태이니 "죽고 싶다" 한 자이다. 인생 서러움이 아니더냐? 대학에 미련이 남은 자이다. 이는 뼈에 사무치도록 아픔이니 아버지가 선택하신 딸의 이과(약학과 지원시키려 한) 진학은 감히 "언감생심이다" 하라. 딸의 부족한 학업 성적을 앎에도 아버지의 꿈은 그러하다. 아버지의 대학 중퇴는 왜인가? 이후에 알게 된 자이다. 당시, 도시에 건물을 지녔으나 - 건물을 팔아서 서울로 대학을 보내어 뒷바라지한 아버지의 부모님이시다. 이를 알게 하신 하나님이시다 - 대학을 마치지 못함은 대학 교육비가 높디높은 시절이니 대한민국

내에서 그 당시에 자녀들을 얼마나 가르치랴? 1927년생인 아버지시니 가늠해 보라. 귀히 자란 아들이 아니냐? 외모가 출중함이 아니더냐? 네게는 자랑스러운 아버지이나 그는 상처를 가진 자이므로 자녀들이 힘든, 이는 왜인가? '술에 취한 행동'으로 인함이다 하라. 그러함에도 유독 외딸처럼 아끼고 사랑한 딸이니 편애받은 자이다! 하라. 아버지가 남들에게 보이기 위해 데리고 다니니, 사랑받은 자이다. 다른 가족들은 아버지를 두려워하며 회피해도 너는 아버지 곁에서 '병' 수발까지 한 자이다. 환경이 힘들어도 네게 아버지는 늘 사랑의 대상이며, 아버지도 딸에 대한 사랑이 각별하며 또한 신뢰도 그러한 아버지가 아니더냐? 배운 아버지, 잘생긴 아버지, 부요한 집안에서 성장한 아버지, 이는 너에게 '우리 아버지'가 돋보임이니 아버지의 관심과 사랑과 인정 속에서 '자존감'이 높아진 너이다 하라.

가정이 가난한 등 어떠하다 할지라도 아버지의 사랑이 얼마나 위대하고 소중한지 세월이 흐를수록 느낀 자이다 하라. 20대의 기도를 기억하느냐? 오랜 환자 생활을 한 아버지이므로, 삶이 무거움이 된 자이다. 아버지의 상태는 회복을 하더라도 사고 후유증으로 인해 실내 생활을 해야 하는 상황에서, 네가 아직 복음을 받지 못해 모든 눌림이 힘겹기만 한 날들이니, 고통 중에 "나를 구했다" 하라. 너 자신도 모르게 '부르짖음으로 외친' 기도자 아니더냐? '신중에 신'을 찾는, 찾게 한 주시라. '신들을 다스리시는 가장 높은 신'을 구한, 구하게 한 하나님 아니겠느냐? "나를 건져주세요" 한 자이니, 이 기도를 잊은 자이나 돌아보니 "이루어졌더라" 아니더냐? 현재까지 그러하다. 구원의 하나님이시라 하라. 이는 네 신앙의 첫 고백이니 간절한 신을 구한 기도이다.

몇 년 후, 너는 아버지가 병석에 누우셨다는 말을 듣고 즉시 찾아온 자이다. 어린 두 아들을 데리고 와서 며칠 머무는 중(이 당시는 가족 중, 오빠의 가정만 신앙 생활을 하므로 교회에서 매일 심방을 하던 상황이다)에 교회 심방 팀은 추석 지나고 장례를 치른다! 하나, 곧 죽음이 임박한 아버지의 상태를 느낀 딸이니, 이는 너이다. 그러므로 아버지 곁에서 떠나지 않고 지켜보던 중, 가족들을 불러 함께 임종을 보게 함 아니더냐? 이는 교회에 나가기 시작한 지 1년이 미처 되지 않은 시기이니 추석을 한 주 앞둔 날이라. 장례 기간에

울다가 심장 문제로 '하늘길'을 오르게 되고, 장례를 마치고 '천국 가신 아버지'를 확인하기 위해 기도할 때 보이신 환상은 장엄하고 경이로운 모습이다! 하라. '공중에 선 수많은 자들' 중에 스포트라이트(근접 촬영으로 비추는 빛)를 가까이 비추어 아버지 모습을 보게 하시니 부활체의 모습이 이 세상 사람의 인물이 아닌 자이다! 하라. 그 어떤 잘생긴 연예인과도 감히 비할 수 없을 만큼 차원이 다른 아름다움이니 늠름히 '사진 촬영 포즈'를 취한 아버지 모습을 보이신 '하늘 광경'이라 하라.

이후, 네게는 천국을 향한 소망으로 늘 찬양이 흐르며, 부르시면 가야 하는 천국에 대한 준비가 날마다 삶 속에서 평안과 기쁨과 소망으로 체험됨이 아니냐? 집 안을 잘 정리 정돈함도 이러함이니, 천국 찬송은 주위의 누군가를 부르실 때(소천) 미리 들려주시기도 한 자이다. "되었느냐? 되었다" 하라. 이는 '나의 아버지'를 보임(증거)이니 하늘 아버지, 육신 아버지 모두이다. 너의 사랑은 누구 못지않게 채움이니 죽도록 충성하라! 계 2:20 … 네가 죽도록 충성하라 그리하면 내가 생명의 관을 네게 주리라. (이어진 말씀입니다! 하라) 벧전 5:4 그리하면 목자장이 나타나실 때에 시들지 아니하는 영광의 관을 얻으리라. (이어진 말씀입니다! 하라) 요 21:15 … 요한의 아들 시몬아 네가 이 사람들보다 나를 더 사랑하느냐 … 내 어린 양을 먹이라 …. 16 내 양을 치라 … 17 … 내 양을 먹이라 …. 등 네게 쏟은 나의 말은 수없이 이른! 아니겠느냐? 살아도 주를 위해 죽어도 주를 위해 살자이니 나의 사랑은 크다. 비할 데 없다 하므로(네게 가득 부어진 바 됨이니) 살고자 증거, 죽고자 증거이다 하라. 계 7:14 … 이는 큰 환난에서 나오는 자들인데 어린 양의 피에 그 옷을 씻어 희게 하였느니라. 환난의 시대이다! 하라. 이상이다.

2022. 2. 5. 토요일. 추가 글입니다.

유독(이는 '특별히' 의미이다! 하라) 사랑받은 자이다. 무서운 분, 힘든 자로 자녀들에게 기억된 그이다. 그러함에도 딸을 아끼지 않으랴? 대화, 칭찬, 동행, 관심 등 모두이다. 이는 무남독녀가 사랑받듯 이러한 사랑이니 사랑을 네게는 가르친 자, 네 아버지이다. 이 사랑이 자존감이 된 자이다. 특별히 아낀 자이다. 구별된 관심, 사랑의 딸이다! 하라.

이는 학창 시절이니 아버지의 교통사고로 충격받은 자이더니 정신적 문제로 아버지가 누우신 그 응급실 곁에 치료받은 자이다. 심리 안정을 준 의사가 아니더냐? 네 기억은 아버지와의 주고받은 편지도 가진 자이며 – 이는 아버지의 깊은 사랑이었다! 하라. 떨어진 딸을 '위하여'이다! 하라 – 한때는 상위권이 아닌 공부 잘하지 못한 딸을 미션 여고 2학년 때, 학과 지망 '이과'로 진로 추천한 자이며(딸의 대학교를 약학과 지망생으로 원하신 아버지시다) 이후에 사고로 병상의 아버지를 극진히 모시어 병원의 의사, 간호사에게 칭찬이 자자한 자 아니랴? 이는 후에 알게 됨이니 "아버지께 받은 사랑을 갚은 당시이다" 이를 알린 나이다. 이후에도 사고 후유증으로 힘든 시기이더니 한적한 동네로 이사하여 그곳 옥상에서 이러한 어려움으로 나를 찾은 자이다. 깜깜한 밤하늘을 바라보며 우주에서 가장 높은 신, 이 땅을 다스리는 신 '오직 한 분'을 구하지 않게 하더냐? 울부짖는 네게 나는 약속을 지켜왔다. 이미 이른(전한) 영서 내용이다.

  아버지 사랑을 전하거라. 아버지 사랑은 저장고 되어 나 모를 때 그 어려운 시기에 너의 존재가 어떠하다 할지라도 "나는 귀한 자, 존귀하여 아무 일이나 하지 않으리라" 하며 '전화위복' 한자 사자성어로 너를 지탱하게 한 나이다. 네 고생은 나의 고생이다! 하라. 선지자의 삶이다. 누추해도, 가난해도, 병들어도, 무시 받아도, 비난받아도 견디게 한 나이다. 이는 교회의 핍박이 더 많은 자이다. 아는 자에게는 인정, 우대를! 그렇지 않은 자에는 미쳤다, 귀신 들린 자, 이단, 정상이 아니다, 일반적 삶을 살아라, 현실적으로 살아라, 지구인이 아니다 하며 이를 수없이 들음이니 외로울 때 나의 도피처 성경을 읽으며 견딘 자, 사람 만나지 않은 자이다. 특정한 자 외에 그러하다. 기도하므로 보낸 시기이며 찬양은 어떠하랴? 이는 너의 할 일이니 나를 알아 그 진가를 체험하며 위로가 되고 소망이 되며 비밀을 알기 위해 간직한 것을 증거 하기 위해 기다린 자 아니랴?

  너의 위대함이 나의 위대함이니 이 또한 지구상에 얼마나 네가 받은바 '은혜로써' 채워진 자인지, 2009년경 하늘의 '가나안 큰 포도송이 열매'를 보이며 자신이 누구인지 보게 했다. 또한 얼마나 지속하여 너의 낮춤 속에 내가 함께하여 왔는지 차차 알리면서 "너를 사용하리라" 하신 주이시다! 하라. 이로써 네 존재를 깨닫게 하여 '나의 증언'에 참여하기 위해 나의 '노'한 모습도 2019년에 네게 보이며 지구 이 땅을 위해 일해야 하는 자임을 알리지 않으랴? 사랑과 인정 속에(하늘 아버지, 가족, 어디서든 그러하다) 살다가 내 '노' 앞에 산산이 부서지는 티끌이 될 수 있음을 알리기에 근심 중 오래 보낸 자이더니 내 뜻대로 되어지지 않으랴?

혼자 알고 있기에는 "거대한 부분이다" 하라. 내게서 나간 것이니 나의 영광을 위해 이를 나타내지 않으랴? 이는 내가 받을 영광이다. 무익한 종으로 살아라. 눅 17:10 이와 같이 너희도 명령받은 것을 다 행한 후에 이르기를 우리는 무익한 종이라 우리가 하여야 할 일을 한 것 뿐이라 할지니라. 이상이다. 아파도 기록해야 하는 자이다. 이는 십자가의 참여이다. 네 고통을 내게 주라. 나의 '담당'되어(모든 짐 지신 주시라) 일으키리라. 가리키라. 저 하늘 높은 "새 예루살렘 성 오르고 오르리라" 해야만 하는! 지구에 대한 위급성, 긴급성을 느낀 자이다. 이를 주라. 전하거라. 이상이다. 닫으라. (아래의 글은 이어지는 내용입니다)

.3. "나는 누구인가? 그러면 어떻게 살 것인가?"

너는 이에 대해서 바랐던 자이다. '나에 대해 알기를' 주저하지 않은 너이다, 너였다. 이런저런, 이렇게 저렇게, 개입되는 자들 속에서 나만 보기를 원했던 것이다. 이것이 나의 마음이다. 나는 마음을 본다. 중심의 하나님이시다. 너도 알듯이. 대화 원하느냐, 그때처럼? 지금 하고 있는 것이다. 네 장소에서, 네 마음속에서 거하는 중이다. 실사(1993년 궁창에서 제 오른편에 계신 하나님을 뜻합니다)에서 영성으로 거하는 것이다. 이것이 나이다. 하나님의 영(주의 영) '성령'이니 오늘날의 사용된 표현 언어이다. 성령이 네 안에 있다. 예지! 이는 무엇인가? 천둥, 번개 등 어머니 장례 무렵에 본 자이다. 예지는 무엇인가? 담겨 있는, 내포하고 있는 뜻이다. 2020. 5. 17. 주일. 나의 두 손을 본 자처럼! 이는 또 다른 꿈속의 싸여진 보자기 속 내용물 같은 것이다. 내가 어떻게 해주길 바라는가를 생각해 보았는가? 사랑이다. 너의 하나님이시다. 다 가진 자이다. …생략… (주의 말씀 따라 원하는 것들을 적어봅니다) "아버지! 주님! 이렇게 적어봤어요. 몇 점이에요? 마음에 드세요?" 실속형이다(실속형의 반대는 허구성). 영적 사역의 신혼에 필요한 세팅 같은! 너는 자립형이다.

4. 북한의 만수 궁전에 대하여 어떻게 생각하느냐?

김일성 시신 안치된 모습(생각) 이에 대해 말해 보라. "우상이다, 아니다?" (O, X 질문을 하십니다) "주님이라면 괜찮을까? 어떠할까?" 이스라엘의 한 장소에 계신다고 생각해 보자. 사람들이 줄지어 참배한다고 하면? "주님은 부활의 몸으로 승천하셨잖아요" 이것이 미래의 예표이다. 죽은 자의 부활 이것이 공중 혼인이다. 이것이 휴거이다. 산 자의 들림. …생략… 김일성은 우상이다. 내가 아니기 때문이다. 죽은 자에 대한 경배이다. 그들은 나를 믿도록 해야 할 것이다. 처처에 기근, 지진, 무서운 일, 하늘의 권능들을 본 자이다. 눅 21:11 곳곳에 큰 지진과 기근과 전염병이 있겠고 또 무서운 일과 하늘로부터 큰 징조들이 있으리라. 기록된 말씀 '기근'이다(영, 육을 아는 자). 지진 또한 마찬가지이다. 도처에 여기저기 일어나는 일 해당. …생략…

2022. 4. 16. 토요일. 오후 7:24 추가 글입니다.

원고 교정 중에 "주님과 대화하는 일이 가장 좋다"고 느낀 자이다. "이 일이 행복하다" 생각한 자이니 "너는 앵무새이다" 하지 않느냐? 이때 새 소리가 들리니 들려주시는 주이시다! 하라. 저들은 아까부터 소리 내나 너는 듣지 못한 자이다. 영서 기록하는 집중 시간이기에 그러하다. 이제야 듣는, 들리는 자이다. 새소리 들으면서 웃는 자이다. 네 웃음은 귀하다. 잘 웃지 못하는 자, 홀로 긴 시간 하며 나를 찾기 위한(다시 보려 한 자,

주거니 받거니 대화 아는 자이기에 그러하다) 마음이 늘 굶주림 아니냐? 시대는 알아도 네 마음의 주이시니 "이 교통 교제 없이(이는 네게 있어서 친밀감이자 생명 전체이다 하라) 어찌 사나? 주의 일을 어찌하나?" 이는 성령 인도로 하려는 자이다. 해본 자이기에 그러하다. "공중 휴거는? 시대가 더 혼란해지면 나는 어찌?"하며 주가 오매불망 된 자가 아니냐? 다, 주의 일이다! 하며 이일 저일을 하는 자와 달리 "나는 주가 말씀(지시, 시키신)하신 일 외에는 기다리리라" 하며 기다림! 수년 아니냐? 하라.

재잘거리는 새 중에 앵무새는 사람의 말을 그대로 따라 하는 새이니 이는 영서 기록 시 주의 음성이 아니겠느냐? 따라 그대로 적어 두는 기록자이다. 그러하기에 앵무새처럼 내 앞에 주목자로 살 자이니 영서뿐이더냐? 기도도 그러하며 삶도 그러하니 "예수를 닮기 소원이라" 이 멜로디를 주시기에 찬송을 찾아봅니다! 하라. 가사 적어보아라. '예수 더 알기 원하네 크고도 넓은 은혜와 대속해주신 사랑을 간절히 알기 원하네. 내 평생의 소원 내 평생의 소원 대속해주신 사랑을 간절히 알기 원하네' 2절 적으라! '성령이 스승 되셔서 진리를 가르치시고 거룩한 뜻을 깨달아 예수를 알게 하소서' 3절 적으라! '성령의 감화 받아서 하나님 말씀 배우니 그 말씀 한 절 한 절이 내 맘에 교훈되도다' 4절 적으라! '예수가 계신 보좌는 영광에 둘려 있도다 평화의 왕이 오시니 그 나라 왕성하도다' 이는 휴거 신부를 위한 주시는 곡이다! 하라. 신부 된 자가 살 삶이니 내 곁에, 내 앞에, 내 안에 항상 있지 않으랴? 하라. 공중 휴거를 알린 나이다 하라. 오르고 오르는 시간이다. 땅, 세상, 바벨론 제국 통치자를 떠나라 하신 주이시다. 스룹바벨의 영광을 나타내리라(나타내고 싶은 자이다) 하는 자, 이는 믿음이자 포부이다. 증거 하고자 함이 아니냐? 이는 네 꿈이니, 소망이니 꿈 보이신 대로이자 영음도 들려주신 대로이다 하라.

"나이로 인한 기운 진하기 전에 해야 하는데" 하는 자이니 다 안다, 아시는 주이시다! 하라. 모세의 장성과(40세에 미디안 광야로 도망한 자가 아니냐? 하라) 노년은(80세에 출애굽 지도자가 된 자이다) 40년 그 사이이니 훈련됨이 아니냐? 네 신앙 30년 훈련도 그러한 이는 '성경을 읽을 계획' 소망을 둔 자이니 이어 교회 또한 '하나님 만나기 위함이다' 하며 나간 자니 예배자가 됨은 이러하다. 안 자가 <u>되어 가니</u>(밑줄 치라) 나서는 자 이는 증거 아니냐? 하라. 되어가니 이는 부름의 상을 좇아가노라. 빌 3:14 푯대를 향하여 그리스도 예수 안에서 하나님이 위에서 부르신 부름의 상을 위하여 <u>달려가노라 하</u>는 바울의 신앙대로이다. 이는 왜 주냐? 오늘 영서이다. "부활의 신앙을 가지라" 함이니 교회들 행사된 부활절 준비 기간이자 전일이니 내일은 부활절 연합 예배 및 교회들의 잔치이다. 너는 외로이 혼자 있을 곳이다. '주 외에는 기다리지 않을 자' 이를 아는 주님이시다 하라. 주를 위하여, 시대를 위하여, 자신의 사명대로 살 자이니 맡기신 일 외에는 달리 시간, 마음을 두지 않으려는 자가 아니냐? 이로써 주는 주의 위로하심이다. 이상이다. 닫으라. 되었다 하라.

5. "내일은 어떻게 할까요?"

(계획과 일에 대해 질문을 합니다) 7일간의 기적이다. 영서 시작되어 한주 그리고 어머니 장례 3일 지낸 후 주일이니, 다음 한 주 다시 시작이다. 월요일에서 주일까지. "무슨 일이 일어날까요?" 매일 매일의 삶에서 <u>알려줄 것이다</u> - [이어지는 말씀은 창세기 1장의 천지창조 6일과 안식일 7일 바탕에서 전하시는 주이십니다. 영서 1일째(2020. 7. 23. 목요일)는 빛이신 하나님의 말씀이 시작됩니다. 2일째는(2020. 7. 24. 금요일) 궁창을 만드실 때 보시기에 좋았더라는 말씀이 없듯이 다른 일에 지체하여 부상을 입고 책망도 듣습니다] - <u>영서 3일째(2020. 7. 25. 토요일)</u> 적어보자. 앉은 날이다. 많은 양이 아니더라도 적어냈다. 내용 다시 보자. 4일째는(2020. 7. 26. 주일) 어떠했을까? …생략… 창세기 1장 해, 달, 별들이다. 비추는 빛이다. 등경 위 등불! 마 5:15 사람이 등불을 켜서 말 아래에 두지 아니하고 등경 위에 두나니 이러므로 집 안 모든 사람에게 비치느니라. 교회, 집, 세상 어느 곳이든. 5일째(2020. 7. 27. 월요일) 적어보자. 적은 날이다. …생략… 빼앗긴 들에도 봄은 찾아오는가? (참조입니다: 1926. 이상화 시인. 일제에 대한 저항

의식과 빼앗긴 조국에 대한 애정과 절실함이 담긴 시) 태블릿 갖고 싶으냐? "원하시면 주시고 … 주님이 알아서 해주세요" ㅇ ㅇ ㅇ 판매대 알아보아라. 아들이 구입해 줄 것이다. 그림심산 둘(너와 아들) 다 해당하는 자이다. 신 27:12 너희가 요단을 건넌 후에 시므온과 레위와 유다와 잇사갈과 요셉과 베냐민은 백성을 축복하기 위하여 그리심 산에 서고.

여섯째 날(2020. 7. 28. 화요일) 적어보자. 외출한 날, 하늘 '지역 영' 연구해 보려 한 자이다. 창세기 1장 여섯째 날, 사람을 만드셨다. 너는 화성인이다(4차원) 들은 자, 지구인이 아니다 들은 자이다. 공중 혼인 기약이 이르렀고 - 계 19:7 우리가 즐거워하고 크게 기뻐하며 그에게 영광을 돌리세 어린 양의 혼인 기약이 이르렀고 그의 아내가 자신을 준비하였으므로 - 들은 자 이는 아는 자이다. 빛 속에 온 자이다. 늦은 자이다. (마지막 때, 시대가 어두워지고 있을 때, 늦은 시기를 의미합니다). 세븐 7 안식일(2020. 7. 29. 수요일)이다. 안식일 이는 거룩성 상징이다. 오늘(2020. 8. 2. 주일)이다. 쉬는 자, 듣는 자, 예배자이다. 이를 원하는 자 너이다. (이상은 영서 첫 주간, 7일의 의미와 주신 은혜입니다)

적재적소 숨겨진 자들이다. AI 인식, AI 등장 시대이다 하라. 이 앞에 선 자, 보게 된 자. 카메라 CCTV 동선으로 알 수 있는 '감시' 체제화! 현금 없는 사회 들어갈 때이다. 빛이 있으라! 말씀하신 주 "Let there be light" 외치는 자이다. 창 1:3 하나님이 이르시되 빛이 있으라 하시니 빛이 있었고. 전파되는 것, 그리스도시니! 빌 1:18 그러면 무엇이냐 겉치레로 하나 참으로 하나 무슨 방도로 하든지 전파되는 것은 그리스도니 이로써 나는 기뻐하고 또한 기뻐하리라. 8일째(2020. 7. 30. 목요일) 장례 시작일, 10일째(2020. 8. 1. 토요일) 성령 불이 임한 날이다! 하라. 장지에서 본 모습 이쪽, 저쪽은 불교, 기독교 전체 모습! 계 20:7 천년이 차매 사탄이 그 옥에서 놓여 8 나와서 땅의 사방 백성 곧 곡과 마곡을 미혹하고 모아 싸움을 붙이리니 그 수가 바다의 모래 같으리라. 구운몽이다 - [조선 후기 숙종 13년 서포 김만중이 지은 고대 소설. 아홉 개의 구름, 구운은 성진과 팔선녀 아홉 사람이 꾼 꿈을 가리킨다. 인생무상, 일장춘몽, 즉 인생의 덧없음 주제를 다루는 내용] – '줄' 지은 자들이다. 정신 차려야. 불같은 마음 복음이니 타오르는 불을 보인 자이다. 제목 '불 앞에서, 불 받은 날'(밑줄 치라) 외칠 것이다. 외치리라. (영서 기록 한 주간 보내고, 이어 장례 3일 보내고, 맞은 주일의 은혜입니다)

6. 미국에 대하여 알아보자

…생략… "주님, 미국은 어떤 곳인가요?" USA 트럼프 대통령, 아내, 아들 … 그는 경영가이다. 탁월한 자 수제자 베드로 스타일 …생략… 나단 선지자 역할 한 자, 너는 이단 감별사이다.

2020. 2. 5. 토요일. 추가 글입니다.

시간 적으라. 오후 7시 33분이니 워드 메시지 준 나이다 하라. 이상으로써 약간의(전체 분량에 비해 "부분이다" 하라. 백신 관여 전할 말도 많은 자이다) 분량을 출시하는 자이다. 내 말에 의한 전함이니 기죽지(눌림) 않아야 하는 자이다. 세상 권세로 누를 자 있느! 그러할지라도 저들은 나의 손에서 행해지는 자니 이스라엘, 앗수르, 바벨론, 메대와 바사, 그리스, 로마까지 알고 있는 자들이다! 하라. 성전지기(수문장) 되어 천국 문을 막는 자가 "개중 있다" 하라. 마 23:13 화 있을진저 외식하는 서기관들과 바리새인들이여 너희는 천국 문을 사람들 앞에서 닫고 너희도 들어가지 않고 들어가려 하는 자도 들어가지 못하게 하는도다. 이는 무엇인가? 나의 타켓 된 자이니 나는 그를, 그는 나를 겨냥하는 중(맞선다)이다! 하라.

효도자, 너이다. (하나님께 효도한다는 의미입니다) 하지 못할 일, 어려운 일 이는 2021년 봄에 보인 막는 세력이니 거대한 장벽이다. 두께와 높이로 할 수 없는 자이기에 내가 너를 들어 장벽을 넘게 해야 하는 유일한 구원을 알리니 이것이 아니냐? 감내하며 온 자이다. 무수히 겪은 바 있는 슬픔 가진 자이다. 마 26:38 … 내 마음이 매우 고민하여(and began to be sorrow ….) 왜 두려워하랴? 왜 염려하랴? 나의 일을 아는 자이다. 제대로 잘 전하기 위하여! 이는 내용 메시지이다. 자신의 표현 방식이 '마땅치 않음으로 인한'이다. 일반 문장 흐름이 아니기에. 이는 대화이다. 사람 대화를 서술형으로 기술하랴? 그러함에도 많이 <u>문장화</u>(밑줄 치라)해 준 나이다. 예를 들어 "너 무엇 보았어? 그때 일, 그 사람 알지?" 이는 생각, 환상으로 깨닫게 하므로 기술이 어려운 자이다. 나는 이해해도 상대는 어렵지 않으랴? 회상, 경험, 자료들 포함하여 최근까지 소상히 알고 네게 말 거는 나이다 하라. 이는 영서의 다른 방식 내 스타일 또한 네 타입이 된 것이다. 이를 주라. 이 또한 여러 차례 영서가 무엇인지 지속적 설명하고 준 나이다 하라. 사람의 세계가 아니니 영의 세계에서 동시다발 알게 되는 일들을 미세한 부분, 전체 또한, 상관관계, 어찌 다 이르랴? 이는 체험자(기록자)에 맞추어 대화함이니 더욱이 "아니다, 힘들다" 하기도 하나 이해(깨닫기)하기 위해 마음 기울이고 자세를 겸손히 낮춘다면 이득이 되지 않으랴?

더 아는 자는 너를 감싸리라. 중보기도 하리라. 보호가 되어지는 자이다 하라. 네게는 이러한 선량한(의인) 자가 필요한 자이다. 과외 교사는 안내자이다. 나의 깊이에서 오른 자이니 너를 감싸지 않으랴? 행여 부족, 오점이 있을지라도 부분 확대하여 치부하는 자로 '덮어씌우기식' 하는 자 되지 않으랴? 이를 믿으라. 내 좋은 어디든 숨어 있는 자이다. 이로써 위로가 될 자이다. 이제 닫으라. 부분이므로 갈 길이 먼 자이다. 이는 "남은 할 일이다" 하라. 천국 소유를 위해 가는 길에서 만난 자들이다. 주가 세우신 자이니 소중하다 하면 복이 되지 않으랴? 나의 종이다. 이리 살고 싶은 자, 너이다. 너 또한 약점 가진 자 아니랴? 이로써 주춤도, 시름도 한 자이다. 그러나 포기는 하지 않음이니 해낼 일이다. "두려우신 하나님이니 알리고 알리리라" 하며 막연히(세심히 지도하는 나임에도) 자신의 약함으로 인해 "가다 보면 되겠지" 한 자이다. 이는 생각(예상) 외에 급히 시기 종료하는 1차 탈고이니 이 눌림에서 오히려 자유 해진 자이다.

전하거라! 나의 딸아, 내 종이다. 사랑한다. 수고한 자이다. 안겨주리라. 눅 6:38 주라 그리하면 너희에게 줄 것이니 곧 후히 되어 누르고 흔들어 넘치도록 하여 너희에게 안겨 주리라 …. 영서 기간 1년 7개월, 많은 일들이 일어났다 하라. 약한 자를 들어서 강한 자 앞에 두리라 하는 나이다. 고전 1:27 … 약한 것들을 택하사 강한 것들을 부끄럽게 하려 하시며. 너희 강한 것이 무엇이냐? 하라. 가진 자들이다. 이도 저도 부요해진! 이는 나로 말미암음이 아닌 것이니 나의 길은 좁다. 마 7:13. 좁은 문으로 들어가라 멸망으로 인도하는 문은 크고 그 길이 넓어 그리로 들어가는 자가 많고 14 생명으로 인도하는 문은 좁고 길이 협착하여 찾는 자가 <u>적음이라</u> 하지 않느냐? 버리고 얻은 나이니 내게 대하여 모두들 그러하다. 이는 나를 사랑함으로써(먼저 은혜 준 나이다) 하는 일이다. "되었느냐? 되었다" 하라. 아픈 중 신음하며 마치는 '나의 영서'이다. 닫으라.

2022. 2. 15. 화요일. 추가 글입니다.

'출판의 벽' 앞에 선 자이다. 고전 4:1 … 하나님의 비밀을 맡은 자이다. 넘을 산들이 많다! 하라. 주를 도통 모르는 자들이 많다. 주가 오신 땅이나 영접지 않은, 유대인 같이 마치 그러하다. 자기 분야에 빠져 내가 "주이시니 …" 하여도 "여기는 내 영역입니다" 하기에 돌아서서 우는 자, 너 아니랴? "이 사람이 필요해요, 이 장소가 필요해요, 무엇이 필요해요" 하지 않으랴? 이는 영서를 위함이니 책 발간 시기가 되어, 나서서 보니 "더욱더 가관이다!" 하며 낙담, 낙심, 주저앉기도 한 자이다 하라. 주가 밝히시는 '친서' 아니랴? 오랜 전통, 문화 습관, 자기 방식대로 구축하고 사는 세상이니 "너는 누구냐? 도대체 …, 무엇이냐?" 하며 밀쳐내지 않으랴? 자존심이 짓밟히나 "2천 년 전에 오신 하나님의 아들조차 거부한 저들이니 오죽하랴?" 하며 "참아 보자, 견뎌 보자, 길이 열리기를 기다리자" 하지 않으랴? 이름 없이, 소속 없이 몸 하나로 "부딪쳐 보자(영이신 주께서 맡기신 일이므로)" 하는 자이기에 서글퍼지나 '보물' 찾기 하듯 "해보리라" 하는 믿음이 왜 있더냐? 이는 테스트이다. "발견되리라. 누군가는 예비 되어 있으리라" 하는 일말의 기대이다 하라.

부 록

1. '형상에 관하여' 추가 글 (1-10)   430
2. "아! 한국이여 …"   458

   "예언을 성취하시는 주이시다" 하라
   1) 18대 박근혜 전 대통령에 대하여
   2) 19대 문재인 전 대통령(정권)과 청와대에 대하여

   "새 정부 출범입니다" 하라
   1) 20대 대통령 윤석열 후보자 "등장이다" 하라
   2) 20대 대통령 윤석열 확정자 "이미 알리신 주이시다" 하라
   3) 20대 대통령 윤석열 당선인 "그를 선택한 나이다" 하라
   4) 20대 대통령 윤석열 예정자 "주가 주시는 권면이다" 하라
   5) 20대 대통령 윤석열 취임식 "주의 영광이다" 하라

   "새 예루살렘 성을 향하여!"
   1) 국가 장례 기간: 김 총장 및 조 목사의 소천이다! 하라.
   2) 전 목사에 대하여
   3) 전 목사와 관련하여 이슈화 된 사람들(3인)
   4) 한국 교회의 목회자에 대해서
   5) 교회들에게!
   6) 신앙 권면입니다! 하라

3. "북한을 향하여!"   523

   "북한이여! 들으라" 하라
   1) 김정은에 대하여
   2) 전 세계인과 북한 김정은에게 전하여라!
   3) 김정은에 대한 한 꿈입니다! 하라
   4) "김정은 들으라! 외치라.
   5) 김정은에 대한 한 꿈입니다! 하라
   6) 김정은 들으라! 외치라.

1. '형상에 관하여' 추가 글 (1-10)

> **"주의 첫 메시지입니다"** (2020. 7. 23. 목요일)
>
> **1. 형상에 관하여** (주의 음성입니다)
>
> "앞으로 사용하지 않아야 … 그림, 도형 등이다"

위 내용은 2020. 7. 23. 목요일. 영서의 첫 메시지입니다! 하라. 급히 메모를 시작한 자이다. 이 주제 '형상'은 2009년경, 하늘의 공중에 나타난 '매우 커다란 포도송이 열매'를 꿈에서 본 이후, 비교적 구체적으로 훈련을 시킨 분야이다. 이것은 '영서의 첫 주제'가 되어 이후로도 지속적으로 설명에 설명을 거듭하며 다루어 주셨다. 이는 추가 내용이다. 무게감과 중한 톤으로 전하신 성령이시라 하라. 이는 형상화로 인해 우후죽순 된 세계에 대한 일침이다. 우후죽순(비가 온 뒤에 솟는 죽순처럼 한때, 무성하게 생기거나 일어나는 모습)은 무엇인가? 뻗고 뻗어지는 가지치기이니 무엇이 원 가지이며 무엇이 나중 가지인가? 도무지 섞여 알 수 없을 만큼 뒤죽박죽인 상황이라는 뜻이다. 이러하듯 <u>그림, 도형</u>(밑줄 치라) 등 이 얼마나 무수하게 사람의 지식 체계를 잠식하고 우상이 되어 흔들어 좌우지하고 있단 말인가? (도형: 점, 선, 면, 체 또는 그것들의 집합. 사각형, 원, 구 등을 뜻합니다)

다음은 이어지는 '형상에 관하여' 추가로 받은 글들이니! 이 시대에 "나의 줄 말이 많다!" 이르라. "나의 답답함이 아니냐?" 하라. 영이신 하나님이시다. 성령과 교제하는 자, 이는 우상을 제하는 길이다! 이르라. 많은 세계가 우상이다. 문화의 대부분이다. '나의 영은 나의 자녀에게, 우상은 그의 자녀에게' 이것이 마땅하도다. 가르는 나이다. 나와 우상(이는 세상이다. 보이는 많은 것들 아니냐?

세상은 물질 세계이다) 사이 이를 네게 주어 '형상'의 우상화를 알리고 알리면서 벗어나도록 한 나이다. 지금도 그러하다. 반복해온 것들, 이 훈련이 헛되지 않음을 알리기 위해 나는 이 메시지를 주었다. 대부분의 생활이 이 형상(우상적인 것)에 관한 것이므로 고생을 마다하지 않고 때로는 삶이 삶같지 않게 살아옴이 아니더냐? 뼈저린 훈련 시기이니 네게는 그러하도다. 그러므로 위로차, 경고(강조)차, 다급히 네게 알린 것이 아니냐? 이는 먼저이니 영서 첫날의 나의 첫 말이다. 그만큼 중요하지 않으랴? 이를 배우라. 하나님의 세계와 사단의 세계가 있으니 혼동하지 마라. "배우는 일에 거하라 하는 나이다" 하라. 이상이다. 닫으라.

"'형상에 관하여' 추가 글 10편을 소개합니다"

1) 영서의 첫 메시지는! (2022. 3. 26. 토요일)

(간단, 명료, 명확한 메시지로서 말씀에 힘과 권위가 느껴집니다) 내 너를 보았다는 뜻이다. 이는 '형상에 대한' 너의 실습 훈련장, 그곳 개척 예배처이다. 삶으로 가르친 나이다 하라. 이는 오랜 세월이 아니냐? 해온 일이니 이 훈련은 심히 중대하다는 의미이다. '난리와 난리 소문'을 듣는 시대이다. 마 24:6 난리와 난리 소문을 듣겠으나 You will hear of 'wars and rumors of wars' 너희는 삼가 두려워하지 말라 이런 일이 있어야 하되 아직 끝은 아니니라. 나를 둔 자이니 네 안의 나이다. 이 싸움(형상과의 전쟁 의미이다) 또한 만만치 않다! 하라. 내 곁, 그곳 개척 예배처이다! 하는 의미이다. 2022. 7. 23. 목요일. '1. 형상에 관하여' 이 글을 쓰는 당시의 장소이다. 형상과 관련하여 버리거나 사용하지 않는 것들, 구매하지 않는 것들 모두이다. 이는 물건들이라 하라. 이뿐이랴? 휴대폰 문자도 주의하는 자이다. 키보드 및 그 외 사용되는 언어 전달(의사소통) 매체를 연구하는 자이다. 시대의 흐름, 이는 대중적인 문화의 흐름대로 사는 것이 아니라 '의미'를 손실하지 않기

위한 것이니, '나의 뜻'만 전달(소통)되기를 원하는 나이다.

문화의 급류 시대이다. 온갖 것들을 사용하므로 '의미' 퇴색과 함께 난무하는 시대가 되었다! 하라. 이는 형상이 넘침으로 문란 내지는 오염도가 높은 아론의 금송아지 사건과 같이 되었다. 출 32:3 모든 백성이 그 귀에서 금고리를 빼어 아론에게로 가져가매 4 아론이 그들의 손에서 금고리를 받아 부어서 조각칼로 새겨 송아지 형상을 만드니 …. 이는 이러한 것을 '사용함과 사랑함'이 이 시대이니라. 악하고 음란한 세대가 아니냐? 거룩함을 두어 간편히 - 무게 싣고 달리는 수레같이 과용의 참사 시대이다 하라 - '속성' 의미 외에 군더더기를 제외하는 훈련이 필요하다. 보이는 것으로 채우고, 새로운 것(이미 넘친다)을 도입하고, 그것을 두어 혼합하고, 마구잡이로 '다양화를 두는 시대'이다. 이러한 이유로 전한 당시이다. 이 훈련이 힘들기에 새 힘을 주며 격려차 위함이니 네가 해오는 이 일, 형상 훈련이 "매우 중대하다" 경고하는 당시이다. 오늘 이 글을 왜 주느냐? 문장의 이해 불가로 오해가 불거지는 영서가 - 위의 글 첫 메시지, '**1. 형상에 관하여**' (주의 음성입니다) "앎으로 사용하지 않아야 … 그림, 도형 등이다." - 되기도 함이 아니더냐? 훈련받는 자 아니면 잘 알지 못하는 "왜? 왜? 무슨 뜻이야?" 하지 않으랴? 다음을 두어 소개함이니 풀어내는 내용들 많다! 하라. 이를 두어 "내가 어떠하다! 세상이 어떠하다!" 하므로 충분해지리라.

2) 너는 '해 오름' 교회이다! (2020. 8. 19. 수요일)

해는 무엇이냐? 성령을 힘입고 나오는 자의 의미이다. 너는 나에게 그러한 자이다. 나의 빛으로 너를 통해 만세 전부터 진행해 오는 나이다. 렘 1:5 내가 너를 모태에 짓기 전에 너를 알았고 네가 배에서 나오기 전에 너를 성별하였고 너를 여러 나라의 선지자로 세웠노라 하시기로. 갈 1:15 그러나 내 어머니의 태로부터 나를 택정하시고 그의 은혜로 나를 부르신 이가. 나는 너를 안다. 초등학교 입학 때까지는 사진 3장을 가진 자이다. 이는 어린 시절 모습이니 간직된 상태이다. 그 모습은 너의 '상'(뇌의 저장 의미)에 기억되며 내가 알고 있다. 초등학교 과목 중 미술에 부딪힌 너이다. 뜻대로 되지 않은 시간이다. 창작이 어려운 당시이다. 수업 시간에 교사가 무엇을 그리라, 만들라 하면 막막하지 않으랴? 체육같이 그것은 내가 허락지 않았다. 체육 시간도 몸이 굳은 듯 반응이 잘되지 않은 자이다. 체육 시간에 너도 '<u>무언가의 힘, 장벽</u>'을 <u>느꼈을 것이다</u>(밑줄 치라). 그것은 나의 원하는 방식이 아니다. 이미 '형상'에 대해 이제는 어느 정도 나의 뜻, 마음을 아는 너이다. 문화 속에 그것이 얼마나 많은 사람으로 하여금 나를 잊게 하고 또 너희를 우상화하는 일에 그 영역이 권세 잡고 일했는지 너도 아는 바이다.

3) 물의 물리적 힘 또한 그러하다! (2022. 2. 3. 목요일)

윗글 중, "무언가의 힘, 장벽을 느꼈을 것이다"에 이어지는 글입니다! 하라. 물의 물리적 힘 또한 그러하다. 어려서 장마철에 불어난 물속에서 놀다가 잠겨본 자, 그 힘을 느껴본 자니 사람의 한계와 함께 물의 위력에 두려움을 느낄 때, 곁에 있는 자의 도움을 받고 나온 죽음의 위기 순간을 기억하는 자이다. 또한 초등학교 당시 태풍을 길에서 겪은 자이니, 몸이 흔들리고 날아갈 듯한 강한 바람의 위력도 느낀 자이다. 또 어떠하냐? 1993년 교회의 첫 새벽 기도 시간이니 하나님을 묵상할 때("하나님은 살아 계시다" 하는 믿음으로 구한 자) 두 손 모은 기도 손이 '강한 힘'에 의해 떨어지지 않음을 – 살아 계신 하나님을 구한 자이다. 시험케 하신 주시라, 양손을 떼어보려 해도 되지 않은 자이다 – 체험한 바이다. 이는 자연도, 어떤 무언가의 힘도, 저항할 수 없고! 뜻대로 되지 않고! 벽을 만난 듯 멈추기도! 몸이 반응하지 않음도! 체험한 자이니 보이지 아니하시는 '하나님의 통치 세계'가 점점 알아지지 아니하랴? 살아계신 하나님에 의한(영이신 하나님이시다) 여러 체험이 쌓인 자이니 '형상화'된 세상, 형상이 위주 되어 온 세계에 편만히 바벨 제국을 형성하지 않더냐 하지 않으랴?

너는 지구촌 사역자이다. 지구라는 무대 세트장이니 너희끼리 부수고, 만들고, 채우고, 쌓아 올리고, 만들어 벌여놓은 잔치 세계이다 하라. 맘모니즘(물질주의) 사회이다 하라. 물질이 오가며 주가 되어 판 벌인 자들이다. 맘모니즘 사상으로 사는 자들이니 어디까지 해보랴? 통치와 권력에 이어 지구 훼손까지 과감히 도전한 자가 아니더냐? 산도 내 것, 들도, 바다도, 하늘도, 하물며 공중에 치솟은 <u>핵실험 불길까지</u>(밑줄 차라) 이는 탄도 미사일 장착 그들이라 하라. "무엇이든 해보자" 덤비는 자들이 아니냐?

하나님이 어디 계시냐? 하나님에 의해 살리라! 구하리라! 하나님만이 오직 우리의 신이시라! 하며 마음과 생각에 온통 빠져서, 젖어서 사는 자 누구랴? 몇이랴? 이를 두라. 영이신 하나님이시니 구원자 독생자 예수 그리스도로 우리를 건지셨으니 영원한 생명으로 살리시며, 통치하시고 다스리시니 "왕, 왕, 왕 만세!" 하지 않으랴? 건짐이 무엇이냐? 꺼내다, 빼내다. 이는 불 속, 물 속이니 태우지 않으랴? 삼키지 않으랴? 해의 빛도 온도 상승으로 태우지 않으랴? 하늘의 물로, 땅의 물로 덮지 않으랴? 산이 무너지지 않으랴? 화산이 폭발하지 않으랴? 땅이 갈라지지 않으랴? 나의 힘을 무력화 시키랴? 할 수 있으랴? 이는 내가 만든 바 '자연 위력'이라 하라. 바람이 없으랴? 우박이 없으랴? 천둥, 번개가 없으랴? 중력을 사용하랴? 산소를 사용하랴? 무엇인들 나의 손안에 두지 않으며 사용치 않겠는가? 하라.

핵 위력만 못하니! 하랴? "어리석은 사람들아 회개하라. 이것이 살길이다" 이를 주지 않으랴? 내 백성의 유혹자, 미혹자이다 하며 나를 가르치는 자들에게 "성령이 아니다" 하랴? "귀신이 들렸다, 미쳤다" 하랴? 내게 하듯 지금도 그러하다. 이는 교회의 권세자들이 내게 대하여 심히 대하는 자이니 그러하다 하라. 예루살렘 성전이 어떠하랴? 나의 드나 듦(출입)이 무엇이더냐? 그리스도를 말함이라. "내가 그니라, 메시아이다" 이를 주기 위함이나 저들은 홀대하지 않더냐? 자신들의 죄로 인함이니 죄가 가리어 보지 못함에, 알지 못함에 "메시아 아니다"라고 한 적그리스도가 아니냐? 하라. 이상이다. 나의 말로, 나에 의한 지혜의 계시로 보이며 "나는 살아 있는 자" 하지 않으랴? "되었느냐? 되었다" 하라. 위력의 하나님이시다! 전하는 자이다. 경배자이다. 주 외에 없다! 하는 너희이다.

4) 형상에 취한 시대이다! (2021. 3. 23. 화요일. 추가 글)

도형, 기호 등 휴대폰과 컴퓨터 키보드 등 '혼란 주는 시대'이다. (도형은 점, 선, 면, 체 또는 그것들의 집합이나 사각형, 원, 구를 뜻합니다. 기호는 어떠한 뜻을 나타내기 위하여 쓰이는 부호, 문자, 표지를 뜻합니다) 이는 2020. 7. 23. 목요일. 40-1의 제목 '1. 형상에 관하여'이다. 각종 기호, 도형 등 어나니머스(얼굴 가면)까지 '형상에 취한 시대'이다. 카톡의 상태 메시지(기분이나 상태를 나타내는 문구를 뜻합니다)에 사용하는 것 등. 이는 로봇까지 대체물로, 인공수정에서 도를 넘어 유전자 조작까지이다. 이 모든 것은 사람을 - (나의 지은 바 된 너희니라. 나의 형상. 창 1:26 … 우리의 형상을 따라 우리의 모양대로 우리가 사람을 만들고 … 27 하나님이 자기 형상 곧 하나님의 형상대로 사람을 창조하시되 ….) - 배제시키고 '사단의 종속화'를 위한 것이다. 그들은 '나의 통치'의 사람을 통한 대리, 위임을 알기에 극도로 싫어하고 파하려는 범죄 조직단 구성원 세계이다.

이는 사단이 취하는(얻다, 가지다) 바 세계이다. 언어 외의 것들로 마구 쏟아내어 섞어 놓는다. 예를 들어 휴대폰의 영상(온갖 것들 총망라이다! 하라)까지 취해 보려 하며 - 장악자들이다! 하라. 어둠으로 빛을 대항해 오는 그들이다! 하라 - 그들

수하의 세계로 만들려 한다. 적그리스도의 체제하에 두려 한다는 의미이다. 모든 조직에는 기호(마크)가 있다. 표기도 둔다. 줄임말이니 예를 들어 USA는 국가, WCC는 단체 등 그러하다. 그림 '전시안'(그 안의 메시지 포함 나타내는 형식, 기법이다)을 등장시킨다. 사단의 전시안을 연구하라. 나와 글 이외의 것들로 혼란을 주는 형상의 세계, 자연을 떠난 너희이다. 내가 만든 것 외의 것들로 바벨화 동화시키는 그들이다. 그러나 자연 또한 우상이 될 수 있다. 나의 창조물로써 부득이 '증거' 위한 도구로써 사용함과 심신 '치유' 외의 사용은 마땅치 않다.

나의 영을 부은 자들에게 주는 나의 교훈(교훈서)이다. 영서는 그러하다. 우상(형상) 관계가 많으나 생략이다. 이미 일렀으나 잊혀지는 네게 다시 기억케 함과 경종 시대를 알린 네게 주는 울림이 되리라. 모든 것은 나를 위해 있다. 너희 자신, 문화들, 사단 세계 합일로써 두지 않아야 한다. 예를 들어 사찰 표시 등 많다. 주의 세계는 십자가 표시로 두는 바이다. 피하리라, 나의 임할 분노의 잔은 항상이다. 이미! 때를 보는 나이다. 회개할, 돌아올 내 영혼들을 위한 시기로서 '나의 낫 휘두르는' 나이므로 각성, 깨어있어야 한다. 접근된 모든 영역에 신중, 조심할, 피할, 파할, 떼어 낼, 사용 중지할, 미워할 것들이므로 이 모든 것, 세상 것들은 '거리 두기'이니라. 거리 두기가 코로나 때문이더냐? 사람, 장소, 물건 피하는 이 모든 대상 외에 너희 영과 마음에 간직, 더불어 구르는 것(삶이라는 것, 문화라는 것)을 생각해 보라. 얽히고설킨 너희니라.

이를 끊기 위해 <u>코로나의 문 정권</u>(밑줄 치라)을 허락하는 이유이다. '코로나'나 '문 정권'이나이다. 잠시 불러 그들로 굴러 들어오게(침입) 해 나의 매로써 내게(내 손에) 들려진 그들이나 자신도 더 강한 무엇에(강적에게 당한다는 의미이다) 이와 같게 되리라. 그들, 그것은 겨이다. 바람에 날리는 중이다. 시 1:4 악인들은 그렇지 아니함이여 오직 바람에 나는 겨와 같도다. 이는 경고성으로 두는 나의 메시지니라. 이를 두라. 넣으라. 40-1일 다시 펴보라. 이는 네 원서, 손 기록서니라.

5) 형상은 무엇인가? 적어보자! (2021. 8. 13. 금요일)

형상은 이미지화 한 것을 의미한다. "나이다" 전하신 주시라. 이는 첫째이다. 다음은 그리스도의 형상 곧 사람이다. 거듭난 자이다. 영의 사람이다. 영은 생명이니라. 요 6:63 살리는 것은 영이니 육은 무익하니라 내가 너희에게 이른 말은 영이요 생명이라. 성령으로 사는 자. 요 3:5 사람이 물과 성령으로 나지 아니하면 …. 셋째는 자연이다. 이 모두는 하나님과 피조물 즉 창조주와 피조물 관계이다. 그 외 사람에 의한 인류 역사 발전사에 해당하는 기간 내에서 이루어지는 모든 것들이 '형상화된'이다. 이는 문화라는 것이다. 언어조차(전달 체계이다! 하라) 수많은 형상화 작업으로 나보다 사랑하는 것들이 된 이유이니, 이는 너희 만든바 문화 틀 속에 취하여(술 취함 같은) 매여 사는, 굳이 나를 구하랴? 너희 만족 됨이니 이를 바벨탑이라 한다. 창세기 11장 내용 참조이다. 많은 사람이 그 안에서 볼거리로 눈에, 마음에 두고 취해 보는(가지는) 세상이니 이는 바벨화(사단화) 되어진다는 뜻이다.

6) 형상은 무엇인가? 다시 적어 두라! (2021. 8. 15. 주일)

오늘 날짜 이어지는 기록이다. 창 1:26 … 우리의 형상을 따라 우리의 모양대로 우리가 사람을 만들고 … 27 하나님이 자기 형상 곧 하나님의 형상대로 사람을 창조하시되 ….

(1) 사람은 '나'로부터 나온 '이미지화'된 형상이다. 나를 보기 위한 너희를(믿는 자) 두는 이유이다. 이는 삶의 목적이다. 살아가는 이유이다. 나를 보이다. 이는 하나님을 연상하는 것이다. A(사람)를 보니 B(하나님)가 생각나는 것, 이는 연상이다. 형상의 연결이다. 무지개를 보니 홍수로 다시 세상을 심판(이는 전 세계

동시 잠김을 뜻하는 것이다) 하지 않는다는 언약의 증거 같은 것이다. 창세기 9장 13, 14, 15절까지 참조하라. 창 9:13 내가 내 무지개를 구름 속에 두었나니 이것이 나와 세상 사이의 언약의 증거니라 14 내가 구름으로 땅을 덮을 때에 무지개가 구름 속에 나타나면 15 내가 나와 너희와 및 육체를 가진 모든 생물 사이의 내 언약을 기억하리니 다시는 물이 모든 육체를 멸하는 홍수가 되지 아니할지라. 자녀를 보니 부모가 생각남이니 앞(자녀)에 둔 것으로 '근원'을 나타내려 한다는 것이다.

(2) 자연도 그러한, 이는 나의 신성이 아니냐? 롬 1:20 창세로부터 그의 보이지 아니하는 것들 곧 그의 영원하신 능력과 신성이 그가 만드신 만물에 분명히 보여 알려졌나니 그러므로 그들이 핑계하지 못할지니라. 사람도, 자연도 모두 그러한, 이는 창조물로 두기 위함이라. 내가 있다. 보이지 않는 나이다. "보이는 것으로 알라" 아니겠느냐? 히 11:3 믿음으로 모든 세계가 하나님의 말씀으로 지어진 줄을 우리가 아나니 보이는 것은 나타난 것으로 말미암아 된 것이 아니니라.

(3) 예수의 나타남도 그러하다. 요 3:16 하나님이 세상을 이처럼 사랑하사 독생자를 주셨으니 이는 그를 믿는 자마다 멸망하지 않고 영생을 얻게 하려 하심이라. 마 1:18 … 성령으로 잉태된 것이 나타났더니 21 아들을 낳으리니 이름을 예수라 하라 이는 그가 자기 백성을 그들의 죄에서 구원할 자이심이라 하니라. 빌 2:6 그는 근본 하나님의 본체시나 하나님과 동등됨을 취할 것으로 여기지 아니하시고 7 오히려 자기를 비워 종의 형체를 가지사 사람들과 같이 되셨고 8 사람의 모양으로 나타나사 자기를 낮추시고 죽기까지 복종하셨으니 곧 십자가에 죽으심이라. "이는 주의 나타나심이라" 요 1:5 빛이 어둠에 비치되 어둠이 깨닫지 못하더라 9 참 빛 곧 세상에 와서 각 사람에게 비추는 빛이 있었나니. 요 3:18 그를 믿는 자는 심판을 받지 아니하는 것이요 믿지 아니하는 자는 하나님의 독생자의 이름을 믿지 아니하므로 벌써 심판을 받은 것이니라 19 그 정죄는 이것이니 곧 빛이 세상에 왔으되 사람들이 자기 행위가 악하므로 빛보다 어둠을 더 사랑한 것이니라. "이는 믿지 않음의 이유이다"

"나를 보이라" 하는 자가 있는 자들은 누구이냐? "<u>예수를 보인 나이라</u>"(밑줄 치라). 무엇을 더 바라느냐? 그의 하는 일을 보라. 수많은 자들이 구원(하늘)에 오른! 이는 세상 환난 장소를 떠나 나와 함께 있느니라. 내게 두는 자들이다. 나의 구별! 그들을 '둔다'이다. 형상의 세계는 이러한 것이다. 모습으로 보이며 보고 알라. "하나님은 살아 계시다" 이는 나의 창조물이니 나를 위해 증거 하는 것이다. 전시관이 된 그들이니 이는 교회라. 나의 형상이 모이는 곳 너희이니 '나 닮은 모임 장소'를 둔 이를 교회라 한다. 모였구나! 하며 내가 보는 것이다. 이는 형상 = 사람 = 그리스도인(주 예수를 믿는 너희니)이다. 내 교회, 나의 머리로써(내가 머리니) 두는 바이다.

자연이 너희보고 무어라 하는가 보라. 탄식이다. 가인이 아벨을 죽일 때 그의 모습이 어떠하냐? 창 4:6 … 네가 분하여 함은 어찌 됨이며 안색이 변함은 어찌 됨이냐 his face Was downcast. 변함(downcast)은 기죽은, 기운 저하! 이는 마귀에게 잡힌 모습, 침투, 전염된 병균 같은 것이다. 이는 증상이다. 공격당한 그 가인이다. 불러내어 아벨에게 말하고 그들이 들에 있을 때 쳐 죽인 그이라. 8 … 가인이 그의 아우 아벨을 쳐 죽이니라. 다음은 무엇이냐? 11 … 네 아우의 핏 소리가 땅에서부터 내게 호소하느니라 11 땅이 그 입을 벌려 네 손에서부터 네 아우의 피를 받았은즉 네가 땅에서 저주를 받으리니. 로마서 보라. 롬 8:19 피조물이 고대하는 바는 하나님의 아들들이 나타나는 것이니 20 피조물이 허무한 데 굴복하는 것은 자기 뜻이 아니요 오직 굴복하게 하시는 이로 말미암음이라 21 그 바라는 것은 피조물도 썩어짐의 종노릇 한 데서 해방되어 하나님의 자녀들의 영광의 자유에 이르는 것이니라 22 피조물이 다 이제까지 함께 탄식하며 함께 고통을 겪고 있는 것을 우리가 아느니라. 주의 주신 바니라. 땅은 그러하다. 고통 중에 있는 탄식 중인, 바라는, 고대하는 창조물이라. 자연을 두는 이유는 이러하다. 내게로 오라. 화살표, 이는 지시표, 안내 역할이다. 가리키는 곳, 연관이다. '연상법'을 두는 나이다. 자연이 매개체이다.

아들 예수 그리스도도 그러하다. '내게로 오기 위한'이다. 강을 도하 하겠느냐? 배 역할(노아의 방주 같은 생명 보존)이니라. 절벽과 절벽 사이를 어찌하랴? 이는 가교이다. 다리 두어 건너도록 돕는. 강(세상)에 빠지랴? 절벽 아래(깊음)로 떨어지랴? 둘 다 죽게 되는, 죽을 수 밖에 없는 죄인들이니 - 요 3:16 하나님이 세상을 이처럼 사랑하사 독생자를 주셨으니 이는 그를 믿는 자마다 멸망치 않고 영생을 얻게 하려 하심이라 - 살리려 오지 않았느냐? 화목 제물이 되어 나를 만나게 함이 아니냐? 이는 형상이니라. 내게로부터 나온 이는 발생이니라. 사람, 자연, 예수 모두이다. 더 두랴? 되었느냐? 되었다. 이 외에 믿는 자에게 보이는 나의 현현과 세계가 있으니 죄로부터 나오기 위한 지시 표로 사용하는 꿈, 환상도 있는, 이는 비밀이라. 감추어진 나의 것을 보임으로 마음, 생각에 두어 나를 경외하기 위한 것이니 그 무엇이든 그러하다. 내게로 오는 이 모두는 그러하다.

(4) **"십자가 보이느냐?" 나를 전하라. 나를 두게 하라.** 그러면 이 십자가는 형상일지라도 너희를 위한 도구가 되었느니라. 내게 돌이키기 위한 '표'를 두어 십자가 사건을 생각나게, 기억되게 함이니 나를 찾지 않겠느냐? 주 예수를, 너희 하나님을 부르지 않겠느냐? 마음에 담고 담아 구하려는, 의지하려는, 이는 주로 좌정케 하심이 아니더냐? 너희를 다스리기 위해 나를 두고 왕으로 높이고 섬김이 아니더냐? 이는 교회의 십자가 형상(만든 제품이나 '성물이 됨'이다-구별) 그러나 많아지고 있음은 의지라. 물품 쏟아내는 시대이니 '성물' 형상도 그러한, 세상 제조품 두듯 두지 않아야. 이는 구약 '성물 중심'의 제사 의식이니 이도 두고 저도 두며, 많아지게, 다양하게, 화려하게, 꾸미려, 치장하려, 나타내려 수에 두고, 양에 두고, 크기에 두고, 값에 두는 성물화(교회 물품 및 성도의 사용품도 그러한) 시대가 되어 나인지, 성물인지 모르겠구나. 이는 '영이냐? 육(형상)이냐?'이다. 이는 치우침이다. 기우는, 엎드러지는, 넘어지는, 미혹되는 시대이니라. 다음을 두라. '성물'화이다. 이는 문화로 자리 잡은 교회, 성도 문화이니 '형상'이 수가 된, 종류이며 화려해지는 나타냄이다. 만족과 보이기 위함이라.

(5) **의, 식, 주 관련이다. 형상 시대이다.** 마 24:38 홍수 전에 노아가 방주에 들어가던 날까지 사람들이 먹고 마시고 장가들고 시집가고 …. 눅 17:28 또 롯의 때와 같으리니

사람들이 먹고 마시고 사고 팔고 심고 집을 짓더니. 고전 7:31 세상 물건을 쓰는 자들은 다 쓰지 못하는 자같이 하라 이 세상의 외형은 지나감이니라. 의식주는 나를 위함이 아니냐? 에덴을 보라. 나의 준비로 산 자들이다. 이제 스스로 만들고, 취하고 이 소유에 중점이 된 치우침이니 이는 문화 사랑, 문명화에 익숙해진 너희이니 온갖 세상 것들 풍족함이 나를 가리는 차단벽이 되고 있으니 '좋으신 하나님'만 찾는 너희라. 자동차 트렁크에 가득 싣고, 자연을 찬양하며 나를 높이나, 이는 넓은 길이다! 알리지 않더냐? 마 7:13 … 멸망으로 인도하는 문은 크고 그 길이 넓어 그리로 들어가는 자가 많고. 이는 네 꿈이다. 이전에 보이신 한국 교회 성도의 한 모습입니다! 하라. 한국 교회는 '부요함'이다. 성도도 그러한 먹고 산다는 뜻이다. 배부르니 구입, 소유이니 취함, 손안에 넣는, 집안에 두는, 늘리는, 쌓아두는, 저장하는, 투자해 보는, 이는 교회 현실이다.

자동차는 무엇이냐? 자가 시대이다. '다닐 수 있는' 교통 문제 스스로 해결되어 어디든 가는, 이는 90년대 상황이라. 이제는 공중으로 올라가는 구름 타고 다니는 너희라. 이 나라 저 나라 두루 섭렵자도 많아지는 여행 시대 이는 '카드'화로 연계된 이후부터 마일리지 적립, 이곳저곳 '실적'화로 고객 유치 경쟁 사이 너희이니, 카드 분할도 지불을 앞당겨(채무식 선지급) 그들의 사용 고객이 되었으니 "나는 놀고(여행), 너(기업, 금융)는 벌어라!"이다. 북한은 무엇이냐? 체제 사회이다. 이동이 힘든, 오랜 거리 두기, 감시 통제 사회 속이니 남한으로 오려 함도 이러한 세상 자유가 아니냐? 나를 위한 탈북이 아닌, 세상 동경자들이니 자유를 위해 남한으로 귀순 탈북이 많은 이유도 그러하다.

교회는 무엇이냐? 영혼 사랑이다. '영' 살리기이다. 육(몸)이 비대해지면 호흡하기 힘들고 순환 기능이 원활치 못하듯 '세상 채움' 비대함으로 영혼이 병들지 않으랴? 교회 비대화가 '비대면 된'이다. 많다, 이는 성도 수이다. 내 제자 삼으라 하지 않더냐? 마 28:19 그러므로 너희는 가서 모든 민족을 제자로 삼아 …. 그러나 너희 제자 만들고 눅 17:28 … 먹고 마시고 사고 팔고 심고 <u>집을 짓는</u>

교회와 그의 짝 성도 되어 이 망신(문재인 정권) 받는 것이니 "회개하라" 모두이다. 이는 연대 책임이다. 미끄럼틀을 타러(내리려) 올라가서 줄을 선 아이들이 있다. 대기자의 맨 앞선 자가 내려다보니 땅에 물웅덩이 흙탕물이 있어(눈에 보이는 것이다) '빠질까 봐 타지 않는' 이는 우회이다. 뒤에 선 모든 아이에게 전한다. "빠질까 봐 타지 않는 것이 좋겠어!" 이리 말하지 않으랴? 그 아래, 물웅덩이 흙탕물은 지옥이다. 맨 앞선 자는 교회이다, 목사이다, 전하는 자이다. 세상은 미끄럼틀이다. 미끄럽다, 내려간다. '기분 좋다'이다. 끝은 멸망, 형벌이다. '턴'하는 목회자는 지혜로운 자이니 타고 내려가다 멈추고 역방향으로 올라오는, 이는 회개이다. 천국을 바라보고 '턴'(거슬러 오르는) 하는 이유이다.

(6) 이는 형상이다. 다섯 번째 의식주 '형상 시대'이다. 무엇이 그리 많은지 가득 찬 세상이다. 나를 두라. 요 4:24 하나님은 영이시니 예배하는 자가 영과 진리로 예배할지니라. 사마리아 여인은 누구인가? 예수를 사랑하는 자이다. 이는 이방인 예표이다. 섞인 자, 하나님을 예배하나 순수하지 못한 자들이다. 이스라엘보다 더 난잡히 산 자들이다. 이스라엘인은 '성 정체성'화 훈련이 된 민족이다. 사마리아인은 그렇지 못한 혼혈 민족이다. 이 속에서도 다섯 남편을 두고 여섯 번째 남편과 임시 사는 여인이니 요 4:18 너에게 남편 다섯이 있었고 지금 있는 자도 네 남편이 아니니 네 말이 참되도다. 이는 남자 관계이나, 시대를 알린 예표이다. 인류의 시대 거치는 죄악의 날들 6일, 여섯(6) 남편은 세상 지배자이다. 6은 짐승 수이다. 많아진 때이니 이 시대라. 7은 메시아가 구원이 된 여인이니 이 여인은 세상 사람 예표이다. 남편을 두나(남편 같은 세상이다) 다 지나는 것들이라. 이는 의지 대상은 오직 주 예수시니 그리스도(메시아) '하나님 아들뿐'이라는 의미이다. 다섯째 의식주는 세상 지내는 동안 필요하나, 의지하고 주인 삼을 대상이 아닌, 오직 영을 살리기 위한 영이 생명이니 영생의 믿음으로 사는 세상이다. 요 6:63 살리는 것은 영이니 육은 무익하니라 내가 너희에게 이른 말은 영이요 생명이라.

(7) '형상 시대' 세상에 취하지 말자. '언어 체계' 모든 것이다. 알리는

표현 방식으로 "나는 무엇이다" 하는 정체성을 위한 전달 방식의 모든 것을 뜻한다. 사람(개인 입장) 안에 생각, 마음, 계획을 나타내기 위해 언어를 둔다. 상대 누군가에게 전하는 메시지이다. 언어는 하나님과의 관계에서 시작된 것이며(창조주와 피조물 사이) 사람과 사람 관계에서도 하나님 세계를 위해 소통이 필요하기에 하나님이 허락하신 언어이다. 창세기 11장 바벨탑 사건으로 흩어지는(나뉘는) 언어가 된 세상이다. 창 11:7 자, 우리가 내려가서 거기서 그들의 언어를 혼잡하게 하여 그들이 서로 알아듣지 못하게 하자 하시고. 하나님 언어, 바벨 언어 서로 다른 것이다. 하나님을 위한 언어 '하나님 언어', 세상을 위한 언어(이는 세상이 목적된 자들의 언어이다) '바벨 언어'로 나뉜다. '성령의 언어' 등장이다. 행 2:4 그들이 다 성령의 충만함을 받고 성령이 말하게 하심을 따라 다른 언어들로 말하기를 시작하니라. 믿는 자의 언어, 이는 하나님의 약속으로 구한 자에게 주시는 기도 언어이다. '모임 언어'가 있다. 이는 기호 전달 체계로 둔다. 정체성의 표현이다. 언어 약자 및 혼용도 두는 '줄임 언어'이다. 뜻을 두어 집합(모임)의 할 일을 알리는 것이다. 등등 이외 의인화 동물 '캐릭터', 기계 인간 로봇, 각종 사물(도구들) 방출량이 다양하게 쏟아지는 시대이다. 자연을 소재화하여 신성시 여기는 모든 것을 만들어 기념, 종교, 판매(상술 사용), 조각화까지 모두가 그러하다. 이루 헤아릴 수 없이 많은 범주의 세계이다.

그림을 그린 자의 표현이 하나님이 목적되는 전달로써 사용 도구가 되었다면, 이는 복음이다. 이 또한 주의 허락하심 속에 이루어질, 조심히, 신중히 다루는 것이다. 이는 예배의 표현 행위가 되기에 그러하다. '워십을 한다' 이는 예배이다. '성경을 사용한다' 예배이다. '악기를 사용 찬양한다' 예배이다. 그 안에 하나님의 관계가 담긴, 내용이 있는, 이는 예배이다. 사랑을 전하기 위해 선물을 준비한다. 그 내용이 무엇이든 - 편지일 수도, 물질이 될 수도 작은 동작을 표현해도, 말로 전해도, 장소를 사용하고, 세탁하고, 음식을 해주고 등 - 무엇을 하든 예배이다. 영으로, 사랑으로, 무언가를 통해 표현하는 것이다.

(8) 다음은 '자신'이다. 겉치레를 위해 사용하는 세계는 '형상'이 많다. 과시를 위함이다. 생존의 필요 이외의 넘치는 과분함에 치우치는 현상일 때, 형상 '겉치레'(위장, 신분용 두는)가 나타나고 심해지는 것이다. 나(자신)를 알리기 위해, 알아주라는 뜻이다. 나라는 사람 여기 있어, 이러한 자야, 나를 봐줘, 잘했다고 해줘, 괜찮다고 해줘. 이는 관심 끌기이다. 이렇게 하면 보겠지? 옷 잘 입어볼까? 명품 제품 지닐까? 몸에 장신구, 제품 치장 등, 문신, 화장(술) 모두 그러하다. 집안에서 하랴? 집 밖이니 사람을 만나니 '한다'이다. 소유도 그러한 애장품도 그러한 취미, 도구들 대부분 사용 그러한, 이는 형상 '이미지화'된 무언가 사용한다는 것이다.

목적은 하나이다. 모든 것은 주를 위한! 창조주, 재림주, 하나님을 위한! 이것이 질서이자 형상에 매이지 않고, 간소화하고, 취할 것은 취하고 버릴 것은 버리는 것이다. 세상이 형상이다. 보이는 모든 것들 사용이 그러하다. "나를 위한! 나를 위한!" 이를 기억해 두라. 십계명 보라. 출 20:3 … 나 외에는 … 네게 두지 말라 4 너를 위하여 … 만들지 말고 … 5 … 절하지 말며 그것들을 섬기지 말라 나 네 하나님 여호와는 질투하는 하나님인즉 …. 나의 시작은 하나님이시다. 창 3:15 내가 너로 … 할 것이니라 …. 창 3:9 … 네가 어디 있느냐. 하나님은 주체이시다(나, 내가). 대상자에게(너, 네가) 지칭하신다. 기억해 두라. 나는 나, 너는 너, 내가 너에게 이는 질서이다. 무엇을 내게 가져오느냐? 영광을 드리라. 이는 말씀을 지키는 것이다. 경배하려느냐? 전하려느냐? 나를 드러내라. 나의 것으로 그들에게 주어(나누어) 내게 오게 하라. "회개하고 나를 높이라. 나에 의해 살라"이다. 이는 해야만 하는 명령어이다. 이는 창조주와 피조물 관계이다. 명령어가 '사랑어' 되게 하라. 이는 복이 되리라. '질투어'(감정 고조될 때) 될 때 화가 되리라.

형상은 '나의 것' 나를 뜻한다. 이는 본질이다. 나의 속성, 신성과 능력이다. 롬 1:20 창세로부터 그의 보이지 아니하는 것들 곧 그의 영원하신 능력과 신성이 그가 만드신 만물에 분명히 보여 알려졌나니 그러므로 그들이 핑계하지 못할지니라. 이를 이미지화 만들어(창조) 낸 것이 사람이고, 자연이며, 나의 아들 예수 그리스도이니 믿는 자에게 투영하는 꿈, 환상의 메시지도 있는 것이다. 이들은 나를 위한 것! 너희 사이 두고 나를 발견, 기억, 칭송하며 "나의 뜻을 이루라!"이다. 이외 생존이나, 복음 도구이니 신중한 선택, 나의 뜻에 의한, 무엇이든 그러하다. 나와의 연관이니 내게 묻지 않으랴? 대접자는 묻는다. 뭐 좋아하세요?, 이거 어떠세요?, 괜찮을까요?, 마음에 드세요?, 원하시는 것을 해 드릴까요? 이는 맞춤이다. '위한' 맞춤을 하라, 물으라. 1에서 10까지 전체이다. "나는 영 너희는 몸이니라" 이 외의 치우침은 형상을 우상화하는 세상 사랑이다.

모세의 성막을 보라. 내게 묻고 나아오는 자들이다. 예수도 그러한, 너희 일생도 그러한, 이는 목회 일지다. 세상 바라보는 자, 전체 두는 자, <u>나의 두 손안 모두이니 - [2020. 5. 17. 주일. 추가 글입니다.</u> 이는 꿈으로 보이신 하늘 공중에 서신 하나님이시다! 하라. 나의 두 손 모습을 보인 자이다. 그 안 무언가 두어 네게 "맡겨볼까?" 전한 나이다] - <u>취하기도, 버리기도 하는 나이다.</u> 움키고 버리기도(이는 살릴 자와 죽을 자) 하는 나이다. 손 놓으면 다 흩어질 아무것도 아닌 너희이다. 오늘 그려 보라. 하늘의 '가나안 열매'(2009년 꿈)와 하늘의 '하나님 두 손'(2020. 5. 17. 주일 꿈)이다. 이는 10년 단위이니 전자 '가나안 열매'는 주겠노라, 받으라 하는 것이다. 개척 예배처에서의 10년 이를 연도별 요약해 보라. 후자 '하나님 두 손'은 두 손 올린, 둔(준비, 예비의 주이시다! 하라)이니 '내 안에 다'이다. 나의 안에서 이루어지는 일들이니 이는 사인(sign)이다. '나의 주권' 상징이다. 그리고 무엇을 어떻게 할지? 너는 물으라. 주리라. "손 의미가 무엇인가요?" 묻는 기도이다. 다 있다. '내 안에 너'이다. 나의 주권을 모르는 그들, 사단 편에 선 자, 하룻강아지 범 무서운 줄 모르는 자이다. 개미와 사자, 누가 이기랴? 개미와 나, 누가 이기랴? 저들은 불과 개미, 아주 작은 기는 벌레이다. 열심히 한들 이는 자기 세계이다. 개미가 나를 알랴? 개미 같은 자이다.

7) 형상은 무엇이냐? (2021. 9. 14. 화요일)

하나님의 나타나심이니 환상을 뜻한다. 만나지 못한 그들이다(주를 박해한 자들). 이스라엘 선지자에게는 보이신, 나타나신 주 하나님이시다. 그 외는 예수를(당시 시대 메시아 출현이니 그러하도다) 나타낸 나이므로 하나님 아들을 보이신, 이는 나를 믿으라 하나 도외시한 그들이다. 진실이 왔는데(이는 진리니, 하나님 참 형상을 사람으로 보이신) 어처구니없는, 포복절도할 그들이다. 아들이, 딸이 자신의 아버지에게 "아버지 아니에요"라고 함과 같은 것이다. 왜 그러한가? 보라. 그 마음속에 아버지를 두지 않은, 말씀이 빈 자가 있으니 진실 없는 행위, 선민사상, 자고함이 그 마음 위치에 있었다! 하라. 득세자들은 안다. 그들 왕 주체가 누구인지? 무엇인지를 안다! 하라. 이미 사로잡힌 그들이니 풍요해졌도다. 지식의 말씀은 있으나, 성전 예배를 드리나, 마음 빼앗긴 체 '명실상부' 세워진 자들로 위장(신분은 그러한 대제사장, 서기관, 바리새인 아니냐?) 위치에 선 자니 '예수로 나타난 나'를 어찌 싫어하지, 미워하지 않으랴? 너희도 이와 같다.

찬양곡 '내 맘을 열어 주소서'를 주십니다! 하라. 예배는 마음이다. 삶도 그러한. 영과 진리로 만나는 자가 무엇이냐? 요 4:23 아버지께 참되게 예배하는 자들은 영과 진리로 예배할 때가 오나니 곧 이때라 아버지께서는 자기에게 이렇게 예배하는 자들을 찾으시니라. 나를 구하라는 뜻이다. 나만을. 나 외에 어떤 것도 허용 마라는 것이다. 틈은 문이다. 목회자를 위해 예배하랴? 누구든 그러하다. 목회자를 전하면 목회자가 나오고, 나를 전하면 내가 나오지(찾는다 뜻이다) 않느냐? 심은 데로 나오거든 이는 열매이니, 내 교회이니, 내가 그들이니 그 속에 왕이 되지 않으랴? 마땅치 않으랴? 교회가 준 것이 무엇이냐? 살피라. 고전 3:13 … 불로 나타내고 "최후 심판이니 그러하도다" 그 불이 각 사람의 공적이 어떠한 것을 시험할 것임이라. 보았느냐? 세상이 재가 되었다! 하라. '남은 재'뿐이니. 그러나 '성곽 금빛'은 타지 않은 체, 높은 곳에 따로 둔 것(남은 체)을 본 자이다. 이는 네게 보인 환상이다.

이도 전하라. 많은 '담은 네 그릇'이니 이는 나의 채움이라. 30년간이다.

8) 너는 카카오톡의 '이모티콘' 거절자이다! (2021. 10. 9. 토요일)

이모티콘은 컴퓨터나 휴대 전화의 문자와 기호, 숫자 등을 조합하여 만든 그림 문자이다. 감정이나 느낌을 전달할 때 사용함을 뜻한다! 하라. 마 2:18 라마에서 슬퍼하며 크게 통곡하는 소리가 들리니 라헬이 그 자식을 위하여 애곡하는 것이라 그가 자식이 없으므로 위로받기를 거절하였도다 …. 이는 '기본' 사용자 한글의 자음, 모음과 영어 알파벳, 문장 부호(많으나 기본 몇 아니랴?) 등 문장 구성이 필요하나 문맥 기초로 보는 몇 가지 제한적 사용뿐이다. 지나치게 많은 시대이다 하라. 고안에 고안을 거듭한 결과이다. 만들기 좋아하는, 즐겨하는 인간 사회이다 하라. 사람 형상(신체 관련 또는 사람 모습 상태 표현 등) 제외하는, 이는 도구화에 문제 되는 지나친 광범위한 표현이기 때문이다. 심지어 테마가 되는 그림 배경 또한 자제이다. 조화도(형상 본뜨기) 그러한. 만화 보지 않는다. 성경의 그림 표현도 되도록 보지 않는다. 비유나 실질 현상 '형상 나타나심'도(하나님에 대해) - [이를 두라. 많이 보이신 주이시다. 주 모습이니 전하지 않은 자이다. 바울의 말씀을 두라. 고후 12:6 … 그러나 누가 나를 보는 바와 내게 듣는 바에 지나치게 생각할까 두려워하여 그만두노라. 이와 같음이니 이는 가슴 한켠 묻어둠이라. 이제는 꺼내 쓰게 하시는 주이시니 증언의 때이다! 하라. 늦으나 하게 하시는 영서 사용자이다 하라 되었다 닫으라. 이는 2022. 7. 7. 목요일 오전 11:29 주시는 글이다! 하라] - <u>그 외 사물, 사건도 그러한,</u> 보이나 유사 표현 어려운 한계 두는 작업이며 복음 도구이다.

9) "주는 마침이시다" 하라 (2021. 11. 12. 금요일)

무슨 뜻이겠느냐? 계 1:17 … 나는 처음이요 마지막이니. 내 너를 데리러 온다는 것이다. "어디로요?"이다. 이는 묻는 자 모두이다. 내 나라이다. 그곳에 있기까지 형상에 대한 상기시키는, 이는 조언, 격려, 위안이 '내포된'이다. 왜 그러한가? 물으라. 너희는 나한테 많은 빚 진 자들이다. 하나님 아들 예수 그리스도로 인함이다. 독선이다, 아집이다, 모두 그러하다. 못내 아쉬워하는 자이다. 그들은 그러한 '마지못해'이거나 '슬피 울 때 이를 갚의 시기'이니 이는 아들이 누구인가 대체! 하는 자들이다. 사랑이 아닌 '억지 춘향'이거나 '그래도 …' 하며 다가오는 자들이거나 둘 중 하나이다. 이는 '마지못해' 유형들이다. 이러함에 대한 "나의 줄 것 많다" 이다. 이는 소개서이다. 많은 보물 중 널리 알려진 그들이나 "도무지 알지 못하노라!" 많을 자들이니 '그러한'이다. 살기 위해 목회하는 유형들이다. 신이 나 그렇지 않으나, 대세이나 아니나, 방송 출연이나 아니나, 초청 집회이나 아니나, 대우이나 아니나 이 모든 어떠해도 나는 가리라! 그들 스타일이다. 끝이 지옥이다! 아니겠느냐? 이는 내 식대로(내 마음대로) 이기에 그러한 나는 도무지 너희를 알지 못하노라! 하는 이유이다. 알았느냐? 하라. 전하라 의미이다.

형상에 관함이다. 이들 사랑하는 모든 것에 대해 보자. 세상은 형상이라 하라. 모습이 있다. 이는 형태이다. 물질을 드러낸다! 하라. 나의 창조에 의한 자연을 입힌(영을 둔 자리이다 의미이다. 그곳에 자연으로 나타낸 것이다) 세계이다. 나의 창조물이라 하라. 이는 경외함 아니겠느냐? 하라. 1일, 2일, 3일 … 차례로 두라. 나의 창조일이니라. 이를 위대하게 보느냐? 전하라. 너희의 기초는 '이'부터이다. 이곳이니 창조된 자리에 서서 아담처럼! … 첫 사람 당시 그는 그러한 나를 창조주로 여기는 자이다. 한때이다. 돌변한, 변심한 그이다. 내게로부터 멀어진, 이는 마음이 여자에게로 치우친 그이다. 우리가 – 창 11:4 … 우리 이름을 내고 – 된 자이니 이는 사람끼리 치우친, 관계 빠진 자들 그들이니라. '나를 위한' 아닌 그들(사람 입장, 위치)을 위한 눈높이가 위에서 옆으로 향한 그 아담이다. 이는 당시이다. 나를 두려 함이 아니냐? 여자는 나의 창조물이다. 그러함에도 그는 형상의 나타남이며 대상, 모습 이는 사람이니 신기해하지 않겠느냐?(이는 아담의 여자 출현이다) 이는 아담 입장이니라. 처음은 그러한 그이나 차츰 그도 자신에 치우친, 이는 먹음에 대해 문제가 된 그 선악과 열매 중 하나이다. 이는 자신의 정욕 문제이다. 이는 여자를 우위에 두었을 때 자신도 자신을 위한 선택을 당연시하는 이는 관계이다. 그들끼리 하나님 아닌 사람을 두다. 이는 내 위치에 선 여자이니 다음은 자신을 위해 산다는 것이다.

선악과도 형상이다. 보여지는 것이다. 보게 되고, 마음에 두는 그리고 명령을 잊게 하는 매혹적인 유혹, 이는 흡인력이다. 빠지다, 끌려가다 의미이다. 눈(영의 시각, 명령어) 가리는 가리개 역할 선악과이니 그들은 모른 채 당한 자이다. 이는 신뢰 관계이다. 나와 너 외 무엇이 있어야 하나? 내 말에 의한 것이 아니라 다른 무엇으로 마음이 차지한다면 이는 미혹이다. 나는 '내 말'이다. '곧'이다. '나의 언어'이다. 이는 '나'이다. 말이 그 마음에 주(주인)가 되어 나를 지키도록 하기 위함이니 이는 선악과 창조 이유이다. 창세기 보라. 창 2:9 여호와 하나님이 그 땅에서 보기에 아름답고 먹기에 좋은 나무가 나게 하시니 동산 가운데에는 생명 나무와 선악을 알게 하는 나무도 있더라. 아름답고 좋은 나무가 즐비한, 전체를 두른 그곳이 아니겠느냐? 이는 누림이다. 나를 잊을만한 풍요로움이다 뜻이다. 사람의 면면히 이를 아시는 - 창 2:7 … 땅의 흙으로 - '주'시기에 일침이 되는 경계, 경고, 정신 차리는, 훈계이다. 지침이다. 명령이다. 이러함으로 등장시켜 지킴으로써 경각심을 주기 위함이다. 이들의 창조(동산에 심은) 이유이다. 양들 가운데 이리 두어 경계 됨과 같은 자신을 위한 것이다.

이는 흙 성분이다. 너희 자체이다. 흙에서 나왔으니 물질이라. 창 1:2 땅이 혼돈하고 공허하며 흑암이 깊음 위에 있고 …. 이는 정체이다, 속성이다, 근본이다. 너희이니 "자신을 알라"이다. 이러함에도 아름답고 좋은 나무(창 2:8)를 제공하여 키운 나이다 하라. 그러나 자신을 쳐 복종케 하기 위한 - 고전 9:27 내가 내 몸을 쳐 복종하게 함은 내가 남에게 전파한 후에 자신이 도리어 버림을 당할까 두려워함이로다 - 거울 제시이다. 이는 선악과라 하라. 이는 "너이다"라는 뜻이다. 돌아가지 마라, 이는 나의 의도이다. 마 12:44 이에 이르되 내가 나온 내 집으로 돌아가리라 하고 와 보니 그 집이 비고 청소되고 수리되었거늘 45 이에 가서 저보다 더 악한 귀신 일곱을 데리고 들어가서 거하니 그 사람의 나중 형편이 전보다 더욱 심하게 되느니라 이 악한 세대가 또한 이렇게 되리라. 이는 원리이다. 흙으로 마음이 갈 때, 행위가 될 때 붙는, 따르는, 가세가 되는 힘이니라. 그러하기에 선악과를 두고 근심하여 … 자제이다. 마음 지키는 싸움이다. 그들도 그러한 인간이다. 창조물이기에 모두 그러하다. 성령 충만한 자가 늘 그러하랴? 유지하랴? 이 같은 것이다. 인류를 위한 나의 조치이다. 흙에서 나온, 흙으로 된 육체임을 알리기 위한 조형물=형상(선악과 나무)을 두어 보이기 위함이니 '나의 의도'는 이러한 것이었다.

쳐다볼 때 싫어질, 미워질, 내키지 않을, 이는 바람직한 상황이나 시험에 빠진 이들은(아담과 여자) 먹기까지 순조로웠다. 이는 단계이다. 보다, 마음에 두다. 그리하면 나타나는 뱀의 출현이니 "내가 도와줄게" 하는 자이다. 뱀이 와서 "유혹해서 넘어갔다"가 아닌 전조 증상이 있었다! 하라. 이는 나와의 관계이다. 서서히 진행해 온 그들 자신이니 "무엇? 무엇? …" 하며(궁금해하는 모습) 보다가 "한 번쯤 괜찮겠지?"라는 마음에도 품은, 품어 본 자들이다. 내색이다. "어떨까? 괜찮겠지" 하며 서로 주고받지 않으랴? 어느 날, 갑자기 뱀이 와서 그러했다. "뚝딱! 그 날이다"가 아닌 서서히 무르익어 온 선악과와의 관계이니 이는 선악과를 사이 두고 내게로 와서 묻지 않은, 자신들대로 상상해 보고, 다루려는 - 그들에게는 '미지' 아니겠느냐? 무엇일까? 하는 세계 같은 한정된, 금지 구역이다. 노란 선 경계 표시선 아니겠느냐? - 그들이었다 하라.

이는 형상화 세계를 대하는 자세이다. 두 세계이다. '누리는 세계'이니 창 2:16 여호와 하나님이 그 사람에게 명하여 이르시되 동산 각종 나무의 열매는 네가 임의로 먹되(You are free to eat from any tree in the garden) 전체 받은 자이다. 다른 하나는 '금지'이니 17 선악을 알게 하는 나무의 열매는 먹지 말라 네가 먹는 날에는 반드시 죽으리라 하시니라. 이는 명령어 둘 다이다. 하나는 전체에서 하나는 미미한 부분이다. 나의 뜻을 아는 자는 사람이 두 세계에서 다 지켜야 함을 안다. 감사함으로 받고(전체) 실족하지 아니함으로 근심, 상심케 하지 않으려는 이 둘 다 모두이다. 이는 나의 길이다. 나의 길을 가는 자들이 지키는 나와의 관계이다. 사실은 둘 다 신중한, 놓치지 않으려는 자들이다. 둘 다 잘하려는 이도 저도, 이는 완전한, 마 5:48 그러므로 하늘에 계신 너희 아버지의 온전하심과 같이 너희도 온전하라. 흠 없이, 벧후 3:14 … 주 앞에서 점도 없고 흠도 없이 평강 가운데서 나타나기를 힘쓰라. 틈 주지 않는, 일치된, 붙은 하나님 주관하심이다. 이러한 의도로써 나는 원한다! 하라. 이는 에덴동산이 아니냐? 주가 다스리시는 나라이니라. 죄가 들어오나 주가 다스리시기에 창세기나 현재나 너희에게는 구원이신 하나님이시라 하라. 한 발은 감사(전체)에 치중한, 이는 온전한 무게 실은 상태이니, 무게(실체) 그대로이다. 다른 한 발은 금지(부분)에 치중한 이도 '같은'이니 이는 수평의 원리이니라. 양발을 딛은 자가 쏠리지 않음은 두 발로 선 상태이니 이는 하나이다. 계 10:1 내가 또 보니 힘센 다른 천사가 구름을 입고 하늘에서 내려오는데 … 2 그 손에는 펴 놓인 작은 두루마리를 들고 그 오른발은 바다를 밟고 왼발은 땅을 밟고. 둘이 아닌 하나, 이는 나와 너희의 원리와도 같다. 둘 다 지키는 것이 그러하듯 나와의 관계가 너희와 하나 되어 '나와 너'라는 양립 두 발 세움같이 두어야, 이는 동행 의미니라. 살아 있는 자이다. 살릴 자는 나이다.

너희에게는 이러한 나이다. 생명 나무와 선악과 둘 다이다. 한 곳에 둔 이유이다. 생명 나무 또한 나에 의한 계획이므로 선악과를 지킬 때 먹지 않아도 이어지는 날들이 되는 것이다. 이제는 먹어야 하는 자들이니 "내가 생명 나무이다" 하라. 주 예수 그리스도이시니 하나님 아들이 되어 너희에게로 들어가 먹고 마시는 나이니라. 선악과, 세상 죄악 예표는 땅 성분이니 흙으로 돌아가지 않게 하기 위한 조치이다. 그러나 그들은 그들끼리 - 창 11:4 … 우리 이름을 내고 - 일을 만들어 그르친 자들이 된 범죄자이다. 나 모르게 하려 함이 아니냐? 이는 흙의 속성이다. 내 세계가 아니기 때문이다. 그들대로, 나대로 아니겠느냐? 가져다가 취하여 내 도구화, 나의 창조물 삼아 내 영광을 위하여 - 사 43:7 내 이름으로 불려지는 모든 자 곧 내가 만든 내 영광을 위하여 창조한 자를 오게 하라 그를 내가 지었고 그를 내가 만들었느니라 - 사람도 사용 목적으로 만들지 않느냐? 하라. 만든 자이나 자신 영광(그들 스스로 취해 보려 만든 세상, 아담과 여자이다. 스스로 하였다 뜻이다) 위한 길 선택이라 하라.

이상은 사람을 만드신, 자연을 만드신 여호와이시니 '나의 목적 아래 두기 위하여' 경계 둔 자이나 그들은 나를 넘어왔다. 이는 내 영역, 분야이다. 함축된 선악과, 생명 나무이니 내 뜻을 알았더라면, 묻기라도 하며 나아올 그들이나 … 도왔을 나 아니겠느냐? 당시 지켜본 나이다 하라. 창 2:19 여호와 하나님이 흙으로 각종 들짐승과 공중의 각종 새를 지으시고 아담이 무엇이라고 부르나 보시려고 그것들을 그에게로 이끌어 가시니 아담이 각 생물을 부르는 것이 곧 그 이름이 <u>되었더라 하지</u> 않더냐? 보시려고 - 창 6:12 하나님이 보신즉 - '살피는 나'이라 하라. '나의 눈은 항상'이다. 대하 7:16 이는 내가 이미 이 성전을 택하고 거룩하게 하여 내 이름을 여기에 영원히 있게 하였음이라 내 눈과 내 마음이 항상 여기에 <u>있으리라 함과</u> 같으니 내가 지은 모든 곳, 상황에 대해 <u>끊임없이</u> 향한 나이다 하라. 이는 사랑과 진노도 둘 다이다. 이는 구원과 멸망이니 '살고 죽는 것에 대한'이다. 이는 나의 책임이므로 그러하다. 내가 지은 모든 세계는 그러하다. 생명과 사망도 내 안에 모두 있느니라. 계 20:12 또 내가 보니 죽은 자들이 큰 자나 작은 자나 그 보좌 앞에 서 있는데 책들이 펴있고 또 다른 책이 펴졌으니 곧 생명책이라 죽은 자들이 자기 행위를 따라 책들에 기록된 대로 심판을 받으니.

10) 십계명 받아 보자! (2021. 11. 22. 월요일)

출 20:4 너를 위하여 새긴 우상을 만들지 말고 또 위로 하늘에 있는 것이나 아래로 땅에 있는 것이나 땅 아래 물속에 있는 것의 어떤 형상도 만들지 말며 5 그것들에게 절하지 말며 그것들을 섬기지 말라 나 네 하나님 여호와는 질투하는 하나님인즉 나를 미워하는 자의 죄를 갚되 아버지로부터 아들에게로 삼사 대까지 이르게 하거니와 6 나를 사랑하고 내 계명을 지키는 자에게는 천 대까지 은혜를 베푸느니라.**이스라엘 민족을 위하여 조치하신 네 하나님 사랑이니라.** 그들은 나의 은혜로써 애굽 종된 민족이나, 이적과 기사 가운데 인도해 낸 민족임을 다 아나니, 나의 의도는 세계인, 모든 민족들도 위한 장치로써 말한 계명이라 하라. 인간의 형상(창 1:26) 아래 '우상화로 치닫는 지구의 역사'이다 하라. 나의 만든 바 창조물 된 이 세계 안에서 에덴동산을 두고 지키게 하고 번성케 하는 나의 의도와 달리 내심 행한 그들의 본성은 – 창 1:2 땅이 혼돈하고 공허하며 흑암이 깊음 위에 있고 …. 창 2:7 여호와 하나님이 땅의 흙으로 사람을 지으시고 – 질주하여 무법 한데까지 이르며 급기야 바벨탑(창세기 11장) 건설로 '나의 공분'을 샀으나 다시 시작한 출애굽기 여정 가운데 이스라엘 백성을 선두로 세워 '나의 마음을 알린 십계명'이니라. 나의 영은 창 1:2 … 하나님의 영은 수면 위에 운행하시니라 되었으며, 창 6:3 여호와께서 이르시되 나의 영이 영원히 사람과 함께 하지 아니하리니…. 이도 보라. 너희와 함께함이 목적이다. "나를 알리는 것'이 복음이다, 믿음이다" 하지 않느냐? 이는 성경 전체에서 주는 바 나의 마음, 계획이니 너희 향한 사랑이라 하라. 그러함에도 성경은 외면당한 체 기독교의 성장에도 불구하고 기독교인조차 '형상의 종'이 되어 마구잡이식 끌어들임으로 사람 수에 현혹되어 자리 앉히는 식 전도법으로 나를 애태운 그들이니 목사라 하라. 전도사라 하라. 부흥사라 하라. 강사, 강연가라 하라. 간증자라 하라. 수로 보인 나는 언제나 그 안을 보며 택한다! 알리지 않느냐?

아담 첫 사람 그이니, 하나님의 형상(창 1:27)일지라도 넘어진, 이는 여자를 우선한 내게 멀어짐이니 또한 그의 보이는 모든 세계가 어떠하랴? 마음 잃어가는 자가 되지 않으랴? 영이신 하나님의 권능(선물이라 해보자)이 나타났으나 그 사랑보다 형상으로 마음이 집중될 때 나를 잊어가는 자 될 수 있는, 이러함으로 나의 말은 그들에게 나를 새기도록, 경외하도록, 잊지 아니하도록, 사모하도록 하기 위함이나 끝내 그들은 넘어진 자 되어 내게서 떠나게 된 그들의 처지를 보라. 아담도 그러하거늘 그리스도를 주로 다시 믿기로 돌아온 자이나 어찌 보랴? 그러나이다. 나의 사랑은 언제나이다. 흙, 이 땅이 소멸이 되기까지 막 13:31 천지는 없어지겠으나 내 말은 없어지지 <u>아니하리라 이름과</u> 같도다. 이는 마 28:20 … 내가 세상 끝날까지 너희와 항상 함께 있으리라. 이와 같이 나의 구원의 수는 나의 영으로 세우는 자이니 요 6:63 살리는 것은 영이니 육은 무익하니라 내가 너희에게 이른 말은 영이요 생명이라. 나의 영생은 이러한 너희에게 있어서 나를 기억하고, 사랑하고, 나의 말을 너희 안에 두어 지키는 것이라. 영이 나이니, 영으로써 나의 말도 기록되기도 하고 그 말이 너희 안에 들어가기도 하고 영이신 하나님은 말씀으로 말씀하시며 영으로 알리시는 은사들 함께 다양한 통로를 두시나, 이는 너희에게 있어서 신비, 기이함에도 "무슨? 웬? 어찌?"하는 자가 많다! 하라.

이는 보이는 것들이 사로잡아 눈을 가리어 '대체물'이 되어 나보다 그들을 따르고, 사용하고, 연계시키어 문화라는 틀로 성장시키어 다시 바벨탑(창세기 11장)이 되어 나의 공분을 사는 이 땅 지구니라. 이미 있으나 이는 나의 창조 세계이다. 하늘, 땅, 바다 배치도를 두어 '나의 다스림은 지속'되나 나를 두기보다 이 또한 신비, 기이함이니 빠지고 빠진 자 되어 닮은 것들을 만들고, 개발하고, 기술력을 '향상' 시켜 별의별, 각종 이룬 문화 혁명 세계가 되어 그것은 너희 영혼을 삼키고, 육(육체)을 공격하며 각종 위험과 죽음에 이르도록 하며 전쟁사가 이어져 수많은 희생자로 '코로나 전까지 치루는 자들'이라 하라.

이 모두는 끝 날에 태우리라, 사라지리라. 무엇이 이 땅에 남으랴? 지구는

'한 점 불과한' 나의 창조물일 뿐이다. 그러나 너희보다 위력으로 작용하는 땅의 위험, 바다의 위험, 하늘의 위험이 아니겠느냐? 이는 나의 자연 위력이니 자연재해뿐이랴? 살 만한 이 땅을 주나 하나둘씩 바뀌어 너희 세상이 되어 오로지 과학, 과학! 하며 편리, 행복 추구자가 된 너희이니라. 이 모두는 나 보기에 우상이니라. 출 20:3 너는 나 외에는 다른 신들을 네게 두지 말라 하나 '이미 다른 신들'은 차고 넘쳐 지구를 덮고 덮어 나를 잊은 지 오래이니 그중 일부이나 그들의 번성으로 오늘까지 이른 그리스도인으로서 나의 위탁자이니 제자 삼는 민족들, 족속들 지구니라. 마 28:19 그러므로 너희는 가서 모든 민족을 제자로 삼아 아버지와 아들과 성령의 이름으로 세례를 베풀고. 살피라, 눈들이 다닌다. 삼킬 자를 찾는 눈들이라! 하라. 벧전 5:8 근신하라 깨어라 너희 대적 마귀가 우는 사자 같이 두루 다니며 삼킬 자를 찾나니. '호루스의 눈' 등장이 된 '사단 세계' 전면전이라 하라. 물질 만능주의는 녹이는 염산같이 너희에게 치명적이다! 하라. 창세기 11장 바벨은 중지된 공사이다. 이후 수장된 홍수 세대 노아의 방주를 보라. 그 안 합당한 자, 내 마음에 흡족한 자를 찾아 생명 보존시킴이니 이는 여덟 명이라. 벧전 3:20 … 방주에서 물로 말미암아 구원을 얻은 자가 몇 명뿐이니 겨우 여덟 명이라. 창 7:7 노아는 아들들과 아내와 며느리들과 함께 홍수를 피하여 방주에 들어갔고. 이는 교회의 '구원의 수에 해당'이다. 많으냐? 적으냐? 인류 구원이 당시 그 수이니 이는 문명으로 말미암은 세상화, 자기식대로 산 자들의 최후이니라.

이스라엘 구원을 보라. 광야에서 전멸(장사 기간 40년)하고 남은 자, 가나안 땅에 들어간 1세대는 여호수아와 갈렙뿐이니 많으냐? 적으냐? 이 둘로써 나의 마음을 나타낸 '영이신 하나님 이시라 전하라. 영은 영, 육은 육이다. 이는 무엇인가? 하나님 나라와 세상 나라 다르다. 극과 극이다. 차원 다른 생명과 멸망 "두 세계이다" 뜻이라. 천국과 지옥을 전하는 자가 어디 있으랴? 몇이랴? 천국을 아느냐? 나를 아느냐? 목회자들에게 물으라. "천국을 전하소서, 나타내소서" 이는 요구이니라. 믿음이니라. 나를 사랑하는 자의 말, 마음이니라. "지옥을 알리소서,

말하소서, 무엇인지 가르치소서, 지옥을 가지 않으려면 어떻게 살아야 하는지 이르소서." 하는 자 있느냐? 이는 내 제자이니 그(목회자들)보다 나를 찾으리라. 찾게 되면 전하리라. "다시 오시리라" 이를 전할 자가 아니겠느냐? 이는 주는 말이니라. 나의 말, 마음이 뿌리는 씨앗 되어 떨어지기를 원하노라. 너희 마음 밭에 영이신 하나님! 주를 알라, 구하라, 찾으라. 이 땅에서 할 일이니라. 구원의 기회이다. 세계, 세상은 형상화된 '형상의 왕국'이 된 도처마다 휘황찬란한 가지각색들이나, 성전 건물도 아끼지 않은 - 마 24:2 대답하여 이르시되 너희가 이 모든 것을 보지 못하느냐 내가 진실로 너희에게 이르노니 돌 하나도 돌 위에 남지 않고 다 무너뜨려지리라 - '나'이거늘 세상일까 보랴? 생각해 두는 너희이기를 바라노라. 내 자녀를 때린 부모의 마음 입장에서 생각하거늘, 이는 이스라엘이 아니겠느냐? 이방이 된 너희여! 들으라. 하물며 너희일까 보냐? 이는 자긍하지 마라. 창 6:13 … 그 끝 날이 내 앞에 이르렀으니 내가 그들을 땅과 함께 멸하리라. 이는 노아의 때라 하라. 마 24:37 노아의 때와 같이 인자의 임함도 <u>그러하리라 같은</u>'이다.

예레미야에게 이른 나의 말이니라. 렘 16:5 … 초상집에 들어가지 말라 가서 통곡하지 말며 그들을 위하여 애곡하지 말라 … 8 너는 잔칫집에 들어가서 그들과 함께 앉아 먹거나 마시지 말라. 이는 왜이겠느냐? 나의 마음이 그곳에서 떠났느니라 뜻이다. 너희 목전에 일이 된 포로 됨이니 나라 멸망 앞둔 위기를 알라 의미이다. 예레미야 선지자의 발언은 그들을 격노케 한 지도자와 백성들이라 하라. 이는 무엇인가? 선지자를 외면하고 내 방식대로이거나 거짓 선지자, 제사장, 지도자들을 여전히 신뢰하여 나라가 망함에도 보존되리라 하며 악을 즐기는 자들이니 그들은 그러하다. 이는 한국의 위기 상황이라 하라. 만물이 중심되어 교회 대형화와 목회자 수로 교계, 교단은 우후죽순 난립, 양성함으로 성령 운동이 아닌 지식 팔아 연명해보려 한 그들이니 "세계가 이 추세이니 …" 하며 외관 확장, 보이기, 선호하며 세상화 발전사 따라 교회 발전 아니겠느냐? 이는 내 눈이니라. 이스라엘 성전과 백성 멸망의 때 같은 너희라 하라.

이는 '**한국 외형**'화이니, 그리스도인 아닌 교회 부흥기 아닌 세상 집착형 우매한 지도자들로 생성, 형성, 고리된 알고리즘(발생 된 연결이라 두자)이라 하라. 알고리즘이 무엇이냐? 우수수 떨어지게 한 여섯째 인의 시기이니 계 6:13 하늘의 별들이 무화과나무가 대풍에 흔들려 설익은 열매가 떨어지는 것같이 땅에 떨어지며 이 시기라! 하라. 너희가, 너희 눈이 보는 바 교회의 현실이다. 나의 길은 다르다! 하라. '성령 시대' 살아가는 자들이니 이는 '인'침을 받은 자의 수이다. 계 7:4 내가 인침을 받은 자의 수를 들으니 이스라엘 자손의 각 지파 중에서 인침을 받은 자들이 십사만 사천이니. 영으로써 나타내는 나의 세계이니, 성령이 아니고서야 무엇을 말하랴? 어찌 일하랴? 구약을 논하며 전통을 논하며 교회 역사를 자랑하려느냐? 성경 나열식 설교자가 되어 이렇다더라! 하려느냐? 너희 하나님은 어디에 있느냐? 주 나의 하나님이시다! 하는 자가 참 내 종이라. 계 14:1 또 내가 보니 보라 어린 양이 시온산에 섰고 그와 함께 십사만 사천이 서 있는데 그들의 이마에는 어린 양의 이름과 그 아버지의 이름을 쓴 것이 있더라 4 이 사람들은 여자와 "이는 계시록 17, 18장 바벨론 지칭이니라" 더불어 더럽히지 아니하고 순결한 자라 어린 양이 어디로 인도하든지 따라가는 자며 사람 가운데에서 속량함을 받아 처음 익은 열매로 하나님과 어린 양에게 속한 자들이니 "내 종이니라" 나를 사랑하고 내 계명을 지키는 자이니, 천 대까지 은혜를 베푸는 자들(출 20:6)이라 하라. 이는 형상(외형, 나타남, 보이는 것들, 도구들)에 주의하라! 주는 바이다.

2. "아! 한국이여 …"

"예언을 성취하시는 주이시다" 하라

1) 18대 박근혜 전 대통령에 대하여

2022. 7. 14. 목요일.

어느 해, 믿기지 않는 그 날입니다. 박근혜 전 대통령의 구속 사건 이후, 긴 수감 생활이지만 감사하게도 마치 면회하듯 꿈으로 은혜를 주신 하나님이십니다. 여러 '보이신 모습'들은 생략합니다. 이는 나라 관련부터 개인까지입니다. 2020. 7. 23. 목요일, 영서 기록이 시작되기 전부터 '사면 석방'에 대해 미리 몇 차례 알게 하셔서 마음이 한결 놓이게 됩니다. 정부 발표를 오래 기다리다가 잊기도 하고 다시 생각하며 기다리는 이러한 긴 시기를 지나기도 합니다. 그리고 명예 회복과 함께 날이 가까움을 알게 되고, 얼마 후 사면 소식을 듣습니다. 2021. 12. 31. 금요일, 잊을 수 없는! 나라의 대통령이 긴 옥고를 마치는 그날이 됩니다. '자유의 몸'이 되시나 병원 치료 시기가 있기에 다시 기다리며 모습을 뵈니, 참으로 반갑고 감사하고 눈물이 납니다. 무엇보다 2020. 5. 10. 화요일, 새 대통령 취임식 자리에 전 대통령 자격으로 초대되시어 예우와 함께 공식적인 모습을 보니 꿈 같기만 합니다. 자유민주주의 체제를 다시 일으킬 기회를 주신 시대적 상황이기에 더욱 감사한 취임식 현장입니다. 되었다! 닫으라.

2012년 대선 준비기, 한국의 독신 여성 대통령 등장으로 더 이목이 되기도 하신 분입니다. 그러나 김정일 사망으로 대를 이은 아들 김정은은 북한의 지도자 위치에 이른 나이에 등극합니다. 박 전 대통령은 강경한 대북 노선을 취하기에 긴장감이 팽배한 시점이며 최전방 군 복무 중인 아들이 있어 북한에 대해 더

민감한 시기입니다. 군과 관련하여 전시의 위기 소식을 들은 당시입니다. 주께서 유다의 여호사밧 왕 찬양대 말씀을 주시며 찬양 예배를 드리라 하시므로 - 대하 20:21 백성과 더불어 의논하고 노래하는 자들을 택하여 거룩한 예복을 입히고 군대 앞에서 행진하며 여호와를 찬송하여 이르기를 여호와께 감사하세 그 인자하심이 영원하도다 하게 하였더니 - '주'께서 말씀하신 방법 그대로 드리니 다음 날 군 비상이 해제되는 체험을 하기도 합니다. 22 그 노래와 찬송이 시작될 때에 여호와께서 복병을 두어 유다를 치러 온 암몬 자손과 모압과 세일 산 주민들을 치게 하시므로 그들이 패하였으니. 주께서 나라의 위기에서 건지신 고비 고비 중의 하나입니다! 하라. 되었다! 닫으라.

박 전 대통령 임기 4년 기간에는 정부의 교육 시책으로 두 아들도 신학 대학생 4년간의 '국가 장학금' 혜택을 받는 시기입니다. 어려운 환경에서 두 아들은 소득 분위 산정 대상이 되므로 등록금 지원과 학교 장학금과 국가 근로 장학금으로 신학대학교 4년을 잘 마치고 이어 신학대학원도 진학하여 2021년 졸업도 합니다. 이 교육의 은혜에 대해서 개척 예배처의 어려운 환경에서 먼저 대학을 간 아들의 학업 시기 중 어느 날, 하나님께서 국가 장학금은 아들을 위해 베푸신 은혜라고 말씀하셔서 하나님의 기적임을 깨닫게 하십니다.

오래전, 두 아들이 어릴 때입니다. 첫 교회의 예배 생활을 시작하면서 하나님의 깊은 사랑을 체험하니 하나님의 교회만을 위해 살기를 원하여 드린 소원은 두 아들의 교육입니다. 이 당시는 가정에서 엄마로서 할 수 있는 유아 교육은 비교적 최선은 했으나 남편은 저와 교육관이 다르므로 이어지는 교육 문제와 함께 경제적 어려움도 한계가 된 시기입니다. 신앙생활을 하지 않는 남편이기에 가정 경제권을 더 제한하기 때문입니다. 그러므로 아들들의 교육 현실 문제와 긴 교육 기간을 하나님께 매달려 부탁해야 하는 다급한 당시의 상황입니다. 메마른 땅이기에 하나님의 사랑과 체험과 훈련 속의 긴 사랑 속에 지내다 보니 어느덧 세월이 지나 두 아들은 성장하여 청년이 되었습니다. 그리고 비로소 교육 기간이

끝날 이 시점에 주께서 불쑥 말씀하시기에 깜짝 놀랐습니다. (자신이 드린 기도도 잊고 산 자이다! 하라)

이는 2020년 영서 기록 첫날에 하나님께서 너는 잊었으나 나는 두 아들에 대한 교육의 약속을 다 지켰다고 말씀하십니다. 그리고 '약속을 이루시는 주' 찬양 가사를 주십니다! 하라. '… 그는 새 길을 만드시는 주, 큰 기적을 행하시는 주, 그는 나의 하나님. 그는 약속을 이루시는 주 …'마음으로 드린 기도를 들으시고 양육, 교육 모두 친히 책임져주신 신실하신 사랑의 하나님이십니다. 가난하고 어려운 자녀의 학업 시기에 저를 개척 예배처에서 견디게 하시면서 시대를 더 깊이 열어 주시어 성경과 기도와 훈련이 다 함께 자산이 되어 준비한 모든 것이 영서의 토대가 되게 하신 것입니다. 결국 '교회에 대한 헌신' 말씀은 이렇게 '교회가 교회에게'라는 시대의 메시지로 책 '종말'을 명하신 대로 발간하게 하시며 오직 인류 역사의 주권과 주인이 되시는 하나님의 예정하심과 성령과 성경으로 일하시는 주의 세계, 주의 나라임을 더욱더 체험하게 하십니다. 되었다! 닫으라.

2) 19대 문재인 전 대통령(정권)과 청와대에 대하여

2022. 7. 14. 목요일.

문재인 전 대통령은 18대 대통령 후보 연설 당시, 화면으로 얼굴 모습을 봅니다. 거부감이 몹시 강하게 들어 그 느낌을 표현하기 민망하나 2020년부터 주의 일로 맡기신 영서를 통해 문 정권을 설명해주시니 더 깊은 이해가 됩니다. 2012년 알려주신 대로 나라가 북한의 어둠으로 덮인 상황이기에 박 전 대통령 임기에 이미 나라가 얼마나 위기 상태인지 알 수 있습니다. 그러므로 대통령 탄핵 사건 즈음에는 '주'의 고뇌하는 청년(예수) 시기 모습도 보이십니다. 북한의 전시 위협과 좌파의 장악된 모습도 계속 알리십니다. 이렇듯 나라의 위기를 알리시니 밤잠을 이룰 수 없는 문 대통령의 임기입니다(물론 그 이전부터 한국의 공산화를 알리시나). 지구의 종말 위기와 나라의 위기는 살 소망이 오직 예수 그리스도 주 하나님이심을 절실히 절감하고 통감하는 시기입니다. 2020년 세계 '코로나' 바이러스전(3차 전쟁) 팬데믹 시기에 결국은 주께서 말씀하시며 밝히라! 전하라! 하시니 주의 손과 펜이 되어 기록하는 자가 됩니다. 눅 1:1 우리 중에 이루어진 사실에 대하여 2 처음부터 목격자와 말씀의 일꾼 된 자들이 전하여 준 그대로 내력을 저술하려고 붓을 든 사람이 많은지라. 되었다! 닫으라.

    2020. 7. 23. 목요일, 영서가 시작되고, 전 목사님 측과 그 외 도처에 기도로 인해 청와대로 물이 들어가 문 정권이 도미노처럼 무너진다는 말씀을 주십니다. 그리고 2022년 정권 교체 함께 청와대는 공개하며 개방이 됩니다! 하라. 2022년은 윤석열 대통령의 대선 준비하는(스스로 물로 씻는 모습을 보이신 주시라! 하라) 모습과 당선 예측, 예고를 주시면서 2022. 3. 10. 목요일, 당선의 확정과 2022. 5. 10. 화요일 취임식의 '새 역사의 시작'을 보게 하십니다. 이 땅의 나그네로 사는 주의 새로운 피조물들은 새 예루살렘 성을 향한 전진 시기이며, 기독교의 쇄신과 개혁의 시대이므로 모든 것이 '예수 생명, 예수 구원' 중심으로 돌아설 때임을 알리십니다. 또한 선교의 문이 열릴 때입니다. 그러므로 성경과 학문 위주의 지식층, 그리고 행사 위주와 사람 관계로 맺는 자리 보존의 고수 방식에 대해 교회를 '일침'하십니다. 한국의 상황은 성령(은사 포함)을 훼방하는 세력과 사회 공산주의가 나라 문을 막고 세계 선교의 길을 저해, 방해한다고 전하십니다. 이러한 시대에서 20대 윤석열 대통령 당선은 기독교를 위한 자유민주주의 체제를 다시 구축할 수 있는 기회를 하나님께서 주신 것이라고 하십니다. 되었다! 닫으라. 이상이다.

"새 정부 출범입니다! 하라"

1) 20대 대통령 윤석열 후보자 "등장이다" 하라

2022. 2. 16. 수요일 추가 글입니다(발췌 글).

이어진 글, '윤석열 대통령 후보자에 대해서'입니다. 선거 막바지 상황이 아니더냐? 이재명 후보 vs 윤석열 후보 접전이나 '윤석열 후보 완승'이라 하라. 그는 비교적 때 묻지 않은 자이다. 아직은 정치색이 입혀지지 않은 상황이다. 그 또한 '부정부패' 척결에 나서지 않으면(이는 병폐이다) 난관이 있으리라. 그는 선심(앞선 마음이나)자이다. 아직은 그러하다. 이는 해보고 싶은 일이다! 하라. 공약도 그러한. 해보지 않을 때는 누구나 그러하다. 결혼 전에는 누구나 이상(결혼의 삶에 대한 "어찌어찌, 해보자" 하는 자들이다)을 꿈꾸지 아니하랴? 그러함에도 노무현 전 대통령, 김대중 전 대통령, 문재인 현 대통령보다 나음은 공산주의에 빠지지 않은 자이다. 이는 기본자세이다. 나의 신부 그 윤석열 후보이다. 내 나라 맡기지 않더냐? 왕이신 주께 나와야 하리라. 그의 머리는 나이다. '주'시라. 아가서처럼 '나를 사랑할 때' 그이다. 신앙 초기 상황 그러나. 그러므로 버릴 것 많다! 하라. …생략… 사람 의지도 그러한. 그의 배움은 나이다. 내가 어찌 인류를 사랑하는지, 어찌 대하는지! 나라도 마찬가지이다. 사람도 그러하다. 대통령이나 배우는 자이나 누구나 사람마다 창조주께 나아오지 않으랴?

윤석열 대통령 후보자에게 전하라! 나의 사랑은 주를 '사랑하는 자'마다 입는 것이다. 이는 사랑으로 덮다 의미이다. 사람을 사랑하듯 하지 않아야, 부모를 사랑하듯 하지 않아야. '어려운 짐' 많은 그이다 하라. '종북' 상황! 남은 숙제이다. 이들은 쿠데타 모의자 아니랴? '적'이니 내부, 밖, 모두에 있다! 하라.

이는 항상 그러하다. 뺏기 위해 접근하며, 취하며, 속이고 위협하며, 어지럽히며, 선동과 전략을 동원하지 않더냐? 점거, 농성 등 모두이다. 사고 위장도 서슴지 않으며, 면전 막말, 오리발 내미는 자 많은 그들이다. 사단의 수하는 언제나이다. 필요(목적) 따라나서는, 개입하는, 공격하는, 위장 세력이니 "남한 내 활동자들 많다" 하라. 침투된 자와 동화된 자와 흔들림이 심한 자, 아직 이러한 현실도 모르는 무지한 한국인도 있는 한국 사회이다 하라. 되었느냐? 되었다.

너는 갈렙이다. 여호수아 두 아들이다. 나의 눈으로 정탐하기(이는 지구니 그러하다) 위해 세우지 않으랴? 민 14:38 그 땅을 정탐하러 갔던 사람들 중에서 오직 눈의 아들 여호수아와 여분네의 아들 갈렙은 생존하니라. 눈을 들어 하늘을 보라. 너희 바라봄은 나이다. 보좌에 앉으신 주를 구하라. 백신 아래 굴복자 대부분이다. 이는 "백기(항복) 든 한국 교회이다" 하라. 빌 게이츠 앞과 그의 추종 세력이니 그가 섬기는 신과 정책 동조자들까지이다. 어지러워진 한국 사회이다. "누구든 안심할 수 없다" 전하거라. "나의 기준인가? 백신의 기준으로 보는가?" 보는 나이다. 백신 사회가 된 한국 사회이다! 하라.

2022. 2. 27. 주일. 추가 글입니다(발췌 글).

그의 대통령을 나는 확정한다. '그러나'이다. 나의 바람이 다 이루어지랴? 변칙과 불법이 난무하는 시대에서 유의할 그들이다. 반칙자를 뒤엎는 그들이다. 트럼프도 그러한, 네게 알게 한 모든 것(미국 대통령 선거에 관한)이 확정(당선의 의미)이 아닌 나는 정하나 기도 방법, 필요성, 기도의 때 알리지 않으랴? 기도 싸움 전 아니랴? "기도하라" 한 당시이다. 너조차 제대로 못한 자가 아니더냐? 이는 트럼프를 당선자 되기 위하여 "하라" 하신 주이시다! 하라. 나의 확정이 나에게는 결정이다. 그럴지라도 인간사는 이러하다 하라. 이는 땅에 사는 너희이니 섞이고 섞이면서 변질이 되기도 하고, 내게서 등을 돌리기도 하며, 나의 일 '명'함에

약해지기도 할 때, 지는 자들이다.

이는 흙의 성분이니 창조 이전의 너희 모습이다. 창 1:2 땅이 혼돈하고 공허하며 흑암이 깊음 위에 있고 하나님의 영은 수면 위에 운행하시느라. 사람의 약함, 환경의 약함이니 이는 이미 조성되거나(이는 사단의 세계이다) 싸우다가 물러나고, 연합지 않는 이유로 인해 내 뜻이 지연되기도 하며 사라지기도 한다. 나는 창조하나 없애기도 하지 않으랴? 또한 사망도 생명으로 바꾸지 않더냐? 이러한 하나님이시기에 무엇을 주어도 해석 문제로, 실행 문제로 내 뜻을 간파하지 못한다면 이는 너희끼리도 우왕좌왕하지 않겠느냐? 하라. 이를 주라. 모두에게 알리라. 하나님의 뜻을 제대로 알라. 알기까지 묻지 않으랴? 무릎 꿇지 않으랴? 머리 조아리지 않으랴? 사람 의지하지 않아야 하지 않으랴? 이를 두라. 전하는 나이다. "되었느냐? 되었다" 하라. 닫으라. 이상이다.

2) 20대 대통령 윤석열 확정자 "이미 알리신 주이시다" 하라

2022. 3. 9. 수요일.

사람은 모름지기 하나님 아래 위치이다. 이는 "사람에게 편향, 편승, 편파 되지 않는다!"이다. 나의 말 '나에 의한' 이는 하나님의 바람이시다. 결속, 연속, 지속적 관계 유지되어 하모니(조화) 됨이니 하나님의 누구인가? 이것이 먼저이며 이어지는 관계를 두어야 비로소 '하나님과 나의 관계'가 성립이 되는 것이다. 또한 하나님의 뜻을 이루기 위함이니 함께 교제, 합력해야 하는 누군가가 다음이 아닌가? 하라. '나와 하나님 관계' 우선에 서야 하며, 이는 '좌불안석'치 않게 하는 또한 어떤 환경일지라도 영향받지 않게 되며 인내, 승낙지 않는(거부) 차단도 하게 되는 것이다. 합류는 동호끼리 하는 것이다. 같은 목적을 서로 추구할 때 발생,

생성하는 관계이다.

책을(일반 서적 등) 일부 외에 안 본 자이기에 어휘력, 문장력이 낯선 자이다. 어휘는 재료이며 문장은 요리이다. 그럴지라도 아는 지식 범위 내에서 하나님의 메시지를 다루는 자이니 이는 복음 참여이다. 이를 위해 시작하였으니 달려갈 길을 마치자. '선'을 이루기까지 쉬지 않는 진보이니 가다 보면 새 예루살렘 성이 아니랴? 빌 1:5 너희가 첫날부터 이제까지 복음을 위한 일에 참여하고 있기 때문이라 6 너희 안에서 착한 일을 시작하신 이가 그리스도 예수의 날까지 이루실 줄을 우리는 확신하노라. 간다는 것은 하나님의 목적지를 향하여 하나님 뜻대로 이동되는 발걸음의 의미이다. 이를 위해 산다. 이를 위해 여기까지니 성령의 동행, 인도이며 지시는 한걸음, 한걸음이 아니랴? 실족지 아니하시는 하나님이시니 "성령의 이끄심 안에서 가는 길이다" 하라. 이상이다.

"아버지, 제가 주께로 피합니다" (환상이 보입니다. 지구의 둥근 경계 가까이에 제가 있으며 그 너머 광활한 우주 공간을 바라봅니다) "하나님만이 나의 주 이십니다" 경계 끝에 두신 '주'시라 하라. "주여, 여기 제가 있습니다! here I am" 아느냐? 네 곡이니 자작곡 두 번째 곡이다. 이 끝은 나를 만나는 자리이다. 산에 가고 싶으나 아들이 피곤할까 봐 가지 못하는 자이다. 걷고 싶은 자이다. 두 다리 펴고(네 말대로 직립보행 인간이니 걸어야 하듯이) 걷고, 뛰고, 달리고 싶은 자이다. "주님, 그렇습니다" 하라. 이는 네 마음이다. 산, 나무는 나의 것이니 가까이 두어 네가 오르내림이 아니더냐? 자연 속이 그리운 자이다. 월요일 이어 잠시 들림이니 '여호와의 산'이다. 그리고 호수, 그곳 아니더냐?

오늘은 선거일이다. 국민 투표의 날, 너는 잠정 연기 이곳이니 머묾이 아니랴? 투표는 '나를 위한'이다. 내 종들의 나라이다. 심사위원이니 '불법' 가리는 자들이다. 선거 위원 '감시단' 같은 위치(역할 의미)에 둔 머묾이니 이는 인생이라. 세월(세상사=세상일)을 위해 살지 않는 자이다. 자업자득이 아니냐? 이 '정부' 이야기다. 돌출, 튀어나온 모서리 혹은 돌부리니, 걸리고 걸려 넘어지고, 다치고,

부상자 되고, 죽은 자도 많다. 이는 '백신 정부'이다 하라. <u>가스실 아느냐?</u> – [이때 말씀을 주십니다! 하라. 기록 용지 부피를 줄여야, 무거운 자이다. 이는 네 무릎 위 영서 자료들이다! 하라. 계속 받으면서, 쌓은 채로 하는 자이다. 이는 영서 기록지 무게이다. 덜어내고 하는 자이다] – <u>유대인 학살 장소이다.</u> 우느냐? 이는 나의 마음이다. 그들에 대해 운 나이다. 이 시대 보고 운 나이니, 코로나 환자로 인한 시신들 즐비함을 본 자이니 운 자 네가 아니냐? 벽에 기대어 몸부림친 그 날이니 몸서리치며 운 자이다. "주님! 제가 무엇을 하나요? 어떻게 해야 하나요?" 울부짖은 자이다. 그러함에도 백신 자료 발표 못하고 묻어둔 영서이다. '백신' 편 유튜브 영상도 '주춤' 된 이 모두는 나의 길이나 서두르지 못함은 신중을 가하는 유형이기에 그러하다.

너 아닌 자도 전하나 '듣기도, 아니 듣기도' 한 이 나라이다. 구약이나 신약이나 현재나 전하는 자가 없어서 듣지 못한, 실행하지 못함이 아니다 하라. '술 취한 자'를 깨우기가 쉽더냐? 이는 자극, 강도도 필요하나 술 끊기까지 얼마냐? 누구는 단시일, 누구는 몇십 년이며 그대로 죽은 자도 있지 않으냐? 대대 유산, 유업처럼 잇기도 하듯 이도 그러하다. 제도 형성이 굳은 채 오래가면 '자기 옷'이 되어 벗지 않으려 하는 것이며, 사회 문화 역시 '고리' 강화이니 결속력 아니냐? 이편, 내 편하다가 편 경쟁에 치우쳐 '자기 성'을 쌓기 바쁜 이 시대가 아니냐? '빈'자들 이들은 회개하는 자이니 이 모두를 근심으로 대하지 않으냐? 혈혈단신 같은 그 자리, 개척 예배처이다. 이는 네 오랜 자리이니 얼마나 좋더냐? "차라리 외로움이다" 하며 짧다, 아쉽다 더할 수 있을까? 이러하다면 마음이 굳은 자이다. 나라 상황이 엉망이다, 위급하다 함에도 뉘우침이 없는 자 아니냐?

그 문재인 현직 대통령은 <u>백배사죄! 담화문 발표자이다</u>(밑줄 치라). "국민 여러분, 저로 인해 이렇다저렇다 …" 하지 않으냐? 형식이라도 하는 자는 지혜로우나, 오물 던지고 묻히게 한 자가 오히려 성내듯 하면 이를 어쩌랴? 국민에 대한 예우이다. "섬기지 못했습니다. 죄송합니다. 위법이 있다면 마땅히 받겠습니다" 이렇게 해야 하지 않으랴? 이를 두라. 되었다. 닫으라.

2022. 3. 9. 수요일. 오후 4시경 주신 내용입니다!

윤석열 대통령 후보 '되는 것'(당선) 아는 자이다. 그동안 영서 내용이나 꿈으로나 된다! 의미이다 하라. 그러함에도 오늘 보인 환상은 무엇이랴? 맞붙은 미끄럼틀이다. 환상을 보는 자가 볼 때 왼쪽과 오른쪽이니, 왼쪽은 환한 느낌이며 흰색 미끄럼틀인데 반만 있고, 그 아래는 비어 있다. 끊긴 상태, 약한 상태가 느껴진다. 반면에 오른쪽은 검은색 미끄럼틀이며 땅끝까지 길게 이어져 있다. 튼튼해 보인다. 왼쪽은 자유민주주의이며, 오른쪽은 공산화 상황이다! 하라. 오른쪽 미끄럼틀 꼭대기 판의 밑, 가장 안쪽에 한 사람이 숨어 있는데 문재인 대통령이다! 하라.

"보릿고개 지나온 민족이다" 하라. '동방예의지국'이라 하려느냐? 경제 소득 성장이 얼마이다 하려느냐? 모기들이다! 문 정부는 그러한 혈세를 축낸 자들이 아니랴? 세금 내어 모은 돈 "잔치이다" 하며 선심 공략 표밭을 두나, 과한 세금 정책에 국민 등에 짐을 지움이니 나라를 쑥대밭이 되게 했다. 이름 모를 자들이 많다. 나라를 잃어가는 상황 속에 내게 꿇지 않고 기회 삼음이니 "너 누구이냐?"라고 물을 나 아니냐? 하라. 시대 변화에 부응이다 하랴? "나라와 민족을 구하라" 하는 나이다. 자유민주주의 선호가 아니냐? 대다수는 "살기 좋아서 …" 하랴? 민심 표는 난수표이다 하라. 난수표가 무엇이냐? 속임이 아니랴? 수표인 척 사용하나 공갈, 꽝이니 국민을 들었다 놓았다 하는 수법이 아니겠느냐? 국민을 이용하여 북한 정책을 도운 자이니, 그는 그편이다! 하라. 나라 어지러운 틈을 이용하여 "나도 해보자" 하는 대통령 자리랴? '이재명 후보' 지지 선언자가 "많다" 하느냐? 누구랴? 공산화 1/3 이미 알린 2020년이니 늘었으랴? 줄었으랴? 국민 정서 좌지우지하며 폭소 정치한 그들이었다. '정'의 민족이니 인정상, 결속하려 하는 '혈연이니, 지연이니, 학연이니' 하며 한다고 하자, 교회는 무엇이랴? 어느 편이냐? 공산주의는 배제해야 함이 아니냐? 이는 불법이며 난투극이니 피비린내 나는 전쟁사를 불 보듯 빤히 본 자들임에도 나 몰라라 한다면 국민이냐? 하라. 국가의 요소는 인권이니 사람을 사람답게, 사람으로 대우해야 인권이다. 이는 내 나라 맡김이니 내 백성이 되게 하여야! 하지 않으랴? 하나님 다음 나라이니 주체 모르고 날뛰다가 제풀에 지치고, 쓰러질 자들 "많다" 하여라.

소문에 소문을 잇는 시대가 아니냐? 누가 누구를 어찌한다고 하려느냐? 소문난다! 하라. 이는 악인이니 나는 보고 본다. 보았다! 하는 스스로 '여호와 하나님'이 아니시냐? 긴 시간, 짧은 시간 모두이니 "내 눈에 두어 나의 노의 시간에 갚는다" 하라. 공산주의 편이 되어 나서는 자에게 이를 두라. "일침이다" 하라. 세월을 이길 자가 누구냐? 하라. 당선자의 길은 험하다. 이는 민주주의를 잇는 시기이니 끊은 저들 아니냐? 이는 네가 본 바 미끄럼틀 환상이니 "끊어진 민주주의이다" 하라. 공산화를 이루려 애쓴 저들이니 현 정권이 아니냐? 기반 두었다. 이는 공산화에 힘쓴 자들이니 검은 미끄럼틀은 길이 되어 땅까지 이어짐이 아니냐? 이는 나라를 환난에 빠뜨리기 위한 저들 계략, 악인의 득세라 해도 - 나의 보임은(이를 알리는) 현재 "진다" 하는 민주주의(끊어진 민주주의) - 어둠 세력의 현 정권 공산화의 승리 같아도(쌓았으니) 그들은 '선' 편이 아닌 자이다, 그의 시기는 저러했다. 이를 알게 하기 위하여 "환상을 보인 것이다" 하라.

3) 20대 대통령 윤석열 당선인 "그를 선택한 나이다" 하라

2022. 3. 10. 목요일. 04:32-06:36

(수면 중 듣습니다) 일어나라, 두문불출 자이다 - [2023. 3. 14. 화요일. 추가 글입니다. 나라 선거에 대해 방송을 보지 않는 자이다. 미리 들려주신 대로, 알게 하신 대로 지니고 있는 자이다! 하라. 떠들썩하게 잔치하듯 하지 않는, 이는 공산화 한국 문제로 심각, 신중한 나라 분위기이다. 사회의 분위기에 휩쓸려 다니지 않는 자임을 뜻한다! 하라. 직면할 할 일이 더 큰 새 정부이다! 하라. 되었다. 닫으려

윤석열 후보 되는 줄 아는 자, 미리 알리신 선거 이전이다! 하라. 휴대폰으로 방송을 보지 않아야. 이는 기계를 멀리하기에 부득이 원고 관련 외에는 특별한 예외 아닌 이상은 정보, 통신을 차단하는 자이다. 하루 일정이 마치는 휴식 시간에 휴대폰을 사용하는 자이다. 그러므로 선거 결과를 아들에게 들어야, 이는 '대통령 당선' 확인을 위함이다 하라. 궁금해지는 자! 보지 않음은 당선자와 결속력이 아닌, 나라를 살피며 주시할 자이다 하라. 하늘 소속자들은 그러하다. 내 편 네 편이 아닌 공의, 정의, 진리의 하나님을 외쳐야 하는 자이다. 그럴지라도 이재명 후보 낙선자 측은 빗나간 화살 같은 자이므로 하나님의 직시에서 탈락이 된 자이다.

2022. 3. 10. 목요일. 08:00 기록

"대통령 선거 즈음하여 당선까지입니다" 다시 피곤한 몸 견디지 못해 잠시 쉬려고 누운 자이다. 부족한 수면을 보충하려 하나 대통령 당선 결과가 궁금하여 결국 보도를 접한 자이다. 이미 당선에 대해 지속적 알게 하니 예상은 한 자이다! 하라. 예정한 시간에 앞서 당선 결과를 확인하는 자니, 순간 눈물이 나며 "아버지 영광 받으세요!"라고 두세 번 반복을 한 자이다! 하라. "되었다" 이는 대통령 당선 확인을 마친 자이다! 하는 의미이다. 이 답변을 주시니 힘을 내어 다시 일어난 자이다. 이어서 당선된 대통령이 "부족한 자니!" 하시며 교회들의 기도가 필요함을 알리신 주이시다! 하라. "한국 교회의 시작이다. 부흥기라!" 하라

대선과 관련, 알리는 글 찾아야. 이는 받은 영서이다. 구두점의 마침표(.) 이는 현 정부이다. 줄임표(…)는 새 정부 출범 시기이다. ' … ' 는 무엇이냐? 지속, 이후, 얼마간이다. 정해진 기간 내 민주화 회복시켜야, 이는 어제(국민 투표의 시간대) 보인 환상이니 반 토막 흰 미끄럼틀 의미이다 하라. 이에 반해 땅까지 닿은 검은 미끄럼틀과 그 밑에 숨은 문재인 대통령 모습이 아니냐? **이 미끄럼틀은 없애야 한다**(추가 글 2022. 4. 20. 수요일). ……

2022. 4. 20. 수요일. 추가 글입니다.

이 미끄럼틀은 없애야 한다: 이는 기도 중 보인 환상에 대한 설명, 해석이다. 전체 모습을 보임은 이러하다. 두 미끄럼틀이 하나는 정면을 향해, 다른 하나는 옆 방향을 향해 있다! 하라. 정면 향한 흰색 미끄럼틀은 밝은 곳에 위치한 상태이며 위에서 중간 길이까지만 있으며 그 아래는 잘린 모습으로 약화 된 상황이다. 이는 자유민주주의가 공격받은 모습으로 보인 자이다. 반면에 이보다 더 크고 강해 보이는 검은색 미끄럼틀은 그 길이가 땅까지 이어진 모습이나 그곳은 어둡다. 이는 한국 내 공산화 진영을 의미한다! 하라. 문 정권 집권기에 일한 그들이다! 하라. 이 환상은 끊어진 자유민주주의가 시급한 상황을 느낀 자이다. 또한 공산화된 민족의 현실이니 검은 미끄럼틀이 문제 된 상황임을 알린 환상이다. 이를 줌은 왜이더냐? 수없이 이른 '북한에 대해서'이다. 본격적으로 알게 된 남한의 위기 남침 및 공산화이니 영서 기록 이전, 2005년 핵전쟁 위기부터이다. 북한이 전 세계 위협이 되어 미국군에서 선제공격을 결정하기 위해 지구를 위하여 미국의 한 대표 목회자에게 기도 요청하는 마지막 상황 모습의 꿈이다! 하라. 이상이다. 닫으라. 되었다! 하라.

…… (위의 글 이어집니다) **총선 다음은 '기도 불' 한국이다.** 일어서는 시기, 미끄럼틀은 기반이다. 길 역할 같은 것이다. 활동을 위한 지지대이다 하라. 이편이냐? 이는 환한 장소의 흰 미끄럼틀은 자유민주주의이다! 하라. 저편이냐? 이는 검은 미끄럼틀 기반 완성된 공산화 국가 보임이라. 어디 지지냐? 따라서

한국은 이미 나뉜 상태이다 하라. 지난 5년간, 숨은 자(양 미끄럼틀 사이 아래이나 검은 미끄럼틀 '판' 밑에 붙어 서 있는 문재인 아니냐?)의 공로이니 북한과 거래, 밀접 관계 아니냐? 그 김정은을 위해 산 자이다. 국민을 아랑곳하지 않고 북한 손(백두산 정상 오른 그들 양측 부부이니 함께 손든 자 아니냐?)들고 달려 나온 길이니, **그의 수족 된 자이다(추가 글 2022. 4. 20. 수요일)**. 두 미끄럼틀 사이 문재인(퇴임 예정 대통령) 다시 보라. 판 아래가 아니냐? 그늘, 어두운 곳, 눈에 띄지 않은 곳에 숨은 당시 상황이니 이는 선거전이다! 하라. 기우는 시기 그 아니냐? 새로운 작전 구상하나 - 그들은 그러하다. 아직은 '기반이다' 하는 자이다. 이는 위치 확보니 빼앗고 빼앗아 놓은 자들이다 - 주의 면밀함 속 다루는 나이다 하라.

드라마틱한 한국 상황이다. 우는 자가 웃고, 웃는 자가 우는 한국의 나뉜 모습이다. 남북에 이어 남한 내 다시 그들(북한 측) 조직을 두어 알곡과 가라지가 함께 자라듯 하지 않으랴? 말씀 두라. 마 13:24 예수께서 그들 앞에 또 비유를 들어 이르시되 천국은 좋은 씨를 제 밭에 뿌린 사람과 같으니 30 둘 다 추수 때까지 함께 자라게 두라 추수 때에 내가 추수꾼들에게 말하기를 가라지는 먼저 거두어 불사르게 단으로 묶고 곡식은 모아 내 곳간에 넣으라 하리라. 이상이다. 닫으라. "되었다" 주시는 '주'시라 하라. 북한에 '판' 제공으로 남한 잠식한 그들이다. 검은 미끄럼틀 치우는 시기이니 교화, 전향 시기 그들이다. 귀순자 많아질 듯! 하느냐? 북한 김정은 차례이다. 이에 대해서 받은 자이다. 남한과 북한의 통일 준비기, 한국의 회개는 지속된다! 하라.

그(윤석열 당선자)의 지경이다! 하라. 세계 다닐 자이다. 트럼프와 만나리라. 그를 북돋우리라. 이는 해야만 한다는 의미이다. 공조 체제 미국과 한국이다. 미국 전역 새로운 바람(희망, 소망 메시지 이는 정권 교체이다) 불어넣어야 하리라. 이재명 낙선자는 숨을 자이다. 검은 미끄럼틀 그 밑이 아니냐? 아직 남은 서울 시장 선거, 5년 안 국회의원 등 5년 싸움이 시작된. 검은 미끄럼틀 철거시켜야 하리라. 여전히 국민의 힘당(여당) 속에 북측 관련 스파이는 있다! 하라. 찾아내는 작업, 이는 기도의 힘 '위력'이라 하라. 이에 대해 주는 자이다. 출판사 측이다. 어제 글 이어 주라. 이전 글 다시 보자. 워드 준비 및 모음집 되리라. 이는 '윤석열 당선자에 대하여!'이다.

성경 읽는 시간을 갖는 자이다. 그리고 주시는 말씀이다. 사 48:20 너희는 바벨론에서 나와서 갈대아인을 피하고 즐거운 소리로 이를 알게 하여 들려주며 땅 끝까지 반포하여 이르기를 여호와께서 그의 종 야곱을 구속하셨다 하라. ㅇㅇ 시장 '선거' 문제이다. 오세훈 시장은 세력에 맞서지 못하는 자이다. 자리보전이 문제가 아니다. 대통령은 준비이다. 다음 5년(21대 대통령) 준비, 지금부터이다. 임기 시작은 끝을 향해 가기에 그러하다. 대선 '준비자' 되어야 하는 자이다. (이는 차기 대통령을 준비하는 시기입니다! 하라) '공의의 한 사람' 준비하는 기도자이다. 렘 5:1 … 너희가 만일 정의를 행하며 진리를 구하는 자를 한 사람이라도 찾으면 …. 한국 또한 그러하리라. 일어설 교회들은 아는, 이는 하나님 마음이다. 준비하여 나오는 자, 이를 알린 나이다. 차기 21대 대통령 준비 카운트 다운 알리신 주! '복음을 위하여'이다. (수년 전 '꿈' 꾼 자, 한국 상황에 필요한 대통령을 보이신 기준이다! 하라)

당락의 희비 교차가 있으나 20대 대통령 후보 이재명 낙선자는 질지라도 보복전 나서는 자이다. 윤석열 당선자는 이를 아는 자이다. 전적 가진 자들, 이는 박 전 대통령 탄핵 및 모함, 비방, 참소 이를 '마귀 작전'(계략)이라 한다. 편법에 능숙, 능란한 자들이다! 하라.

2022. 4. 20. 수요일. 추가 글입니다.

그의 수족 된 자이다: 위의 두 미끄럼틀 환상 전체 모습에서 두 번째 알게 함은 무엇이더냐? 두 미끄럼틀 사이에 '판'이 있으니 이는 오름대이다. 미끄럼틀을 타기 위해 오른 자가 있다면 오름대에서 나뉘지 않으랴? 오른쪽 위치한 흰색의 밝고 환한 곳 자유민주주의인지 왼쪽의 검은색의 어둡고 무거운 공산 사회주의인지 둘 중 하나이다 하라. 이는 국민의 선택이다. 이미 얻은 상태이니 세계 코로나 생화학 바이러스전(전쟁)

전초에 이미 1/3 '공산화'를 알림이다! 하라. 자유민주주의는 기독교를 위한 의자의 '다리 역할'이다 알리므로 하나님께서 이 민족에게 무엇을 원하시고 세우시기를 "지지하시는가?"를 '알린 대로 알린'(충분히) 때이다. 믿음은 들음에서 난다! 하지 않으랴? 롬 10:17 그러므로 믿음은 들음에서 나며 들음은 그리스도의 말씀으로 말미암았느니라. 주의 종들의 일은 이를 알린 충분한 시기 그동안이 아니랴? 기초, 지지대 '자유민주주의' 그 위에서 쉼이니 주를 위한 이 목적 한가지이다. 이는 "제도의 필요성, 국가의 존재 이유, 과정, 목적이다" 하거라. 해주는 나' 아니랴? 이는 무슨 뜻이냐? 알리고 알리어 온 나이다. 주의 종을 세움은 이러하다. 나의 뜻을 알리어 나타내주므로 "준다!" 함이다. 이는 실제적 사역이니 주의 종들이 나를 경외하므로 '받음'도 그러하다 하라.

공산주의 지향자이더냐? 이는 누구든지이다. 한국 내 이러하다면 위기이며 - 공산화이므로 이는 기독교 박해 아니랴? 성령 박해자도 있으나 이는 목사 중에 많다 - 전시 상황 있지 않으랴? 빼내고 빼내나 아직이다. 여전히 남은 자들이다. 그, 윤석열 대통령 취임 준비자는 이러한 사실을 알아서 조치하는 자이다. 누가 누구인가? 밝히는 그이다 하라. 하나님의 나라에 앞서(막는 자) 천국 백성을 리드하시는 주와 그의 사역자들을 친다면(해, 공격) 그 뒤에 무엇이 있으랴? 하라. 무엇을 심느냐? 이는 선악 간 '심판대' 앞에 각각 아니랴? 고후 5:10 이는 우리가 반드시 그리스도의 심판대 앞에 나타나게 되어 각각 선악 간에 그 몸으로 행한 것을 따라 받으려 함이라. 민족도 그러하다. 마 25:31 인자가 자기 영광으로 모든 천사와 함께 올 때에 자기 영광의 보좌에 앉으리니 32 모든 민족을 그 앞에 모으고 각각 구분하기를 목자가 양과 염소를 구분하는 것 같이 하여 33 양은 그 오른편에 염소는 왼편에 두리라. 이는 공산화를 위하여 나라가 있는 것이 아니라 자유민주주의 기틀로 주의 나라를 세우기 위함이다. 이를 알리라. <u>이는 '국가 보존 원칙'이라</u>(밑줄 치라) 하라. 나라를 위해서 사는 자가 아닌 주를 위해서 주의 나라를 위해 살다 보니 체제가 필요하여 자유민주주의화 시킴이니 이는 나라의 해방이나 주를 위해, 이를 위해 사는 자가 필요한 제도, 체제이다 이르라. 이를 주라. 나누라. 이는 책(종말)의 역할이니라. 이상이다. 닫으라. 되었다. '주'시라 하라.

2022. 3. 10. 목요일. 오전 10시 이후

(위의 글 대통령 준비에 대한 '꿈' 내용입니다) 꿈을 적어보아라. 박근혜 전 대통령 선거 즈음에 꿈에 본 '한 사람' 이는 누구인가? 예시이다. 나이 적절한 자이며(젊은 나이 아닌 자이다) 그는 한국 모습을 바라보며 우는 자이다. 눈물을 그친 이후 다부진 마음 자세를 취하여 굳은 결심을 하며 "불의와 싸우리라!" 한 불굴의 의지를 너는 본 자이다. 이를 보임은 왜이더냐? 정치의 목적이 무엇이냐? 악과 싸우는 것이라. 한국을 진단하는 자, 마음 아파서 우는 자, 이는 그의 슬픔이 아니냐? 이는 나의 슬픔, 아버지의 마음이 아니냐? 그다음은 할 일이니 '나선다! 싸우리라!' 하는 자, 이는 내가 필요한 '한 사람'이니라. 네게 이를 주었으나 당시는 왜? 대통령 선거 기간 즈음 이를 보이셨나? 무엇이 잘못되었냐? 함이니 "알라, 알아야 구하는 자이다" 했으나 큰일이므로 기도하여야 했으나 미치지 못한 범위 아니냐? 교회를 주나, 한국 교회는 내 마음이 아닌 다른 것들에 집중되어 있음이니 가난한 네게 보임이 아니냐? 이는 준비이다. 서서히 알아지며 모든 것들을 보면서 상황들(우후죽순 상황, 우수수 떨어지는 한국 사회 및 교회 모습을 보인 나이다) 함께 예측을 주어 나의 일을 하기 위함이다 하라. 나의 일이 무엇이냐? 목적 있는 나의 스케줄이다. 대통령도 이러한 자로써 두어야 나의 일이 순조롭지 않겠느냐? 하라.

문 정부는 자기 뜻으로 한 자이다. 결탁자 손잡고 '종횡무진' 누빈 기간이다! 하라. 치울 것 – 공산화(검은 미끄럼틀) 기반 둔 자니 - 두느라 고생한 자이다. 헛된 일에 분요한 자이다. 애써 하나 헛되다. 이는 문재인(대통령) 한 사람뿐이랴? 너도나도 세상이니 "죄짓고 죄짓자" 하며 종횡무진자들 한둘이랴? 교회도 이러한 추세이니 다양화에 기반을 둔 인권이다! 하며 다 싸잡아(통틀어 의미) 구름이니(구르다 의미이다) "백신도 단체 접종 다니지 않으랴?" 의 좋은 사이가 된 한국 교회이었다 하라. 죄에는 연합하는 자들이 많은 조직력이니 이는 한국의 모습이다! 전하여라. 토기가 깨어지면 누구 책임이랴? 주께서 이 말씀을 보이신 자이시다! 하라. 이는 영서 관련한 임무이니 몇 개월 전에 본 환상이다! 하라. 주의 손이 마치 도자기 빚듯이 토기인 너를 매만지면서 계속 빚으시는 중이 아니랴? 하라. 이 환상은 말씀을 보이신 이후 보이신 환상이다! 하라. 렘 18:6 … 진흙이 토기장이의 손에 있음같이 너희가 내 손에 있느니라. '다'이다. 이스라엘 및 이방 심판자이시다. 이사야 기록대로 이를 보라. 나 외에 다이다. 나 외에 없는. 나 대항한 자 모두이다. 구원의 수 대상 외에 그러하다. "나 외에 믿을 이! 없도다" 아는 자이다. 나는 너 이기 때문이다.

2022. 3. 10. 목요일. 오전 11:45

(위의 글 '토기장이'에 관한 환상 설명입니다) 토기장이 비유, 예레미야 18장 보라 하라. 이는 한국의 모습이다. 네게 이를 보이지 않으랴? 나라에 대하여 많이 받은 자이다. 환상, 꿈으로도, 성경으로도, 영으로 전하신 영서까지 얼마이더냐? 토기장이 하나님이 아니시냐? 한국을 들어 올린 상태의 '쓰레받기 위의 도시'하며(2021. 8. 27. 금요일) '한강 수위'하며(2020. 2. 12. 수요일) '남북 분단 상태의 약한 흙' 비유하며(2020. 2. 1. 화요일) '전쟁 관련' 등등 어찌 이루 말하랴? 많고 많아 기록도 미처 다 하지 못하고, 기억도 그러하며, 기록한 메모를 생각나는 대로 둔다! 하며 일목요연 훑기라도 해 보려 하나 요즈음 시간도 안 되는 자이다. 받아온 자에게 쏟아짐(부으심)도 미처 해 나가지 못하는 자이다. 도울 자가 되랴? 방해자가 되랴? 이에 주는 글이니라. 마귀는 방해하나 성령은 돕는 자이다. 미치지 못하는 자, 알지 못하는 자, 마땅치 않은 자 제외되어도 주의 일꾼 '저 높은 곳을 향한 자'는 알리라. 무엇이 무엇인지 아버지 나라의 일이기에 아는 자들이다. 내 뜻에 의한 도움이 필요한 일이다.

일직선 그어 보라. 새 예루살렘 성 두라. 이는 끝이다. 가장 위의 위치이다.

이어지는 영원한 나라이다. 그 앞은 휴거이다. 들림 현상이니 준비된 자, 이는 철저한 자, 철두철미, 엄격한 잣대 구분 짓는 나 아니겠느냐? 이는 "다 된 밥이다" 하라. 밥을 순간 지으랴? 서서히 아니겠느냐? 지금은 뜸 드는 시기, 기다림이다. 내 주만! 내 주만! 하는 자가 아니랴? 강세 시기이다. 통치권자의 강력한, 이는 철면피이니 철갑 같은 두름으로 무장한 세력이니 마귀 권세니라. 건널목 수(손)신호자가 기를 들고 "대기하라!" 외침이니 폭주 기관차 속력과 위험 이로 인함이니 그 가세하는 힘의 위력 앞에 사람이 어찌 맞서랴? 나를 기다리며 구원 요청하는 시기이니 기다리라! 준비하라! 모으라! 함이 아니겠느냐?

다음은 유리 바다이다. 이를 두라. 이는 모아진 상태이다. 대기자이다. 그 앞 시온산 두라. 계시록 14:1-5절과 같이 나를 따르는 자, 주와 함께한 자들이니 준비시키는 나이다. 계 14:1 또 내가 보니 보라 어린 양이 시온산에 섰고 그와 함께 십사만 사천이 서 있는데 그들의 이마에는 어린 양의 이름과 그 아버지의 이름을 쓴 것이 있더라 2 내가 하늘에서 나는 소리를 들으니 많은 물소리와도 같고 큰 우렛소리와도 같은데 내가 들은 소리는 거문고 타는 자들이 그 거문고를 타는 것 같더라 3 그들이 보좌 앞과 네 생물과 장로들 앞에서 새 노래를 부르니 땅에서 속량함을 받은 십사만 사천밖에는 능히 이 노래를 배울 자가 없더라 4 이 사람들은 여자와 더불어 더럽히지 아니하고 순결한 자라 어린 양이 어디로 인도하든지 따라가는 자며 사람 가운데에서 속량함을 받아 처음 익은 열매로 하나님과 어린 양에게 속한 자들이니 5 그 입에 거짓말이 없고 흠이 없는 자들이더라. 나로 인해 살리라. 믿는 자의 영생을 위하여 사는 자가 주를 위해 사는 자이다. 이상이다. 닫으라. 시온산 ➔ 유리 바다 ➔ 휴거 ➔ 새 예루살렘 성! 영원한 나라!

2022. 3. 10. 목요일. 오후 1:28

다시 이어 보자. 자료가 많으니 어찌하랴? 하나 차근히 해보는 자이다 하라. 출판 동기는 이와 같다. 문재인 정권, 이는 그의 통치 기간이니 바벨론 느부갓네살 왕 같은 자이다. 이스라엘 포로화 된 자이니 그러하다. 금이냐? 단 2:38 사람들과 들짐승과 공중의 새들, 어느 곳에 있는 것을 막론하고 그것들을 왕의 손에 넘기사 다 다스리게 하셨으니 왕은 곧 그 금 머리이니이다. 좌파 정권 3대 이은 자이다. 김, 노, 문이니 김대중, 노무현, 문재인이라 하라. 이으려다 '주춤' 된 자이다. 김대중은 무엇이냐? 아내가 권사나 파리한 자이다. 불굴 의지 지니나 공산 정권 꿈꾸어 온 그이다 하라. 아내(이희호 여사)의 북한 방문이 무엇이냐? 사랑이더냐? 나를 사랑하지 않은 자가 무엇을 사랑하랴? 하라. 노무현도 그러하다. 그는 푸근한 자이며, 인정 가진 자이다 하나, 그릇된 그(김대중)의 아래서 일(일편단심, 지극 정성)을 하나 다른 길이다! 하라. 북한식 체제 동조자이다. 그릇 가는 자의 편에서 수족 된 자이다. 김대중, 노무현 이어 건너뛰고 잡은 자리이니 문재인 현 대통령을 세우기 위한 '야심작' 박근혜 전 대통령 메치기, 이는 메주를 던진 것 같다! 하라. 마음대로 하였다! 의미 두자. 이러한 나라 상황에서 나타난 그(문재인 대통령)이다 하라. 다윗의 용맹이 있어야 할 자리, 청와대 위치이다. 도청, 감청당한 자이다. 이는 박근혜 전 대통령 당한 당시의 상황입니다! 하라

그들은 난립 신학교 같은 자들이다. 자기규정 가진 자, 자기 외에는 "나 모른다!" 하는 자니 신학교를 없애랴 하랴? 무슨 일이 있어도 지키지 않으랴? 사람(신학생)이 필요하니 어찌하랴? 문을 크게 열자! 하며 누구든 오라! 해보는 그곳이다! 하라. 북한도 그러하다. 북한 동조자들 모음이 아니랴? 누구든 오라! 하는 자이니 나라 불만자, 사회 부적응자, 사연이 많은 자(이는 대부분 정서적 문제 지닌 자들이다) 인격 형성조차 문제 된 자가 아니랴? 빈궁한 자, 이는 돈 필요한 자, 또 학식이 있으나 정체 확립되지 못한 자니 하늘을 알랴? 해를 알랴? 흐르는 구름을 알랴? 고정식 굳은 학문에 젖어 사상 동조도 하지 않더냐? 갖가지 이유로 모이는 자들이니 나라 생활지원금도 선심 쓰듯 했으니 먹은 자는 편들지 않으랴? 주길 바라는 자, 퍼붓는 정책 옳다 하는 자, 그 문재인의 편 선 자이니, 잡식성(가리지 않고 덥석 받는 타입) 현대인이 아니랴? 문화 흐르는 대로 살다

보니, 다 섞인 채 무엇이 옳은지, 그른지 제대로 모르고 '팀이다! 조직이다!' 하며 구성원 두어 멋대로 살다 보니 비슷한 자들끼리 모이고 모여 공산 사회를 이룬 것이 아니냐? 그나(그 사람이나) 그나(그 사람이나), 거기서 거기이다. 모르거나 아나 '오물통 빠진 자'가 알아야 나오지 않으랴? 지구는 오물통이 아니더냐? 이미 아는 자이다. 이는 하늘 오른 길(1993년 가을)에서 알게 된 자이다. 천국 길 오르는 체험이었다 하라. 나의 길을 전하거라. 이상이다.

2022. 3. 10. 목요일. 오후 2:18 주시는 글입니다

대통령 당선자에 관하여! 밀랍 인형을 아느냐? 외모 수려한 자이다. 이는 대통령 '당선자'이다 하라. 나라 대표가 아니겠느냐? 듬직한 스타일이다. 이는 외형이다. 김건희 여사는 공주 같은 자, 이미 보인 공중의 비행기에 탑승하는 모습이다. 비행기로 들어가는 그의 뒷모습 아니더냐? 이는 네 꿈이니라. 아폴로 광장 아니냐? 바울의 도착지 로마, 행 28:14 … 로마로 가니라 15 그 곳 형제들이 우리 소식을 듣고 압비오 광장과 트레이스 타베르네까지 맞으러 오니 바울이 그들을 보고 하나님께 감사하고 담대한 마음을 얻으니라. "그의 청와대 진출이다" 하라. 청와대 진출이란? 대통령 길 나선 자이다 의미이다. 바울 시대처럼 서야 하는 그이다. 복음으로 나중 된 자가 누구이냐? 먼저 된 자가 아니랴? 이는 "나중 된 자(당선자)일지라도 유년 시절이 있었다(먼저 된 자). 복음이 들어가 있는 자이다. 온전치는 못한 자이다.

복음의 훈련은 그뿐이랴? 내가 보다 못한 목사들이 사표를 '줄' 지은 시대이므로 나의 마음에서 떠나보낸 자가 있지 않겠느냐? 이를(영서) '참소자'라 하는 자가 있느냐? 낱낱이 밝히는 나이다. 영서 기록자는 체험 신앙 바탕 위에서 나를 만난 자니 개척지에서 오르고 오른 길, 이는 선교 위함이니 나선 자이다. 연약함을 뒤로하고 부족함을 애써 외면하고 나선 자이다. 크신 은혜 아니랴?

덮었으니 복음에 눌리어 우는 자이다. 답답한 자이다. 전해야 하지 않으랴? 이는 복음의 짐이니 이를 외면하는 자 무관하게 나서는 자리이니 '교회가 교회에게' 전하는 글로써 주는 나(주 여호와 하나님, 그리스도, 성령이시다)이다! 하라.

그, **윤석열 목사이다**(했더라면 뜻이다! 하라). 목사를 주어도 하지 못한 자이다 하라. 목사의 가는 길을 알지 못한 그 당시이다. 그는 불법에 참여하려 하지 않은 자이다. 선거일 며칠 전, 그의 꿈 보이지 않더냐? 같은 장소이니 한 건물 안의 신학교로 추정하는 자이다. 이편에 너희 가족이 함께 있으며(두 아들과 함께 선 자이다) 그 옆편에 그가 자신을 물로 씻고 씻지 않으랴? 자신을 돌아보는 자, 점검자이니 이로써 내 나라 대통령을 '미리보기'식 주는 나이다. 한두 번이 아닌 네 영서 기록에도 있지 않으랴? 이를 찾아 그 당선자에게 주라. 대통령 편 두라. 그의 정치(나라 위한 섬김이 아니랴?)는 "나를 위하여 세워졌다" 전하거라. 두 손 높이 들라, 이는 네 기도 자세이다. 이는 "나의 영광이다" 하며 내보이는 자이다.

"**기도로 세운 한국이다 하라, 이는 그의 당선을 위한 기도이니라**" 광장에 모인 집회 3년, 이는 관록이다. 어록 가진 그 전ㅇㅇ 목사이다. 어록은 왕의 명이 아니랴? 나의 준바 그의 입에서 나갔느니라. 두 경쟁자 투표 차이는 '근소'차라 한 자이다. 그대로이다. 전ㅇㅇ 그는 '선지자 목사'이다. 거친 자이나 소의 뿔같이 받아야 지키는 자이다. 이를 받아 두라. 예견된 '대통령 당선자' 이를 보임이니, 나의 종들에게 보임으로 서로 주고, 받지 않으랴? 너희끼리 영의 전송도 하지 않느냐? 아는 것을 알려주는 식, 이는 영의 세계에서 일어나고 있음에도 이는 무엇이냐? 하리라.

'**종말 1' 책에 대한 출판사 협약이다**. 1, 2차 출판사 이어 3차 진행 중이다. '수의' 가진 자이다. 네 은사이다. 이는 알게 하는 주의 데려가심, 소천 대상이니 이를 알리는 나이다. 이미 해온 일이며 경험자이다. 이는 예언 부분입니다! 하라. "조용기 목사의 소천을 알린 나이다. 이를 따로 떼어 두라. 이를 알리라. 대통령 선거 내용에 함께 두라. 그 윤 당선자는 조문자이기에 그러하다. 당시 조문 장소

ㅇㅇㅇ 교회 찾아간 자이다" ㅇㅇㅇ 교회 ㅇㅇㅇ 목사 보인 나이다. 장례 후 모습이다. 몸에 붙는 미세한 것도 떼는 현재이다. (조용기 목사님 소천은 2021. 2. 15. 월요일, 김성혜 총장님의 장례일 마친 후 2021. 2. 17. 수요일에 미리 알려주십니다! 하라)

주의 종은 누구인가? 무엇을 해야 하나? 교회의 역할은 무엇인가? 다 알린 나이다. 이 모든 것은 네 훈련 속에 있다. 내재 된 마음 저장이 아니냐? 왜 원서(손 기록한 영서)가 필요하냐? 터치 시대이다. 한순간, 잃는 자료이니 친히 쓰도록 하여 다시 옮기는 노트북 저장이 아니냐? 또한 자료 미공개 위함이다 했느니라. 2010년경 영안이 열릴 때 나의 말이 나갔으니 네 마음 그 안에 둔 자이다. 기록 없어도 영서 기록에 두는 나이니 다시 알리며(기억, 생각 소환이니 저장된 네 내면에서 다시 꺼내어도 이어짐이 아니더냐?) 우리 관계 맺어진, 이를 확인케 하는 나이다. 이는 너와 나의 길이다! 하라. 네가 머문 개척 예배처 그 교회에 십자가 탑이 없다. 교회 간판이 없다! 하라. 네 소속이 무엇이냐? 하리라. "내가 보낸 자이다" 하라. 모세도, 예레미야도, 요한도, 바울도 그리 대답하지 않느냐? 네가 그들이냐? 건방지다! 하랴? 너는 우리와 다르다. 우리는 어디, 누구, 무엇, 일등! 하며 내보이려느냐? 나의 증인, 영서 기록자이다. 영서 기록자의 증인, 나이다. 되었느냐? 주께서 '너희의 증인'이 중요하지 않더냐? 사람에게는 버림이라 할지라도, 대우가 없다 하여도!

2022. 3. 11. 금요일.

"어제부터 나라 분위기가 왜 이렇죠? 잠잠하고 가라앉았어요" 한국 내, 공산화 측 애곡 시기이다 하라. 정치인 '이재명에 대해서'입니다 하라. 그는 반격 개시 준비자이다. 기사 본 자, "재기 준비한다!" 하는 자이다. 술수 준비자이다. 매사 살아온 그의 방식이다. 공산화는 지옥 체험이다. 선거 후, 이는 나라 분위기 미미한 정도의 어둠(세력)이다. 선거로 갈리는 한국이라 하라. 공산화 반격 개시이다. 이는 한국 내, 공산화의 모습이다. 어릴 때 '6.25'라는 말을 듣고 전쟁 문제로 운 자이다. 네 일평생 이 기간을 겪지 않더냐? 지속으로 '북한의 위기'(가해자가 이웃에 사는 한국이다) 보이는 나이다. 남한 내에 조직망 가진 그들이다. 공권력 개입, 이미 적재적소 배치화, 지역 치리 대리자까지 네게 이미 보인 나이다. 길까지 배치된 완전 장악으로 보인 나이다. 이는 언제인가? 2012년경, 이 시대는 지구를 위한 '종말'의 때이니 민방위 훈련 시기이다 하라. 이를 알린 주시라. 남한 내 상태는 마치 북한이 암막처럼 남한을 덮으므로 어둡고 답답해짐을 보인 당시이다. 이후에는 남한의 공산화 장악 '배치 상황'과 함께 전시 위협을 지속으로 알리신 주이시다! 하라.

이미, 벌써! 배치와 장악을 알린 후, 문 정권의 수위 높임이니 공산화 가속 시기이다 하라. 깊숙이, 편만히 개입된 자들이니 공산 사회주의화 된 남한 수는 1/3을 알리며 코로나 전을 치름이니 이는 남한의 어리석음(미혹)이라 하라. 이는 미끄럼틀이 아니냐? 탄다, 미끄러진다 무엇이랴? 누워서 떡 먹기, 그들의 공산화 점령에 대한 보인 나이다. 그러나 위험하다. 남과 북 둘 다 피차일반이니 약한 나라이다. 부부가 나뉘듯, 한 사람이 소중한 것을 잃듯이 무엇이 좋으랴? 전하라. 약한 것이 나뉘어 더 약해진, 이는 남한과 북한 모두이다 하라. 침울한 자들이다. 반격 개시 일삼아온 북한 사상이니 뒤집고, 흔들고, 던지고, 부수고, 침입하고, 악용하고, 훔치고, 빼앗고, 불사르고, 자살, 타살, 무기 공격 익숙한 저들이 아니냐? 강도 편에 서랴? 강도 만난 자 편에 서랴? 자유민주주의 체제하의 공산화는 이러하다. 국민이 나뉘어 양편 지지자가 되었으니 '자유민주주의 수호'측 선 자(강도 만난 자)와 공산화(강도 된 자들) 물든 자 아니냐? 하나님의 관점(기준)이 아닌 '세상 놀이'에 빠진 자들에게는 노아의 때와 같이 죽을 때도 알지 못하는 자들이 되지 않느냐? 마 24:39 홍수가 나서 그들을 다 멸하기까지 깨닫지 못하였으니 인자의 임함도 이와 같으리라.

· 얼떨결 맞은 백신이나 공산화나 무엇이 다르랴? 정체! 머묾, 묵은 것, 오랜

사상이 앞지르려 하나 낡은 것이 새것을 읽으랴? 이러한 상태, 상황이 백신 접종과 공산화를 거부하지 못함이니 주 외에 무엇으로 이기더냐? 이는 역류이다 하라. 썩은 것, 냄새나는 것, 갇힌 것, 막히게 하는 것이니 더러움이 솟구쳐 나옴이다. 공산화는 더러움이다. 역류 현상이다. 악에 치우친 것을(없어질, 사라질, 떠내려갈) 추종하며 내 나라를 불순물로 쓰레기 채우듯 하려느냐? 6.25 "한 번이면 되었다" 하라. 두 번 겪으랴? 세 번이랴? 전쟁 일으킨 자나 공격받는 자가 죽는 것은 마찬가지이다. 사람이 누구나 한번 죽지 않으랴? 히 9:27 한 번 죽는 것은 사람에게 정해진 것이요 그 후에는 심판이 있으리니. 심판이 있으니 마땅히 선, 악이 구분되어야 하지 않으랴? 악이다, 악하다(더럽다) 하면 떠나면 되지 않으랴? 공산화는 '악'이다. "내가 규정한다!" 하면 자유민주주의로 바꾸어야 하지 않으랴? 이 또한 '선'을 향함이니 더 오르고 더 오르는 발판 두기 위함이 아니랴? 수족 두고 일함이 낫지 않으랴? 수족 자르는 아픔, 고통을 두지 않아야 할 사회 공산주의이다.

북한은 그러한 '수족 절단'자로 두어 옴짝달싹 못하는 억압, 통제의 삶이 아니랴? 사단에게 잘린 채 사는 자들이니 다음 무엇을 주랴? 더 잃지 않기 위해 이 땅에서 사라질 공산주의가 아니겠느냐? 평생 고통이니 남북전쟁 위기 속에 살아오지 않느냐? 아는 자는 알아도 모르는 자는 좁은 시야에서 마른하늘 날의 벼락 치는 소리같이 받기도 하나 도통, 도무지 막힌 채 현실 위주로 사는 자도 있으니 <u>재림을 아느냐</u>? 어느 시점이니 이를 아느냐! <u>다음은 백신을 아느냐</u>? 지구전임을! <u>다음은 공산주의를 아느냐</u>? <u>다음은 교회를 아느냐</u>? 계시록 일곱 교회 진단! <u>다음은 문화를 아느냐</u>? 우상, 혼잡을! <u>다음은 가족을 아느냐</u>? 상태를! <u>다음은 자신을 아느냐</u>? … <u>그러하다면 무엇을 알고 있느냐</u>? 저 높은 곳이 좋다더라, 있다더라. 언젠가는 모르지만 갈 때가 있지 않으랴? 그때까지 아직 멀었으니 무슨 계획을 세우랴? 1년 예산이 얼마이냐? 지출 얼마이냐? 얼마 선교하자! 사례비 지출이다! 교회 학교 얼마? 지원, 무슨 비 얼마? 무슨 비 얼마?

하며 대출도 언제까지 얼마? 하는 교회가 있지 않느냐? 지구 상태, 나라 상태, 사회 상태 모르고 일정 수입에 맞추어 생활하며 어쩌고저쩌고하는 가정(가족)처럼 이와 같다면 무엇이라고 전하려느냐? "그렇군요!" 하랴? "쯧쯧!"하지 않겠느냐?

이는 시야이다. 주께서 말씀하시니 "지구가 이러해! 나라도 사회도 가정도 그리고 나에 대해서도 이렇게 말씀하셔. 이거는 멈춤이야, 단절이야, 절제해야 해, 이렇게 하라고 하셔. 그래서 요즘 어떠해"라고 해야 사람이 아니냐? 나의 사람, 지구에 사는 너희 아니냐? 하라.

둘! 윤석열 당선자, 이재명 낙선자는 대면 된 관계이다. 이재명은 수사 대상이다. 넣을 자이다. '굴비 꿰듯 넣는다' 이를 전한 <u>누군가의 증언이다</u> - [박근혜 대통령 탄핵 즈음이다. 나라의 어지러움이 지속되어 쇠고랑 찬 당시이다. 결박이다! 하라. 이를 예언한 누군가이다. 이는 당시이니, 사회 공산주의와 관련한 '악' 좌파 정치권에 대하여 구속될 자들을 전한 자이다. 이를 두라] - <u>박근혜 전 대통령 회복 상태 함께</u>, 그 또한 일한 자이다.

2022. 3. 12. 토요일. 오후 12:10. 위의 글 이어집니다.

"윤석열 대통령 당선자에 관함입니다" 하라. 2022. 2. 15. 수요일, 윤석열 대통령 후보 완승에 대한 "질문드립니다" 하라. 이는 네 궁금증이니 받은 당시 "무언가?" 한 자 아니더냐? 승리 예견은 지속이어도(알리고 알린 나이니) 완승의 의미는 "넉넉하다. 이미, 결정이다" 하는 의미로써 두나, 표 차이는 아니다 하라. 그럴지라도 개표 상황 이전부터 조짐이 있으니 부정은 '계획된' 아니냐? 틈내어 짜고 치는 그들이다. 익숙해 온 방식이니 북한에 의한 조작 함께(합력 둔 그들 관계이다) '눈 가리고 아옹 식' 만연해진 요소 곳곳이니 '해'도 '수치'임에도 아랑곳하지 않는 사회이다. 일부(부정 밝히는)에 의한 관심일 뿐 너도나도 불법 시대이다 하라. 북측에 의해 오랜 세월 깔리고 깔린 밑바탕 '밑그림'화 된 상태이다. 몇십 년이랴? 한 맺힌 그들이니 으르렁거림이 아니랴? 원한이니 살아도 주를 위해! 아닌, 사람을 위해 살자! 하는 자들이므로 얽히고설키어 난무한 시대, 공산화 과열까지 이른 현재이다. "되었느냐? 되었다" 하라.

'북한 김정은에 대하여!' 이다 하라. 이실직고(회개이다)할 때까지 아니면 수사 대상, 수사 한국 되어 물갈이(뒤엎는)하랴? 어두워진 시대이다. 죄악으로 치우친, 물든, 타협자들 많다. 염색하듯 바꾸고 바꿈이니 내게 멀어진 그들이다. 한 번쯤이라도 남자다움의 용기로 떳떳이 "잘못했다!" 하면 오죽이랴? 하는 그이니, 북측의 지도자 김정은이 아니겠느냐? 사람의 실수는 누구나이다. 강도, 살인, 강간, 도적 … 얼마든지 일지라도 "기회는 누구나 있다" 하라. 이는 공의의 하나님이시니 "빛이 비친다!" 하라. 그러함에도 하지 못함은 망설이다가, 자존심에, 시기 지나가는 것이니 누구나이다. 이를 두라. 회개의 기회는 있다. 회개케 하시는 주이시니 기회는 얼마든지일지라도 그 선에 서는 자는 얼마인가? 북한은 지도력이 그릇됨이니, 많은 사람을 잃은 동족상잔 전쟁사 함께 피 흘림과 압제와 가난과 위협과 위기 고조로, 전 세계의 지탄이 되는 "대물림이다" 하라. 한때와 두 때와 반 때의 시기니 이러한 짐승화 된 자들에 의해 다시 겪을 잔인한 시대(표의 시기) 이어진다(지속이나 심화, 강화, 강력 무기 등장) 하라. 이상이다. 닫으라.

2022. 4. 1. 금요일. 오후 3:39 위의 글 이어집니다.

(방언 찬양을 드립니다) 이는 무엇이냐? 하라. 방언 찬양이 아니냐? 내 너를 찬양 불러 이르게 함이니 이곳이 아니랴? 산도, 강도, 바다도 듣게 한 자이다. 너 가는 곳, 이르는 그곳이 아니랴? 나를 찬양하기 위함이다. 찬양을 주십니다! 하라. '서쪽 하늘 붉은 노을 영문 밖에 비치누나'의 때가 아니냐? 해 지는 지구이다. 우는 자들 많다. 어디랴? 한국 내 어디든지이다. 수많은 자 묻은 70년 한반도 역사이다

하라. 4.3 제주 반란 사건 다시 보는, 이를 알림이니 - 전에 주신 바 이에 대해 보라 하신 주이시다! 하라 - 북측 조작이 아니랴? 이처럼 억측하는 남한 좌파도 있다! 하라. '사시 눈'된 자들 겹침 현상이니 뭐가 무엇인지 혼동하는 자이다. 북을 우세하여 나라 세우려는 자들이 아니냐? 좌파의 움직임이 크다! 하라. 숨은 자들 많다. 이곳저곳, 여기저기, 우후죽순 난립 된 교회마다, 집회마다 집단, 조직, 모임마다 섞인! 이는 "나는 좌익이다" 하지 않아도 알 수 있음은 자유민주주의 안 침투로 이미 드러난 한국 조직력 약화이다. 이는 보임이니 3월 9일 대선 때 알린 '좌익 현 정부'의 좌익 기반이 아니냐? 검고 튼튼한 미끄럼틀 설치된 상황 묘사로 이미 알림이라. 자유민주주의가 끊긴 상태이니 좌익활동자 많은 한국 사회 된 이유이다 하라. 흰색 미끄럼틀이 위에서 반만 있는 상태이다. 이재명 후보 물리친 우파, 우익이다! 하라.

윤석열 당선자 '현직 대통령' 시대이다. 이를 통하여 "자유민주주의를 이으라" 하신 주시라. 김정은 살아생전에 협력한 조직체, 좌익 기반이다. 그(북한 김정은)의 죄가 무거워짐이 아니더냐? 영혼을 살리러 오신 주이시니 "그를 회개시키라" 하신 주이시다! 하라. "<u>김정은 보아라!" 주는 편지니(3월에 받은 영서) 이를 이으라. 책 부록 편에 실으라.</u> 한국 대선 및 러시아전 알리라. 나라들 치열해지는 접전을 바라봄이니 '국내' 안심하랴? 좌파 편에서 물든 자들이니 나라도 사회도 교계도 교육계도 등등 엉망진창이 되었다! 하라. 누군가 나 모르게 이렇게 했구나! 그럴지라도 모르랴? "모른다!" 하며 나를 속이는 자는 짐승이다! 하라. 짐승 같은 자들이기에 알지 못함이 아니랴? 부모를 모르는 자식이나 무엇이 다르랴? 모른다! 하면 인간이 아니니 짐승이 되었다, 짐승 같다! 하지 않더냐? 너희도 그러하다.

자유민주주의가 누구를 위해서인가? 조차 모르는 자들이 많다! 하라. '나의 나라' 위해서이다. 세우기 위함이다. 기틀이다. 지지대이다. 종교 활동 자유이니, 기독교 번성 위함이 아니랴? 살리러 오신 주이시다! 하라. 십자가 걸고 '나' 아닌 북한을 지지하기 위함이다 하면 그 김정은은 나를 믿지 않으니 같은 족속이구나!

하지 않으랴? 체제 유지하기 위함이다 하려느냐? 나를 믿으라! 내 나라이다. 온 땅이 그러하다. 가장 위에 계신 창조의 주 하나님이 아니시냐? 심판 주로 오실 마지막 때가 아니더냐? "때의 가까움을 알리라" 하는 영서이니라. 막 1:15 이르시되 때가 찼고 하나님의 나라가 가까이 왔으니 회개하고 복음을 믿으라 하시더라. 이와 같도다. 너희 일이 무엇이냐? 하나님 나라가 아니냐? 회개와 믿음이니 '나를 위해서, 내 나라 위해서' 이니 마 6:33 그런즉 너희는 먼저 그의 나라와 그의 의를 구하라 그리하면 이 모든 것을 너희에게 더하시리라 하였느니라. 나의 줄 말이 많다! 하므로 메시지를 잇는 자, 너니 듣고 들어도 잠재우는 영과 대치하는 자이므로 깨기 위함이니 이 모든 말로써 서로 위로를 두고 준비하라, 곧 가까이 왔다! 함이니 어둠도 빛도 그러하다. 정지된 듯 "살날이 멀지 않다" 하라. 이는 무엇이냐? 이 세상이 영원하더냐? 고후 4:4 그중에 이 세상의 믿지 아니하는 자들의 마음을 혼미하게 하여 그리스도의 영광의 복음의 광채가 비치지 못하게 함이니 그리스도는 하나님의 형상이니라.

진리가 무엇이냐? 나를 아는 것이다. 많이 아는 자 적게 아는 자, 깊게 아는 자 얕게 아는 자 아니냐? 세상 권세로 정하려느냐? 학문, 학파(어거스틴 추종자 있듯이 칼빈도 그러하며 누구, 누구 하는 자들이다) 학벌로 정하려느냐?(유학파, 국내파 있다 하는 자들이다. 무슨 학교 출신 그는 무엇이다! 하는 자들 많다) 교단, 교파! 하랴? 작은 나라 분리 현상 심한 한국이니라. 나누는 싸움 일가견 자들이다. 너 더러 그대로 있으라! 교단 가입지 말라! 왜이더냐? 이러한 일로 "내가 알려주마" 함이라 하라. 부모와 많은 형제가 있다. 부모보다 형제 관계 치열하니 무슨 교단, 무슨 교회, 무슨 목회자 수두룩 아니냐? 나는 온데간데가 없고 너희끼리 치열 전이니 치고받다가 세상 막 내리지 않겠느냐? 이리저리 치여 힘든 자, 너이다. 우리에게 오라! 우리가 맞다! 우리 편이다! 하니 너를 내동댕이치기도 하는 자들이 있으므로 '멍'투성이 된 자이다. 가슴 멍 아니랴? 누구는 네게 있어 주께 붙도록, 할 일 하도록, 이를 알도록, 흔들리지 아니하도록 그러한 자 있었다! 하라. 몇 년 전 네게 보인 꿈이 그러하다. 너를 '종말 사명자'로 알린 자이다. 내가 네게 이르기 전이니 이후 나도 이(종말 사명자)를 말한 나이다 하라. 그는 무명으로 일하는 자이니 여느 목회자들 같지 않다! 하라.

수준 차이가 심한 한국 교회사이다, 교회이다, 목사이다 하려느냐? 물건도 천원에서 고가가 있지 않는가? 내 사람도 그러하다. 쓸어버릴 자와 올릴 자의 차이니 이도 간격 차이며 이중에도 층층 다 다른 것이 아니랴? "너는 보아라!" 하며 지도해온 주시라. 이를 알린 나이니, 현재도 그러하다. "누구는 어떠하다!" 하며 배우기도, 거리 두기도, 떼기도, 무관하기도 하지 않으랴? 이방인 같은 자도 많다! 하라. 곧 넣을 불의 심판 가까이 둔 자들도 그러하다. 어찌 교회이다, 목사이다 하며 세상인들에게 '다! 같다' 하게 하려느냐? 무엇이 무엇인지 모르는 자들은 하나님은 이단이다, 우상이다, 사이비다, 장사하는 자이다, 조직의 무엇 같다(심한 싸움질, 욕설 등 난무이다) 테러자이다(북한, 남한의 협력자들이 그러하다) 하지 않으랴?

전술(전쟁)에 능하신 주시라! 하라. 사람과 싸우는 나이다. 누구는 천국, 누구는 지옥이니 둘 다 내가 이김, 승리 아니랴? 둘 중 하나이다. 갈 곳 정해진 사람이다. 위로 오르든, 아래로 떨어지든 그러하다. 이를 위해 인류 역사가 있으며 현재까지 보존됨이니 땅이 그러하다. 마칠 날이 가까우니 이 세상 무엇이 남으랴? 핵을 보라. 저들 준비는 무엇이냐? 자연을 보라, 핵이 이기겠느냐? 해를 태우랴? 별을 없애랴? 낮과 밤의 날들을 주관하랴? 생명(영혼)을 던지시는 '지옥 불', 건지시는 '천국' 오직 하나님 한 분이 아니시더냐? 너희 소속대라, 말하라 하나님이냐 세상이냐? 자유민주주의냐 사회 공산주의냐? 씻기는(깨끗한) 물 편에 서랴? 태울 불편에 서랴? 버리고, 치우고, 없앨, 잡다한 쓰레기 편에 서랴? 이는 지혜니라. 선택의 자유이나 이미 선택한 자는 '더' 아니랴? 더 오름이니, 더 내림을 보는 시기이다 하라.

한국의 좌경화가 그러하다. '수'의 증가가 아니랴? 여론몰이에 당한 자들이니 속고 속이는 자들 많은 '악하고 더러운 시대'인 줄 모르고 곧이곧대로 "그렇구나!" 하는 자이니 이는 무슨 현상인가? 나를 사랑하지 않으면 - 더 가까이 붙지 않으면 뜻이다. 코로나로, 백신으로 두렵게 하여 세상 '거리' 두고 내게 오라 함이 아니랴? 정책, 제도, 대중 물결에 넘어지는 자들 많다 - 당한다! 하라. 무엇을 가르치랴? 방향 제시 두는가? 나를 알리는 자마다 무엇을 전했는가? 물으라. 세월호 보느냐? 선장이 생각나느냐? 침몰호에 두고 내리는 자 "가만히 있으라!" 하며 주저앉힌 자니 이러한 목회자가 많은 '침몰호 교회'가 아니랴? 정치가도 그러한, 이는 북한을 위하자! 하며 선전, 선동 물결을 일으키어 나라 망조 들게 한 자들이니 "나의 갚음이 있다" 하라.

김정은을 위한 길이 무엇인가? 하라. 이를 두라. 김정은이 아닌(그를 위해 아니다 하라) 그를 지옥으로, 그 궁지 속으로 밀어 넣기 위함이니 이것도 모르고 하나 되고, 하나 되려 한 무지한 자들이 아니랴? 물속 수장 되기 전 구해야 함에도 그곳 있으라 하며 더 가라앉게 한 역할 한 자들이니 이는 김정은을 사랑하는 자가 아니라 하라. 그는 내 영혼이며 그를 위한 내 생명을 내주어 '값'으로 산 나이니 "나보다 그를 누가 더 사랑하랴? 기다리랴?" 그의 목숨이 있는 한 구해야 하지 않으랴? 칼 든 강도를 위해, 이러한 미치광이(사단에 잡힌, 미친 자이다)를 생명의 위기 앞에서 구할 자(기도할 자, 사랑할 자, 전할 자) 누구랴? 그는 그러하다. 인질을 잡은 자이니 수많은 자들이 아니랴? 그도 그들도 다 구출해야 하지 않으랴?

남한 좌익 세력은 그의 등을 떠밀어 - 그의 정책 돕는다고 착각한 자들이다 - 점점 지옥 불 속으로 넣는 중이다! 하라. 남한의 수많은 자들이 그러하다. 영혼이 무엇인지 모르는 무지한 자들이며, 천국과 지옥이 무엇인지 아직도 모르기에 그러하다. 심판의 시간이 매우 가까이 오는 것을 누가 알랴? 누가 전하랴? "어떠하다, 어떻게 살라!"하며 누가 알리랴? 군이 적을 알아야 방어도 공격도 하지 않으랴? 군 지원자는 많으나 적을 위해 준비된 자로 군을 보지 않고 먹을 것, 쓸 것 등 지원하는 정도 거기까지만 미친다(범위)! 하자, 얼마나 무지한가? 위험한가?

교회를 교회 되게, 목회자를 목회자 되게! 하기 위해 다 같이 깨어나는 한국이니 이를 두라. '자유민주주의 수호' 이를 이르라. 왜냐하면 종말 대비를 위함이며 준비를 위함이니 내 나라 행렬 자가 되어 오르기 위함이며 이미 오른 자도 들어가기 위함이라. 한국전 70년 이어지는 상황이니 나만 바라보아라. 닫으라. 되었다! 하라.

4) 20대 대통령 윤석열 예정자 "주가 주시는 권면이다" 하라

2022. 5. 8. 주일.

"**신사 참배 시대이다**" **적으라.** 윤석열 대통령 당선자 본 자, 이는 사찰에 선 자이다. 공약 이행 발표이다. 김건희 여사의 스커트 무엇인가? 불상 앞에 절하는 자이다. 신령한! 영과 진리로 예배할 때가 아니랴? 요 4:23 아버지께 참되게 예배하는 자들은 영과 진리로 예배할 때가 오나니 곧 이 때라 아버지께서는 자기에게 이렇게 예배하는 자들을 찾으시느니라. 그들은 누구를 찾는가? 적으라. 금주 이슈이다 하라. 5월 8일 석가탄신일 이를 주라. 이는 지난주 대선 당선자 부부 '사찰 방문' 여러 곳 소개한 방송 '뉴스거리' 다루는 자들을 본 자이다. 테마이다. 이야기이다. 날 선 검의 위에 있는 자, 두 사람이다. 좌우에 날 선 검 말씀을 기록하자. 히 4:12 하나님의 말씀은 "적으라. 살아 있다 하라" 살아 있고 활력이 있어 좌우에 날 선 어떤 검보다도 예리하여 혼과 영과 및 관절과 골수를 찔러 쪼개기까지 하며 또 마음의 생각과 뜻을 판단하나니. 심신이 무엇을 했는가? 물으라. "나는 교회도 가고, 절에도 간다!" 하는 자이니 도대체 어느 편인가? 하라. "의인과 악인 둘 다, 선택이다" 하려면 차라리 '가지 않음'이 낫은! 아니랴? 하나님께서 싫어하시는바, 미워하시는 바, 이를(불의, 죄악, 거짓, 비진리) 위해 죽으신 주를 "안다"하면 하지 않을 일이다.

사찰 승려들은 국민이나 신앙인(주를 믿는 자)은 아니다. 그러한 반대편 선 자에게 무엇을 전하랴? 국민 이전에 불의 가담하는 자들로(이는 정체이다) 보아야 하지 않으랴? 일개 대통령이다, 국모이다. 나라의 대변자, 대리자 되어 나선 자들이다. 하지 않을 일, 할 일 '가림'이 우선이다. '위험'에 처해 생명을 구출할 문제라면 도와야 한다. 그 외는 아니다.

코로나 사태 왜 겪는가? 이 모든 것 격리하라! 위기 탈출하라! 신호, 외압이 아니랴? 공산주의가 무엇인지 알리고, 성령 훼방이 무엇인지 알리는 때이다. 적폐 청산(불의한 공직자) 그러하다. 사회에 난무한 무질서, 병폐. 타락(성) 그러하다. 종교 다원주의! 종교 묶음, 연합 시기 아니랴? 이단 색출, 과학 맹신자들 철퇴 가하며 이리 꿈틀 저리 꿈틀 기어 다니는, 스멀거리는 대상들 아부, 기생, 파렴치까지 "솎아보자" 하는 시기가 아니랴? '주범'된 공산화 독재와 기독교의 위기 등 이 모두를 알리지 않으랴? 감지덕지하라. 이 재앙은 출애굽! 지구 탈출, 이는 죄악 세계이다. **('형상에 관하여' 적어보라. '이어질' 추가 글이다)** 아홉 번째 '흑암의 재앙'이다 하지 않으랴? 출 10:21 여호와께서 모세에게 이르시되 하늘을 향하여 네 손을 내밀어 애굽 땅 위에 흑암이 있게 하라 곧 더듬을 만한 흑암이리라. 충분한, 알린 자료 많으니 이를 내라, 출간하라, 음식이(영을 살리는 이는 기진한 자들, 기진 세대이다 하라) 되리라. 10번째 재앙 '남은'이다. 이러하기에 감지덕지니 살아남은 것이 중요치 않다. 말씀 두라. 계 9:20 이 재앙에 죽지 않고 남은 사람들은 "윤 대통령, 김건희 여사와 참모진들, 수행원, 정당까지 뜨끔하리라. 뜨끔! 하라 해서 주는 바이다" 손으로 행한 일을 회개하지 아니하고 ….

출판의 벽에 부딪힌 자이다. 마땅히 대할, 맡을 누구, 어디인가? 하는 자이다. 주의 마음을 알아야 할 수 있는 자들이다. 그렇지 아니하면 성전 안의 매매하는 자, 돈 바꾸는 자들이 되지 않으랴? 약한 것 들추는 자도 있으며, 막말하는 자도, 다 된 밥에 재 뿌린 자도 있었다! 하라. '경직'(선 채 굳는) 되리라. 나선 출판 일이다. 수개월째 시름자이다. 이를 넣으라. 사 6:8 내가 또 주의 목소리를 들으니 주께서 이르시되 내가 누구를 보내며 누가 우리를 위하여 갈꼬 하시니 그때에 내가 이르되 내가 여기 있나이다 나를 보내소서 하였더니. "누가 나를 위해 갈꼬?" 하니 "제가요" 한 자이다 - [이는 몇 년 전, 훈련받는 자에게 보인 주의 지상 재림 '하강' 중이니 막는 자로 '멈칫' 된 주의 모습을 본 자이다. 꿈에 보이신 주이시니 이를 보며 "주를 도와드려야지" 한 자이다] - 의에 응하여 세우니 '첩첩산중' 죄악의 땅이 아니랴? 에스겔 두라. 성전 보이신 주이시다. 그를 끌어올리니 예루살렘 성전이 아니랴? 겔 8:3 그가 손 같은 것을 펴서 내 머리털 한 모숨을 잡으며 주의 영이 나를 들어 천지 사이로 올리시고 하나님의 환상 가운데 나를 이끌어 예루살렘으로 가서. "요소, 요소마다 보임으로(에스겔 8장) 에스겔이 심히 근심치 않으랴?" 안뜰로 들어가는 북향한 문에 이르시니 거기에는 질투의 우상 …. 7 그가 나를 이끌고 뜰 문에 이르시기로 … 10 내가 들어가 보니 각양 곤충과 가증한 짐승과 이스라엘 족속의 모든 우상을 그 사방 벽에 그렸고. 14 그가 또 나를 데리고 여호와의 전으로 들어가는 북문에 이르시기로 보니 거기에 여인들이 앉아 담무스를 위하여 애곡하더라. 16 그가 또 나를 데리고 여호와의 성전 안뜰에 들어 가시니라 보라 여호와의 성전 문 곧 현관과 제단 사이에서 약 스물다섯 명이 여호와의 성전을 등지고 낯을 동쪽으로 향하여 동쪽 태양에게 예배하더라. 이는 바벨론 포로 중이며 이끌리어 하늘 오르내리며 '실상' 함께 '미래(성전)도 보임이니 이는 '회개의 때'이다. 이를 두라.

"다니엘 시대이다" 하라. 다니엘의 믿음으로 서야 하는 시기. 온 세계가 우상 뒤범벅된 "가증한 시대이다" 하라. 그러므로 고전 10:12 그런즉 선 줄로 생각하는 자는 '넘어질까 조심하라!'이다. 핵이 "다, 해결되었다" 하며 자행하는 일이 한, 둘이랴? 보험금 최근 사건 등 - 범죄 연루, 범죄 동기와 목적, 이는 타켓 된 '한방' 사건이다 - 많은! 속임, 거짓 모두 그러하다. 내일을 자랑하지 마라. 잠 27:1 너는 내일 일을 자랑하지 말라 하루 동안에 무슨 일이 일어날는지 네가 알 수 없음이니라. "야고보서 4장 13, 14절 두라" 약 4:13 들으라 너희 중에 말하기를 오늘이나 내일이나 우리가 어떤 도시에 가서 거기서 일 년을 머물며 장사하여 이익을 보리라 하는 자들아 14

내일 일을 너희가 알지 못하는도다 너희 생명이 무엇이냐 너희는 잠깐 보이다가 없어지는 안개니라."누가복음 12장 19, 20절 이 모두는 내일을 자랑하는 자들이다" 눅 12:19 또 내가 내 영혼에게 이르되 영혼아 여러 해 쓸 물건을 많이 쌓아 두었으니 평안히 쉬고 먹고 마시고 즐거워하자 하리라 하되 20 하나님은 이르시되 어리석은 자여 오늘 밤에 네 영혼을 도로 찾으리니 그러면 네 준비한 것이 누구의 것이 되겠느냐 하셨으니. "마태복음 6장 19절과 4장 8, 9절도 그러하다" 마 6:19 너희를 위하여 보물을 땅에 쌓아두지 말라 거기는 좀과 동록이 해하며 도둑이 구멍을 뚫고 도둑질하느니라. 마 4:8 마귀가 또 그를 데리고 지극히 높은 산으로 가서 천하만국과 그 영광을 보여 9 이르되 만일 내게 엎드려 경배하면 이 모든 것을 네게 주리라. "되었느냐? 되었다" 하라. 닫으라.

위의 글에 대한 추가 글입니다.

('형상에 관하여' 적어보라, '이어질'이다): 이심전심 세상이다! 하라. '너와 나', '우리' 하며 주거니 받거니 하지 않으랴? 시대사 아는 자이다. 모두 제하고(버리고, 없애고, 외면하고) 싶은 주이시다. 이는 보임(꿈, 환상 및 성경, 성경으로 전하신)으로 알 수 있는 자이기에 그러하다. 이는 '세상 구조'이다. 연결마다 온갖 것들이 무용지물 많게 된 보이는 세계, 만족하는, 적응된, 하나 된 그 안, 곁이 아니랴? 나체쇼 등장한 시대이다. 사람의 몸마다, 저마다 우상을 두어 '겉치레'가 심해진, 넘친, 버려지는 옷들을 보라. 외국까지 가나 그곳에서도 '쓰레기더미'된 이를 본 자가 아니랴? 걸치고, 소유하고, 보고, 만지고, 자랑거리 삼아 늘이고 사는 자들이다! 하라. 대형화, 소형화. 이 패턴, 저 패턴, 대세 운운하며 '소용돌이' 속 그 물살에(흡인력) 빨려드는 자들 아니랴? 출 32:19 진에 가까이 이르러 그 송아지와 그 춤추는 것들을 보고 크게 노하여 손에서 그 판들을 산 아래로 던져 깨뜨리니라.

모세가 없는 시대이다. 이는 지구의 지도자이다. 하늘 백성을 이끌고 새 예루살렘 성(새 가나안 땅)으로 전진할 자 아니랴? 성령! 성령! 하나, 제한적 성령이 아니랴? 가두는 성령, 저장고 만드는 성령 - 우리끼리, 그 선이다. '경계(한계)' 가진 자들이다 - 우후죽순 성령, 갖가지 성령이 아니랴? 성령 키재기 시대이다. 우리 성령이 크다! 함이니 지구의 삶은 채워도 여전히 목마름이 아니랴? 마 5:6 의에 주리고 목마른 자는 복이 있나니 그들이 배부를 것임이요. '돌기'(두드러진 '돌출' 뜻이다) 두라. 이는 막음이다. 지구 영역은 그러하다. 마치 돌기들이 많은 지압 판 같으니 평지 찾아 끊임없이 사이, 사이 피함 같은, 돌기들이 막아서는 장애 '지구사' 아니랴? 하라. 이는 사단이 장악된 지구이다. 요소, 요소 배치 두어 지역 관할 삼아 "문화 보급이다" 하며 적나라하게 펼치는 정책 함께 문화유산 및 대중문화 권장으로 사단 지배하, 우상 섬기게 하는 행위이다 하라. 주에 의한 '필요' 외에 손대지 않는, 오고 가지 않음도 그러한, 일정 기간 내 사용도 있으나, 대부분은 '폐기될' 무용지물 한 것들이 많다. 이는 하나님 나라와 무관, 지나침, 쓸모없음이 많은 이 세상 문화이다 하라. 선악과가 창 2:9 … 생명 나무와 선악을 알게 하는 나무도 있더라. 주가 되고! 마 7:13 … 멸망으로 인도하는 문은 크고 그 길이 넓어 그리로 들어가는 자가 많고. 보기에 아름답고 먹기에 좋은 나무는 창 2:9 여호와 하나님이 그 땅에서 보기에 아름답고 먹기에 좋은 나무가 나게 하시니. 좁은 문, 좁은 길이 된 "적다" 아니겠느냐? 마 7:13 좁은 문으로 들어가라 … 14 생명으로 인도하는 문은 좁고 길이 협착하여 찾는 자가 적음이라. 형상이 많으므로 지친 자이다. 주변의 문안 물건들에서 문밖, 거리, 건물 등 아니랴? 살다 보니(훈련 과정 겪어 보니) 그다지 필요치 않은 것들을 이고, 지고 산 자이다. 되었느냐? 두라.

형상 시대이다. 혼돈으로, 공허로, 흑암으로 창 1:2 땅이 혼돈하고 공허하며 흑암이 깊음 위에 있고. 보이기 시작한(인간 탄생 눈 뜨며 일어나는 과정이다) 세상 만물 소유에 눈이 가고, 마음 차지하여, 손이 가고, 발이 가고, "벌자"함이 아니랴? 배우자, 나서자, 높아지자, 이름 내자, 돈이 된다더라. 그러니 무엇 하자! 하며 돈으로(돈 신) 쫓아가는 인생을 살다 보니 속고, 속이는 관계끼리 짝(절친 내지, 친목 도모, 동호, 동업, 동반, 혈육까지 가보자 하는 결혼 등 무수히 일어나는 '조직망'이다 하라) 지어 우리나라! 우리 교회! 우리 사회! 우리 지역! 우리 무엇! 하지 않으랴? 개혁자가 필요한 시대이다. 견고한 진, 모든 이론 아니랴? 고후 10:4 우리의 싸우는 무기는 육신에 속한 것이 아니요 오직 어떤 견고한 진도 무너뜨리는 하나님의 능력이라 모든 이론을 무너뜨리며 5 하나님 아는 것을 대적하여 높아진 것을 다 무너뜨리고 모든 생각을 사로잡아 그리스도에게 복종하게 하니. 역사 자랑 그러하다. 관록, 경험, 실적 등 모두 그러하다.

"떠나라" 왜이더냐? 창 12:1 여호와께서 아브람에게 이르시되 너는 너의 고향과 친척과 아버지의 집을 떠나 내가 네게 보여 줄 땅으로 가라. 너의 의지(책임)는 나이다. 바뀌었다. 인생 '전면 수정' 새 출발이 아니랴? 영서 받고(이는 받은 첫날이다) 떠나온 자(새 터 아니랴? 시작이 관록이 된)이더니 다시 말씀하심이니 "가라" 하시기에 말씀 의지하여 이동한 자이다. 다시 떠나라면 가야 하는 자이다. 어디든 주와 함께 아니랴? 보이는 시야 익숙해질 때 '젖어지는'(관록이 되는 몇 년 차) 아니겠느냐? 새로운 곳은 바꿀 일, 세울 일의 목표 의식 함께 보이고, 오래된 곳은 주저앉는 편안함이자 나태함, 게으름, 미룸이 되는 것이다. 주 '영'에서 '육'으로 시선이 점점 이동되며, 느슨해지며 탄력(운동성)을 잃지 않으랴?

실언자가 많다. 윤 대통령 '불교' 공약 그러하다. 술집 시설 지원, 보수 도우랴? 게임, 불법 안마 시술소도 그러하랴? 자신도 그러하다. 누구나 그러하다. 모든 사람의 하나님이 아니시다 하라. 구원에 속한 자와 그렇지 않은 자가 있음에도 다 섞어 "내 편이다" 하랴? 이는 엄마 편이냐 아빠 편이냐?가 아닌 영생이냐 영멸이냐? 천국이냐 지옥이냐? 차이다. 인도(돕는 자)이냐, 미혹(막는 자)이냐? 차이다. 강도 행위, 무릎 꿇고 절함이니 이때는 버릴 때이다. '취할 때'가 아니다. 이를 전하라. 형상의 우상 대표격 불교, 사람이 만든 우상이 아니랴? 김일성 시신 앞이나 죽은 시신 앞이나 '참신' 영생이신 생명 하나님(주 예수 그리스도시니) 외 모든 신이 그러하니 우상을 만듦과 건물을 짓고, 두고 등 이 모든 행위로 인해 부끄러움, 수치를 겪음을 왜 알지 못하느냐? 하라. 회의자이다. 안타까움이다.

경선 후 대선 아니냐? 막상막하 그들. 배후 세력으로 조마조마한 선거전이 아니냐? 할 일(처리할, 다시 세울) 산적한 20대 대통령, 이 시대 자유민주주의 위기가 아니냐? 실망언어 나오지 않게 해야 하는 그(윤 대통령 취임 앞둠)이다 하라. 떨어진(바닥 널브러진 오물 많지 않으냐? 시급히 처리하면서), 약화 된(무너진) 자유민주주의 강화(일으켜 세우는)의 때가 아니냐? 신사 참배(어떤 우상이든 두지 않는) 시대이다. 그러나 바뀌리라, 고무적이다. 유연한 그 윤 대통령이다. 알면 버릴 자 아니겠느냐? 이는 나라의 지도자와 우상(형상 시대) 숭배에 대해서 기록한 날이다. 되었다. 닫으라. 이상이다.

요한의 계시와 같은 책이다! 하라. 계 1:19 그러므로 네가 본 것과 지금 있는 일과 장차 될 일을 기록하라. 이와 같은 시기이니 누구나 그러하다. 내 종의 발언대는 항상이다. 아담(범죄, 탈선 이전), 아벨로부터 노아시대(새 인류 시작) 이후 아브라함 등장도 그러하며 다윗 집안이니 예수 '메시아' 구원자, 전 세계 '왕' 등극이 아니냐? 왕이신 주이시다. 12 제자들 이어 현재까지다. 다 같은 성령이 아니니 우후죽순 일어나나 너희끼리 알아주라. 위로도 있으며 개선도 있으며 진취월장도 있지 않으냐? 사면초가 된 자가 있으나 건지지 않으냐? 누구에게는 압살롬 반역 같은 자가, 어떤 이에게는 사울의 생명 위협(추격자 그이다) 같기도, 또 어떤 이에게는 냉대하게 대하여 가슴 저린 자도 있으며, 형벌 받을 자 같이 위기에 처한 자도(사울이 그러하다. 옥에 가두려는 자), 어떤 이는 이단 몰이에 우는 자도. 성령의 사람은 겪는다! 하라. 이단을 모르는 자가, 또는 이단이, 또는 난 척 '등장자'도 그러하며 시기, 질투자끼리 편 되어 난도질해대는 자, 갖가지가 아니냐? 어처구니 상황, 모함 지속자, 어르나 때리는 자 등 가관 일색 총체적 난국이 된 이 세계이다 하라. 의협심 같으나 혈기 지닌 자, 분노 조절 장애자도 있다. 온유하나 강직하여 대찬, 과감자도 있다. 여려 유형이다.

나의 보는 눈으로 알라. 세울 자는 세우고, 거를 자는 거르고, 기다릴 자는 기다리고 하지 않으냐? 그렇지라도 성령은 "다 보신다!" 하라. <u>주의 눈 '불꽃'</u> -

계 1:14 그의 머리와 털의 희기가 흰 양털 같고 눈 같으며 그의 눈은 불꽃 같고 계 2:18 두아디라 교회의 사자에게 편지하라 그 눈이 불꽃 같고 그 발이 빛난 주석과 같은 하나님의 아들이 이르시되 계 19:12 그 눈은 불꽃 같고 그 머리에는 많은 관들이 있고 또 이름 쓴 것 하나가 있으니 자기밖에 아는 자가 없고 - 같지 <u>않으랴</u>? 이를 두라. "보시기에" 창 1:4 빛이 하나님이 보시기에 좋았더라 … 이는 받으셨으나 이는 여기다 의미이다. looked with favor, 창 4:4 … 아벨과 그의 제물은 받으셨으나. "온 땅의 눈이 되신 주이시다" 하라. 계 5:6 … 그에게 일곱 뿔과 일곱 눈이 있으니 이 눈들은 온 땅에 보내심을 받은 하나님의 일곱 영이더라. look at me 나를 보라! 나를 보는 자는 '이 눈'을 가지리라(워드 치는 자, 그 '윤 대통령' 앞에 두라) 보이는 자이다. "전하라!"이다. 실세 자리이다. 발언자 사라지는 때이다. 적정선 비위 맞춤과 눈높이가 나은 하며 물러설 자들이니 내(자신) 안위, 육신 위함이라. 나라의 충언은 곧은(정직 의미이다) 자에게서 난다. 이 정직이 어디서 오냐? '주께로'부터이다 하라. 수도 틀고 지내는 자가 물이 나오지 않으랴? 마음은 흐르는 관(수도 배관 통로 같은)과 같다. 흐르기에 아는, 이러한 은혜로 아는 정직이며, 기록 보임이니 충언 아니랴? 하라. 이는 '실방'이다. 들으면서 전하는, 그대로 출간이 아니랴? 오늘 날짜 5월 8일 주일 두는 자이다. 이상이다. 닫으라. 되었다! 하라.

5) 20대 대통령 윤석열 "취임식이니 주의 영광이다" 하라

2022. 5. 11. 수요일. 03:04

적어보아라. 윤 대통령 취임에 관함이다 하라. 몸 지쳐서 누운 날이다. 취임식 뒤늦게 본 자이니, 몸 회복하고 기도 영서, 성경 영서, 시간 가진 이후이다. 눈물이 왜 나더냐? "하나님 아버지, 죄송합니다" 한 자이니, 19대 대통령 나라 위기 속에서 맡기신 일, 책 '출간'을 하지 못한 자이기에 그러하다 전하라. 장벽 보인 작년, 이는 2021년 봄이니 거대하고, 높고, 길고, 두꺼운 두께의 벽이 있음이니 그러하다. 출간의 벽 앞에 선 자 그 앞 매우 작은 모습 자신이 아니더냐? 이는 모두 집단 세력이다. '주'의 반대편이거나, 돕지 않거나, 알아도 외면하거나, 모르는 자 등등이 아니랴? 이 일을 알든, 모르든 주위이다. 커다란 장벽 앞에 혼자 서성이다가 알게 된 자이니, 주의 능력으로 들어 올려 장벽을 넘게 하는 외, 달리 없는 '장애'(벽)가 아니더냐? 하라. 이로써 '한'(서러움, 회한, 아쉬움 등)이 있는 자이니, 취임식 전날과 당일에 심히 욱여쌈(누른 자 있으니) 당함으로 더더욱 애처로운 날이다. 다음은 기도 모임 집회를 본 자이다. 단상에서 공산화에 맞서는 좌파 척결을 외침이니 - 대형 교회 대표 격 목사가 아니랴? 하라(ㅇㅇㅇ 교회 이ㅇㅇ 목사님입니다) - 이를 받음으로 속이 후련하다! 하며 본 자이다.

이를 줌은 왜이더냐? 나라 위기이다 하라. 이는 좌파와의 전쟁이다. 대놓고 결전 신청이 아니랴? 이들을 죄인 다루듯 전면전 나서니, 이는 온 국민 일어나 외칠, 당한 그동안의 속임, 눌림 이 모두가 아니냐? 하라. 살길 찾는 자들이다. <u>이전의 19대 대통령 부부는 그러하다 하라. '사과문' 없이 '국민대 담화문' 회개 없이 나온 자이다 하라</u>(밑줄 치라). "저 때문에 그동안 고생 많으셨습니다. 국민 여러분, 달게 받겠습니다. 무엇이든 그러합니다" 해야 하지 않으랴? 그러함에도 할 일 마치니 마음이 홀가분하다 등 표현함이니 적절치 않지 않더냐? 무거운 마음, 죄스런 마음, 죄책 되어 고개 숙일 자들이다. 예우가 아닌 '값'을 치를 시기이다 하라. 나라를 송두리째 삼키려 한 세력들이다. 좌지우지해보려 한 자니 나라를 치우치게 하여 웅덩이 빠뜨린 자들이 아니랴? 마치 자유민주주의 차바퀴가 빠지듯, 웅덩이 걸림이니 침체가 된 시기, 잃은 시기가 아니랴? 나아갈, 할 일 지장이 있는 "파렴치함이다" 하라. 정권 놀이(사람 세력 의한)로 나라 망신, 침체, 치욕 모두 아니랴? 죽어가는 한국 사회 요소, 요소마다 그들로 인함이다 하라. 거두어 낼, 부패함이니 음식에 곰팡이 피듯 보임이니 이는 공산화 좌파의 정체들,

실세들이 아니더냐? '파장' 장을 나서는, 마치는, 그들 부부이다. 문 정권, 민주당, 좌파 세력들이다! 하라. '새 정부 출범이 된'이다. 민심 정부(19대 대통령 임기 기간) 아닌 부패 척결 정부(20대 대통령)이다 하라. 주범 된 공산화 주도자들 "좌파이다" 하라. 역사의 심판대 앞에 선 자들이다. 저울에 달린 그들의 행위이나 - 이를 이미 정하고, '값' 매기어 '죄' 있다! 하나 - 누가 회개하랴? 아무렇지 않은 듯하거나, 결속력을 두어 회생 운운하다가는 회개마저 지나간다! 하라. 이는 기회, 찬스가 아니랴?

곤히 '잘!' 자, 김건희 여사이다. (심야에 주시는 글입니다). 책임 막중 자리 선 자이기에 노심초사 하루가 아니더냐? 윤석열 대통령은 아내 살피며 다닌 자이니 자상히 마음 한켠에 두고 동반 길 이른 취임식 현장이었다 하라. 이는 이미 꿈에 보인 대로 아내도 소홀히 하지 않는 그이다. 반백 년 살지 못하나 - 이는 살아온 부부 기간이 길지는 않다 뜻이다 - 나라의 운명과 위기 앞에 맺은 부부이니 이는 부르심이다 하거라. 자녀 없이 국정 전반 수행할 자들이다. 아픔이나, 반면에 홀가분 있다! 하라. 국민이 '사랑의 대상' 된 자들이다. 전직 박근혜 대통령은 홀로 됨이니 차라리 나은 '독신'의 유익도 있으나 적절히 필요할 때 친구 삼듯, 위로와 격려할 자가 없으므로 애처로운 자였다 하라. 부부는 일심동체이나 '국정 수행 방향이 어디인가?'에 따른 '목표 지향'이 있어야 하니, 감옥이 아닌 존경, 존엄, 치사로 마치는 임기와 함께 길이 남을 인물사가 낫지 않으랴? 자식 걸림이 없는 편안한 출발이다! 하라. 자식은 부모가 치우침이거나, 자식이 부모에게 공격 대상 일삼기도 하므로 그러하다. 운명(필연, 하나님이 맺으신 관계 의미이다)이 된 국민과 대통령 새 만남이 아니랴? 이는 5년간이다. 자유민주주의 물결과 세력으로 급부상하듯 일으켜야 하는 시기이므로 기도의 한국이다! 하라. 이는 좌파 척결이니 저들 좌파 세력이 펼친, 기반한, 도처 깔린 자들이므로, 이는 "20대 대통령 새 정부와 국민이 할 일이다" 이를 나누거라. 이를 위해 주는 바이다. 되었다 닫으라. 이상이다. 마치라. 이는 5월 10일 취임사 날 관함이다 하라.

"새 예루살렘 성을 향하여!"

1) 국가 장례 기간: 김 총장 및 조 목사의 소천이다! 하라

"두 분에 관한 메시지입니다"
2021. 2. 11. 목요일-15 월요일, 한국의 장례(국장)

2021. 2. 17. 수요일. 발췌 글입니다.

'설' 구정, 연휴 기간에 대해서 보자: 2월의 이벤트 기간이다. '상' 중의 은혜이다. (2021. 2. 11. 목요일-15. 월요일. 한세대 김성혜 총장님의 부르심, 소천을 뜻합니다) 나라의 구정 명절 '우상 문화' 차단을 위한 하나님의 부르심의 뜻을 보라. 교육가 한세 대학교 총장과 목사로서의 한국 교회, 교계, 일반인(국민)에게 주는 '하나님 사랑' 메시지(부르심)이다. 눈이 많이 왔다. 한세 대학교 오르내린 자, 이는 '사인(sign)'이다(2021. 1. 12. 화요일). 김 총장을 통한 은혜의 상징 눈이다. ㅇㅇ 아파트 화재(직업인 시민이 구한) 이후 ㅇㅇ 지역(한세대)에서 발생한 일이다. 지역 통한, 교단 통한 - ㅇㅇㅇ 교회의 교회 '나눔 100여 개' 알려진 이후 - 하나님의 사인(sign)이 있다.

"이어진 조용기 목사님 소천 예언입니다"

조 목사님(너희 입장 호칭이다)의 부르심이 있으리라: 여종(김 총장은 그의 아내이다) 따른 남종 '조 목사' 순서대로 구원 대열에 들 자니라. "<u>초가을 예정이다</u>" 봉인하라. 글 속에 감춰두라. 발표하지 마라. 이는 '보물찾기' 감추어짐 같은 것이다. 살 만큼 산 자이다. …생략… 애처로우나 부르심이다. 아내 없는 자,

…생략… 나의 서열 보라. 그는 세계 선교에 앞장서는 자이다. 그래 왔다. 누운 채 보내는 자, 회생해도 아내 없는 삶이다. 아비삭 같은 자 구하려는 자 있다. 이들은 이조(이씨 조선) 시대의 간신에 해당, 충신 아닌 자이다. 왕상 1:1 다윗 왕이 나이가 많아 늙으니 이불을 덮어도 따뜻하지 아니한지라 2 그의 시종들이 왕께 아뢰되 우리 주 왕을 위하여 젊은 처녀 하나를 구하여 그로 왕을 받들어 모시게 하자 하고 왕의 품에 누워 우리 주 왕으로 따뜻하시게 하리이다 하고. 힘들 것이다. 수발들 자, 가족 중 '누가?'이다. 구차하다. 나의 아끼는 자 '맡기지 않는다!'이다. '차라리!'이다. '내 품에서!'이다. 사랑받을(존경, 공경 포함). 난도질 이후이다. 난도질은 어려움 겪은 시기를 뜻한다! 하라. 이어 난도질에 대해 말씀하시는 주이시다! 하라. 테러이다. 습격이다. '기사' 다루기를 힘쓰며 사는 자들, 파헤침 포함이다. 이는 '걸림' 목적 둔다. 넘어짐이다. 누가 하겠느냐? 나의 저편 너머 숨은 자, 밤 되어 일하는 자, 엿보는 자이다. 북한 관련이다. 나라 와해, 무너지는, 일종의 지도자 공격 역할이다.

2022. 4. 19. 화요일. 추가 글입니다.

영서 두라. 그의 부르심 앞에 무엇이 있는지 "말하리라" 하는 자이다. 이러하여 의상을 갖춰 입고 개인 예배 자리에서 교회로 오른 자이다. 2021. 9. 10. 금요일, 기도 중에 성령께서 예배를 위해 의상, 신까지 코디를 말씀하시며 한 교회의 기도회에 참석하라고 하십니다! 하라. 조 목사의 소천 '초가을 예정'은 모른 채, 잊은 채 아니랴? 받아 둔 영서의 내용은 '까마득히'니 그러하다. 예배의 찬양 시간에 '하나님의 나팔 소리 천지 진동할 때에 예수 영광중에 구름 타시고 … 나팔 불 때 나의 이름'에서 기뻐 뛴 자이니 왜인가? "장례 찬양 의미인데 …" 하며 의아한 자이다. 9. 10. 금요일, 철야예배 후에 주말을 지나 9. 14. 화요일, 소천 소식을 들은 자이다. 이로 인해서도 영서의 기록을 생각지 못한 자이더니 이후에 우연히 빠진 내용을 찾다가 발견함이니 이 메시지가 아니랴? 이로써 알게 된 "당시 받았네!" 한 자이다 - [조용기 목사님께서는 아내이신 김 총장님의 장례 기간에 제게 미리 말씀 주신 대로 - "초가을 예정이다" 하신 주이시다! 하라 - 9. 10. 금요일, 기도회 참석 며칠 후, 9. 14. 화요일, 하나님의 부르심을 받으셨습니다] - 닫으라 이상이다. 되었다! 하라.

교단들 보라. 의복이 하나이다. 너는 소매, 나는 다리 등등 몇 조각 나눔이더냐? 하나의 옷을 나눈다. 막 15:24 십자가에 못 박고 그 옷을 나눌 새 누가 어느 것을 가질까 하여 제비를 뽑더라. 이는 분리니라. 이혼, 결별, 다름이다. 조약 파기(나와 관계)와도 같다. 나의 나라에 대해서이다. 전도자 입장 되니 <u>보이는(영안이 열린다는 뜻) 너이다</u> - [2009년, 하늘에 커다란 포도송이를 보이신 후, 주의 깊고 은밀한 메시지를 주시는 시기에 한국의 교단 분열은 주의 옷 '제비뽑기'라고 성경 말씀을 주시면서 많이 아파하신 마음을 전하셨습니다] - <u>나누기 깃발 아래 모으면 우스꽝스러운 것이다.</u> 이는 한국 교회의 모습이니라. 어떤 이에게는 이러한, 어떤 이에게는 저러한 그들이니라. 누구에게는 이렇게, 저렇게 각각이다. 보여지는 그들의 모습이다. '단디'이다. 단단히 그러하다. 내 마음이 편하랴? 사 1:24 ⋯ 내가 장차 내 대적에게 보응하여 내 마음을 편하게 하겠고 ⋯. 이는 너희 고난이니라. 화 풀렸다" 뜻이다. 이제 나의 고민 시작, 누구에게 무엇을 어떻게, 이 민족을 어찌 두랴? 벌써? 시작이니라. 계획이니라. 돌아설 마음, 너희를 보듬어 주고 살피는 나 여호와의 말이니라.

2021. 2. 19. 금요일. 발췌합니다.
(이어지는 김 총장님에 관한 메시지입니다)

설 연휴 지나 다시 보자. 장례를 마친 후의 한국이니 김 총장에 관한 글이다! 하라. 이는 깨기 위함이다. 장례 기간, 김성혜 총장 5일 장 - 2021. 2. 11. 목요일-

15. 월요일. 구정 전일부터 연휴 다음날까지 연휴 앞, 뒤 기간 된 5일이다 – 마친 후 주간이다. 이는 무엇인가? 손 씻으라, 회개하기 위함이니 민족 관련, 문재인 관련 등이다. …생략… 상들(차례상) 우상 섬김, 쫓아내는(기도 기간 둔) 시기이다. 떠나고 떠나는 의지할 이를 두어야 하는 자들 남은 자이다. 주를 위해 살 자들이다. "나는 어떡하지?" 각각이다. '주만을 섬기며!'이다. 산천도, 초목도 울었다. 로마서 피조물의 탄식이다. 롬 8:22 피조물이 다 이제까지 함께 탄식하며 함께 고통을 겪고 있는 것을 우리가 아느니라. 1/3 대상이다. 환난에 관한 것이다. 검은 먹구름 알림은 무장하라, 염두 두라! 이다. 일시적이다. 잠시 경한 환난이다. 고후 4:17 우리가 잠시 받는 환난의 경한 것이 지극히 크고 영원한 영광의 중한 것을 우리에게 이루게 함이니.

2) 전 목사에 대하여

2022. 4. 18. 월요일. 추가 글입니다.

예배에 관하여 두는 자이다. 위의 글 이어집니다! 하라. 민주화 바람, 열풍에 들뜬 한국이다 하라. 회오리바람, 광풍을 잊은 한국이 아니냐? 나 1:3 여호와는 노하기를 더디 하시며 권능이 크시며 벌 받을 자를 결코 내버려 두지 아니하시느니라 여호와의 길은 회오리바람과 광풍에 있고 …. 환경이 풀릴 때 일어나는 현상이다! 하라. 나대는, 나부끼는, 나뒹구는 것들이 많다. 구르면 – 이동, 활동, 행사, 계획, 추진 사업, 모임 등등이다 – 되는 줄 아는 자들이다. '수'가 있기에 가능하지 않으랴? 두, 세 사람이 무엇을 하랴? 두세 사람은 기도하지 않겠느냐? 마 18:20 두세 사람이 내 이름으로 모인 곳에는 나도 그들 중에 있느니라. "하박국 선지자들의 모임의 때이다" 하라. 푸른 잎 위에 앉은 이슬방울들을 보아라. 아름답지 않더냐? 녹색 잎에 하얀 투명 물방울이니 영롱하다! 하며 보는 자가 있지 않으랴? 이는 무엇이냐? 생명끼리이다. 조합이 아니냐? 이것이 아름다운 이유이다. 생명과 생명이니 두, 세 사람도 그러하다. 푸른 잎 무엇이냐? 기초 아니냐? 말씀 위에 무릎 꿇은 소수이다. 물 먹은 잎이니 물 가진 - 성분 있는, 내포된 생명이니 - 잎이 좋아하지 않으랴? 물 또한 생명이니 여호와시라. 물은 물끼리 만남, 연결, 잇기, 화합이 아니냐? 이러한 사람이 되어라. 말씀은 무엇이냐? 내 뜻이니! 마 12:50 누구든지 하늘에 계신 내 아버지의 뜻대로 하는 자가 내 형제요 자매요 어머니이니라 하시더라. 힘들 때 낙망하는 스타일이다. 둘 다(너와 아들) 고난이 겹침은 누구나 그러하다. 지침이 베이스(기초) 되기에 그러하다. 이는 낮춤이다 하라.

국가 조찬 기도회 아느냐? 물으라. 국가 조직 운영을 위한 목회자 초청이다. ㅇㅇㅇ 목사 선 자, 본 자이다. 그(20대 대통령 예정자)는 그를 세우지 않는다! 하라.

"전 목사에게 전하는 글이다! 하라"

전 목사는 무엇이냐? 토대 역할, 지지대이니 단상 설치자 아니냐? 밥상 차려 놓고 숟가락들 모임이니 정치도 그러하다 하라. 누구 지지하랴? 분분한 한국이니 토대(밑받침, 지지대 역할)에 세워지는 자는 큰 자요. 이는 왜 그러한가? 여론에 연연치 않는 전 목사 측 그들이다. 회오리바람, 광풍이 무엇이랴? 중국, 러시아, 북한 역할이니 바람에 날릴까 봐 숨은 자는 이러한 숨음이 아니냐? 바람에 넘어지지 않게 바람맞으며 텐트 친다! 하자. 비 올 때 '우산을 씌우는 자' 역할이니 누가 강하랴? 위대하랴? 전능하신 지존자의 그늘 아래인가? 이를 주라. 그에게, 전 목사이다. 모진 세월, 모진 풍파 견딘 자, 외로이 서 있는 자이니 '일송정' 소나무가 아니냐? 사시사철 푸르게 살자 하는 그이니, 일반 나무와 다름은 사 43:1 ··· 내가 너를 지명하여 불렀나니 너는 내 것이라. 이 말씀과 같은 그이다. 나의 다룸은 다르다" 하라. 본질로 서야 하는 그이다. 성내 순행하는 자니 그러하다. 모진 풍파 감내하여 받을 상으로 '승부'함이 낮지 않으랴? '경쟁을 위하여' 하는 자가 아닌

'나를 사랑해서' 맡김이 있기에 도전하는 자이니 "바울처럼 살자!" 하는 그이다 하라. 이는 전해짐이 아니냐?

모해자 수두룩 많은 자리이니 넘어짐과 걸림, 이는 낙심, 좌절, 포기하게 하려는 그들이다. 시험, 올무, 덫이니 깨어 있지 않으면 힘듦이니, 죽은 자의 파리떼로 활약할 자들이 많은(대기 된), 이는 그를 위함이라. 내려가려(힘드니) 하니, 좌우 시선 돌리려 하니(주위 난관일 때), 나아가려 하니(주 뜻 따라), 붙잡는 '그리 마옵소서' 베드로의 사단 역할이니 사람의 일 먼저 생각하는 자가 아니냐? 마 16:23 예수께서 돌이키시며 베드로에게 이르시되 사탄아 내 뒤로 물러가라 너는 나를 넘어지게 하는 자로다 네가 하나님의 일을 생각하지 아니하고 도리어 사람의 일을 생각하는도다 하시고. 내지 유다도 등장함이니 투자자 그이니 먹고, 들고(소유), 감추고, 협박하고 달아나는 저편에 넘기는 유형들도 많다! 하라. 부지기수 겪은 자이니 진저리치는 자이다. 물권 가진 자이다. 사모 함께, 아들, 자부 그러하다. 이는 그의 범위만큼 맡김이니, 행여 무슨 일 불미스러움이 있다! 하자. 그에게는 티끌이나 너희에게는 들보가 아니냐? 마 7:4 보라 네 눈 속에 들보가 있는데 어찌하여 형제에게 말하기를 나로 네 눈 속에 있는 티를 빼게 하라 하겠느냐. 일이 다르다. 이는 맡김이니 넘어진 자도 나의 뜻이니 롬 14:4 남의 하인을 비판하는 너는 누구냐 그가 서 있는 것이나 넘어지는 것이 자기 주인에게 있으매 그가 세움을 받으리니 이는 그를 세우시는 권능이 주께 있음이라.

내 종을 판단하는 사람아, 맡긴 자의 사명 안에서 세우는, 세울 주시라! 하라. 그는 민족이 아니냐? 그의 연결은 광화문에서 낳으나 여의도 기반 되어 정권 집권기 동안 일할 자이다 하라. 그럴지라도 주의 눈은 한결같음이니(항상성 아니냐?) 누구든지 의인의 간구에 향하신다. 벧전 3:12 주의 눈은 의인을 향하시고 그의 귀는 의인의 간구에 기울이시되 주의 얼굴은 악행하는 자들을 대하시느니라 하였느니라. 정치가 부득이 종교(기득권, 사두개파니 대부분 그러하다. 정치 세력 야합자들 의미이다)에서 나오나, 선지자는 다르다. 주께로 말미암음이니 정치를 보는 눈이 된 그, 전ㅇㅇ 목사이기에 3년(2019년 6월 그의 활약, 텐트 시작하여 19, 20, 21년 3년 힘쓴 기도 모임 광화문과 사랑 제일 교회 주최 모두이다 하라)을 힘씀으로 나라 지탱이 아니냐? 와중에도 질주한 그들 공산 세력 측일지라도 완성은 없다. 사단도 끝내 패하는데 그들이랴? 하라. 계 20:10 또 그들을 미혹하는 마귀가 불과 유황 못에 던져지니 거기는 그 짐승과 거짓 선지자도 있어 세세토록 밤낮 괴로움을 받으리라. …생략… 여호와의 편이 누구이랴? 편이 많은(부지기수) 너희이니 이 모두를 뚫고(제치고) 나만을 사랑할 자가 어디에 있으랴? 다니면서 주를 찾자. 되었다. 이만이다. 닫으라. '주의 종이다' 기억하라! 너희 가족 셋의 합심이다. 주를 위해 살자! 외치자. "가족이 맡은 일을 할 때이다" 함에도 감당 못한 채, 둔 채 아니냐? …생략… 닫으라. 되었다.

3) 전 목사와 관련하여 이슈화 된 사람들(3인)

2022. 4. 24. 주일.

최근 '이슈'화 된 세 사람이다. (이에 대해 여러 편의 글을 받으나 생략합니다). 심히 어지러운 세상이다! 하라. 쇼파에 앉은 그이다 - ㅇㅇㅇ 목사이다 하라. '러시아 편' 환상 7에 설명이 있습니다! 하라 - 촬영 동영상 문제 된 그이니 나라일, 지구 다반사 접은 채, 소가 머리 받듯이 머리 받는 자이다 하라. 바울은 바리새파 출신이다. 스데반의 처형장에 선 자니 살인자들의 동류 아니냐? 하라. 순교자 살해자들이 누구랴? 피에 취한 자이니 무슨 세력이랴? 계 17:6 또 내가 보매 이 여자가 성도들의 피와 예수의 증인들의 피에 취한지라 …. 계 18:24 선지자들과 성도들과 및 땅 위에서 죽임을 당한 모든 자의 피가 그 성 중에서 발견되었느니라 하더라. 예수께서도 받으신 고난이 그러하시다. 유대인들이 아니냐? 강도의 하나님이시다. 회개할 때는 그러하다. 회개하지 못하면 사단의 수하로 남는 자이다 하라. 눅 23:39 달린 행악자 중 하나는 비방하여 이르되 네가 그리스도가 아니냐 너와 우리를 구원하라 하되 40 하나는 그 사람을 꾸짖어 이르되 네가 동일한 정죄를 받고서도 하나님을 두려워하지 아니하느냐 42 이르되 예수여 당신의 나라에 임하실 때에 나를 기억하소서 하니 43 예수께서 이르시되 내가 진실로 네게 이르노니 오늘 네가 나와 함께 낙원에 있으리라 하시니라. 누가 의인인가? 회개자이다.

"심히 아름답도다" 누구인가? 압살롬이로다 하라. 삼하 14:25 온 이스라엘 가운데에서 압살롬 같이 아름다움으로 크게 칭찬받는 자가 없었으니 그는 발바닥부터 정수리까지 흠이 없음이라 26 그의 머리털이 무거우므로 연말마다 깎았으며 …. 그의 결말은 사고사이다. 삼하 18:9 … 압살롬이 노새를 탔는데 그 노새가 큰 상수리나무 번성한 가지 아래로 지날 때에 압살롬의 머리가 그 상수리나무에 걸리매 그가 공중과 그 땅 사이에 달리고 그가 탔던 노새는 그 아래로 빠져나간지라. 왜인가? 아버지 다윗을 모반(반역)한 자이므로 그러하다. 실권 당시 대표자 다윗이 아니냐? 그의 통치기는 기름 부음이니 '주'께로부터이다. 압살롬은 아니다. 아닌 자가 나서서 자기(자신) 왕을 세우려 한 자이니 삼하 15:1 그 후에 압살롬이 자기를 위하여 병거와 말들을 준비하고 호위병 오십 명을 그 앞에 세우니라. 아버지 통치 세력이 부끄러워진, 이는 수모, 참사가 아니냐? 삼하 15:13 전령이 다윗에게 와서 말하되 이스라엘의 인심이 다 압살롬에게로 돌아갔나이다 한지라 14 다윗이 예루살렘에 함께 있는 그의 모든 신하들에게 이르되 일어나 도망하자 …. 울며 오른 피난 길이다. 삼하 15:30 다윗이 감람 산 길로 올라갈 때에 그의 머리를 그가 가리고 맨발로 울며 가고 그와 함께 가는 모든 백성들도 각각 자기의 머리를 가리고 울며 올라가니라.

의인의 고난은 이러함이다. '자신의 아름다움'(ㅇㅇㅇ 목사에게 그러하다)이 무엇인가? 목회인가? 추종 누군가인가? 부르는 곳이 많으니 다니기에 그러한가? 하라. 조용히 지내는 우는 목회자들, 이는 누구인가? 하나님의 신비(비밀 영역) 안에 감추인 자들이 있다 전하거라. 인기도 (방송으로 주목되는 알려지는 자로 인정되는, 많이 나타난다! 하는 자 중 그러하다) 편승하면 자신을 잃음이니 정체성 애매모호 되는 물거품이 현상인 줄 아는 자들이 되어야 하리라. 의인은 고난이 많다. 이는 사방에 욱여쌈이다! 하라. 고후 4:8 우리가 사방으로 욱여쌈을 당하여도 싸이지 아니하며 답답한 일을 당하여도 낙심하지 아니하며.

의인의 고난이 많은 시대이다. 시대사 기록 두는 자이다 하라. '카테고리'안 그이다. 추가 글에 해당한다! 하라(영서에 비유하십니다). 이는 예시이다. 이는 ㅇㅇㅇ 목사이다. 그 전ㅇㅇ 목사는 전체 글에 해당한다. 글 중의 사건을 다루는, 면면히 알림이니 이는 추가 글이다! 하라. 두 기도자가 있으니 하나는 바리새인, 의인인 체하는 자이다. 다른 하나는 세리이다. 하늘을 향한 자, 자신을 살피는 자, 이는 윤석열 대통령 후보이니 선거 앞두고 물로 자신을 씻는 모습을 본 자이다 하라. 이 같은 예이다. 험난한 인생사를 산 자이다. 전ㅇㅇ 목사는 그러하다. 자신을 비운 채 공용자산이 된 자이다 하라. 카테고리들 세우는 그이다. '나라' 일로 사용비 두는 자이다. 좌파에게 준다! 하자. 전향, 전도 아니냐? 우파에게 나눈다! 하자, 이는 나눔이다. 수고비, 위로비, 상여금 형식이 아니냐?

하늘나라는 잔치이다. 헌금이든 후원이든 '하나님 나라 세우기 위하여!'이다. 이는 자유민주주의 체제를 위한, 선교 대국을 위한 뿌리기니 한, 두 사람이랴? 그의 틀은 크고 넓으니 집 수리비도 크거늘 나라 수리비, 선교 수리비 비용 발생이 크지 않으랴? 자녀 세워 일을 시킴은 다반사가 아니랴? 하나님 나라 참여 누구나이다. 가족이 해온 일 그 일원이니 스케일 키우는 자이다. 일 맡김은 그러하다. 돕고, 협조하고 그 안에서 맡김은 참여일 뿐, 세상눈 보듯이 재산 형성을 위한! 아닌, 독점을 위한! 아닌, 세력을 위한! 아닌 시각으로 보아야 하지 않으랴? 일 맡는 일에 문제 삼으랴? 가족이 그 안에서 연결되어 배우고 자람이니 다른 나라의 일을 맡겠느냐? 하라. 이는 그들이 문제 삼는 것을 답하기 위함이니 '왈가불가'전 치르지 마라. 부모 잔치(사역)에 초대된 자녀들이 음식 먹고 대우받음이 어떠하랴? 하라. 일 분배가 쉬우랴? 지옥 아는 자이다 하라.

그는 이 끝(하늘), 저 끝(땅 아래)을 아는 자이다. 실오라기 걸치지 못한 채 달아날 자이다 하라. 막 14:50 제자들이 다 예수를 버리고 도망하니라 51 한 청년이 벗은 몸에 베 홑이불을 두르고 예수를 따라가다가 무리에게 잡히매 52 베 홑이불을 버리고 벗은 몸으로 도망하니라. 이는 ㅇㅇㅇ 목사에 대해 이미 전함이 아니더냐? 실언, 실수, 과오, 누구나이다.

그러나이다. 이 말씀을 두라. 강도를 사랑하시는 주이시다! 하라. 두 강도가 있으니 주의 좌, 우편이다. 눅 23:33 해골이라 하는 곳에 이르러 거기서 예수를 십자가에 못 박고 두 행악자도 그렇게 하니 하나는 우편에, 하나는 좌편에 있더라. 용서 구한 자 이를 두라. 40 하나는 그 사람을 꾸짖어 이르되 네가 동일한 정죄를 받고서도 하나님을 두려워하지 아니하느냐 41 우리는 우리가 행한 일에 상당한 보응을 받는 것이니 이에 당연하거니와. 지옥 갈 인생이다. 누구나이다. 이를 알라. 이는 모든 사람의 공통점이니 해 아래 숨 쉬는 사람들이 아니냐? 하라. 이 사람이 행한 것은 옳지 않은 것이 없느니라 하고. 이는 구분자 아니냐? 하나님과 사람(죄인)을 구분한 자이다. 자신을 알고(죄 인정), 메시아를 안 자이다. 이는 구원의 기회이니 그의 사함이 됨이 아니더냐? 43 예수께서 이르시되 내가 진실로 네게 이르노니 오늘 네가 나와 함께 낙원에 있으리라 하시니라. 회개치 못한 자와 회개한 자의 차이 아니냐? 회개치 못한 자는 어떠했느냐? 39 달린 행악자 중 하나는 비방하여 이르되 네가 그리스도가 아니냐 너와 우리를 구원하라 하되. 이는 비방자이다. 계시록 두라. 계 12:10 … 이제 우리 하나님의 구원과 능력과 나라와 또 그의 그리스도의 권세가 나타났으니 우리 형제들을 참소하던 자(For the accuser) 곧 우리 하나님 앞에서 밤낮 참소하던 자가 쫓겨났고.

교회 간의 분쟁 처리, 주이시다! 하라. 집안 자녀들 문제 다루는 부모가 아니냐? 힘겨루기 아니다 하라. 하극상 문제이다. 대표주자, 나라 일선 나선 자이니 그러하다. 이는 전ㅇㅇ 목사이다. 뒷조사 추궁하는 자들이다. 뒷조사가 무엇이냐? 내부끼리 문제이니 가족 문제(지출 현황) 이웃들에게 어떠하다, 심하다, 아니다 하는 자들이 아니랴? 국가 대표 '실격 처리' 만들기 위한 이 아닌 무엇이랴? 나라 망신까지 주려느냐? 하라. (세 사람, 이는 ㅇㅇㅇ 목사외 두 사람이다! 하라) 그들은 사회주의 체제가 맞은 자들이다! 하라. 배급제 받든가, 북 체제 치하하고 공로 인정하고 충성 복종하면 한자리하지 않으랴? 나라 편(불의 집권 세력) 서서 이에 항거, 반대, 우는 자들, 넘기는 자들로 사는 유형이 낫지 않으랴? 대표단이다. 거리 삼삼오오로 이룬 나라 집회, 나라 살리기 주된 모임이니 자기 일로 들어가고 남은 자끼리 하거나, 다른 방식 참여하거나, 기회로 참여한다! 하자. 이러하다면 비난, 공격성은 하지 않으랴? 그 전 ㅇㅇ 목사의 대상이 누구랴? 문재인 정권, 김정은 체제, 이는 맞서는 상황이니 이에 따라 처신할 목회자들이 아니랴?

팀이 있다! 하자. 별개 할 수 있다! 하자. 공격은 하지 않아야 하지 않느냐? 공조 내지, 팀 웍(연합) 의식, 그도(전 ㅇㅇ 목사 측) 우리도 이 일에 부름이니 우리는 '하나님을 위하여!'이다. '주 예수 그리스도 위한 조직, 기도 모임이다!' 하지 않으랴? 첫 번째 환상 "길다란 생미역 다발이 보입니다" 하라. 한 바다 안에서 캐냄이 아니랴? 이는 목적이 하나이다. 두 번째 환상 "위에서 흐르는 나직한 폭포가 보입니다" 하라. 이는 시선이 집중되는 폭포이니 물 낙하 부분이 아니랴? 아래 물이 낙하된 지점은 보지 않는다. 이는 무엇이냐? 활기찬 모습 에너지이니 물의 활기 '낙하'가 아니랴? 이렇듯 세우는 주이시다! 하라. '물살 속도' 이를 두라. 벽은 자신이다. 물은 성령이시다 하라. 성령으로 덮인 체 활동성, 생명력이 나타남(물의 빠른 이동 자리 벽면이 아니랴?) 보게 하는 장관, 광경이 아니랴? 사람(물 벽)은 감추어진 체, 물만 보이는 자가 되라.

ㅇㅇㅇ 목사 떠오르니 안 좋은 모습이다. 이를 두랴? 세 사람에 대해 "실망자이다" 하는 그 전 목사이다. 조롱거리 대상 여기는 그들이다. 망신, 지적 등 이단, 사이비 대하듯 <u>취급함</u>이니 그러하다 - [조판 수정 과정에서 주시는 글입니다! 하라. 최근에 불거진 이 문제는 도를 넘어 - 이는 지나침이다 하라. 상대를 '불가사리'로 보임이니 거의 모든 부위가 심히 손상된 '상한' 상태임을 보이심 같이 -

이단 규정하여 붙는 상황이나 우매함이 드러나는 시기이다 하라. 생중계 현장 그곳이다. 전 세계인 보는 시대이다 하라. 돌이킴은 낮은 자세, 스스로 부인이 아니랴? 이를 두라 되었다 닫으라. 날짜 두라. 2022. 7. 23. 토요일 글입니다! 하라 - <u>공손함을 배우라</u>! 문재인 대신 나선 그들이다! 하라. 잠잠해진 교회의 때, 여기저기 치니 너도나도 해봄이 아니랴? 대상을 알라, 나라의 일로 알려진 그 전 목사이다.

"박근혜 대통령 공개 망신 상황과 비슷해요" 프레임 씌워 매장(투옥 시킴)을 시킨 자들이다! 하라. 나의 죄(내가 회개하라 하는 것과)와 너희의 죄(너희가 정하는 죄) 다르다! 하라. 나의 죄 설령 있다! 해도 너희의 뭇매는 너희 <u>스스로</u> 정함이니 온갖 술수, 거짓, 속임 있지 않으랴? 군대 귀신(모이는 그들) 현상이다. 교회들의 성도가 위험해지는 상황이다! 하라. 눅 8:32 마침 그곳에 많은 돼지 떼가 산에서 먹고 있는지라 귀신들이 그 돼지에게로 들어가게 허락하심을 간구하니 이에 허락하시니. 되었다. 닫으라. 주는 "나의 말이다!" 하라.

4) 한국 교회의 목회자에 대해서

2022. 7. 14. 목요일.

한국의 주의 종들을 부르실 것(소천)을 알리십니다! 하라. 계 6:13 하늘의 별들이 무화과나무가 대풍에 흔들려 설익은 열매가 떨어지는 것같이 땅에 떨어지며. 이 말씀처럼 시험에 넘어지는 목회자들이 많아지는 시대라고 하십니다! 하라. 회개의 기회(기간)를 주신 후, 구원의 반열(소천)로 이끄실 분들도 알리십니다. 이상이다. 닫으라. 되었다! 하라.

5) 교회들에게!

2022. 10. 7. 금요일.

교회는 살아난다! 하라. 주에 의한. 섬김이 무엇이냐? 대속물 말씀 두라. 막 10:45 인자가 온 것은 섬김을 받으려 함이 아니라 도리어 섬기려 하고 자기 목숨을 많은 사람의 대속물로 주려 함이니라. 죽고 사는 거듭남이다 하라. "무엇이 죽나? 알아야 교회이다" 하라. 세상 편 되는 이유는 이러하다. 죽지 못해서이다. 한 알의 밀알 말씀 두라. 요 12:24 내가 진실로 진실로 너희에게 이르노니 한 알의 밀이 땅에 떨어져 죽지 아니하면 한 알 그대로 있고 죽으면 많은 열매를 맺느니라. 자아 의지, 문화 모두이다. 주가 가르치시리라. 알리리라. 아는 만큼 버리고 죽는 길이다! 이르라. 나(자신)인지? 주인지? 주변인지? 알라. 주의 이르시는(전하시는, 지도 하시는) 그 길이니 어느덧 출간이라 하라. 하지 않으려 한(정보망 세계, 기계 문명 기피, 문화 거리 두기, 대상 검열 등 이유로 그러하다) 그리고 하지 못할 '일'이니 거대 조직 세상이다! 하라. 그 안 각색 각 가지 얽히고설킨 네트워크 시대이다. 교회조차 지하 망까지 연루된(소속된-아나, 모르나 그러하다) 상태이며 계단식 교회이니, 이를 산의 지형으로 보이시니 아래에서 위까지 차이가 있다! 하라. "교회이다!" 하며 덥석! 들어갈 때가 아니다 하라. 죽고 사는 '사활' 문제이다 이르라. 목적이 하나님인가? 주이신가? 성령인가? 이는 첫째이며 다음은 성경에서 하나님을 만나리라. 기도로 만나리라. 그리고 교회를 위해 무엇을 해야 하나? 세 가지이니 이 목적은 단 하나 '주에 의한' 삶이다. 이를 전하라. 되었다. 닫으라.

주와 함께 이르는(오르는) 핵전쟁 시대 속의 새 예루살렘 성 전진 시기이니, 성령의 핵이라! 이르신 영서대로 공중에 올리는, 이는 '적그리스도'전 시대이기에 그러하다. '몰두기' 유념하라. 전쟁터는 쉬지 않는다! 하라. 긴장의 연속, '주의 끈'을 잡고 사는 시대이다 하라. 이는 견딜 힘, 진행이기에 그러하다.

전쟁터 낙오자가 많아지는 시기다! 하라. 적그리스도 접전이니 현재는 그 수하 활동자들이며 나라마다 세워진(안티=적들이니) 나라 대표 '대적자'이다 하라. 나라의 정신 차리기 시기이니 적그리스도 및 공산화 물결(현저히 드러난 시점이라 하라. 멀뚱히 볼 자들 아닌, 부르짖는 시기이다 하라)과 함께 코로나가 팬데믹(유행병)에서 앤데믹(풍토병)이다! 하여 세상 흐름 속 다시 섞이는 자들이 아닌, 주를 위한 모든 것을 드릴 때(관심, 관여, 관계에 이르기까지)이다! 하라. '관심'은 다가서는 자이며 주춤도 많은이나 '관여'는 보다 나아진 협력, 연합이니 길들이는 시기이며 '관계'는 주의 대상이 되어 주 중심되어 따르는 자이다. 되었다! 하라.

6) 신앙 권면입니다! 하라

천국과 전쟁 시대이다! 하라 (2022. 3. 4. 금요일. 발췌 글입니다)

"주님 어떻게 하면 천국을 경험할 수 있을까요?" "선택인가요? 거룩을 준비해야 하나요? 기도로 구하나요? 어찌할까요? 저는 영적 상태가 천국을 경험할 만큼 깨끗지 못하다는 생각을 했어요" 단편 소설 같은 천국이다. 장편 소설 같은 너희 인생이란다. 나의 필요에 의해 보이는 것이지 달라! 구한다! 되겠느냐? 그러면 다 구하지 않으랴? 많은 사람이 그러하리라. 그러함에도 소수임은 선별, 선발 아니냐? "그래도 심령이 맑고 깨끗한 상태가 되어야 보잖아요" 그것은 비침이니 하늘의 권위, 권세, 빛으로 두를 때 열리는 현상이다. "아! 그러면 제가 하늘길 체험할 때처럼 주의 주권 하에서 일어나는 일이겠네요" 그러하다. 목적보다 필요시 일시적 체험을 시키는 경우가 많다 전하거라. "목적도 있잖아요? 전하기 위하여 택한 경우 있지 않을까요?" 하늘 집을 들어갈 때가 아닌 자가 보는 것, 다녀오는 것은 특별 임무가 아니더라도 얼마든지 내게 가능한 일이며, 임무 부여로 저 천국을 보이나, 들어가나, 천국을 위함이 아닌 자신들 위함이니 이는 연결이다. 그가 고리됨은 그에게 체험이 필요한 경우이다. 이러한 자가 전하는 것이니 그를 위해 확증을 위함이며 전함으로 이도 저도 다 유익을 위함이니 이는 개인 구원 부르심이 전할 사명자가 되는 것이다.

막시즘 시대이다. 전쟁이 도사리는 시대이다. "주님 영서 원고 집중하느라 우크라이나 사태도 강 건너 불 보듯 하고 있어요" 나라는 나라끼리 전쟁을, 사람은 사람끼리 개인이든 조직이든 그러하다. 난리와 난리의 소문을 듣는 시대이다. 이런 일이 있어야 하되 아직 끝은 아니니라. 마 24:6 난리와 난리 소문을 듣겠으나 너희는 삼가 두려워하지 말라 이런 일이 있어야 하되 아직 끝은 아니니라. 핸드폰 시대가 아니냐? 보고 또 보나 "가관이다" 하지 않으냐? 우스꽝스럽고, 더럽고, 악하고, 음란하고, 먹고 마시고, 시집가고 장가가고, 춤추고, 음악 듣고, 여행하고, 먹방, 맛집, 쇼 쇼 쇼! 시대가 아니냐? 다 즐거움을 위함이 아니냐? 또 물질 시대이니 소유를 위해 살지 않으냐? 돈 벌고 바꾸고, 투자하고 거두고 쌓으며 부자 되기 위해, 잘난 멋 제멋대로 살기 위해 다 분주하지 않으냐?

하늘에서 본 자 아니냐? (1993년 가을, 아버지 장례식 때 임사 체험을 뜻한다! 하라) 지구를 한눈에 보인 사람들 상태이다. 왜 싸우랴? 나 없는 자이니 싸운다! 하는 자들이다! 하라. 나를 만난 자는 싸우는 것이 아닌 도우려고, 나누려고 살지 않으냐? 영이든 무엇이든 그러하다. 아버지가 부자시니 부요함에 이른 자 되어 이리저리 살펴보며 도울 곳, 나눌 곳을 찾지 않으냐? 영서도 이러한 일이다! 하라. 나누는 자, 잔치하는 자, 이는 기록인이 된 이유이다. 검증 시대이다 하라. 확인, 증거가 확실해야 버티는 시대이다. 이는 과학화로 인함이다. 사람들이 근거, 바탕을 제공해야 모이며 모든 일이 이러한 방식으로 시스템 되어 서류 시스템, 문서화, 기록, 사진, 영상 등 눈에 보이는 절차를 요구하는 때이니 책도 이 중의 하나이다.

성령인가? 사람인가? 가리는 시대이다! 하라 (2022. 10. 7. 금요일)

너에 대함이다. 성령을 알리는 지도자이다. 꿈에 보인 쉴 새 없는 몸짓대로 성령 인도받는 자이다. 이 꿈은 이러합니다! 하라. 한 장소의 모임입니다. 많은 남성 목회자가 있으며 여성은 저뿐입니다. 하늘이 보이며 위로부터 받은 것을 가슴에 간직하여 여러 동작으로 표현하며 춤을 추는 제 모습입니다. 이 동작은 쉴새 없이 바뀌어 집중하며 따르는 <u>바쁜 상황입니다</u> - [2023. 3. 14. 화요일. 추가 글입니다. 이는 성령의 지시대로 계획한 내용들을 장소를 이동하며 며칠 해낸 자에게 보이신 꿈이다! 하라. 언제, 어디서, 무엇을, 어떻게, 왜, 누구와 하는 일인지 성령의 세심한 지도로 준비하고 나선 자이다. 또한 이동하며 일 진행 중에도 듣기도 하는 자이다. 당시는 이러한 믿음의 요구와 바삐 해낼 상황에서 미션을 대부분 완수한 자이니 일을 마친 후 '성령'에 대해 확인을 주신 꿈이다! 하라. 저 높은 위의 하늘로부터 받아 몸의 동작으로 바삐 표현하는 자신의 춤 동작을 보며 다른 목회자들과 다른 자신의 모습을 본 자이다! 하라. 되었다. 닫으라] - <u>제 주변에 서 있는</u> 목회자분들 또한 각자 무엇에 집중하여(하늘로부터 아닌) 지상에서 배우고 있는 상황입니다. 이러한 저를 보며 우리와 다르다! 라고 합니다. 성령께 듣고 기록하고 스케줄(일정)을 잡는 훈련 속에 있습니다! 하라. 꿈을 꾼 전날은 연이틀 두 지역을 오가며 바삐 성령 지시에 순응하고 마친 날입니다! 하라. 성령 춤은 성령 지시를 뜻한다! 하라

사람의 한계를 말하라, 전하라. '지구 하나도 연구 못하는 사람이다' 아니겠느냐? 사람에 대해서도 무엇을 알랴? 신체의 신비, 육체의 비밀, 몸의 구성 등 어찌 말하랴? 너(너희)는 무엇을 안다! 하느냐? 안다 하니 넘어지는 자이다. 이는 왜인가? 오만방자(오만불손)하며, 교만으로 들썩(거들먹)이는, 거만하여 자축(난 척)하는 스타일, 자만하여 으쓱대는, 이는 자만의 포화 상태이다(배부르다 하는). 한 단어도 불과 설명이 이러하거늘 쯧쯧!(인간 볼 때 가엾다! 하시는

뜻이다)하시는 이유이다. 알고(아시고) 선악과를 두어 방지하려 하나, 이는 넘어질 수 있다, 경계, 위험선 Danger 지역이 아니냐? "도대체 무언가? 어떤 맛인가? 안이 어떠한가? 먹으면?" 할 수는 있으나 다가서는(뱀의 말에 끌려), 따먹는(이는 손 내미는 행위이니) 말씀의 불응, 거부 사태! 에덴이 아니냐? 죽는다는 지뢰밭을 누가 가랴? 죽는다! 하니 생각만 해도, 이는 지옥문 앞처럼 떨지 않겠느냐? 이 상황은 네 꿈의 체험이다! 하라. 지옥문 앞 장면이니 이를 아는 자이다! 하라. (이는 '신앙 권면'에 넣으라)

눈은 선물이다! 하라 (2022. 12. 6. 화요일. PM 1:27)

눈 오는 날 적어보자. 이는 2022년 겨울이 시작된 마지막 달 12월이 아니냐? 예수의 피로 덮는 자이다. 눈의 상징은 사랑이자 용서이다! 하라. 시 51:7 우슬초로 나를 정결하게 하소서 내가 정하리이다 나의 죄를 씻어주소서 내가 눈보다 희리이다. 이사야 보자. 사 1:18 여호와께서 말씀하시되 오라 우리가 서로 변론하자 <u>너희의 죄가 주홍 같을지라도</u> 이는 피의 상징이다. 피흘림이니 생명을 사랑하지 않은 죄이다! 하라. 아벨이 흘린 피가 아니냐? 무고한 자의 피가 이 땅에 흐르고 있다! 하라. 한 해 동안 이 시대의 많은 사람이 피를 흘리고 사라진, 없어진, 이는 죽음이 아니냐? 하라. 닿으라. 되었다" <u>눈과 같이 희어질 것이요 진홍같이</u> 이는 주홍이나 진홍이나 아니냐? <u>붉을지라도 양털같이 희게 되리라.</u>

눈은 나의 마음이다! 하라. 비 그러하다. 우박 그러하다. 뇌성, 번개 등 다 그러하다! 하라. 자연이 전해 주는 메시지를 들으라. 천둥소리가 나며, 번개가 번쩍! 하니 두렵지 않더냐? 하라. 장대비, 소낙비 이후 물살이 거세니 불어난 물들이 온 땅을 덮으며 삼킬 듯이 재해 현장 곳곳이니 두렵지 않더냐? 그러나 촉촉이 대지를 적시는 비와 하얀 솜같이 내리는 흰 눈은 마음이 고요해지며(차분해지고 침착해지는) 마음이 정돈됨을 느끼지 않으랴? 눈은 어떠하냐? 마음이 마치 백지장처럼 다 지운 듯 상쾌함을 느끼면서 흰 눈의 깨끗함에 마음이 씻긴 듯 감사하지 않으랴? 이는 내 마음이다. 이를 주기 위해 눈이 내리니 내게로 오기 위한 자연을 사용하시는 주이시다! 하라. 되었느냐? 닫으라. 찬양을 두라. '이 세상의 모든 죄를 맑히시는 주의 보혈 성자 예수 그 귀한 찬송하고 찬송하세' 까지이다! 하라. '흰 눈보다 더 흰 눈보다 더 흰 눈보다 더 흰 눈보다 더 주의 흘리신 보혈로 희게 씻어주옵소서' 되었다. 닫으라.

아들이 그리운 날이다. 첫눈이 오면 만나러 가라! 하신 작년 2021년이 아니랴? 이루어진 그 당시이니 좋아서 네 마음이 펄쩍 뛴 자이다. 올해는? 만난다! 하신 주이시다! 하는데 어제 만나고 왔으니 이는 무언가? 하며 한 편으로 휑 한 자이다. 그러나이다. 만난 날 이어 주신 눈이니 감사하라. 아들 앞에서 "눈 오면 만나러 와야지" 한 자이니 다시 만나는 눈 내리는 날을 기다리는 자이다. 지나간 겨울(올해 이른 봄) 눈에 대한 약속이 있으니 이는 자연 계시이다! 하라. 이에 대해 주라. "눈, 눈, 눈" 한 최근이 아니랴? 네 입에서 나옴이니 몇 회이다. 선물을 주신 흰 눈이다! 하라. 흰색은 깨끗한, 정결한, 성결한, 거룩한, 맑은, 순수한 이를 나타내며 순전한 나드 향유 같은 옥합이니 영서로 인한 성령의 상징이 아니냐? 하라. 닫으라. 되었다.

사랑하는 사람들이 하나둘 떠나간 자리, 대신에 눈이 덮인다! 하라. 아버지 잃은 자(이별)이다. 어머니 잃은 자이다. 오빠들 그러하다. 가족 넷이 떠난, 이 땅이다. 남은 자가 되어 글을 쓰니 이는 하나님의 손이 되어 몸을 드림이 아니냐? 사랑하는 자가 생각나는 자이다. 기쁜 소식이기에 나눈다면 얼마나 좋을까? "살아 계신다면?" 이를 여러 차례 전한 자이니 함께 지내는 아들에게 아니더냐? 지금도 우는 자이다. 개척 예배지에서 딸의 고생을 보신 어머니이니 추위, 배고픔, 외로움으로 가족도 뒤로 하고 산 자이기에 딸을 애처롭게 여김이 아니더냐? 영서 기록을 시작하고 한 주가 지난! 난감한 상황의 환경에서 어머니의 입원, 임종 앞에도 못 간 자이다. 장마 문제로 해결하는 날, 기운이 진해 누운 자에게 임종 소식을 전하니 몸을 추스르고 다음 날에야 두 아들 부축으로 금식 중에 들어간 자가 아니더냐? 어머니의 일생에 대한 감사와 사랑은 가진 자이나 아버지의 사랑을 독차지한 딸이니 어머니보다 더 생각하기도 그리워하기도 하는 자이다. 가끔씩 말이다! 천국 가면은 믿음의 선진들 다음 아버지를 보고 싶다! 한 자이다. 그러나이다. 아버지가 먼저이다! 하는 말씀을 주심이니 네 생각과 말을 다 듣는 주이시다! 하라. 심중의 언어를 들으시고 영서에 나타내시니 이뿐이 아닌 사람에 대한 의문, 궁금증 등 사건도 이러한, 무엇인들 주가 모르시랴? 하라. 선함도 악함도 다 아신다! 이를 전하라. 이 세상의 모든 사람에게! 되었다. 닫으라.

찬송 두라! '나 같은 죄인 살리신 주 은혜 놀라와 잃었던 생명 찾았고 광명을 얻었네' 이는 어메이징 그레이스(Amazing Grace)이니 네 일생 놀라운 일이 많다! 하라. 이에 취해 사는 자이다. 자신을 수없이 확인함이니 비춰심이라. 영으로 인하여 사람들보다 다른 차이로 섞이기 힘든 자이기에 이를 보이신 주이시다! 하라. 이 차이가 얼마나 큰지 사람들은 알지 못한다! 하라. 자기 기준에서 빗대어 옳고 그름으로 두며, 유사하니 친밀하거나, 사회이다, 민족이다! 하며 사는 자들이니 나는 어디에 소속하나? 이 외로움으로 보낸 자이다. 이 모두는 갚음이니 이러한 자에게 줄 만한 영서로 전하는 주이시다! 하라. 바쁘지 않으니 그러하다. 내 '일'이 많아질 때 외에는 시간이 많은 자이니 이는 사람도, 지역도, 세상 무엇이라도 가까이 할 만한 대상이 아님을 아는 자이다. 그러기에 성경 보는 자이며, 기도와 찬송 이외에 두 아들을 위한 일(최소화해야 하는 자이다)일 뿐, 사람 교제는 영상이 연구 대상이니 사람을 가리는(선별) 시간으로 갖는 자이다! 하라. 이도 제한이 많기에 유의해야 하는 자이다! 나를 위해 시간을 내랴? 몸을 준비하랴? 물질 등 소유를 내려놓으랴? 모든 사람에 대해서도 그러한. 쉽지 않은 길이니 이는 좁은 문 좁은 길이다! 하라.

찬송이 이어진다! 하라. '좁은 문 좁은 길 나의 십자가 지고 나의 가는 이 길 끝에서 나는 주님을 보리라. 영광의 내 주님 나를 맞아주시리' 마트를 가도, 매장들을 다녀도 자신을 위해서는 구입할 것이 많지 않다! 하라 – 이는 돈 문제가 아닌 자이다 – 에너지 보충은 한 날의 한 끼라도 채워야 살 수 있으니 이도 짐이다! 하는 자이며, 수면도 그러한 몸의 한계를 느끼는 자이니 사람일 뿐이다. 추위, 더위, 거주 공간, 몸을 가리고 보호할 옷 등도 그러한, 이는 한 날의 괴로움이다! 하라. 이러한 자이니 마치 자연이 과학 문명을 힘들어 하듯 사람의 영, 혼, 육도 이러함을 더욱더 실감하고 사는 자이다! 하라. 자연을 찾음은 이러함이니 자연이기에 창조물이기에 '쉼'터가 된다! 하라. 되었다. 닫으라. 눈은 창조주이신 거룩하시고 전능하시며 영원하신 주이시니 사랑의 하나님과 그 아들 예수 그리스도의 십자가의 공로와 성령이 함께하심으로 주시는 오늘 한 날의 쉼이자, 감사이다! 이를 전하라. 되었다. 닫으라.

눈은 은혜이다. 물과 같은 메시지로 주시는 사인(sign)이다! 하라. 구름 그러한, 해의 빛 그러한, 별도 그러한, 무지개 또한 아니더냐? 소리로 들리는 새들의 소리 있으니 주 다음에 자연을 두는 자이다. 되었다. 닫으라. 겨울과 눈 그리고 책의 발간이니 겨울의 끝, 눈을 주셔서 감사한 자이며 출간 시작이 되었다! 하라. 다시 겨울의 시작, 첫눈 내린 날이니 이제는 마지막 원고이다! 하며 출간의 결실을 바라는 자이다! 하라. 눈에서 눈까지 이어지는 한 해, 이는 출간의 해이니 2022년이며 "2022년 무서운 일이 일어나리라!" 이를 미리 말씀하신 대로 이 세상의 죄악이 차오른 시대이다! 하라. 눈으로 배우라, 흰 눈이 되어 흰 눈처럼 성령으로 살자! 하라. 성령만이 해결책 지구이다! 이르라. 나라도 그러한, 교회도 그러한, 사회, 가정 모두이다. 각자의 인생 숙제는 '성령'이시다 하라. 성령이 오셨네! 이를 두라. 찬송을 주십니다! 하라. '이 기쁜 소식을 온 세상 전하세 큰 환난 고통을 당하는 자에게 주 믿는 성도들 다 전할 소식은 성령이 오셨네' 하라.

성령만이 답이다. 이를 위해 주가 오신 성탄절이니 이제는 다시 오실 주를 기다리는 시대의 끝이다! 하라. 연초와 연말이 있듯이 지금은 연말이 아니냐? 연초를 위한 '기념' 행사를 할 자가 어디 있으랴? 한 해 어찌 살았나? 주의 뜻대로 잘되었나? 성과인가? 실패인가? 어디에서 무엇이 잘못되었나? 이러한 시기는 끝마무리 아니랴? 지구도 이러하다! 이르라. 연말연시 교회의 축제 및 행사장이 될 한국이다! 하라. "내년?"(이는 계획이다! 하라) 하랴? <u>시대의 끝을 두라! 노아 시대이다! 하라.</u> 창 6:13 하나님이 노아에게 이르시되 모든 혈육 있는 자의 포악함이 가득하므로 그 끝 날이 내 앞에 이르렀으니 내가 그들을 땅과 함께 멸하리라. <u>마태복음 두라!</u> 마 25:37 노아의 때와 같이 인자의 임함도 그러하리라. 36 홍수 전에 노아가 방주에 들어가던 날까지 사람들이 … 면서 39 홍수가 나서 그들을 다 멸하기까지 깨닫지 못하였으니 인자의 임함도 이와 같으리라. <u>성경의 마지막 요한계시록을 두라!</u> 계 1:3 이 예언의 말씀을 읽는 자와 듣는 자와 그 가운데 기록한 것을 지키는 자는 복이 있나니 때가 가까움이라. <u>끝날을 두라!</u> 계 22:20 이것들을 증언하신 이가 이르시되 내가 진실로 속히 오리라 하시거늘 아멘 주 예수여 오시옵소서. 이리하는 자이더냐? 교회이더냐? 나라이더냐? 지구이더냐? 복이 있으리라.

만일 그러지 아니하면 화(재난, 무시무시한 대가이다! 이르라)가 있다! 하라. 자연의 성냄도 그러한, 불의 위력을 보는 자들이거늘! 지옥을 보지 못하고, 믿지 못하고, 알지 못하거든 이 '불'(소멸, 고통)을 보며 가늠하라. 되었다. 닫으라. 나의 종, 신부, 아들들이 나아오리라. 이 책으로 모으시는 주이시다! 하라. 아시기에 그러하다. 되었다. 닫으라. 이는 시온산이니 하늘山 선교회에서 전하는 글입니다! 하라. 마치라. 한해 수고한 자이다. 나의 영광 뒤에는 너도, 자녀도, 함께 도운 자도, 호위하시는 주이시다! 하라. 추수 시기를 보이신 며칠 전이다! 하라. 한 개의 큰 고추와 옥수수를 보이심이니 종말 1은 1권의 추수이나 추수 밭이 있으니 더 나올 수확이 많다! 하라. 이는 매우 적은 부분이다! 하라. 2년 반의 기록을 한 모음집이나 차근히 주실 메시지이다 하라. 종말 2, 종말 3, 종말 4, 종말 5등 이어진다! 하라. 한 해의 수확 열매이니, 책 발간 첫 소식지이다! 이르라. 되었다. 닫으라. 마구간에서 드립니다! 하라.

내 이름으로 오는 자, 누구인가? (2022. 12. 7. 목요일)

한 사람으로 일어나는 일이 있다! 하라. 성경의 예시로 보자. 모세로 나서는 시기이다 하라. 여호수아 그러하다. 아브라함, 이삭 그러하다. 이사야, 예레미야, 다니엘 등 세례 요한, 사도 요한, 베드로 등 어찌 다 나열하랴? 이는 영서, 출간 등 일 맡은 자이다 하라. 되었다 닫으라. 열두 제자의 활동 시기이다! 하라. 그리스도의 형상을 이루시기 위하여 부르심과 주의 일을 하는 자이나 오직 그리스도의 속죄, 예수 그리스도의 '피'로서 성령이 '인'치신다! 이르라.

아담 두라. 창 1:27 하나님이 자기 형상 곧 하나님의 형상대로 사람을 창조하시되 남자와 여자를 창조하시고. 창 3:6 … 그 열매를 따 먹고 자기와 함께 있는 남편에게도 주매 그도 먹은지라. 12 아담이 이르되 하나님이 주셔서 나와 함께 하신 여자 그가 그 나무 열매를 내게 주므로 내가 먹었나이다. 롬 5:12 그러므로 한 사람으로 말미암아 죄가 세상에 들어오고 죄로 말미암아 사망이 들어왔나니 이와 같이 모든 사람이 죄를 지었으므로 사망이 모든 사람에게 이르렀느니라. …… **아벨 두라.** 창 3:4 아벨은 자기도 양의 첫 새끼와 그 기름으로 드렸더니 여호와께서 아벨과 그의 제물은 받으셨으나 히 11:4 믿음으로 아벨은 가인보다 더 나은 제사를 하나님께 드림으로 의로운 자라 하시는 증거를 얻었으니 하나님이 그 예물에 대하여 증언하심이라 그가 죽었으나 그 믿음으로써 지금도 말하느니라. …… **에녹 두라.** 창 5:24 에녹이 하나님과 동행하더니 하나님이 그를 데려가시므로 세상에 있지 아니하였더라. 히 11:4 믿음으로 에녹은 죽음을 보지 않고 옮겨졌으니 하나님이 그를 옮기심으로 다시 보이지 아니하였느니라. 그는 옮겨지기 전에 하나님을 기쁘시게 하는 자라 하는 증거를 받았느니라. 유 1:14 아담의 칠대 손 에녹이 이 사람들에 대하여도 예언하여 이르되 보라 주께서 그 수만의 거룩한 자와 함께 임하셨나니

노아 두라. 노아 시대 알리는 주시라. …… **아브라함 두라.** 믿음의 선진이 된 자이다! 하라. 이스라엘의 근원이니 그로 말미암아 한 민족이 탄생한 인류의 구원 사역으로 장자 된 민족이다! 하라. 창 12:1 여호와께서 아브람에게 이르시되

너는 너의 고향과 친척과 아버지의 집을 떠나 내가 네게 보여 줄 땅으로 가라. 이어지는 히브리서이다. 히 11: 8 믿음으로 아브라함은 부르심을 받았을 때에 순종하여 장래의 유업으로 받을 땅에 나아갈 새 갈 바를 알지 못하고 나아갔으며 이다. 히 11:17 아브라함은 시험을 받을 때에 믿음으로 이삭을 드렸으니 그는 약속들을 받은 자로되 그 외아들을 드렸느니라. 창 22:12 네 아들 네 독자까지도 내게 아끼지 아니하였으니 내가 이제야 네가 하나님을 경외하는 줄을 아노라. 소돔과 고모라의 멸망은 의인 열 사람이 없으므로 사라진 당시이다. 이를 두라. 창 18:32 아브라함이 또 이르되 주는 노하지 마옵소서 내가 이번만 더 아뢰리이다 거기서 십 명을 찾으시면 어찌하려 하시나이까 이르시되 내가 십명으로 말미암아 멸하지 아니하리라. …… **이삭 두라.** 창 11:20 믿음으로 이삭은 장차 있을르 일에 대하여 야곱과 에서에게 축복하였으며. ……**야곱 두라.** 창 46:26 야곱과 함께 애굽에 들어간 자는 야곱의 며느리들 외에 육십육 명이니 이는 다 야곱의 몸에서 태어난 자이며. 히 11: 21 믿음으로 야곱은 죽을 때이 요셉의 각 아들에게 축복하고 그 지팡이 머리에 의지하여 경배하였으며.

모세 두라. 이스라엘의 출애굽이 시작된 역사이다. 출 3:2 여호와의 사자가 떨기나무 가운데로부터 나오는 불꽃 안에서 그에게 나타나시나라 그가 보니 떨기나무에 불이 붙었으나 그 떨기나무가 사라지 아니하는지라. 4 여호께서 그가 보려고 돌이켜 오는 것을 보신지라. 하나님이 떨기나무 가운데서 그를 불러 이르되 모세야 모세야 하시매 그가 이르되 내가 여기 있나이다. 히 11:23 믿음으로 모세가 났을 때에 그 부모가 아름다운 아이임을 보고 석 달 동안 숨겨 왕의 명령을 무서워하지 아니하였으며 26 그리스도를 위하여 받는 수모를 애굽의 모든 보화보다 더 큰 재물로 여겼으니 이는 상 주심을 바라봄이라. …… **여호수아 두라.** 그들은 그러하다! 하라. 히 11:32 내가 무슨 말을 더하리요 기드온, 바락, 삼손, 입다. 다윗 및 사무엘과 선지자들의 일을 말하려면 내게 시간이 부족하리로다.

다윗 두라. …… **사무엘 두라.** …… **이사야 두라.** …… **예레미야 두라.** 렘 5:1 너희는 예루살렘 거리로 빨리 다니며 그 넓은 거리에서 찾아보고 알라 너희가 만일 정의를 행하며 진리를 구하는 자를 한 사람이라도 찾으면 내가 이 성읍을 용서하리라. …… **에스겔 두라.** …… **다니엘 두라.** 이외 선지자들이니 **호세아, 요엘, 아모스**(이사야의 아버지), **오바댜, 요나, 미가, 나훔, 하박국, 스바냐**(히스기야의 현손) **학개, 스가랴, 말라기**이다! 하라.

　이어지는 요한의 시대이다. 초림, 예수 증거를 위한 그의 나섬이 된 신약 성경의 초기 등장 그이다! 하라. **예수 그리스도이니**, 롬 5:15 그러나 이 은사는 그 범죄와 같지 아니하니 곧 한 사람의 범죄를 인하여 많은 사람이 죽었은즉 더욱 하나님의 은혜와 또한 한 사람 예수 그리스도의 은혜로 말미암은 선물은 많은 사람에게 넘쳤느니라. 그리고 배출하신 사도 요한이므로 **세례 요한에서 시작한** 신약의 말씀은 **사도 요한의 요한계시록으로 마침이** 되는 시대 메시지이다. 되었다. 닫으라.

　그리고 **요나 시대이다! 하라.** 현재, 전하는 메시지이니 '니느웨 회개 기도 40일' 이어지는 상황이다! 하라. 교단 창립자들이 하나, 둘 떠나는 자리이니 한국 상황이다. 거물급 유명인이 된 큰 교회의 목회자들이 이어 소천함이니 2021. 9. 14. 화요일, 여의도 순복음 교회 조용기 목사 이어 2022. 11. 25. 금요일, 감리교의 김선도 목사도 그러한 줄이어 보내는 이 땅이며 맞는 저 하늘 새 땅이다! 하라. 한 알의 밀알이 땅에 떨어지는 시대이다! 하라.

3. 북한을 향하여!

"북한이여! 들으라" 하라

1) 북한 지도자 김정은에 대해서

2022. 3. 4. 금요일. 추가 글(발췌 글)

민둥산 북한이다. 김정은의 날 '멀지 않아!'이다. 그의 심장은 김정일과 같은 것이다. 과로사 아닌 심장 돌연사 혹시 오지 않으랴? (영혼을 위해 육체가 있는 것이다! 하라) 그는 건강 관리하지 못한 자이다. 피둥피둥한 몸 그대로 몸에 붓고(술 등이 아니랴?) 각종 음식 들인 자이니 이는 정신 문제로 생기는 일이다. 과도하다! 제도 자체가 그러하며 그의 매사 하는 일이 정상이 아니니 이도 그러하다. 나의 나라가 아닌 자신 나라 '이상한 나라' 체제 유지가 쉬운 듯해도 '역류 현상' 같이 사는 자이니, 몸인들 이와 같지 않으랴? 파티 놀음(먹고 마시는 지도자들의 문화이다 하라) 익숙한 자이다. 연회, 무도회! '잔치, 잔치 열렸네' 하다가 픽 쓰러질(행여 아니랴? 하라) 자 아니냐? 하라. 이는 그의 건강에 대한 염려이다. 과도하지 않기 위함이다. '한 부자의 삶'을 사는 그이다. 눅 16:19 한 부자가 있어 자색 옷과 고운 베옷을 입고 날마다 호화롭게 즐기더라. 먹고 마시고(술) 피는 자이며(담배) 성 또한 다수 상대로 과도히 사는 자이니 - 이러한 사람들의 대세 문화 현대 사회가 아니냐? 하라 - 과도가 과로 아니겠느냐? 이는 지나침이니 과분히, 다분히 누리다가 넘어질 자이다. 넘어질 수 있다! 하라. 이러한 식 삶으로 살다가 사고사 된 자가 부지기수이다 하라. 염려는 주의 사랑이시다.

주를 위한 금식하는 자가 아니랴? 이는 삶의 금식이니(음식 외 등등이 그러하다) '나를 만난 자'이므로 김정은을 보며 "왜 저렇게 사나?" 이상히 여기지 않으랴?

이는 안타까움이다 하라. 인생에 길을 내시는 주! 살길이 있으므로 그러하다. 이를 전하는 자니 주를 만난 자이다 하라. 나를 만난 자는 '그에 대해' 그가 사는 삶은 고문, 고통 같은 지옥의 삶이라! 이와 같다 여기지 않으랴? 오히려 그의 체제가 부럽지도, 마땅치도 않으며, 존재 가치도 무엇인가? 하지 않으랴? 그들 북측에 대해 영혼 외에 관심이 무엇이랴? 땅땅거리다 쓰러질 자이다. 인류의 문화, 제도 의지는 다 이러하다. 오래지 않아 그의 소식은 전 세계에 중계될 것이다. '긴급, 특급 뉴스!' 하며 보도되지 않으랴? 이는 염려이다 하라. "주의하라는 메시지이다" 전하거라. 건강에 관해 알리는 시간이다! 하라. 되었다 닫으라.

"주님도 쾌씸하기도 하시지만 슬프시잖아요? 영혼을 잃게 될 때 우시잖아요" 그의 나타남은 나의 근심이다. 그럴지라도 그의 회개는 부분 있으나 다시 돌변하는 자이다. 죄에 잡혀 사는 자는 그러하다. "전 세계인의 기도를 받지 않을까요? 그의 영혼을 위해서 기도가 쌓여있지 않을까요?" 악인을 위해 기도하기가 쉽더냐? 손양원 같은 목사가 전 세계 몇이랴? 동족상잔의 주범이며 여전히 자행하는 많은 국제 테러, 해킹, 각종 범죄로 지목된 자이니 그를 위해 얼마나 기도하랴? 이는 자업자득이다.

나 또한 살리기 위해 그의 죄를 담당하였을지라도, 이는 나 혼자 아닌 함께 부을 잔이다. 나 혼자 인류를 구원하느냐? 너희와 일하지 않더냐? 그러므로 그에게는 긍휼히 여길 자가 필요하다. 구원을 위해 간절히 기도하는 자가 있어야 하지 않으랴? 그의 권세는 나를 대적한 자이다. 나의 자녀들이 그를 품기 위해 자신부터(용서하지 못하는) 용서하며 그를 사랑해야 하지 않으랴? 눈앞 살인자에게 이같이 되랴? 그럴지라도 몇몇이 한다! 해보자. 그의 '구원' 유무에 관계가 없이 상급이 내게 있느니라. 나의 사랑을 입을 자니 나의 용서를 아는 자들이다! 하라. "저도 기도하고 싶으나 상대가 강해서 조심스러워요. 주님이 하시는 것이지 제 역량 밖이에요. 저도 사랑을 잃은 상태에요" 아버지 사랑 노래하거라, 주시리라. 그는 네게 마치 아들 같은 나이가 아니냐? <u>긴 천 가진 자 너이니</u> - [이는 의의 옷,

흰옷이다! 하라. 매우 긴 길이가 하늘에서 땅으로 떨어져 차곡히 쌓이는 모습이다. 신학교 때 한 교수가 이 길이를 보고 놀란 자니 이를 보임으로써 '받은 바 어떠한지' 자신도 안 자이다. 이는 사랑의 길이다. 잃은 자이다. 당시 그러하다]
- <u>회복 일어날 때 주리라,</u> 일어서리라.

이는 네 기도의 지경이니 눈물의 선지자 역할 아니더냐? 기도는 네 본분이다. 할 일이다. 나의 일이기 때문이다. 내 사랑이기 때문이다. 나와 너 하나 될 때 발생하는 일이 아니더냐? 영적 부부에게 일어나는 일이다. 나의 사랑을 크게 입는 자가 할 수 있는 일이다. "아! 동해(바다)에서 기도할 때 주신 말씀이 생각나요. 제게 북한에 향하신 계획과 관련이 있겠네요" 그러하다. 사랑하기 시작이다. 그들은 대상이다. '… 지쳐 쓰러져도 나 놓을 수 없는 십자가, 생명을 구할 수만 있다면 그들 주를 볼 수 있다면…' 이 찬양 같은 시기이다. 너는 자명종이다. "무슨 뜻이에요?" 성경책 들고 백두산 이른 자이다. 이는 자명종이다. 곧이곧대로 하는 스타일이니 주변 개의치 않고 시간 되어 울리지 않으랴? 이는 복음의 소리다. 이는 '자'이다 하기로 하는 것에 대해 해내는 자! 자명종, '자' 같은 자이니 이 물건의 용도처럼 시간 주고, 거리 재듯 내 할 일, 주의 뜻대로 한다는 의미이다.

이렇게 해야 '시간' 역할이며, '자'의 역할이 아니랴? 시간은 인류의 시간, 역사이니 맡기지 않으랴? '자'는 나의 나라 공간이니 그 어디든 달리지 않으랴? 지척이나, 먼 거리 땅끝이나 가지 않으랴? 이로써 두는 시간 '자명종'과 거리 '자'이니라. 이를 알라. 두라. 제 자리 들어가 앉아 보자. (기록하는 중에 몸이 앞으로 이동하여 나온 상태이기에 제게 말씀하십니다! 하라) 네 자리는 작은 구석 모퉁이니, 비좁기에 몸을 앞으로 이동한 자이다. 다시 들어가라! 하시는 주이시다. (빌려 사용하는 자리이며, 사람이 통행하는 자리이기에 그러하다) 되었다. 펜 놓으라. 닫으라.

2) 북한 지도자 김정은은 회개하라!

2022. 3. 12. 토요일. (발췌 글)

(이는 윤석열 대통령 선거 완승일지라도 이 시대의 불법 속에서 계획된 북측의 선거 개입과 이 나라의 공산화 문제와 관련하여 이어지는 '북한 지도자 김정은에 대하여' 주시는 글이다! 하라. 다시 한번 인용하여 전하는 메시지로 두는 자이다)

'북한 김정은에 대하여!'이다 하라. 이실직고할 때까지(이는 그의 회개이다! 하랴)! 아니면 수사 대상, 수사 한국 되어 물갈이(뒤엎는)하랴? 어두워진 시대이다. 죄악으로 치우친, 물든, 타협자들 많다. 염색하듯 바꾸고 바꿈이니 내게 멀어진 그들이다. 한 번쯤이라도 남자다움의 용기로 떳떳이 "잘못했다!" 하면 오죽이랴? 하는 그이니, 북측의 지도자 김정은이 아니겠느냐? 사람의 실수는 누구나이다. 강도, 살인, 강간, 도적 … 얼마든지 일지라도 "기회는 누구나 있다" 하라. 이는 공의의 하나님이시니 "빛이 비친다!" 하라. 그러함에도 하지 못함은 망설이다가, 자존심에, 시기 지나가는 것이니 누구나이다. 이를 두라. 회개의 기회는 있다. 회개케 하시는 '주'(예수 그리스도! 이는 하나님이시다! 하라)이시니 기회는 얼마든지일지라도 그 선(회개)에 서는 자는 얼마인가? 북한은 지도력이 그릇됨이니, 많은 사람을 잃은 동족상잔 전쟁사 함께 피 흘림과 압제와 가난과 위협과 위기 고조로, 전 세계의 지탄이 되는 "대물림이다" 하라. 성경의 기록대로 한때와 두 때와 반 때의 시기니, 이러한 짐승화 된 자들에 의해 다시 겪을 잔인한 시대('표'의 시기) 이어진다(지속이나 심화, 강화, 강력 무기 등장) 하라. 이상이다. 닫으라.

3) 김정은 일가에게 주는 나의 편지이다!

2022. 3. 18. 금요일. 추가 글(발췌 글)
(긴 글이나, 전체적으로 설명해주시는 주이십니다! 하라)

(이 글의 앞과 뒤의 내용은 '대한민국에 관한' 메시지이나, 중간 내용은 '북한 지도자 김정은에 대한' 메시지이다! 하라. 이어지는 추가 글은 '대선 낙선자 이재명과 그와의 관계 위기에 대한' 설명글이다! 하라. 주께서 말씀하시니 영서를 기록하는 자가 – 하나님(주 예수 그리스도)께서 전하신 내용을 들으며 기록한 자이다! 하라 – 들으니 하나님과의 대화 내용이다! 하라. 이는 기록하는 자에게 '너'라고 부르는 호칭의 이유이다. 되었다. 닫으라)

"앞의 내용입니다! 하라"

이 땅에 교회들을 내주어(세워! 이는 나의 허락 의미이다 하라) 나의 영광되게 하나 "눈 씻고 찾는 시기가 되었다" 하라. 늘 네게는 적은 수로 보인 나의 '선택한 자' 모습이었다 하라. 목회자 또한, 교회 또한 찾기 힘든 시기이니 하나님의 실격, 실망인 자들이 아니냐? 또한 하나님의 기쁨이 된 선별된 자들을 알리지 않으랴? 천국 앞 대기자를 보이지 않으랴? 이 교회 저 교회 보인 나이다. 위험한 곳에 갇힌 목회자도 보이며 코로나 기간에 분류된 목회자들을 보이기도 하지 않으랴? 네가 영서를 기록할 때보다 지금은 좋아진 목회자도 있으며 뚝 떨어져 낙엽이 나뒹굴듯 은혜에서 멀어진 자가 있고 유명한 목회자가 초라한 집에 거하는 자도 본 자이다. 이를 알리라. 나의 눈과 너희 눈의 차이를 알리라. 알아야 한다. 모두 깨어나기 위함이다 하라. 이는 한국의 모습이다! 하라.

2022년 대선(20대 대통령 선거) 과정은 나의 은혜로 당선자를 미리 안 자이다. 그(윤석열 대통령 당선자)에 대해 알린 바 있으며, 여전히 해석할 난제 '시대 문제, 나라 문제 등'도 있으니 내게 부르짖어야 하리라. 교회도 면밀히 알려 주시면 알아야 할 자니 교회들에 대한 말씀을 주심과 한국의 방향과 새 예루살렘 성을 위한 전진을 잊지 말라. 이를 주라. 교회는 백신 시대를 맞아 백신 후유증의 숙제를 지닌 채 간다! 하라. 죽음, 질병 아니냐? 주의 보혈로 덮도록 하라. 십자가의 공로를 의지하는 자들이다. 백신에 대한 맹신은 떨치고 주께 향한 신뢰로 돌이키는 한국 교회가 되어야 하리라. 목회자들이 세상의 빛이 되지 못하고 좋은 게 좋은 거다! 하며 협상하듯 제의에 수락함이 아니더냐? 신사참배에 비해 어떠하냐? '표' 시기에는 견디랴? 1이 있어야 2가 있지 않으랴? 이는 3으로 가기 위함이다. 1에서 3으로 가려면 더 어렵지 않겠느냐? 준비하라는 이러한 것이다! 하라. 세상 기준, 혼합이 부른 대참사이다. 이는 코로나 시대에 이어 백신 시대이다 하라.

그(문재인 대통령)는 물러가는 역할이다. 필터 아니냐? 거름망이다. 그를 두어 걸러 본 시기이니 이 망 사이(틈, 구멍) 빠진 자가 얼마이랴? 다음 망은 무엇이더냐? 만일 이재명(전 경기도 지사) 낙선자가 대통령으로 이어진다면 어찌할 뻔이랴? 위험천만, 다행이 아니랴? 자유민주주의는 긴장 완화이나, 이르다! 하라. 기도의 부흥 일으키는 한국 교회이다. 이재명 후보의 낙선은 그, 김정은을 위함이다. 그가 대통령으로 당선된다면 김정은에게 **나의 진노가 쌓이지 아니하겠느냐?(추가 글 2022. 9. 5. 월요일)** 그는 체형 비만 된 자이다. 건강 유의이다. 주 예수의 피에 적실 그이나! 당차도 '나라를 위한' 아닌 편협이 있음이라. 나의 회개에(오기 위한) 이르기 위한 그에게도 기회는 '여전히'이다.

"김정은 일가에게 주는 나의 편지 내용이다! 하라"

북한은 기울어진 상태이다! 하라. 김정은 지도자에게 주는 말이다! 하라. 자신이 비루해 보이느냐? 하늘 아버지가 계시니 의존할 '주 예수'시라 하라. 생명을 지탱케 하시는 주 예수이시라. 사랑으로 감싸려는 한국의 기독교인들이다! 이르라. 죄에 빠뜨리기 위함이 아닌 도우려는 자들이다! 하라. 아내 리설주 여사도, 자녀들도 나를 택해야 하느니라. 사랑하는 가족이지 않느냐? 누구든 죽음에 이르나, 다 내게로(영원한 천국) 오는 것이 아니다! 하라. 사랑하는 아버지시라. 영혼의 주이시라. 만드신 창조주 신이시라. 모든 만물이 내게로 나와 내게로 돌아오니 이는 '섭리'라 하라.

한번 구원은 영원하지 않다. 속지 말아라. 너희 죄는 항상이다. 먼지털이개 같은 자신들이다. 털기도 하고 물로 세탁도 하면서 더러움이 심하면 세탁비누도 사용하고 버릴 정도로 더러움이 배어 있다! 해도 나의 방법은 '얼마든지'이다. 나를 알기 위해, 나의 사랑이 무엇인지 궁금한 자에게 이르는 말로서 주는 나이다 하라. 깨끗이 산 자가 누구이냐? 김정은 지도자이냐? 리설주 여사냐? 자녀들이냐? 지구 안에 모두는 다 더럽다. 폐쇄될 지구이다. 이미 더럽혀진 상태이므로 오염도를 측정하지 아니하랴? 나의 피로 이천 년 전, 이미 지구상 모든 세계를 덮음이니 흰 눈보다 더 희게 되었도다. 성경 말씀 이사야서를 전하여라. 사 1:18 여호와께서 말씀하시되 오라 우리가 서로 변론하자 너희의 죄가 주홍 같을지라도 눈과 같이 희어질 것이요 진홍같이 붉을지라도 양털같이 희게 되리라. 나의 나라 안 너희 북한 모두이다. 네가 사랑하는 자녀의 다툼을 볼 때 깨달으리라. 김정은은 깨달아야만 한다. 그 모습이 남북한 모습이며 나라와 나라들 다툼이니 나의 마음을 아프게 하는 지구의 사람들이다. 되었다! 하라. 이를 주라. 이는 김정은 일가에게 주는 나의 편지이다(부록 편에 이어집니다).

"뒤의 내용입니다! 하라"

세상 바벨론 유형 교회가 되지 않아야 하는 창세기 11장의 답습이 중지되어야 하지 않으랴? 창 11:4 또 말하되 자, 성읍과 탑을 건설하여 그 탑 꼭대기를 하늘에 닿게 하여 우리 이름을 내고 온 지면에 흩어짐을 면하자 하였더니. <u>고린도전서를 두라</u>. 고전 10:11 그들에게 일어난 이런 일은 본보기가 되고 또한 말세를 만난 우리를 깨우치기 위하여 기록되었느니라. 이는 이스라엘의 멸망에 관함이니! 5 그러나 그들의 다수를 하나님이 기뻐하지 아니하셨으므로 그들이 광야에서 멸망을 <u>받았느니라 함과 같다!</u> 하라. <u>요한계시록을 두라</u>. 계 18:4 또 내가 들으니 하늘로부터 다른 음성이 나서 이르되 내 백성아, 거기서 나와 그의 죄에 참여하지 말고 그가 받을 재앙들을 받지 말라.

요한계시록은 계시의 책이다! 하라. 계 1:3 이 예언의 말씀을 읽는 자와 듣는 자와 그 가운데에 기록한 것을 지키는 자는 복이 있나니 때가 가까움이라. 2019. 12. 25. 성탄절 날 밤, 나의 눈이 되어 본 자이니 사도 요한이라. 요한이 어떠한지 확인한 자이다. 주와 함께 나타난 사도 요한을 본 자이다. 그의 저서 요한복음, 요한 1, 2, 3 서, 요한계시록 묶어서 반복하여 읽은 자이다. 심은 데서 나오니 이는 2019년 성탄절 밤 나의 나타남이었다 하라. 요한과 함께. 이를 주라. 선지서에 관심을 두고 본 자이다. 성경을 이면 저면, 성경책 한 권의 양면 표지가 다 낡도록 가까이한 자이다. "성령 다음으로, 성경이다" 하는 자이다. 영은 하나님이시며 영에서 나온 글 성경이니 그러하다. 성경을 읽지 못하는 환경에 누구나 처할 수 있으니 성령의 지속적인 훈련 속에 말씀을 담아 두어야 유익하니라 이를 전하라. 이상이다. 닫으라.

2022. 9. 5. 월요일. 추가 글입니다.
"정치인 이재명은 회개하라! 하라"

나의 진노가 쌓이지 아니하겠느냐?: 이 뜻은 이러합니다! 하라. 이재명 대통령 후보가 당선된다면 동조 행위가 지속되므로 좌파, 사회 공산주의 편에서 일하게 되며 한국의 상황은 더 힘든 위기의 상황이 되기도 한다! 하라. 또한 북측에서 볼 때 그 김정은의 편에서는 남한을 더 위협하고 더 극심한 위기로 내몰기에 김정은의 죄가 더 가중된다! 하라 - [이미, 문재인 대통령 임기 5년을 겪은 한국이다 하라. 이는 '충분한' 한국의 고난 시기이다. 문재인 대통령이나, 코로나나, 이는 모두 '회개'와 새날의 '준비' 과정이기에 함께 겪은 지독한 몸살 같은 시기이다 하라. 이 시기는 좌파 정부이자, 공산화 위기 한국이다! 하라] - "이재명(정치인)은 회개하라!" 하시는 주이시다! 하라.

김정은을 사랑한다는 것은 그의 '영혼 사랑'에 대한 초점을 두는 것이다!

하라. 많은 동조된 세력(사회 공산주의 편에 선 자들이다)들이 북한 편에 선다거나, 그들 사상 편에 선다는 것은 주를 멀리하기에 일어나는 일이다. 이를 알리라. 현재는 '자유민주주의' 수호 및 체제를 다시 세우는 "확립 시기이다!" 이르라. 자유민주주의 지향자, 윤석열 대통령 후보를 당선자로 두어 일하시는 하나님이시니 반대, 거역하지 말라! 이르라. 살아 계신 하나님의 행사를 보게 될 한국이다! 하라. '선'의 편, '악'의 편 나누는 시대이므로 상대(선악 모두이다)의 정체성이 극명해지는 때이다! 하라. 이를 알리어 회개하라! 하시는 때이므로, 이는 '나라' 편을 두어 밝히시는 주이시니 정치인이든 교회이든 다 드러나는 시기이다! 이르라.

문재인 정권 시기에 사회 공산주의가 드러나므로, 이제는 정권 교체로 "사회 공산주의 척결의 시기이다" 하며 "너희는 기도하라! 부르짖는 한국 교회의 자유민주주의 확립 시기이다" 하시는 주 하나님이시다! 하라. 이는 이들 좌파 정부이자, 이들 편에 선 자들이니 윤 대통령 당선 소식과 함께 이재명 후보 낙선자는 반대편에서 더 강하게 흔들 '공격자'임을 알리신 주 하나님이시다! 하라. '기도 한국'이다 하라. 기도하는 교회들이 윤 대통령의 위치를 지킨다. 이도 이미 이르신 말씀이다! 하라. 현재 문재인 좌파 정부 이어 그들의 활약사를 보는 한국의 실정이니 탄핵 카드 및 그들의 조직력이 어찌 일하나? 주(하나님이시니 두렵지 아니하느냐? 하라)가 주시므로 지난 인류의 역사에서 그러하듯 역사의 주이신 하나님이시니 통치하시며 심판도 하신다! 하라. 이러하기에 "회개하라" 하는 교회, 정치인, 나라와 함께 인류의 모든 대상자들이다! 하라.

대통령 선거 당시에 이를 주시는 말씀의 의도는, 당시 북한 김정은과 그 이재명 후보 낙선자는 악연이며 사실상 원수지간이다! 하는 뜻이다 하라. 이는 '영혼 사랑'이 아니기에 그러하다. 또한 사회 공산주의 '좌파'측 선 자들 모두 마찬가지이다. 이러한 뜻으로 전하신 메시지다! 이르거라, 알리라. 이는 그들의 회개와 함께 용서와 사랑으로 교회가 기도하기 위함이며 그들에게 회개의 기회를 주고자 함이다! 이를 이르라. 이러한 그들을 꾸짖고 "죄이다! 악이다" 외치며 한국을 위해 일하는 전광훈 목사 측도 있으니 이 모두는 하나님 나라를 위해서이다! 하라. '한국의 선교' 문을 막아선 교회의 지도자들(성령을 대적하는 자들)과 사회 공산주의이다! 다시 이르거라. 공격 당하는 윤석열 대통령과 김건희 여사 및 자유민주주의 지향하는 모든 자들에게 주시는 말씀이다! 하라. 역사의 때, 시기를 알아야 풀리는 문제이며 상대의(선악 모두이다) 정체를 알아야 하며. 하나님의 지향성을 따르는 사람과 나라가 주 하나님의 편이니 이는 자유민주주의가 필요한 제도이자, 한국의 일어서는 시기이다 하라. 남북통일도 이러한 주의 방안 안에서 다룰 문제이다 하라. 자기식 대로 창세기 11장처럼 바벨탑 쌓으려는 자들에 의한 남북한이 아니니 착시, 착오, 착각에서 돌아설 자들이다! 이를 전하여라. 되었다. 닫으라.

4) 전 세계인과 북한 김정은에게 전하여라!

2022. 3. 18. 금요일. 추가 글입니다(발췌 글).

나의 사랑만큼 사랑하는(이는 김정은이다 하라) 누구도 없다! 하라. 이 지구상에 어느 누구도 그러하다. 누가 나같이 너를(김정은 대상이다) 사랑하랴? 용서하랴? 안으랴? 잘 알겠느냐? 네 눈물은 나이다. 네 슬픔은 나이다. 네 안에 나 있으니, 너를 사랑하여 이천 년 전에 십자가의 고통에서 피 흘린 나 예수이니 너를 얻기 위함이다. 나의 피는 너의 모두를 샀다. 나와 함께 영원히 이르기 위해서 그 누구도 손댈 수 없을 만큼 충분히 값을 주었다. 이는 나의 죽음이니 네 대신 죽은 나이다. 시신 된 조부(김일성), 부친(김정일)같이 누운 자 되어 사람에게 보이기 위함이 아닌 저 영원한 처소로 데려가기 위함이니 이는 내 나라이다. 네 영혼이

나로 인해서 자유하리라. 쉼을 얻으리라.

주 예수를 부르라! 구원을 얻으리라. 행 16:31 이르되 주 예수를 믿으라 그리하면 너와 네 집이 구원을 받으리라 하고. 이는 사랑하는 너의 가족이다. 북한은 '고작'일 뿐이다. 영원한 나의 나라는 온 가족과 거할 수 있는 곳이다. 영원히 살려 하지 않으랴? 북한 나라는 '불과'하다. 어디든 그러하다. 너희 지휘하에 무엇을 하랴? 내게 맡기어 '내 나라에 오도록! 하기 위하여 나라를 맡김이니' 이러한 지도자라면 내가 네게 줄 상이 얼마나 크랴? 이는 잔치이다. 초대장이다. 내 나라 초대석에 앉히리라. 네 자리는(나의 나라) 거한 그곳보다(북한 지역) 비할 수 없는 영광의 자리이니 네 미움 된 자들이 '하나' 되지 않으랴? - 사랑하는 관계, 나의 용서로 만나진다! 하라. 이는 회개할 때 그러하다 - 네 그릇이 얼마나 크랴? 민족(북한)의 지도자가 아니냐? 오른 자리이니, 나를 높일 때 견고히 서리라, 민족의 해방이 있으리라, 존경받는 자가 되리라, 아부와 멸시도 있으나 내게 돌아오는 자는 나의 원수가 너의 원수가 되며, 나의 사랑이 너의 사랑이 되리라. 이는 '나와 하나가 되어' 이루기 위함이라. 주 예수는 전하노라. 내 아버지 나라에 들어올 자들을 위한 잔치 자리에 너와 나 친구이니, 너의 모든 허망함과 허탄함이 사라지리라. 되었다! 하라.

"김정은과 나는 친구 사이다" 하라. 트럼프는 보느냐? 미연합 대통령이 아니냐? 불법에 걸린 자이니 그는 당한 자이다(이는 미국 대선 상황입니다! 하라). 트럼프 대통령과 악수하듯이 친서 교환하듯이 나와도 그러하리라. 지구상에 너를 사랑하는 자가 얼마이랴? 네 편이 누구이랴? 가족이더냐? 이 땅에 두고 갈 자이다. 모든 가족은 친밀해도 살붙이라 해도 다 헤어지면서 떠나가는 이 땅이니라. 100년을 살랴? 200년을 살랴? 그 누구도 한정된 수명 안에서 고작 얼마이더냐? 대한민국의 기독교인들은 나 예수를 믿는 자이니 믿음 안에서 사는 자들이기에 천국을 소유로 삼아 영원에 거하니 "이 땅이 짧다"해도 "어떠하다" 해도 소망은 내게 있다! 하라. 지구촌 시대이다. 오고 가는 사람들이 많다!

하라. 세상은 완전치 않다. 죄를 거듭거듭 이어 릴레이 달리기 경주하듯 시대를 이어감이며 부모가 자녀에게 잇지 아니하더냐? 세상이 하나이냐(내게로부터 나왔으니 그러하다), 손꼽힐만한 나의 사람은 누구더냐? 나의 총애, 은총, 사랑을 받을 자가 누구랴? 누가 받더냐? 성경에서 말하지 않으랴? 시대의 유명인이 아닌, 공로자가 아닌 '나의 심사'에 의해서 다루는 나이니 이를 주라.

나의 사랑을 받을 자가 받음이니 이에 거절, 거부한다! 하면 지옥이 있으니 사단의 거대 세력에서 벗어날 수가 있으랴? 오직 나이니 나 밖에 저들을 다룰 자가 없으니 이미 패한 저희나, 저들 또한 사명(일) 가진 자로서 죄에 빠뜨리기 위함이다 하라. 이는 나의 사랑 안에서 행해지는 일이니 마치 자녀같이 다루는 나이다. 너희의 사랑받는 자녀가 누구이며 꾸중, 징계받는 자가 누구이랴? 부모의 사랑이 너희에게 있으니 그 안 징계까지 아니더냐? 나와 같음을 알리라. 온 인류는 나의 자녀들이니 사랑 대상, 진노 대상이 왜 생기고 나누는지 이를 알라. 부모 된 자여! 자녀 된 자여! 이를 두라. 영서의 기록은 사람이 하나, 영(주의 음성)으로 전하시는 주 예수시니라. 나의 세계는 이러하다. 이를 <u>전 세계인과 북한 김정은에게 전하여라</u>. 이상이다. 닫으라. 되었다. 이를 두는 자이다. "왜, 갑자기요?" 하느냐? 이 흐름은 무엇인가? 예상치 못하였다! 하느냐? 특별 계획이다. 오늘, 아들과 함께 산을 다녀온 자이다. 기도 자리에 선 자가 아니냐? 보너스 선물이다. "되었느냐? 되었다" 하라.

김정은 지도자를 위해 기도하여라! 책을 읽는 모든 자에게 주는 나의 말이니라!" 그의 날은 나의 손에 있음을 이미 알나, 서로 사랑하기 위함이라. 좌익, 좌파, 좌경, 사회 공산주의는 미워한 바 됨이니 싫어하지 않으랴? 그 안에 매인, 갇힌 자들은 나의 만든 바, 지은 바 된 자들이므로 기회를 주어야 하지 않으랴? 천국과 지옥이 가까이 왔으니 서두르지 않으랴? 구원의 열매를 <u>모으고 모으는</u> 시기이다 하라. 나뉘는 시기이다. 천국 가까이, 지옥 가까이 아니랴? 들어가는 문 앞에 두고 접전이 크지 않으랴? 이미 세상은 부패하나 건질 만한 자들을 찾아냄이 아니랴?

듣든, 아니 듣든 나의 사랑을 알리어 '나의 나라'가 있음을 알리어라. 이는 교회 가기 위한 목적이 아니다! 하라. 모두에게 이르는 말이니 세상(이 땅)에 있는 모두가 하나님 나라와 아버지의 마음을 알아 내게로 오기 위한 '알림'이 있어야 하니, 빛도 어둠도 다 알리는 나이다.

돌이키고 돌이키라! 큰 통(이는 지구이다 하라)에 담겨진 부패한 무엇을 꺼낸다! 하자. 꺼내는 자에 의해서 해결됨이니 너희 스스로 나올 수 없는 곳이 아니냐? 이는 구원을 말함이다. 주 예수 그리스도가 구원이시니 오직 나를 알리어 구원 요청하게 하여 그곳에서 꺼낸다! 이르라. 이 말의 의미는 네 체험(1993년 가을, 아버지 장례식)인 '임사'를 겪은 자이며 오른 하늘길이니 나를 만난 자이다. 내 손을 본 자이다. 내 마음을 알린 자이다. 이는 지구의 끝이다! 하라. 그날이 가까웠다! 하라. 주느냐? 받으라. 이는 나에 의한 것이니 듣든지 아니 듣든지 갈리기 위함이라. 되었다. 닫으라.

5) 김정은 북한 지도자에 대한 한 꿈입니다! 하라

2022. 7. 14. 목요일. 오전 7:46

김정은 북측 지도자에 대한 꿈을 꾸면서 잠을 깹니다. 이어 출판사에 보낼 조판 수정본에 글을 넣으라 하시니 꿈 내용을 메모하던 중에 홀로 외로이 '근신하는' 김 지도자의 모습 왜인가? 하는 생각이 듭니다. 불현듯 일본 아베 총리의 장례식 기간 5일과(2022. 7. 8. 금요일부터 12. 화요일까지) 연관이 있다는 생각이 아울러 들면서 지도자의 위치이기에 '저격의 위기감' 함께 자신을 돌아보는 시기가 아닐까 합니다. 이는 그의 모습을 꿈으로 본 후 이어진 생각입니다. '오늘의 꿈' 메모 후, 저는 다음 '종말 2' 원고에 넣을 계획이나 미룬 '일본 아베 총리에 대한'

메시지를 서둘러 찾아보기로 합니다. 아베 총리의 총격 사망 소식을 듣기 불과 얼마 전에 다음 원고 준비하던 중 아베 총리의 예언 글을 보면서 갑자기 일본 상황이 궁금해지나 대수롭지 않게 스칩니다. 그러나 2020. 8. 29. 토요일, 니느웨 회개 기도 40일을 마치기 전, 38일째 받은 아베 총리 죽음 예고는 2022년 7월 출판 조판 수정 기간에 이루어져(저격 사망) "전하라"는 메시지를 다시 받습니다.

2022. 7. 14. 목요일. 오후 9:45

(위의 글 이어 주시는 글입니다) 이 글은 출판사에서 보낸 '조판' 수정 기간이다! 하라. 오늘 한 꿈을 꿉니다. 깨어 보니 의미심장하여 "뭔가?" 하는데 주시는 음성이 있습니다. 조판 글에 넣으라! 하시기에 북한 지도자 꿈을 꾼 내용을 메모하는데 요지는 이러합니다! 하라. 첫째, 매우 넓은 공간에 북한 김정은 지도자의 침대가 놓여 있습니다. 저는 그의 얼굴 모습을 자세히 보면서 그의 앞에서 설명합니다. (이는 얼굴을 서로 마주 보는 가까운 거리입니다! 하라) 그에 대해 느낀 대로, 긍정적인 평가를 하면서 '화'를 내지 않으면 괜찮은 얼굴이라고 말하니 수긍하는 듯 듣습니다! 하라. 그는 화를 내지 않아야! 얼굴의 장점을 가진 자이다. 둘째, 유리병에 담긴 생수 1병, 그를 위해 둔 것을 옆 공간의 다른 누구에게도 필요하여 먼저 따라 마시게 합니다. 칸막이 옆에서 들으면서 싫어할 그를 느낍니다. 먼저 마시게 해야 하기에, 그의 몫으로 두었기에 그러합니다! 하라.

그러나 그는 묵묵했다. 발끈! 할까 해서 그의 눈치를 살피는데 화를 내지 않았다! 하라. 그래서 더 미안한 마음에 생수를 사러 급히 마트를 갑니다. 귀한 생수 '유리병'인지라 많지 않으나 준비해간 현금으로 <u>4병은 살 수 있어 기뻐합니다</u> - [2022. 7. 23. **토요일 추가 글입니다.** 저는 부득이한 상황 외에는 음식이나 식재료들을 비닐, 플라스틱, 스치로폼 등에 담는 것을 좋아하지 않습니다. 이보다 나은 유리는 단점이 있으나 투명하고 내부가 다 보이기에 선호하는 편입니다. 판매용으로는 잘 보지 못한(?) 유리 생수병을 보니 신기하기도 하고 귀중한 선물로 보여서 눈에 띄자마자 구입을 결정합니다! 그러나 유리병인지라 무거워서 2병만 사는데 마트의 여주인이 포장하면서 꽃 가지도 2송이 함께 꽂아주니 더 특별한 생수 선물이 되어 기분이 더 좋았다! 하라. 그가 꽃을 함께 보며 좋아할 듯하여 기뻐한 자이다. 그리고 깨어나는 꿈입니다! 하라]

그의 얼굴이 다소곳하며 의기소침한 듯 서 있으니 다소 긴장된 모습이기도 하다. 왜인가? 그의 위기감 시기이다 하라. 국가 원수의 위치는 늘 불안하다 하라. 암살, 테러 등 가까운 자부터 먼 데까지 안심할 수 있겠는가? 하라. 더욱이 일본 아베 총리의 장례 기간 최근이니 오늘의 꿈 이틀 전에 5일 장례 기간을 마침이 아니랴? 김정은 지도자 그의 군림기 동안 일어난 일들을 보아도 대내외적 스트레스가 과도하지 않으랴? 건강하지 못함과 함께 그의 신변 위협이 '위기감 고조된' 상황이다! 하라. 전 목사 측의 기도 전면전도 있으니 심중이 편하겠는가? 하라. 3년 이내 조국 통일 원하는 그 전광훈 목사이다 하라. 복음을 위한 수순 단계 이른(전한) 자이니 '새 예루살렘 성'까지 이르기 위한 전략이 아니랴? 하라. 복음을 위해서이다. 영혼의 구원들 열매 시기이다 하라. 김정은을 대상으로 위협도 사랑이며(전 목사가 거칠게 함도 '필요한'이다 하라) 품어지는 사랑도 사랑이다! 하라. 적재적소 다양하게 손 내미시는 주 예수의 사랑이다! 전하여라. 이상이다. 닫으라. 되었다! 하라.

2022. 8. 2. 화요일.

물밀듯 밀려오는 잔재한 세력들이 있으니 '공산화' 영이다. 사단에 의한 진행이니 역사 속에서 본 자들이다. 죽게 되나 다시 살고, 상처가 나아 '재기'도 하니 계 13:3 그의 머리 하나가 상하여 죽게 된 것 같더니 그 죽게 되었던 상처가 나으매 온 땅이 놀랍게 여겨 짐승을 따르고. 현 인천 시장 이재명이나. 그 김정은이나 그러하다 하라. 북한 체제, 돌발 상황 언제든지이다! 하라. 스리랑카 폭동을 보자. 대통령 추앙, 추대 하나 민심이 흉심 되어 일어나듯, 북한도 예외는 아니다! 하라. 김정은은 '한계 적정선' 유지하려는 자이다 - 2022. 7. 27. 수요일, 북한의 전승절, '6.25 전쟁 체결 정전 협정 69주년 행사'를 맞아 26일에는 제8차 전국 노병 대회를 개최한 자들이다 - 노병들을 초대한 자이다. 이들이 지지자 되어 자축하는 최근 모습이다. 7월은 이러한 3국의 뉴스이니, 일본의 전 총리 '아베'가 총격 사망자 되니 움찔한! 그가 아니랴? 코로나 확산, 경제 위기, 이 모두 겪는 전 세계이니 어떤 방식이라도 그는 쇼(Show)가 필요하다! 하라. 북한 시기는 '전시' 운운하며 '강한 자' 위세 포스로 제압하거나(불안 요소 잠재우려 하기도 하려) 설득으로 괜찮다! 하며 자체 힘을 과시하므로 일시적 '주사 한 대" 처방이 아니랴? 선전, 선동에 능한 전략자들이니 사단이 내미는! 이는 사용, 작전, 전술이라 하라.

최근, 누구도 믿지 않는 전 목사이다. 사람들을 띄우는(부추기거나, 잘한다 칭찬이거나, 물으며 이끌어 내는 방식자이다) 효과로 인한 정탐자이다. 언제든 돌아설, 정체 터지는 ㅇㅇㅇ과 ㅇㅇㅇ 목사같이(최근 이슈 두 사람이니) 이들을, 이러한 류를 겪는 그이다. 누구와도 '거리 두기'가 아니랴? 이는 자식과 딸 같은 자부를 키우는 그이니 이러한 원인 된 자이다 하라. 전 목사는 혈육 끈 안에서 '제자'화 시기이다! 하라. 그 외 조력자들 언급자이니 솔로몬의 신하들 같은 팀 된 그들이다. 네 아들들도 이러한! 너도 겪음으로 두 아들을 부르시고 세우라 하신 '주'이시다! 하라. 이는 두 아들에게 '통로' 말씀으로 야고보와 요한을 주시며 팀을 주신 '주'이시다! 이르라. 눅 5:6 그렇게 하니 고기를 잡은 것이 심히 많아 그물이 찢어지는지라 7 이에 다른 배에 있는 동무들에게 손짓하여 와서 도와 달라 하니 그들이 와서 두 배에 채우매 잠기게 되었더라. 이는 가족이 '선교에 대한' 부르심이다! 하라. '주'의 직접 명하신 일이다. 이는 '주'의 일이다! 하라. 하나님을 통한 지난 시간의 훈련과 함께 하나님(주)께서 나타나시고, 명하시고, 부으신 사랑이니 이는 마지막 때 '종말'을 전하는 사역자이다! 하라. 그리고 영서 전달자이다! 하라. 되었다.

닫으라. (이는 2020. 7. 23. 목요일 영서 첫날에 이미 주신 말씀대로입니다! 하라)

요동치는 북한이다! 하라. 출렁이는 파도 시기, 바다 물결, 누가 움직이랴? 좌지우지 하나님이며 쥐락펴락(숨통 트기도, 꽉 쥐기도 하며 손 안 그들이니 그러하다) 주의 권세이다 하라. 예레미야 말씀 두라. 렘 1:10 보라 내가 오늘 너를 여러 나라와 여러 왕국 위에 세워 네가 그것들을 뽑고 파괴하며 파멸하고 넘어뜨리며 건설하고 심게 하였느니라 하시니라. 나라를 멸하기도(뽑기도) 일으키기도(세우기도) 하시는 유일하신 이는 '한 분' 신이니 주 하나님이시라. 이를 전하라. "나이다! 나이다!" 두 번 읽게 하라. 두 아들과 모두이다.

이 나라의 '북한 지지에 대한' 문제를 두자. 이는 "사람의 수명 연장과 지지대가 나이니" 하라. 내가 악을 기다림은(두고 보는 것은) 악이 더해지거나, 돌이켜 회개하거나 둘 중 하나이다. 매 맞는 자, 이는 때릴 자들이니 줄 세우고 차례를 기다리는 심정이 아니냐? 이는 초등학교 시기에 겪은, 본 장면이 아니더냐? 너희도 이러한 나라들이나, 단체나, 개인 막론하고 줄 세운 나이다. 이러한 시기! '매 맞기 전' 기다릴 때이다. 이를 알지 못하여(눈치 없는 자, 닫힌 자, 눈 가린 자니 그러하다) 기고만장 사는 현 시장 이재명이나 김정은이 아니냐? 이를 두라. 되었다. 닫으라. 주신 주이시라. 이는 회개의 촉구이다! 하라.

6) 김정은 들으라! 외치라

2022. 11. 22. 화요일. 추가 글입니다.

김정은 들으라! 외치라. 네 자녀를 사랑하듯 '북한 민족'을 품으라! 하라. 네 자녀, 가족에게 그리고 고위층, 지도자층들의 호화처럼 국민에게 나누라! 하라. 입장 바꾸어 네 자녀들, 네 아내가 이러한 사회 체제의 아래 놓인 위치라면 어찌하려느냐? 이는 포로이다! 하라. 압제, 학대이다! 하라. 그곳의 많은 자가 그러하다. 이러한 체제는 득보다 실이 많다! 하라. 지도자는 하나님을 경외하게 하는 위치가 '주'가 세운 권세의 자리이다! 하라. 자신 입장, 지위, 명예, 호사가 아니다! 하라. "김정은 회개하라!" 외치라. 부부 싸움, 부모 자녀 싸움은 둘 다 패가망신이다! 하라. 희생이다! 하라. 피 흘림이 아니냐? 자신을 죽이고 그들도 죽이려느냐? 자신이 살고 그들도 살리려느냐? 자신이 천국 가고 그들도 함께 천국 가려느냐? '주'를 믿으라. 살아 계신 주 하나님이시다! 하라. 이는 그의 영혼 삶(남은 인생)을 주가 살게 해서 전하는 것이다! 하라. 천국은 사람 스스로 가지 못한다! 하라. "들으라!" 하라. 외치라. "들으라!, 들으라!"하라. 살리실 주이시다! 하라. 모든 자에게는 이를 알릴 의무가 있으니 "주가 원하시는 바라" 하라. "들을 기회를 주어야 한다" 하라.

나(주 하나님)를 자녀(너)의 위치에서 생각하라. '하나님'으로부터 나온 생명(호흡이 있는 자, 숨을 쉬는 자)이기에 그러하다. 네 자녀의 생명이 누구로부터인가? 사람의 죽음이 왜인가? 오래 산다 해도 노화로 늙음이니 이는 죽음이 아니냐? 모든 사람은 '언젠가!'이다. 이 땅의 삶이 끝나는 날이 있는, 북한이 무슨 일이 일어날지 어찌 아느냐? 하라. '주'의 자연 위력을 알리랴? 무고한 자의 피 흘림이나, 민족의 죄나 이와 무관치 않다! 하라. 이는 '자연 재해'를 뜻한다! 하라. 한국 두둔이 아니다! 하라. 한국은 이 '주'를 믿고 회개하기 때문이다! 하라. '내 뜻대로 살아내기 위한' 저마다 목적이 있어야 하는 기독교인이다! 하라. 공의의 하나님이시기에 그러하다. 진리의 하나님, 진실의 하나님, 거룩의 하나님을 알리라(알아야 한다). 흙탕물(세상이 그러하다. 이 땅의 삶이다. 사람 중심의 문화이다! 하라) 속에 빠진 네 자녀를 보고 지나치랴? 불 가까이 네 자녀가 있다면 스치랴? 교통사고 위기의 네 자녀라면? 그곳에 있게 두랴? 물속에 빠진 네 자녀가 허우적대는데 보고 구경만 하랴? 납치될 위기에서, 질병의 위기에서, 모든 위험, 위기에서 그냥 두랴? 이처럼 천지 만물 창조주 '주'시니,

인간을 만드신 주가 어찌 죄에 빠진 자들, 이 세상을 그냥 두랴?

핵폭발로 다수를 위기와 공포로 두려워 떨게 하는데 이러한 북한에 대해 "잘한다!" 하며 침묵하겠느냐? 하라. 죄를 알리는 것이 하나님의 자녀에 대한 사랑이시다. 이를 전하라. 이를 위해 주 예수 그리스도를 메시아로 보냄이니 예수의 이름의 뜻은 이러하다! 하라. 성탄절이 왜 있는지 이를 주라. 주가 이 땅에 오셔서 인류의 모든 자들을 위한 '죄의 값'을 치르기 위한 인간 각자의 죄 대신 십자가에서 고통을 받으며 건지기 위하여 너희의 죽음을 대신한 주의 죽음이시다! 하라. <u>죄의 값은 사망이요!</u> 이를 넣으라. 롬 6:23 죄의 삯은 사망이요 하나님의 은사는 그리스도 예수 우리 주 안에 있는 영생이니라. 깨달으라! 하라. 로마서 말씀을 주라. 모든 사람은 내 앞의 죄인이나 <u>의인은 하나도 없으니</u> 이를 두라. 롬 3:10 기록된 바 의인은 없나니 하나도 없으며 11 깨닫는 자도 없고 하나님을 찾는 자도 없고 12 다 치우쳐 함께 무익하게 되고 선을 행하는 자는 없나니 하나도 없도다. <u>영접하는 자!</u> 요 1:12 영접하는 자 곧 그 이름을 믿는 자들에게는 하나님의 자녀가 되는 권세를 주셨으니. 이를 믿는 자이며 모든 삶 속에서 그리스도가 자신의 '생명의 주'로 믿으며 그 위 통치 아래 자신을 두어 따르는 것이다! 하라. 마치 자녀가 되듯, 종이 되듯 그러하다! 하라. 이는 맡김이다. 주가 각 사람의 주인이 되어 인생 전체와 함께 매 순간에 지도, 보호를 요청하며 죄를 깨닫고 주의 뜻을 묻는 것이다! 하라. 이는 자신 몸과 시간과 가진 모든 것이니 '주에 의한 지시안에서' 사는 것이라! 하라.

네 자녀와의 관계에서 이를 배우라. 자녀가 부모를 욕하고 거절하지 않으니 나도 그러하다. 이를 믿음, 신앙이라 하는 것이니 기독교인이 왜 주를 믿는지 이해하며 네가 내게 오기를 원하여(구조, 구원의 주시라 하라) 이를 권한다! 하라. 내가 나라를 맡김이니 모든 나라마다 나의 사람마다 그의 통치를 봄이니 죄와 상급이 나뉜다! 하라. 이를 주라. 이는 '김정은에 대한 글을 넣는'이다. 되었다. 닫으라.

에필로그(epilogue)

"출간, 그 해산하기까지!"(출간 여정입니다)

갈 4:19 나의 자녀들아 너희 속에 그리스도의 형상을 이루기까지 다시 너희를 위하여 해산하는 수고를 하노니.

'주님이 걸어오신 길'입니다 (2022. 12. 25. 주일)

출간하기까지 주의 아픔을 겪은 자이다! 하라. 고스란히 둔 체니 이는 마음의 저장이 아니냐? 주가 걸어오신 길이니, 사람들을 위해 주의 생애가 그 당시 어떠하며 이제도 그러하니 이를 더 마음 두어 아픈 체, 주와 같이 겪고 겪으며 나를 알리신 주이시다! 하라. 되었느냐? 닫으라. 이제도 수고하는(수북이 쌓인 글들이 늘 눈에 밟히는 자이다. 해야 할 원고들이다! 하라) '종말' 책 시리즈이다. 이는 네 마음의 밑거름이다. 또한 출판사들도 알아야 할 권고, 권면이다! 하라. 저자와 같은 공감대를 형성해야 할 출판사이니 그들 중 찾아내야 하는, 이는 남은 길이기도 하다! 하라. 주의 제자로 걸을 길이기에 그러하다. 출판사 그들은 "목회이다, 선교이다" 하나 말뿐일 뿐 내면은 그러하지 아니하다! 하는 주이시다! 하라. 이는 출판계에 주는 메시지이다! 하라. 겉면(외식, 형식, 겉치레)이 아닌 진심으로 주를 사랑하는 자, 십자가를 아는 자, 이를 찾는 '주'이심을 알기에 출판의 과정, 걸을 길이 쉽지 않음을 체험한 1년이다! 하라.

출판사들 일부를 거친 자이다. 주가 면밀히, 소상히, 알리시고, 어떠하다 하여 방향이 결정되기도 하고, 기회 부여를 주기도 하고, 그들 선택 그대로 받기도 함이니, 이는 거절도 아니냐? "출간한다" 하나 "아니다" 하시므로 일시 정지가 되기도 하며, 주께서 몇 차례 모세와 같이 돌판을 깨뜨리게도 하심이니 전달자로서 심히 배움의 큰 자리, 위치가 아니더냐? 하라. 사람은 너를 외적으로 대하고자 하나 내면은 그러지 아니하다! 하라. 호락호락, 만만히 대할 상대 네가 아니니 이는 자신의 주로 인함이다! 하라. 종으로써 사는 자이니 이 싸움이 크지 않으랴? 세력 앞에 무너지지 않기 위한 주의 티칭, 교훈, 감싸는 은혜와 위로와 꾸중도 때때로 아니냐? 그들을 알아야 내 뜻을 성취할 수 있기에 그러하다! 하라. 되었다. 닫으라.

아래의 글들을 모음이니 출간을 기다리면서 "주의 발자취로 두라" 함이니, 주의 마음이 어떠하신지 이를 "알리라!" 하는 의미이다! 하라. 출판 과정에서 받은 매우 많은 글이 있으나 이는 극히 일부일 뿐이다! 하라. 주의 마음이 어떠했는지 아는 '나의 증인' 너니 이를 전하라. 출판사도 독자도 알아야 하는 출판의 과정에서 일어나는 출간까지의 주의 고통이다! 하라. 멸시, 천대, 조롱 다 있다! 하라. 이는 교회에서 일어나는 일이다. 물론 교회 아닌 주위 사람들도 있다! 하라. 한 권의 책이 되기까지니 이는 영서를 받는다 해도 사람들의 마음 밭에 이르기까지 무엇이 어떠한지, 이는 어떤 일이든 – 주의 증거, 증인, 증언이니 이 시대에 나선 자들이다! 하라 – 겪음이니 고초이다! 하라. '나의 주는' 바 사랑이자, 고난이다! 하라. 그러나 영광은 주와 함께이니 상급까지 아니겠느냐? 하라. "2022년 한 해, 1년을 돌아본다" 하라. "주의 은혜이다" 할 뿐이다. 되었다. 닫으라.

1. "고생 많았다" 하시는 주이시다! 하라 (2022. 5. 24. 화요일)

2022. 2. 19. 금요일, '김 총장님의 글에 관하여' 원고를 보던 중, 이는 성경 구절 확인하는 작업 중에 주시는 글입니다! 하라. 지금 우는 자이다. 왜냐하면 사역자들이기 때문이다(가는 자, 보내는 자 모두이다). 이는 주의 부르심이라 하라. 지구에 관함이다. 이를 받는 자이더냐? 울라! 하시는 주시라. 지구의 죄악들로

인함이다 하라. 지금 우는 이유이다. 이는 새록새록 피어나는 안개와 같이 네 마음의 저장 공간에서 꺼내 쓰기 위함이다. 차곡차곡 쌓인 내 음성과 성경 기록들이 네 안에 무수히 많다! 하라. 이는 '지구에 관하여' 주신 주이시다. 책 내는 자이다. 이는 완성이다. 오늘 가족이 모이는 날이다. 이는 "주의 부르심이다" 하라. 기억하느냐? 그날을? 사역지에 나간 아들의 휴무이니 이 시기는 2차 출판사 원고 전송 후 '퇴짜' 당한 날이므로 기억하지 않느냐? "나는 전하였다" 너희에게. 내 '일'을 하라! 반복하여 전한 그동안이니 이는 오늘까지(원고 마감일 이는 전달자이니) 얼마간이랴? 무수히 많다. 예정한 달 지나, 이는 지난, 두 아들 졸업의 해이니 "2021년 1월 출간하라" 명하신 주이시다! 하라. 되었느냐? 닫으라. 이를 모두에게 전하라.

이 시대는 그러하다 하라. 예수 초림(탄생에서부터 부활 승천까지) 당시나, 현재나 그러하다 하지 않느냐? 이는 기간이다! 하라. 내 예정된 시간을 알리는 자이니 이는 재림이 아니더냐? '때가 가까움이니' 마가복음 말씀을 두라. 막 1:15 이르시되 때가 찼고 하나님의 나라가 가까이 왔으니 회개하고 복음을 믿으라 하시더라. 하나님의 나라를 구하느냐? 하라. 이는 "전 세계에 전하는 나의 메시지이다!" 하라. 세례 요한 사역의 말씀을 두라. 마가복음이니라. 막 1:2 선지자 이사야의 글에 보라 내가 내 사자를 …. 내 사자들이니라. 이는 너희의 부르심이니, "가라" 마 28:19 그러므로 너희는 가서 모든 민족을 제자로 삼아 아버지와 아들과 성령의 이름으로 세례를 베풀고 20 내가 너희에게 분부한 모든 것을 가르쳐 지키게 하라 볼지어다 내가 세상 끝날까지 너희와 항상 함께 있으리라 하시니라. 이는 성경의 순서를 마가부터 읽는 자이다. 왜냐? 신학을 한 자이기 때문이다. 이는 사복음서(마태, 마가, 누가, 요한복음 순서이나)를 기록 순서로 읽기도 하는 자이다. 이는 주의 보내심 파송이다! 하라. 찬양을 두라. '너의 가는 길에 주의 평강 있으리, 영광의 주 함께' 하시지 않으랴? 이를 두 아들에게 전하라. 책 원고 '영서 기록된 분량'은 아들들조차 미개봉되다시피 하지 않더냐? 책 내어(발간, 출간 의미이다) 보는 자들이다! 하라. 이는 가르침에 문제 삼지 않기 위함이다. "어디서, 저런 메시지를?" 사람들이 하지 않겠느냐? 너조차 제대로 읽지 못한 채 쌓아둠이니. 원고 작업하면서 "이런 글이?" 하고 새삼스럽게 눈 동그랗게 뜨고, "책 내고 싶지 않다. 나 배우고, 읽고 싶다" 하는 자이다.

성경처럼 두라 않더냐? 영서 기록인, 가족들, 독자층 모두이다. 이러하기에 닫아 두는, 미개봉하는, 이는 네가 주저앉고 글들에 유심히 빠지므로, 들으면서 기록할 뿐 중요한 메모 외에(이는 행할 일, 관함이다) 덮어 두게 하는 주 하나님이시다! 하라. 너도, 두 아들도, 독자층 역시, 은밀히 거하여 나와 함께 하며 글을 읽자! 성경과 같이 연구하자! 함이니 한 번 읽으랴? 두 번 읽으랴? 몇 번까지 읽으랴? 너희 모두는(이는 전 세계인이다) 도대체 성경을 어떻게 읽으며, 많이 읽느냐? 적게 읽느냐? 책 중의 하나일 뿐이다! 이러한 자가 있느냐? 성경은 너희의 재산이다. 지구와 맞바꾸겠느냐 하라. 이 기록을 아는 너희이다 하라. 배운 자는 더더욱 그러하지 않더냐? 어떤 이는 성경에 심취하여, 어떤 이는 나를 "모른다!" 하며(예를 들어 이는 북한 김정은, 마치 이러하다 하라) 천국과 지옥으로 나뉘는 자들이니 나의 마음이 어떠하랴? 모두를 사랑한다. 그러나이다. 내일은 누구도 모른다! 하라. '주 오심 가까움' 이를 전하라. 이를 위해 기록케 하시는 주이시니 책 발간도 이러한 마지막 때의 세대 속에서 발광, 미쳐가는 사단 행태들을 보는 자들이므로 너희 중, 나를 사랑하여 전심으로 다가오는 시기가 되게 하려 함이다. 이를 주라, 전하여라. 이는 지구인, 전 세계 대상으로 나는 지구를 보이며(이는 네 30년 이상이 되는, 될) 지속하여 보이며, 듣게 하며, 하늘로 올리워, '휴거'의 때도 이해를 돕기 위한 주이시다! 하라. 나타난 모든 것, 이는 마태복음 10장 26절 마 10:26 그런즉 그들을 두려워하지 말라 감추인 것이 드러나지 않을 것이 없고 숨은 것이 알려지지 않을 것이 없느니라. 말씀을 수없이 주어 영서 기록함이니 이는 "나의 일이다!" 하라. 너희의 숨김, 감춤, 비밀, 그 어떤 것도 내 앞에서는 무용지물이다! 하라. 오직 거울을 보듯 나, 주 예수 그리스도, 주 하나님이시니 "사랑하거라"이다. 되었다. 닫으라. 이는 마침이니라.

수고했다, G. 크리스탈을 두라. "하나님과 나 사이이다" 하리라. 네 이름 속에 나(G는 GOD, 하나님이니)를 감추어, 마치 무지개를 보면 하나님의 홍수 언약이 생각나듯 하리라. 창 9:13 내가 내 무지개를 구름 속에 두었나니 이것이 나와 세상 사이의 언약의 증거니라. 자연을 보듯, 네 이름 속에 나를 나타내리라. 사랑한다! 내 종아. 사랑한다! 아들들아. 펴지 못하는 자가 아니다! 하라. 이는 물가에 띄운 매우 커다란 빨간 꽃송이니 '피어 아름다운 모습'이 아니더냐? 두 아들이 긴 가지를 그 손에 잡고 세상 물살(이는 환경이다)을 가르며 나아가는 모습을 본 자이더니, 이 시기는 출판 원고를 3차 출판사에 일부 내보이며 - 하나님의 감추인, 크신 비밀이므로 아무나, 아무데서나 보이지 않는다 하라 - 다시 가족이 만나는 날이다. 이러하다 저러하다 하여도, 엎치락뒤치락하여도, 오르나 내리기도 하는 날이 있어도, 나의 안에서 쉬기도 듣기도, 나아가기도 꾸중 듣기도, 심히 노하시니 놀라기도, 죽었다 살아나기도 한 자이다 하라. 되었다. 닫으라.

이를 줌으로써 너를 아는 것이 아닌 "하나님이 누구신지, 어떠하신지" 이를 알리어 나를 두기 위함이다 하라. 건지는 시기, 피난 시기, 지구의 막 내리는 시기 이를 두라. 이 책을 읽은 자는 이제는 알리라. 이 말의 의미에 대해서 그리고 자신이, 교회 공동체가, 나라가, 지구가 어떤 상태인지, 무엇을 향하는지 그 '목적과 삶'을 알리라. 이는 시간이 지체되어 후기 글을 포기한 자에게 주시는 주의 권면과 사랑이시다 전하여라. 되었다. 닫으라.

2. 주일 예배 준비 중에! (2022. 7. 31. 주일. 오후)

주께서 책 '종말 1'에 대하여 질문하라고 하십니다. 몸은 이일 저일 준비로 바쁘나 생각과 마음은 주와 교제를 나누는 시간입니다. 주께서 들려주신 많은 이야기(주제들) 속에 책 '종말 1' 조판 수정 기간을 마치는 마무리이기에 이 은혜에 대해서 먼저 나누고자 합니다! 하라. 머릿속에서 책이 될 원고 순서대로 책장을 넘기며 질문을 드립니다. 들은 내용들이 많으나 예배드리기 위해 자리에 착석하면 하나하나 생각나게 하셔서 기록하게 하십니다. 이미 주신 바를 확인 주시는 내용도 있고 마음에 고민하는 바를 꺼내어 차례로 답변(해결책)을 주시기도 합니다. 새로운 일을 말씀하시기도 합니다.

첫 질문은 책 표지의 제목이며 왜 '종말'인지? 묻습니다. 그동안 종말은 마지막 때라는 단어와 함께 사용하시나 '마지막 때'는 뒤에 설명이 이어지니 천국과 지옥 단어처럼 명료함으로 각인시키기 위함이라고 하십니다. 이를 전하라 하십니다. 그리고 영어는 The End TIme과 The Last TIme 둘 중 무엇을 할까요? 하니 End는 끝, Last는 최후의 뜻이니 그래도 '끝'이 나옴은 영화 상영 마칠 때도 사용하듯이 '종말' 표현에 더 적합하다는 설명을 주십니다. 이어지는 저자 소개는 수정한 대로 하라 하십니다. 처음에 가족을 소개한 내용과 '다름(내용 변화)에 대해' 설명을 주십니다. 변화가 있습니다. 미루던 새로운 일입니다. 영서와 책 출간 사역을 맡기시면서 가족에 대해 늘 다루신 '주'이십니다. 아들들이 섬기는 각자의 교회에서 가족의 다음 사역을 위해 전하신 바가 있기에 오랜 준비 끝에 큰아들이 먼저 오늘 사임을 합니다. 주께서 출판 관련하여 아들에게 일을 맡기셔서 해야 하며 비전도 있기에 주의 말씀을 따라 이루어진 일입니다. 그래서 오늘, 개인 예배 중인 제게 이일 저일 다양하게 말씀을 주시면서 더욱 더 주의 뜻을 향하도록 은혜를 주시는 날이기도 합니다. 이어진 추천의 글은 약간의 수정(주와 같이하는 수정이다! 하라)을 느끼며 패스합니다. 이어진 프롤로그에서 활동명으로 주신 이름 'G. 크리스탈'에 대해서 말씀드립니다. "주님, 아들이 오글거린다! 해요? 하니 이에 대해서도 기록된 대로 다시 설명을 주십니다. 다음 이어지는 '목차'에 대해서도 설명하시며 주의 뜻을 알리십니다. 등등 이런 식으로 책 전체 구성에 관하여 훑어주시면서 곧 출판사로 다시 전해야 하는 조판 원고에 대해 보완과 함께 흐름을 파악하게 하십니다.

마태복음 5장 10절을 주십니다. 마 5:10 의를 위하여 박해를 받은 자는 복이 있나니 천국이 그들의 것임이라 11 나로 말미암아 너희를 욕하고 박해하고 거짓으로 너희를 거슬러 모든 악한 말을 할 때에는 너희에게 복이 있나니 12 기뻐하고 즐거워하라 하늘에서 너희의 상이 큼이라 너희 전에 있던 선지자들도 이같이 박해하였느니라. 주 예수의 길을 걷는 선지자들이니라. 너희 중에 일부 있으나 다는 아니다 하라. 최고의 책임자이나 박해를 면하는(받지 않으려는 자들이다) 시대이다. 좁은 길 '가이드' 누구랴? 제시가 있어야 하는 시대이다 하라. 믿음의 선조, 옛적 선한 길을 물으라. 렘 6:16 여호와께서 이와 같이 말씀하시되 너희는 길에 서서 보며 옛적 길 곧 선한 길이 어디인지 알아보고 그리로 가라 너희 심령이 평강을 얻으리라 하나 그들의 대답이 우리는 그리로 가지 않겠노라 하였으며. 이는 주 다음 두 번째이다. 12 제자가 있으니 이를 알리라. 알게 하리라. 그들로 인함이다. 기록된 대로이거니와 이 시대는 누구랴? 하랴? 너희끼리 중에 누가 추천이 되랴?

다가올 시대에 관함이다. 계시록 두라. 계 20:4 또 내가 보좌들을 보니 거기에 앉은 자들이 있어 심판하는 권세를 받았더라 또 내가 보니 예수를 증언함과 하나님의 말씀 때문에 목 베임을 당한 자들의 영혼들과 또 짐승과 그의 우상에게 경배하지 아니하고 그들의 이마와 손에 그의 표를 받지 아니한 자들이 살아서 그리스도와 더불어 천 년 동안 왕 노릇 하니. 이를 두라. 나의 왕국이다! 하라. 되었느냐? 너희 중 이러한 자가 "내 신부이다" 하라. 되었느냐? 닫으라. 주 너의 하나님이시다! 하라. 이만이다. 계 22:10 또 내게 말하되 이 두루마리의 예언의 말씀을 인봉하지 말라 때가 가까우니라 11 불의를 행하는 자는 그대로 불의를 행하고 더러운 자는 그대로 더럽고 의로운 자는 그대로 의를 행하고 거룩한 자는 그대로 거룩하게 하라 12 보라 내가 속히 오리니 내가 줄 상이 내게 있어 각 사람에게 그가 행한 대로 갚아 주리라 13 나는 알파와 오메가요 처음과 마지막이요 시작과 마침이라 하라. 이상이다. 되었다! 하라.

3. 지난 2년간의 소회 두라! (2022. 9. 11. 주일)

이제 마무리 글이 되는 자이다. 야외 장소에서 드리는 글입니다! 하라. 달빛 아래에서(2022. 9. 14. 수요일. 추가 글), 조명 빛 아래에서, 걷는 기도를 마친 후에 벤치에 앉아 이어서 글을 쓰는 상황입니다! 하라. 지난 2년간 많은 일들이 있었습니다. 이는 영서 받은 첫날인 2020. 7. 23. 목요일부터 2022. 9. 11. 주일인 오늘까지입니다! 하라.

첫째, 정부의 변화 이는 정치 개혁 시기이다! 하라. '자유민주주의' 전환 체제 시기이다. "문재인 정부 이어 이재명 대선 후보이다!" 하나 이루지 못한, 이는 '나의 나라 위해서!'이다! 하라. 이들은 '사회 공산주의' 지향자가 아니더냐? 정치인 '한 떼, 패거리'라 하랴? 국민을 선동하는 선동자 되어 북한 김정은 지도자 편에 서려 하다가 낙오된 그들이다! 하라. 자유민주주의에 대한 "재촉한다, 반기 든다!" 하는 자들이므로 정치 '주의보' 내린 주이시다. 이는 총선, 대선 전부터 알만한 자는 아는 물결이니 바다로 나갈 물이 역주행하여 물밀듯 들어오듯 한, 사회 공산주의 물결(흐름)이라 하나 검은색과 흰색으로 구분하여 알린 주이시다! 하라. 이는 두 미끄럼틀 비유이다. 검은색은 사회 공산주의 편 된 자들이며 흰색은 자유민주주의 편 된 자들이다! 하라. "이제는 되었다!" 하려느냐? 아니다. '여당의 야당'이니 오랜 훈련의 그들이다! 하라. 모험과 난색 형국이 된, 한국의 주도자 되려 하는 역행자들 세력, 그들이다. 일일이 지명하여 누구이다! 거론하느냐? 거론할 수 있는 주이시다! 하라. 거론하시는 주이시다. 나라의 대세를 기울이게 한 자들이니 마치 위로 오르는 '시소'를 반강제로 눌러서 내려가게 함이니 자유민주주의를 이렇듯 불법자들 되어 괴롭히지 않더냐? 이는 첫째 시험이니 나라 이념전(전쟁 의미이다! 하라) 된 지독스런 자들에 의한 한국전이다! 하라.

둘째는 교회들 사이의 맞불 전이니 성령과 대적자들이다! 하라. 이로 인해

에필로그(epilogue) 549

'이편저편' 하며 나누니, 어린 자에서 – [미성숙한 자이며 내적 치료 대상자들이다. (이는 감추인 부분이기에 드러나지 않으나 한계 이상의 접전에 이를 때 나타나는 화, 분 내는 자, 표독스러운 자들이니 미움이 시기가 되어 칼을 든 자로 바뀌어 도마 위에 올린 체 살인자가 되어가는 자들이 있으니) 알지 못하면 "편에 선다!" 하며 악인 편을 돕는 자 된 자들이다] – 어른까지이다. 이는 장성한 자니 주의 마음이 되어 인도하고 이끄는 자들이니 그릇된 길을 갈지라도 기다리나 도에 지나면 이방인 같이 여긴다는 이 말씀을 두라. 마 18:17 만일 그들의 말도 듣지 않거든 교회에 말하고 교회의 말도 듣지 않거든 이방인과 세리와 같이 여기라. 가인, 이스마엘, 에서, 헤롯이 된 자들이다! 하라. 업신여기거나 미워하는 대상이 아닌 긍휼과 사랑 아래 봐주나 도에 지나칠 때는 누룩같이 퍼지므로 중단시키는 경고(옐로우 카드)부터 사망까지 이를 수 있는 형제의 죄들이다! 하라. 계시록 11장의 '두 증인 vs 원수들' 말씀과 같은 시대이다. 조롱과 멸시 천대 속에서 지내 온 주이시다! 하라. 주 오실 날까지 그러하다. 그들 심판이 마칠 때까지 지구는 그러하다. 이러하므로 한국은 어지러운 상황이니 2천 년 전부터 주를 십자가에 못 박고 미혹 이어 배반하듯이 이 시대는 그러하다. 일종의 '사단' 줄다리기니, 주의 편 아닌 반대편에 줄지어 힘 보태는 자들이다! 하라. 이는 '주 vs 사단'이 아니랴? 자기편을 모함, 비방 참소 두는 자 되어, 힘을 약화시키는 이사야 36장의 앗수르 왕 아래 랍사게 같은 자들이다! 하라.

이 두 가지 두라. 이러한 시대이니, 한국전이다! 하라. 국내전 다루는 영서자(기록인)이다. 전 세계 겪는 일 함께 지역전을 다루는 자이다. 무엇보다 교회 측의 비호, 보호가 있으나 심히 해된 교회도 있으니 이웃(사는 곳) 아울러 주변인 함께 겪은 자이다. 영서 진행, 임무에 돕는 자이나(돕는 자가 되어야 함에도), 반대도 있으며 이 과정 중에 아들들도 힘겨움을 겪은 자이다. 주의 약속대로 풀리는 과정 중이다! 하라. 영의 방해, 제지로부터 그리고 환경(이전지 등)으로부터 자신들(세 사람)과의 싸움까지이다.

주의 약속은 재림 앞 구원에 관함이며, 맡길 임무까지 차근히 다루시는 주이시다! 하라. 이 과정에서 더디나 첫째 아들은 교회 사역 사임 후 선교지 부르심 위한 준비 과정이며, 둘째 아들도 섬기는 교회에 사임을 전하고 남은 기간을 마치는 중이다! 하라. 이는 선교하는 가족의 부르심이다. 알아내는 자들이다. 주위가 어떠한지를 알아야 헤쳐가는 난관이다! 하라. 주의 편이 다 아니기 때문이다(교회라 해서, 목사라 해서, 누구, 무엇이기에) 이러한 심사를 배우는 자이다! 하라. 내 '일'이 아닌 자는 모르는(부름이 다 다르다! 하며 살펴야 하는 자들이다) 이를 제대로 구분하지 못할 때, 자기 일이 최고이다! 하는 자들이 있다! 하라. 낮추기도 하며 이를 발견하는 자 되어 나의 일을 선두로 두는 자가 되게 하는 과정이다! 이르라. 되었다. 닫으라.

두 해는 이러하다. 이제 서야 할 증인의 시기이니 '다른 부름'이다 하라. 많은 약속 함께 소망을 주신 주이시다. 미약하나 창대를 향한 자이다 이르라. 함께 일할 독자들이다. 이 일도 예정되니 기쁜 자이다. 이는 후에 이으라. 이제! 2021년에 주신 한 문장이니 "2022년 무서운 일이 일어나리라!"에 대한 한 해를 두어야 할 때이다! 하라. 책이 시작되어 … 책은 차의 바퀴이다! 하신 주이시다. 주의 운전대에 앉는 자들이다! 하라. 이끄시는 곳으로 가는 자들이다. 새로운 일이 일어나는 시기이다. 맡은 분야 크도다. 이를 두라. 외모로 평가받지 않는 자이다. 마음의 중심으로 단련된, 나(자신)와 하나님을 외칠 자이다. "나의 주는 왕이시다! 가장 높으시다! 교회의 머리이시다!" 하며 외칠 자이다. "성령! 성령!" 할 자이다. 이 셋을 두라. '다시 오실 주'를 알리라! 하신 주이시다. 이는 영서(영서인)의 할 일이다! 이르라. 되었다. 닫으라. 새롭게 할 한국이다. 이 관련 말씀은 차후 이를 자이다. 이 모두를 전하는 '마침 글'이 된 자이다. 에필로그에 두라. 이상이다. 밤 11시 정시에 마칩니다! 하라.

4. 이날은 지침이 있어 외출한 자이다! (2022. 9. 14. 수요일)

몸에 이로운 음식을 먹이신 주이시다! 저녁 식사 후 달빛 아래! 이후 걷는 시간이니 이곳에서는 여러 추억이 있다! 하라. 아들들이 사용한 곳이다. 바람 쐬러 다닌 타지에서의 운동 장소이다. 엄마를 데리고 가나 힘겨워서 마땅치 않다! 하여 탐탁지 않게 여긴 곳이다. 그곳에서 '지역 구름' - 영서 초창기 2020. 7. 24. 화요일에 지역 구름을 알리신 대로 연구하게 하심이니 - 사람 얼굴 형상도 보임이니 이후 자신의 명소 중 하나이다! 하게 된 자이다. 다음은 기도 제목을 갖고 트랙을 돌라 하며 '이동 기도'를 시키신 주이시다. 첫째 아들 교회 사임 후, 종일 실내 지내는 날에는 가라! 하시니 외출하여 쉼과 산책 코스로 정하며 메시지를 받기도, 묻기도, 기도하기도 하는 장소가 된 현재이다! 하라. 되었다 닫으라.

한국 명절의 추석 연휴 기간이니, 추석(2022. 9. 10. 토요일) 다음 날도 보게 되는 '보름달'이다! 하라. 이는 뉴스 기사에서 "100년 만에 보는 보름달이라고 합니다. 해와 지구와 달이 나란히 일치(일직선상의 위치)될 때 가장 둥근 모습의 달이기에 쉽게 볼 수 없는 모습이라고 합니다" 하라. 이를 검색하라! 하시니 본 자이다. 알게 되는 과학 상식이다! 하시는 주이시다. 이 달빛 아래에서 기도한 자이다. 에필로그에 두는 메시지는 이동하는 교회를 두어 맏아들과 함께하며 보낸 '산책 거리, 장소에서'이다! 하라. ······

이를 줌은 이러하다. "성령이 도대체 뭔지?" 하는 자에게 성령은 이러하시다! 하기 위함이니 성령의 지도가 세심하다, 구체적이다, 전반적이다(전체의 뜻이다! 하라) 하여 자신들이 아는, 믿는 성경 외에 "아니다" 하는 자가 있으므로 건네는 주의 권면이시다! 하라. 주의 시대, 세계, 역사, 행하심을 나타내는 자이다. 보수는 무엇인가? 하라. 전통은 무엇인가? 하라. 이는 어제부터(과거) 이어지는 현재까지의 변화이다. 비유하자면 옷이라면 '낡은 옷에서 다른 옷으로'이며, 음식이라면 '전통 음식에서 현대 음식까지'

그러하다. 이는 무엇이냐? 옛것을 알고 새것을 아는 것이다. 마치 초림에서 재림 예수 주까지 읽어내는, 알아내는 자이다! 하라. 구약에 머무르거나 지식을 선호하는 자가("성경만!" 하는 자가 있는! 이는 주장이다) 받기 어려운 성령이시다! 하라. 부모를 알 듯 피상으로 아는 자가 있으며(부분 아나 자랄수록 알아가는 자녀이다) 경험에 갇혀 나아가지 못하고 있는 자이며, 내 주장이 많아 스타일 된 자도 그러한 이러한 자들이 '영의 세계'인 주를 잘 알지 못하여(지식 내 범위에서이거나 체험이 부분인지라 그러하다) 지위가 있거나, 가르침에 익숙한 자는 "내 것이 옳다, 전부이다, 낫다" 하는 자들이다. 이를 전하라. 되었다 닫으라. 이러한 지도 아래에 다니는 자이다. 무엇을 하든 받는 대로 확인한 후 또는 믿어지거나, 다급히 주어지는 상황도 기도해가며 주께 맞추려는 자이다. 이러한 기반이 영서이자, 살아온 과정이다! 하라. 더 세심해진 아울러 전체 속에서 알아가는 자이다. 면밀히, 전체적으로 알 단계이다! 하라. 주의 '아심'은 무엇인가? 하라. 이는 접근한 상태이다. "앎은 부부이다, 친구이다!"로 비유하신 뜻이니 이를 두라! 친밀한 관계 '하나 됨'이 무엇인지, 이는 각자의 부르심에서 차이와 함께 알라! 이다. 되었다! 하시는 주이시다! 하라. 닫으라. 이상이다.

…… (위의 글 이어집니다) **너는 '명절 문화' 거절자이다.** 왜 그러한가? 이를 두라. 이는 부르심이다. 우상 문화 시대! 이는 범주가 심히 손상되어 부패, 포악의 수위가 차오름이니 곧 임할 주시라! 하라. 이는 세상 끝날이다. 우상 문화 가정에서 자란 자이다. 이는 한 때라도 영향받은 자니 이제는 음식과 함께 명절 성묘, 선물 주고받기 등 제한적 삶을 사는 자이다. 이는 훈련된 자이나 때때로 곤혹도 있다! 하라. 훈련되어 나온 자이나 접하는 환경의 문제이니 지기도 이기기도 하는 상황이다! 하라. 이제 한 아들만 남은(둘은 더 과다한 명절 선물들이다! 하라) 교회 사역이니 이번 추석 명절은 다소 가벼운 자이다. 아울러 밖으로 내보내심이니 할 일이 많다! 하여 미뤄진 일 함께 명절 연휴 전후를 바삐 지낸 자이다. 명절을 무관히 지내는 자이다! 하라. 이전에는 우상 영이 다소

강하여 이 기간은 더 근신하므로 '두문불출'하나, 이번 추석은 "가라, 다니라" 하신 주이시다. 주가 맡기신 관계 외에는 홀가분해진 자이다. 반면에 할 일이 커지기에 훈련에 여념이 없는 자이다. 자신과의 싸움, 두 아들과의 협력 문제, 주위의 방해와 걸림과의 싸움 이를 위한 결단 등 그러하다. 가까운 문이 열려야 차근히 해나가는 진행이다! 하라. 상대가 이를(주의 지시와 목적 향한 자이다) 알든 모르든, 이는 주위와의 관계이니 이 싸움이 크다! 하라. 차례로 커지는 문이니 후에는 지구의 문을 통과할(이 땅의 '머묾' 동안 개인전에서 단체전까지(수, 지역 모두이다) 치르는 자들이다) 천국 입성 그날까지 그러하다! 하라.

자유를 주시는 명절이다. 매인 자들이 많다! 하라. 제도, 구조, 사상 등 벗어나지 못하여 일이 많아지는 시대이다. 무슨 날, 무슨 기념, 무슨 행사 등 그러하다. 이는 오래전부터 받아온, 훈련 과정 중이다! 하라. 아들들에게는 매이지 않게 하려는 자이다. 주의 지시안에서 '자유'해지며 주에 의한 매인 자가 진정한 '자유자'이므로 이를 배우는 중이다! 하라. 잠시는 누구나 맛본다! 할지라도 삶에서, 전 지역에서 해내는 자가 해방이다. 이를 두라. 소속 강조하는 자에게 이를 주라. 주가 먼저이다. 그다음이니 무엇, 무엇이 아니더냐? 사람에게 지지 않으려 하시는 주이시다! 하라. 이기신 주이시다. 너희 안에 계신 주를 알아가는 자들이다. 이 '차이'는 많다, 크다, 다양하다. 성령을 알수록 그러하다! 하라. 알아내는 자이다. 알아갈수록 심오해진다, 넓혀진다! 몸의 구조, 기능과 같이 알아가는 자이다. 보이는 사람이 전부이다! 하려느냐? 몸 안도 이러하거늘 "주의 깊이야! 얼마나?" 함이 진정한 자유자이다! 하라. 사람 아래 그늘이다! 하며 자신을 찾지 못하면(이는 주를 알아간다! 는 뜻이다) 아무것도 아니다! 하라. 이는 각 사람의 부르심이자 알아가므로 주와 하나 됨이 이루어지는 자이다. 이 부르심을 '거룩'이라 한다! 하라. '소명'이라 한다. 거룩한 소명자가 되거라.

이상은 2022년 추석 연휴라 하는 민족 명절에 주시는 글이다. 주의 소명된 자, 이 부르심 안에 있으라, 지내라, 살라, 나아가라. 명절이 아닌 주를 위한 시기이므로 그러하다. 가족과의 관계는 마친 자이다. 친인척 모두이다. 내 '할 일' 두어 처음 주신 성령 체험 따라(그 당시의 지도도 이러하니 맛본 자이다) 나아가는 자이다. 지금은 깊어진, 넓혀진, 다양해진 자이다! 하라. 이는 주의 나라를 위한 길이다! 이르라. 되었다 닫으라. 교회, 사업체, 지인 등 일절 "명절이다"하여 무엇을 어찌하자! 하는 자가 아닌 자임을 이르라! 이는 전하라, 나타내라 의미이다. 더 할 말이 많은 중의 마침(글)이 되는 자이다! 하라. 이상이다. 닫으라. 되었다. 영서는 첫 메시지 '형상'에서 시작하여 '행사'까지 전하신 주이시다. 오직 주만이 구원이시다! 하라.

5. 시간 AM! (2022. 9. 30. 금요일. AM 11:48)

국제화 시대로 사용하는 자이다! 이름 G. 크리스탈! 그러하다! 하라. 두 손 들라! 방언 찬양하라! 찬송 두라! '지금까지 지내 온 것 <u>주의 크신 은혜라 한이 없는 주의 사랑</u>(밑줄 치라) 어찌 이루 말하랴?' 지난 2년간이 아니냐? 2절 '몸도 맘도 연약하나 새 힘 받아 살았네 <u>물 붓듯이 부으시는 주의 은혜 족하다</u>'(밑줄 치라). 이는 2020. 2. 12. 수요일, 환상 본 자이다. 하늘 문이 열리고 생수의 강물이 흘러 내림이니 폭포수이다! 한 자이다. '물 붓듯이 부으시는' 이는 <u>여호와의 지식</u>(밑줄 치라)이 아니겠느냐? 하라. 말씀 두라. 합 2:14 이는 물이 바다를 덮음같이 여호와의 영광을 인정하는 것이 세상에 가득함이니라. 사 11:9 내 거룩한 산 모든 곳에서 해 됨도 없고 상함도 없을 것이니 이는 물이 바다를 덮음같이 여호와를 아는 지식이 세상에 충만할 것임이니라. 찬송 두라 '하늘 문이 열리고 의의 빗줄기 이 땅 가득히 내려와' 이러한 형식으로 적는 자이다.

아베스키유아! 방언 찬양(영가) 두라. 이 찬양에 눈물 나는 자이다. 너와 내가 부른 찬송이다! 하라. 찬송 두라. '사랑 없는 거리에나 험한 산길 헤맬 때 주의 손을 굳게 잡고 찬송하며 가리라' 이와 같이 산 자이다. 지내 온 시간이 그러하다! 하라. 이 찬송 가사는 '지금까지 지내 온 것' 찬양을 주신 주이시다. 찬양으로 설명한 나이다! 하라. 이는 두 번째이다. 찬양으로 말씀하시는 주이시니 많은 곡을 부른 자이다. 이는 회중 가운데 아닌, 스스로(개인) 예배이다! 하라. 수 없이 부르고 부른 30여 년이다! 하라. 꿈이 생각나느냐? 이는 오래전이니 자신 모습을 보는 자이다. 홀로 걸어가는 산으로 향하는, 오르는 길이다! 전하라. 눈이 내리는 날 눈 쌓인 길을 눈을 맞으며 오르는 자니 찬양을 부르면서 갈 때, 가는 중 자신의 암이 치유되는(나은 상태) 장면을 보이신 것이다! 이르라. (내용 생략 합니다! 하라)

찬양의 옷을 입은 자니 시편 말씀을 주시는 주이시다 - [길에서 주어온 멜로디언 악기로 가슴을 울리는 찬양을 드린 자이며(일천번째 곡 도전자이다), 피아노를 한 달 배우고 레슨 중지한 아픔을 승화하며 감사함으로 드린 시간이다! 하라. 누군가에게 들려줄 만한 곡이 아니나(사람은 실력을 보기에), 주는 받으신다! 전하라. 이후 주께 받은 피아노 선물이다! 하라. 이 당시 받은 말씀이 시편이다! 하라] - 거룩한 예복을 입고 찬양하라 하시며 시 29:1 너희 권능 있는 자들아 영광과 능력을 여호와께 돌리고 돌릴지어다. 2 여호와께 그의 이름에 합당한 영광을 돌리며 거룩한 옷을 입고 여호와께 예배할지어다. 피아노를 중고로 구입하라! 하신 주이시다! 하라. 말씀대로 사서 간직된 체, 둔 그곳이다. 이도 오랜 기간을 스스로(악보는 제대로 보지 못하나) 찬양을 드린 자이다! 하라. 세 번째, 수화 찬양도 그러한. 이 모두는 보이기 위함이 아니다! 하라. 네 번째, 방언 찬양 그러하다. 다섯 번째, 찬양하며 춤추는 성령 춤 그러하다. 여섯 번째, 작사 작곡 그러하다(한 해 해 본 자이다). 홀로 긴 시간을 주를 그리워하며 찬양하는 자이며 주와 교제하다가 감사해서 찬양하는 자이다! 하라. 나라의 일로 우는 자이니, 지구도 그러한. 이 모두는 감사 및 중보기도이다! 하라. 북측과 관련된 아들의 군 복무 중 '여호사밧' 말씀대로 찬양도 한 자이니, 관중 없이 대상 없이 주를 위한 시간이 아니더냐? 하라.

이러한 예배자가 되어 살아온 시간이니, 마침내 영서도 듣게 된, 이는 2020. 2. 12. 수요일, 임하신 예고된 영서에 대한 "성령이 일하신다!" 함을 다시 이르거라! …생략… 영서에 대한 접근 금지이다! 하라. 사역도 그러하다. 이는 미리 보인 목회자 유형들을 알리신 주이시다! 하라. 관계하는 지근(지척 의미이다) 거리에서 영상(방송)까지 다 알리시는 주이시다. 이는 주를 의지함이나, 온전치는 않으나, 내 '일'로 두기에 나에 대한 신성 영역이니 그러하다! 하라. 이는 상대에 대해 참는 자(기록자)에 대한 주의 처리 방식이다! 하라. 그들도 구원(회개 과정 순서 두는 주이시다)에 대하여 알리시니 대부분 알고 과정을 보는 자이다! 하라. 이는 계 11:3 내가 나의 두 증인에게 권세를 주리니 그들이 굵은 베옷을 입고 천이백육십일을 예언하리라. 4 그들은 이 땅의 주 앞에 서 있는 두 감람나무와 두 촛대니. 이에 대한 훈련자이다! 하라.

이러한 일로 두어 나의 증인들(행 1:8 말씀대로) 세우는 시기이다! 하라. 이는 전 세계에 흩어진 나그네이다! 하라. 디아스포라가 아니냐? 초대 교회사를 보자, 흩어진 상황이다. 이는 왜인가? 증거 위함이다. 전 세계 나의 종들에게 '뉴스거리' 제공하는 주이시다! 하라. 책이든, 영상이든, 강단이든, 숨어 지내든(이는 예비이다, 혹은 두든가!이다), 도망 중 전하든, 무엇이든지 아니냐? 영으로만 전하는 자도 있다! 하라. 자신의 존재를 밝히지 않는 사역자도 있는 현재 이 시대이다! 하라. 무수히 떨어지는 목회자들 세계이니 수가 그대로이다, 증가이다 하려느냐? 명색이 목사이다 하려느냐? 교단 소속, 교회 갖추는 수십만, 수만, 수천, 수백, 수십, 수명이 아닌 "내 마음으로 본다, 안다, 살핀다" 하지 않느냐? 이를 두라.

전 세계에 이르는 나의 말이니라. 이를 두어라. 전 세계인 들으라! 하라. 현재 기도단(지시 장소이다. 그 위치 자리에서 부르짖는 자이다)에서 훈련 중이니 지구를 보이는 주이시다! 하라. 위 하늘 바라보며 구하는 자이다. 눈물의 간구 시기이니 틈내어 기도 장소 선정하여 자리에 세우시니 알리신다! 하라. 모든 것에 대해서. 이는 영서이니 모두를 다룬다! 하라. 열어 주시는 한도 내에서 전하게 하시는 주이시니, 밀 까부르듯 하는 이때이다! 하므로 자신과 싸우는 영서인(영서 기록자)이다. 방해자가 나섬은 전체 일 알리는 자를 시험 주는 자들이므로 일이 막히기도, 울기도, 아프기도 한 자이다. 온전치 못한 병든 몸으로 달리는 자이다! 하라. 질병이 두렵지 않은 자이다. '수가지'라 하여도 병도 잊고 산다! 하지 않느냐? 암이 걸리든, 치유되든 상관치도 않는 자이다! 하라. 그날그날 할 일을 견디며 내일 할 일도 주신 주이시니 "해야지!" 하며 잠드는 자이다. 한주의 일 그러한, 한 달도 그러한, 한 해도 그러한, 이후까지 달려갈 길 보이심이니 이는 방해자와의 싸움 시기이다! 하라. 이는 영적 전쟁 및 관여나 간섭이나 치고 들어오는 자 등 여러 가지이다! 하라.

이도 연구 대상이니 밝히고 가는 길이기에, 예정대로 하지 않는 일이 되기도 하며 막히면 방안, 대책도 세우는 자이다! 하라. 알려줘도 하지 못할 때 있는! 이는 무엇이냐? 자신 스스로(기록자) 한계도 그러하다, 또한 가족 중 그러하다. 일 관련자들 그러하다. 모르든 알든 이 모두를 알아야 전진하는 시기이니 알고 대해야 편안해지는! 이를 이르거라. 이는 "주의 책임이다!" 하는 의미이다! 하라. 정치인이든 누구이든 하늘의 일, 하나님의 정하고 나타내는 일들에 훼방이 되면 기회는 주나 회개치 않을 때 그 대가(값)가 무엇이랴? 이는 각자 두라. 실수, 실언, 실책이라 하더라도 무게 두어(달아 보시는 주이시니 그러하다) 살피며 기회 되기도, 변경 주어(묘책이다) 모색하는 자 되어 주와 의논하며 이르게 함이니 이를 과정이다! 하라. 되었다. 달으라.

마지막 때를 이른(말한, 전한 의미이다! 하라) 자이다. 각자 할 일을 살피라. 이는 소위(행위)이니 학 1:4 이 성전이 황폐하였거늘 너희가 이 때에 판벽한 집에 거주하는 것이 옳으냐 5 그러므로 이제 만군의 여호와가 이같이 말하노니 너희는 너희의 행위를 살필지니라. 이러한 시대이다! 하라. 이는 마지막 때에 대한 자세이니 성전은 주이시다! 하라. 주가(교회시니, 머리시니) 교회이다! 하라. 교회이므로 전하는, 이는 "교회가 교회에게!"이다. 하라. 사정상 이동자이다. 주의 뜻대로 다니는 스케줄(일정)이 있으니 이는 확인하고 실행하는 자이다. 교단 소속이 아니더라도 화합을 위한(주의 중심으로 가까워지기 위한) 과정을 보이시니 위로 올라갈수록(믿음의 상승 의미이다) 서로에 대해 알아지는 이해도이다! 하라. 자녀들의 성숙이 서로 부모에게 맞출 때 그러하듯, 교회 교단도 그러한 과정이다! 하라.

이는 오늘 주신 말씀이니, 한국은 이스라엘의 애굽 체류 시기같이 - 애굽의 정책은 다소 강하다! 하라. 바쁘게 살게 하는 세상이다. 그럴지라도 이스라엘 백성의 '수'가 번성함같이 - '수'는 번성한 교회들이다! 하라. 그동안은 그러하며 코로나, 백신 시대를 맞음이니 이는 광야이다! 하라. 출애굽을 한 이스라엘 백성의 수가 많다! 해도 광야에서 1세대가 다 죽듯이, 이는 테스트이다! 하라. 한국 교회의 믿음 약화니 이제 무엇을 해야 하랴? 대통령 편 내용에서 이른 대로 '기도 불' 한국 시기이다 하듯이, 영서 저자에게 알린 대로 2021년 예고이니, 2022년에는 무서운 일이 일어나리라 한 대로 겪는 시기이다! 하라.

현재 나라의 위기를 보느냐? 하라. "<u>자유민주주의 탈환이다!</u>" - [대선으로 대통령 선출하는 자유민주주의 국가이다! 하라. 이도 부정 개입이니 반대자가 된다! 하더라도 밝히시는 주이시다 이르라] - <u>하는 자들이다.</u> 이는 기도하지 않는다면 하는 의미이다! 하라. 반대편, 그들 불이 일어나는 선거 후이니, 묘수 두어 '뒤로 치기'로 나온다! 하느냐? 이를 이르라. 최후의 심판은 지옥 권세임을 아는 자이다. 하늘(주 하나님 성령이시다)의 음성을 듣는 자는 알리라! 하라. 가장 위 천국에서 가장 밑바닥 지옥이다 함에도 "나는 이러하니, 지옥 가지 않는다" 하랴? 내친김에 천국이니 위로 오른다 하지 않으랴? 계단을 오르는 자가 목적지를 올려다봄이니 이러한 천국이 아니랴? 멈추지 않고 오를 시기이다! 하라. 한 계단 한 계단 오름이니 이는 산행이다! 하라. 산행 같은 길을 두어 집중하며 오르는 길이니 내려가지 않기 위함이며 멈추어 서는 곳이 아닌 그날까지이다 이르라. 되었다 닫으라. 이상이다. 이는 2022. 9. 30. 금요일이니 9월 말 출간이 늦춰진 상황이다! 이르라. 일이 아닌 영을 위해 사는 자이다. 영을 위해, 알기 위해, 이 과정이다! 하라. 이를 이르거라! 마침이 되시는 주이시니 오늘 하루 시작 즈음에 알리신 책의 순서 뒤편에 두라 하시니 받는 원고이다. "되었느냐? 되었다! 하라.

6. "돌아보니! …" (2022. 10. 3. 월요일)

어제 주일 아침, 주께서 말씀하십니다. 출간할 책의 순서에 대해 다시 일일이 책장을 펼치시며 지도해주십니다. 최종 점검입니다. 물론 "부족합니다" 하라. 무려 1년여 걸린 시간 동안 해 온 일이지만 미숙하여, 미흡하여 첫 출간작의 많은 어려움을 겪은 자이다! 하라. 그러함에도 해보려 한 자이다. 단 한 가지, '해야 할 일'이므로 그러하다. "하라!" 말씀을 주신 내 하나님이시다! 한 자니 장애들(방해, 한계 등) 속에 있을지라도 "해야지!" 한 자이다. 때로는 자신이 아닌 주위 환경으로 지치기에 다른 대책, 방도를 구하나, 이는 뜻이 아니기에 '참고 견딘' 과정이다! 하라. 자신의 문제는 이미 충분한 상태이니, 기계 문명화 세대를 알기에 멀리한 이 분야이므로 휴대폰조차 조심히 다룬 자이기에 인터넷을 사용하는 사역은 감히 할 생각조차 하지 않은 자이다! 하라. "노트북 사라!" 할 때도 몇 개월을 확인 끝에 결정한 자 아니냐? 글(책)도 "감히!" 하며 주위의 권유가 있거나, 자신이 하고 싶으나 "나는 아니다, 부족하다" 한 자이다! 하라. 성경이 편하다 하며 읽고 읽은 자이다. 하나님 말씀이기에 배우고 준비하고 채우는 일도 남은 인생이 길지 않다! 한 자이므로 치중할 수 있었던 '성경 몰두! 기간'이다! 하라. 기도는 가진(많은 체험) 자이기에(주와의 대화 전력, 때때로 주시는 은혜 등 그러하다) 이 또한 주가 사용하실 때 "어떠하다!" 함을 아는 자니 자신은 오직 주에 의한 사역이므로 이도 "무엇을 해라!" 맡기심이 있어야 하기에 미룬 내 '일'이 아니냐? 하라.

이(오늘 메시지)를 줌은, 나의 영광이기에(이를 알게 해 주어 운 자이다) 내 영광을 위한! 과정을 알리므로 내게 경배하지 않는 자에 대한 기회이자(회개 대상) 고개 들어 하늘만 바라보게 하기 위함이니 그리 알라. 책 출간에 대해 "사람의 개입 없이 하자!" 하므로 틈새(끼임, 개입 등 그러하다) 또한 "테스트를 한다" 하신 주의 말씀(내 말이다! 하라)이니 "나인지, 나부터인지 알기 위함이다" 하므로 더욱 힘든 과정이다! 하라. 주의 종(사역자)들을 알리는 나이니(누가 어떠한지) 이러한 사역이기에 더더욱 숨김이 아니랴? "너는 내 종이니 내 뜻대로 한다!" 알린 나이므로 사람을 배제 시키는 과정이다! 하라. 이 모든 것은, 책 출간에 대한 점검을 서두르는 시기이다. 나라를 위한, 지구를 위한(이를 알아야 해내는 지상전이다! 하라) 교회들에게 보이므로 "나를 따르라!"하는 주이시다 이르거라. 제도권 내에서 옥신각신 사는 너희이니 "나오라. 대책이다" 하며 핵전쟁 시대이므로 경종을 위한 책이다! 하신 주이시다. 이에 "성 방비하라"(읽었듯이! 영서 첫날 이른 대로이니 이를 위해 책 출간하라 하신 주이시다) 하시는 주가 아니시랴? 한국 내 이념전(사회 공산주의 및 등등이다! 하라) 이기는 교회들 되어야 한다! 이르거라.

이 내용들을 마치고 이어진 '주의 표현(마음)'을 들은 자이다. "내 책이다! 나의 책 MY BOOK이다!" 하신 주이시다! 하라. 사람을 선택한 나이다. 이는 영서 기록자이며 책 원고 준비자이다. 많은 일들을 알려 싸움에 가담한 자이니 이는 종말전, 지상전, 지구전이다! 하라. …생략… 자신을 알 때이다! 하라. 알아야 할 자신이니 재생산하듯, 재개발하듯, 묵은 것을 갈아엎고 새로운 시점, 개선으로 나오는 자가 아니랴? 이 시대는 그러한 의인 중에서 악인을 골라내는 시기이니, 마 13:49 세상 끝에도 이러하리라 천사들이 와서 의인 중에서 악인을 갈라 내어. 휴거는 누구를 위함이며 피난처 되신 주도 '그러한'이다. …생략…

"내 책이다!" 하라! 이를 듣고 흠칫! 놀란 자이다. 주를 대함이 자신도 최선이 아님을 아는 자이다. 일이 커지기에, 많기에 해야 하는 일로 감당하다 보니, 마음이 미처 이르지 못한 자신을 느낀 자이다. 이 훈련은 아직 미개봉된 영서의 원서이니, 주를 우선하며 얼마나 절대적 의지 속에서 순간순간 지내야 하는지 지속으로 들으며 기록한 자이다! 하라. 주의, 지도 했음에도 일이 과다해지니 - 이는 거대한 규모이다(하라). 대상이 그러하다. 공개되는 글이라도 일반 서적이 아니니 미경험자가 하지 않으려 하는 분야에 부름이니 오죽이랴? 이를 두라 - 지쳐가기에 마음을 전심으로 두지 못하기도 하며, 주를 주되게 모셔야 함에도 글 중심으로 일하기도 한 자이다! 하라. 이로써 '자책의 시간'이다! 하라. 그럴지라도 맡길만한 이 모두는 나의 선택이다! 하라. "이 일은 고충이 있는 일이다" 뜻이다.

이 일을 누가 하랴? 이사야 말씀 두라. 사 6:8 내가 또 주의 목소리를 들으니 주께서 이르시되 내가 누구를 보내며 누가 우리를 위하여 갈꼬 하시니 그 때에 내가 이르되 내가 여기 있나이다 나를 보내소서 하였더니. "제가 여기 있습니다. 갈게요! 할게요!" 한 자이니 수없이 이른 내심의 마음(믿음)이니 이는 주에 대한 사랑이자 나라를, 교회들을, 지구를 살펴온 자이므로 나서는 자이며 주가 나타나신 꿈에서 주의 공중전 막는 자(나라의 대표 적그리스도)를 보면서 "도와드려야지!" 한 자이다. 이는 마땅하다! 해서 선택한 나이니, 준비된 자이다! 의미이다! 하라. 사람의 마음을 다루는 자이다. 주에 의해서 그러하다. 일이 아니니 영(마음, 믿음)을 보고자 함이다! 이르라. 알고 준비하고 해도 이러하거늘(맡기니) 준비치 않은 자들은 어찌하랴? 하라.

한국을 깨우는 필독서이다! 하라. "듣지 마라!" 하며 사단의 편에 서서 일하는 자에게 이르라. 너의 주는 너를 외면하지 않는다! 하라. 그러나이다 두 번, 세 번, 네 번 어느 때까지이랴? 피눈물 흘리신 주이시니 용서하나, 눅 22:44 예수께서 힘쓰고 애써 더욱 간절히 기도하시니 땀이 땅에 떨어지는 핏방울같이 되더라. 지옥이 있음도 알라. 지옥을 원치 않는 '나'이니 구원을 위해 나타남, 성육신 주시라! 하지 않느냐? 그러함에도 건질 자와 그렇지 않은 자가 있음은 무엇이랴? 받지 않음이라. 주어도 또 주어도 끝내 자만, 교만, 거만, 오만으로 돌이키지 않는 자니 시편을 두라. 시 1:2 오직 여호와의 율법을 즐거워하여 그의 율법을 주야로 묵상하는도다. 이와 같음이니 읽고 읽으리라! 듣고 들으리라! 하라. 이는 30년 결산 '종말' 사명자이니 짜내고 짜내어 기름으로 주는 나이기에 시리즈이다! 하며 영서를 받는 자이다. …생략… 사람이 아닌(도구에 불과한, 흠이 있는, 한계 지닌) 주의 책으로 두고자 하는 마지막 말씀으로 끝을 맺음이다! 하라. 되었다 닫으라.

나가는 글

2023. 3. 19. 주일.

자정을 지나 부득이 나선 발걸음이다! 하라. 이 시간, 마음 한편의 무거움을 지닌 체 조용한 장소를 찾아 원고 수정을 하는 자이다. 더 이상 원고를 손볼 틈이 없이 출간하기로 하는 자이다! 하라. 2023년 시작 함께 종말 2 원고를 급히 준비한 3개월 기간이다. 이는 왜인가? 2022년 출간을 향한 항해하던 배가 좌초에 여러 차례 부딪치면서 결국은 "우회하라" 하신 주가 아니시더냐? 하라. 이러므로 "종말 1, 종말 2 함께 동시 출간하자!" 하신 주이시다. 2022년 주의 계획은 종말 1(1-11일) 출간 이어 종말 2(12-40일) 출간이다! 하라. 그리고 '종말 3'에 대한 연말의 출간 계획도 질문한 저자이나 2022년 3월 자유민주주의 대통령 당선 때 '주'의 미리 주신 말씀이 "좌파들 공격이 있다!" 하신 대로 여름의 답변은 "나라 상황이 어찌 될지 …" 하시며 여운을 남기시지 않으랴?

그러나 2022년은 영서의 특수, 특별한 임무이므로 요청을 하나, 출간 과정이 원활하지 않아 결국은 1월 초 '주'의 결정이 "포기하라" 하시므로 자신도 내려놓고 따른 자이다. "주의 손해 감수이다" 하라. 저자 마찬가지이다. 받을 자, 독자 대상들 그러하다. 이에 2022년 받은 많은 원고 분량의 워드도 뒤로 둔 채, 매달리고 씨름한 출간 과정으로 지친 자를 위로하시며 쉬게 하시며 종말 2의 영서 메시지로 준비하게 하신 상황이다! 하라. 이러한 긴 줄다리기 씨름 기간들로 인해 아픔, 실망, 낙심, 좌절이 아니더냐? 죽고 싶을 만큼 힘든 무너짐의 고비에서 포기하지 않게 하신 "너의 주 하나님이시다!" 하라.

2020년 '종말 1'은 40일 분량이나 출간 준비가 길어지면서 설명글 함께 받는 글들도 추가로 넣다 보니 눈덩이처럼 불어나 부득이 분량을 나누어 11일간만 출간(종말 1)하기로 한 자이다. 그러나 2022년은 출판사 측에 특수하고 특별한 영서 입장에 대한 출간 요청으로 출간 과정이 원활하지 않아 결국은 1월 초 동시 출간으로 주시며 2022년 '주의 계획' 종말 1(1-11일 분량)과 종말 2(12-40일) 출간을 함께하자! 하시므로 봄 출간으로 계획한 자이다. 난생처음 주를 증거하는 책을 출간하는 계기가 된 자이다! 하라. 2020년 영서 시작 처음보다 마음의 단련을 받은 자이다. 하지만 이 내성은 주로부터 나온 것이 아닐 수도 있다! 하라. 혈과 육을 지닌 사람이기에! 히 2:14 자녀들은 혈과 육에 속하였으매 그도 또한 같은 모양으로 혈과 육을 함께 지니심은 죽음을 통하여 죽음의 세력을 잡은 자 곧 마귀를 멸하시며. 낙심도 한 자이며 포기할 위기 가운데 주저앉기도 한 자이다! 하라.

교회들에게 증거 할 기회라 하여 마냥 어린아이처럼 기뻐하기도 한 자이니 '주'의 바람이시기에(나누기를 원하는, 이는 전달자로 부르심이 아니랴? 하라) 더할 나위 없는 행복감에 "열심히 그리고 서두르자" 한 자이다. 그러나, 하나, 둘 시험을 겪으면서 힘들어질 때 "엘리 엘리 라마 사박다니! 말씀으로 주여, 왜 나를 버리셨나이까?" 마 27:46 제구시쯤에 예수께서 크게 소리 질러 이르시되 엘리 엘리 라마 사박다니 하시니 이는 곧 나의 하나님, 나의 하나님, 어찌하여 나를 버리셨나이까 하는 뜻이라. 하며 주먹 불끈 쥐며 욕실에서 소리를 참으나, 자신도 어찌할 수 없는 신음이 물밀듯 터지기도 한 자이다. 이는 1차 위기이니 가까운 자들로부터 겪으며 급기야는 건물 문제까지 겹쳐 한두 달을 헤매고 동분서주 다니기도 한 자이다. 이는 2021년 출간 원고를 준비하는 시기가 아니더냐? 2차 '엘리 엘리 라마 사박다니!'는 2022년 출간 문제로 부딪치면서 울부짖은 욕실에서 사무침이 아니랴? 이 말씀을 주시며 성령을 누르는 환경이 마치 병마개를 막듯이 하기에 압력으로 튕긴 마개 뚜껑이다! 하시지 않으랴? 이외 주의 마음을 많이 배운 자이니 주 성령이 여러 상황에서 표현하신 말씀들이 있지 않으랴? 이러한 산의 고비를 넘은 자이다! 하라.

출판의 정황이 주와 기록자 당사자만 서로 긴밀하기도 하며, 상세히 표현도 주시기도 하며, 변경을 주시면서 기다리시는 주님도 많이 겪은 자이다. 2022년

한 해가 그러하다. 주께서 이 세대를 "어찌 보시나?" 하며 대상에 대한 구체적 진단과 평가와 죄를 전하시므로 이러한 근심이 쌓여 드러눕기도 한 자이다. 또한 자신이 해야 할 일에 대해 스스로 부족도 있으며, 타인과 주변 환경에 의해 진척이 안 되어 이러한 근심에 눌려 애태우다 드러눕기도 한 자이다. 이러할 때 붙드신 주이시다! 하라. 히 1:3 … 그의 능력의 말씀으로 만물을 붙드시며 죄를 정결하게 하는 일을 하시고 …. 사 41:9 내가 땅 끝에서부터 너를 붙들며 땅 모퉁이에서부터 너를 부르고 네게 이르기를 너는 나의 종이라 …. 10 … 나의 오른 손으로 너를 붙들리라. 성령으로 말씀하시며, 영서로 기록하며, 꿈과 환상으로 이 일을 해야 하는 '통로 역할'에 대해 계속하여 알리시며 받을 대상에 대해 그리고 이 나라에 미칠 영향 등 최근까지 알리시므로 자신은 힘들어도 겨우 숨만 쉬며 생존케 하시는 주로 인해 사명감에 잡히어 이 시간까지 견딘 자이다.

매 맞은 선지자, 주 예수와 제자들과 사도 바울이 어찌 살았던가? 주리기도 하며, 아프기도 하며, 추위와 더위, 위험과 강도와 갖가지 고생과 수고와 사명으로 산 자들이다! 하라. 먼저는 주 예수 살아 계신 하나님의 생명에 잡힌 자들이며, 이는 주를 위한 참음, 견딤이 되기도 한 자이다. 다음은 복음을 전할 대상이니 이는 주의 위탁으로 해야만 하는 상황 그들이다! 하라. 이로써 자신의 한계를 안 자들이며 낮춤이 된 자들이다! 하라. 이러한 길의 과정이다! 하라. 주의 뜻, 마음, 계획에 비해 자신은 얼마나 약한 자인지 이를 보이시고 많이 운 자가 아니랴? 오직 할 일은 주만 생각하며 의지하고 오직 주의 영광을 외칠 이 땅에서의 육신의 몸이다! 하라. 이는 부활의 생명 '부활체'를 위한 너희이니 이 외에 이 땅은 아무것도 아니다! 하라. 되었다. 닫으라.

이를 배우기까지 몸소 체험하며 낮출 때까지(이는 낮출수록 오르는 위의 길이다! 하라) 기다리시며 지켜보시며 붙드시는 주이시다! 하라. 인간의 굴복이 주를 승리하게 하신다! 하라. 다음을 위한 준비, 종말 시리즈 3권이다! 하라. 지구에 남기고 가는 믿음과 열매가 너희의 자산이 아니랴? 이를 위한 부르심 저자이다!

하라. 알리고 알리신 주이시다! 하라. 자신이 "무엇을 하자"가 아닌 "너는 이렇게 하라"는 성령의 지시, 계획을 주어 나의 반열과 함께 나눔에 동참하는 많이 쌓는 시기를 주실 주이심을 알리시므로 "자신 몸밖에 드릴 것이 없으니!" 한 자이므로 이러한 훈련 속에 건지신 주이시다! 하라. 처절한 인간의 한계 상황에서 원망, 불평 거의 없이 "나 죽었소!" 한 자이기에 이에 "후한 점수이다!" 하며 하늘 문을 여시고 쏟아부은 생수(2020년 보이신 환상)로 흠뻑 젖은 자이다.

그러나 세상이 더 열리므로 지쳐가는 시기이다. 죄악을 깊이 아는 자에게는 무슨 힘으로 견디랴? 예수 그리스도의 붙드심과 정결을 위한 - 히 1:3 이는 하나님의 영광의 광채시요 그 본체의 형상이시라 그의 능력의 말씀으로 만물을 붙드시며 죄를 정결하게 하는 일을 하시고 높은 곳에 계신 지극히 크신 이의 우편에 앉으셨느니라 - 연단이 위의 부르심과 부활의 소망이 되어 "이 땅의 나그네 삶, 순례의 길이다!" 하며 남은 육체의 때를 살지 않더냐? 지구가 열리고, 나라가 열리고, 교회, 사회, 가정, 개인 다이다! 하라. 마치 시력 측정을 위한 한 눈을 가림과 한 눈으로 가장 위의 큰 글씨부터 가장 아래의 매우 작은 글씨(이를 누가 읽으랴?)를 대하듯 너희 눈은 이러한 이 세상의 죄를 크고 미세한 것까지 봐야 하지 않으랴? 시작은 가장 큰 글씨이니 "교회 다닌다!" 하는 자들이다. 죄는 들어서 아는 '죄와 죄인'이 아니냐? 하라. 그러나 그 아래의 '더 작은 글씨, 더 아래의 더 작은 글씨' 이렇듯, 밝은 눈이 되어 "이도 죄이다, 저도 죄이다!" 하며 죄의 연구자가 되는 것이 목회의 부르심이 아니더냐? 이 시력표를 주라. 이제는 다 읽어야 하지 않으랴? 주의 오실 때가 얼마 남지 않으므로 '가장 아래의 매우 미세한 글씨에' 가까운 때이다! 하라. 각자의 영과 혼과 육을 잘 알아야 이웃의 죄도 잘 보이지 않으랴?

1993년 가을에 임사 체험으로 하늘에 오른 자이더니 종말의 임박한 지구를 알고 내려온 자이다! 하라. 생명 연장이니 오를 때 비교할 수 없는 평안과 주의 영광의 구름길을 오르면서 지구가 어떠한 곳인지 느낀 자이니 "잘 나왔다! 어찌 살았나? 저들은 어찌 살까?" 하며 가족조차 일말의 미련 없이 전혀 다른 세계로 들어가는 자신을 안 자이다. 이는 비교할 수 없는 차이이다! 하라. 이러한 자가 느닷없이 하나님과 함께하며 지구를 내려다보며 더욱더 깨달으므로 "위기의 지구를 잘 나왔다!" 한 자이다. 자신은 전혀 모른 채 지구로 내려온 자이니, 시끌벅적한 세상을 느끼며 차 경적과 달리는 소리로 자신 육체를 느낀 자이니 이는 병원 앞 도착이 아니더냐?

올해 2023년은 30년사의 종말 보고서, 지구에 대해 전하는 자이다! 하라. "글 실력, 문장이 어떠하다" 하지 않아야 할 영서이다! 하라. 이는 한계 도전이다. 메시지를 붙들라! 그리하면 영이 살리라. 유익하리라. 은사가 쏟아질 영서이다. '은혜와 감사'로 드려질 영서 기록자와 독자층이다! 하라. 이는 은혜 위에 은혜이며 낮은 자, 가난한 자를 통해 일하시는 주를 보는 자들이다. "너의 부요함을 자랑치 말라" 하시는 주이시다! 하라. 좁은 문(마 7:13, 14) 훈련을 해 온 저자이다! 하라. 한때의 실수, 넘어지는 주의 종은 누구에게나 있는 것이다. 직고하며 직언으로 전진할 자이다! 하라. 자신이 할 수 없는 분야의 영서이며 출간이다! 하라.

"영서를 쉬이 받는다" 하지 마라. 은혜이나 값(대가)이 어찌 없으랴? 주의 은혜에는 주에 대한 사랑과 헌신과 자기 부인과 세상을 미워함과 비천에도 참아내지 않으랴? 기록자는 바위틈에 핀 꽃이니 두라. 소속 교단과 교회, 목사나, 신학교, 산하 단체와 모임들은 저자를 함부로 대하지 마라! 이를, 수 없이 이르시는 주이시다! 하라. 이는 3년 기간 영서에 녹아 있는 기록물이 있으니 차차 보이실 주이시다! 하라. 저자의 흠을 감싸주며 주의 사명을 감당케 하는 자가 주를 사랑하며 돕는 자가 아니랴? 저자가 넘을 수 없는 '매우 거대한 장벽'을 2021년에 보임으로 다시 낮춘 나의 훈련 안에 있는 자이다! 하라. 이는 주만 의지함이니 포기하지 않게 하기 위함이라. 나의 은혜로 지탱하며 떨어질 수 없음을 알게 하여 지금까지 왔으니 이 '거대한 세력'으로 나의 일이 지체되었듯 너희는 이러한 벽, 담이 되어 걸려 넘어지게 하는 자들이 되지 않아야 하느니라. 되었다. 닫으라.

나가는 말이 된 "나의 줄 말 많다" 중의 하나이다. 울지 않게 하시는 주, 이 자리이다. 심장 약한 자, 몸 건강치 않은 자 아끼고 보호하듯 살피는 자가 되면 좋으련만 모르고 혹은 알고도 심히 아프게 대한 자들이 있으니 이에 대해서는 충분히 알린 주이시다! 하라. 이는 약한 지체에게 입히신 요긴함이니! 고전 12:22 그뿐 아니라 더 약하게 보이는 몸의 지체가 도리어 요긴하고. 이는 영서의 끝에 살피는 주이시다! 하라. 이러한 자를 알아주라. 그의 눈동자를 범하는 자가 되지 말지어다! 하라. 슥 2:8 … 너희를 범하는 자는 그의 눈동자를 범하는 것이라. 눈의 역할을 하는 사역이다! 하라. 나누며 가려 하는 애씀이 있는 자이니 범하지 마라. 그의 사역이 내 사역이니 아끼고 아끼라. 함부로 대하지 마라. 이는 신앙 권면 주이시다! 하라. 교회들에게 이르는 주이시다! 하라. 정치인, 각계 지도자들, 또는 나라와 민족들에게 이르는 주이시다! 하라.

너희 중 누구든지 이러한 선지자를 대접하면 선지자의 상이 있으리라! 하지 않더냐? 의인의 상 그러하다. 마 10:41 선지자의 이름으로 선지자를 영접하는 자는 선지자의 상을 받을 것이요 의인의 이름으로 의인을 영접하는 자는 의인의 상을 받을 것이요. 나의 일 맡음이 그러하니 최소한 경계(거리 두기)를 두라. 저자에 대해 기도하게 하시는 주이시니 죄를 감싸고, 의에 대하여 마음껏 일하도록, 주의 은혜 안에 거하도록, 기도하지 않겠느냐? 급해서 쓰시는 주이시다! 하라. 너희는 이러한 이 시대의 부르심 안 시대 사역자들마다 그러하다! 이르라, 이를 전하라.

건질 만한 복음에 초점을 두라. 이는 마태복음의 5장의 가난한 자들(주를 사랑하는 자들), 의에 주린 자들, 애통하는 자들, 화평케 하는 자들, 마음이 청결한 자들, 긍휼히 여기는 자들마다 이 영서 기록 앞에, 예수 그리스도의 이름 앞에 믿음으로 영접할 자들이 아니더냐? 다소 어느 부분은 "먼지가 묻었더라" 하여도 인간임을 기억하라. "나보다 낫다" 이는 겸손함이니!빌 2:3 아무 일에든지 다툼이나 허영으로 하지 말고 오직 겸손한 마음으로 각각 자기보다 남을 낫게 여기고. 이는 사람이 아닌 주의 선택자에 대한 배려, 예의, 인정이 아니더냐? 이를 모르면 기다리라.

함부로 입이 되어 나팔 불지 말라. 난도질하지 말라. 여호야김의 면도칼은 그러하니 찢어 화로에 던져 불에 태우지 않더냐? 렘 34:23 여후디가 서너 쪽을 낭독하면 왕이 면도칼로 그것을 연하여 베어 화로 불에 던져서 두루마리를 태웠더라. 이러한 권면을 들으라. 너희 영혼을 사랑하시는 주의 말씀이다! 하라.

'주'의 심부름하는 자들(이는 '사용하는 자' 의미이다) 보존되도록 함이 유익하지 않겠느냐? 하라. 때로는 상함도 기다려 치유되도록 기다리기도 하며(이는 기도의 몫이다! 하라) 달리는 기차, 달릴 기차에 급브레이크 걸지 않는(출간되면 출간 후에 방해하는 자들 의미이다) 자들이 되라! 하라. 되었다. 닫으라. 자녀가 다양한 자는 이 뜻이 무엇인지 알리라. 다 효도하랴? 다 불효하랴? 이를 가리는 눈이 지혜이다! 하라. 나의 자녀들이 많다마는 불효하는 자가 많아지는 떨어짐의 시기이다! 하라. 맹수가 더 많아지므로 "짐승의 수를 세라, 이는 지혜이다!" 하지 않으랴? "조금 상했냐? 많이 상했냐?" 이는 상함(부패, 타락)의 차이이니 이는 배도의 시대이다! 하라. 더 많아질 적그리스도 '표'를 앞둔 시기이다! 하라. 계 13:17 누구든지 이 표를 가진 자 외에는 매매를 못하게 하니 이 표는 곧 짐승의 이름이나 그 이름의 수라. 지금은 짐승의 수를 세는 시기이다! 하라. 계 13:18 지혜가 여기 있으니 총명한 자는 그 짐승의 수를 세어 보라 그것은 사람의 수니 그의 수는 육백육십육이니라. 대환난 7년 기간 앞에 "미리 준비, 단장하라" 하신 영서이다! 하라.

또한 핵전쟁 '불'같은 시험이 있지 않으랴? 나라의 위기 앞에 엎드릴 대한민국이다! 하라. 공산화 편에 선 자에게 회개 기회를 주시는 주이시다! 하라. 모르는 자는 배우라. 나라의 불법 성행이 더 심해지므로 울 때이다! 하라. 자유민주주의를 지키기 위한, 탈환하는(공산화 편 된 자는 줄이는! 회개하지 않는 자들 드러내는! 또한 처벌 시기 아니랴? 하라) 이는 한국의 위기를 알라. 이러한 자는 눈이 밝아지는 자가 되리라. 마음의 등불 오직 주이시니 "주만이 구원이시다" 하라. 너희의 전부가 되어야만 하는 너희 마음의 주(성전)이시다! 하라. 되었다. "다시 오실 주를 기다립니다. 도우소서!" 하라. "눈을 밝히소서!" 하라. 되었다. 닫으라.

수고한 자이다. 이는 "주는 나의 하나님이시다!" 전하는 자이다. 모든 이에게 평안을 구하는 주이시다! 하라. 실험실 지구이므로 그들을 알고 대처하고 구원을 기다리는 너희이다! 하라. 하늘의 구조대를 기다리듯 애타는 마음으로 구원, 구조를 바라며 살(살아갈, 살아 낼)! 이 죄악 된, 죄악의 밤이 깊어지는 세상이니, 마치 지뢰밭을 걷듯 살 떨리는 자들이므로 긴장, 주의, 유의, 신중, 조심, 경각심으로 살라. 이 땅의 경고 주이시다. "예수 외에는 구원이 없다!" 전하는 너희이며! 이는 위로, 힘, 능력, 권세가 되리라. 되었다. 닫으라. "아멘 주 예수여 오시옵소서!" 하라. 계 22:20 이것들을 증언하신 이가 이르시되 내가 진실로 속히 오리라 하시거늘 아멘 주 예수여 오시옵소서. 이러한 나의 택한 신부, 백성들이다! 하라. 이상이다. forever!

2023. 4. 1. 토요일.

이 책은 사명(부르심)으로 기록한 영서입니다. 시대의 메시지로서 '나라와 교회와 적그리스도(어둠 세력)에 대해서' 알리는 책입니다. 특별히 나라의 짐(무거운 돌, 거대한 벽)이 되는 주체 세력인 '성령을 대적하는 측과 공산화'에 대한 일침이며 불법이 성행하여 더 어두워지는 이 시대를 조명함으로써 '새 예루살렘 성'이 다가오나, 발견치 못하는 자들과 무관히 여기는 대상과 서두르지 않는 대상을 향한 '주의 마음'을 알리는 책입니다. '영서의 사명' 말씀을 주시며 '교회들에게' 전하라 하십니다! 하라. 다 아시는 하나님이시니 다 보시고, 들으시고, 아시기에 "다 드러낸다!" 하십니다, 히 4:13 지으신 것이 하나도 그 앞에 나타나지 않음이 없고 우리의 결산을 받으실 이의 눈앞에 만물이 벌거벗은 것같이 드러나느니라. 그리고 저울로 달 듯이 살피시고 손으로 기록하게 하십니다.

'행위에 대한' 책이므로! 계 20:12 … 자기 행위를 따라 책들에 기록된 대로 심판을 받으니. 칭찬이 있으며, 돌이킴에 대한 변화가 있으며, '변질의 상함'

정도를 말씀하시고 임할 대상에 대해서는 회개를 위한 기회를 전하시며, 어떤 대상에게는 회개하지 않으면 지옥(예를 들어 이재명 민주당 대표) 갈 수 있다는 위기도 시급히 전하시며 마음의 내적 치유가 필요하니 "정치를 쉬라" 하시기도 합니다. 그러므로 정치인뿐 아닌 교회의 목회자도 마찬가지입니다. 3년 전에도 위기(표 받을 목회자이다! 이를 전하신 대상이 있다! 하라)를 전하시나, 현재도 성령 측과 대립하는 ㅅ 목사도 있다! 하라. 최근에 목회를 쉬는 ㅇ 목사도 있으며, 그 외 미처 전하지 못한 자들도 있다! 하라. 이 글은 에필로그이다. 마침 글로 넣는 자이다.

이 책의 요지는 "회개하라!"입니다. 그리고 **"복음을 믿으라!"**입니다. 막 1:15 이르시되 때가 찼고 하나님의 나라가 가까이 왔으니 회개하고 복음을 믿으라 하시니라. 천국(나의 집)이 있으니 깨어있는 자는 준비하는 자로 나를 아는 자이며, <u>만나는 자이며</u> – 내 문 곁에서, 문설주 옆에서 기다리는 자(시 8:34), 목자의 음성을 알고 따르는 자(요 10:4), 문을 곧 열어 주려고 기다리는 사람(눅 12:36), 두, 다섯 달란트 받은 자의 장사! 착하고 충성된 종(마 25:21), '속히 오소서' 말씀 전하는 자이다(계 22:20) - <u>전념할 신부 모습으로</u>(나의 아내 된 자들) 기다릴 자들이다! 하라. 되었다. 닫으라.

마지막 때이니라!
너희의 부름은 이에서 나온 자이니, 이 시대 사람 아니냐? 하라.

'나의 나라' 완성 시간이니, 부름을 받은 종들이다.
시대의 설거지, 청소, 짐 정리(텐트 걷는 시기이다), 모두 모두 할 일뿐이라.
양식 나눔! 많은 시기이다 하라. 강권하는 시기에 그러하다.

'새 예루살렘 성' 집으로 가자! 본향으로 운동이다! 하라.
나의 집으로! 외치라. 나그네 삶, 종결 시간!
모두가 텐트를 걷고 안전지대로 이동할 때이다! 하라.